アラビア語・ペルシア語・ウルドゥー語
対照辞典

アラビア語・ペルシア語・ウルドゥー語対照辞典

黒柳恒男 著

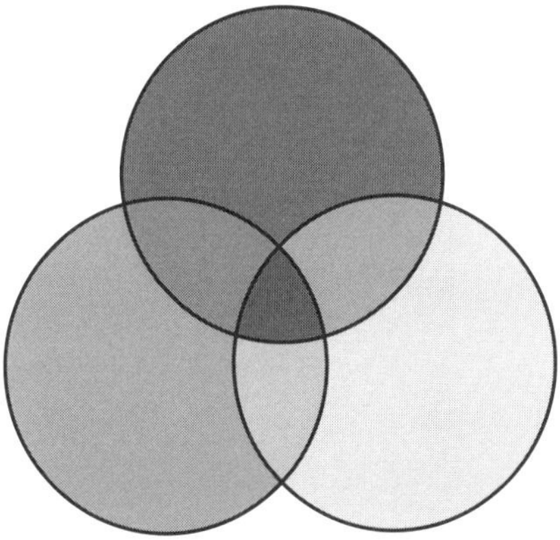

大学書林

は し が き

この対照辞典は編者がさきに執筆・刊行した『アラビア語・ペルシア語・ウルドゥー語対照文法』（大学書林，平成 14 年）の姉妹編ともいうべき作品で，この辞典編纂の構想が浮かんだのも対照文法を執筆中のことであった。この辞典の主たる目的は日本語の基本的な語彙約 8,000 語に基づき三言語の訳語を列記して，アラビア語がペルシア語に，ペルシア語がウルドゥー語に語彙の面においていかに大きな影響を及ぼしているかを明示するとともに，外来語が受容言語において綴り字，発音，意味の面においてどのように変化したかを明らかにすることである。日本語・アラビア語（ペルシア語，ウルドゥー語）辞典では通常発音は付いていないが，この対照辞典では発音の変化を明示するためにローマ字で発音を表記した。さらにアラビア文字に不慣れな諸氏にとってローマ字による発音表記は役に立つだろうと思ったからである。要するに三言語を語彙の面でその類似点と相違点をできるかぎり比較・対照するのがささやかな目的である。

アラビア語辞典には西欧語系外来語の語源以外は，ペルシア語系語源などは一般に明記されていない。しかしペルシア語辞典では語源〈A〉，ウルドゥー語辞典では〈A〉，〈P〉が実に多く明記されている。しかしこれらの〈A〉〈P〉系単語が現代アラビア語，ペルシア語でそのままの意味で用いられることは比較的少なく，大きく変化する場合が多い。若干例示するなら，〈A〉の lafẓ（発音）は〈P〉，〈U〉では（単語）になり，〈P〉の shādī（喜び）は〈U〉では（結婚）になる。〈P〉の dastūr（文法）は〈A〉では dustūr（憲法）と発音・意味の両面で大きく変化する。このような例は実に数多くある。

語彙の比較・対照を主目的としたこの辞典では用例，例文は割愛した。この辞典編集に際しては国内外で刊行された諸辞典（参考文献参照）を多く利用したことを明記し，編者各位に心から感謝する次第である。このささやかな辞典の利用によって三言語の学習者がその知識を深める一

助になれば編者にとって大きな喜びである。また三言語の関係地域で活躍されている邦人の皆様の少しでもお役に立てればと願っている。

この辞典出版に際して絶大な助力をして下された（株）大学書林と組版を担当された（株）ロガータの関係各位に心から謝意を表する。

平成20年7月

黒　柳　恒　男

凡　例

1．本辞典は日本語の基本的な語彙約 8,000 語のかな見出し語を五十音順に配列し，見出し語に相当する A，P，U の訳語を列記した。
2．清音，濁音，半濁音の順に配列した。
3．綴り字においては A の hamza が P，U においてどのように変化するかに注意されたい。
4．発音のローマ字表記は写字式ではなく原則的に写音式とした。特にアラビア語の太陽文字や hamzatul-waṣl の発音に注意されたい。
5．アラビア語の ة は a で表記した。A の ة が P，U においてどう変化するか注意されたい。

例　عائلة كبيرة（‘ā’ila kabīra）大家族
　　A إجازة（’ijāza）休暇
　　P اجازه（ejāze）許可
　　U اجازت（ijāzat）許可

6．アラビア語名詞，形容詞の格変化語尾は発音表記において原則として省略した。

例　بنت جميلة（bintun jamīlatun）⟶（bint jamīla）美しい娘
　　بيت الولد（baytul-waladi）⟶（baytul-walad）少年の家
　　فتح الشباك（fataḥa-sh-shubbāka）
　　⟶（fataḥa-sh-shubbāk）窓を開く

7．A，P，U の意味の相違に特に注意されたい。

例　A وكيل（wakīl）代理人
　　P（vakīl）弁護士
　　U（wakīl）弁護士

8．この辞典と併用して拙著『アラビア語・ペルシア語・ウルドゥー語対照文法』を参照下されば幸いである。

9. 略語　A（アラビア語）
　　　　P（ペルシア語）
　　　　U（ウルドゥー語）

10. ローマ字発音表記は上述のA，P，Uアルファベットの音価に拠る。短母音の上の横棒は長母音を示す。

例　ā（アー），ī（イー），ū（ウー）

アラビア語アルファベット

	名　称	単独字	音　価
1	alif	ا	a, i, u, ā
2	bā	ب	b
3	tā	ت	t
4	t̲h̲ā	ث	t̲h̲
5	jīm	ج	j
6	ḥā	ح	ḥ
7	k̲h̲ā	خ	k̲h̲
8	dāl	د	d
9	d̲h̲āl	ذ	d̲h̲
10	rā	ر	r
11	zāy	ز	z
12	sīn	س	s
13	s̲h̲īn	ش	s̲h̲
14	ṣād	ص	ṣ
15	ḍād	ض	ḍ
16	ṭā	ط	ṭ
17	ẓā	ظ	ẓ
18	ayn	ع	ʻ

19	<u>gh</u>ayn	غ	<u>gh</u>
20	fā	ف	f
21	qāf	ق	q
22	kāf	ك	k
23	lām	ل	l
24	mīm	م	m
25	nūn	ن	n
26	hā	ه	h
27	wāw	و	w
28	yā	ى (ي)	y
29	hamza	ء	’

ペルシア語アルファベット

	名　称	単独字	音　価
1	alef	ا	a, e, o, ā
2	be	ب	b
3	pe	پ	p
4	te	ت	t
5	se	ث	s
6	jīm	ج	j
7	che	چ	ch
8	he	ح	h
9	khe	خ	kh
10	dāl	د	d
11	zāl	ذ	z
12	re	ر	r
13	ze	ز	z
14	zhe	ژ	zh
15	sīn	س	s
16	shīn	ش	sh
17	sād	ص	s
18	zād	ض	z

19	tā	ط	t
20	zā	ظ	z
21	ein	ع	‘
22	<u>gh</u>ein	غ	<u>gh</u>
23	fe	ف	f
24	qāf	ق	q（<u>gh</u>）
25	kāf	ک	k
26	gāf	گ	g
27	lām	ل	l
28	mīm	م	m
29	nūn	ن	n
30	vāv	و	v
31	he	ه	h
32	ye	ی	y

注　qāf は現代音では一般に <u>gh</u> と発音される。

ウルドゥー語アルファベット

	名　称	単独字	音　価
1	alif	ا	a, i, u, e, ā
2	bē	ب	b
3	pē	پ	p
4	tē	ت	t
5	ṭē	ٹ	ṭ
6	sē	ث	s
7	jīm	ج	j
8	c̲h̲ē	چ	c̲h̲
9	hē	ح	h
10	k̲h̲ē	خ	k̲h̲
11	dāl	د	d
12	ḍāl	ڈ	ḍ
13	zāl	ذ	z
14	rē	ر	r
15	ṛē	ڑ	ṛ
16	zē	ز	z
17	z̲h̲ē	ژ	z̲h̲
18	sīn	س	s

19	s̲h̲īn	ش	s̲h̲
20	sād	ص	s
21	zād	ض	z
22	tōe	ط	t
23	zōe	ظ	z
24	ain	ع	'
25	g̲hain	غ	g̲h
26	fē	ف	f
27	qāf	ق	q
28	kāf	ک	k
29	gāf	گ	g
30	lām	ل	l
31	mīm	م	m
32	nūn	(ں) ن	n (ṇ)
33	wāo	و	w, v
34	hē	ہ	h
35	yē	(ے) ی	y

注　nūn (ں) は語尾のみ尾音化 (ṇ), yē の (ے) は語尾のみで (ē) になる。

参　考　文　献

アラビア語

H. Wehr；A Dictionary of Modern Written Arabic, Wiesbaden, 1961

N. S. Doniach；The Oxford English-Arabic Dictionary of Current Usage, Oxford, 1972

R. Baalbaki；al-Mawrid, Beirut, 1993

内記良一『日本語アラビヤ語辞典』大学書林, 1999

本田孝一 他『パスポート　日本語アラビア語辞典』白水社, 2004

ペルシア語

M. R. Bateni；Farhang Moaser English-Persian Dictionary, Tehran, 1993

A. M. Haghshenas；English-Persian Dictionary, Tehran, 2003

黒柳恒男『ペルシア語辞典』大学書林, 1988

黒柳恒男『日本語ペルシア語辞典』大学書林, 1992

黒柳恒男『新ペルシア語大辞典』大学書林, 2002

ウルドゥー語

Abdul Haq；The Students' Standard English-Urdu Dictionary, Karachi, 1956

Ferozsons；English-Urdu Dictionary, Lahore, n. d.

B. A. Qureshi；Advanced Twentieth Century Dictionary（English into Urdu）New Delhi, 1980

鈴木斌 他『日本語ウルドゥー語小辞典』大学書林, 1992

三言語対照

黒柳恒男『アラビア語・ペルシア語・ウルドゥー語対照文法』大学書林, 2002

あ

ああ

A آه (āhi) ; واه (wāha)

P آه (āh) ; واه (vāh)

U آه (āh) ; واه (wāh)

アース

A موصل أرضى (muwaṣṣil-'arḍī)

P سيم زمين (sīme-zamīn)

U ارتھ (arth)

アーチ

A قوس (qaws)

P تاق (tāq) ; قوس (qous)

U محراب (mehrāb)

アーチェリー

A نبالة (nibāla) ;
رمى السهام (ramy-s-sihām)

P تيراندازى (tīr-andāzī)

U تيراندازى (tīr-andāzī)

アーメン

A آمين (āmīn)

P آمين (āmīn)

U آمين (āmīn)

アーモンド

A لوز (lawz)

P بادام (bādām)

U بادام (bādām)

あい 〔愛〕

A حب (ḥubb) ; محبة (maḥabba)

P حب (hobb) ; محبت (mohebbat) ;
عشق ('eshq)

U محبت (muhabbat) ; عشق ('ishq)

あい 〔藍〕

A نيل (nīl) ; نيلج (nīlaj)

P نيل (nīl)

U نيل (nīl)

あいか 〔哀歌〕

A مرثية (marthiya)

P مرثيه (marsiye)

U مرثیہ (marsiya)

あいかわらず 〔相変らず〕

A كما كان (kamā-kāna) ;
كالعادة (kal-'āda)

P مثل سابق (mesle-sābeq)

U حسب معمول (hasbe-ma'mūl)

あいこうする 〔愛好する〕

A هوى (hawiya)

P دوست داشتن (dūst dāshtan)

U پسند کرنا (pasand karnā)

あいこく 〔愛国〕

愛国心

A حب الوطن (ḥubbul-waṭan)

P وطن پرستى (vatan-parastī)

U حب الوطنى (hubbul-watanī)
愛国者
A وطنى (waṭanī)
P وطن پرست (vatan-parast)
U محب وطن (muhibbe-watan)

あいことば〔合い言葉〕
A كلمة سر (kalima-sirr)；
شعار (shi‘ār)
P اسم شب (esme-shab)；
شعار (she‘ār)
U شناختى لفظ (shanākhtī lafz)

あいさつ〔挨拶〕
A تحية (taḥīya)；كلمة (kalima)
P سلام (salām)；خطاب (khetāb)；
سخنرانى (sokhan-rānī)
U سلام (salām)；خطاب (khitāb)；
تقرير (taqrīr)
挨拶する
A حيا (ḥayyā)；
ألقى كلمة (’alqā kalima)
P سلام كردن (salām kardan)；
خطاب كردن (khetāb kardan)
U سلام كرنا (salām karnā)；
خطاب كرنا (khitāb karnā)

アイシャドー
A ظل العين (ẓillul-‘ayn)
P سايۀ چشم (sāyeye-chashm)
U سرمہ (surma)

あいじょう〔愛情〕
A حب (ḥubb)；محبة (maḥabba)
P محبت (mohebbat)；مهر (mehr)
U محبت (muhabbat)
愛情のこもった
A محب (muḥibb)；ودود (wadūd)
P محبت‌آميز (mohebbat-āmīz)
U محبت‌آميز (muhabbat-āmēz)

あいじん〔愛人〕
A（男）حبيب (ḥabīb)；
（女）حبيبة (ḥabība)
P（男）عاشق (‘āsheq)；
（女）معشوقه (ma‘shūqe)
U（男）عاشق (‘āshiq)；
（女）معشوقہ (ma‘shūqa)

あいず〔合図〕
A إشارة (’ishāra)；علامة (‘alāma)
P اشاره (eshāre)；علامت (‘alāmat)
U اشاره (ishāra)；سگنل (signal)
合図する
A أشار (’ashāra)
P اشاره كردن (eshāre kardan)；
علامت دادن (‘alāmat dādan)
U اشاره كرنا (ishāra karnā)；
سگنل كرنا (signal karnā)

アイスクリーム
A جيلاتى (jīlātī)；
دندرمة (dandurma)
P بستنى (bastanī)
U آئس كريم (ā’is-krīm)

あいすべき〔愛すべき〕
A عزيز (‘azīz)
P عزيز (‘azīz)
U عزيز (‘azīz)
愛すべき友
A صديق عزيز (ṣadīq ‘azīz)
P دوست عزيز (dūste-‘azīz)

U عزيز دوست ('azīz dōst)

アイスホッケー

A هوكي الانزلاق (hūkīl-inzilāq); هوكي على الجليد (hūkī 'alal-jalīd)

P هاكي روى يخ (hākīye-rūye-yakh)

U آئس ہاکی (ā'is-hākī)

あいする 〔愛する〕

A أحب ('aḥabba)

P دوست داشتن (dūst dāshtan)

U محبت کرنا (muhabbat karnā)

私はあなたを愛する

A أحبك ('uḥibbu-ka〔ki〕)〔ki〕は(女)

P من شما را دوست دارم (man shomā rā dūst dāram)

U میں آپ سے محبت کرتا ہوں (maiṇ āp se muhabbat kartā hūṇ)

あいた 〔開いた・空いた〕

開いた

A مفتوح (maftūḥ)

P باز (bāz)

U کھلا (khulā)

空いた

A فارغ (fārigh); خال (khālin)

P خالی (khālī)

U خالی (khālī)

あいだ 〔間〕

…と…の間

A بين … و … (bayna … wa …)

P بين (beine); ميان (miyāne)

U کے درمیان (ke darmiyān)

期間

A مدة (mudda)

P مدت (moddat)

U مدت (muddat)

距離

A مسافة (masāfa)

P فاصله (fāsele)

U فاصلہ (fāsila)

…中

A أثناء ('athnā'a)

P درخلال (dar-khalāle)

U کے دوران (ke daurān)

あいだがら 〔間柄〕

A علاقة ('alāqa)

P رابطه (rābete)

U رشتہ (rishta)

あいついで 〔相次いで〕

A واحدة تلو الأخرى (wāḥida tilwa-l 'ukhrā)

P يكى بعد از ديگرى (yekī ba'd az dīgarī)

U ایک دوسرے کے بعد (ēk dūsrē ke ba'd)

あいて 〔相手〕

A صاحب (ṣāḥib); رفيق (rafīq)

P طرف (taraf); رفيق (rafīq)

U رفیق (rafīq)

ライバル

A خصم (khaṣm)

P رقيب (raqīb)

U حریف (harīf)

アイデア

A فكرة (fikra)

P فكر (fekr); تصور (tasavvor); ايده (īde)

U تصور (tasawwur)；خيال (khayāl)

アイデンティティー

A هوية (huwīya)

P هويت (hovīyat)

U شناخت (shanākht)

あいにく 〔生憎〕

A لسوء الحظ (li-sū'il-ḥaẓẓ)

P بدبختانه (bad-bakhtāne)

U بدقسمتی سے (bad-qismatī se)

あいま 〔合間〕

A فترة (fatra)

P فاصله (fāsele)

U وقفه (waqfa)

あいまい 〔曖昧〕

A إبهام ('ibhām)

P ابهام (ebhām)

U ابهام (ibhām)

曖昧な

A مبهم (mubham)；غامض (ghāmiḍ)

P مبهم (mobham)；
غير واضح (gheire-vāzeh)

U مبهم (mubham)；
غير واضح (ghair-wāzeh)

あいらしい 〔愛らしい〕

A حلو (ḥulw)

P نازی (nāzī)

U پيارا (pyārā)

アイルランド

A إيرلندا ('īrlandā)

P ايرلند (īrland)

U آئرلينڈ (ā'irlainḍ)

アイロン

A مكواة (mikwā)

P اتو (otū)

U استری (istrī)

アイロンをかける

A كوى (kawā)

P اتو كشيدن (otū keshīdan)

U استری کرنا (istrī karnā)

あう 〔会う〕

A قابل (qābala)；رأى (ra'ā)；
لقى (laqiya)

P ملاقات كردن (molāqāt kardan)；
ديدن (dīdan)

U ملنا (milnā)；
ملاقات کرنا (mulāqāt karnā)

あなたにお会いしてとても嬉しい

A أنا مسرور جدًا برؤيتك ('anā masrūr jiddan bi-ru'yatika)

P از ديدن شما خيلى خوشوقتم (az dīdane-shomā kheilī khoshvaqtam)

U آپ سے مل کر مجھے بہت خوشی ہوئی (āp se mil-kar mujhē bahut khushī hu'ī)

あう 〔合う〕

A وافق (wāfaqa)

P موافق بودن (movāfeq būdan)

U موافق ہونا (muwāfiq hōnā)

アウトプット

A مخرجات (makhrajāt)

P برون داد (borūn-dād)

U آوٹ پٹ (āuṭ-puṭ)

あえぐ 〔喘ぐ〕

A نهج (nahaja)；لهث (lahatha)

P نفس نفس زدن (nafas-nafas

zadan)
U ہانپنا (hāṇpnā)

あえてする 〔敢えてする〕
A جرؤ (jaru'a)
P جرئت کردن (jor'at kardan)
U جرأت کرنا (jur'at karnā)

あえん 〔亜鉛〕
A زنك (zink)
P روی (rūy)
U جست (jist)

あおい 〔青い〕
A أزرق ('azraq)
P آبی (ābī); کبود (kabūd)
U نیلا (nīlā)
顔色が青い
A شاحب (shāḥib);
ممتقع (mumtaqa')
P رنگ پریده (rang-parīde);
زرد (zard)
U زرد (zard)

あおぐ 〔扇ぐ〕
A هوى (hawwā)
P باد زدن (bād zadan)
U جهلنا (jhalnā)

あおぐ 〔仰ぐ〕
尊敬する
A احترم (iḥtarama)
P احترام گذاشتن (ehterām gozāshtan)
U عزت کرنا ('izzat karnā)
見上げる
A نظر إلى فوق (naẓara 'ilā fawq)
P بالا نگاه کردن (bālā negāh kardan)
U اوپر دیکھنا (ūpar dēkhnā)

あおざめる 〔青ざめる〕
A شحب (shuḥiba);
امتقع (umtuqi'a)
P رنگ پریدن (rang parīdan);
زرد شدن (zard shodan)
U رنگ اڑجانا (rang uṛ-jānā);
زرد ہوجانا (zard hō-jānā)

あおじゃしん 〔青写真〕
A التصميم الهندسی (at-taṣmīmul-handasī)
P چاپ آبی (chāpe-ābī);
بیرنگ (bī-rang)
U خاکہ (khāka)

あおぞら 〔青空〕
A السماء الزرقاء (as-samā'u-z-zarqā')
P آسمان آبی (āsemāne-ābī)
U نیلا آسمان (nīlā āsmān)

あおむけに 〔仰向けに〕
A على ظهره ('alā ẓahrihi)
P طاقباز (tāq-bāz)
U چت (chit)

あおもの 〔青物〕
A خضراوات (khaḍrāwāt)
P سبزی (sabzī)
U سبزی (sabzī)

あおる 〔煽る〕
煽動する
A حرض (ḥarraḍa)
P برانگیختن (bar-angīkhtan)
U اکسانا (uksānā)

あか 〔垢〕
A قاذورة (qā<u>dh</u>ūra)；وسخ (wasa<u>kh</u>)
P چرک (<u>ch</u>erk)
U میل (mail)
垢まみれの
A قذر (qa<u>dh</u>ir)
P چرکین (<u>ch</u>erkīn)
U میلا (mailā)

あかい 〔赤い〕
A أحمر (’aḥmar)
P قرمز (qermez)；سرخ (sor<u>kh</u>)
U لال (lāl)；سرخ (sur<u>kh</u>)

あかぎれ
A تشقق (ta<u>sh</u>aqquq)
P ترک (tarak)
U بوائی (bivā’ī)
あかぎれになる
A تشقق (ta<u>sh</u>aqqaqa)
P ترک خوردن (tarak <u>kh</u>ordan)
U بوائی پھٹنا (bivā’ī phaṭnā)

あかじ 〔赤字〕
A نقص مالی (naqṣ mālī)；
عجز مالی (‘ajz mālī)
P کسر (kasr)
U خسارہ (<u>kh</u>asāra)

アカシア
A سنط (sanṭ)
P اقاقیا (aqāqiyā)
U کیکر (kīkar)

あかす 〔明かす〕
明らかにする
A أفشی (’af<u>sh</u>ā)
P فاش کردن (fā<u>sh</u> kardan)
U افشا کرنا (if<u>sh</u>ā karnā)
過ごす
A قضی (qaḍā)
P گذراندن (gozarāndan)
U گزارنا (guzārnā)

あかす 〔飽かす〕
A أسأم (’as’ama)
P بیزار کردن (bīzār kardan)；
خسته کردن (<u>kh</u>aste kardan)
U مغز چاٹنا (ma<u>gh</u>z <u>ch</u>āṭnā)

あかちゃん 〔赤ちゃん〕
A طفل (ṭifl)；مولود (mawlūd)
P نوزاد (nou-zād)；
شیرخوار (shīr-<u>kh</u>ār)
U دودھ‌پیتا بچہ (dūdh-pītā ba<u>chch</u>a)；شیرخوار (<u>sh</u>īr-<u>kh</u>ār)

あかつき 〔暁〕
A فجر (fajr)
P سپیده دم (sepīde-dam)；
فجر (fajr)
U فجر (fajr)；تڑکا (taṛkā)

アカデミー
A أكاديمية (’akādīmīya)
P فرهنگستان (farhangestān)
U اکیڈیمی (akaiḍīmī)

あがめる 〔崇める〕
A عبد (‘abada)
P پرستیدن (parastīdan)
U پوجنا (pūjnā)；
عبادت کرنا (‘ibādat karnā)

あからさまに
A بصراحة (bi-ṣarāḥa)
P صراحتاً (sarāhatan)；

رک وراست (rok-o-rāst)
U صاف صاف (sāf-sāf)

あかり 〔明かり〕

灯火

A مصباح (miṣbāḥ)
P چراغ (cherāgh)
U چراغ (chirāgh) ; بتی (battī)

光

A نور (nūr)
P روشنی (roushanī) ; نور (nūr)
U روشنی (raushnī)

明かりをつける(消す)

A نور (أطفأ) المصباح (nawwara 〔'aṭfa'a〕 al-miṣbāḥ)
P چراغ را روشن (خاموش) کردن (cherāgh rā roushan 〔khāmūsh〕 kardan)
U بتی جلانا (گل کرنا) (battī jalānā 〔gul karnā〕)

あがる 〔上がる〕

A ارتفع (irtafa'a)
P بالا رفتن (bālā raftan)
U چڑھنا (charhnā)

あかるい 〔明るい〕

A مضیء (muḍī')
P روشن (roushan)
U روشن (raushan)

快活な

A مرح (mariḥ)
P زنده دل (zende-del)
U خوش مزاج (khush-mizāj)

あかんぼう 〔赤ん坊〕 ⟶あかちゃん

あき 〔秋〕

A خريف (kharīf)
P پاییز (pāyīz)
U خزان (khizān)

あき 〔空き〕

すきま

A فسحة (fusḥa)
P شکاف (shekāf)
U خلا (khalā)

空き部屋

A غرفة فارغة (ghurfa fārigha) ; حجرة فاضية (ḥujra fāḍiya)
P اتاق خالی (otāqe-khālī)
U خالی کمرا (khālī kamrā)

あきない 〔商い〕

A تجارة (tijāra) ; تعامل (ta'āmul)
P کار و بار (kār-o-bār) ; کسب و کار (kasb-o-kār)
U کار و بار (kār-o-bār)

あきらかな 〔明らかな〕

A واضح (wāḍiḥ)
P واضح (vāzeh)
U واضح (wāzeh)

あきらめる 〔諦める〕

A ترك (taraka) ; أقلع ('aqla'a)
P صرفنظر کردن (sarfe-nazar kardan) ; ترک کردن (tark kardan)
U ترک کرنا (tark karnā)

あきる 〔飽きる〕

A تعب (ta'iba) ; سئم (sa'ima)
P بیزار شدن (bīzār shodan)
U تنگ آنا (tang ānā)

飽食する

A شبع (shabi‘a)

P سیر شدن (sīr shodan)

U سیر ہونا (sēr hōnā)

アキレスけん 〔アキレス腱〕

A وتر عرقوب (watar ‘urqūb)

P وتر آشیل (vatare-āshīl)

U اخیلی وتر (akhīlī watar)

あきれる 〔呆れる〕

おどろく

A تعجب (ta‘ajjaba)

P تعجب کردن (ta‘ajjob kardan)

U حیران ہونا (hairān hōnā)

うんざりする

A ذهل (dhuhila)

P متنفر شدن (motanaffer shodan)

U متنفر ہونا (mutanaffir hōnā)

あく 〔開く・空く〕

A انفتح (infataḥa) ; فتح (futiḥa)

P باز شدن (bāz shodan)

U کھلنا (khulnā)

空になる

A فرغ (faragha)

P خالی شدن (khālī shodan)

U خالی ہونا (khālī hōnā)

あく 〔悪〕

邪悪

A شر (sharr)

P بدی (badī)

U بدی (badī) ; برائی (burā’ī)

悪事(犯罪)

A جريمة (jarīma)

P جرم (jorm)

U جرم (jurm)

悪人

A رجل شر (rajul sharr)

P آدم بد (ādame-bad)

U خراب آدمی (kharāb ādomī)

悪意

A سوء النية (sū’u-n-nīya)

P سوء نیت (sū’e-nīyat)

U بد نیتی (bad nīyatī)

あくしゅ 〔握手〕

握手する

A صافح (ṣāfaḥa)

P دست دادن (dast dādan)

U ہاتھ ملانا (hāth milānā)

あくしゅう 〔悪臭〕

A رائحة كريهة (rā’iḥa karīha)

P بوی بد (būye-bad)

U بدبو (bad-bū)

アクセサリー

A زينة (zīna)

P زینت آلات (zīnat ālāt) ;

زیور آلات (zīvar ālāt)

U زینت (zīnat) ; زیور (zēwar)

アクセント

A نبرة (nabra)

P تکیه (takye)

U تاکید (tākīd)

あくび 〔欠伸〕

A تثاؤب (tathā’ub)

P خمیازه (khamyāze)

U جمائی (jamā’ī) ; جماہی (jamāhī)

欠伸をする

A تثاءب (tathā’aba)

P خمیازه کشیدن (khamyāze keshīdan)
U جمائی لینا (jamā'ī lēnā)

あくま 〔悪魔〕
A شيطان (shayṭān) ; إبليس ('iblīs)
P شیطان (sheitān) ; ابلیس (eblīs)
U شیطان (shaitān) ; ابلیس (iblīs)

あくまで 〔飽くまで〕
A حتى النهاية (ḥatta-n-nihāya)
P تا آخر (tā ākher)
U آخر تک (ākhir tak)

あくむ 〔悪夢〕
A كابوس (kābūs)
P کابوس (kābūs)
U کابوس (kābūs)

あくめい 〔悪名〕
A الشهرة بسوء السمعة (ash-shuhra bi-sū'i-s-sum'a)
P بدنامی (bad-nāmī)
U بدنامی (bad-nāmī)
悪名高い
A مشهور بسوء السمعة (mashhūr bi-sū'i-s-sum'a) ; ردیء السمعة (radī'u-s-sum'a)
P بدنام (bad-nām)
U بدنام (bad-nām)

あくゆう 〔悪友〕
A سوء الصديق (sū'u-ṣ-ṣadīq)
P دوست بد (dūste-bad)
U خراب دوست (kharāb dōst)

あくよう 〔悪用〕
A سوء الاستعمال (sū'ul-isti'māl)
P سوء استفاده (sū'e-estefāde)
U ناجائز استعمال (nā-jā'iz iste'māl)
悪用する
A أساء استعمال ('asā'a isti'māl)
P سوء استفاده کردن (sū'e-estefāde kardan)
U ناجائز استعمال کرنا (nā-jā'iz iste'māl karnā)

アクロバット
A بهلوان (bahlawān)
P آکروبات (ākrobāt)
U نٹ (naṭ)

あけがた 〔明け方〕
A فجر (fajr)
P سپیده دم (sepīde dam)
U تڑکا (taṛkā)

あげしお 〔上げ潮〕
A مد (madd)
P مد (madd)
U مد (madd)

あける 〔開ける〕
A فتح (fataḥa)
P باز کردن (bāz kardan)
U کھولنا (khōlnā)

あける 〔明ける〕
夜が明ける
A بزغ (bazagha)
P سپیده دمیدن (sepīde damīdan)
U صبح ہونا (subah hōnā)

あける 〔空ける〕
A أفرغ ('afragha)
P خالی کردن (khālī kardan)
U خالی کرنا (khālī karnā)

あげる 〔上げる〕
上に上げる
A رفع (rafa'a)
P بالا بردن (bālā bordan)
U اٹھانا (uṭhānā)
与える
A أعطى ('a'ṭā)
P دادن (dādan)
U دینا (dēnā)
あげる 〔揚げる〕
揚げ物にする
A قلى (qalā)
P سرخ کردن (sorkh kardan)
U تلنا (talnā)
あご 〔顎〕
A فك (fakk)
P آرواره (ārvāre)
U جبڑا (jabṛā)
顎ひげ
A لحية (liḥya)
P ریش (rish)
U داڑھی (dāṛhī)
アコーディオン
A أكورديون ('akūrdiyūn)
P آکاردئون (ākārde'on)
U اکارڈین (akārḍiyan)
あこがれ 〔憧れ〕
A اشتياق (ishtiyāq)
P آرزو (ārezū) ; اشتیاق (eshtiyāq)
U آرزو (ārzū)
憧れる
A اشتاق (ishtāqa)
P آرزو کردن (ārezū kardan) ;
اشتیاق داشتن (eshtiyāq dāshtan)
U آرزو کرنا (ārzū karnā)
あさ 〔朝〕
A صبح (ṣubḥ) ; صباح (ṣabāḥ)
P صبح (sobh) ; بامداد (bāmdād)
U صبح (subah)
朝早く
A باكرًا (bākiran) ;
في الصباح الباكر (fi-ṣ-ṣabāḥil-bākir)
P صبح زود (sobhe-zūd)
U صبح سویرے (subah savērē)
あさ 〔麻〕
A قنب (qunnab)
P کنف (kanaf)
U سن (san)
あざ 〔痣〕
生来の痣
A شامة (shāma)
P خال مادرزاد (khāle-mādar-zād)
U پیدائشی خال (paidā'ishī-khāl)
打ち身
A كدمة (kadma) ; رض (raḍḍ)
P کبودی (kabūdī)
U چوٹ (chōṭ)
アザーン
A أذان ('adhān)
P اذان (azān)
U اذان (azān)
あさい 〔浅い〕
A ضحل (ḍaḥl) ;
غير عميق (ghayr-'amīq)
P کم عمق (kam-'omq)

U اتهلا (uthlā) ;
کم گہرا (kam-gahrā)

あさがお 〔朝顔〕
A مجد الصباح (majdu-ṣ-ṣabāḥ)
P نیلوفر (nīlūfar)
U دن کا راجا (din ka rājā)

あざけり 〔嘲り〕
A سخرية (sukhrīya)
P ریشخند (rīshkhand)
U مضحکہ (mazhaka)

あざける 〔嘲る〕
A سخر (sakhira)
P ریشخند کردن (rīshkhand kardan)
U مضحکہ اڑانا (mazhaka uṛānā)

あさごはん 〔朝御飯〕
A فطور (fuṭūr)
P صبحانه (sobhāne)
U ناشتا (nāshtā)

朝御飯を取る
A أفطر ('afṭara) ;
تناول الفطور (tanāwalal-fuṭūr)
P صبحانه خوردن (sobhāne khordan)
U ناشتا کرنا (nāshtā karnā)

あさせ 〔浅瀬〕
A ضحل (ḍaḥl)
P آبتل (āb-tall)
U جائے پایاب (jā'ē-pāyāb)

あさって 〔明後日〕
A بعد غد (ba'da-ghad)
P پسفردا (pas-fardā)
U پرسوں (parsōṇ)

あさひ 〔朝日〕
A شمس طالعة (shams ṭāli'a)
P طلوع آفتاب (tolū'e-āftāb)
U صبح کا سورج (subah ka sūraj)

あざむく 〔欺く〕
A خدع (khada'a)
P فریب دادن (farīb dādan)
U دھوکا دینا (dhōkā dēnā)

あざやかな 〔鮮やかな〕
新鮮な
A طازج (ṭāzij) ; طری (ṭarīy)
P تازه (tāze)
U تازه (tāza)

明瞭な
A واضح (wāḍiḥ)
P واضح (vāzeh)
U واضح (wāzeh) ; صاف (sāf)

あさゆう 〔朝夕〕
A صباحًا و مساءً
(ṣabāḥan wa masā'an)
P صبح و شام (sobh-o-shām)
U صبح و شام (subah-o-shām)

あざらし 〔海豹〕
A فقمة (fuqma) ;
عجل البحر ('ijlul-baḥr)
P خوک آبی (khūke-ābī) ; سیل (sīl)
U دریائی بچھڑا (daryā'ī-bachhṛā)

あさる 〔漁る〕
魚類をとる
A اصطاد (iṣṭāda)
P صید کردن (seid kardan)
U پکڑنا (pakaṛnā)

探す
A بحث عن (baḥatha ʻan)
P جستجو كردن (jost-jū kardan)
U ڈھونڈنا (ḍhūṇḍnā)

あし 〔足〕
A رجل (rijl)
P پا (pā)
U پاوں (pāoṇ)

あし 〔脚〕
A ساق (sāq)
P ساق (sāq)
U ٹانگ (ṭāṇg)

あし 〔葦〕
A قصبة (qaṣaba) ; بوصة (būṣa)
P نى (nei)
U نے (nai)

あじ 〔味〕
A طعم (ṭaʻm)
P مزه (maze)
U مزه (maza)

アジア
A آسيا (āsiyā)
P آسيا (āsiyā)
U ايشيا (ēshiyā)

アジアの(人)
A آسيوى (āsiyawī)
P آسيائى (āsiyā'ī)
U ايشيائى (ēshiyā'ī)

あしあと 〔足跡〕
A أثر الأقدام (ʻatharul-ʻaqdām)
P اثر پا (asare-pā) ;
جاى پا (jāye-pā)
U پاوں کا نشان (pāoṇ ka nishān)

あしおと 〔足音〕
A صوت القدم (ṣawtul-qadam)
P صداى پا (sedāye-pā)
U آہٹ (āhaṭ)

あしくび 〔足首〕
A كاحل قدم (kāḥil qadam)
P قوزک پا (qūzake-pā)
U ٹخنا (ṭakhnā)

あした 〔明日〕
A غداً (ghadan)
P فردا (fardā)
U کل (kal)

あしもと 〔足下〕
A عند قدميه (ʻinda qadamayhi)
P زير پا (zīre-pā)
U پاوں تلے (pāoṇ talē)

あじわう 〔味わう〕
A ذاق (dhāqa) ;
تذوق (tadhawwaqa)
P چشيدن (cheshīdan)
U مزه چکھنا (maza chakhnā)

あす 〔明日〕 ──→あした

あずかる 〔預かる〕
A حفظ (ḥafiẓa)
P نگهدارى كردن (negah-dārī kardan)
U رکھنا (rakhnā)

あずかる 〔与る〕
A اشترك (ishtaraka)
P شرکت کردن (sherkat kardan)
U حصه لينا (hissa lēnā)

あずき 〔小豆〕
A لوبيا حمراء (lūbiyā ḥamrā')

P لوبیای قرمز (lūbiyāye-qermez)
U راج ماں (rāj-māṇ)

あずける 〔預ける〕
A أودع (’awda‘a)
P سپردن (sepordan)
U سونپنا (sauṇpnā)

アスパラガス
A هليون (hilyawn)
P مارچوبه (mārc͟hūbe)
U مارچوبا (mārc͟hūbā)

アスファルト
A أسفلت (’asfalt)
P آسفالت (āsfālt)
U اسفالٹ (asfālṭ)

あせ 〔汗〕
A عرق (‘araq)
P عرق (‘araq)
U پسینا (pasīnā)

汗をかく
A عرق (‘ariqa)
P عرق کردن (‘araq kardan)
U پسینا آنا (pasīnā ānā)

あせも 〔汗疹〕
A طفح جلدى (ṭafḥ-jildī)
P عرق سوز (‘araq-sūz)
U گرمی دانے (garmī-dānē)

あせる 〔焦る〕
急ぐ
A عجل (‘ajila)
P عجله کردن (‘ajale kardan)
U جلدی کرنا (jaldī karnā)

熱望する
A حرص (ḥaraṣa)
P مشتاق بودن (mos͟htāq būdan)
U آرزو کرنا (ārzū karnā)

あせる 〔褪せる〕
色が褪せる
A بهت (bahita)
P پریدن (parīdan)
U مرجھانا (murjhānā)

あそこに
A هناك (hunāka)
P آنجا (ānjā)
U وہاں (wahāṇ)

あそび 〔遊び〕
A لعب (la‘ib/la‘b)
P بازی (bāzī)
U کھیل کود (khēl-kūd)；
کھیل (khēl)

遊び時間
A استراحة (istirāḥa)
P زنگ تفریح (zange-tafrīh)
U وقفه (waqfa)

遊び場
A ساحة اللعب (sāḥatul-la‘ib)
P زمین بازی (zamīne-bāzī)
U کھیل کا میدان (khēl ka maidān)

あそぶ 〔遊ぶ〕
A لعب (la‘iba)
P بازی کردن (bāzī kardan)
U کھیلنا (khēlnā)

あだ 〔仇〕
復讐
A انتقام (intiqām)
P انتقام (enteqām)
U انتقام (inteqām)

仇を討つ

A انتقم (intaqama)

P انتقام گرفتن (enteqām gereftan)

U انتقام لينا (inteqām lēnā)

あたい 〔価・値〕

値段

A سعر (si'r) ; ثمن (thaman)

P قيمت (qeimat) ; بها (bahā)

U قيمت (qīmat) ; دام (dām)

価値

A قيمة (qīma)

P ارزش (arzesh)

U قدر (qadar)

あたえる 〔与える〕

A أعطى ('a'ṭā)

P دادن (dādan)

U دينا (dēnā)

贈る

A أهدى ('ahdā)

P هديه كردن (hedye kardan)

U تحفه دينا (tohfa dēnā)

あたかも

A كأن (ka-'anna)

P مثل اينكه (mesle-īnke) ; گوئى (gū'ī)

U گويا (gōyā)

あたたかい 〔暖かい・温かい〕

A دافئ (dāfi'u)

P گرم (garm)

U گرم (garm)

あたたまる 〔暖まる〕

A تدفأ (tadaffa'a)

P گرم شدن (garm shodan)

U گرم ہونا (garm hōnā)

あたためる 〔暖める〕

A دفأ (daffa'a)

P گرم كردن (garm kardan)

U گرم كرنا (garm karnā)

あだな 〔綽名〕

A لقب (laqab)

P اسم خودمانى (esme-khodmānī)

U عرف ('urf)

あたま 〔頭〕

A رأس (ra's)

P سر (sar)

U سر (sir)

頭が良い

A ذكى (dhakī)

P باهوش (bā-hūsh)

U ہوشيار (hōshyār)

あたらしい 〔新しい〕

A جديد (jadīd)

P نو (nou) ; جديد (jadīd)

U نيا (nayā)

新鮮な

A طازج (ṭāzij)

P تازه (tāze)

U تازه (tāza)

あたり 〔辺り〕

近く

A قريب (qarīb)

P نزديک (nazdīk)

U نزديک (nazdīk)

あたりまえの 〔当たり前の〕

A طبيعى (ṭabī'ī)

P طبيعی (tabī‘ī)
U قدرتی (qudratī)

あたる 〔当たる〕
命中する
A أصاب (’aṣāba)
P اصابت کردن (esābat kardan)
U لگنا (lagnā)

あちこち
A هنا و هناك (hunā wa hunāka)
P اینجا وآنجا (īnja-o-ānjā)
U یہاں وہاں (yahāṇ wahāṇ)

あちらに
A إلى هناك (’ilā hunāka)
P به آن طرف (be-ān taraf)；
به آنجا (be-ānjā)
U ادهر (udhar)；
اس طرف (us taraf)

あつい 〔熱い・暑い〕
A حار (ḥārr)；ساخن (sākhin)
P گرم (garm)
U گرم (garm)

あつい 〔厚い〕
A سميك (samīk)
P کلفت (koloft)
U موٹا (mōṭā)

あつかう 〔扱う〕
A عامل (‘āmala)
P رفتار کردن (raftār kardan)
U سلوک کرنا (sulūk karnā)

あっかする 〔悪化する〕
A ساء (sā’a)
P بدتر شدن (bad-tar shodan)
U خراب ہونا (kharāb hōnā)；
بگڑنا (bigaṛnā)

あつかましい 〔厚かましい〕
A وقح (waqiḥ)
P گستاخ (gostākh)
U گستاخ (gustākh)

あつがみ 〔厚紙〕
A ورق مقوى (waraq muqawwan)
P مقوا (moqavvā)
U گتا (gattā)

あっかん 〔悪漢〕
A وغد (waghd)；شرير (shirrīr)
P آدم شرور (ādame-sharūr)
U بدمعاش (bad-ma‘āsh)

あつさ 〔熱さ・暑さ〕
A حرارة (ḥarāra)；حر (ḥarr)
P گرمی (garmī)；گرما (garmā)
U گرمی (garmī)

あつさ 〔厚さ〕
A سمك (sumk)
P کلفتی (koloftī)
U مٹائی (muṭā’ī)

あっさり
あっさりと
A بسهولة (bi-suhūla)
P به آسانی (be-āsānī)
U آسانی سے (āsānī se)
あっさりした
A بسيط (basīṭ)
P سبک (sabok)；ساده (sāde)
U ساده (sāda)

あっしゅく 〔圧縮〕
A ضغط (ḍaghṭ)
P فشار (feshār)

U دباو (dabāō)

圧縮する

A ضغط (ḍaghaṭa)

P فشردن (feshordan)

U دبانا (dabānā)

あっせん 〔斡旋〕

A وساطة (wisāṭa)

P میانجی‌گری (miyānjī-garī)

U وساطت (vasātat)

斡旋する

A توسط (tawassaṭa)

P میانجی‌گری کردن (miyānjī-garī kardan)

U وساطت کرنا (vasātat karnā)

斡旋者

A وسیط (wasīṭ)

P میانجی (miyānjī)

U واسطہ (vāsita)

あっぱく 〔圧迫〕

A طغیان (ṭughyān) ; ضغط (ḍaghṭ)

P ستم (setam) ; فشار (feshār)

U ظلم (zulm) ; دباو (dabāō)

圧迫する

A طغی (ṭaghā) ; ضغط (ḍaghaṭa)

P ستم کردن (setam kardan) ; فشار آوردن (feshār āvardan)

U ظلم کرنا (zulm karnā) ; دبانا (dabānā)

圧迫者

A طاغ (ṭāghin)

P ستمگر (setam-gar)

U ظالم (zālim)

あっぱれな 〔天晴れな〕

A جدير بالإعجاب (jadīr bil-'i'jāb)

P قابل تحسین (qābele-tahsīn) ; عالی ('ālī)

U قابل تعریف (qābile-ta'rīf)

あつまり 〔集まり〕

A اجتماع (ijtimā')

P گردهمائی (gerdehamā'ī)

U جلسہ (jalsa)

あつまる 〔集まる〕

A اجتمع (ijtama'a)

P جمع شدن (jam' shodan)

U جمع ہونا (jama' hōnā)

あつめる 〔集める〕

A جمع (jama'a)

P جمع کردن (jam' kardan)

U جمع کرنا (jama' karnā)

アッラー

A الله (allāhu)

P الله (allāh)

U اللّٰہ (allāh)

あつりょく 〔圧力〕

A ضغط (ḍaghṭ)

P فشار (feshār)

U دباو (dabāō)

圧力計

A مقياس الضغط (miqyāsu-ḍ-ḍaghṭ)

P فشار سنج (feshār-sanj)

U دباو پیما (dabāō-paimā)

あて 〔当て〕

期待

A توقع (tawaqqu')

P توقع (tavaqqo‘)
U توقع (tawaqqo‘)
当てにする
A توقع (tawaqqa‘a)
P توقع داشتن (tavaqqo‘ dāshtan)
U توقع رکھنا (tawaqqo‘ rakhnā)

あてな 〔宛名〕
A عنوان (‘unwān)
P عنوان (‘onvān)；
نشانی (neshānī)
U پتا (patā)

あてはまる 〔当てはまる〕
A انطبق (inṭabaqa)
P مطابق بودن (motābeq būdan)
U مطابق ہونا (mutābiq hōnā)

あてはめる 〔当てはめる〕
A طبق (ṭabbaqa)
P مطابق کردن (motābeq kardan)
U مطابق بنانا (mutābiq banānā)

あてる 〔当てる〕
あてがう
A وضع (waḍa‘a)
P گذاشتن (gozāshtan)
U لگانا (lagānā)
成功する
A نجح (najaḥa)
P موفق شدن (movaffaq shodan)
U کامیاب ہونا (kām-yāb hōnā)
推測する
A حدس (ḥadasa)
P حدس زدن (hads zadan)
U اندازہ کرنا (andāza karnā)

あと 〔後〕
後方
A خلف (khalf)
P پشت (posht)；عقب (‘aqab)
U پیچھے (pīchhē)
夕食の後で
A بعد العشاء (ba‘dal-‘ashā’)
P بعد از شام (ba‘d az shām)
U شام کے کھانے کے بعد (shām ke khānē ke ba‘d)

あと 〔跡〕
A أثر (’athar)
P اثر (asar)
U نشان (nishān)；نقش (naqsh)

あとあし 〔後足〕
A ساق خلفية (sāq khalfīya)
P پای عقب (pāye-‘aqab)
U پچھلی ٹانگ (pichhlī ṭāṇg)

あとあじ 〔後味〕
A مذاق عالق (madhāq ‘āliq)
P مزه بعدی (mazeye-ba‘dī)
U بعد کا مزہ (ba‘d ka maza)；
اثر (asar)

あとしまつする 〔後始末する〕
A صفى (ṣaffā)
P تصفيه کردن (tasfiye kardan)
U تصفیہ کرنا (tasfiya karnā)

あととり 〔跡取り〕
相続人
A （男）وارث (wārith)；
（女）وارثة (wāritha)
P وارث (vāres)；وارثه (vārese)
U وارث (wāris)；وارثہ (wārisa)

後継者

A خلف (khalaf)

P جانشين (jā-neshīn)

U جانشين (jā-nashīn)

アドバイス

A نصيحة (naṣīḥa)

P نصيحت (nasīhat)

U نصيحت (nasīhat)

アドバイスする

A نصح (naṣaḥa)

P نصيحت دادن (nasīhat dādan)

U نصيحت دينا (nasīhat dēnā)

あとまわしにする 〔後回しにする〕

A أجل (’ajjala)

P به تأخير انداختن (be-ta’khīr andākhtan)

U ملتوى كرنا (multavī karnā)

アトリエ

A مرسم (marsam)

P آتليه (ātolye)

U اسٹوڈيو (isṭūḍiyo)

アドレス

A عنوان (‘unwān)

P نشانى (neshānī)；آدرس (ādres)

U پتا (patā)

あな 〔穴〕

A ثقب (thuqb)

P سوراخ (sūrākh)

U سوراخ (sūrākh)；چهيد (chhēd)

穴をあける

A ثقب (thaqaba)

P سوراخ كردن (sūrākh kardan)

U چهيدنا (chhēdnā)

アナウンサー

A （男）مذيع (mudhī‘)；

（女）مذيعة (mudhī‘a)

P گوينده (gūyande)

U خبرخوان (khabar-khān)

あなた 〔貴方〕

A （男）أنت (’anta)；

（女）أنت (’anti)

P شما (shomā)

U آپ (āp)

あなた方

A （男）أنتم (’antum)；

（女）أنتن (’antunna)

P شماها (shomā-hā)

U آپ لوگ (āp lōg)

あなどる 〔侮る〕

A احتقر (iḥtaqara)

P حقير شمردن (haqīr shomordan)

U حقارت كرنا (hiqārat karnā)

あに 〔兄〕

A أخ كبير (’akh kabīr)

P برادر بزرگ (barādare-bozorg)

U بڑا بهائى (baṛā bhā’ī)

あね 〔姉〕

A أخت كبيرة (’ukht kabīra)

P خواهر بزرگ (khāhare-bozorg)

U بڑى بهن (baṛī bahin)

あの

あの男

A ذٰلك الرجل (dhālika-r-rajul)

P آن مرد (ān mard)

U وه آدمى (voh ādomī)

あの頃

A في تلك الأيام (fī tilkal-'ayyām)

P در آن روزها (dar ān rūz-hā)

U اس زمانے میں (us zamānē meṇ)

あのよ　〔あの世〕

A الآخرة (al-ākhira)

P آخرت (ākherat)

U آخرت (ākhirat)

アパート

A شقة (shiqqa)

P آپارتمان (āpārtemān)

U اپارٹمنٹس (apārṭmenṭs)

あばく　〔暴く〕

A كشف (kashafa)

P کشف کردن (kashf kardan)

U انکشاف کرنا (inkishāf karnā)

あばらぼね　〔肋骨〕

A ضلع (ḍil')

P دنده (dande)

U پسلی (paslī)

あばらや　〔荒屋〕

A بيت مخرب (bayt mukharrab)

P خانهٔ فکسنی (khāneye-fakasanī)

U ٹوٹا ہوا گھر (ṭūṭā huā ghar)

あばれる　〔暴れる〕

A هاج (hāja) ; ثار (thāra)

P خشونت کردن (khoshūnat kardan)

U سختی کرنا (sakhtī karnā)

あひる　〔家鴨〕

A بطة (baṭṭa)

P اردک (ordak)

U بطخ (battakh)

あびる　〔浴びる〕

入浴する

A استحم (istaḥamma)

P حمام کردن (hammām kardan)

U نہانا (nahānā)

アフガニスタン

A أفغانستان ('afghānistān)

P افغانستان (afghānestān)

U افغانستان (afghānistān)

アフターサービス

A خدمة بعد البيع (khidma ba'dal-bay')

P سرویس پس از فروش (servīse-pas az forūsh)

U بعد از فروخت سروس (ba'd az farōkht sarvis)

あぶない　〔危ない〕

A خطر (khaṭir) ; خطير (khaṭīr)

P خطرناک (khatar-nāk)

U خطرناک (khatar-nāk)

あぶら　〔油〕

A زيت (zayt)

P روغن (roughan)

U تیل (tēl)

あぶら　〔脂〕

A دهن (duhn)

P چربی (charbī)

U چربی (charbī)

あぶらえ　〔油絵〕

A رسم زيتي (rasm zaytī)

P نقاشی رنگ روغن (naqqāshīye-range-roughan)

U روغنی تصویر (raughanī tasvīr)

あぶらむし 〔油虫〕 ⟶ごきぶり
アフリカ
   A إفريقيا (’ifrīqiyā)
   P آفریقا (āfrīqā)
   U افریقہ (afrīqa)
アフリカの
   A إفريقي (’ifrīqī)
   P آفریقائی (āfrīqā'ī)
   U افریقی (afrīqī)
アフリカの(人)
   A إفريقي (’ifrīqī)
   P آفریقائی (āfrīqā'ī)
   U افریقائی (afrīqā'ī)
あぶる 〔焙る〕
  肉を焙る
   A شوى (shawā)
   P کباب کردن (kabāb kardan)
   U بھوننا (bhūnnā)
  パンを焙る
   A حمص (ḥammaṣa)
   P برشته کردن (beres̲h̲te kardan)
   U سینکنا (sēṇknā)
  乾かす
   A جفف (jaffafa)
   P خشک کردن (k̲h̲oshk kardan)
   U سکھانا (sukhānā)
  あたためる
   A دفأ (daffa'a)
   P گرم کردن (garm kardan)
   U گرم کرنا (garm karnā)
あふれる 〔溢れる〕
  川が溢れる
   A فاض (fāḍa)

   P طغیان کردن (tog̲h̲yān kardan)
   U سیلاب آنا (sailāb ānā)
あべこべ
  あべこべの
   A متضاد (mutaḍādd)
   P معکوس (ma'kūs)
   U الٹا (ulṭā)
  あべこべに
   A بالعکس (bil-'aks) ;
     علی العکس ('alal-'aks)
   P برعکس (bar-'aks)
   U الٹا (ulṭā)
あへん 〔阿片〕
   A أفیون (’afyūn)
   P تریاک (taryāk)
   U افیون (afyūn)
あほう 〔阿呆〕
   A أحمق (’aḥmaq)
   P احمق (ahmaq)
   U احمق (ahmaq)
あま 〔尼〕
   A راهبة (rāhiba)
   P راهبه (rāhebe)
   U راہبہ (rāhiba)
あまい 〔甘い〕
   A حلو (ḥulw)
   P شیرین (s̲h̲īrīn)
   U میٹھا (mīṭhā)
あまえる 〔甘える〕
   A تدلل (tadallala)
   P لوس شدن (lūs s̲h̲odan)
   U پیار سے مننا (piyār se manānā)

あまがさ 〔雨傘〕
A مظلة (miẓalla)
P چتر (chatr)
U چھتری (chhatrī)

あまがっぱ 〔雨合羽〕
レインコート
A ممطر (mimṭar)
P بارانی (bārānī)
U برساتی (barsātī)

あまざらしにする 〔雨曝しにする〕
A عرض للمطر (‘arraḍa lil-maṭar)
P در معرض باران گذاشتن (dar ma‘raze-bārān gozāshtan)
U بارش میں چھوڑنا (bārish meṇ chhōṛnā)

あます 〔余す〕
A أبقى (’abqā)
P باقی گذاشتن (bāqī gozāshtan)
U باقی رکھنا (bāqī rakhnā)

アマチュア
A هاو (hāwin)
P آماتور (āmātor)
U غیر پیشہور (ghair-pēsha-war)

あまのがわ 〔天の川〕
A درب التبانة (darbu-t-tabbāna)
P کهکشان (kahkashān) ;
راه شیری (rāhe-shīrī)
U کہکشاں (kahkashān)

あまみず 〔雨水〕
A ماء المطر (mā’ul-maṭar)
P آب باران (ābe-bārān)
U بارش کا پانی (bārish ka pānī)

あまもり 〔雨漏り〕
A رشح بمياه المطر (rashḥ bi-miyāhil-maṭar)
P نشت باران (nashte-bārān)
U پانی کا ٹپکا (pānī ka ṭapkā)

あまやかす 〔甘やかす〕
A دلل (dallala)
P لوس کردن (lūs kardan)
U لاڈ پیار کرنا (lāḍ pyār karnā)

あまり 〔余り〕
残余
A بقية (baqīya)
P بقیه (baqīye)
U بقیہ (baqīya) ; باقی (bāqī)
残額
A رصيد (raṣīd)
P مانده (mānde)
U بچت (bachat)

あまりに 〔余りに〕
A أكثر من اللازم (‘akthar minal-lāzim)
P بیش از حد (bīsh az hadd)
U بے حد (bē-hadd)

あまる 〔余る〕
A بقي (baqiya)
P باقی ماندن (bāqī māndan)
U باقی رہنا (bāqī rahnā)

アマルガム
A ملغم (malgham)
P ملغمه (malghame)
U ملغم (malgham)

あまんじる 〔甘んじる〕
A رضي (raḍiya) ; اكتفى (iktafā)

P راضی شدن (rāzī shodan)
U راضی ہونا (rāzī hōnā)

あみ 〔網〕
A شبكة (shabaka)
P تور (tūr)
U جال (jāl)

あみだな 〔網棚〕
A رف شبكي (raff-shabakī)
P رف (raf)
U ریک (raik)

あみばり 〔編み針〕
A إبرة الحياكة (ʻibratul-ḥiyāka)
P میل بافتنی (mīle-bāftanī)
U بننے کی سلائی (bunnē ki silā'ī)

あみもの 〔編み物〕
A حياكة (ḥiyāka)
P بافتنی (bāftanī)
U بننا (bunnā)

あむ 〔編む〕
A حاك (ḥāka)
P بافتن (bāftan)
U بننا (bunnā)

あめ 〔雨〕
A مطر (maṭar)
P باران (bārān)
U بارش (bārish)

雨が降る
A هطل المطر (haṭalal-maṭar)
P باران آمدن (bārān āmadan)
U بارش ہونا (bārish hōnā)

あめ 〔飴〕
A حلوى (ḥalwā)
P نبات (nabāt)
U کھانڈ کی مٹھائی (khānḍ ki miṭhā'ī)

アメーバ
A أميبا ('amībā)
P آمیب (āmīb)
U امیبا (amībā)

アメリカ
A أمريكا ('amrīkā)
P آمریکا (āmrīkā)
U امریکہ (amrīka)

アメリカの(人)
A أمريكي ('amrīkī)
P آمریکائی (āmrīkā'ī)
U امریکی (amrīkī)

あやしい 〔怪しい〕
A مشكوك (mashkūk)
P مشکوک (mashkūk)
U مشکوک (mashkūk)

あやしむ 〔怪しむ〕
A شك (shakka)
P شک کردن (shakk kardan)
U شک کرنا (shakk karnā)

あやつりにんぎょう 〔操り人形〕
A دمية متحركة (dumya mutaḥarrika)
P عروسک خیمه شب بازی ('arūsake-kheime shab-bāzī)
U کٹھ پتلی (kaṭh putlī)

あやふやな
不確かな
A غير متيقن (ghayr mutayaqqin)
P غیر قطعی (gheire-qat'ī)
U غیر یقینی (ghair-yaqīnī)

あいまいな

A غامض (ghāmiḍ)

P مبهم (mobham)

U مبهم (mubham)

あやまち 〔過ち〕

過失

A خطأ (khaṭa')

P خطا (khatā)

U خطا (khatā)

間違い

A غلط (ghalaṭ)

P اشتباه (eshtebāh)

U غلطی (ghalatī)

あやまる 〔謝る〕

A اعتذر (i'tadhara)

P معذرت خواستن (ma'zerat khāstan)

U عذر کرنا ('uzr karnā)

あやまる 〔誤る〕

A أخطأ ('akhṭa'a)

P اشتباه کردن (eshtebāh kardan)

U غلطی کرنا (ghalatī karnā)

あゆみ 〔歩み〕

A خطوة (khuṭwa)

P قدم (qadam)

U قدم (qadam)

あらい 〔荒い・粗い〕

A خشن (khashin)

P خشن (khashen)

U کهردرا (khurdurā)

あらう 〔洗う〕

A غسل (ghasala)

P شستن (shostan)

U دهونا (dhōnā)

あらかじめ 〔予め〕

A مقدمًا (muqaddaman)

P از پیش (az pīsh);

از قبل (az qabl)

U پہلے سے (pahlē se)

あらし 〔嵐〕

A عاصفة ('āṣifa)

P توفان (tūfān)

U طوفان (tūfān)

あらす 〔荒らす〕

A خرب (kharraba);

دمر (dammara)

P ویران کردن (vīrān kardan);

خراب کردن (kharāb kardan)

U تباه کرنا (tabāh karnā)

あらすじ 〔粗筋〕

A خلاصة (khulāṣa)

P خلاصه (kholāse)

U خلاصہ (khulāsa)

あらそい 〔争い〕

けんか

A شجار (shijār)

P دعوا (da'vā)

U جهگڑا (jhagṛā)

論争

A جدال (jidāl)

P مباحثه (mobāhese)

U مباحثہ (mubāhisa)

あらそう 〔争う〕

けんかする

A شاجر (shājara)

P دعوا کردن (da'vā kardan)

U جهگڑا کرنا (jhagṛā karnā)

論争する

A جادل (jādala)

P مباحثه کردن (mobāhese kardan)

U مباحثہ کرنا (mubāhisa karnā)

あらた 〔新た〕

新たな

A جديد (jadīd)

P نو (nou)

U نیا (nayā)

新たに

A من جديد (min jadīd)

P از سر نو (az sare-nou)

U از سر نو (az sare-nau)

あらたまる 〔改まる〕

改善される

A انصلح (inṣalaḥa)

P اصلاح شدن (eslāh shodan)

U اصلاح ہونا (islāh hōnā)

形式ばる

A تكلف (takallafa)

P تعارفی بودن (ta'ārofī būdan)

U پرتکلف ہونا (pur-takalluf hōnā)

あらためて 〔改めて〕

再び

A مرة أخرى (marra 'ukhrā)

P بار دیگر (bāre-dīgar)

U پھر (phir)

あらためる 〔改める〕

変更する

A بدل (baddala)

P عوض کردن ('avaz kardan)

U بدلنا (badalnā)

改正する

A أصلح ('aṣlaḥa)

P اصلاح کردن (eslāh kardan)

U ترمیم کرنا (tarmīm karnā)

アラビア

アラビア半島

A شبه الجزيرة العربية (shibhul-jazīratul-'arabīya)

P جزيرة العرب (jazīratul-'arab)

U جزيرة العرب (jazīratul-'arab)

アラビアの(人)

A عربی ('arabī)

P عربی ('arabī)

U عربی ('arabī)

アラビア語

A اللغة العربية (allughatul-'arabīya) ; العربية (al-'arabīya)

P زبان عربی (zabāne-'arabī)

U عربی زبان ('arabī zabān)

アラブ

アラブ諸国

A البلاد العربية (al-bilādul-'arabīya)

P کشورهای عربی (keshvarhāye-'arabī)

U بلاد عرب (bilāde-'arab)

アラブ首長国連邦

A الإمارات العربية المتحدة (al-'imārātul-'arabīyatul-muttaḥida)

P امارات متحده عربی (emārāte-mottahedeye-'arabī)

U متحده عرب امارات (muttahida 'arab imārāt)

あらゆる
A كل (kull)
P هر (har) ; همه (hame)
U ہر (har) ; سب (sab)
あらゆる種類の
A كل نوع من (kull naw‘ min)
P هر نوع (har nou‘)
U ہر قسم (har qism)

あられ 〔霰〕
A برد (barad)
P تگرگ (tagrag)
U اولا (ōlā)

あらわす 〔表す・現す〕
示す
A دل (dalla)
P نشان دادن (neshān dādan)
U دکھانا (dikhānā)
表現する
A عبر (‘abbara)
P اظهار کردن (ezhār kardan)
U اظہار کرنا (izhār karnā)

あらわす 〔著す〕
書く
A كتب (kataba)
P نوشتن (neveshtan)
U لکھنا (likhnā)
出版する
A نشر (nashara)
P منتشر کردن (montasher kardan)
U اشاعت کرنا (ishā‘at karnā)

あらわれる 〔現れる〕
姿が現れる
A ظهر (ẓahara) ; بدا (badā)
P ظاهر شدن (zāher shodan)
U ظاہر ہونا (zāhir hōnā)
露見する
A انكشف (inkashafa)
P منکشف شدن (monkashef shodan)
U منکشف ہونا (munkashif hōnā)

あり 〔蟻〕
A نمل (naml)
P مورچه (mūrche)
U چیونٹی (chyūnṭī)

ありあまる 〔有り余る〕
A فائض (fā’iḍ) ; زائد عن الحاجة (zā’id ‘anil-ḥāja)
P مازاد بر احتیاج (mā-zād bar ehtiyāj)
U کافی سے زیادہ (kāfī se ziyāda)

ありありと
A بصراحة (bi-ṣarāḥa) ; بوضوح (bi-wuḍūḥ)
P بطور روشن (be-toure roushan)
U صاف طور پر (sāf taur par)

ありあわせの 〔有り合わせの〕
A موجود (mawjūd)
P موجود (moujūd) ; حاضری (hāzerī)
U موجود (maujūd)

ありか 〔在処〕
A مكان (makān) ; موقع (mawqi‘)
P مکان (makān) ; جا (jā)
U مقام (maqām)

ありがたい 〔有り難い〕
A شاكر (shākir)
P متشکر (motashakker) ;

سپاسگزار (sepās-gozār)
U شکرگزار (shukr-guzār)

ありがちな 〔有りがちな〕
A عادى (‘ādī)
P معمولى (ma‘mūlī) ; عادى (‘ādī)
U معمولى (ma‘mūlī) ; عام (‘ām)

ありがとう 〔有り難う〕
A شكرًا (shukran)
P متشكرم (motashakkeram)
U شکریہ (shukriya)

ありきたりの 〔在り来たりの〕
A عادى (‘ādī)
P معمولى (ma‘mūlī)
U معمولى (ma‘mūlī)

ありさま 〔有り様〕
A حالة (ḥāla) ; حال (ḥāl)
P حالت (hālat) ; حال (hāl)
U حالت (hālat) ; حال (hāl)

ありそうな 〔有りそうな〕
A محتمل (muḥtamal)
P احتمالى (ehtemālī)
U ممکن (mumkin)

ありのまま 〔有りのまま〕
有りのままの
A كما هو (kamā huwa)
P واقعى (vāqe‘ī)
U واقعى (wāqe‘ī)
有りのままに
A بصراحة (bi-ṣarāḥa)
P صاف و پوست کنده (sāf-o-pūst kande)
U صاف صاف (sāf-sāf)

アリバイ
A دفع بالغيبة (daf‘ bil-ghayba)
P دليل غيبت از محل جرم (dalīle-gheibat az mahalle-jorm)
U عذر عدم موجودگی (‘uzre-‘adam-maujūdagī)

ありふれた 〔有りふれた〕
A عادى (‘ādī)
P معمولى (ma‘mūlī)
U معمولى (ma‘mūlī)

ある 〔有る・在る〕
存在する
A يوجد (yūjad) ; موجود (mawjūd)
P وجود داشتن (vojūd dāshtan)
U موجود ہونا (maujūd hōnā)

あるいは
または
A أو (’aw)
P يا (yā)
U يا (yā)
おそらく
A ربما (rubbamā)
P شايد (shāyad)
U شايد (shāyad)

アルカリ
A القلى (al-qily)
P قليا (qalyā)
U الکلی (alkalī)

あるく 〔歩く〕
A مشى (mashā)
P قدم زدن (qadam zadan)
U چلنا (chalnā)

歩いて

A ماشيًا (mā<u>sh</u>iyan)

P پیاده (piyāde)

U پیدل (paidal)

アルコール

A كحول (kuḥūl) ; الكحول (al-kuḥūl)

P الکل (alkol)

U الکحل (alkohol)

アルジェリア

A الجزائر (al-jazā'ir)

P الجزاير (al-jazāyer)

U الجزائر (al-jazā'ir)

アルゼンチン

A الأرجنتين (al-'arjantīn)

P آرژانتین (ār<u>zh</u>āntīn)

U ارجنٹائن (arjanṭā'in)

アルバイト

A عمل مؤقت ('amal mu'aqqat)

P کار نیمه وقت (kāre-nīme-vaqt)

U ضمنی کام (zimnī kām)

アルバニア

A ألبانيا ('albāniyā)

P آلبانی (ālbānī)

U البانیہ (albāniya)

アルバム

A ألبوم ('albūm)

P آلبوم (ālbūm)

U البم (albam)

アルファベット

A الحروف الأبجدية (al-ḥurūful-'abjadīya) ; الألفباء (al-'alifbā')

P الفبا (alef-bā)

U ابجد (abjad)

アルプス

A جبال الألب (jibālul-'alb)

P کوه های آلپ (kūh-hāye ālp)

U آلپس (ālps)

アルミニウム

A ألومنيوم ('alūminyūm)

P آلومینیم (ālūmīnyom)

U الومینیم (alūmīnyom)

アルメニア

A أرمينيا ('armīniyā)

P ارمنستان (armenestān)

U آرمینیا (ārmēniyā)

アルメニアの(人)

A أرمنى ('armanī)

P ارمنی (armanī)

U ارمنی (armanī)

あれ

A (男) ذٰلك (<u>dh</u>ālika) ;

(女) تلك (tilka)

P آن (ān)

U وہ (voh)

あれ以来

A منذ ذٰلك الوقت

(mun<u>dh</u> <u>dh</u>ālikal-waqt)

P از آن وقت (az ān vaqt)

U اس وقت سے (us waqt se)

あれち 〔荒れ地〕

A أرض قفر ('arḍ qafr)

P زمین بایر (zamīne-bāyer)

U بنجر (banjar)

あれほど

A مثل ذٰلك (mi<u>th</u>la <u>dh</u>ālika)

P آنقدر (ān-qadr)

U اتنا (utnā)

あれる 〔荒れる〕

天候が荒れる

A عصف (‘aṣafa)

P توفانی شدن (tūfānī shodan)

U خراب ہونا (kharāb hōnā)

土地が荒れる

A أقفر (’aqfara)

P بایر شدن (bāyer shodan)

U اجڑنا (ujaṛnā)

皮膚が荒れる

A تخشن (takhashshana)

P زبر شدن (zebr shodan)

U خشک ہونا (khushk hōnā)

建物が荒れる

A تخرب (takharraba)

P ویران شدن (vīrān shodan)

U کھنڈر ہونا (khanḍar hōnā)

アレルギー

A حساسية (ḥassāsīya)

P آلرژی (ālerzhī)

U الرجی (alerjī)

あわ 〔泡〕

A فقاعة (fuqqā‘a)

P کف (kaf)

U بلبلا (bulbulā)

あわせる 〔合わせる〕

結合する

A ألصق (’alṣaqa)

P بهم وصل کردن (beham vasl kardan)

U جوڑنا (jōṛnā)

合計する

A جمع (jama‘a)

P جمع کردن (jam‘ kardan)

U جمع کرنا (jama‘ karnā)

適合させる

A وفق (waffaqa)

P موافق کردن (movāfeq kardan)

U موافق کرنا (muwāfiq karnā)

時計を合わせる

A ضبط (ḍabaṭa)

P میزان کردن (mīzān kardan)

U میزان لگانا (mīzān lagānā)

あわせる 〔会わせる・遭わせる〕

紹介する

A قدم (qaddama)

P معرفی کردن (mo‘arrefī kardan)

U تعارف کرانا (ta‘āruf karānā)

事に遭わせる

A عرض (‘arraḍa)

P در معرض قرار دادن (dar ma‘raz qarār dādan)

U ڈالنا (ḍālnā)

あわせる 〔併せる〕

合併する

A ضم (ḍamma)

P ادغام کردن (edghām kardan)

U ضم کرنا (zam karnā)

あわてもの 〔慌て者〕

A رجل عجول (rajul ‘ajūl)

P آدم شتابکار (ādame-shetābkār)

U جلدباز (jald-bāz)

あわてる 〔慌てる〕
急ぐ
A استعجل (ista‘jala)
P عجله کردن (‘ajale kardan)
U جلدی کرنا (jaldī karnā)
慌てて
A على عجلة (‘alā ‘ajala)
P با عجله (bā ‘ajale)
U جلدی سے (jaldī se)
まごつく
A اضطرب (iḍṭaraba)
P مضطرب شدن (moztareb shodan)
U گھبرانا (ghabrānā)

あわれ 〔哀れ〕
悲しみ
A أسف (’asaf)
P غم (gham)
U غم (gham)
みじめさ
A شقاء (shaqā’)
P بیچارگی (bī-chāregī)
U بے چارگی (bē-chāragī)
哀れな
A مسكين (miskīn) ; شقي (shaqīy)
P مسکین (meskīn) ;
بیچاره (bī-chāre)
U بے چاره (bē-chāra)

あわれみ 〔哀れみ〕
A رحمة (raḥma) ; شفقة (shafaqa)
P رحم (rahm) ; شفقت (shafeqqat)
U رحم (rahm) ; ہمدردی (ham-dardī)

あわれむ 〔哀れむ〕
A رحم (raḥima)
P رحم کردن (rahm kardan)
U رحم کرنا (rahm karnā)

あん 〔案〕
計画
A خطة (khuṭṭa)
P نقشه (naqshe)
U منصوبہ (mansūba)
提案
A اقتراح (iqtirāḥ)
P پیشنهاد (pīsh-nehād)
U تجویز (tajvīz)
草案
A مسودة (musawwada)
P پیش نویس (pīsh-nevīs)
U مسوده (musauwada)

あんい 〔安易〕
A سهولة (suhūla)
P آسانی (āsānī)
U آسانی (āsānī)
安易に
A بسهولة (bi-suhūla)
P به آسانی (be-āsānī)
U آسانی سے (āsānī se)
安易な
A سهل (sahl)
P آسان (āsān)
U آسان (āsān)

あんがい 〔案外〕
案外な
A غير منتظر (ghayr-muntaẓar)
P غیر منتظره (gheire-montazare)
U غیر متوقع (ghair-mutawaqqe‘)

案外に

A على عكس التوقعات ('alā 'aksi-t-tawaqqu'āt)

P بطور غير منتظره (be-toure gheire-montazare)

U غيرمتوقع طور پر (ghair-mutawaqqe' taur par)

あんかな 〔安価な〕

A رخيص (rakhīṣ)

P ارزان (arzān)

U سستا (sastā)

あんき 〔暗記〕

A حفظ (ḥifẓ)

P حفظ (hefz)

U حفظ (hifz)

暗記する

A حفظ (ḥafiẓa)

P حفظ كردن (hefz kardan)

U حفظ کرنا (hifz karnā)

アンケート

A استفتاء (istiftā')

P پرسشنامه (porsesh-nāme)

U سوال نامه (sawāl-nāma)

あんごう 〔暗号〕

A شفرة (shifra)

P رمز (ramz)

U رمز (ramz) ; کوڈ (kōḍ)

アンコール

A ! أعد ('a'id)

P !دوباره! دوباره (do-bāre do-bāre) ; تكرار (tekrār)

U پھر سے (phir se) ; مکرر (mukarrar)

あんこく 〔暗黒〕

A ظلام (ẓalām)

P تاريكى (tārīkī)

U اندھیرا (aṇdhērā)

暗黒の

A مظلم (muẓlim)

P تاريک (tārīk)

U اندھیرا (aṇdhērā)

あんさつ 〔暗殺〕

A اغتيال (ightiyāl)

P ترور (teror)

U خفیہ طریقے سے قتل (khufiya tarīqē se qatl)

暗殺する

A اغتال (ightāla)

P ترور كردن (teror kardan)

U خفیہ طریقے سے قتل کرنا (khufiya tarīqē se qatl karnā)

暗殺者

A مغتال (mughtāl)

P تروريست (terorīst)

U قاتل (qātil)

あんざん 〔暗算〕

A حساب ذهنى (ḥisāb dhihnī)

P حساب ذهنى (hesābe-zehnī)

U زبانی حساب (zabānī hisāb)

暗算する

A حسب بالذهن (ḥasaba bi-dh-dhihn)

P حساب ذهنى كردن (hesābe-zehnī kardan)

U زبانی حساب کرنا (zabānī hisāb karnā)

あんじ 〔暗示〕
A تلميح (talmīḥ)
P القا (elqā)
U اشاره (ishāra)
暗示する
A لمح (lammaḥa)
P القا كردن (elqā kardan)
U اشاره كرنا (ishāra karnā)

あんしつ 〔暗室〕
A غرفة مظلمة (ghurfa muẓlima)
P تاريكخانه (tārīk-khāne)
U تاريك خانه (tārīk-khāna)

あんしょう 〔暗唱〕
A إنشاد عن ظهر قلب ('inshād 'an ẓahr qalb)
P از بر خوانى (az bar khānī)
U زبانى سنانا (zabānī sunānā)
暗唱する
A أنشد عن ظهر قلب ('anshada 'an ẓahr qalb)
P از بر خواندن (az bar khāndan)
U زبانى سنانا (zabānī sunānā)

あんしょう 〔暗礁〕
A شعاب صخرية (shi'āb ṣakhrīya)
P آبسنگ (āb-sang)
U ساحلى سنگستان (sāhilī sangistān)

あんじる 〔案じる〕
A قلق (qaliqa)
P نگران بودن (negarān būdan)
U فكر كرنا (fikr karnā)

あんしん 〔安心〕
A اطمئنان (iṭmi'nān)
P خاطرجمعى (khāter-jām'ī) ; اطمينان (etmīnān)
U اطمينان (itmīnān)
安心する
A اطمأن (itma'anna)
P خاطرجمع شدن (khāter-jam' shodan)
U مطمئن ہونا (mutma'in hōnā)

あんず 〔杏〕
A مشمش (mishmish)
P زردآلو (zard-ālū)
U خوبانى (khūbānī)

あんせい 〔安静〕
A راحة (rāḥa)
P آرامش (ārāmesh)
U آرام (ārām)
絶対安静
A راحة كاملة (rāḥa kāmila)
P آرامش كامل (ārāmeshe-kāmel)
U مكمل آرام (mukammal ārām)

あんぜん 〔安全〕
A أمان ('amān) ; سلامة (salāma)
P ايمنى (īmanī)
U سلامت (salāmat)
安全な
A سليم (salīm) ; آمن (āmin)
P ايمن (īman)
U محفوظ (mahfūz)
安全ベルト
A حزام الأمان (ḥizāmul-'amān)
P كمربند ايمنى (kamar-bande-īmanī)
U محفوظ كمربند (mahfūz kamar-

band)

あんてい 〔安定〕
A استقرار (istiqrār)
P پایداری (pāy-dārī) ;
تثبیت (tasbīt)
U استحکام (istehkām)
安定した
A مستقر (mustaqirr)
P پایدار (pāy-dār) ; ثابت (sābet)
U مستحکم (mustahkam)
安定させる
A ثبت (t͟habbata)
P تثبیت کردن (tasbīt kardan)
U مستحکم کرنا (mustahkam karnā)

アンテナ
A هوائی (hawā'ī)
P آنتن (ānten)
U ایریل (eirīl)

あんな
A مثل ذٰلك (mit͟hl d͟hālika)
P چنان (c͟honān)
U ایسا (aisā) ; ویسا (waisā)

あんない 〔案内〕
A إرشاد ('irs͟hād)
P راهنمائی (rāh-namā'ī)
U رہبری (rahbarī)
案内する
A أرشد ('ars͟hada)
P راهنمائی کردن (rāh-namā'ī kardan)
U رہبری کرنا (rahbarī karnā)
案内状(招待状)
A رسالة الدعوة (risālatu-d-da'wa)
P دعوتنامه (da'vat-nāme)
U دعوت نامہ (da'wat-nāma)

アンパイア
A حكم (ḥakam)
P داور (dāvar)
U امپائر (ampā'ar)

あんぴ 〔安否〕
A سلامة (salāmā)
P سلامت (salāmat)
U خیریت (k͟hairiyat)
安否を問う
A استفسر عن سلامة (istafsara 'an salāma)
P احوالپرسی کردن (ahvāl-porsī kardan)
U خیریت پوچھنا (k͟hairiyat pūc͟hhnā)

アンペア
A أمبير ('ambīr)
P آمپر (āmper)
U امپیر (ampēr)

あんま 〔按摩〕
A تدليك (tadlīk) ; مساج (massāj)
P ماساژ (māsāz͟h)
U مالش (mālis͟h)
按摩をする
A دلك (dallaka)
P ماساژ دادن (māsāz͟h dādan)
U مالش کرنا (mālis͟h karnā)

あんみん 〔安眠〕
A نوم مريح (nawm murīḥ)

P خواب آرام (khābe-ārām)
U گہری نیند (gahrī nīṇd)
安眠する
A نام عميقًا (nāma 'amīqan)
P آرام خوابیدن (ārām khābīdan)
U گہری نیند سونا (gahrī nīṇd sōnā)

あんもく 〔暗黙〕
暗黙の
A ضمنى (ḍimnī)
P ضمنى (zemnī)
U خاموش (khāmōsh)
暗黙の了解
A تفاهم ضمنى (tafāhum ḍimnī)
P تفاهم ضمنى (tafāhome-zemnī)
U خاموش رضامندی (khāmōsh razāmandī)

アンモニア
A نشادر (nushādir) ; أمونيا ('ammūniyā)
P آمونیاک (āmonyāk)
U امونیا (ammoniyā)

あんらく 〔安楽〕
A راحة (rāḥa)
P راحتی (rāhatī)
U آرام (ārām)
安楽な
A مريح (murīḥ)
P راحت (rāhat)
U آرام ده (ārām-de)
安楽椅子
A كرسى مريح (kursī murīḥ)
P صندلی راحتی (sandalīye-rāhatī)
U آرام کرسی (ārām kursī)
安楽死
A قتل رحيم (qatl raḥīm)
P قتل نجات بخش (qatle-nejāt-bakhsh)
U موت راحت (maute-rāhat)

い

い 〔胃〕
A معدة (ma'ida/mi'da)
P معده (me'de)
U معده (mē'da)
胃の
A معدى (ma'idī/mi'dī)
P معدی (me'dī) ; معده‌ای (me'deī)
U معدی (mē'dī)
胃痛
A ألم فى المعدة ('alam fil-ma'ida)
P معده درد (me'de-dard)
U درد معده (darde mē'da)

いあわせる 〔居合わせる〕
A كان حاضراً صدفةً (kāna ḥāḍiran ṣudfatan)
P اتفاقاً حضور داشتن (ettefāqan hozūr dāshtan)
U اتفاق سے موجود ہونا (ittefāq se maujūd hōnā)

いあん 〔慰安〕
慰め
A تسلية (tasliya)
P تسلی (tasallī)
U تسلی (tasallī)
休養
A استراحة (istirāḥa)
P استراحت (esterāhat)
U آرام (ārām)
慰安する
A سلى (sallā)
P تسلی دادن (tasallī dādan)
U تسلی دینا (tasallī dēnā)

いい 〔好い・良い〕
良好な
A طيب (ṭayyib)；حسن (ḥasan)
P خوب (khūb)
U اچھا (achchhā)
気持ちのよい
A سار (sārr)
P خوشاینده (khosh-āyand)
U خوش‌گوار (khush-gawār)
好都合な
A مناسب (munāsib)
P مناسب (monāseb)
U مناسب (munāsib)
美しい
A جميل (jamīl)
P زیبا (zībā)
U خوبصورت (khūb-sūrat)

いいあい 〔言い合い〕
A خصام (khiṣām)
P بگومگو (begū-magū)
U تکرار (takrār)
言い合いする
A خاصم (khāṣama)
P بگومگو کردن (begū-magū kardan)
U تکرار کرنا (takrār karnā)

いいあらわす 〔言い表す〕
A عبر عن (ʻabbara ʻan)；
أظهر (ʼaẓhara)
P اظهار کردن (ezhār kardan)
U اظہار کرنا (izhār karnā)

いいえ
A لا (lā)
P نه خیر (na-kheir)
U جی نہیں (jī nahīṇ)
否定疑問の答
A بلى (balā)
P چرا (cherā)
U جی ہاں (jī hāṇ)

いいかえる 〔言い換える〕
A قال بكلمة أخرى (qāla bi-kalima ʼukhrā)
P به عبارت دیگر گفتن (be-ʻebārate-dīgar goftan)
U دوسرے الفاظ میں کہنا (dūsrē alfāz meṇ kahnā)

言い換えると

A بكلمة أخرى (bi-kalima 'ukhrā)

P به عبارت ديگر (be-'ebārate-dīgar)

U دوسرے الفاظ میں (dūsrē alfāz meṇ)

いいかげん 〔好い加減〕

適当な

A مناسب (munāsib)

P مناسب (monāseb)

U مناسب (munāsib)

でたらめな

A اعتباطى (i'tibāṭī)

P درهم برهم (darham-barham)

U اٹکل پچو (aṭkal pachchō)

イースト

A خميرة (khamīra)

P مخمر (mokhammer)

U خمير (khamīr)

いいつける 〔言い付ける〕

命令する

A أمر ('amara)

P دستور دادن (dastūr dādan)

U حکم دینا (hukm dēnā)

告げ口する

A وشى (washā)

P چغلى كردن (chogholī kardan)

U چغلی کھانا (chughlī khānā)

いいつたえ 〔言い伝え〕

A رواية (riwāya)

P روايت (ravāyat)

U روایت (riwāyat)

いいなずけ 〔許嫁〕

A （男）خطيب (khaṭīb)；

（女）خطيبة (khaṭība)

P نامزد (nām-zad)

U منگیتر (mangētar)

いいわけ 〔言い訳〕

詫び

A عذر ('udhr)

P عذر ('ozr)

U عذر ('uzr)

口実

A تعلة (ta'illa)

P بهانه (bahāne)

U بہانہ (bahāna)

言い訳する

A قدم عذرًا (qaddama 'udhran)

P عذر خواستن ('ozr khāstan)

U عذر کرنا ('uzr karnā)

いいん 〔医院〕

A عيادة طبية ('iyāda ṭibbīya)

P كلينيك (kelīnīk)

U مطب (matab)

いいん 〔委員〕

A عضو ('uḍw)

P عضو ('ozv)

U ممبر (membar)

委員会

A لجنة (lajna)

P كميته (komīte)

U کمیٹی (kamīṭī)

いう 〔言う〕

A قال (qāla)

P گفتن (goftan)

U کہنا (kahnā)

いえ 〔家〕

A بيت (bayt) ; منزل (manzil)

P خانه (khāne) ; منزل (manzel)

U گھر (ghar) ; مکان (makān)

いえでする 〔家出する〕

A هرب من البيت (haraba minal-bayt)

P از خانه فرار کردن (az khāne farār kardan)

U گھر چھوڑنا (ghar chhōṛnā)

イエメン

A اليمن (al-yaman)

P يمن (yaman)

U یمن (yaman)

イエメンの(人)

A يمني (yamanī)

P یمنی (yamanī)

U یمنی (yamanī)

いおう 〔硫黄〕

A كبريت (kibrīt)

P گوگرد (gūgerd)

U گندھک (gandhak)

イオン

A إيون (’iyūn)

P یون (yon)

U روان (ravān)

イオン化する

A أين (’ayyana)

P یونیدن (yonīdan)

U روانانا (ravānnā)

いか 〔烏賊〕

A حبار (ḥabbār)

P ماهی مرکب (māhīye-morakkab)

U قیرماهی (qīr-māhī)

いか 〔以下〕

数量

A أقل من (’aqall min)

P کمتر از (kam-tar az)

U سے کم (se kam)

下記

A كما يلي (kamā yalī)

P به شرح زیر (be sharhe-zīr)

U مندرجہ ذیل (mundarjae-zail)

いがい 〔意外〕

意外な

A غير متوقع (ghayr-mutawaqqa‘)

P غیر منتظره (gheire-montazere)

U غیر متوقع (ghair-mutawaqqe‘)

意外に

A على عكس التوقع (‘alā ‘aksi-t-tawaqqu‘)

P بطور غیر منتظره (be-toure gheire-montazere)

U غیر متوقع طور پر (ghair-mutawaqqe‘ taur par)

いがい 〔以外〕

以外に(除外)

A إلا (’illā)

P جز (joz)

U کے سوا (ke siwā)

以外に(追加)

A علاوة على (‘ilāwa ‘alā)

P علاوه بر (‘alāve bar)

U کے علاوہ (ke ‘ilāwa)

いかいよう　〔胃潰瘍〕
A قرحة المعدة (qurḥatul-ma‘ida)
P زخم معده (za<u>kh</u>me-me‘de)
U زخم معده (za<u>kh</u>me-mē‘da)

いかが　〔如何〕
A كيف (kayfa)
P چطور (<u>ch</u>e-tour)
U كيسا (kaisā)
ごきげん如何ですか
A كيف حالك؟ (kayfa ḥālu-ka)
P حال شما چطور است؟ (hāle-<u>sh</u>omā <u>ch</u>e-tour ast)
U آپ كا مزاج كيسا ہے؟ (āp ka mizāj kaisā hai)

いかく　〔威嚇〕
A تهديد (tahdīd)
P تهديد (tahdīd)
U دهمكى (dhamkī)
威嚇する
A هدد (haddada)
P تهديد كردن (tahdīd kardan)
U دهمكى دينا (dhamkī dēnā)

いがく　〔医学〕
A طب (ṭibb)
P پزشكى (peze<u>sh</u>kī)；طب (tebb)
U طب (tibb)；علم طب (‘ilme-tibb)
医学博士
A دكتور فى الطب (duktūr fi-ṭ-ṭibb)
P دكتر در طب (doktor dar tebb)
U ڈاكٹر (ḍākṭar)

いかくちょう　〔胃拡張〕
A اتساع المعدة (ittisā‘ul-ma‘ida)
P اتساع معده (ettesā‘e-me‘de)
U انبساط معده (inbisāte-mē‘da)

いかす　〔生かす〕
生き返らせる
A أحيا (’aḥyā)
P زنده كردن (zende kardan)
U زنده كرنا (zinda karnā)
活用する
A استفاد (istafāda)
P استفاده كردن (estefāde kardan)
U عمل ميں لانا (‘amal meṇ lānā)

いかだ　〔筏〕
A رمث (rama<u>th</u>)
P كلك (kalak)
U بيڑا (bēṛā)

いかめしい　〔厳めしい〕
A وقور (waqūr)
P با وقار (bā-vaqār)
U با وقار (bā-waqār)

いかり　〔怒り〕
A غضب (<u>gh</u>aḍab)
P خشم (<u>kh</u>a<u>sh</u>m)
U غصه (<u>gh</u>ussa)

いかり　〔錨〕
A مرساة (mirsā)
P لنگر (langar)
U لنگر (langar)
錨を降ろす
A ألقى المرساة (’alqāl-mirsā)
P لنگر انداختن (langar andā<u>kh</u>tan)
U لنگر ڈالنا (langar ḍālnā)

いかる　〔怒る〕
A غضب (<u>gh</u>aḍiba)

P عصبانی شدن ('asabānī shodan)
U غصہ آنا (ghussa ānā)

いがん 〔胃癌〕
A سرطان المعدة (saraṭānul-ma'ida)
P سرطان معده (saratāne-me'de)
U سرطان معده (sartāne-mē'da)

いき 〔息〕
A نفس (nafas)
P نفس (nafas)
U سانس (sāṇs)

息をする
A تنفس (tanaffasa)
P نفس كشيدن (nafas kashīdan)
U سانس لينا (sāṇs lēnā)

いぎ 〔異議〕
A اعتراض (i'tirāḍ)
P اعتراض (e'terāz)
U اعتراض (e'terāz)

いぎ 〔意義〕
A معنًى (ma'nan)
P معنى (ma'nī)
U معنى (ma'nī)

意義ある
A ذو معنًى (dhū-ma'nan)
P با معنى (bā-ma'nī)
U پرمعنى (pur-ma'nī)

いきいきした 〔生き生きした〕
A حيوى (ḥayawī)
P زنده (zende)
U زنده (zinda)

いきおい 〔勢い〕
力
A قوة (qūwa)
P زور (zūr) ; قوت (qovvat)
U زور (zōr) ; طاقت (tāqat)

勢力
A نفوذ (nufūdh)
P نفوذ (nofūz)
U اقتدار (iqtedār)

いきぐるしい 〔息苦しい〕
A خانق (khāniq)
P خفه (khafe)
U دم گھٹنے والا (dam ghuṭnē wālā)

いきさつ 〔経緯〕
A حالات (ḥālāt)
P حالات (hālāt)
U حالات (hālāt)

いきじびき 〔生き字引〕
A قاموس ماشٍ (qāmūs māshin)
P فرهنگ متحرک (farhange-motaharrek)
U چلتی لغت (chaltī lughat)

いきている 〔生きている〕
A حي (ḥayy)
P زنده (zende)
U زنده (zinda)

いきどおる 〔憤る〕
A سخط (sakhiṭa)
P سخت خشمگين شدن (sakht khashmgīn shodan)
U بہت غصہ آنا (bahut ghussa ānā)

いきどまり 〔行き止まり〕
A طريق مسدود (ṭarīq masdūd)
P بن بست (bon-bast)
U بندگلی (band-galī)

いきな 〔粋な〕
A ظريف (ẓarīf)
P ظريف (zarīf)
U ظريف (zarīf)

いきなり
A فجأةً (faj'atan)
P ناگهان (nāgahān)
U اچانک (ac̲h̲ānak)

いきのこる 〔生き残る〕
A بقى حيًا (baqiya ḥayyan)
P زنده ماندن (zende māndan)
U زنده رہنا (zinda rahnā)

いきもの 〔生き物〕
A كائن حى (kā'in-ḥayy)
P موجود زنده (moujūde-zende)
U جاندار چیز (jāndār-c̲h̲īz)

いきょうと 〔異教徒〕
A كافر (kāfir) ; وثنى (wat̲h̲anī)
P كافر (kāfer)
U كافر (kāfir)

イギリス
A إنكلترا ('inkiltirā)
P انگلستان (engelestān)
U انگلستان (inglistān)
イギリスの(人)
A إنكليزى ('inkilīzī)
P انگلیسی (engelīsī)
U انگریزی (angrēzī) ;
(人) انگریز (angrēz)

いきる 〔生きる〕
A عاش ('ās̲h̲a)
P زیستن (zīstan)
U جینا (jīnā)

いく 〔行く〕
A ذهب (d̲h̲ahaba)
P رفتن (raftan)
U جانا (jānā)

いくじ 〔育児〕
A تربية الأطفال (tarbiyatul-'aṭfāl)
P پرورش کودک (parvares̲h̲e-kūdak)
U بچوں کی پرورش (bac̲h̲c̲h̲ōṇ ki parwaris̲h̲)

いくじなし 〔意気地なし〕
A جبان (jabān)
P ترسو (tarsū) ; بزدل (boz-del)
U بزدل (buz-dil)

いくつ 〔幾つ〕
A كم (kam)
P چند (c̲h̲and)
U كتنا (kitnā)
年は幾つですか？
A كم عمرك؟ (kam 'umru-ka)
P چند سال دارید؟ (c̲h̲and sāl dārīd)
U آپ کی عمر کتنی ہے؟ (āp ki 'umr kitnī hai)

いくど 〔幾度〕
A كم مرة (kam marra)
P چند بار (c̲h̲and bār)
U کتنی بار (kitnī bār)
幾度も
A مرات عديدة (marrāt 'adīda)
P بارها (bār-hā)
U بارباز (bār-bār)

いくにち 〔幾日〕
A كم يومًا (kam yawman)

P چند روز (chand rūz)
U کتنے دن (kitnē din)

いくぶん 〔幾分〕
A بعض الشیء (ba'ḍa-sh-shay')
P تا اندازه‌ای (tā-andāzeī)
U کچھ (kuchh)

いくら 〔幾ら〕
これは幾らですか
A بكم هٰذا؟ (bi-kam hādhā)
P این چند است؟ (īn chand ast)
U اس کی کیا قیمت ہے؟ (is ki kyā qīmat hai)

いくら…でも 〔幾ら…でも〕
A مهما (mahmā)
P هر چند (har chand)
U جتنا بھی (jitnā bhī)

いけ 〔池〕
A بركة (birka) ; حوض (ḥawḍ)
P حوض (houz) ;
استخر (estakhr) ; برکه (berke)
U حوض (hauz) ; تالاب (tālāb)

いけがき 〔生垣〕
A سياج (siyāj)
P پرچین (parchīn)
U باڑ (bāṛ)

いけない
行ってはいけない
A يجب ألا تذهب (yajibu 'allā tadhhaba)
P نباید بروید (na-bāyad be-ravīd)
U جانا نہیں چاہیے (jānā nahiṇ chāhiye)

いけにえ 〔生けにえ〕
A ذبيحة (dhabīḥa)
P قربانی (qorbānī)
U قربان (qurbān)

いけん 〔意見〕
考え
A رأى (ra'y)
P رأی (ra'y)
U رائے (rāe)
忠告
A نصيحة (naṣīḥa)
P نصیحت (nasīhat)
U نصیحت (nasīhat)
意見する
A نصح (naṣaḥa)
P نصیحت دادن (nasīhat dādan)
U نصیحت دینا (nasīhat dēnā)

いげん 〔威厳〕
A وقار (waqār) ; كرامة (karāma)
P وقار (vaqār)
U وقار (waqār)
威厳のある
A موقر (muwaqqar)
P موقر (movaqqar) ;
با وقار (bā-vaqār)
U با وقار (bā-waqār)

いご 〔以後〕
今後
A بعد هٰذا (ba'da hādhā)
P از این ببعد (az īn be-ba'd)
U اس کے بعد (is ke ba'd)
将来に
A فی المستقبل (fil-mustaqbal)

P در آینده (dar āyande)
U آئنده (ā'inda)

いこう 〔意向〕
A نية (nīya) ; قصد (qaṣd)
P قصد (qasd) ; نيت (nīyat)
U نيت (nīyat)

イコール
A مساوٍ (musāwin) ;
يساوى (yusāwī)
P برابر (barābar) ; مساوی (mosāvī)
U برابر (barābar)

いこつ 〔遺骨〕
A عظم ميت ('aẓm mayyit)
P خاکستر مرده (khākestare-morde)
U ہڈی (haḍḍī)

いさましい 〔勇ましい〕
A شجاع (shujā')
P دلیر (dalīr) ; شجاع (shojā')
U بہادر (bahādur)

いさん 〔遺産〕
A ميراث (mīrāth) ; تراث (turāth)
P میراث (mīrās)
U میراث (mīrās)
遺産相続人
A وارث (wārith)
P وارث (vāres)
U وارث (wāris)

いし 〔石〕
A حجر (ḥajar)
P سنگ (sang)
U پتھر (patthar)

いし 〔意志〕
A إرادة ('irāda)
P اراده (erāde)
U اراده (irāda)
意志表示
A إبداء الإرادة ('ibdā'ul-'irāda)
P اظهار اراده (ezhāre-erāde)
U ارادے کا اظہار (irādē ka izhār)

いじ 〔維持〕
A صيانة (ṣiyāna)
P نگهداری (negahdārī)
U نگہداشت (nigahdāsht)
維持する
A صان (ṣāna)
P نگهداری کردن (negahdārī
kardan)
U برقرار رکھنا (bar-qarār rakhnā)
維持費
A نفقات الصيانة (nafaqātu-ṣ-
ṣiyāna)
P هزينهٔ نگهداری (hazīneye-
negahdārī)
U مصارف نگہداشت (masārife-
nigahdāsht)

いしき 〔意識〕
A وعى (wa'y)
P شعور (sho'ūr) ; هوش (hūsh)
U شعور (shu'ūr)
意識を失う
A فقد وعيه (faqada wa'yahu)
P از هوش رفتن (az hūsh raftan)
U بے ہوش ہونا (bē-hōsh hōnā)
意識的に
A قصدًا (qaṣdan)
P عمداً ('amdan)

U ارادتاً (irādatan)

いしだん 〔石段〕

A درجة حجر (daraja ḥajar)

P پلکان سنگی (pellekāne-sangī)

U پتھر کا زینہ (patthar ka zīna)

いじめる 〔苛める〕

A ضايق (ḍāyaqa)

P اذیت کردن (azīyat kardan)

U ستانا (satānā)

いしや 〔石屋〕

A حجار (ḥajjār)

P سنگ کار (sang-kār)

U معمار (meʻmār)

いしゃ 〔医者〕

A طبيب (ṭabīb)

P پزشک (pezeshk)

U ڈاکٹر (ḍākṭar)

いじゅう 〔移住〕

A هجرة (hijra) ; مهاجرة (muhājara)

P مهاجرت (mohājerat)

U ترک وطن (tarke-watan)

移住する

A هاجر (hājara)

P مهاجرت کردن (mohājerat kardan)

U ترک وطن کرنا (tarke-watan karnā)

いしょ 〔遺書〕

A وصية (waṣīya)

P وصیت نامه (vasīyat-nāme)

U وصیت نامہ (wasīyat-nāma)

いしょう 〔衣装〕

A زى (ziyy) ; لباس (libās)

P لباس (lebās) ; پوشاک (pūshāk)

U کپڑے (kapṛē) ; لباس (libās)

いじょう 〔以上〕

A أكثر من (’akthar min)

P بیش از (bīsh az)

U سے زیادہ (se ziyāda)

いじょう 〔異状〕

故障

A تعطل (taʻaṭṭul)

P خرابی (kharābī)

U حادثہ (hādisa)

身体の異状

A توعك (tawa“uk)

P ناخوشی (nā-khoshī)

U ناسازی (nā-sāzī)

変化

A تغير (taghayyur)

P تغییر (taghyīr)

U تبدیلی (tabdīlī)

いじょうな 〔異常な〕

A غير عادى (ghair-ʻādī) ; شاذ (shādhdh)

P غیر عادی (gheire-ʻādī)

U غیر معمولی (ghair-maʻmūlī)

いしょく 〔衣食〕

A لباس و طعام (libās wa ṭaʻām)

P پوشاک و خوراک (pūshāk-o-khorāk)

U پوشاک و خوراک (pōshāk-o-khūrāk)

衣食住(生計)

A معيشة (maʻīsha)

P معاش (maʻāsh)

U معاش (maʻāsh)

いしょく　〔委嘱〕

A تفويض (tafwīḍ)

P گماشتگی (gomāshtegī)

U حوالہ (hawāla)

委嘱する

A فوض (fawwaḍa)

P گماشتن (gomāshtan)

U حوالے کرنا (hawālē karnā)

いしょく　〔移植〕

A زراعة (zirā‘a)

P پیوند (peivand)

U نقل (naql)

移植する

A زرع (zara‘a)

P پیوند زدن (peivand zadan)

U نقل کرنا (naql kalnā)

心臓移植

A زراعة القلب (zirāatul-qalb)

P پیوند قلب (peivande-qalb)

U نقل قلب (naqle-qalb)

いしん　〔威信〕

A كرامة (karāma)；وقار (waqār)

P حیثیت (heisiyat)；وقار (vaqār)

U وقار (waqār)

いじん　〔偉人〕

A رجل عظيم (rajul ‘aẓīm)

P مرد عظیم (marde-‘azīm)

U عظیم آدمی (‘azīm ādmī)

いす　〔椅子〕

A كرسى (kursī)

P صندلی (sandalī)

U کرسی (kursī)

いずみ　〔泉〕

A عين (‘ayn)

P چشمه (chashme)

U چشمہ (chashma)

イスラーム

A الإسلام (al-’islām)

P اسلام (eslām)

U اسلام (islām)

イスラーム教徒

A مسلم (muslim)

P مسلمان (mosalmān)

U مسلمان (musalmān)

イスラームの

A إسلامى (’islāmī)

P اسلامی (eslāmī)

U اسلامی (islāmī)

イスラエル

A إسلائيل (’islā’īl)

P اسلائیل (eslā’īl)

U اسلائیل (islā’īl)

イスラエルの(人)

A إسلائيلى (’islā’īlī)

P اسلائیلی (eslā’īlī)

U اسلائیلی (islā’īlī)

いずれ

どちら

A أى (’ayyu)

P کدام (kodām)

U کونسا (kaunsā)

早晩

A عاجلًا أو آجلًا (‘ājilan ’aw ājilan)

P دیر یا زود (dīr yā zūd)

U دیر یا سویر (dēr yā savēr)

そのうち
A قريباً (qarīban)
P بزودی (be-zūdī)
U عنقريب (‘an-qarīb)

いずれにしても
A على كل حال (‘alā kull ḥāl)
P در هر حال (dar har hāl)
U بهر حال (ba-har hāl)

いせい 〔威勢〕
A نفوذ (nufū<u>dh</u>) ; فعالية (fa“ālīya)
P فعاليت (fa“ālīyat)
U حوصله (hausila)
威勢のよい
A فعال (fa“āl) ; نشيط (na<u>sh</u>īṭ)
P فعال (fa“āl)
U بلندحوصله (buland-hausila)

いせい 〔異性〕
A جنس آخر (jins ā<u>kh</u>ar)
P جنس مخالف (jense-mo<u>kh</u>ālef)
U جنس مخالف (jinse-mu<u>kh</u>ālif)

いせき 〔遺跡〕
A آثار (ā<u>th</u>ār)
P آثار (āsār) ; خرابه (<u>kh</u>arābe)
U آثار قديمه (āsāre-qadīma)

いぜん 〔以前〕
A من قبل (min qabl)
P سابقاً (sābeqan)
U پهلے (pahlē)

いぜんとして 〔依然として〕
A كما كان (kamā kāna)
P همچنان (ham-<u>ch</u>onān)
U اب بهی (ab-bhī)

いそいで 〔急いで〕
A بعجلة (bi-‘ajala) ; بسرعة (bi-sur‘a)
P با عجله (bā-‘ajale) ;
سريعاً (sarī‘an)
U جلدی سے (jaldī se)

いそうろう 〔居候〕
A متطفل (mutaṭaffil) ;
طفيلى (ṭufaylī)
P طفيلى (tofeilī)
U طفيلى (tufailī)

いそがしい 〔忙しい〕
A مشغول (ma<u>sh</u><u>gh</u>ūl)
P مشغول (ma<u>sh</u><u>gh</u>ūl) ;
گرفتار (gereftār)
U مشغول (ma<u>sh</u><u>gh</u>ūl) ;
مصروف (masrūf)

いそぐ 〔急ぐ〕
A عجل (‘ajila) ; أسرع (’asra‘a)
P عجله كردن (‘ajale kardan)
U جلدی كرنا (jaldī karnā)

いぞく 〔遺族〕
A عائلة باقية (‘ā’ila bāqiya)
P بازماندگان (bāz-māndegān)
U پس ماندگان (pas-māndagān)

いぞんする 〔依存する〕
A اعتمد (i‘tamad)
P اعتماد كردن (e‘temād kardan)
U اعتماد ركهنا (e‘temād rakhnā)

いた 〔板〕
A لوح خشبى (lawḥ <u>kh</u>a<u>sh</u>abī)
P تخته (ta<u>kh</u>te)
U تخته (ta<u>kh</u>ta)

いたい〔遺体〕
A جثة (juththa)
P جنازه (jenāze)
U لاش (lāsh)

いたい〔痛い〕
A مؤلم (mu'lim)
P دردناک (dard-nāk)
U پردرد (pur-dard)
私はおなかが痛い
A عندى ألم فى بطنى ('indī 'alam fī baṭnī)
P دلم درد می‌کند (delam dard mī-konad)
U میرے پیٹ میں درد ہے (mēre pēṭ meṇ dard hai)

いだい〔偉大〕
A عظمة ('aẓama)
P عظمت ('azemat)
U عظمت ('azmat)
偉大な
A عظيم ('aẓīm)
P عظیم ('azīm)
U عظیم ('azīm)

いたく〔委託〕
A إيكال ('īkāl)
P امانت (amānat)；
واگذاری (vāgozārī)
U حوالہ (hawāla)
委託する
A أوكل ('awkala)
P سپردن (sepordan)；
واگذار کردن (vāgozār kardan)
U حوالے کرنا (hawālē karnā)

いだく〔抱く〕
胸に抱く
A عانق ('ānaqa)
P در آغوش گرفتن (dar āghūsh gereftan)
U ہم آغوش ہونا (ham-āghōsh hōnā)
心に抱く
A أضمر ('aḍmara)
P پروردن (parvardan)
U لگانا (lagānā)

いたしかたなく〔致し方なく〕
A لا بد (lā-budda)
P ناگزیر (nā-gozīr)
U لاچار (lā-chār)

いたずら〔悪戯〕
A شقاوة (shaqāwa)；
شيطنة (shayṭana)
P شیطنت (sheitanat)
U شرارت (sharārat)
悪戯な
A شقى (shaqī)；شيطان (shayṭān)
P شیطان (sheitān)
U شریر (sharīr)

いたずらに〔徒らに〕
A بالفشل (bil-fashal)
P بیهوده (bīhūde)
U بے فائدہ (bē-fā'ida)

いただき〔頂〕
A قمة (qimma)
P قله (qolle)
U چوٹی (chōṭī)

いただく 〔頂く〕

かぶる

A لبس (labisa)

P پوشیدن (pūshīdan)

U پہننا (pahnnā)

もらう

A استلم (istalama)

P گرفتن (gereftan)

U لینا (lēnā)

もう十分頂きました

A أنا شبعان ('anā shab'ān)

P من سیر شدم (man sīr shodam)

U میں سیر ہوا (maiṇ sēr huā)

いたみ 〔痛み・傷み〕

苦痛

A ألم ('alam)

P درد (dard)

U درد (dard)

損傷

A خسارة (khasāra)

P خسارت (khesārat)

U نقصان (nuqsān)

いたむ 〔痛む・傷む〕

肉体が痛む

A تألم (ta'allama); ألم ('alima)

P درد کردن (dard kardan)

U دکھنا (dukhnā);

درد ہونا (dard hōnā)

物が傷む

A فسد (fasada)

P فاسد شدن (fāsed shodan)

U خراب ہونا (kharāb hōnā)

いためる 〔炒める〕

A حمر (ḥammara)

P سرخ کردن (sorkh kardan)

U تلنا (talnā)

いためる 〔痛める〕

A جرح (jaraḥa)

P زخمی کردن (zakhmī kardan)

U زخمی کرنا (zakhmī karnā)

イタリア

A إيطاليا ('īṭāliyā)

P ایتالیا (ītāliyā)

U اٹلی (iṭalī)

イタリアの(人)

A إيطالي ('īṭālī)

P ایتالیائی (ītāliyā'ī)

U اطالوی (itālwī)

いたるところ 〔至る所〕

A فی کل مکان (fī kull makān)

P هر جا (har jā)

U ہر جگہ (har jaga)

いたわる 〔労わる〕

世話する

A عنی ب ('uniya bi)

P توجه کردن (tavajjoh kardan)

U نگرانی کرنا (nigrānī karnā)

親切にする

A عطف ('aṭafa)

P مهربانی کردن (mehrabānī kardan)

U مہربانی کرنا (mehrbānī karnā)

慰める

A سلی (sallā)

P تسلی دادن (tasallī dādan)

U تسلی دینا (tasallī dēnā)

いち 〔一〕
A واحد (wāḥid)
P یک (yek)
U ایک (ēk)
第一
A أول (’awwal)
P اول (avval) ; یکم (yekom)
U پہلا (pahlā) ; اول (awwal)

いち 〔位置〕
A موقع (mawqi‘)
P موقعیت (mouqe‘īyat) ;
موضع (mouze‘)
U جگہ (jaga) ; مقام (maqām)

いち 〔市〕
A سوق (sūq)
P بازار (bāzār)
U بازار (bāzār)

いちいち
A واحدًا واحدًا (wāḥidan wāḥidan)
P یکی یکی (yekī yekī)
U ایک ایک کرکے (ēk ēk kar-ke)

いちおう 〔一応〕
とにかく
A على أية حال (‘alā ’ayya ḥāl)
P به هر حال (be-har hāl)
U بہر حال (ba-har hāl)

いちがつ 〔一月〕
西暦
A يناير (yanāyir) ;
كانون الثانى (kānūnu-th-thānī)
P ژانویه (zhānviye)
U جنوری (janwarī)
イスラーム暦
A محرم (muḥarram)
P محرم (moharram)
U محرم (muharram)
イラン暦
P فروردین (farvardīn)

いちご 〔苺〕
A فراولة (farāula) ;
توت أرضى (tūt ’arḍī)
P توت فرنگی (tūt-farangī)
U اسٹابری (isṭāberī)

いちじ 〔一時〕
時刻
A الساعة الواحدة (as-sā‘atul-wāḥida)
P ساعت یک (sā‘ate-yek)
U ایک بجا (ēk bajā)
かつて
A سابقًا (sābiqan)
P سابقاً (sābeqan)
U پہلے (pahlē)
しばらく
A فترة من الزمن (fatra mina-z-zaman)
P یک مدتی (yek moddatī)
U کچھ دیر کے لیے (kuchh dēr ke liye)

いちじく 〔無花果〕
A تين (tīn)
P انجیر (anjīr)
U انجیر (anjīr)

いちじてきに 〔一時的に〕
A مؤقتًا (mu’aqqatan)

P موقتاً (movaqqatan)
U عارضی طور پر ('ārizī taur par)

いちじるしい 〔著しい〕
A ملحوظ (malḥūẓ)
P چشمگیر (chashm-gīr)
U نمایان (numāyān)

いちずに 〔一途に〕
A بجد (bi-jidd)
P بطور جدی (be-toure-jeddī)
U دل لگا کر (dil lagā-kar)

いちだい 〔一代〕
一世代
A جيل واحد (jīl wāḥid)
P یک نسل (yek nasl)
U ایک پشت (ēk pusht)
一生
A عمر ('umr) ; حياة (ḥayā)
P عمر ('omr) ; زندگی (zendegī)
U عمر ('umr) ; زندگی (zindagī)

いちだいじ 〔一大事〕
A حدث ذو شأن خطير (ḥadath dhū sha'n khaṭīr)
P امر خطیر (amre-khatīr)
U سنجیده مسئله (sanjīda mas'ala)

いちど 〔一度〕
A مرة واحدة (marra wāḥida)
P یک بار (yek bār)
U ایک بار (ēk bār)
一度に
A فی نفس الوقت (fī nafsil-waqt)
P در یک وقت (dar yek vaqt)
U ایک ہی وقت میں (ēk hī waqt meṇ)

いちどう 〔一同〕
A جميع (jamī') ; كل (kull)
P همه (hame)
U سب (sab)

いちにち 〔一日〕
A يوم واحد (yawm wāḥid)
P یک روز (yek rūz)
U ایک روز (ēk rōz)
一日おきに
A كل يومين (kulla yawmayni)
P یک روز درمیان (yek rūz darmiyān)
U ایک دن چھوڑ کر (ēk din chhōṛ kar)

いちにんしょう 〔一人称〕
A متكلم (mutakallim)
P اول شخص (avval shakhs)
U متکلم (mutakallim)

いちねん 〔一年〕
A عام واحد ('ām wāḥid)
P یک سال (yek sāl)
U ایک سال (ēk sāl)
一年生
A طالب فی السنة الأولى (ṭālib fi-s-sanatil-'ūlā)
P شاگرد کلاس اول (shāgerde-kelāse-avval)
U پہلی جماعت کا لڑکا (pahlī jamā'at ka laṛkā)

いちば 〔市場〕
A سوق (sūq)
P بازار (bāzār)
U بازار (bāzār) ; منڈی (manḍī)

青物市場

A سوق الخضراوات (sūqul-khaḍrāwāt)

P بازار سبزی (bāzāre-sabzī)

U سبزی منڈی (sabzī-manḍī)

いちばん 〔一番〕

一番大きい

A أكبر ('akbar)

P بزرگترین (bozorgtarīn)

U سب سے بڑا (sab se baṛā)

一番列車

A قطار أول (qiṭār 'awwal)

P اولین قطار (avvalīn qatār)

U پہلی گاڑی (pahlī gāṛī)

いちぶ 〔一部〕

A جزؤ (juz')

P جزو (jozv)

U ایک جز (ēk juz)

一部の人々

A بعض الناس (ba'du-n-nās)

P بعضی از مردم (ba'zī az mardom)

U کچھ آدمی (kuchh ādmī)

一冊

A نسخة واحدة (nuskha wāḥida)

P یک جلد (yek jeld)

U ایک جلد (ēk jild)

いちぶしじゅう 〔一部始終〕

A من البداية إلى النهاية (minal-bidāya 'ila-n-nihāya)

P از آغاز تا انجام (az āghāz tā anjām)

U شروع سے آخر تک (shurū' se ākhir tak)

いちもんなしの 〔一文なしの〕

A صفر اليدين (ṣifrul-yadayni)；فقير (faqīr)

P بی پول (bī-pūl)；فقیر (faqīr)

U غریب (gharīb)；مفلس (muflis)

いちょう 〔銀杏〕

A جنكة (junka)

P ژنکو (zhanko)；درخت معبد (derakhte-ma'bad)

U گنگکو کا درخت (gingko ka darakht)

いちょう 〔胃腸〕

A معدة و أمعاء (ma'ida wa 'am'ā')

P معده و روده (me'de-o-rūde)

U معده اور آنت (me'da aur āṇt)

いちらん 〔一覧〕

A نظرة (naẓra)

P نگاه (negāh)；نظر (nazar)

U ایک نظر (ēk nazar)

一覧する

A ألقى نظرة ('alqā naẓra)

P نگاه کردن (negāh kardan)

U ایک نظر دیکھنا (ēk nazar dēkhnā)

いちらんひょう 〔一覧表〕

A جدول (jadwal)；قائمة (qā'ima)

P جدول (jadval)；فهرست (fehrist)

U فہرست (fehrist)

いちりゅうの 〔一流の〕

A درجة أولى (daraja 'ūlā)

P درجهٔ یک (darajeye-yek)

U اول درجے کا (awwal darjē ka)

いちりょうじつ 〔一両日〕
A يوم أو يومان (yawm 'aw yawmāni)
P یک یا دو روز (yek yā do rūz)
U ایک دو دن (ēk dō din)
一両日中に
A فى يوم أو يومين (fī yawm 'aw yawmayni)
P در یک یا دو روز (dar yek yā do rūz)
U ایک دو دن میں (ēk dō din meṇ)

いつ 〔何時〕
A متى (matā)
P کی (kei)
U کب (kab)
いつでも
A فى أى وقت (fī 'ayyu waqt)
P هر وقت (har vaqt)
U کسی وقت بھی (kisī waqt bhī)
いつもの通り
A كالعادة (kal-'āda)
P مطابق معمول (motābeqe-ma'mūl)
U حسب معمول (hasbe-ma'mūl)
いつも
A دائمًا (dā'iman)
P همیشه (hamī<u>sh</u>e)
U ہمیشہ (hamē<u>sh</u>a)

いつう 〔胃痛〕
A ألم فى المعدة ('alam fil-ma'ida)
P معده درد (me'de-dard) ; دل درد (del-dard)
U درد معدہ (darde-mē'da) ; پیٹ میں درد (pēṭ meṇ dard)

いつか 〔何時か〕
A يومًا ما (yawman mā)
P روزی دیگر (rūzī dīgar)
U کسی وقت (kisī waqt)

いっか 〔一家〕
家族
A عائلة ('ā'ila)
P خانواده (<u>kh</u>ānevāde)
U خاندان (<u>kh</u>āndān)
団体
A جماعة (jamā'a)
P گروه (gorūh)
U جماعت (jamā'at)

いっかい 〔一回〕
A مرة (marra)
P یک بار (yek bār)
U ایک بار (ēk bār)
もう一回
A مرة أخرى (marra 'u<u>kh</u>rā)
P بار دیگر (bāre-dīgar)
U دو بارہ (dō bāra)
週に一回
A مرة واحدة فى الأسبوع (marra wāḥida fil-'usbū')
P در هفته یک بار (dar hafte yek bār)
U ہفتے میں ایک بار (haftē meṇ ēk bār)

いっかい 〔一階〕
A الطابق الأول (aṭ-ṭābiqul-'awwal) ; الطابق الأرضى (aṭ-ṭābiqul-'arḍī)
P طبقه اول (tabaqeye-avval) ; زمین (zamīn)

U پہلی منزل (pahlī manzil)

いつから 〔何時から〕

A منذ متى (mundh matā)；
من متى (min matā)
P از کی (az kei)
U کب سے (kab se)

いつからいつまで

A من متى إلى متى (min matā 'ilā matā)
P از کی تا کی (az kei tā kei)
U کب سے کب تک (kab se kab tak)

いっかん 〔一貫〕

一貫した

A ثابت (thābit)
P ثابت (sābet)
U مسلسل (musalsal)

一貫して

A دائمًا (dā'iman)
P دائماً (dā'eman)
U مسلسل طور پر (musalsal taur par)

いっきいちゆうする 〔一喜一憂する〕

A تارةً فرح و تارةً حزن (tāratan fariḥa wa tāratan ḥazina)
P گاهی خوشحال و گاهی غمیگن شدن (gāhī khoshhāl va gāhī ghamgīn shodan)
U ابھی خوش ہونا ابھی غم ہونا (abhī khush hōnā abhī gham hōnā)

いっきゅうひん 〔一級品〕

A بضاعة من الدرجة الأولى (biḍā'a mina-d-darajatul-'ūlā)
P کالای درجهٔ اول (kālāye-darajeye-avval)
U اول درجے کی شے (awwal darjē ki shae)

いっきょりょうとく 〔一挙両得〕

A إصابة عصفورين بحجر واحد ('iṣāba 'uṣfūrayn bi-ḥajar wāḥid)
P با یک تیر دو نشان زدن (bā yek tīr do neshān zadan)
U ایک پنتھ دو کاج (ēk panth dō kāj)

いっけん 〔一見〕

A نظرة (naẓra)；خاطفة (khāṭifa)
P یک نگاه (yek negāh)；
یک نظر (yek nazar)
U ایک نظر (ēk nazar)

一見する

A ألقى نظرة ('alqā naẓra)
P یک نظر انداختن (yek nazar andākhtan)
U ایک نظر دیکھنا (ēk nazar dēkhnā)

いっこ 〔一個〕

A قطعة واحدة (qit'a wāḥida)
P یک دانه (yek dāne)
U ایک (ēk)；ایک عدد (ēk 'adad)

いっこう 〔一行〕

A جماعة (jamā'a)；وفد (wafd)
P گروه (gorūh)
U جماعت (jamā'at)

いっこく 〔一刻〕
A لحظة (laḥẓa)
P لحظه (lahze)
U لمحہ (lamha)

いっさくじつ 〔一昨日〕
A أول أمس (’awwal ’amsi)
P پريروز (parīrūz)
U پرسوں (parsōṇ)

いっさくねん 〔一昨年〕
A العام قبل الماضى (al-‘ām qablal-māḍī)
P دو سال پيش (do sāle-pīsh) ; پيرار سال (pīrār-sāl)
U دو سال پہلے (dō sāl pahlē)

いっしゅうかん 〔一週間〕
A أسبوع واحد (’usbū‘ wāhid)
P يک هفته (yek hafte)
U ايک ہفتہ (ēk hafta)
一週間以内に
A خلال أسبوع (khilāla ’usbū‘)
P در ظرف يک هفته (dar zarfe-yek hafte)
U ايک ہفتے کے اندر (ēk haftē ke andar)

いっしゅうねん 〔一周年〕
A ذكرى أولى (dhikrā ’ūlā)
P اولين سالگرد (avvalīn sālgard)
U پہلی سالگرہ (pahlī sālgirah)

いっしゅんに 〔一瞬に〕
A فى لحظة (fī laḥẓa)
P در يک لحظه (dar yek lahze)
U لمحہ بھر ميں (lamha bhar meṇ)

いっしょ 〔一緒〕
一緒に
A مع (ma‘a) ; معًا (ma‘an)
P با (bā) ; همراه (ham-rāhe)
U کے ساتھ (ke sāth)
あなたと一緒に
A معك (ma‘a-ka)
P با شما (bā shomā)
U آپ کے ساتھ (āp ke sāth)

いっしょう 〔一生〕
A حياة (ḥayā) ; عمر (‘umr)
P زندگى (zendegī) ; حيات (hayāt)
U حيات (hayāt) ; زندگی (zindagī)

いっしょうけんめいに 〔一生懸命に〕
A بأقصى جهد (bi-’aqṣā-juhd)
P با حد اكثر كوشش (bā hadde-aksar kūshesh)
U دل لگا کر (dil lagā kar)

いっしんじょう 〔一身上〕
一身上の都合により
A لأسباب شخصية (li-’asbāb shakhṣīya)
P به علل شخصى (be ‘elale-shakhsī)
U اپنے نجی سبب سے (apnē nijī sabab se)

いっせいに 〔一斉に〕
A فى نفس الوقت (fī nafsil-waqt)
P در يک وقت (dar yek vaqt)
U ايک ساتھ (ēk sāth)

いっそ
A من الأفضل أن (minal-’afḍal ’an)
P بهتر است كه (behtar ast ke)

U بہتر ہے کہ (behtar hai ke)

いっそう〔一層〕

A مزيد (mazīd) ; أكثر ('akthar)

P بیشتر (bīshtar)

U اور بھی (aur bhī)

いっそく〔一足〕

A زوج (zawj)

P جفت (joft)

U جوڑا (jōṛā)

いったん〔一旦〕

A مرة (marra)

P یک بار (yek bār)

U ایک بار (ēk bār)

いっち〔一致〕

A اتفاق (ittifāq) ; توافق (tawāfuq)

P اتفاق (ettefāq) ; توافق (tavāfoq)

U اتفاق (ittefāq)

一致する

A اتفق (ittafaqa) ; توافق (tawāfaqa)

P توافق کردن (tavāfoq kardan)

U متفق ہونا (muttafiq hōnā)

いっちょくせん〔一直線〕

A خط مستقيم (khaṭṭ mustaqīm)

P خط مستقیم (khatte-mostaqīm)

U خط مستقیم (khatte-mustaqīm)

一直線に

A فى خط مستقيم (fī khaṭṭ mustaqīm)

P مستقیماً (mostaqīman) ;
راست (rāst)

U سیدھے (sīdhē)

いっていの〔一定の〕

A معين (mu'ayyan)

P معین (mo'ayyan)

U مقرر (muqarrar)

いっとう〔一等〕

A الدرجة الأولى (ad-darajatul-'ūlā)

P درجه یک (darajeye-yek)

U پہلا درجہ (pahlā darja)

一等賞

A جائزة أولى (jā'iza 'ūlā)

P جایزه اول (jāyezeye-avval)

U پہلا انعام (pahlā inā'm)

いっぱい〔一杯〕

A فنجان (finjān)

P یک فنجان (yek fenjān)

U ایک پیالہ (ēk piyāla)

コーヒー一杯

A فنجان قهوة (finjān qahwa)

P یک فنجان قهوه (yek fenjān qahve)

U ایک پیالہ کوفی (ēk piyāla kōfī)

いっぱい〔一杯〕

一杯の

A ملىء (malī') ; مملوء (mamlū')

P پر (por) ; مملو (mamlov)

U بھرا (bharā) ; پورا (pūrā)

一杯にする

A ملأ (mala'a)

P پر کردن (por kardan)

U بھرنا (bharnā)

いっぱん〔一般〕

一般の

A عام ('āmm) ; عمومى ('umūmī)

P عمومی ('omūmī) ; عام ('ām)

U عمومی ('umūmī) ; عام ('ām)

一般に

A بوجه عام (bi-wajh ‘āmm)

P عموماً (‘omūman)

U عام طور پر (‘ām taur par) ;
عموماً (‘umūman)

いっぷく 〔一服〕

タバコ

A تدخين (tadkhīn)

P سیگارکشی (sīgār-keshī)

U ایک کش (ēk kash)

休息

A استراحة (istirāḥa)

P استراحت (esterāhat)

U آرام (ārām)

いっぽ 〔一歩〕

A خطوة (khuṭwa)

P قدم (qadam) ; گام (gām)

U قدم (qadam)

一歩一歩

A خطوةً خطوةً (khuṭwatan khuṭwatan)

P قدم به قدم (qadam be qadam)

U قدم قدم (qadam qadam)

いっぽう 〔一方〕

A جانب واحد (jānib wāḥid)

P یک طرف (yek taraf)

U ایک طرف (ēk taraf)

一方通行

A اتجاه واحد (ittijāh wāḥid)

P عبور ومرور یک طرفه (‘obūr-o-morūre-yek tarafe)

U یک طرفہ ٹریفک (yak tarafa ṭrēfik)

いつまで 〔何時まで〕

A إلى متى (’ilā matā)

P تا کی (tā kei)

U کب تک (kab tak)

いつまで日本に滞在しますか

A إلى متى تقيم فى اليابان؟
(’ilā matā tuqīmu fil-yābān)

P تا کی در ژاپن می مانید ؟
(tā kei dar zhāpon mī-mānīd)

U کب تک آپ جاپان میں رہیں گے ؟
(kab tak āp jāpān meṇ rahēṇ-gē)

いつも

A دائمًا (dā’iman)

P همیشه (hamīshe)

U ہمیشہ (hamēsha)

いつわ 〔逸話〕

A حكاية (ḥikāya)

P حکایت (hekāyat)

U حکایت (hikāyat)

いつわり 〔偽り〕

A تزوير (tazwīr)

P دروغ (dorūgh)

U جھوٹ (jhūṭ)

偽る

A زور (zawwar)

P دروغ گفتن (dorūgh goftan)

U جھوٹ بولنا (jhūṭ bōlnā)

イディオム

A عبارة (‘ibāra)

P اصطلاح (estelāh)

U محاورہ (muhāvara)

イデオロギー

A عقيدة (‘aqīda) ;

أيديولوجيا ('īdīolojiyā)
P ايدئولوژى (īde'olozhī)
U نظريه (nazariya)

いてん 〔移転〕
A انتقال (intiqāl)
P نقل مكان (naqle-makān)
U نقل مكانى (naqle-makānī)
移転する
A انتقل (intaqala)
P نقل مكان كردن (naqle-makān kardan)
U منتقل ہونا (muntaqil hōnā)
移転先
A عنوان جديد ('unwān jadīd)
P آدرس جديد (ādrese-jadīd)
U نيا پتا (nayā patā)

いでん 〔遺伝〕
A وراثة (wirātha)
P وراثت (verāsat)
U توارث (tavārus)
遺伝の
A وراثي (wirāthī)
P موروثى (mourūsī)
U موروثى (maurūsī)

いと 〔糸〕
A خيط (khayṭ)
P نخ (nakh)
U تاگا (tāgā)

いと 〔意図〕
A قصد (qaṣd) ; نية (nīya)
P قصد (qasd) ; نيت (nīyat)
U مطلب (matlab)
意図的に
A قصدًا (qaṣdan)
P قصداً (qasdan)
U قصداً (qasdan)

いど 〔井戸〕
A بئر (bi'r)
P چاه (chāh)
U كنواں (kuṇwāṇ)

いど 〔緯度〕
A خط العرض (khaṭṭul-'arḍ)
P عرض جغرافيائى ('arze-joghrāfiyā'ī)
U عرض بلد ('arze-balad)

いどう 〔移動〕
A انتقال (intiqāl)
P انتقال (enteqāl)
U حركت (harkat) ; نقل (naql)
移動する
A انتقل (intaqala)
P منتقل شدن (montaqel shodan)
U حركت كرنا (harkat karnā)

いどう 〔異動〕
A تغيير (taghyīr)
P تغييرات (taghyīrāt)
U تبديلى (tabdīlī)
人事異動
A تغيير الموظفين (taghyīrul-muwaẓẓafīn)
P تغييرات كارمندان (taghyīrāte-kārmandān)
U عملے كا تبادلہ ('amlē ka tabādla)

いとこ 〔従兄弟〕
父方の従兄弟
A ابن العم (العمة) (ibnul-'amm 〔'amma〕)
P پسر عمو (عمه) (pesar 'ammū 〔'amme〕)
U چچیرا بھائی (chachērā bhā'ī)
母方の従兄弟
A ابن الخال (الخالة) (ibnul-khāl 〔khāla〕)
P پسر دائی (خاله) (pesar dā'ī 〔khāle〕)
U خلیرا بھائی (khalērā bhā'ī)

いとこ 〔従姉妹〕
父方の従姉妹
A ابنة العم (العمة) (ibnatul-'amm 〔'amma〕)
P دختر عمو (عمه) (dokhtar 'ammū 〔'amme〕)
U چچیری بہن (chachērī bahin)
母方の従姉妹
A ابنة الخال (الخالة) (ibnatul-khāl 〔khāla〕)
P دختر دائی (خاله) (dokhtar dā'ī 〔khāle〕)
U خلیری بہن (khalērī bahin)

いとすぎ 〔糸杉〕
A سرو (sarw)
P سرو (sarv)
U سرو (sarv)

いとなむ 〔営む〕
する
A عمل ('amila)
P کردن (kardan)
U کرنا (karnā)
挙行する
A أقام ('aqāma)
P برگزار کردن (bargozār kardan)
U منعقد کرنا (muna'qid karnā)
経営する
A أدار ('adāra)
P اداره کردن (edāre kardan)
U چلانا (chalānā)

いとま 〔暇〕
A وقت فراغ (waqt-farāgh)
P وقت آزاد (vaqte-āzād)；
فرصت (forsat)
U فرصت (fursat)

いとまごい 〔暇乞い〕
A توديع (tawdī')
P خدا حافظی (khodā hāfezī)
U رخصت (rukhsat)
暇乞いをする
A ودع (wadda'a)
P خدا حافظی کردن (khodā hāfezī kardan)
U رخصت ہونا (rukhsat hōnā)

いどむ 〔挑む〕
A تحدى (taḥaddā)；نافس (nāfasa)
P به مبارزه طلبیدن (be-mobāreze talabīdan)
U چیلنج کرنا (chailanj karnā)

いとわしい 〔厭わしい〕
A مشمئز (mushma'izz)
P نفرت انگیز (nefrat-angīz)
U نفرت انگیز (nafrat-angēz)

いない 〔以内〕

より少ない

A أقل من ('aqall min)

P كمتر از (kamtar az)

U سے کم (se kam)

一週間以内に

A خلال أسبوع واحد (khilāla 'usbū' wāḥid)

P در ظرف یک هفته (dar zarfe-yek hafte)

U ایک ہفتے کے اندر (ēk haftē ke andar)

いなか 〔田舎〕

A ريف (rīf)

P روستا (rūstā)

U دیہات (dēhāt)

田舎の(人)

A ريفي (rīfī)

P روستائی (rūstā'ī)

U دیہاتی (dēhātī)

いなご 〔蝗〕

A جراد (jarād)

P ملخ (malakh)

U ٹڈی (ṭiḍḍī)

いなずま 〔稲妻〕

A برق (barq)

P برق (barq)

U بجلی (bijlī)

いななく 〔嘶く〕

A حمحم (ḥamḥama) ; صهل (ṣahala)

P شیهه کشیدن (shīhe keshīdan)

U ہنہنانا (hinhinānā)

いなや 〔否や〕

A ما أن … حتى (mā 'an … ḥatta)

P همینکه (hamīnke)

U جوں ہی (jūṇ hī)

泥棒は警官を見るや否や逃げた

A ما أن رأى لص شرطي حتى فر (mā 'an ra'ā liṣṣ shurtī ḥattā farra)

P همینکه دزد پلیس را دید فرار کرد (hamīnke dozd polīs rā dīd farār kard)

U جوں ہی چور نے پولیس دیکھا بھاگ گیا (jūṇ hī chōr-ne polīs dēkhā bhāg gayā)

イニシアチブ

A مبادرة (mubādara)

P ابتکار (ebtekār)

U پہل (pahal)

イニシアチブを取る

A أخذ مبادرة ('akhadha mubādara)

P ابتکار کردن (ebtekār kardan)

U پہل کرنا (pahal karnā)

いにん 〔委任〕

A ايكال (īkāl)

P واگذاری (vāgozārī)

U سپرد (supurd)

委任する

A أوكل ('awkala)

P سپردن (sepordan) ;
واگذار کردن (vāgozār kardan)

U سپرد کرنا (supurd karnā)

いにんじょう 〔委任状〕

A توكيل (tawkīl)

P وكالتنامه (vekālat-nāme)

U مختارنامہ (mukhtār-nāma)

いぬ 〔犬〕

A كلب (kalb)

P سگ (sag)

U کتا (kuttā)

いね 〔稲〕

A شتلة الأرز (shatlatul-'aruzz)

P شالی (shālī)

U دھان (dhān)

いねむり 〔居眠り〕

A غفوة (ghafwa)

P چرت (chort)

U اونگھ (ūṇgh)

居眠りする

A غفا (ghafā)

P چرت زدن (chort zadan)

U اونگھنا (ūṇghnā)

いのしし 〔猪〕

A خنزير بري (khinzīr barrī)

P خوک وحشی (khūke-vahshī)

U جنگلی سور (janglī suar)

いのち 〔命〕

A حياة (ḥayā)

P جان (jān)

U جان (jān)

命綱

A حبل الحياة (ḥablul-ḥayā)

P طناب نجات (tanābe-nejāt)

U جینے کا سہارا (jīnē ka sahārā)

命がけで

A باستماتة (bi-stimāta)

P با جان بازی (bā jān-bāzī)

U جان پر کھیل کر (jān par khēl kar)

命知らずの

A متهور (mutahawwir)

P بی باک (bī-bāk)

U بے باک (bē-bāk)

いのり 〔祈り〕

礼拝

A صلاة (ṣalā)

P نماز (namāz)

U نماز (namāz)

祈願

A دعاء (du'ā')

P دعا (do'ā)

U دعا (du'ā)

祈る

A صلى (ṣallā)

P نماز خواندن (namāz khāndan)

U نماز پڑھنا (namāz paṛhnā)

成功などを祈る

A تمنى (tamannā)

P آرزو کردن (ārezū kardan)

U تمنا کرنا (tamannā karnā)

いばら 〔茨〕

A شوك (shawk)

P خار (khār)

U کانٹا (kāṇṭā)

いばる 〔威張る〕

A تكبر (takabbara)

P تکبر کردن (takabbor kardan)

U گھمنڈ کرنا (ghamaṇḍ karnā)

いはん 〔違反〕

A مخالفة (mukhālafa)

P تخلف (takhallof)

U خلاف ورزی (khilāf-warzī)

違反する

A خالف (khālafa)

P تخلف کردن (takhallof kardan)

U خلاف ورزی کرنا (khilāf-warzī karnā)

違反者

A مخالف (mukhālif)

P متخلف (motakhallef)

U خلاف ورزی کرنے والا (khilāf-warzī karnē-wālā)

いびき 〔鼾〕

A غطيط (ghaṭīṭ)；شخير (shakhīr)

P خرخر (khor-khor)；خرناس (khornās)

U خراٹا (kharrāṭā)

鼾をかく

A غط (ghaṭṭa)；شخر (shakhara)

P خرخر کردن (khor-khor kardan)；خرناس کشیدن (khornās keshīdan)

U خراٹے لینا (kharrāṭē lēnā)

いひん 〔遺品〕

A تركة (tirka)

P یادگار (yādgār)

U یادگار (yādgār)

いふく 〔衣服〕

A ملابس (malābis)；ثياب (thiyāb)

P لباس (lebās)

U کپڑے (kapṛē)

いぼ 〔疣〕

A ثؤلول (thu'lūl)

P زگیل (zegīl)

U مسا (massā)

いほう 〔違法〕

違法な

A غير قانوني (ghayr-qānūnī)

P غیر قانونی (gheire-qānūnī)

U غیر قانونی (ghair-qānūnī)

違法行為

A عمل غير قانوني ('amal ghayr-qānūnī)

P عمل غیر قانونی ('amale-gheire-qānūnī)

U غیر قانونی عمل (ghair-qānūnī 'amal)

いま 〔今〕

A الآن (al-āna)

P اکنون (aknūn)；الآن (al-ān)

U اب (ab)

いま 〔居間〕

A غرفة الجلوس (ghurfatul-julūs)

P اتاق نشیمن (otāqe-neshīman)

U بیٹھک (baiṭhak)

いましめ 〔戒め〕

教訓

A عبرة ('ibra)；درس (dars)

P درس عبرت (darse-'ebrat)

U عبرت ('ibrat)

訓戒

A توبيخ (tawbīkh)

P توبیخ (toubīkh)

U تنبیہ (tanbīh)

戒める

A وبخ (wabbakha)

P توبیخ کردن (toubīkh kardan)

U تنبیہ کرنا (tanbīh karnā)

いまだ〔未だ〕

A لا يزال (lā yazāl)

P هنوز (hanūz)

U ابھی (abhī); ہنوز (hanūz)

未だに

A حتى الآن (ḥattal-āna)

P تا کنون (tā-konūn)

U ابھی تک (abhī tak)

いまのところ〔今のところ〕

A فى الوقت الحاضر (fil-waqtil-ḥāḍir)

P در حال حاضر (dar hāle-hāzer)

U حال میں (hāl meṇ)

いままで〔今迄〕

A حتى الآن (ḥattal-āna);
إلى الآن (’ilal-āna)

P تا کنون (tā-konūn);
تا بحال (tā-behāl)

U اب تک (ab tak)

いみ〔意味〕

A معنًى (ma‘nan)

P معنی (ma‘nī)

U معنی (ma‘nī)

この語の意味は何ですか？

A ما معنى هٰذه الكلمة؟
(mā ma‘nā hād͟hihil-kalima)

P معنی این کلمه چیست؟
(ma‘nīye-īn kalame c͟hīst)

U اس لفظ کا معنی کیا ہے؟
(is lafz ka ma‘nī kyā hai)

いみん〔移民〕

A مهاجر (mūhājir)

P مهاجر (mohājer)

U تارک وطن (tārike-watan)

いも〔芋〕

じゃがいも

A بطاطا (baṭāṭā); بطاطس (baṭāṭis)

P سیب زمینی (sīb-zamīnī)

U آلو (ālū)

さつまいも

A بطاطا حلوة (baṭāṭā ḥulwa)

P سیب زمینی شیرین
(sīb-zamīnīye-s͟hīrīn)

U شکرقند (s͟hakar-qand)

いもうと〔妹〕

A أخت صغيرة (’uk͟ht ṣag͟hīra)

P خواهر کوچک (k͟hāhare-kūc͟hek)

U چھوٹی بہن (c͟hhōṭī bahin)

いやがる〔嫌がる〕

A كره (kariha)

P نفرت داشتن (nefrat dās͟htan)

U نفرت کرنا (nafrat karnā)

いやしい〔卑しい〕

A حقير (ḥaqīr)

P پست (past); حقیر (haqīr)

U ذلیل (zalīl); کمینہ (kamīna)

いやす〔癒やす〕

病気を癒やす

A شفى (s͟hafā)

P شفا دادن (s͟hafā dādan);
درمان کردن (darmān kardan)

U علاج کرنا (‘ilāj karnā)

渇きを癒やす

A روى عطشه (rawwā ‘aṭas͟ha-hu)

P رفع تشنگی کردن (raf‘e-tes͟hnegī

kardan)
U پیاس بجھانا (pyās bujhānā)

いやな 〔嫌な〕
A مكروه (makrūh)
P نفرت انگیز (nefrat-angīz)
U ناگوار (nā-gawār)

イヤホーン
A سماعة (sammā'a)
P گوشی (gūshī)
U ائر فون (i'ar-fon)

イヤリング
A قرط (qurṭ)
P گوشواره (gūshvāre)
U بالی (bālī) ;
گوشواره (gōshwāra)

いよいよ
ますます
A أكثر فأكثر ('akthar fa'akthar)
P بیش از پیش (bīsh az pīsh)
U اور بھی (aur bhī)
ついに
A أخيرًا ('akhīran)
P بالاخره (bel-akhare)
U آخرکار (ākhir-kār)

いような 〔異様な〕
A غريب (gharīb) ;
غير عادى (ghayr-'ādī)
P عجیب ('ajīb) ;
غیر عادی (gheire-'ādī)
U عجیب ('ajīb)

いよく 〔意欲〕
A إرادة ('irāda) ; رغبة (raghba)
P اراده (erāde) ; میل (meil)
U اراده (irāda) ; حوصلہ (hausila)

いらい 〔依頼〕
A طلب (ṭalab)
P تقاضا (taqāzā)
U درخواست (darkhāst)
依頼する
A طلب (ṭalaba)
P تقاضا کردن (taqāzā kardan)
U درخواست کرنا (darkhāst karnā)
依頼状
A رسالة الطلب (risālatu-ṭ-ṭalab)
P تقاضانامه (taqāzā-nāme)
U درخواست‌نامہ (darkhāst-nāma)

いらい 〔以来〕
A منذ (mundh)
P از (az)
U سے (se)
その時以来
A منذ ذٰلك الوقت (mundh dhālikal-waqt)
P از آن وقت (az ān vaqt)
U اس وقت سے (us waqt se)

いらいらする
A انزعج (inza'aja)
P بیتاب شدن (bītāb shodan)
U تنگ آنا (tang ānā)

イラク
A العراق (al-'irāq)
P عراق ('erāq)
U عراق ('irāq)
イラクの(人)
A عراقى ('irāqī)
P عراقی ('erāqī)

U عراقی (‘irāqī)

いらっしゃい

来い

A تعال (ta‘āla) ; مرحبًا (marḥaban)

P تشریف بیاورید (tashrīf biyāvarīd)

U آئیے (ā’īye)

ようこそ

A أهلاً و سهلاً (’ahlan-wa-sahlan)

P خوش آمدید (khosh āmadīd)

U خوش آمدید (khush āmadīd)

イラン

A إيران (’īrān)

P ایران (īrān)

U ایران (īrān)

イランの(人)

A إيرانى (’īrānī)

P ایرانی (īrānī)

U ایرانی (īrānī)

いりぐち 〔入り口〕

A مدخل (madkhal)

P ورود (vorūd)

U دروازه (darwāza)

いりくんだ 〔入り組んだ〕

A معقد (mu‘aqqad)

P پیچیده (pīchīde)

U پیچیده (pēchīda)

いりひ 〔入り日〕

A غروب الشمس (ghurūbu-sh-shams)

P غروب آفتاب (ghorūbe-āftāb)

U ڈوبتا سورج (ḍūbtā sūraj)

いりみだれる 〔入り乱れる〕

A اختلط بغير ترتيب (ikhtalaṭa bi-ghayr-tartīb)

P درهم برهم شدن (darham-barham shodan)

U درہم برہم ہونا (darham-barham hōnā)

いりょう 〔医療〕

A علاج طبى (‘ilāj ṭibbī)

P معالجه (mo‘āleje) ; علاج (‘alāj)

U علاج (‘ilāj)

医療設備

A مرافق طبية (marāfiq ṭibbīya)

P تسهیلات پزشکی (tashīlāte-pezeshkī)

U طبی سہولتیں (tibbī suhūlatēṇ)

いりような 〔入り用な〕

A لازم (lāzim) ; ضرورى (ḍarūrī)

P لازم (lāzem) ; ضروری (zarūrī)

U ضروری (zarūrī)

いりょく 〔威力〕

A نفوذ (nufūdh) ; قوة (qūwa)

P قدرت (qodrat) ; نفوذ (nofūz)

U اقتدار (iqtidār) ; طاقت (tāqat)

いる 〔居る〕

A موجود (mawjūd)

P بودن (būdan) ;
موجود بودن (moujūd būdan)

U ہونا (hōnā) ;
موجود ہونا (maujūd hōnā)

いる 〔要る〕

A احتاج (iḥtāja)

P لازم بودن (lāzem būdan)

U ضروری ہونا (zarūrī hōnā)

いる 〔射る〕

発砲する

A اطلق النار (aṭlaqa-n-nār)

P شلیک کردن (shellīk kardan)

U گولی چلانا (gōlī chalānā)

矢を射る

A رمی سهمًا (ramā sahman)

P تیراندازی کردن (tīr-andāzī kardan)

U تیر چلانا (tīr chalānā)

いる 〔炒る〕

A حمص (ḥammaṣa)

P بو دادن (bū dādan)

U بھوننا (bhūnnā)

いるい 〔衣類〕

A ملابس (malābis) ; ثیاب (thiyāb)

P لباس (lebās) ; پوشاک (pūshāk)

U کپڑے (kapṛē) ; پوشاک (pōshāk)

いるか 〔海豚〕

A دلفین (dulfīn)

P دلفین (dolfīn)

U دلفین (dulfīn)

いれいの 〔異例の〕

A استثنائی (istithnā'ī)

P استثنائی (estesnā'ī)

U استثنائی (istisnā'ī)

いれかわり 〔入れ替わり〕

入れ替わりに

A عوضًا من ('iwaḍan min)

P بجای (be-jāye)

U کی جگہ (ki jagah)

入れ替わり立ち替わり

A الواحد تلو الآخر (al-wāḥid tilwal-ākhar)

P یکی بعد از دیگری (yekī ba'd az dīgarī)

U باری باری (bārī-bārī)

いれずみ 〔刺青〕

A وشم (washm)

P خال کوبی (khāl-kūbī)

U گودنا (gūdnā)

いれば 〔入れ歯〕

A طقم الأسنان (ṭaqmul-'asnān)

P دندان مصنوعی (dandāne-masnū'ī)

U مصنوعی دانت (masnū'ī dāṇt)

いれもの 〔入れ物〕

A إناء ('inā')

P ظرف (zarf)

U برتن (bartan)

いれる 〔入れる〕

A أدخل ('adkhala)

P داخل کردن (dākhel kardan)

U داخل کرنا (dākhil karnā)

いろ 〔色〕

A لون (lawn)

P رنگ (rang)

U رنگ (rang)

いろいろな 〔色々な〕

A شتی (shattā)

P رنگارنگ (rangārang) ; گوناگون (gūnāgūn)

U رنگ برنگ (rang-ba-rang)

いろどる 〔彩る〕
A لون (lawwana)
P رنگ کردن (rang kardan)
U رنگ کرنا (rang karnā) ;
رنگنا (rangnā)

いわ 〔岩〕
A صخرة (ṣakhra)
P صخره (sakhre)
U چٹان (chaṭān)

いわい 〔祝い〕
A تهنئة (tahni'a) ; احتفال (iḥtifāl)
P تبریک (tabrīk) ; جشن (jashn)
U مبارک باد (mubārak-bād)

いわう 〔祝う〕
A هنأ (hanna') ; احتفل (iḥtafala)
P جشن گرفتن (jashn gereftan)
U مبارک باد دینا (mubārak-bād dēnā)

いわし 〔鰯〕
A سردين (sardīn)
P ساردین (sārdīn)
U ساردین (sārdīn)

いわば 〔言わば〕
A بمثابة (bi-mathāba)
P گوئی (gū'ī)
U گویا (gōyā)

いわゆる
A كما يقولون (kamā yaqūlūna)
P به اصطلاح (be-estelāh)
U کہنے کو (kahnē ko)

いん 〔印〕
A ختم (khatm)
P مهر (mohr)
U مہر (mohr)

いん 〔韻〕
A قافية (qāfiya)
P قافیه (qāfiye)
U قافیہ (qāfiya)

いんきな 〔陰気な〕
A مكفهر (mukfahirr)
P عبوس ('abūs)
U اداس (udās)

インク
A حبر (ḥibr)
P جوهر (jouhar) ; مرکب (morakkab)
U روشنائی (raushnā'ī) ;
سیاہی (siyāhī)

いんさつ 〔印刷〕
A طبع (ṭab')
P چاپ (chāp)
U چھاپ (chhāp)

印刷する
A طبع (ṭaba'a)
P چاپ کردن (chāp kardan)
U چھاپنا (chhāpnā)

印刷所
A مطبعة (maṭba'a)
P چاپخانه (chāp-khāne)
U چھاپہ خانہ (chhāpa-khāna)

いんし 〔印紙〕
A دمغة (damgha)
P تمبر (tambr)
U ٹکٹ (ṭikaṭ)

いんしょう 〔印象〕
A انطباع (inṭibā')
P تأثیر (ta'sīr)

U تاثر (taassur)
印象づける
A ترك انطباعًا (taraka intibā'an)
P تحت تأثير قرار دادن (tahte-ta'sīr qarār dādan)
U متاثر کرنا (mutaassir karnā)

いんしょく〔飲食〕
飲食する
A تناول (tanāwala)
P صرف کردن (sarf kardan)
U کھانا اور پینا (khānā aur pīnā)
飲食店
A مطعم (maṭ'am)
P رستوران (restorān)
U ریسٹورنٹ (resṭoranṭ)

インスピレーション
A إلهام ('ilhām)
P الهام (elhām)
U الہام (ilhām)

いんせき〔隕石〕
A رجم (rajm) ; شهاب (shihāb)
P شهاب سنگ (shehāb-sang)
U حجر شہابی (hajare-shihābī)

いんたい〔引退〕
A اعتزال (i'tizāl)
P کناره گیری (kenāre-gīrī)
U سبکدوشی (subuk-dōshī)
引退する
A اعتزل (i'tazala)
P کناره گرفتن (kenāre gereftan)
U سبکدوش ہونا (subuk-dōsh hōnā)

インタビュー
A مقابلة (muqābala)
P مصاحبه (mosāhebe)
U انٹرویو (inṭarviyū)
インタビューする
A أجرى مقابلة ('ajrā muqābala)
P مصاحبه کردن (mosāhebe kardan)
U انٹرویو لینا (inṭarviyū lēnā)

インチ
A بوصة (būṣa)
P اینچ (īnch)
U انچ (inch)

いんちき
A غش (ghashsh)
P حقه بازی (hoqqe-bāzī)
U دغابازی (daghā-bāzī)
いんちきする
A غش (ghashsha)
P حقه بازی کردن (hoqqe-bāzī kardan)
U دغابازی کرنا (daghā-bāzī karnā)

いんちょう〔院長〕
病院の院長
A رئيس المستشفى (ra'īsul-mustashfā)
P رئیس بیمارستان (ra'īse-bīmārestan)
U اسپتال کا ڈائرکٹر (aspatāl ka ḍā'irekṭar)

インデックス
A فهرس (fihris)
P نمایه (nemāye)

U اشاریہ (ishārīya)

インテリかいきゅう 〔インテリ階級〕

A طبقة المثقفين (ṭabaqatul-muthaqqafīn)

P روشنفکران (roushan-fekrān)

U روشن خیال طبقه (raushan-khayāl-tabaqa)

インド

A الهند (al-hind)

P هند (hend)

U ہندوستان (hindūstān)

インドの(人)

A هندى (hindī)

P هندى (hendī)

U ہندوستانی (hindūstānī)

インドネシア

A إندونيسيا (’indūnīsīyā)

P اندونزی (andonezī)

U انڈونیشیا (inḍonēshiyā)

インドネシアの(人)

A إندونيسى (’indūnīsī)

P اندونزيائی (andoneziyā’ī)

U انڈونیشیائی (inḍonēshiyā’ī)

いんねん 〔因縁〕

運命

A قدر (qadar)

P سرنوشت (sarnevesht)

U تقدیر (taqdīr)

インフォメーション

A استعلامات (isti‘lāmāt)

P اطلاعات (ettelā‘āt)

U معلومات (ma‘lūmāt)

インフルエンザ

A إنفلونزا (’influwanzā)

P آنفلوآنزا (ānflūānzā);

گریپ (gerīp)

U انفلوئنزا (inflū’enzā); فلو (flū)

インフレーション

A تضخم مالى (taḍakhkhum-mālī)

P تورم (tavarrom)

U افراط زر (ifrāte-zar)

いんぼう 〔陰謀〕

A مكيدة (makīda);

دسيسة (dasīsa)

P توطئه (toute’e)

U سازش (sāzish)

インポテンツ

A عنين (‘innīn)

P عنين (‘anīn)

U نامرد (nā-mard)

いんよう 〔引用〕

A استشهاد (istishhād);

اقتباس (iqtibās)

P نقل قول (naqle-qoul)

U اقتباس (iqtibās)

引用する

A استشهد (istashhada)

P نقل قول کردن (naqle-qoul kardan)

U اقتباس کرنا (iqtibās karnā)

いんりょう 〔飲料〕

A مشروبات (mashrūbāt)

P مشروب (mashrūb)

U مشروب (mashrūb)

飲料水

A ماء شرب (mā' shurb)

P آب خوردن (ābe-khordan)

U پینے کا پانی (pīnē ka pānī)

いんりょく 〔引力〕

A جاذبية (jādhibīya)

P جاذبه (jāzebe)

U تجاذب (tajāzub)

う

う 〔鵜〕

A قاق الماء (qāqul-mā')

P قره قاز (qara-qāz)

U ماهی خور پرنده (māhī-khur-parinda)

ウィーン

A فينا (fiyennā)

P وين (vīyan)

U ویانا (viyānā)

ウィスキー

A وسكي (wiskī) ; ويسكي (wīskī)

P ویسکی (vīskī)

U وسکی (wiskī)

ウール

A صوف (ṣūf)

P پشم (pashm)

U اون (ūn)

ウールの

A صوفي (ṣūfī)

P پشمی (pashmī)

U اونی (ūnī)

うえ 〔上〕

…の上に

A على ('alā)

P بر (bar) ; روی (rūye)

U پر (par)

机の上に

A على المكتب ('alal-maktab)

P بر میز (bar mīz) ;

روی میز (rūye mīz)

U میز پر (mēz par)

うえ 〔飢え〕

A جوع (jū')

P گرسنگی (gorosnegī)

U بھوک (bhūk)

飢えた

A جوعان (jaw'ān)

P گرسنه (gorosne)

U بھوکا (bhūkā)

ウェーター

A نادل (nādil)

P پیشخدمت (pīsh-khedmat)

U ویٹر (weiṭar)

ウェートレス
A نادلة (nādila)
P پیشخدمت زن (pīsh-khedmate-zan)
U ویٹرس (weiṭres)

うえき 〔植木〕
A شجر بستانی (shajar-bustānī)
P درخت باغ (derakhte-bāgh)
U باغ کا پیڑ (bāgh ka pēṛ)
植木屋
A بستانی (bustānī)
P باغبان (bāghbān)
U مالی (mālī)

ウエスト
A خصر (khaṣr)
P کمر (kamar)
U کمر (kamar)

ウェディング
A زواج (zawāj)
P ازدواج (ezdevāj) ; عروسی ('arūsī)
U شادی (shādī)
ウェディングドレス
A ملابس الزواج (malābisu-z-zawāj)
P لباس عروسی (lebāse-'arūsi)
U شادی کا لباس (shādī ka libās)

うえる 〔飢える〕
A جاع (jā'a)
P گرسنه شدن (gorosne shodan)
U بھوکا رہنا (bhūkā rahnā)

うえる 〔植える〕
A غرس (gharasa)
P کاشتن (kāshtan)
U لگانا (lagānā)

うお 〔魚〕
A سمكة (samaka)
P ماهی (māhī)
U مچھلی (machhlī)
魚市場
A سوق الأسماك (sūqul-'asmāk)
P بازار ماهی (bāzāre-māhī)
U مچھلی منڈی (machhlī-manḍī)

うおのめ 〔魚の目〕
A مسمار للقدم (mismār lil-qadam)
P میخچه (mīkhche)
U گھٹا (ghaṭṭā)

うかい 〔迂回〕
A تحويلة (taḥwīla)
P راه دور زدن (rāhe-dour zadan)
U چکر (chakkar)

うがい
A غرغرة (ghargharа)
P غرغره (ghargharе)
U کلی (kullī)
うがいする
A غرغر (ghargharа)
P غرغره کردن (gharghare kardan)
U کلی کرنا (kullī karnā)

うかがう 〔伺う〕
参上する
A زار (zāra)
P خدمت کسی رسیدن (khedmate-kasī resīdan)
U خدمت میں حاضر ہونا (khidmat meṇ hāzir hōnā)
尋ねる
A سأل (sa'ala)

P پرسیدن (porsīdan)
U پوچھنا (pūchhnā)

うかつな
不注意な
A غافل (ghāfil)；طائش (ṭā'ish)
P بی‌احتیاط (bī-ehtiyāt)；غافل (ghāfel)
U بے پروا (bē-parwā)；غافل (ghāfil)

うかぶ 〔浮かぶ〕
水に浮かぶ
A عام ('āma)
P شناور بودن (shenāvar būdan)
U تیرنا (tairnā)
心に浮かぶ
A خطر بباله (khaṭara bi-bālihi)
P به خاطر خطور کردن (be-khāter khotūr kardan)
U خیال آنا (khayāl ānā)

うかべる 〔浮かべる〕
A عوم ('awwama)
P شناور ساختن (shenāvar sākhtan)
U تیرانا (tairānā)

うかる 〔受かる〕
A نجح (najaḥa)
P قبول شدن (qabūl shodan)
U کامیاب ہونا (kām-yāb hōnā)

うき 〔浮き〕
A عوامة ('awwāma)
P غمازک (ghammāzak)
U ترنا (tarnā)

うき 〔雨季〕
A فصل الأمطار (faṣlul-'amṭār)
P فصل بارانی (fasle-bārānī)
U برسات (barsāt)

うきぶくろ 〔浮き袋〕
救命用
A طوق النجاة (ṭawqu-n-najā)
P حلقهٔ نجات (halqeye-nejāt)
U بچاو ترنا (bachāo tarnā)

うく 〔浮く〕
A عام ('āma)
P شناور بودن (shenāvar būdan)
U تیرنا (tairnā)

うぐいす 〔鶯〕
A بلبل (bulbul)；عندليب ('andalīb)
P بلبل (bolbol)；عندلیب ('andalīb)
U بلبل (bulbul)；عندلیب ('andalīb)

うけあう 〔請け合う〕
A ضمن (ḍamina)
P ضمانت دادن (zamānat dādan)
U ضمانت دینا (zamānat dēnā)

うけいれる 〔受け入れる〕
A قبل (qabila)
P قبول کردن (qabūl kardan)
U قبول کرنا (qabūl karnā)

うけおい 〔請負〕
A مقاولة (muqāwala)
P مقاطعه (moqāte'e)
U ٹھیکا (ṭhīkā)
請負人
A مقاول (muqāwil)
P مقاطعه‌کار (muqāte'e-kār)
U ٹھیکے دار (ṭhīkē-dār)

うけおう 〔請け負う〕
A قاول (qāwala)；باشر (bāshara)
P مقاطعه کردن (moqāte'e kardan)

U ٹھیکا لینا (ṭhīkā lēnā)

うけつぐ 〔受け継ぐ〕

相続する

A ورث (wari<u>th</u>a)

P میراث بردن (mīrās bordan)

U ورثے میں ملنا (virsē meṇ milnā)

地位を受け継ぐ

A خلف (<u>kh</u>alafa)

P جانشین شدن (jāne<u>sh</u>īn <u>sh</u>odan)

U جانشین ہونا (jāna<u>sh</u>īn hōnā)

うけつけ 〔受付〕

A الاستعلامات (al-isti'lāmāt)

P اطلاعات (ettelā'āt)

U استقبالیہ (isteqbālīya)

うけとり 〔受取〕

A وصل (waṣl)

P رسید (resīd)

U رسید (rasīd)

うけとる 〔受け取る〕

A استلم (istalama)；تلقى (tallaqā)

P گرفتن (gereftan)；

دریافت کردن (daryāft kardan)

U ملنا (milnā)；

وصول کرنا (wusūl karnā)

うけみ 〔受け身〕

文法

A صيغة المبنى للمجهول (ṣī<u>gh</u>atul-mabnī lil-majhūl)

P صیغهٔ مجهول (sī<u>gh</u>eye-majhūl)

U فعل مجهول (fe'le-majhūl)

うけもつ 〔受け持つ〕

担当する

A تولى (tawallā)；اضطلع (iḍṭala'a)

P تصدی کردن (tasaddī kardan)

U ذمہ داری لینا (zimme-dārī lēnā)

うける 〔受ける〕

試験を受ける

A تقدم للامتحان (taqaddama lil-imtiḥān)

P امتحان دادن (emtehān dādan)

U امتحان دینا (imtehān dēnā)

被害を受ける

A خسر (<u>kh</u>asira)

P خسارت دیدن (<u>kh</u>esārat dīdan)

U نقصان پہنچنا (nuqsān pahṇ<u>ch</u>nā)

受諾する

A قبل (qabila)

P قبول کردن (qabūl kardan)

U قبول کرنا (qabūl karnā)

うけわたし 〔受け渡し〕

A تسليم (taslīm)

P تحویل (tahvīl)

U سپرد (supurd)

受け渡す

A سلم (sallama)

P تحویل دادن (tahvīl dādan)

U سپرد کرنا (supurd karnā)

うごかす 〔動かす〕

A حرك (ḥarraka)

P حرکت دادن (harakat dādan)

U حرکت دینا (harkat dēnā)

うごき 〔動き〕

A حركة (ḥaraka)

P حرکت (harakat)

U حرکت (harkat)

うごく　〔動く〕
A تحرك (taḥarraka)
P حركت كردن (harakat kardan)
U حرکت کرنا (harkat karnā)
うさぎ　〔兎〕
A أرنب (’arnab)
P خرگوش (khargūsh)
U خرگوش (khargōsh)
うし　〔牛〕
A بقرة (baqara)
P گاو (gāv)
U گائے (gāe)
牛飼い
A بقار (baqqār)
P گاو چران (gāv-charān)
U گوالا (gavālā)
うじ　〔蛆〕
A دودة (dūda)
P کرمک (kermak)
U کیڑا (kīṛā)
うしなう　〔失う〕
A أضاع (’aḍā‘a) ; فقد (faqada)
P گم کردن (gom kardan) ;
از دست دادن (az dast dādan)
U کھونا (khōnā) ;
گم کرنا (gum karnā)
うしろ　〔後ろ〕
A خلف (khalf)
P پشت (posht)
U پیچھا (pīchhā)
後ろに
A خلف (khalfa)
P پشت (poshte)
U پیچھے (pīchhē)
うす　〔臼〕
A هاون (hāwun) ; رحى (raḥan)
P هاون (hāvan)
U ہاون (hāvan)
うず　〔渦〕
A دوامة (duwwāma)
P گرداب (gerdāb)
U گرداب (girdāb)
うすあかり　〔薄明かり〕
A ضوء ضئيل (ḍaw’ ḍa’īl)
P تاریک و روشن (tārīk-o-roushan)
U مدھم روشنی (madham raushaṇī)
うすい　〔薄い〕
厚さ
A رقيق (raqīq)
P نازک (nāzok)
U پتلا (patlā)
色
A فاتح (fātiḥ)
P کمرنگ (kam-rang)
U ہلکا (halkā)
うずく　〔疼く〕
A وجع (waja‘a)
P درد کردن (dard kardan)
U درد ہونا (dard hōnā)
うずくまる　〔蹲る〕
A قرفص (qarfaṣa)
P چنباتمه زدن (chonbātme zadan)
U دبکنا (dabaknā)
うずまき　〔渦巻き〕　—→うず
うずめる　〔埋める〕
A دفن (dafana)

P دفن کردن (dafn kardan)
U گاڑنا (gāṛnā) ; دفنانا (dafnānā)

うずら 〔鶉〕
A سلوى (salwā)
P بلدرچین (belderchīn)
U بٹیر (baṭīr)

うそ 〔嘘〕
A أكذوبة ('ukdhūba) ;
كذبة (kadhba)
P دروغ (dorūgh)
U جھوٹ (jhūṭ)

嘘をつく
A كذب (kadhaba)
P دروغ گفتن (dorūgh goftan)
U جھوٹ بولنا (jhūṭ bōlnā)

嘘つき
A كذاب (kadhdhāb)
P دروغگو (dorūgh-gū)
U جھوٹا (jhūṭā)

うた 〔歌〕
A أغنية ('ughnīya) ; نشيد (nashīd)
P سرود (sorūd) ; آواز (āvāz)
U گیت (gīt) ; گانا (gānā)

うたう 〔歌う〕
A غنى (ghannā) ; أنشد ('anshada)
P خواندن (khāndan)
U گانا (gānā)

うたがい 〔疑い〕
A شك (shakk)
P شک (shakk)
U شک (shakk)

疑いなく
A بلا شك (bilā-shakk)
P بی شک (bī-shakk)
U بے شک (bē-shakk)

うたがう 〔疑う〕
A شك (shakka)
P شک کردن (shakk kardan)
U شک کرنا (shakk karnā)

うたがわしい 〔疑わしい〕
A مشكوك (mashkūk)
P مشکوک (mashkūk)
U مشکوک (mashkūk)

うち 〔内・中〕

内部
A داخل (dākhil)
P داخل (dākhel)
U اندر (andar)

家
A بيت (bayt)
P خانه (khāne)
U گھر (ghar)

家族
A عائلة ('ā'ila)
P خانواده (khānevāde)
U خاندان (khāndān)

時
A فى ظرف (fī ẓarf)
P در ظرف (dar zarfe)
U کے اندر (ke andar)

うちあける 〔打ち明ける〕
A أباح ('abāḥa)
P درمیان گذاشتن (darmiyān gozāshtan)
U راز کی بات کہنا (rāz ki bāt kahnā)

うちあげる 〔打ち上げる〕
A أطلق ('aṭlaqa)
P پرتاب كردن (partāb kardan)
U پهينكنا (phēṇknā)

うちあわせる 〔打ち合わせる〕
A تشاور (tashāwara)
P قرار قبلى گذاشتن (qarāre-qablī gozāshtan)
U بند و بست كرنا (band-o-bast karnā)

うちがわ 〔内側〕
A داخل (dākhil)
P درون (darūn) ; داخل (dākhel)
U اندر (andar)
内側の
A داخلى (dākhilī)
P درونى (darūnī) ; داخلى (dākhelī)
U اندرونى (andarūnī)

うちきな 〔内気な〕
A خجول (khajūl)
P كم‌رو (kam-rū)
U شرميلا (sharmīlā)

うちきる 〔打ち切る〕
A قطع (qaṭa'a) ; أوقف ('awqafa)
P قطع كردن (qat' kardan)
U منقطع كرنا (munqate' karnā)

うちけし 〔打ち消し〕
A إنكار ('inkār) ; نفى (nafy)
P انكار (enkār) ; نفى (nafī)
U انكار (inkār) ; نفى (nafī)

うちけす 〔打ち消す〕
A أنكر ('ankara) ; نفى (nafā)
P انكار كردن (enkār kardan) ;
نفى كردن (nafī kardan)
U انكار كرنا (inkār karnā) ;
نفى كرنا (nafī karnā)

うちこむ 〔打ち込む〕
釘を打ち込む
A دق (daqqa)
P كوبيدن (kūbīdan)
U ٹهونكنا (ṭhōṇknā)
熱中する
A انهمك (inhamaka)
P سرگرم شدن (sar-garm shodan)
U منهمک هونا (munhamak hōnā)

うちゅう 〔宇宙〕
A فضاء (faḍā')
P فضا (fazā)
U كائنات (kā'ināt) ; خلا (khalā)
宇宙飛行士
A رائد فضاء (rā'id-faḍā')
P فضانورد (fazā-navard)
U خلانورد (khalā-navard)

うちょうてんになる 〔有頂天になる〕
A طار فرحًا (ṭāra farḥan)
P به وجد آمدن (be-vajd āmadan)
U وجد ميں آنا (wajd meṇ ānā)

うちわ 〔団扇〕
A مروحة يدوية (mirwaḥa-yadawīya)
P بادبزن (bād-bezan)
U پنكها (pankhā)

うちわの 〔内輪の〕
A خصوصى (khuṣūsī) ;
غير رسمى (ghayr-rasmī)

P خصوصی (khosūsī) ;
غیر رسمی (gheire-rasmī)
U نجی (nijī) ; غیر سرکاری (ghair-sarkārī)

うつ 〔打つ〕
A ضرب (ḍaraba)
P زدن (zadan)
U مارنا (mārnā)

うつ 〔撃つ〕
弾丸を撃つ
A أطلق النار ('aṭlaqa-n-nār)
P شلیک کردن (shellīk kardan)
U چلانا (chalānā)

うつ 〔討つ〕
攻撃する
A هاجم (hājama)
P حمله کردن (hamle kardan)
U حملہ کرنا (hamla karnā)

うっかり
A بغفلة (bi-ghafla) ; خطأً (khaṭa'an)
P با بی دقتی (bā-bī-deqqatī)
U غفلت سے (ghaflat se)

うつくしい 〔美しい〕
A جميل (jamīl) ; حسن (ḥasan)
P زیبا (zībā) ; قشنگ (qashang)
U خوبصورت (khūb-sūrat)
美しい娘
A بنت جميلة (bint jamīla)
P دختر قشنگ
(dokhtare-qashang)
U خوبصورت لڑکی (khūb-sūrat laṛkī)

うつくしさ 〔美しさ〕
A جمال (jamāl) ; حسن (ḥusn)
P زیبائی (zībā'ī) ;
قشنگی (qashangī)
U خوبصورتی (khūb-sūratī)

うつし 〔写し〕
A نسخة (nuskha) ; صورة (ṣūra)
P رونوشت (rūnevesht) ; کپی (kopī)
U کاپی (kāpī)

うつす 〔写す〕
コピーする
A نسخ (nasakha)
P کپی کردن (kopī kardan)
U کاپی کرنا (kāpī karnā)
写真を写す
A أخذ صورة ('akhadha ṣūra)
P عکس برداشتن ('aks bardāshtan)
U فوٹو کھینچنا (foṭo khēṇchnā)

うつす 〔移す〕
A نقل (naqala)
P انتقال دادن (enteqāl dādan) ;
منتقل کردن (montaqel kardan)
U منتقل کرنا (muntaqil karnā)

うったえ 〔訴え〕
訴訟
A دعوى (da'wā)
P دعوا (da'vā) ;
دادخواهی (dād-khāhī)
U مقدمہ (muqaddama)
不平の訴え
A شكوى (shakwā)
P شکایت (shekāyat)
U شکایت (shikāyat)

うったえる 〔訴える〕
訴訟する
A رفع الدعوى (rafa‘a-d-da‘wā)
P اقامهٔ دعوا کردن (eqāmeye-da‘vā kardan)
U مقدمہ چلانا (muqaddama chalānā)
不平を訴える
A شكا (shakā)
P شکایت کردن (shekāyat kardan)
U شکایت کرنا (shikāyat karnā)
うっとうしい
A مزعج (muz‘ij) ; كئيب (ka’īb)
P تیره (tīre) ; ناراحت (nā-rāhat)
U اداس (udās) ; ناگوار (nā-gawār)
うつぶせにねる 〔うつぶせに寝る〕
A رقد على وجهه (raqada ‘alā wajhihi)
P دمر خوابیدن (damar khābīdan)
U منہ کے بل لیٹنا (munh ke bal lēṭnā)
うつむく
A طأطأ رأسه (ṭa’ṭa’a ra’sahu)
P سر بزیر انداختن (sar be-zīr andākhtan)
U سر جھکانا (sir jhukānā)
うつりかわり 〔移り変わり〕
A تغير (taghayyur) ; تحول (taḥawwul)
P تغییر (taghyīr) ; تحول (tahavvol)
U تبدیلی (tabdīlī) ; تغیر (taghaiyur)
うつる 〔移る〕
A انتقل (intaqala)
P منتقل شدن (montaqel shodan)
U منتقل ہونا (muntaqil hōnā)
うつる 〔映る〕
A انعكس (in‘akasa)
P منعکس شدن (mon‘akes shodan)
U منعکس ہونا (mun‘akis hōnā)
うつわ 〔器〕
A إناء (’inā’)
P ظرف (zarf)
U برتن (bartan)
うで 〔腕〕
A ذراع (dhirā‘)
P بازو (bāzū)
U بازو (bāzū)
うでずくで 〔腕ずくで〕
A بالعنف (bil-‘unf)
P به زور (be-zūr)
U زبردستی سے (zabar-dastī se)
うでどけい 〔腕時計〕
A ساعة يد (sā‘a-yad)
P ساعت مچی (sā‘ate-mochī)
U کلائی کی گھڑی (kalā’ī ki ghaṛī)
うでわ 〔腕輪〕
A سوار (siwār)
P النگو (alangū)
U چوڑی (chūṛī)
うてん 〔雨天〕
A جو ممطر (jaww mumṭir)
P هوای بارانی (havāye-bārānī)
U بارش کا موسم (bārish ka mausam)
うながす 〔促す〕
A حث (ḥaththa)

P اصرار کردن (esrār kardan)
U زور دينا (zōr dēnā)

うなぎ 〔鰻〕
A ثعبان الماء (thu‘bānul-mā’)
P مار ماهی (mār-māhī)
U بام مچهلی (bām-machchhlī)

うなずく 〔頷く〕
A أومأ رأسه (’awma’a ra’sahu)
P سر تکان دادن (sar takān dādan)
U سر جهکانا (sir jhukānā)

うなる 〔唸る〕
猛獣が唸る
A زمجر (zamjara)
P غریدن (ghorrīdan)
U گرجنا (garajnā)
呻く
A أن (’anna)
P نالیدن (nālīdan)
U کراہنا (karāhnā)

うぬぼれ 〔自惚れ〕
A غرور (ghurūr)
P خودستائی (khod-setā’ī)
U خودبینی (khud-bīnī)
自惚れる
A تباهی (tābāhā)
P خودستائی کردن (khod-setā’ī kardan)
U خودبین بننا (khud-bīn bannā)

うねる
河川がうねる
A تعرج (ta‘arraja)
P پیچ خوردن (pīch khordan)
U بل کهانا (bal khānā)
波がうねる
A تلاطم (talāṭama)
P موج زدن (mouj zadan)
U لہرانا (laharānā)

うば 〔乳母〕
A مرضعة (murḍi‘a)
P دایه (dāye)
U آیا (āyā)

うばう 〔奪う〕
物を奪う
A سلب (salaba)
P ربودن (robūdan)
U چهیننا (chhīnnā)
権利を奪う
A جرد (jarrada) ; حرم (ḥarama)
P سلب کردن (salb kardan) ;
محروم کردن (mahrūm kardan)
U محروم کرنا (mahrūm karnā)
心を奪う
A جذب (jadhaba)
P فریفتن (farīftan)
U فریفتہ کرنا (farēfta karnā)

うばぐるま 〔乳母車〕
A عربة الأطفال (‘arabatul-’aṭfāl)
P کالسکهٔ بچه (kāleskeye-bachche)
U بچہ گاڑی (bachcha-gāṛī)

うぶな 〔初な〕
A بسيط (basīṭ) ; ساذج (sādhij)
P ساده لوح (sāde-louh)
U ساده لوح (sāda-lauh)

うま 〔馬〕
A حصان (ḥiṣān) ; خيل (khayl)

P اسب (asb)
U گھوڑا (ghōṛā)
馬に乗る
A ركب الحصان (rakibal-ḥiṣān)
P سوار اسب شدن (savāre-asb shodan)
U گھوڑے پر سوار ہونا (ghōṛē par sawār hōnā)

うまい〔旨い・甘い〕
A لذيذ (ladhīdh)
P خوشمزه (khosh-maze)
U مزیدار (maze-dār)
うまく
A جيدًا (jayyidan)
P به خوبى (be-khūbī)
U بخوبی (ba-khūbī)

うまる〔埋まる〕
A دفن (dufina)
P زير خاك شدن (zīre-khāk shodan)
U گڑنا (gaṛnā)

うまれ〔生まれ〕
A ولادة (wilāda)
P تولد (tavallod)
U پیدائش (paidā'ish)
生まれつき
A بالفطرة (bil-fiṭra)
P ذاتاً (zātan)；فطرتاً (fetratan)
U فطرتاً (fitratan)

うまれる〔生まれる〕
A ولد (wulida)
P متولد شدن (motavalled shodan)；بدنيا آمدن (be-donyā āmadan)
U پیدا ہونا (paidā hōnā)

うみ〔海〕
A بحر (baḥr)
P دريا (daryā)
U سمندر (samandar)

うみ〔膿〕
A قيح (qayḥ)
P چرک (cherk)
U پیپ (pīp)

うむ〔産む・生む〕
A ولدت (waladat)
P زاييدن (zāyīdan)；زادن (zādan)
U پیدا کرنا (paidā karnā)；جننا (jannā)

うむ〔膿む〕
A قاح (qāḥa)
P چرک کردن (cherk kardan)
U پیپ پڑجانا (pīp paṛ-jānā)

うめ〔梅〕
A برقوق (barqūq)；مشمش يابانى (mishmish yābānī)
P آلو (ālū)
U آلوچہ (ālūcha)

うめあわせ〔埋め合わせ〕
A تعويض (ta'wīḍ)
P جبران (jobrān)
U تلافی (talāfī)
埋め合わせをする
A عوض ('awwaḍa)
P جبران كردن (jobrān kardan)
U تلافی کرنا (talāfī karnā)

うめく〔呻く〕
A أن ('anna)
P ناليدن (nālīdan)

U کراہنا (karāhnā)

うめたてる 〔埋め立てる〕

A ردم (radama)

P از خاک پر کردن (az khāk por kardan)

U زمین کو بھرنا (zamīn ko bharnā)

うめる 〔埋める〕

A دفن (dafana)

P دفن کردن (dafn kardan) ; زیر خاک کردن (zīre-khāk kardan)

U دفن کرنا (dafn karnā) ; گاڑنا (gāṛnā)

うもう 〔羽毛〕

A ريشة (rīsha) ; زغب (zaghab)

P پر (par)

U پنکھ (pankh) ; پر (par)

うやまう 〔敬う〕

A احترم (iḥtarama)

P احترام گذاشتن (ehterām gozāshtan)

U عزت کرنا (ʻizzat karnā)

うら 〔裏〕

背後

A ظهر (ẓahr) ; خلف (khalf)

P پشت (posht) ; عقب (ʻaqab)

U پشت (pusht) ; عقب (ʻaqab)

裏をかく

A خدع (khadaʻa)

P گول زدن (gūl zadan)

U دھوکا دینا (dhōkā dēnā)

うらがえす 〔裏返す〕

A قلب (qallaba)

P پشت رو کردن (posht-rū kardan)

U الٹا کرنا (ulṭā karnā)

うらがきする 〔裏書きする〕

A ظهر (ẓahhara)

P پشت نویسی کردن (posht-nevīsī kardan)

U پشت پر دستخط کرنا (pusht par dast-khatt karnā)

うらぎる 〔裏切る〕

A خان (khāna)

P خیانت کردن (khiyānat kardan)

U غداری کرنا (ghaddārī karnā)

裏切り者

A خائن (khā'in)

P خاین (khāyen)

U غدار (ghaddār)

うらぐち 〔裏口〕

A باب خلفي (bāb khalfī)

P در عقب (dare-ʻaqab)

U عقبی دروازه (ʻaqabī darwāza)

うらじ 〔裏地〕

A بطانة (biṭāna)

P آستر (āstar)

U استر (astar)

うらづけ 〔裏付け〕

A إثبات ('ithbāt) ; برهان (burhān)

P اثبات (esbāt) ; مدرک (madrak)

U ثبوت (subūt)

裏付ける

A أثبت ('athbata) ; برهن (barhana)

P اثبات کردن (esbāt kardan)

U ثبوت دینا (subūt dēnā)

うらどおり 〔裏通り〕
A زقاق (zuqāq)
P كوچه (kūche)
U گلی (galī)

うらない 〔占い〕
A كهانة (kahāna)
P فال (fāl)
U رمل (raml) ; جوتش (jōtish)
占う
A كهن (kahana)
P فال گرفتن (fāl gereftan)
U قسمت كا حال بتانا (qismat ka hāl batānā)
占い師
A عراف ('arrāf)
P فالگير (fāl-gīr)
U رمال (rammāl) ; جوتشی (jōtishī)

うらみ 〔恨み〕
A حقد (ḥiqd)
P كينه (kīne)
U كينه (kīna)
恨む
A حقد (ḥaqada)
P كينه ورزيدن (kīne varzīdan)
U كينه ركهنا (kīna rakhnā)

うらやむ 〔羨む〕
A حسد (ḥasada) ; غار (ghāra)
P حسد بردن (hasad bordan) ; رشک بردن (rashk bordan)
U حسد كرنا (hasad karnā) ; رشک كرنا (rashk karnā)
羨ましい
A حسود (ḥasūd) ; غيور (ghayūr)
P حسود (hasūd)
U قابل رشک (qābile-rashk)

うららかな 〔麗らかな〕
A صاف (ṣāf)
P صاف (sāf) ; باصفا (bā-safā)
U صاف (sāf)

ウラン
A يورانيوم (yūrāniyūm)
P اورانيم (ūrāniyom)
U يورينيم (yūrīniyam)

うり 〔瓜〕
きゅうり
A خيار (khiyār)
P خيار (khiyār)
U كهيرا (khīrā)
すいか
A بطيخ (baṭṭīkh)
P هندوانه (hendevāne)
U تربوز (tarbūz)

うり 〔売り〕
A بيع (bay')
P فروش (forūsh)
U بكری (bikrī)

うりあげ 〔売り上げ〕
A دخل البيع (dakhlul-bay')
P درآمد فروش (dar-āmade-forūsh)
U بكری (bikrī)

うりきれる 〔売り切れる〕
A نفد (nafida)
P بفروش رفتن (be-forūsh raftan)
U بک جانا (bik jānā)

うりこ 〔売り子〕
A بائع (bā'i')

P فروشنده (forūshande)
U بیچنے والا (bēchnē-wālā)
うりだし 〔売り出し〕
A أوكازيون (’ūkāzyūn)
P حراج (harrāj)
U رعایتی سیل (ri‘āyatī sēl)
うりょう 〔雨量〕
A كمية المطر (kammīyatul-maṭar)
P میزان باران (mīzāne-bārān)
U بارش کی مقدار (bārish ki miqdār)
うる 〔売る〕
A باع (bā‘a)
P فروختن (forūkhtan)
U بیچنا (bēchnā)
うる 〔得る〕
A نال (nāla) ; حصل على (ḥaṣala ‘alā)
P یافتن (yāftan) ;
حاصل كردن (hāsel kardan)
U پانا (pānā) ;
حاصل کرنا (hāsil karnā)
うるうどし 〔閏年〕
A سنة كبيسة (sana kabīsa)
P سال كبيسه (sāle-kabīse)
U سال کبیسہ (sāle-kabīsa)
うるおい 〔潤い〕
湿気
A رطوبة (ruṭūba)
P نم (nam) ; رطوبت (rotūbat)
U نمی (namī)
利益
A نفع (naf‘)
P نفع (naf‘)
U نفع (nafa‘)
うるおう 〔潤う〕
A ترطب (taraṭṭaba)
P مرطوب شدن (martūb shodan)
U بھیگنا (bhīgnā)
うるおす 〔潤す〕
A رطب (raṭṭaba)
P مرطوب كردن (martūb kardan)
U بھگانا (bhigānā)
うるさい
やかましい
A صاخب (ṣākhib)
P پر سر وصدا (por-sar-o-sedā)
U پرشور (pur-shōr)
ウルドゥーご 〔ウルドゥー語〕
A اللغة الأردية (allughatul-’urdīya)
P زبان اردو (zabāne-ordū)
U اردو زبان (urdū zabān)
うれしい 〔嬉しい〕
A مسرور (masrūr)
P خوشحال (khosh-hāl)
U خوش (khush)
うれしがらせる 〔嬉しがらせる〕
A سر (sarra)
P خوشحال كردن (khosh-hāl kardan)
U خوش کرنا (khush karnā)
うれしがる 〔嬉しがる〕
A سر (surra)
P خوشحال شدن (khosh-hāl shodan)
U خوش ہونا (khush hōnā)

うれしさ 〔嬉しさ〕
A سرور (surūr)
P خوشحالی (khosh-hālī)
U خوشی (khushī)

うれる 〔売れる〕
A انباع (inbā‘a)
P بفروش رفتن (be-forūsh raftan)
U بکنا (biknā)

うろこ 〔鱗〕
A حرشف (ḥarshaf) ; فلوس (fulūs)
P پولک (pūlak) ; فلس (fals)
U فلس (fals)

うろたえる
A ذهل (dhahila)
P پریشان شدن (parīshān shodan)
U گھبرانا (ghabrānā)

うろつく
A تجول (tajawwala)
P پرسه زدن (parse zadan)
U گھومنا (ghūmnā)

うわがき 〔上書き〕
A عنوان (‘unwān)
P نشانی (neshānī)
U پتا (patā)

うわぎ 〔上着〕
A جاكت (jākit)
P کت (kot)
U کوٹ (kōṭ)

うわごと
A هذيان (hadhayān) ; هذاء (hudhā’)
P هذیان (hazyān)
U هذیان (hazyān)

うわごとを言う
A هذى (hadhā)
P هذیان گفتن (hazyān goftan)
U هذیان کہنا (hazyān kahnā)

うわさ 〔噂〕
A إشاعة (’isha‘a) ; شائعة (shā’i‘a)
P شایعه (shāye‘e)
U افواه (afwāh)

うわべ 〔上辺〕
A سطح (saṭḥ)
P سطح (sath)
U سطح (sath)

上辺の
A سطحي (saṭḥī)
P سطحی (sathī)
U سطحی (sathī)

うん 〔運〕
A حظ (ḥaẓẓ)
P بخت (bakht)
U قسمت (qismat)

運良く
A لحسن الحظ (li-ḥusnil-ḥaẓẓ)
P خوشبختانه (khosh-bakhtāne)
U خوش قسمتی سے (khush-qismatī se)

運悪く
A لسوء الحظ (li-sū’il-ḥaẓẓ)
P بدبختانه (bad-bakhtāne)
U بد قسمتی سے (bad-qismatī se)

うんえい 〔運営〕
A إدارة (’idāra)
P اداره (edāre)
U انتظام (intezām)

運営する
A أدار ('adāra)
P اداره کردن (edāre kardan)
U انتظام کرنا (intezām karnā)

うんが〔運河〕
A قناة (qanā)
P ترعه (tor'e) ; کانال (kānāl)
U نهر (nahar)

うんそう〔運送〕
A نقل (naql)
P حمل و نقل (haml-o-naql)
U نقل و حمل (naql-o-haml)
運送する
A نقل (naqala)
P حمل کردن (haml kardan)
U نقل و حمل کرنا (naql-o-haml karnā)

うんちん〔運賃〕
A أجرة النقل ('ujratu-n-naql)
P کرایه (kerāye)
U کرایه (kirāya)

うんてん〔運転〕
A قيادة (qiyāda) ; سياقة (siyāqa)
P رانندگی (rānandegī)
U ڈرائیو (ḍrā'īv)
運転する
A ساق (sāqa) ; قاد (qāda)
P راندن (rāndan)
U چلانا (chalānā)
運転手
A سائق (sā'iq)
P راننده (rānande)
U ڈرائیور (ḍrā'īvar)

うんどう〔運動〕
物体の動き
A حركة (ḥaraka)
P حرکت (harakat)
U حرکت (harkat)
スポーツ
A رياضة (riyāḍa)
P ورزش (varzesh)
U ورزش (warzish)
組織的活動
A حركة (ḥaraka) ; حملة (ḥamla)
P جنبش (jonbesh) ;
نهضت (nehzat)
U تحریک (tahrīk)

うんぱん〔運搬〕 ⟶うんそう〔運送〕

うんめい〔運命〕
A قدر (qadar) ; قضاء (qaḍā')
P سرنوشت (sar-nevesht)
U قسمت (qismat)

うんも〔雲母〕
A ميكا (mīkā)
P میکا (mīkā)
U ابرک (abrak) ; ابرق (abraq)

え

え〔柄〕

A مقبض (miqbaḍ)

P دسته (daste)

U دستہ (dasta)

え〔絵〕

A رسم (rasm)；صورة (ṣūra)

P نقاشی (naqqā<u>sh</u>ī)

U تصویر (tasvīr)

絵を描く

A رسم صورة (rasama ṣūra)

P نقاشی کردن (naqqā<u>sh</u>ī kardan)

U تصویر کھینچنا (tasvīr khēṇ<u>ch</u>nā)

エア

A هواء (hawā')

P هوا (havā)

U ہوا (hawā)

エアポケット

A جيب هوائي (jayb hawā'ī)

P چاه هوائی (<u>ch</u>āhe-havā'ī)

U ہوائی تھیلی (hawā'ī thailī)

エアメール

A البريد الجوى (al-barīdul-jawwī)

P پست هوائی (poste-havā'ī)

U ہوائی ڈاک (hawā'ī ḍāk)

エアコン

A مكيف الهواء (mukayyiful-hawā')

P تهویهٔ مطبوع (tahvīyeye-matbū')

U ہوا بدل آلہ (hawā badal āla)

えいえん〔永遠〕

A أبد ('abad)

P ابد (abad)

U ابد (abad)

永遠の

A أبدى ('abadī)

P ابدی (abadī)

U ابدی (abadī)

永遠に

A إلى الأبد ('ilal-'abad)；أبدًا ('abadan)

P ابداً (abadan)

U ابداً (abadan)

えいが〔映画〕

A فيلم (fīlm)；سينما (sīnimā)

P فيلم (fīlm)

U فلم (film)

映画館

A سينما (sīnimā)；دار سينما (dār sīnimā)

P سینما (sīnemā)

U سنیما گھر (sinemā-ghar)

えいきょう 〔影響〕
A تأثير (ta'thīr)
P تأثير (ta'sīr)
U اثر (asar)
影響する
A أثر ('aththara)
P تحت تأثير قرار دادن (tahte-ta'sīr qarār dādan)
U اثر ڈالنا (asar ḍālnā)

えいぎょう 〔営業〕
A عمل ('amal) ; تجارة (tijāra)
P كار (kār) ; تجارت (tejārat)
U كاروبار (kār-o-bār) ; تجارت (tijārat)
営業時間
A ساعات العمل (sā'ātul-'amal)
P ساعات كار (sā'āte-kār)
U كاروبارى اوقات (kār-o-bārī auqāt)

えいご 〔英語〕
A اللغة الإنكليزية (allughatul-'inkilīzīya)
P انگليسى (engelīsī)
U انگريزى (aṇgrēzī)
英語で
A بالإنكليزية (bil-'inkilīzīya)
P به انگليسى (be-engelīsī)
U انگريزى ميں (aṇgrēzī meṇ)

えいこう 〔栄光〕
A مجد (majd) ; جلال (jalāl)
P شكوه (shokūh) ; جلال (jalāl)
U جلال (jalāl)
栄光ある
A مجيد (majīd) ; جليل (jalīl)
P شكوهمند (shokūh-mand) ; جليل (jalīl)
U جليل (jalīl) ; پر شكوه (pur-shukoh)

えいこく 〔英国〕
A إنكلترا ('inkiltirrā)
P انگلستان (engelestān)
U انگلستان (iṇglistān)
英国の(人)
A إنكليزى ('inkilīzī)
P انگليسى (engelīsī)
U انگريز (aṇgrēz)

えいしゃ 〔映写〕
A عرض ('arḍ)
P نمايش (namāyesh)
U عكس ('aks)
映写する
A عرض ('araḍa)
P نمايش دادن (namāyesh dādan)
U عكس ڈالنا ('aks ḍālnā)

えいしゃき 〔映写機〕
A جهاز لعرض الأفلام (jihāz li-'arḍil-'aflām)
P آپارات (āpārāt) ; پروژكتور (porozhektor)
U پروجكٹر (projekṭor)

エイズ
A ايذز ('īdhuz)
P أيدز (eidz)
U ايدز (eidz)

えいせい 〔衛生〕
A صحة (ṣiḥḥa)
P بهداشت (behdāsht)
U حفظان صحت (hifzāne-sehat)
衛生的な
A صحى (ṣiḥḥī)
P بهداشتی (behdāshtī)
U صحت مند (sehat-mand)

えいせい 〔衛星〕
A قمر (qamar)
P ماهواره (māh-vāre)
U تابع سیاره (tābe‘ saiyāra)
人工衛星
A قمر صناعى (qamar ṣinā‘ī)
P ماهواره (māh-vāre) ;
قمر مصنوعی (qamare-masnū‘ī)
U مصنوعی سیاره (masnū‘ī saiyāra)

えいち 〔英知〕
A حكمة (ḥikma)
P حکمت (hekmat)
U حکمت (hikmat)

えいゆう 〔英雄〕
A بطل (baṭal)
P قهرمان (qahramān)
U ہیرو (hīro)

えいよ 〔栄誉〕
A شرف (sharaf)
P افتخار (eftekhār)
U عزت (‘izzat)

えいよう 〔栄養〕
A تغذية (taghdhiya)
P تغذیه (taghzīye)
U غذا (ghizā)
栄養のある
A مغذٍ (mughadhdhin)
P مغذی (moghazzī)
U مغذی (mughazzī)

えいり 〔営利〕
A نفع (naf‘)
P انتفاع (entefā‘) ; نفع (naf‘)
U نفع (nafa‘)

えがお 〔笑顔〕
A وجه مبتسم (wajh-mubtasim)
P صورت خندان (sūrate-khandān)
U مسکراہٹ (muskurāhaṭ)

えがく 〔描く〕
絵を描く
A رسم (rasama)
P کشیدن (keshīdan)
U کھینچنا (khēṇchnā)
描写する
A وصف (waṣafa)
P وصف کردن (vasf kardan)
U تعریف کرنا (ta‘rīf karnā)

えき 〔駅〕
A محطة (maḥaṭṭa)
P ایستگاه (īstgāh)
U اسٹیشن (isṭēshon)

えき 〔益〕
A نفع (naf’) ; فائدة (fā’ida)
P نفع (naf‘) ; فایده (fāyede)
U نفع (nafa‘) ; فائده (fā’ida)

エキス
A خلاصة (khulāṣa)
P عصاره (‘osāre) ; شیره (shīre)

U نچوڑ (nichōṛ)
エキスパート
A خبير (khabīr)
P کارشناس (kār-shenās)
U ماہر (māhir)
えきたい 〔液体〕
A سائل (sā'il)
P مایع (māye')
U مائع (mā'e') ; سیال (saiyāl)
えさ 〔餌〕
A علف ('alaf) ; طعم (ṭu'm)
P طعمه (to'me) ; دانه (dāne)
U چارا (chārā) ; دانہ (dāna)
エジプト
A مصر (miṣr)
P مصر (mesr)
U مصر (misr)
エジプトの(人)
A مصرى (miṣrī)
P مصرى (mesrī)
U مصرى (misrī)
エスカレーター
A درج متحرك (daraj mutaḥarrik)
P پلكان برقى (pellekāne-barqī)
U متحرک زینہ (mutaharrik zīna)
えだ 〔枝〕
A غصن (ghuṣn)
P شاخه (shākhe)
U شاخ (shākh)
エチオピア
A أثيوبيا ('athyūbiyā)
P اتيوبى (etyūbī)
U ایتھوپیا (ēthōpiyā)
エチケット
A آداب السلوك (ādābu-s-sulūk)
P آداب (ādāb)
U مجلسى آداب (majlisī ādāb)
エックスせん 〔エックス線〕
A أشعة إكس ('ashi''a 'iks)
P اشعه ايكس (ashe'eye-īks)
U لا شعاعيں (lā-sho'ā'ēṇ)
エッセイ
A مقالة (maqāla)
P مقاله (maqāle)
U مضمون (mazmūn)
えっぺい 〔閲兵〕
A استعراض (isti'rāḍ) ;
تفقد (tafaqqud)
P سان (sān)
U معائنہ (mu'ā'ina)
閲兵する
A تفقد الجيش (tafaqqadal-jaysh)
P سان ديدن (sān dīdan)
U معائنہ کرنا (mu'ā'ina karnā)
エナメル
A ميناء (mīnā')
P مينا (mīnā)
U مينا (mīnā)
エネルギー
A طاقة (ṭāqa)
P انرژى (enerzhī) ; نيرو (nīrū)
U توانائى (tawānā'ī)
えのぐ 〔絵の具〕
A ألوان ('alwān)
P رنگ (rang)
U رنگ (rang)

えはがき 〔絵葉書〕
A بطاقه بريدية مصورة (biṭāqa barīdīya muṣawwara)
P كارت پستال (kārte-postāl)
U تصویری کارڈ (tasvīrī kārḍ)

えび 〔海老〕
A جمبری (jambarī)
P ميگو (meigū)
U جهينگا (jhīngā)

エプロン
A ميدعة (mīda'a) ; مئزر (mi'zar)
P پيش بند (pīsh-band)
U پيش بند (pēsh-band)

えほん 〔絵本〕
A كتاب مصور (kitāb muṣawwar)
P كتاب مصور (ketābe-mosavvar)
U تصويروں کی کتاب (tasvīrōṇ ki kitāb)

エメラルド
A زمرد (zumurrud)
P زمرد (zomorrod)
U زمرد (zamurrad)

えもの 〔獲物〕
A صيد (ṣayd)
P شكار (shekār)
U شكار (shikār)

えらい 〔偉い〕
A عظيم ('aẓīm) ; كبير (kabīr)
P بزرگ (bozorg) ; عظيم ('azīm)
U بڑا (baṛā) ; عظيم ('azīm) ; بزرگ (buzurg)

えらぶ 〔選ぶ〕
A اختار (ikhtāra) ; انتخب (intakhaba)
P برگزيدن (bar-gozīdan) ; انتخاب كردن (entekhāb kardan)
U چننا (chunnā) ; انتخاب كرنا (intekhāb karnā)

えり 〔襟〕
A ياقة (yāqa)
P يقه (yaqe) ; گريبان (gerībān)
U گريبان (girēbān)

エリート
A صفوة (ṣafwa) ; نخبة (nukhba)
P نخبگان (nokhbegān)
U ممتاز افراد (mumtāz afrād)

える 〔得る〕
A نال (nāla) ; حصل (ḥaṣala)
P يافتن (yāftan) ; حاصل كردن (hāsel kardan)
U پانا (pānā) ; حاصل كرنا (hāsil karnā)

かせぐ
A كسب (kasaba)
P كسب كردن (kasb kardan)
U كمانا (kamānā)

エルサレム
A أورشليم ('ūrshalīm) ; القدس (al-quds)
P اورشليم (ūrshalīm) ; بيت المقدس (beitol-moqaddas)
U بيت المقدس (baitul-muqaddas)

エレベーター
A مصعد (miṣ'ad)
P آسانسور (āsānsor)
U لفٹ (lifṭ)

えん 〔円〕
A دائرة (dā'ira)
P دايره (dāyere)
U دائره (dā'ira)

えん 〔縁〕
関係
A علاقة ('alāqa)
P روابط (ravābet) ; رابطه (rābete)
U رشته (rishta)

えんかい 〔宴会〕
A حفلة (ḥafla) ; وليمة (walīma)
P مهمانی (mehmānī) ; ضيافت (ziyāfat)
U دعوت (da'wat) ; ضيافت (ziyāfat)

えんがん 〔沿岸〕
A شاطئ (shāṭi') ; ساحل (sāḥil)
P ساحل (sāhel)
U ساحل (sāhil)

えんき 〔延期〕
A تأجيل (ta'jīl)
P تعويق (ta'vīq)
U التوا (iltewā)
延期する
A أجل ('ajalla)
P به تعويق انداختن (be-ta'vīq andākhtan)
U ملتوی کرنا (multavī karnā) ; ٹالنا (ṭālnā)

えんけい 〔遠景〕
A منظر بعيد (manẓar ba'īd)
P منظره دور (manzareye-dūr)
U دور کا منظر (dūr ka manzar)

えんげい 〔園芸〕
A بستنة (bastana)
P باغبانی (bāgh-bānī)
U باغبانی (bāgh-bānī)

えんげい 〔演芸〕
A منوعات مسرحية (munawwa'āt masraḥīya)
P واريته (vārīte)
U تماشا (tamāshā)

えんげき 〔演劇〕
A رواية تمثيلية (riwāya tamthīlīya)
P نمايش (namāyesh)
U ڈراما (ḍrāmā)

えんさん 〔塩酸〕
A حامض هيدروكلوريك (ḥāmiḍ hīdroklorīk)
P جوهر نمک (jouhare-namak)
U نمک کا تیزاب (namak ka tēzāb)

えんしの 〔遠視の〕
A طويل البصر (ṭawīlul-baṣar)
P دوربين (dūr-bīn)
U دراز نظر (dirāz-nazar)

えんしゅう 〔円周〕
A محيط دائرة (muḥīṭ dā'ira)
P محيط دايره (mohīte-dāyere)
U محيط (muhīt)

えんしゅう 〔演習〕
A تمرين (tamrīn)
P تمرين (tamrīn) ; مشق (mashq)
U مشق (mashq)
軍の演習
A تدريب (tadrīb)
P مانور (mānovr)

U مانوره (mānūra)

えんしゅつ 〔演出〕

A إخراج ('ikhrāj)

P كارگردانی (kār-gardānī)

U پیشکش (pēsh-kash)

演出家

A مخرج (mukhrij)

P كارگردان (kār-gardān)

U پیش کار (pēsh-kār)

えんじょ 〔援助〕

A مساعدة (musā'ada)

P کمک (komak)

U مدد (madad)

技術援助

A مساعدات فنية (musā'adāt fannīya)

P کمک فنی (komake-fannī)

U فنی مدد (fannī madad)

エンジン

A محرك (muḥarrik)

P موتور (motor)

U انجن (enjin)

えんせい 〔遠征〕

軍の遠征

A حملة عسكرية (ḥamla 'askarīya)

P لشكركشی (lashkar-keshī)

U مهم (muhimm)

えんぜつ 〔演説〕

A خطاب (khiṭāb)

P سخنرانی (sokhan-rānī)

U تقریر (taqrīr)

演説する

A ألقى خطاباً ('alqā khiṭāban)

P سخنرانی کردن (sokhan-rānī kardan)

U تقریر کرنا (taqrīr karnā)

えんそう 〔演奏〕

A عزف ('azf)

P نوازندگی (navāzandegī)

U بجانا (bajānā)

演奏する

A عزف ('azafa)

P نواختن (navākhtan)

U بجانا (bajānā)

えんそく 〔遠足〕

A نزهة (nuzha)

P گردش علمی (gardeshe-'elmī)

U تفریحی سفر (tafrīhī safar)

遠足に行く

A ذهب للنزهة (dhahaba lin-nuzha)

P به گردش رفتن (be-gardesh raftan)

U تفریحی سفر پر جانا (tafrīhī safar par jānā)

えんだん 〔演壇〕

A منصة (minaṣṣa)

P تریبون (terībūn)

U ٹریبیون (ṭrībiyūn)

えんちょう 〔延長〕

A تمديد (tamdīd)

P تمدید (tamdīd)

U توسیع (tausī')

延長する

A مدد (maddada)

P تمدید کردن (tamdīd kardan)

U وسیع کرنا (wasī' karnā)

えんとつ 〔煙突〕
A مدخنة (midkhana)
P دودکش (dūd-kesh)
U دودکش (dūd-kash)

えんばん 〔円盤〕
A قرص (qurṣ)
P دیسک (dīsk)
U قرص (qurs) ;
ڈسکس (ḍisks)

えんぴつ 〔鉛筆〕
A قلم رصاص (qalam-raṣāṣ)
P مداد (medād)
U پنسل (pensil)

えんぽう 〔遠方〕
遠方から
A من بعيد (min ba'īd)
P از دور (az dūr)
U دور سے (dūr se)
遠方へ
A بعيداً (ba'īdan)
P به دور (be-dūr)
U دور (dūr)

えんゆうかい 〔園遊会〕
A حفلة رسمية فى حديقة (ḥafla-rasmīya fī ḥadīqa)
P گاردن پارتی (gārden pārtī)
U گارڈن پارٹی (gārḍen pārṭī)

えんりょ 〔遠慮〕
控え目
A تحفظ (taḥaffuẓ)
P رودربایستی (rūdarbāyestī)
U تکلف (takalluf)
ためらい
A تردد (taraddud)
P تردید (tardīd)
U تامل (taammul)
遠慮する
A تحفظ (taḥaffaẓa)
P رودربایستی کردن (rūdarbāyestī kardan)
U تکلف کرنا (takalluf karnā)
差し控える
A امتنع (imtana'a)
P خودداری کردن (khod-dārī kardan)
U باز رہنا (bāz rahnā)

お

お　〔尾〕
　A ذنب (dhanab)
　P دم (dom)
　U دم (dum)
オアシス
　A واحة (wāḥa)
　P واحه (vāhe)
　U نخلستان (nakhlistān)
おい　〔甥〕
　A ابن الأخ (ibnul-'akh)；
　　ابن الأخت (ibnul-'ukht)
　P پسر برادر (pesar-barādar)；
　　پسر خواهر (pesar-khāhar)
　U بهتیجا (bhatījā)；
　　بهانجا (bhāṇjā)
おい　〔老い〕
　A شيخوخة (shaykhūkha)
　P پیری (pīrī)
　U بوڑھاپا (būṛhāpā)
　老いた
　A مسن (musinn)
　P پیر (pīr)；مسن (mosen)
　U بوڑھا (būṛhā)
　老いる
　A أسن ('asanna)
　P پیر شدن (pīr shodan)
　U بوڑھا ہونا (būṛhā hōnā)
おいかける　〔追いかける〕
　A طارد (ṭārada)；
　　جرى وراء (jarā warā')
　P دنبال کردن (donbāl kardan)；
　　عقب کسی دویدن ('aqabe-kasī davīdan)
　U پیچھا کرنا (pīchhā karnā)
おいこす　〔追い越す〕
　A تخطى (takhaṭṭā)
　P سبقت گرفتن (sebqat gereftan)
　U آگے نکل جانا (āgē nikal-jānā)
おいしい
　A لذيذ (ladhīdh)
　P خوشمزه (khosh-maze)；
　　لذيذ (lazīz)
　U مزیدار (maze-dār)
おいだす　〔追い出す〕
　A طرد (ṭarada)
　P اخراج کردن (ekhrāj kardan)
　U نکالنا (nikālnā)
おいつく　〔追い付く〕
　A لحق (laḥiqa)
　P در رسیدن (dar-resīdan)
　U جالینا (jā-lēnā)

おいはぎ 〔追い剝ぎ〕
A قاطع الطريق (qāṭi‘u-ṭ-ṭarīq)
P راهزن (rāh-zan)
U راه زن (rāh-zan)

おいはらう 〔追い払う〕
A طرد (ṭarada)
P دور كردن (dūr kardan)
U ہٹانا (haṭānā)

オイル
油
A زيت (zayt)
P روغن (roughan)
U تیل (tēl)

おう 〔王〕
A ملك (malik)
P شاه (shāh)
U بادشاه (bādshāh)
王妃
A ملكة (malika)
P ملكه (maleke)
U ملکہ (malika) ; رانی (rānī)

おう 〔追う〕
A طارد (ṭārada)
P تعقيب كردن (ta‘qīb kardan) ; دنبال كردن (donbāl kardan)
U پیچھا کرنا (pīchhā karnā)

おう 〔負う〕
背負う
A حمل على الكتف (ḥamala ‘alal-katif)
P به دوش گرفتن (be-dūsh gereftan)
U کندھا دینا (kandhā dēnā')
責任を負う
A تحمل (taḥammala)
P به عهده گرفتن (be-‘ohde gereftan)
U لینا (lēnā)

おうい 〔王位〕
A عرش (‘arsh)
P تاج و تخت (tāj-o-takht)
U تخت (takht)

おうえん 〔応援〕
援助
A مساعدة (musā‘ada)
P كمک (komak)
U امداد (imdād)
声援
A تهليل (tahlīl)
P هلهله (halhale)
U نعره (na‘ra)
応援する
A ساعد (sā‘ada) ; هلل (hallala)
P كمک كردن (komak kardan) ; هلهله كردن (halhale kardan)
U امداد دینا (imdād dēnā) ; نعره لگانا (na‘ra lagānā)

おうかん 〔王冠〕
A تاج (tāj)
P تاج (tāj)
U تاج (tāj)

おうぎ 〔扇〕
A مروحة يدوية (mirwaḥa-yadawīya)
P بادبزن دستی (bād-bezane-dastī)
U پنکھا (pankhā)

おうきゅう 〔応急〕
応急の
A مؤقت (mu'aqqat))
P موقتی (movaqqatī)
U ہنگامی (hangāmī)
応急手当
A الاسعافات الأولية (al-is'āfātul-'awwalīya)
P کمکهای اولیه (komakhāye-avvalīye)
U ابتدائی طبی امداد (ibtīdā'ī tibbī imdād)

おうこく 〔王国〕
A مملكة (mamlaka)
P کشور سلطنتی (keshvare-saltanatī); پادشاهی (pādshāhī)
U بادشاہی (bādshāhī)

おうざ 〔王座〕
A عرش ('arsh)
P تخت (takht)
U تخت (takht)

おうじ 〔王子〕
A أمير ('amīr)
P شاهزاده (shāhzāde)
U شہزادہ (shahzāda)

おうしゅう 〔押収〕
A مصادرة (muṣādara)
P مصادره (mosādere); ضبط (zabt)
U ضبط (zabt)
押収する
A صادر (ṣādara)
P مصادره کردن (mosādere kardan); ضبط کردن (zabt kardan)
U ضبط کرنا (zabt karnā)

おうじょ 〔王女〕
A أميرة ('amīra)
P شاهزاده خانم (shāhzāde-khānom)
U شہزادی (shahzādī)

おうじる 〔応じる〕
答える
A أجاب ('ajāba)
P جواب دادن (javāb dādan)
U جواب دینا (jawāb dēnā)
応える
A استجاب (istajāba)
P اجابت کردن (ejābat kardan)
U ماننا (mānnā)
受け入れる
A قبل (qabila)
P قبول کردن (qabūl kardan)
U قبول کرنا (qabūl karnā)

おうしんする 〔往診する〕
A عالج المريض فى بيته ('ālajal-marīḍa fī baytihi)
P در منزل معاینه کردن (dar manzel mo'āyene kardan)
U مریض کے ہاں جانا (marīz ke hāṇ jānā)

おうせつ 〔応接〕
A استقبال (istiqbāl)
P پذیرائی (pazīrā'ī)
U استقبال (istiqbāl)
応接間
A غرفة الاستقبال (ghurfatul-

istiqbāl)
P اطاق پذیرائی (otāqe-pazīrā'ī)
U ڈرائنگ روم (ḍrā'ing rūm)

おうだん 〔黄疸〕
A يرقان (yaraqān)
P يرقان (yaraqān)
U يرقان (yarqān)

おうだん 〔横断〕
A عبور ('ubūr)
P عبور ('obūr)
U پار کرنا (pār karnā)
横断する
A عبر ('abara)
P عبور کردن ('obūr kardan)
U پار کرنا (pār karnā)

おうとう 〔応答〕
質疑応答
A سؤال و إجابة (su'āl wa 'ijāba)
P سؤال و جواب (so'āl va javāb)
U سوال و جواب (sawāl o jawāb)

おうふく 〔往復〕
A ذهاب و إياب (dhahāb wa 'iyāb)
P رفتن و برگشتن (raftan-o-bargashtan)
U آنا جانا (ānā-jānā)
往復切符
A تذكرة ذهاب و إياب (tadhkira dhahāb wa 'iyāb)
P بلیت رفت و برگشت (belīte-raft-o-bargasht)
U واپسی ٹکٹ (wāpasī ṭikaṭ)

おうへいな 〔横柄な〕
A متكبر (mutakabbir)
P متکبر (motakabber);
مغرور (maghrūr)
U مغرور (maghrūr)

おうぼ 〔応募〕
応募する
A تقدم بطلب (taqaddama bi-ṭalab)
P تقاضا کردن (taqāzā kardan)
U درخواست دینا (darkhāst dēnā)
応募者
A متقدم بطلب (mutaqaddim bi-ṭalab)
P متقاضی (motaqāzī)
U درخواست کننده (darkhāst kunanda)

おうぼうな 〔横暴な〕
A مستبد (mustabidd)
P مستبد (mostabed)
U جابرانہ (jābirāna)

おうむ
A ببغاء (babghā')
P طوطی (tūtī)
U طوطا (tōtā)

おうよう 〔応用〕
A تطبيق (taṭbīq)
P کاربردی (kār-bordī)
U اطلاق (itlāq)
応用科学
A علوم تطبيقية ('ulūm taṭbīqiya)
P علم کاربسته ('elme-kār-baste)
U عملی سائنس ('amalī sā'ens)

おうらい 〔往来〕
A مرور (murūr)
P آمد و رفت (āmad-o-raft);

عبور و مرور (‘obūr-o-morūr)
U آمد و رفت (āmad-o-raft)

おうりょう 〔横領〕
A اختلاس (ikhtilās)
P اختلاس (ekhtelās)
U غبن (ghaban)
横領する
A اختلس (ikhtalasa)
P اختلاس کردن (ekhtelās kardan)
U غبن کرنا (ghaban karnā)

おえる 〔終える〕
A أتم (’atamma) ; أنهى (’anhā)
P تمام کردن (tamām kardan)
U ختم کرنا (khatam karnā)

おお
A آه (āh)
P آه (āh)
U ارے (arē)

おおあめ 〔大雨〕
A مطر غزير (maṭar ghazīr)
P باران شديد (bārāne-shadīd)
U شديد بارش (shadīd bārish)

おおい 〔覆い〕
A غطاء (ghiṭā’)
P پوشش (pūshesh)
U آڑ (āṛ)

おおい 〔多い〕
A كثير (kathīr)
P بسيار (besyār)
U زیادہ (ziyāda)

おおいそぎで 〔大急ぎで〕
A بعجلة كبيرة (bi-‘ajala kabīra)
P با عجلهٔ زياد (bā ‘ajaleye-zīyād)
U بہت جلدی (bahut jaldī)

おおいに 〔大いに〕
A جدًا (jiddan)
P خیلی (kheilī)
U بہت (bahut)

おおう 〔覆う〕
A غطى (ghaṭṭā)
P پوشانيدن (pūshānīdan)
U چھپانا (chhapānā)

おおかみ 〔狼〕
A ذئب (dhi’b)
P گرگ (gorg)
U بھیڑیا (bhēṛiyā)

おおきい 〔大きい〕
A كبير (kabīr)
P بزرگ (bozorg)
U بڑا (baṛā)

おおく 〔多く〕
多くの
A كثير (kathīr)
P بسيار (besyār)
U زیادہ (ziyāda)
多くとも
A على الأكثر (‘alal-’akthar)
P حد اکثر (hadde-aksar)
U زیادہ سے زیادہ (ziyāda se ziyāda)

オークション
A مزاد (mazād)
P مزايده (mozāyede)
U نیلام (nīlām)

おおげさな
A مبالغ (mubāligh)

P مبالغه آميز (mobāleghe-āmīz)
U مبالغہ آميز (mubāligha-āmēz)

オーケストラ
A أوركسترا (ʼūrkistrā)
P اركستر (orkestr)
U آرکسٹرا (ārkesṭrā)

おおごえで 〔大声で〕
A بصوت عال (bi-ṣawt ʻālin)
P با صدای بلند (bā sedāye-boland)
U اونچی آواز سے (ūṇchī āwāz se)

おおさわぎ 〔大騒ぎ〕
A فوضى (fawḍā)
P هياهو (hayāhū)
U گڑبڑ (gaṛbaṛ)
大騒ぎする
A بث الفوضى (baththal-fawḍā)
P هياهو كردن (hayāhū kardan)
U گڑبڑ مچانا (gaṛbaṛ machānā)

おおしい 〔雄々しい〕
A شجاع (shujāʻ)
P دلير (delīr)
U بہادر (bahādur)

おおすじ 〔大筋〕
A خلاصة (khulāṣa)
P خلاصه (kholāse)
U خلاصه (khulāsa)

オーストラリア
A أستراليا (ʼusturāliyā)
P استراليا (ostrāliyā)
U آسٹريليا (āsṭrēliyā)
オーストラリアの(人)
A أسترالى (ʼusturālī)
P استراليائى (ostrāliyāʼī)
U آسٹريليائى (āsṭrēliyāʼī)

オーストリア
A النمسا (an-nimsā)
P اتريش (otrīsh)
U آسٹريا (āsṭriyā)
オーストリアの(人)
A نمساوى (nimsāwī)
P اتريشى (otrīshī)
U آسٹريائى (āsṭriyāʼī)

おおぜい 〔大勢〕
A جمهور (jumhūr)
P مردم زياد (mardome-ziyād)
U بہت سے لوگ (bahut se lōg)

オートバイ
A دراجة نارية (darrāja-nārīya)
P موتور سيكلت (motor-sīklet)
U موٹر سائيکل (moṭar-sāʼīkl)

オードブル
A مقبلات (muqabbilāt)
P پيش غذا (pīsh-ghazā)
U اورڈبور (orḍobūr)

オーバー
A معطف (miʻṭaf)
P پالتو (pālto)
U اوورکوٹ (ovarkōṭ)

おおひろま 〔大広間〕
A قاعة (qāʻa)
P سالن (sālon)
U ہال (hāl)

おおむぎ 〔大麦〕
A شعير (shaʻīr)
P جو (jou)

U جو (jau)

おおめにみる　〔大目に見る〕

A تغاضی (taghāḍā)

P چشم پوشی کردن (chashm-pūshī kardan)

U چشم پوشی کرنا (chashm-pōshī karnā)

おおやけの　〔公の〕

A رسمی (rasmī) ; عام (‘āmm)

P رسمی (rasmī) ; عمومی (‘omūmī)

U رسمی (rasmī) ; سرکاری (sarkārī)

おおよそ　〔大凡〕

A تقريباً (taqrīban) ;
حوالى (ḥawālay)

P تقریباً (taqrīban) ;
در حدود (dar hodūde)

U تقریباً (taqrīban) ; کوئی (kō’ī)

オール

櫂

A مجداف (mijdāf)

P پارو (pārū)

U چپو (chappū)

オーロラ

A شفق (shafaq)

P شفق (shafaq)

U قطب روشنی (qutb-raushnī)

おか　〔丘〕

A تل (tall)

P تپه (tappe)

U پہاڑی (pahāṛī)

おかあさん　〔お母さん〕

A ماما (māmā)

P مامان جان (māmān jān)

U اماں (ammāṇ)

おかげ　〔お陰〕

あなたのお陰で

A بفضلك (bi-faḍli-ka)

P از لطف شما (az lotfe-shomā)

U آپ کی عنایت سے (āp ki ‘ināyat se)

おかしい

変な

A غريب (gharīb)

P عجیب (‘ajīb)

U عجیب (‘ajīb)

こっけいな

A مضحك (muḍḥik)

P مضحک (mozhek)

U مضحکہ خیز (mazhaka-khēz)

おかす　〔犯す〕

罪を犯す

A ارتكب (irtakaba)

P مرتکب جرم شدن (mortakebe-jorm shodan)

U ارتکاب کرنا (irtikāb karnā)

女性を犯す

A اغتصب (ightaṣaba)

P هتک ناموس کردن (hatake-nāmūs kardan)

U عصمت دری کرنا (‘ismat-darī karnā)

おかす　〔侵す〕

侵入する

A أغار (’aghāra) ; اعتدى (i‘tadā)

P تعدی کردن (ta‘addī kardan)

U حملہ کرنا (hamla karnā)

おかず 〔お数〕
A طبق جانبی (ṭabaq jānibī)
P غذای جنبی (ghazāye-janbī)
U روٹی کے ساتھ کھانا (rōṭī ke sāth khānā)

おがむ 〔拝む〕
A عبد (‘abada)；صلی (ṣallā)
P پرستیدن (parastīdan)
U عبادت کرنا (‘ibādat karnā)；پوجنا (pūjnā)

おがわ 〔小川〕
A جدول (jadwal)
P جوی (jūy)
U ندی (nadī)

おかわり 〔お代わり〕
A صحن آخر (ṣaḥn ākhar)
P پرس دیگر (porse-dīgar)
U ایک اور (ēk aur)

おき 〔沖〕
A عرض البحر (‘arḍul-baḥr)
P آب ساحلی (ābe-sāhelī)
U افق بحری (ufaqe-bahrī)

おきあがる 〔起き上がる〕
A قام (qāma)；نهض (nahaḍa)
P بلند شدن (boland shodan)；برخاستن (bar-khāstan)
U اٹھنا (uṭhnā)

おきて 〔掟〕
規則
A قاعدة (qā‘ida)
P قاعده (qā‘ede)
U قاعده (qā‘eda)
法律
A قانون (qānūn)
P قانون (qānūn)
U قانون (qānūn)

おぎなう 〔補う〕
補足する
A كمل (kammala)
P تکمیل کردن (takmīl kardan)
U پورا کرنا (pūrā karnā)
補償する
A عوض (‘awwaḍa)
P جبران کردن (jobrān kardan)
U تلافی کرنا (talāfī karnā)

おきに
一日おきに
A كل يومين (kulla yawmayni)
P یک روز درمیان (yek rūz darmiyān)
U ایک دن چھوڑ کر (ēk din chhōṛ kar)

おきる 〔起きる〕
起居する
A نهض (nahaḍa)
P بلند شدن (boland shodan)
U اٹھنا (uṭhnā)
事件が起きる
A وقع (waqa‘a)
P واقع شدن (vāqe‘ shodan)
U واقع ہونا (wāqe‘ hōnā)

おきわすれる 〔置き忘れる〕
A نسی (nasiya)
P جا گذاشتن (jā gozāshtan)
U بھولنا (bhūlnā)

おく 〔奥〕
内部
A داخل (dākhil)
P داخل (dākhel) ; درون (darūn)
U اندرونی حصه (andarūnī hissa)

おく 〔億〕
A مائة مليون (mi'a malyūn)
P صد ميليون (sad mīlyūn)
U دس کروڑ (das karōṛ)

おく 〔置く〕
A وضع (waḍa'a)
P گذاشتن (gozāshtan)
U رکھنا (rakhnā)

おくがいで 〔屋外で〕
A فی الهواء الطلق (fil-hawā'i-ṭ-ṭalq)
P در هوای آزاد (dar havāye-āzād) ;
بیرون از خانه (bīrūn az khāne)
U کھلی ہوا میں (khulī hawā meṇ) ;
باہر (bāhar)

おくさん 〔奥さん〕
A سيدة (sayyida) ; زوجة (zawja)
P خانم (khānom)
U بیگم (bēgam)

おくじょう 〔屋上〕
A سطح (saṭḥ) ; سقف (saqf)
P پشت بام (poshte-bām)
U چھت (chhat)

おくびょう 〔臆病〕
A جبن (jubn)
P بزدلی (boz-delī)
U بزدلی (buz-dilī)
臆病な
A جبان (jabān)
P بزدل (boz-del)
U بزدل (buz-dil)

オクラ
A بامية (bāmiya)
P بامیه (bāmiye)
U بھنڈی (bhinḍī)

おくらせる 〔遅らせる〕
A أخر ('akhkhara)
P تأخیر کردن (ta'khīr kardan)
U تاخیر کرنا (tākhīr karnā)

おくりかえす 〔送り返す〕
A أعاد ('a'āda)
P پس فرستادن (pas ferestādan)
U واپس بھیجنا (wāpas bhējnā)

おくりもの 〔贈り物〕
A هدية (hadīya)
P هدیه (hedye)
U تحفه (tohfa)

おくる 〔送る〕
A بعث (ba'atha) ; أرسل ('arsala)
P فرستادن (ferestādan) ;
ارسال کردن (ersāl kardan)
U بھیجنا (bhējnā) ;
ارسال کرنا (irsāl karnā)

おくる 〔贈る〕
A قدم (qaddama) ; أهدى ('ahdā)
P تقدیم کردن (taqdīm kardan) ;
اهدا کردن (ehdā kardan)
U ہدیہ کرنا (hadya karnā)

おくれる 〔遅れる〕
A تأخر (ta'akhkhara)
P دیر کردن (dīr kardan)
U دیر ہونا (dēr hōnā)

おけ 〔桶〕
A دلو (dalw) ; سطل (saṭl)
P دلو (dalv) ; سطل (satl)
U پیپا (pīpā)

おこす 〔起こす〕
倒れたものを起こす
A أقام (’aqāma)
P بلند کردن (boland kardan)
U اٹھانا (uṭhānā)
目をさまさせる
A أيقظ (’ayqaẓa)
P بیدار کردن (bīdār kardan)
U جگانا (jagānā)
開始する
A شرع (shara‘a)
P شروع کردن (shorū‘ kardan)
U شروع کرنا (shurū‘ karnā)
ひき起こす
A أحدث (’aḥdatha)
P باعث شدن (bā‘es shodan)
U باعث ہونا (bā‘is hōnā)

おごそか 〔厳か〕
厳かな
A وقور (waqūr)
P موقر (movaqqar)
U سنجیده (sanjīda)
厳かに
A بوقار (bi-waqār)
P موقرانه (movaqqarāne)
U سنجیدگی سے (sanjīdagī se)

おこたる 〔怠る〕
A أهمل (’ahmala) ; أغفل (’aghfala)
P تنبلی کردن (tanbalī kardan) ;
غفلت کردن (gheflat kardan)
U غفلت کرنا (ghaflat karnā)

おこない 〔行い〕
A فعل (fi‘l) ; عمل (‘amal)
P عمل (‘amal) ; حرکت (harakat)
U عمل (‘amal) ; حرکت (harkat)

おこなう 〔行う〕
する
A فعل (fa‘ala)
P کردن (kardan)
U کرنا (karnā)
実施する
A قام ب (qāma bi)
P انجام دادن (anjām dādan)
U عمل کرنا (‘amal karnā)
挙行する
A أقام (’aqāma)
P برگزار کردن (bar-gozār kardan)
U منعقد کرنا (muna‘qid karnā)

おこなわれる 〔行われる〕
A أقيم (’uqīma)
P برگزار شدن (bar-gozār shodan)
U منعقد ہونا (muna‘qid hōnā)

おこらせる 〔怒らせる〕
A أغضب (’aghḍaba)
P عصبانی کردن (‘asabānī kardan)
U غصہ دلانا (ghussa dilānā)

おこり 〔起こり〕
起源
A أصل (’aṣl)
P منشأ (mansha’) ; اصل (asl)
U اصل (asl)

おごり 〔奢り〕

ぜいたく

A ترف (taraf)

P تجمل (tajammol)

U عيش و عشرت ('aish-o-'ishrat)

高慢

A تكبر (takabbur)

P غرور (ghorūr)

U غرور (ghurūr)

おこりっぽい 〔怒りっぽい〕

A سريع الغضب (sarī'ul-ghaḍab)

P زود رنج (zūd ranj)

U چڑچڑا (chiṛchiṛā)

おこる 〔起こる〕

A وقع (waqa'a)

P اتفاق افتادن (ettefāq oftādan)

U واقع ہونا (wāqe hōnā)

おこる 〔怒る〕

A غضب (ghaḍiba)

P عصبانی شدن ('asabānī shodan)

U غصہ آنا (ghussa ānā)

おさえる 〔押さえる〕

A ضغط (ḍaghaṭa)

P فشار دادن (feshār dādan)

U دبانا (dabānā)

おさない 〔幼い〕

A طفلی (ṭiflī)

P بچگانه (bachchegāne)

U ننھا (nannhā)

おさまる 〔収・納まる〕

解決される

A حل (ḥulla)

P حل شدن (hall shodan)

U حل ہونا (hal hōnā)

静まる

A هدأ (hada'a)

P آرام شدن (ārām shodan)

U فرو ہوجانا (firō hō-jānā)

おさめる 〔収・納・治める〕

納金する

A دفع (dafa'a)

P پرداختن (pardākhtan)

U ادا کرنا (adā karnā)

統治する

A حكم (ḥakama)

P حکومت کردن (hokūmat kardan)

U حکومت کرنا (hukūmat karnā)

おさらい 〔お浚い〕

A تمرين (tamrīn)

P مرور (morūr)

U مشق (mashq)

おし 〔唖〕

唖の

A أبكم ('abkam)

P لال (lāl)

U گونگا (gūṇgā)

おじ 〔伯父・叔父〕

父方の伯父・叔父

A عم ('amm)

P عمو ('amū)

U چچا (chachā)

母方の伯父・叔父

A خال (khāl)

P دائی (dā'ī)

U خالو (khālū)

おしい 〔惜しい〕
A مؤسف (mu'sif)
P متأسف (mota'assef)
U افسوس ناک (afsos-nāk)

おじいさん 〔お祖父・爺さん〕
祖父
A جد (jadd)
P پدر بزرگ (pedar-bozorg)
U دادا (dādā)
老人
A مسن (musinn)
P مرد پیر (marde-pīr)
U بڈّھا (buḍḍhā)

おしいれ 〔押し入れ〕
A دولاب (dūlāb)
P کمد (komod)
U الماری (almārī)

おしえ 〔教え〕
教訓
A درس (dars) ; عبرة ('ibra)
P عبرت ('ebrat)
U سبق (sabaq)

おしえる 〔教える〕
A درس (darrasa) ; علم ('allama)
P درس دادن (dars dādan) ;
تدریس کردن (tadrīs kardan)
U پڑھانا (paṛhānā) ;
سکھانا (sikhānā)
道などを教える
A قال (qāla)
P نشان دادن (neshān dādan)
U بتانا (batānā)

おじぎ 〔お辞儀〕
A انحناء (inḥinā') ; سلام (salām)
P تعظیم (ta'zīm) ; سلام (salām)
U کورنش (kaurnish) ;
سلام (salām)
お辞儀をする
A انحنی (inḥanā) ; سلم (sallama)
P سر تعظیم فرود آوردن
(sare-ta'zīm forūd āvardan) ;
سلام کردن (salām kardan)
U سر جھکانا (sir jhukānā) ;
سلام کرنا (salām karnā)

おしこむ 〔押し込む〕
詰める
A حشر (ḥashara)
P تپاندن (tapāndan)
U ٹھونسنا (ṭhūṇsnā)

おしだす 〔押し出す〕
A ضغط خارجًا (ḍaghaṭa khārijan)
P بیرون هل دادن (bīrūn hol dādan)
U باہر نکالنا (bāhar nikālnā)

おしつける 〔押し付ける〕
A ضغط (ḍaghaṭa) ; فرض (faraḍa)
P تحمیل کردن (tahmīl kardan)
U مجبور کرنا (majbūr karnā)

おしつぶす 〔押し潰す〕
A سحق (saḥaqa)
P له کردن (leh kardan)
U کچلنا (kuchalnā)

おしのける 〔押し退ける〕
A دفع بشدة (dafa'a bi-shidda)
P کنار زدن (kenār zadan)
U ہٹانا (haṭānā)

おしむ　〔惜しむ〕
出し惜しむ
A بخل (ba<u>kh</u>ila)
P دریغ کردن (darī<u>gh</u> kardan)
U دریغ کرنا (darī<u>gh</u> karnā)
残念に思う
A أسف ('asifa)
P افسوس خوردن (afsūs <u>kh</u>ordan)
U افسوس کرنا (afsōs karnā)

おしゃべり
A ثرثرة (<u>th</u>ar<u>th</u>ara)
P گپ (gap)
U گپ (gap)
おしゃべりな
A ثرثار (<u>th</u>ar<u>th</u>ār)
P پرحرف (por-harf)
U باتونی (bātūnī)
おしゃべりをする
A ثرثر (<u>th</u>ar<u>th</u>ara)
P گپ زدن (gap zadan)
U گپ مارنا (gap mārnā)

おしゃれな　〔お洒落な〕
A أنيق ('anīq)
P شیک (<u>sh</u>īk)
U فیشنیبل (fai<u>sh</u>anebal)

おじょうさん　〔お嬢さん〕
A آنسة (ānisa)
P دوشیزه (dū<u>sh</u>īze)
U صاحب‌زادی (sāhib-zādī)

おしょく　〔汚職〕
A ارتشاء (irti<u>sh</u>ā')
P ارتشا (erte<u>sh</u>ā)
U بد عنوانی (bad-'unwānī)

おしろい　〔白粉〕
A بودرة (būdra)
P پودر (pūdr)
U پوڈر (pauḍar)

おす　〔雄〕
A ذكر (<u>dh</u>akar)
P نر (nar)
U نر (nar)

おす　〔押す〕
A دفع (dafa'a)
P فشار دادن (fe<u>sh</u>ār dādan)
U دبانا (dabānā)

おせじ　〔お世辞〕
A مجاملة (mujāmala)
P تعارف (ta'ārof)
U چاپلوسی (<u>ch</u>āplūsī)
お世辞を言う
A جامل (jāmala)
P تعارف کردن (ta'ārof kardan)
U چاپلوسی کرنا (<u>ch</u>āplūsī karnā)

おせっかいな　〔お節介な〕
A متدخل (mutada<u>kh</u><u>kh</u>il)
P فضول (fozūl)
U ناحق مداخلت کرنے والا (nā-haqq mudā<u>kh</u>alat karnē wālā)

おせん　〔汚染〕
A تلوث (talawwu<u>th</u>)
P آلودگی (ālūdegī)
U آلودگی (ālūdagī)

おそい　〔遅い〕
時間
A متأخر (muta'a<u>kh</u><u>kh</u>ir)
P دیر (dīr)

U دیر (dēr)

速度

A بطیء (baṭī')

P آهسته (āheste)

U سست (sust)

おそう 〔襲う〕

A هاجم (hājama)

P هجوم بردن (hojūm bordan)

U حملہ کرنا (hamla karnā)

おそかれはやかれ 〔遅かれ早かれ〕

A عاجلاً أو آجلاً ('ājilan 'aw ājilan)

P دیر یا زود (dīr yā zūd)

U جلد یا بدیر (jald yā ba-dēr)

おそくとも 〔遅くとも〕

A على الأكثر ('alal-'akt͟har)

P حد اکثر (hadde-aksar)

U دیر سے دیر (dēr se dēr)

おそらく 〔恐らく〕

A ربما (rubbamā)

P شاید (s͟hāyad)

U شاید (s͟hāyad)

おそれ 〔恐れ〕

A خوف (k͟hawf)

P ترس (tars)；خوف (k͟houf)

U ڈر (ḍar)；خرف (k͟hauf)

おそれいりますが 〔恐れ入りますが〕

A عفوًا ('afwan)

P معذرت می خواهم (ma'zerat mī-k͟hāham)

U معاف کیجئے (mu'āf kījī'ē)

おそれいる 〔恐れ入る〕

恐縮する

A أسف ('asifa)

P معذرت خواستن (ma'zarat k͟hāstan)

U احسان مند ہونا (ehsān-mand hōnā)

恥じいる

A خجل (k͟hajila)

P شرمنده شدن (s͟harmande s͟hodan)

U شرمنده ہونا (s͟harminda hōnā)

気の毒に思う

A تأسف (ta'assafa)

P متأسف بودن (mota'assef būdan)

U افسوس کرنا (afsōs karnā)

おそれる 〔恐れる〕

A خاف (k͟hāfa)

P ترسیدن (tarsīdan)

U ڈرنا (ḍarnā)

おそろしい 〔恐ろしい〕

A مخيف (muk͟hīf)

P ترسناک (tars-nāk)；خوفناک (k͟houf-nāk)

U ڈراونا (ḍarāonā)；خوف ناک (k͟hauf-nāk)

おたがいに 〔お互いに〕

A بعضهم بعضًا (ba'ḍhum ba'ḍan)

P یکدیگر (yek-dīgar)

U آپس میں (āpas meṇ)

おだてる 〔煽てる〕

A تملق (tamallaqa)

P تحریک کردن (tahrīk kardan)

U اکسانا (uksānā)

おたまじゃくし

A أبو ذنيبة ('abū-dhunayba)

P نوزاد قورباغه (nouzāde-qūrbāghe)

U مینڈک کا بچہ (menḍak ka bachcha)

おだやかな 〔穏やかな〕

A معتدل (mu'tadil) ; هادئ (hādi')

P معتدل (mo'tadel) ; آرام (ārām)

U پرسکون (pur-sukūn)

おちいる 〔陥る〕

A وقع (waqa'a)

P توی افتادن (tūy oftādan)

U گرفتار ہونا (giriftār hōnā) ; گرپڑنا (gir-paṛnā)

おちつき 〔落ち着き〕

A اطمئنان (iṭmi'nān)

P آرامش (ārāmesh) ; اطمينان (etmīnān)

U چین (chain) ; اطمینان (itmīnān)

おちつく 〔落ち着く〕

定住する

A استقر (istaqarra)

P مقيم شدن (moqīm shodan)

U آباد ہونا (ābād hōnā)

心が落ち着く

A اطمأن (iṭma'anna)

P آرام گرفتن (ārām gereftan) ; مطمئن شدن (motma'en shodan)

U مطمئن ہونا (mutma'in hōnā)

おちど 〔落ち度〕

A عيب ('ayb) ; خطأ (khaṭa')

P عيب ('eib) ; خطا (khatā)

U عیب ('aib) ; خطا (khatā)

おちば 〔落ち葉〕

A أوراق ساقطة ('awrāq-sāqiṭa)

P برگ ريزان (barge-rīzān)

U گرا ہوا پتا (girā huā pattā)

おちぶれる 〔落ちぶれる〕

A أفلس ('aflasa)

P مفلس شدن (mofles shodan)

U مفلس ہونا (muflis hōnā)

おちゃ 〔お茶〕

A شاى (shāy)

P چاى (chāy)

U چاے (chāe)

お茶を入れる

A أعد الشاى ('a'adda-sh-shāy)

P چاى درست كردن (chāy dorost kardan)

U چاے بنانا (chāe banāna)

おちる 〔落ちる〕

A سقط (saqaṭa) ; وقع (waqa'a)

P افتادن (oftādan)

U گرنا (girnā)

おっと 〔夫〕

A زوج (zawj)

P شوهر (shouhar)

U شوہر (shauhar)

オットセイ

A فقمة (fuqma)

P خوك آبى (khūke-ābī)

U سیل (sīl)

おつり 〔お釣り〕

A الباقى (al-bāqī)

P پول خرد (pūle-khord)
U ریزگاری (rēzgārī)

おと 〔音〕
A صوت (ṣawt)
P صدا (sedā)
U آواز (āwāz)

おとうさん 〔お父さん〕
A بابا (bābā)
P بابا جان (bābā jān)
U ابا (abbā)

おとうと 〔弟〕
A أخ صغير (’akh ṣaghīr)
P برادر کوچک (barādare-kūchek)
U چھوٹا بھائی (chhōṭā bhā’ī)

おどかす 〔脅かす〕
A هدد (haddada)
P تهدید کردن (tahdīd kardan)
U دھمکی دینا (dhamkī dēnā)

おとぎばなし 〔お伽話〕
A حكاية خرافية (ḥikāya khurāfīya)
P افسانهٔ پریان (afsāneye-pariyān)
U پریوں کی کہانی (pariyōṇ ki kahānī)

おとくい 〔お得意〕
顧客
A زبون (zabūn)
P مشتری (moshtarī)
U گاہک (gāhak)

おとこ 〔男〕
A رجل (rajul)
P مرد (mard)
U مرد (mard)

おどし 〔脅し〕
A تهديد (tahdīd)
P تهدید (tahdīd)
U دھمکی (dhamkī)

おとしあな 〔落とし穴〕
A شرك (sharak)
P دام (dām)
U پھندا (phandā)

おとしだま 〔お年玉〕
A هدية رأس السنة (hadīya ra’si-s-sana)
P عیدی (‘eidī)
U نئے سال کا تحفہ (na’e sāl ka tohfa)

おとしもの 〔落とし物〕
A مفقودات (mafqūdāt)
P اشیای گمشده (ashyāye-gom-shode)
U گم شدہ مال (gum-shuda māl)

おとす 〔落とす〕
落下させる
A أسقط (’asqaṭa)
P انداختن (andākhtan)
U گرانا (girānā)
失う
A أضاع (’aḍā‘a)
P از دست دادن (az dast dādan)
U کھونا (khōnā)

おどす 〔脅す〕 ──→おどかす〔脅かす〕

おとずれ 〔訪れ〕
A زيارة (ziyāra)
P دیدار (dīdār)

U جانا (jānā) ; آنا (ānā)

訪れる

A زار (zāra)

P دیدن کردن (dīdan kardan)

U ملنے سے جانا (milnē se jānā)

おととい〔一昨日〕

A أول أمس (’awwal ’amsi)

P پریروز (parīrūz)

U پرسوں (parsōṇ)

おととし〔一昨年〕

A العام قبل الماضى (al-‘ām qablal-māḍī)

P پیرار سال (pīrār-sāl) ;
دو سال پیش (do sāle-pīsh)

U دو سال پہلے (dō sāl pahlē)

おとな〔大人〕

A شخص بالغ (shakhṣ bāligh) ;
بالغ (bāligh)

P شخص بالغ (shakhse-bālegh) ;
بالغ(bālegh)

U بالغ (bāligh)

おとなしい〔大人しい〕

A هادئ (hādi’)

P مطیع (moṭī‘) ; آرام (ārām)

U فرمان بردار (farmān-bardār)

おともする〔お供する〕

A رافق (rāfaqa)

P همراهی کردن (hamrāhī kardan)

U ہمراہ ہونا (hamrāh hōnā)

おどり〔踊り〕

A رقص (raqṣ)

P رقص (raqs)

U ناچ (nāch)

踊り子

A رقاصة (raqqāṣa) ; راقصة (rāqiṣa)

P رقاصه (raqqāse)

U رقاصہ (raqqāsa)

おとる〔劣る〕

A أقل (’aqall)

P پایینتر بودن (pāyīn-tar būdan)

U کم‌تر ہونا (kam-tar hōnā)

おどる〔踊る〕

A رقص (raqaṣa)

P رقصیدن (raqsīdan)

U ناچنا (nāchnā)

おとろえる〔衰える〕

A ضعف (ḍa‘ufa)

P ضعیف شدن (za‘īf shodan)

U کمزور ہونا (kam-zōr hōnā)

おどろかす〔驚かす〕

A أدهش (’adhasha)

P متعجب کردن (mota‘ajjeb kardan)

U حیران کرنا (hairān karnā)

おどろき〔驚き〕

A دهشة (dahsha)

P تعجب (ta‘ajjob)

U حیرت (hairat)

おどろく〔驚く〕

A دهش (duhisha/dahisha)

P تعجب کردن (ta‘ajjob kardan)

U حیران ہونا (hairān hōnā)

おなか〔お腹〕

A بطن (baṭn)

P شکم (shekam)

U پیٹ (pēṭ)

おなじ 〔同じ〕
A نفس (nafs)
P یکسان (yeksān)；همین (hamīn)
U یکساں (yaksāṇ)

おなら
A ضرط (ḍarṭ)；ريح (rīḥ)
P باد (bād)；گوز (gūz)
U رياح (riyāh)
おならをする
A ضرط (ḍaraṭa)；أخرج ريحًا ('akhraja rīḥan)
P باد رها دادن (bād rahā dādan)；گوز دادن (gūz dādan)
U رياح خارج كرنا (riyāh khārij karnā)

おに 〔鬼〕
A عفريت ('ifrīt)；غول (ghūl)
P غول (ghūl)；ديو (dīv)
U ديو (dēo)
鬼ごっこ
A لعبة كيكا (lu'ba kīkā)
P قايم موشک (qāyem mūshak)
U آنکھ مچولی (āṇkh michaulī)

おの 〔斧〕
A فأس (fa's)
P تبر (tabar)
U کلہاڑی (kulhāṛī)

おのおの 〔各々〕
A كل واحد (kull wāḥid)
P هر کس (har kas)；هر یک (har yek)
U ہر ایک (har ēk)

おば 〔伯母・叔母〕
父方の伯母・叔母
A عمة ('amma)
P عمه ('amme)
U پھوپھی (phūphī)
母方の伯母・叔母
A خالة (khāla)
P خاله (khāle)
U خالہ (khāla)

おばあさん 〔お祖母・婆さん〕
祖母
A جدة (jadda)
P مادر بزرگ (mādar bozorg)
U دادی (dādī)
老婆
A عجوز ('ajūz)
P زن پیر (zane-pīr)
U بڑھیا (buṛhiyā)

おばけ 〔お化け〕
A شبح (shabaḥ)
P شبح (shabah)
U بھوت (bhūt)

おはよう 〔お早う〕
A صباح الخير (ṣabāḥul-khayr)
P صبح بخير (sobh be-kheir)
U صبح بخير (subah ba-khair)

おび 〔帯〕
A حزام (ḥizām)
P کمربند (kamar-band)
U پیٹی (pēṭī)；کمربند (kamar-band)

おびえる 〔怯える〕
A خاف (khāfa)

P ترسيدن (tarsīdan)
U ڈرنا (ḍarnā)

おひとよし 〔お人好し〕
A ساذج (sā<u>dh</u>aj)
P ساده لوح (sāde-louh)
U ضعيف الاعتقاد (za'īful-ē'teqād)

オブザーバー
A مراقب (murāqib)
P مستمع آزاد (mostame'-āzād)
U مشاہد (mu<u>sh</u>āhid)

おべっか
A تملق (tamalluq)
P تملق (tamalloq)
U خوشامد (<u>kh</u>u<u>sh</u>āmad)
おべっかを使う
A تملق (tamallaqa)
P تملق گفتن (tamalloq goftan)
U خوشامد کرنا (<u>kh</u>u<u>sh</u>āmad karnā)

オペラ
A أوبرا ('ūbirā)
P اپرا (operā)
U آپرا (āperā)

おぼえ 〔覚え〕
A ذاكرة (<u>dh</u>ākira)
P یاد (yād)
U یاد (yād)

おぼえがき 〔覚書き〕
A مذكرة (mu<u>dh</u>akkira)
P یادداشت (yād-dā<u>sh</u>t)
U یادداشت (yād-dā<u>sh</u>t)

おぼえる 〔覚える〕
学ぶ
A درس (darasa)
P یاد گرفتن (yād gereftan)
U سیکھنا (sīkhnā)
記憶する
A حفظ (ḥafiẓa)
P به یاد داشتن (be-yād dā<u>sh</u>tan)
U یاد کرنا (yād karnā)

おぼれる 〔溺れる〕
水に溺れる
A غرق (<u>gh</u>ariqa)
P غرق شدن (<u>gh</u>arq <u>sh</u>odan)
U ڈوبنا (ḍūbnā)

オマーン
A عمان ('umān)
P عمان ('omān)
U عمان ('umān)
オマーンの(人)
A عمانی ('umānī)
P عمانی ('omānī)
U عمانی ('umānī)

おまえ 〔お前〕
A (男) أنت ('anta) ;
(女) أنت ('anti)
P تو (to)
U تو (tū) ; تم (tum)

おまけ
A علاوة ('ilāwa)
P اضافه (ezāfe)
U اضافہ (izāfa)
おまけする
A خفض (<u>kh</u>affaḍa)
P تخفیف دادن (ta<u>kh</u>fīf dādan)
U سستا کرنا (sastā karnā)

おまもり 〔お守り〕
A تعويذ (ta'wīdh)；تميمة (tamīma)
P تعويذ (ta'vīz)
U تعويذ (ta'vīz)

おむつ
A قماط الطفل (qimāṭu-ṭ-ṭifl)
P كهنهٔ بچه (kohneye-bachche)
U پهليا (phaliya)

オムレツ
A أومليت ('ūmlīt)
P املت (omlet)
U آمليٹ (āmlēṭ)

おめでとう 〔お目出度う〕
A مبروك (mabrūk)；
مبارك (mubārak)
P مبارک (mobārak)；
تبریک (tabrīk)
U مبارک (mubārak)

おもい 〔重い〕
A ثقيل (thaqīl)
P سنگين (sangīn)
U بهاری (bhārī)

おもい 〔思い〕
A فكرة (fikra)
P فكر (fekr)
U خيال (khayāl)

おもいがけない 〔思い掛けない〕
A غير متوقع (ghayr-mutawaqqa')
P غير منتظره (gheire-montazare)
U غير متوقع (ghair-mutawaqqe')

おもいきる 〔思い切る〕
A أقلع ('aqla'a)；ترک (taraka)
P صرف نظر کردن (sarfe-nazar kardan)；
ترک کردن (tark kardan)
U چهوڑنا (chhōṛnā)；
ترک کرنا (tark karnā)

おもいだす 〔思い出す〕
A تذكر (tadhakkara)
P ياد آمدن (yād āmadan)
U ياد آنا (yād ānā)

おもいちがい 〔思い違い〕
A سوء الفهم (sū'ul-fahm)
P سوء تفاهم (sū'e-tafāhom)
U غلط فهمی (ghalat-fahmī)

おもいつき 〔思い付き〕
A فكرة (fikra)
P فكر (fekr)；تصور (tasavvor)
U خيال (khayāl)；تجويز (tajvīz)

おもいで 〔思い出〕
A ذكريات (dhikrayāt)；
ذكرى (dhikrā)
P خاطره (khātere)；ياد (yād)
U ياد (yād)

おもいやり 〔思い遣り〕
A عطف ('aṭf)
P همدردی (ham-dardī)
U ہمدردی (ham-dardī)

おもう 〔思う〕
A ظن (ẓanna)
P فكر كردن (fekr kardan)
U سوچنا (sōchnā)；
خيال کرنا (khayāl karnā)

おもさ 〔重さ〕
A وزن (wazn)；ثقل (thiql)
P وزن (vazn)；سنگينی (sangīnī)

U وزن (wazn)

おもしろい　〔面白い〕

A ممتع (mumti‘)；شيق (shayyiq)

P جالب (jāleb)

U دلچسپ (dil-chasp)

おもちゃ　〔玩具〕

A لعبة (lu‘ba)

P اسباب بازى (asbāb-bāzī)

U كهلونا (khilaunā)

おもて　〔表〕

A وجه (wajh)

P سطح (sath)

U سطح (satah)

おもな　〔主な〕

A رئيسى (ra’īsī)；أهم (’ahamm)

P عمده (‘omde)

U اہم (aham)

おもに　〔重荷〕

A عبء (‘ib’)

P بار (bār)

U بوجهہ (bōjh)

おもに　〔主に〕

A غالبًا (ghāliban)

P عمدتاً (‘omdatan)

U زياده تر (ziyāda-tar)

おもわず　〔思わず〕

A بدون قصد (bidūni-qaṣd)

P بى اختيار (bī-ekhtiyār)

U بے اختيار (bē-ikhteyār)

おもわれる　〔思われる〕

A يظهر (yaẓharu)

P بنظر آمدن (be-nazar āmadan)

U معلوم ہونا (ma‘lūm hōnā)

おもんじる　〔重んじる〕

A احترم (iḥtarama)

P احترام گذاشتن (ehterām gozāshtan)

U احترام كرنا (ehterām karnā)

おや　〔親〕

両親

A أبوان (’abawāni)；والدان (wālidāni)

P پدر ومادر (pedar-o-mādar)；والدين (vāledein)

U ماں باپ (māṇ-bāp)；والدين (wālidain)

おやすみ　〔お休み〕

休暇

A عطلة (‘uṭla)

P تعطيل (ta‘tīl)

U چهٹى (chhuṭṭī)

お休みなさい

A تصبح على خير (tuṣbiḥ ‘alā-khayr)

P شب بخير (shab be-kheir)

U شب بخير (shab ba-khair)

おやつ　〔お八つ〕

A تصبيرة (taṣbīra)；وجبة خفيفة (wajba khafīfa)

P عصرانه (‘asrāne)

U نقل (nuql)

おやゆび　〔親指〕

A إبهام (’ibhām)

P شست (shast)

U انگوٹها (aṇgūṭhā)

およぐ 〔泳ぐ〕
A سبح (sabaḥa)
P شنا كردن (s͟henā kardan)
U تيرنا (tairnā)

およそ 〔凡そ〕
A حوالى (ḥawālay)；
تقريبًا (taqrīban)
P در حدود (dar hodūde)；
تقريباً (taqrīban)
U كوئى (kō'ī)；تقريباً (taqrīban)

および 〔及び〕
A و (wa)
P و (va/o)
U اور (aur)

およぶ 〔及ぶ〕
達する
A وصل (waṣala)
P رسيدن (resīdan)
U پهونچنا (pahūṇc͟hnā)

オランダ
A هولندا (hūlandā)
P هولند (holand)
U ہالينڈ (hālaiṇḍ)
オランダの(人)
A هولندى (hūlandī)
P هولندى (holandī)
U ہالينڈى (hālaiṇḍī)

おり 〔折〕
機会
A فرصة (furṣa)
P فرصت (forsat)
U فرصت (fursat)

おり 〔檻〕
A قفص (qafaṣ)
P قفص (qafas)
U پنجرا (pinjrā)

オリーブ
A زيتون (zaytūn)
P زيتون (zeitūn)
U زيتون (zaitūn)

オリエンタリスト
A مستشرق (mustas͟hriq)
P خاور شناس (k͟hāvar-s͟henās)
U ماہر شرقيات (māhire-s͟harqiyāt)

オリエント
A المشرق (al-mas͟hriq)
P مشرق (mas͟hreq)；خاور (k͟hāvar)
U مشرق (mas͟hriq)

おりたたむ 〔折り畳む〕
A طوى (ṭawā)
P تا كردن (tā kardan)
U تہہ كرنا (tah karnā)

おりもの 〔織物〕
A نسيج (nasīj)；
منسوجات (mansūjāt)
P منسوجات (mansūjāt)；
پارچه (pārc͟he)
U كپڑا (kapṛā)；پارچہ (pārc͟ha)

おりる 〔降りる〕
高所から降りる
A هبط (habaṭa)
P پايين آمدن (pāyīn āmadan)
U اترنا (utarnā)
乗り物から降りる
A نزل (nazala)

P پیاده شدن (piyāde shodan)
U اترنا (utarnā)

オリンピック

オリンピック競技
A الألعاب الأولمبية (al-'al'ābul-'ūlimbīya)
P مسابقات المپیک (mosābeqāte-olampīk)
U اولمپک گیمز (olimpik gēmz)

おる〔織る〕
A نسج (nasaja)
P بافتن (bāftan)
U بننا (bunnā)

おる〔折る〕

壊す
A كسر (kasara)
P شکستن (shekastan)
U توڑنا (tōṛnā)

曲げる
A حنى (ḥanā) ; ثنى (thanā)
P خم کردن (kham kardan)
U موڑنا (mōṛnā)

オルガン
A أرغن ('urghun)
P ارگ (org)
U ارغن (arghan)

おれる〔折れる〕
A انكسر (inkasara)
P شکستن (shekastan)
U ٹوٹنا (ṭūṭnā)

オレンジ
A برتقال (burtuqāl)
P پرتقال (portoqāl)
U نارنگی (nārangī)

おろかな〔愚かな〕
A أحمق ('aḥmaq) ; غبى (ghabīy)
P احمق (ahmaq)
U بے وقوف (bē-waqūf)

おろし〔卸〕
A بيع بالجملة (bay'-bil-jumla)
P عمده فروشی ('umde-forūshī)
U تھوک فروشی (thōk-farōshī)

おろす〔降ろす〕
A أنزل ('anzala)
P پایین آوردن (pāyīn āvardan)
U اتارنا (utārnā)

乗客を降ろす
A نزل (nazzala)
P پیاده کردن (piyāde kardan)
U اتارنا (utārnā)

おわび〔お詫び〕
A اعتذار (i'tidhār)
P عذر ('ozr) ; معذرت (ma'zarat)
U معافی (mu'āfī)

お詫びする
A اعتذر (i'tadhara)
P معذرت خواستن (ma'zarat khāstan)
U معافی چاہنا (mu'āfī chāhnā)

おわり〔終わり〕
A ختام (khitām) ; انتهاء (intihā')
P پایان (pāyān) ; خاتمه (khāteme)
U ختم (khatam)

おわる〔終わる〕
A انتهى (intahā)
P تمام شدن (tamām shodan)

U ختم ہونا (khatam hōnā)

おん 〔恩〕

A معروف (ma'rūf)

P منت (mennat)

U احسان (ehsān)

おんがく 〔音楽〕

A موسيقى (mūsīqā)

P موسيقى (mūsīqī)

U موسيقى (mūsīqī)

音楽家

A موسيقار (mūsīqār)

P موسيقى دان (mūsīqī-dān)

U موسيقار (mūsīqār)

おんきゅう 〔恩給〕

A معاش (ma'āsh)

P مستمرى (mostamerrī)

U پنشن (penshan)

おんけい 〔恩恵〕

A فضل (faḍl)

P عنايت ('enāyat)

U عنايت ('ināyat)

おんけんな 〔穏健な〕

A معتدل (mu'tadil)

P معتدل (mo'tadel)

U اعتدال پسند (e'tedāl-pasand)

おんしつ 〔温室〕

A مستنبت (mustanbat)

P گرمخانه (garm-khāne)

U گرمخانہ (garm-khāna)

おんしゃ 〔恩赦〕

A عفو عام ('afw-'āmm)

P عفو عمومى ('afve-'omūmī)

U عام معافى ('ām mu'āfī)

おんじん 〔恩人〕

A محسن (muḥsin)

P محسن (mohsen)

U محسن (mohsin)

オンス

A أوقية ('ūqīya)

P اونس (ons)

U اونس (ons)

おんせつ 〔音節〕

A مقطع الكلمة (maqṭa'ul-kalima)

P سيلاب (sīlāb)

U ركن تهجى (rukne-tahajjī)

おんせん 〔温泉〕

A عين ساخنة ('ayn sākhina)

P چشمهٔ آب گرم (cheshmeye-ābe-garm)

U گرم چشمہ (garm chashma)

おんそく 〔音速〕

A سرعة الصوت (sur'atu-ṣ-ṣawt)

P سرعت صوت (sor'ate-sout)

U آوازى رفتار (āvāzī raftār)

おんたい 〔温帯〕

A منطقة معتدلة (minṭaqa-mu'tadila)

P منطقهٔ معتدله (mantaqeye-mo'tadele)

U منطقہ معتدلہ (mintaqae-mo'tadila)

おんど 〔温度〕

A درجة الحرارة (darajatul-ḥarāra)

P دما (damā);

درجهٔ حرارت (darajeye-harārat)

U درجۂ حرارت (darjae-harārat)

おんどくする 〔音読する〕
A قرأ بصوت عال (qara'a bi-ṣawt 'ālin)
P با صدای بلند خواندن (bā-sedāye-boland khāndan)
U اونچی آواز سے پڑھنا (ūṇchī āwāz se paṛhnā)

おんな 〔女〕
A امرأة (imra'a)
P زن (zan)
U عورت ('aurat)

おんぷ 〔音符〕
A نوتة موسيقية (nūta mūsīqīya)
P نت (not)
U سر کا نشان (sur ka nishān)

おんわな 〔温和な〕
A معتدل (mu'tadil) ; لطيف (laṭīf)
P معتدل (mo'tadel) ; ملایم (molāyem)
U معتدل (mo'tadil) ; نرم (narm)

か

か 〔科〕
学科
A قسم (qism)
P گروه (gorūh)
U شعبہ (sho'ba)

か 〔課〕
A قسم (qism)
P بخش (bakhsh)
U شعبہ (sho'ba)
学課
A درس (dars)
P درس (dars)
U سبق (sabaq)

か 〔蚊〕
A ناموس (nāmūs)
P پشه (pashe)
U مچھر (machchar)

…か
疑問
A هل (hal) ; أ ('a)
P آیا (āyā)
U کیا (kyā)
あなたは日本人ですか
A هل أنت يابانی؟ (hal 'anta yābānī)
P آیا شما ژاپنی هستید؟ (āyā shomā zhāponī hastīd)
U کیا آپ جاپانی ہیں؟ (kyā āp jāpānī haiṇ)

が 〔蛾〕
A عثة ('uththa)
P پروانه (parvāne)

U پروانہ (parwāna)

が 〔我〕

A عناد (‘inād)

P خودسری (khod-sarī)

U خودسری (khud-sarī)

我が強い

A عنید (‘anīd)

P خودسر (khod-sar)

U خودسر (khud-sar)

カーキいろ 〔カーキ色〕

A لون كاكى (lawn kākī)

P رنگ خاکی (range-khākī)

U خاکی رنگ (khākī rang)

ガーゼ

A شاش (shāsh)

P گاز (gāz)

U گاز (gāz)

カーテン

A ستار (sitār)

P پرده (parde)

U پرده (parda)

カード

A بطاقة (biṭāqa) ; كارت (kārt)

P کارت (kārt)

U کارڈ (kārḍ)

ガードマン

A حارس (ḥāris)

P نگهبان (negah-bān)

U پاسبان (pās-bān)

カーネーション

A قرنفل (qaranful)

P میخک (mīkhak)

U کارنیشن (kārnēshan)

カーペット

A بساط (bisāṭ)

P فرش (farsh) ; قالی (qālī)

U قالین (qālīn)

カーボン

A كربون (karbūn)

P کاربن (kārbon)

U کاربن (kārbon)

かい 〔回〕

A مرة (marra)

P بار (bār)

U بار (bār)

もう一回

A مرة أخرى (marra ’ukhrā)

P بار دیگر (bāre-dīgar)

U دو باره (dō-bāra)

かい 〔階〕

A طابق (ṭābiq)

P طبقه (tabaqe)

U منزل (manzil)

かい 〔会〕

A اجتماع (ijtimā‘)

P جلسه (jalse)

U اجلاس (ijlās)

かい 〔貝〕

A صدف (ṣadaf)

P صدف (sadaf)

U سیپ (sīp)

かい 〔櫂〕 ――→オール

がい 〔害〕

A ضرر (ḍarar)

P ضرر (zarar)

U ضرر (zarar)

有害な

A مضر (muḍirr)

P مضر (mozerr)

U مضر (muzir)

かいいん 〔会員〕

A عضو (‘uḍw)

P عضو (‘ozv)

U ممبر (membar)

かいが 〔絵画〕

A رسم (rasm)

P نقاشی (naqqāshī)

U تصویر (tasvīr)

がいか 〔外貨〕

A عملة أجنبية (‘umla ’ajnabīya)

P ارز (arz)

U غیر ملکی سکہ (ghair-mulkī sikka)

かいかい 〔開会〕

A افتتاح (iftitāḥ)

P افتتاح (eftetāh)

U افتتاح (iftetāh)

かいがい 〔海外〕

海外の

A خارجي (khārijī)

P خارجه (khāreje)

U بیرونی (bērūnī)

海外旅行

A رحلة إلى الخارج (riḥla ’ilal-khārij)

P مسافرت خارجه (mosāferate-khāreje)

U بیرونی سفر (bērūnī safar)

かいかく 〔改革〕

A إصلاح (’iṣlāḥ)

P اصلاح (eslāh)

U اصلاح (islāh)

改革する

A أصلح (’aṣlaḥa)

P اصلاح کردن (eslāh kardan)

U اصلاح کرنا (islāh karnā)

かいかつな 〔快活な〕

A مرح (mariḥ)

P خوشرو (khosh-rū)；

بشاش (bashshāsh)

U زنده دل (zinda-dil)

かいがん 〔海岸〕

A ساحل (sāḥil)

P کنار دریا (kenāre-daryā)；

ساحل (sāhel)

U ساحل (sāhil)

かいぎ 〔会議〕

A مؤتمر (mu’tamar)

P کنفرانس (konferāns)；

همایش (hamāyesh)

U کانفرنس (kānferāns)

かいきゅう 〔階級〕

A طبقة (ṭabaqa)

P طبقه (tabaqe)

U طبقہ (tabaqa)

地位

A رتبة (rutba)

P رتبه (rotbe)

U رتبہ (rutba)

かいきょう 〔海峡〕

A مضيق (maḍīq)

P تنگه (tange)

U آبنائے (ābnā’ē)

かいぐん 〔海軍〕
A قوات بحرية (qūwāt baḥrīya)
P نيروى دريائى (nīrūye-daryā'ī)
U بحرى فوج (bahrī fauj) ;
بحريه (bahriya)

かいけい 〔会計〕
A حساب (ḥisāb)
P حساب (hesāb)
U حساب (hisāb)
会計係
A محاسب (muḥāsib)
P حسابدار (hesāb-dār)
U محاسب (muhāsib)

かいけつ 〔解決〕
A حل (ḥall)
P حل (hall)
U حل (hal)
解決する
A حل (ḥalla)
P حل كردن (hall kardan)
U حل كرنا (hal karnā)

かいけん 〔会見〕
A مقابلة (muqābala)
P مصاحبه (mosāhebe)
U ملاقات (mulāqāt)

かいげんれい 〔戒厳令〕
A حكم عرفى (ḥukm 'urfī)
P حكومت نظامى (hokūmate-nezāmī)
U مارشل لاء (mār<u>sh</u>al-lā')

かいこ 〔蚕〕
A دودة الحرير (dūdatul-ḥarīr)
P كرم ابريشم (kerme-abrī<u>sh</u>am)
U ريشم كا كيڑا (rē<u>sh</u>am ka kīṛā)

かいこ 〔解雇〕
A فصل (faṣl)
P انفصال (enfesāl)
U برخاستگى (bar<u>kh</u>āstagī)
解雇する
A فصل (faṣala)
P منفصل كردن (monfasel kardan)
U برخاست كرنا (bar<u>kh</u>āst karnā)

かいご 〔介護〕
A رعاية (ri'āya)
P پرستارى (parastārī)
U تيماردارى (tīmār-dārī)
介護する
A رعى (ra'ā)
P پرستارى كردن (parastārī kardan)
U تيماردارى كرنا (tīmār-dārī karnā)

かいごう 〔会合〕
A اجتماع (ijtimā')
P اجتماع (ejtemā') ;
ميتينگ (mītīng)
U اجلاس (ijlās)

がいこう 〔外交〕
A دبلوماسية (diblūmāsīya)
P ديپلماسى (dīplomāsī)
U سفارت (sifārat)
外交官
A دبلوماسى (diblūmāsī)
P ديپلمات (dīplomāt)
U سفارت كار (sifārat-kār)
外交政策
A سياسة خارجية (siyāsa <u>kh</u>ārijīya)
P سياست خارجى (siyāsate-<u>kh</u>āreji)

U خارجه پالیسی (kh̲ārija pālisī)

がいこく 〔外国〕
A بلاد أجنبية (bilād 'ajnabīya)
P کشور خارجی (keshvare-kh̲ārejī)
U غیر ملک (g̲h̲air-mulk)

外国の(人)
A أجنبي ('ajnabī)
P خارجی (kh̲ārejī)
U غیر ملکی (g̲h̲air-mulkī)

外国語
A لغة أجنبية (lug̲h̲a 'ajnabīya)
P زبان خارجی (zabāne-kh̲ārejī)
U غیر ملکی زبان (g̲h̲air-mulkī zabān)

がいこつ 〔骸骨〕
A هيكل عظمي (haykal 'az̤mī)
P اسکلت (eskelet) ；
استخوان بندی (ostokh̲ān-bandī)
U ڈھانچہ (dhānc̲h̲a)

かいさいする 〔開催する〕
A عقد ('aqada)
P برگزار کردن (bargozār kardan)
U منعقد کرنا (mona'qid karnā)

かいさつぐち 〔改札口〕
A مخرج فى محطة (makh̲raj fī maḥaṭṭa)
P خروج ایستگاه (kh̲orūje-īstgāh)
U وکٹ (wikeṭ)

かいさん 〔解散〕
A حل (ḥall) ；انحلال (inḥilāl)
P انحلال (enḥelāl)
U برخاستگی (bar-kh̲āstagī)

がいさん 〔概算〕
A تقدير تقريبى (taqdīr taqrībī)
P تخمين تقريبى (takh̲mīne-taqrībī)
U سرسری تخمینہ (sarsarī takh̲mīna)

かいし 〔開始〕
A بدء (bad') ；بداية (bidāya)
P آغاز (āg̲h̲āz) ；شروع (shorū')
U شروع (shurū')

開始する
A بدأ (bada'a) ；شرع (shara'a)
P آغاز کردن (āg̲h̲āz kardan) ；
شروع کردن (shorū' kardan)
U شروع کرنا (shurū' karnā)

がいし 〔外資〕
A رأسمال أجنبي (ra'smāl 'ajnabī)
P سرمایۀ خارجی (sarmāyeye-kh̲ārejī)
U غیر ملکی سرمایہ (g̲h̲air-mulkī sarmāya)

がいして 〔概して〕
A بوجه عام (bi-wajh 'āmm)
P روی هم رفته (rūye-ham-rafte) ；
بطور کلی (be-toure kollī)
U عام طور پر ('ām taur par)

かいしめ 〔買い占め〕
A احتكار (iḥtikār)
P احتکار (eḥtekār)
U ذخیرہ بازی (zakh̲īra-bāzī)

かいしゃ 〔会社〕
A شركة (sharika)
P شرکت (sherkat)
U کمپنی (kampanī)

会社員
A موظف فى شركة (muwaẓẓaf fī sharika)
P كارمند شركت (kārmande-sherkat)
U كمپنى كا ملازم (kampanī ka mulāzim)

かいしゃく 〔解釈〕
A تفسير (tafsīr)
P تعبير (ta'bīr) ; تفسير (tafsīr)
U تشريح (tashrīh)
翻訳
A ترجمة (tarjama)
P ترجمه (tarjome)
U ترجمه (tarjuma)
解釈する
A فسر (fassara)
P معنى كردن (ma'nī kardan)
U تشريح كرنا (tashrīh karnā)

がいしゅつする 〔外出する〕
A خرج (kharaja)
P بيرون رفتن (bīrūn raftan)
U باهر جانا (bāhar jānā)

かいじょ 〔解除〕
A إلغاء ('ilghā')
P لغو (laghv)
U منسوخى (mansūkhī)
解除する
A ألغى ('alghā)
P لغو كردن (laghv kardan)
U منسوخ كرنا (mansūkh karnā)

かいじょう 〔会場〕
A مكان (makān) ; محل (maḥall)
P محل (mahall)
U مقام (maqām)

がいしょう 〔外相〕
A وزير الخارجية (wazīrul-khārijīya)
P وزير خارجه (vazīre-khāreje)
U وزير خارجه (wazīre-khārija)

かいしょうする 〔解消する〕
A ألغى ('alghā) ; فسخ (fasakha)
P لغو كردن (laghv kardan)
U منسوخ كرنا (mansūkh karnā)

がいしょくする 〔外食する〕
A تناول وجبة فى مطعم (tanāwala wajba fī maṭ'am)
P بيرون غذا خوردن (bīrūn ghazā khordan)
U باهر كهانا كهانا (bāhar khānā khānā)

がいじん 〔外人〕
A أجنبى ('ajnabī)
P خارجى (khārejī)
U غير ملكى (ghair-mulkī)

かいすい 〔海水〕
A مياه البحر (miyāhul-baḥr)
P آب دريا (ābe-daryā)
U سمندر كا پانى (samandar ka pānī)

かいすいぎ 〔海水着〕
A مايوه (māyūh)
P مايو (māyo)
U پيراكى كا لباس (pairākī ka libās)

かいすいよく 〔海水浴〕
A سباحة فى البحر (sibāḥa fil-baḥr)
P شنا در دریا (shenā dar daryā)
U سمندر میں پیراکی (samandar meṇ pairākī)

かいすうけん 〔回数券〕
A كوبون (kūbūn)
P کوپن (kūpon)
U کوپن ٹکٹ (kūpon ṭikaṭ)

がいする 〔害する〕
A أضر ('aḍarra)
P ضرر رساندن (zarar resāndan)
U ضرر پہنچانا (zarar pahuṇchānā)

かいせい 〔改正〕
A تعديل (ta'dīl)
P اصلاح (eslāh)
U اصلاح (islāh)
改正する
A عدل ('addala)
P اصلاح کردن (eslāh kardan)
U اصلاح کرنا (islāh karnā)

かいせつ 〔解説〕
A تعليق (ta'līq)
P تفسیر (tafsīr)
U تشریح (tashrīh)
解説する
A علق ('allaqa)
P تفسیر کردن (tafsīr kardan)
U تشریح کرنا (tashrīh karnā)
解説者
A معلق (mu'alliq)
P مفسر (mofasser)
U شارح (shārih)

かいぜん 〔改善〕
A تحسين (taḥsīn) ; إصلاح ('iṣlāḥ)
P بهبود (behbūd) ; اصلاح (eslāh)
U بہتری (behtarī) ; اصلاح (islāh)
改善する
A حسن (ḥassana)
P بهتر کردن (behtar kardan)
U بہتر بنانا (behtar banānā)

かいそう 〔回想〕
A مذكرة (mudhakkira)
P خاطره (khātere)
U یاد (yād)
回想録
A مذكرات (mudhakkirāt)
P خاطرات (khāterāt)
U یادداشت (yād-dāsht)

かいそう 〔海草〕
A أعشاب بحرية ('a'shāb baḥrīya)
P گیاهان دریائی (giyāhāne-daryā'ī)
U سمندری گھاس (samandarī ghās)

かいぞう 〔改造〕
A إعادة البناء ('i'ādatul-binā')
P تجدید بنا (tajdīde-benā)
U از سر نو تعمیر (az sare nau ta'mīr)

かいぞく 〔海賊〕
A لص البحر (liṣṣul-baḥr) ; قرصان (qurṣān)
P دزد دریائی (dozde-daryā'ī)
U سمندری ڈاکو (samandarī-ḍākū)

かいたいする 〔解体する〕
A فك (fakka) ; فكك (fakkaka)
P اوراق کردن (ourāq kardan)

U پرزے پرزے کرنا (purzē-purzē karnā)

かいたく 〔開拓〕

A استصلاح (istiṣlāḥ)

P بهره برداری (bahre-bardārī)

U آباد کاری (ābād-kārī)

開拓者

A رائد (rā'id)

P پیشقدم (pīsh-qadam)

U بانی (bānī)

かいだん 〔会談〕

A محادثات (muḥādathāt)

P مذاکره (mozākere)

U مذاکره (muzākara)

かいだん 〔階段〕

A سلم (sullam)

P پلکان (pellekān)

U سیڑھی (sīṛhī)

かいちゅう 〔回虫〕

A دود قرعی (dūd qar'ī)

P کرم معده (kerme-me'de)

U پیٹ کا کیڑا (pēṭ ka kīṛā)

かいちゅう 〔懐中〕

懐中電灯

A مصباح بطارية (miṣbāḥ baṭṭārīya)

P چراغ قوه (cherāghe-qovve)

U ٹارچ (ṭārch)

懐中時計

A ساعة الجيب (sā'atul-jayb)

P ساعت جیبی (sā'ate-jībī)

U جیبی گھڑی (jēbī ghaṛī)

がいちゅう 〔害虫〕

A حشرة ضارة (ḥashara ḍārra)

P حشرات موذی (hasharāte-mūzī)

U نقصان ده کیڑا (nuqsān-deh kīṛā)

かいちょう 〔会長〕

A رئيس (ra'īs)

P رئیس (ra'īs)

U صدر (sadr)

かいつうする 〔開通する〕

A افتتح (uftutiḥa)

P گشایش ترافیک یافتن (goshāyeshe-terāfīk yāftan)

U کھلنا (khulnā)

かいて 〔買い手〕

A مشترٍ (mushtarin)

P خریدار (kharīdār)

U گاہک (gāhak)

かいてい 〔改訂〕

A تنقيح (tanqīḥ)

P تجدید نظر (tajdīde-nazar)

U ترمیم (tarmīm)

かいてい 〔海底〕

A قاع البحر (qā'ul-baḥr)

P بستر دریا (bastare-daryā)

U سمندر کی تہ (samandar ki tah)

かいてきな 〔快適な〕

A مريح (murīḥ)

P راحت (rāhat)

U آرام ده (ārām-deh)

かいてん 〔回転〕

A دوران (dawarān)

P چرخش (charkhesh)

U چکر (chakkar)

回転する

A دارا (dāra)

P چرخیدن (c͟harkh͟īdan)

U چکر لگانا (c͟hakkar lagānā)

ガイド

A مرشد (murs͟hid)

P راهنما (rāh-nemā)

U گائڈ (gā'iḍ)

ガイドブック

A دليل سياحي (dalīl siyāḥī)

P کتاب راهنما (ketābe-rāh-nemā)

U گائڈ بک (gā'iḍ buk)

かいとう　〔回答〕

A إجابة ('ijāba)；جواب (jawāb)

P جواب (javāb)

U جواب (jawāb)

回答する

A أجاب ('ajāba)

P جواب دادن (javāb dādan)

U جواب دینا (jawāb dēnā)

がいとう　〔外套〕

A معطف (mi'ṭaf)

P پالتو (pālto)

U اوورکوٹ (ovarkōṭ)

かいにゅう　〔介入〕

A تدخل (tadak͟hk͟hul)

P مداخله (mudāk͟hele)

U مداخلت (mudāk͟halat)

介入する

A تدخل (tadak͟hk͟hala)

P مداخله کردن (modāk͟hele kardan)

U مداخلت کرنا (mudāk͟halat karnā)

がいねん　〔概念〕

A فكرة (fikra)

P عقيده ('aqīde)；تصور (tasavvor)

U خيال (k͟hayāl)；تصور (tasawwur)

かいはつ　〔開発〕

A تنمية (tanmiya)

P عمران ('omrān)

U ترقی (taraqqī)

かいばつ　〔海抜〕

A سطح البحر (saṭḥul-baḥr)

P سطح دريا (sathe-daryā)

U سطح سمندر (satahe-samandar)

かいひ　〔会費〕

A رسوم العضوية (rusūmul-'uḍwīya)

P حق عضويت (haqqe-'ozvīyat)

U رکنیت کی فیس (ruknīyat ki fīs)

がいぶ　〔外部〕

A خارج (k͟hārij)

P بیرون (bīrūn)

U باہر (bāhar)

外部の

A خارجي (k͟hārijī)

P بیرونی (bīrūnī)

U بیرونی (bērūnī)

かいふく　〔回復〕

病人が回復する

A شفي (s͟hufiya)

P بهبود یافتن (behbūd yāftan)

U صحت‌یاب ہونا (sehat-yāb hōnā)

復旧する

A استعاد (ista'āda)

P اعاده کردن (e'āde kardan)

U بحال کرنا (ba-hāl karnā)

かいほう 〔解放〕
A تحرير (taḥrīr)
P آزادی (āzādī) ; رهائی (rahā'ī)
U آزادی (āzādī)
解放する
A حرر (ḥarrara)
P آزاد کردن (āzād kardan)
U آزاد کرنا (āzād karnā)

かいほう 〔介抱〕
A تمريض (tamrīḍ)
P پرستاری (parastārī)
U تیمارداری (tīmār-dārī)
介抱する
A مرض (marraḍa)
P پرستاری کردن (parastārī kardan)
U تیمارداری کرنا (tīmār-dārī karnā)

かいぼう 〔解剖〕
A تشريح (ta<u>sh</u>rīḥ)
P تشریح (ta<u>sh</u>rīh)
U تشریح (ta<u>sh</u>rīh)
解剖する
A شرح (<u>sh</u>arraḥa)
P تشریح کردن (ta<u>sh</u>rīh kardan)
U تشریح کرنا (ta<u>sh</u>rīh karnā)

かいほうする 〔開放する〕
A فتح (fataḥa)
P باز کردن (bāz kardan)
U کھولنا (khōlnā)

がいむ 〔外務〕
外務省
A وزارة الخارجية (wizāratul-<u>kh</u>ārijīya)
P وزارت خارجه (vezārate-<u>kh</u>āreje)
U وزارت خارجہ (vizārate-<u>kh</u>ārija)
外務大臣
A وزير الخارجية (wazīrul-<u>kh</u>ārijīya)
P وزیر خارجه (vazīre-<u>kh</u>āreje)
U وزیر خارجہ (wazīre-<u>kh</u>ārija)

かいもの 〔買い物〕
A شراء (<u>sh</u>irā')
P خرید (<u>kh</u>arīd)
U خریداری (<u>kh</u>arīdārī)
買い物をする
A اشترى (i<u>sh</u>tarā)
P خریدن (<u>kh</u>arīdan)
U خریدنا (<u>kh</u>arīdnā)

かいよう 〔潰瘍〕
A قرحة (qarḥa)
P زخم (za<u>kh</u>m)
U ناسور (nāsūr)

がいらい 〔外来〕
外来語
A كلمة دخيلة (kalima da<u>kh</u>īla)
P لغات دخیل (lo<u>gh</u>āte-da<u>kh</u>īl)
U دخیل الفاظ (da<u>kh</u>īl alfāz)
外来患者
A مريض زائر (marīḍ zā'ir)
P بیمار سرپائی (bīmāre-sarpā'ī)
U بیرونی مریض (bērūnī marīz)

かいらく 〔快楽〕
A لذة (la<u>dh</u><u>dh</u>a)
P لذت (lezzat)
U لذت (lazzat)

かいりつ 〔戒律〕
A وصية دينية (waṣīya dīnīya)
P دستور دینی (dastūre-dīnī)

U مذہبی نصیحت (mazhabī naṣīhat)

がいりゃく〔概略〕

A خلاصة (khulāṣa)

P خلاصه (kholāse)

U خلاصہ (khulāsa)

かいりゅう〔海流〕

A تيار بحري (tayyār baḥrī)

P جریان دریا (jarayāne-daryā)

U بحری رو (bahrī rau)

かいりょう〔改良〕

A تحسين (taḥsīn)

P بهبود (behbūd)；اصلاح (eslāh)

U ترمیم (tarmīm)；اصلاح (islāh)

改良する

A حسن (ḥassana)

P بهبود بخشیدن (behbūd bakhshīdan)

U ترمیم کرنا (tarmīm karnā)

カイロ

A القاهرة (al-qāhira)

P قاهره (qāhere)

U قاہرہ (qāhira)

かいわ〔会話〕

A محادثة (muḥādatha)

P مکالمه (mokāleme)；گفتگو (goftegū)

U بات چیت (bāt-chīt)

会話をする

A حادث (ḥādatha)

P مکالمه کردن (mokāleme kardan)

U بات چیت کرنا (bāt-chīt karnā)

かう〔買う〕

A اشترى (ishtarā)

P خریدن (kharīdan)

U خریدنا (kharīdnā)

かう〔飼う〕

A ربى (rabbā)

P پروردن (parvardan)

U پالنا (pālnā)

かえす〔返す〕

A رد (radda)

P پس دادن (pas dādan)

U واپس کرنا (wāpas karnā)

かえり〔帰り〕

A عودة (ʻawda)

P باز گشت (bāz-gasht)

U واپسی (wāpasī)

かえる〔蛙〕

A ضفدع (ḍafdaʻ)

P قورباغه (qūrbāghe)

U مینڈک (mēṇḍak)

かえる〔帰る〕

A عاد (ʻāda)；رجع (rajaʻa)

P برگشتن (bar-gashtan)

U واپس جانا (wāpas jānā)

かえる〔変える〕

A غير (ghayyara)

P عوض کردن (ʻavaz kardan)

U بدلنا (badalnā)

かえる〔換える〕

A بدل (baddala)；حول (ḥawwala)

P تبدیل کردن (tabdīl kardan)

U تبدیل کرنا (tabdīl karnā)

かお 〔顔〕
A وجه (wajh)
P صورت (sūrat) ; رو (rū)
U منه (muṇh) ; چهره (chehra)

かおり 〔香り〕
A رائحة (rā'iḥa)
P بوی خوش (būye-khosh) ;
رایحه (rāyehe)
U خوش بو (khush bū)

がか 〔画家〕
A رسام (rassām)
P نقاش (naqqāsh)
U مصور (musavvir)

かがい 〔課外〕
課外の
A خارج الدروس (khārija-d-durūs)
P فوق برنامه (fouqe-barnāme)
U غیر نصابی (ghair-nisābī)
課外活動
A نشاطات خارج الدروس
(nashāṭāt khārija-d-durūs)
P فعالیتهای فوق برنامه
(fa"ālīyathāye-fouqe-barnāme)
U غیر نصابی سرگرمی (ghair-nisābī sargarmī)

かかえる 〔抱える〕
A حمل بین ذراعیه (ḥamala bayna dhirā'ayhi)
P بغل کردن (baghal kardan)
U سنبهالنا (sanbhālnā)

カカオ
A كاكاو (kākāw)
P کاکائو (kākā'o)
U کوکو (koko)

かかく 〔価格〕
A سعر (si'r) ; ثمن (thaman)
P قیمت (qeimat)
U قیمت (qīmat)

かがく 〔科学〕
A علم ('ilm) ; علوم ('ulūm)
P علم ('elm)
U سائنس (sā'ens)
科学的な
A علمی ('ilmī)
P علمی ('elmī)
U سائنسی (sā'ensī)
科学者
A عالم ('ālim)
P دانشمند (dāneshmand) ;
عالم ('ālem)
U سائنس دان (sā'ens-dān)

かがく 〔化学〕
A كيمياء (kīmiyā')
P شیمی (shīmī)
U کیمیا (kīmiyā)
化学的な
A كيماوی (kīmāwī)
P شیمیائی (shīmiyā'ī)
U کیمیاوی (kīmyāwī)
化学者
A كيماوی (kīmāwī) ;
کیمیائی (kīmiyā'ī)
P شیمی دان (shīmī-dān)
U کیمیا دان (kīmiyā-dān)

かかげる 〔掲げる〕
A رفع (rafa'a)

P بالا بردن (bālā bordan)
U اٹھانا (uṭhānā)

かかし 〔案山子〕
A نطار (nuṭṭār)
P مترسک (matarsak)
U ڈراوا (ḍarāwā)

かかと 〔踵〕
A عقب (ʻaqib)
P پاشنه (pāshne)
U ایڑی (ēṛī)

かがみ 〔鏡〕
A مرآة (mir'ā)
P آیینه (āyīne)
U آئینہ (ā'īna)

かがむ 〔屈む〕
A انحنی (inḥanā)
P خم شدن (kham shodan)
U جھکنا (jhuknā)

かがやかしい 〔輝かしい〕
A لامع (lāmiʻ) ; باهر (bāhir)
P درخشان (derakhshān)
U درخشاں (darakhshāṇ)

かがやく 〔輝く〕
A لمع (lamaʻa)
P درخشیدن (derakhshīdan)
U چمکنا (chamaknā)

かかる 〔掛かる〕
時間が掛かる
A استغرق (istaghraqa)
P طول کشیدن (tūl keshīdan)
U لگنا (lagnā)
費用が掛かる
A كلف (kallafa)
P تمام شدن (tamām shodan)
U لاگت آنا (lāgat ānā)
医者に掛かる
A استشار (istashāra)
P مراجعه کردن (morājeʻe kardan)
U دکھانا (dikhānā)

かかわらず 〔拘わらず〕
A على الرغم من (ʻala-r-raghmi min) ; رغم (raghma)
P با وجود (bā-vojūde) ;
به رغم (be-raghme)
U کے باوجود (ke bā-wujūd)

かかわる 〔関わる〕
A تعلق (taʻallaqa)
P مربوط بودن (marbūt būdan)
U متعلق ہونا (mutaʻalliq hōnā)

かき 〔柿〕
A كاكى (kākī)
P خرمالو (khormālū)
U پرسی‌من (parsīmon)

かぎ 〔鍵〕
A مفتاح (miftāḥ) ; قفل (qufl)
P کلید (kelīd) ; قفل (qofl)
U چابی (chābī) ; تالا (tālā)
鍵をかける
A أقفل ('aqfala)
P قفل کردن (qofl kardan)
U تالا لگانا (tālā lagānā)

かぎ 〔鉤〕
A كلاب (kullāb)
P قلاب (qollāb)
U ہک (huk)

かきかえ 〔書き換え〕
書き直し
A إعادة الكتابة ('i'ādatul-kitāba)
P باز نویسی (bāz-nevīsī)
U دوباره لکهنا (dō-bāra likhnā)
更新
A تجدید (tajdīd)
P تجدید (tajdīd)
U تجدید (tajdīd)
書き換える
A جدد (jaddada)
P تجدید کردن (tajdīd kardan)
U تجدید کرنا (tajdīd karnā)
かきかた 〔書き方〕
A طريقة كتابة (ṭarīqa-kitāba)
P شیوه نویسندگی (s͟hīveye-nevīsandegī)
U طرز تحریر (tarze-tahrīr)
習字
A خط (k͟haṭṭ)
P خوشنویسی (k͟hos͟h-nevīsī)
U خوش‌نویسی (k͟hus͟h-navīsī)
かきことば 〔書き言葉〕
A اللغة الفصحى (al-lug͟hatul-fuṣḥā)
P زبان نوشتاری (zabāne-neves͟htārī)
U لکھنے کی زبان (likhnē ki zabān)
かきとめ 〔書留〕
A تسجيل (tasjīl)
P سفارشی (sefāres͟hī)
U رجسٹری (rejisṭrī)
書留郵便
A برید مسجل (barīd musajjal)
P پست سفارشی (poste-sefāres͟hī)
U رجسٹری (rejisṭrī)
かきとり 〔書き取り〕
A إملاء ('imlā')
P دیکته (dīkte)
U املا (imlā)
かきなおす 〔書き直す〕
A أعاد الكتابة ('a'ādal-kitāba)
P باز نویسی کردن (bāz-nevīsī kardan)
U دوباره لکهنا (dō-bāra likhnā)
かきね 〔垣根〕
A سياج (siyāj)
P پرچین (parc͟hīn)
U باڑ (bāṛ)
かきの 〔下記の〕
A آتي الذكر (ātiyu-d͟h-d͟hikr)
P زیر (zīr)
U حسب ذیل (hasbe-zail)
下記の通り
A كما يلي (kamā yalī)
P به شرح زیر (be s͟harhe-zīr)
U مندرجۂ ذیل (mundarja-e zail)
かきまわす 〔かき回す〕
A قلب (qallaba)
P به هم زدن (be-ham zadan); زدن (zadan)
U گڑبڑ کرنا (gaṛbaṛ karnā); ملانا (milānā)
かきゅう 〔下級〕
A درجة منخفضة (daraja munk͟hafiḍa)
P درجۂ پایین (darajeye-pāyīn)
U نچلا درجہ (nic͟hlā darja)

下級の

A أسفل ('asfal)

P پایین (pāyīn)

U نچلا (nichlā)

かぎょう 〔家業〕

A مهنة لأسرة (mihnatul-'usra)

P شغل خانوادگی (shoghle-khānevādgī)

U موروثی پیشه (maurūsī pēsha)

かぎり 〔限り〕

A حد (ḥadd)

P حد (hadd)

U حد (hadd)

限りある

A محدود (maḥdūd)

P محدود (mahdūd)

U محدود (mahdūd)

かぎる 〔限る〕

A حدد (ḥaddada)

P محدود کردن (mahdūd kardan)

U محدود کرنا (mahdūd karnā)

かく 〔角〕

角度

A زاوية (zāwiya)

P گوشه (gūshe) ; زاویه (zāviye)

U زاویه (zāviya)

かく 〔各〕

A كل (kull)

P هر (har)

U ہر (har)

各人

A كل واحد (kull wāḥid)

P هر کس (har kas)

U ہر ایک (har ēk)

かく 〔核〕

A نواة (nawā)

P هسته (haste)

U ایٹم (aiṭam)

核の

A نووی (nawawī)

P هستهای (hasteī)

U ایٹمی (aiṭamī)

核兵器

A أسلحة نووية ('asliḥa nawawīya)

P سلاح هستهای (selāhe-hasteī)

U ایٹمی ہتھیار (aiṭamī hathiyār)

かく 〔書く〕

A كتب (kataba)

P نوشتن (neveshtan)

U لکھنا (likhnā)

かく 〔欠く〕

A نقص (naqaṣa)

P فاقد بودن (fāqed būdan)

U نہ ہونا (na hōnā)

かく 〔掻く〕

A حك (ḥakka)

P خراشیدن (kharāshīdan)

U کریدنا (kurēdnā)

かぐ 〔家具〕

A أثاث ('athāth)

P اثاث (asās) ; مبل (mobl)

U فرنیچر (farnīchar)

かぐ 〔嗅ぐ〕

A شم (shamma)

P بوییدن (būyīdan)

U سونگھنا (sūṇghnā)

がく〔額〕
A إطار (’iṭār)
P قاب (qāb)
U فريم (frēm)
かくうの〔架空の〕
A خيالى (k͟hayālī)
P خيالى (k͟hiyālī)
U خيالى (k͟hayālī)
かくげん〔格言〕
A مثل (mat͟hal)
P ضرب المثل (zarbol-masal)
U كهاوت (kahāwat)
かくご〔覚悟〕
A عزم (‘azm)
P تصميم (tasmīm)；عزم (‘azm)
U عزم (‘azm)
覚悟する
A عزم (‘azama)；
عقد العزم (‘aqadal-‘azm)
P تصميم گرفتن (tasmīm gereftan)；
عزم كردن (‘azm kardan)
U عزم كرنا (‘azm karnā)
かくざとう〔角砂糖〕
A سكر مكعب (sukkar muka“ab)
P قند كلوخه (qande-kolūk͟he)
U چينى كى ڈلى (c͟hīnī ki ḍalī)
かくじ〔各自〕
A كل واحد (kull wāḥid)
P هر كس (har kas)
U ہر ايک (har ēk)
かくじつ〔確実〕
A تأكيد (ta’kīd)
P يقين (yaqīn)
U يقين (yaqīn)
確実な
A مؤكد (mu’akkad)
P يقينى (yaqīnī)
U يقينى (yaqīnī)
かくじつに〔隔日に〕
A كل يومين (kulla yawmayni)
P يک روز درميان (yek rūz darmiyān)
U ہر دوسرے روز (har dūsrē rōz)
がくしゃ〔学者〕
A عالم (‘ālim)
P دانشمند (dānes͟hmand)
U عالم (‘ālim)
がくしゅう〔学習〕
A تعلم (ta‘allum)
P تحصيل (tahsīl)
U پڑھائى (paṛhā’ī)
学習する
A تعلم (ta‘allama)
P تحصيل كردن (tahsīl kardan)
U پڑھنا (paṛhnā)
かくしゅの〔各種の〕
A مختلف (muk͟htalif)
P مختلف (mok͟htalef)
U مختلف (muk͟htalif)
かくしん〔確信〕
A تأكد (ta’akkud)；يقين (yaqīn)
P يقين (yaqīn)
U يقين (yaqīn)
確信する
A تأكد (ta’akkada)
P يقين داشتن (yaqīn dās͟htan)

U یقین کرنا (yaqīn karnā)

かくしん　〔革新〕

A إبداع ('ibdā')

P ابداع (ebdā')

U اصلاح (islāh)

かくす　〔隠す〕

A أخفى ('akhfā)

P پنهان کردن (penhān kardan)

U چھپانا (chhipānā)

かくせい　〔覚醒〕

A يقظة (yaqẓa)

P بیداری (bīdārī)

U بیداری (bēdārī)

がくせい　〔学生〕

A （男）طالب (ṭālib)；（女）طالبة (ṭāliba)

P دانشجو (dāneshjū)

U طالب علم (tālibe-'ilm)

かくせいき　〔拡声器〕

A مكبر الصوت (mukabbiru-ṣ-ṣawt)

P بلند گو (boland-gū)

U لاؤڈ اسپیکر (lā'ud ispīkar)

かくだい　〔拡大〕

A توسيع (tawsī')

P توسعه (touse'e)

U توسیع (tausī')

拡大する

A وسع (wassa'a)

P توسعه دادن (touse'e dādan)

U توسیع کرنا (tausī' karnā)

がくだん　〔楽団〕

A فرقة موسيقية (firqa mūsīqīya)

P گروه موسیقی (gorūhe-mūsīqī)

U موسیقی بینڈ (mūsīqī bainḍ)

がくちょう　〔学長〕

A رئيس الجامعة (ra'īsul-jāmi'a)

P رئیس دانشگاه (ra'īse-dāneshgāh)

U چانسلر (chānslar)

かくてい　〔確定〕

A قرار (qarār)；تقرر (taqarrur)

P تصمیم (tasmīm)；قرار (qarār)

U فیصلہ (faisla)；قرار (qarār)

確定する

A تقرر (taqarrara)

P تصمیم گرفتن (tasmīm gereftan)；قرار یافتن (qarār yāftan)

U فیصلہ ہونا (faisla hōnā)；قرار پانا (qarār pānā)

カクテル

A كوكتيل (kūktīl)

P کوکتل (koktel)

U کاکٹیل (kākṭēl)

かくど　〔角度〕

A زاوية (zāwiya)

P گوشه (gūshe)；زاویه (zāviye)

U زاویہ (zāviya)

かくとう　〔格闘〕

A مصارعة (muṣāra'a)

P زد و خورد (zad-o-khord)

U لڑائی (laṛā'ī)

格闘する

A صارع (ṣāra'a)

P دست و پنجه نرم کردن (dast-o-panje narm kardan)；

زد و خورد کردن (zad-o-khord kardan)
U لڑنا (laṛnā)

かくとく 〔獲得〕
A حصول (ḥuṣūl)
P کسب (kasb)
U حصول (husūl)

獲得する
A حصل (ḥaṣala)
P کسب کردن (kasb kardan)
U حاصل کرنا (hāsil karnā)

かくにん 〔確認〕
A تأكيد (ta'kīd)
P تأييد (ta'yīd)
U تصديق (tasdīq)

確認する
A تأكد (ta'akkada) ; أكد ('akkada)
P تأييد كردن (ta'yīd kardan)
U تصديق كرنا (tasdīq karnā)

がくねん 〔学年〕
学年度
A عام دراسى ('ām dirāsī) ;
سنة دراسية (sana dirāsīya)
P سال تحصيلى (sāle-tahsīlī)
U تعليمى سال (ta'līmī sāl)

学級
A صف (ṣaff)
P كلاس (kelās)
U جماعت (jamā'at)

がくひ 〔学費〕
A مصروفات مدرسية (maṣrūfāt madrasīya)
P هزينۀ تحصيلى (hazīneye-tahsīlī)
U تعليمى خرچ (ta'līmī kharch)

がくふ 〔楽譜〕
A نوتة موسيقية (nūta mūsīqīya)
P نت (not)
U موسيقى سر (mūsīqī sur)

がくぶ 〔学部〕
A كلية (kullīya)
P دانشكده (dānesh-kade)
U كالج (kālej)

かくめい 〔革命〕
A ثورة (thawra) ; انقلاب (inqilāb)
P انقلاب (enqelāb)
U انقلاب (inqilāb)

革命家
A ثورى (thawrī)
P انقلابى (enqelābī)
U انقلابى (inqilābī) ;
انقلاب پسند (inqilāb pasand)

がくもん 〔学問〕
A علم ('ilm)
P علم ('elm) ; دانش (dānesh)
U علم ('ilm)

がくゆう 〔学友〕
A رفيق مدرسى (rafīq madrasī)
P هم‌مدرسه (ham-madrese) ;
هم‌كلاسى (ham-kelāsī)
U اسكول كا ساتهى (iskūl ka sāthī)

かくりする 〔隔離する〕
A عزل ('azala) ;
وضع فى الحجر الصحى
(waḍa'a fil-ḥujari-ṣ-ṣiḥḥī)
P جدا كردن (jodā kardan) ;
در قرنطينه نگه داشتن

(dar qarantīne negah dā<u>sh</u>tan)
U علٰحده كرنا (‘alāhida karnā) ; قرنطينے ميں ركھنا (qarantīnē meṇ rakhnā)

かくりつ 〔確立〕
A تقرير (taqrīr)
P برقرارى (bar-qarārī)
U استقرار (istiqrār)

確立する
A أقر (’aqarra)
P برقرار كردن (bar-qarār kardan)
U قائم كرنا (qā’im karnā)

かくりつ 〔確率〕
A احتمال (iḥtimāl)
P احتمال (ehtemāl)
U امكان (imkān) ;
غلبيت (<u>gh</u>alabīyat)

がくりょく 〔学力〕
A قدرة دراسية (qudra dirāsīya)
P استعداد علمى (este‘dāde-‘elmī)
U تعليمى قابليت (ta‘līmī qābiliyat)

がくれき 〔学歴〕
A سيرة تعليمية (sīra ta‘līmīya)
P سوابق تحصيلى (savābeqe-tahsīlī)
U تعليمى قابليت (ta‘līmī qābiliyat)

かくれる 〔隠れる〕
A اختفى (i<u>kh</u>tafā) ; اختبأ (i<u>kh</u>taba’a)
P پنهان شدن (penhān <u>sh</u>odan)
U چھپنا (<u>ch</u>hipnā)

かけ 〔賭け〕
A مراهنة (murāhana)
P شرط بندى (<u>sh</u>art-bandī)
U شرط (<u>sh</u>art)

賭ける
A راهن (rāhana)
P شرط بستن (<u>sh</u>art bastan)
U شرط لگانا (<u>sh</u>art lagānā)

かげ 〔影・陰〕
A ظل (ẓill)
P سايه (sāye)
U سايہ (sāya)

がけ 〔崖〕
A جرف (jurf)
P پرتگاه (partgāh)
U كھڈ (khaḍ)

かけあし 〔駆け足〕
A ركض (rakḍ)
P دو (dou)
U دوڑ (dauṛ)

駆け足で
A ركضًا (rakḍan)
P به دو (be-dou)
U دوڑ كر (dauṛ kar)

かけい 〔家計〕
A اقتصاد الأسرة (iqtiṣādul-’usra)
P بودجهٔ خانواده (būdjeye-<u>kh</u>ānevāde)
U معاش (ma‘ā<u>sh</u>)

かげき 〔歌劇〕
A أوبرا (’ūberā)
P اپرا (operā)
U آپرا (āperā)

かげき 〔過激〕
過激な
A متطرف (mutaṭarrif)
P افراطى (efrātī)

U انتهائی (intehā'ī)
過激分子
A عناصر متطرفة ('anāṣir mutaṭarrifa)
P عناصر افراطی ('anāsere-efrāṭī)
U انتہا پسند عنصر (intehā-pasand 'unsar)

かげぐち 〔陰口〕
A اغتياب (ig͟htiyāb)
P غیبت (g͟heibat)
U چغلی (c͟hug͟hlī)
陰口をきく
A اغتاب (ig͟htāba)
P غیبت کردن (g͟heibat kardan)
U چغلی کھانا (c͟hug͟hlī khānā)

かけざん 〔掛け算〕
A ضرب (ḍarb)
P ضرب (zarb)
U ضرب (zarb)
掛け算をする
A ضرب (ḍaraba)
P ضرب کردن (zarb kardan)
U ضرب دینا (zarb dēnā)

かけつ 〔可決〕
A موافقة (muwāfaqa)
P تصویب (tasvīb)
U منظوری (manzūrī)
可決する
A وافق (wāfaqa)
P تصویب کردن (tasvīb kardan)
U منظوری دینا (manzūrī dēnā)

かけら 〔欠けら〕
A قطعة (qiṭ'a)
P تکه (tekke)
U ٹکڑا (ṭukṛā)

かける 〔欠ける〕
不足する
A نقص (naqaṣa)
P فاقد بودن (fāqed būdan)
U کمی ہونا (kamī hōnā)
壊れる
A انكسر (inkasara)
P شکستن (s͟hekastan)
U ٹوٹنا (ṭūṭnā)

かける 〔掛ける〕
吊るす
A علق ('allaqa)
P آویختن (āvīk͟htan)
U لٹکانا (laṭkānā)

かける 〔駆ける〕
A ركض (rakaḍa) ; جرى (jarā)
P دویدن (davīdan)
U دوڑنا (dauṛnā)

かこ 〔過去〕
A ماضٍ (māḍin) ; الماضى (al-māḍī)
P گذشته (gozas͟hte) ; ماضی (māzī)
U ماضی (māzī)
過去の
A ماضٍ (māḍin)
P گذشته (gozas͟hte)
U گذشتہ (guzas͟hta)

かご 〔籠〕
鳥籠
A قفس (qafas)

P قفس (qafas)
U پنجرا (pinjrā)
あみ籠
A سلة (salla)
P سبد (sabad)
U ٹوكرا (ṭōkrā)

かこい 〔囲い〕
A سياج (siyāj)
P احاطه (ehāte)
U احاطه (ehāta)

かこう 〔火口〕
A فوهة بركانية (fūha burkānīya)
P دهانۀ آتشفشان (dahāneye-ātesh-feshān)
U آتش فشاں پہاڑ کا دہانہ (ātish-fishāṇ pahāṛ ka dahāna)

かこう 〔河口〕
A مصب النهر (maṣabbu-n-nahr)
P مصب رودخانه (masabbe-rūdkhāne)
U دہانہ (dahāna)

かこう 〔加工〕
A معالجة (mu'ālaja)
P فرآيند (far-āyand)
U تیاری (taiyārī)
加工する
A عالج ('ālaja)
P عمل آوردن ('amal āvardan)
U تیار کرنا (taiyār karnā)

かこう 〔囲う〕
A حصر (ḥaṣara) ; أحاط ('aḥāṭa)
P احاطه كردن (ehāte kardan)
U گھیرنا (ghērnā)

かごう 〔化合〕
A اتحاد (ittiḥād)
P تركيب (tarkīb)
U تركيب (tarkīb)
化合物
A مركب كيماوى (murakkab kīmāwī)
P مركب شيميائى (morakkabe-shīmiyā'ī)
U كيميائى مركب (kīmiyā'ī murakkab)

かこうがん 〔花崗岩〕
A حجر الجرانيت (ḥajarul-jarānīt)
P سنگ خارا (sange-khārā)
U گرینیٹ (grainīṭ)

かこくな 〔過酷な〕
A قاسٍ (qāsin)
P سخت (sakht) ; قاسى (qāsī)
U سخت (sakht)

かこむ 〔囲む〕
A أحاط ('aḥāṭa)
P احاطه كردن (ehāte kardan)
U گھیرنا (ghērnā)
軍隊が囲む
A حاصر (ḥāṣara)
P محاصره كردن (mohāsere kardan)
U محاصره كرنا (muhāsara karnā)

かさ 〔傘〕
A مظلة (miẓalla)
P چتر (chatr)
U چھتری (chhatrī)

かさ 〔笠〕
ランプの笠
A أباجورة ('abājūra)

P آباژور (ābāzhūr)
U شیڈ (shēḍ)

かさ 〔嵩〕
容積
A حجم (ḥajm)
P حجم (hajm)
U ضخامت (zakhāmat)
量
A كمية (kammīya)
P مقدار (meqdār)
U مقدار (miqdār)

かさい 〔火災〕
A حريق (ḥarīq)
P آتش سوزی (ātesh-sūzī) ; حریق (harīq)
U آگ (āg)
火災保険
A تأمين ضد الحريق (ta'mīn ḍiddal-ḥarīq)
P بیمۀ آتش سوزی (bīmeye-ātesh-sūzī)
U آگ کا بیمہ (āg ka bīma)

かざぐるま 〔風車〕
ふうしゃ
A طاحونة الهواء (ṭāḥūnatul-hawā')
P آسیاب بادی (āsiyābe-bādī)
U ہوا کی چکی (hawā ki chakkī)
おもちゃ
A فريرة هواء (furrayra hawā')
P باد فر (bād-far)
U پن پہیا (pan-pahiyā)

かさなる 〔重なる〕
物が重なる
A تكوم (takawwama)
P روی هم انباشته شدن (rūy-ham anbāshte shodan)
U لدنا (ladnā)
日が重なる
A وقع (waqa'a)
P مصادف شدن (mosādef shodan)
U گرنا (girnā)

かさねる 〔重ねる〕
A كوم (kawwama)
P روی هم انباشتن (rūy-ham anbāshtan)
U لادنا (lādnā)

かざみどり 〔風見鶏〕
A ديك الرياح (dīku-r-riyāḥ)
P بادنما (bād-nemā)
U مرغ بادنما (murghe-bād-numā)

かざむき 〔風向き〕
A اتجاه الريح (ittijāhu-r-rīḥ)
P جهت باد (jahate-bād)
U ہوا کی رخ (hawā ki rukh)

かざり 〔飾り〕
A زينة (zīna)
P آرایش (ārāyesh) ; زینت (zīnat)
U سجاوٹ (sajāwaṭ) ; زینت (zīnat)

かざる 〔飾る〕
A زين (zayyana)
P آراستن (ārāstan)
U سجانا (sajānā)

かざん 〔火山〕
A بركان (burkān)

P آتشفشان (ātesh-feshān)
U کوه آتش فشاں (kōhe-ātish-fishāṇ)

かし 〔菓子〕
A حلوى (ḥalwā)
P شیرینی (shīrīnī)
U مٹھائی (miṭhā'ī)

かし 〔貸し〕
A قرض (qarḍ)
P قرض (qarz)
U قرض (qarz)

かじ 〔火事〕
A حريق (ḥarīq)
P آتش سوزی (ātesh-sūzī)
U آگ (āg)

かじ 〔舵〕
A سكان (sukkān)
P سکان (sokkān)
U پتوار (patwār) ; سکان (sukkān)

かじ 〔家事〕
A تدبير منزلي (tadbīr manzilī)
P خانه داری (khāne-dārī)
U گھریلو کام (gharēlū kām)

かしきりの 〔貸し切りの〕
A مستأجر (musta'jar)
P در بست (dar-bast)
U محفوظ (mahfūz)

かしこい 〔賢い〕
A ذكي (dhakī)
P با هوش (bā-hūsh)
U ہوشیار (hōsh-yār)

がしする 〔餓死する〕
A مات جوعًا (māta jū'an)
P از گرسنگی مردن (az gorosnegī mordan)
U بھوکوں مرنا (bhūkōṇ marnā)

かしつ 〔過失〕
A خطأ (khaṭa')
P خطا (khatā)
U خطا (khatā)

かしつけ 〔貸し付け〕
A قرض (qarḍ)
P قرض (qarz)
U قرض (qarz)

貸し付ける
A أقرض ('aqraḍa)
P قرض دادن (qarz dādan)
U قرض دینا (qarz dēnā)

かしま 〔貸間〕
A غرفة للإيجار (ghurfa lil-'ījār)
P اطاق اجاره‌ای (otāqe-ejāreī)
U کرایے کا کمرا (kirāyē ka kamrā)

かしや 〔貸家〕
A بيت للإيجار (bayt lil-'ījār)
P خانۀ اجاره‌ای (khāneye-ejāreī)
U کرایے کا مکان (kirāyē ka makān)

かしゃ 〔貨車〕
A عربة شحن ('araba shaḥn)
P واگن باری (vāgone-bārī)
U مال گاڑی (māl gāṛī)

かじや 〔鍛冶屋〕
A حداد (ḥaddād)
P آهنگر (āhangar)
U لہار (luhār)

かしゅ 〔歌手〕
A (男) مغنٍ (mughannin) ;
(女) مغنية (mughannīya)
P خواننده (khānande) ;
آوازه خوان (āvāze khān)
U (男) گانے والا (gānē-wālā) ;
(女) گانے والی (gānē-wālī)

かじゅ 〔果樹〕
A شجرة الفواكه (shajaratul-fawākih)
P درخت میوه (derakhte-mīve)
U پهل دار درخت (phal-dār darakht)
果樹園
A بستان (bustān)
P باغ میوه (bāghe-mīve)
U پهلوں کا باغ (phalōṇ ka bāgh)

かじゅう 〔果汁〕
A عصير فواكه (‘aṣīr fawākih)
P آب میوه (ābe-mīve)
U پهلوں کا رس (phalōṇ ka ras)

かじる 〔齧る〕
A قضم (qaḍima)
P جویدن (javīdan)
U چبانا (chabānā)

かす 〔貸す〕
金を貸す
A أقرض (’aqraḍa)
P قرض دادن (qarz dādan)
U قرض دینا (qarz dēnā)
物を貸す
A أعار (’a‘āra)
P امانت دادن (āmānat dādan)
U ادهار دینا (udhār dēnā)
料金で貸す
A أجر (’ajjara)
P کرایه دادن (kerāye dādan)
U کرایے پر دینا (kirāye par dēnā)

かす 〔滓〕
A ثمالة (thumāla) ; رسوب (rusūb)
P لرد (lerd) ; درد (dord)
U پهوک (phōk)

かず 〔数〕
A عدد (‘adad)
P عدد (‘adad) ; تعداد (te‘dād)
U عدد (‘adad)
数限りない
A لا يعد و لا يحصى (lā-yu‘addu wa lā-yuḥṣā)
P بی شمار (bī-shomār)
U بے شمار (bē-shumār)

ガス
A غاز (ghāz)
P گاز (gāz)
U گیس (gēs)

かぜ 〔風〕
A ريح (rīḥ)
P باد (bād)
U ہوا (hawā)
風が吹いた
A هبت الريح (habbati-r-rīḥ)
P باد وزید (bād vazīd)
U ہوا چلی (hawā chalī)

かぜ 〔風邪〕
A زكام (zukām) ; برد (bard)
P سرما خوردگی (sarmā-khordegī)
U زکام (zukām)

風邪をひく
A أصابه برد ('aṣāba-hu bard)
P سرما خوردن (sarmā khordan)
U زکام ہونا (zukām hōnā)

かせい〔火星〕
A المريخ (al-mirrīkh)
P مريخ (merrīkh) ; بهرام (bahrām)
U مریخ (mirrīkh)

かぜいする〔課税する〕
A فرض ضريبة (faraḍa ḍarība)
P ماليات بستن (māliyāt bastan)
U محصول لگانا (mahsūl lagānā)

かせき〔化石〕
A أحفور ('uḥfūr)
P سنگواره (sangvāre)
U فوسیل (fosīl)

かせぐ〔稼ぐ〕
A كسب (kasaba)
P كسب كردن (kasb kardan)
U کمانا (kamānā)

かせつ〔仮説〕
A فرضية (farḍīya)
P فرضيه (farzīye)
U فرض (farz)

かそう〔仮装〕
A تنكر (tanakkur)
P تغيير لباس (taghyīre-lebās)
U بھیس (bhēs)

仮装する
A تنكر (tanakkar)
P تغيير لباس دادن (taghyīre-lebās dādan)
U بھیس بدلنا (bhēs badalnā)

かぞえる〔数える〕
A عد ('adda)
P شمردن (shomordan)
U گننا (ginnā)

かぞく〔家族〕
A عائلة ('ā'ila) ; أسرة ('usra)
P خانواده (khānevāde)
U خاندان (khāndān)

家族手当
A علاوة عائلية ('ilāwā 'ā'ilīya)
P حق اولاد (ḥaqqe-oulād)
U فیمیلی الاؤنس (faimīlī ilā'ūns)

ガソリン
A بنزين (binzīn)
P بنزين (benzīn)
U پٹرول (peṭrōl)

ガソリンスタンド
A محطة بنزين (maḥaṭṭa binzīn)
P پمپ بنزين (pompe-benzīn)
U پٹرول پمپ (peṭrōl pomp)

かた〔型・形〕
形
A شكل (shakl)
P شكل (shekl)
U شکل (shakl)

型
A طراز (ṭirāz)
P قالب (qāleb)
U سانچا (sāṇchā)

かた〔肩〕
A كتف (katif)
P دوش (dūsh)
U کندھا (kandhā)

カタール
A قطر (qaṭar)
P قطر (qatar)
U قطر (qatar)

かたい 〔堅い・固い〕
A صلب (ṣulb)
P سخت (sak<u>h</u>t)
U سخت (sak<u>h</u>t)

かだい 〔課題〕
A موضوع (mauḍū‘)
P موضوع (mouzū‘)
U موضوع (mauzū‘)

かたがき 〔肩書〕
A لقب (laqab)
P لقب (laqab)
U لقب (laqab)

かたき 〔敵〕
A عدو (‘adūw)
P دشمن (do<u>sh</u>man)
U دشمن (du<u>sh</u>man)

かたくるしい 〔堅苦しい〕
形式ばった
A رسمی (rasmī) ; شکلی (<u>sh</u>aklī)
P تشریفاتی (ta<u>sh</u>rīfātī)
U پر تکلف (pur-takalluf)

かたち 〔形〕
A شكل (<u>sh</u>akl)
P شکل (<u>sh</u>ekl)
U شکل (<u>sh</u>akl)

かたづける 〔片付ける〕
A رتب (rattaba)
P ترتیب دادن (tartīb dādan) ;
جمع کردن (jam‘ kardan)
U ترتیب سے لگانا (tartīb se lagānā)

かたつむり
A حلزون (ḥalazūn)
P حلزون (halazūn)
U گھونگا (ghōṇgā)

かたな 〔刀〕
A سيف (sayf)
P شمشیر (<u>sh</u>am<u>sh</u>īr)
U تلوار (talwār)

かたまり 〔塊〕
A كتلة (kutla)
P کلوخ (kolū<u>kh</u>)
U ڈلا (ḍalā)

かたまる 〔固まる〕
A تصلب (taṣallaba)
P سخت شدن (sa<u>kh</u>t <u>sh</u>odan)
U سخت ہونا (sa<u>kh</u>t hōnā)
凝結する
A تجمد (tajammada)
P منجمد شدن (monjamed <u>sh</u>odan)
U جمنا (jamnā)

かたみ 〔形見〕
A تذكار (ta<u>dh</u>kār)
P یادگاری (yādgārī)
U یادگار (yādgār)

かたみち 〔片道〕
片道切符
A تذكرة ذهاب (ta<u>dh</u>kira <u>dh</u>ahāb)
P بلیت یکسره (belīte-yek-sare)
U یک طرفہ ٹکٹ (yak-tarafa ṭikaṭ)

かたむく 〔傾く〕
A مال (māla)
P مایل شدن (māyel <u>sh</u>odan)

U جهکنا (jhuknā) ;
مائل ہونا (mā'il hōnā)

かためる 〔固める〕
A صلب (ṣallaba)
P سخت کردن (sakht kardan)
U سخت کرنا (sakht karnā)

かたる 〔語る〕
A تحدث (taḥaddatha)
P گفتن (goftan)
U بولنا (bōlnā)

カタログ
A كتالوج (katālūj)
P کاتالوگ (kātālog)
U فہرست (fehrist)

かち 〔勝ち〕
A نصر (naṣr)
P پیروزی (pīrūzī)
U جیت (jīt)

かち 〔価値〕
A قيمة (qīma)
P ارزش (arzesh)
U قدر (qadar) ; قیمت (qīmat)

かちく 〔家畜〕
A حيوان أليف (ḥayawān 'alīf)
P دام (dām)
U مویشی (mavēshī)

かちょう 〔課長〕
A رئيس للقسم (ra'īs lil-qism)
P رئیس بخش (ra'īse-bakhsh)
U چیف (chīf)

がちょう 〔鵞鳥〕
A إوزة ('iwazza)
P غاز (ghāz)
U ہنس (hans)

かつ 〔勝つ〕
A انتصر (intaṣara)
P پیروز شدن (pīrūz shodan)
U جیتنا (jītnā)

がっか 〔学科〕
A قسم (qism)
P گروه (gorūh)
U شعبہ (sho'ba)

がっか 〔学課〕
A درس (dars)
P درس (dars)
U سبق (sabaq)

がっかい 〔学会〕
A مجمع علمي (majma' 'ilmī)
P مجمع علمی (majma'e-'elmī)
U علمی اداره ('ilmī idāra)

がっかりする
A خاب (khāba)
P مایوس شدن (māyūs shodan)
U مایوس ہونا (māyūs hōnā)

かっき 〔活気〕
A نشاط (nashāṭ)
P رونق (rounaq)
U جان (jān)

活気のある
A نشيط (nashīṭ)
P با رونق (bā-rounaq)
U سرگرم (sar-garm) ;
جاندار (jān-dār)

がっき 〔学期〕
A فترة دراسية (fatra dirāsīya)
P ترم (term)

U تعلیمی سال (ta'līmī sāl)

がっき 〔楽器〕

A آلة موسيقية (āla mūsīqiya)

P آلات موسيقى (ālāte-mūsīqī)；ساز (sāz)

U آله موسيقى (ālae-mūsīqī)；باجا (bājā)

かっきてきな 〔画期的な〕

A يغير مجرى التأريخ (yughayyir majrā at-ta'rīkh)

P دوران ساز (dourān-sāz)

U نئے دور کا آغاز کرنے والا (na'ē daur ka āghāz karnē wālā)

がっきゅう 〔学級〕

A فصل (faṣl)

P کلاس (kelās)

U کلاس (kilās)

かつぐ 〔担ぐ〕

A حمل على الكتف (ḥamala 'ala-l katif)

P به دوش گرفتن (be-dūsh gereftan)

U کندھے پر اٹھانا (kandhē par uṭhānā)

かっけ 〔脚気〕

A مرض البرى برى (maraḍul-barībarī)

P برى برى (berīberī)

U بیری بیری (bērībērī)

かっこ 〔括弧〕

A قوس (qaws)

P پرانتز (parāntez)

U بریکیٹ (braikēṭ)

かっこう 〔郭公〕

A وقوق (waqwaq)

P فاخته (fākhte)；کوکو (kūkū)

U کوئل (kō'el)

がっこう 〔学校〕

A مدرسة (madrasa)

P مدرسه (madrese)

U مدرسہ (madrasa)；اسکول (iskūl)

かっさい 〔喝采〕

A هتاف (hutāf)

P هورا (hūrrā)

U نعرۂ تحسین (na'rae-tahsīn)

喝采する

A هتف (hatafa)

P هورا کشیدن (hūrrā keshīdan)

U نعرۂ تحسین لگانا (na'rae-tahsīn lagānā)

かつじ 〔活字〕

A حرف مطبعى (ḥarf maṭba'ī)

P حروف (horūf)

U ٹائپ (ṭā'ip)

がっしょう 〔合唱〕

A كورس (kūras)

P کر (kor)

U کورس (kōras)

かっしょくの 〔褐色の〕

A أسمر ('asmar)

P قهوه‌ای (qahveī)

U بھورا (bhūrā)

かっそう 〔滑走〕

滑走する

A زلج (zalaja)

P سر خوردن (sor khordan)

U پهسلنا (phisalnā)
滑走路
A مدرج (madraj)
P باند فرودگاه (bānde-forūdgāh)
U رن وے (ran-wei)

かつて
A من قبل (min qabl)
P قبلاً (qablan)
U پہلے (pahlē)

かって 〔勝手〕
台所
A مطبخ (maṭbakh)
P آشپزخانه (āshpaz-khāne)
U باورچی خانہ (bāwarchī-khāna)
勝手な
A أنانی ('anānī)
P خودسر (khod-sar)
U خودغرض (khud-gharaz)

かつどう 〔活動〕
A نشاطات (nashāṭāt)
P فعالیت (fa"ālīyat)
U سرگرمی (sar-garmī)
活動的な
A نشیط (nashīṭ)
P فعال (fa"āl)
U سرگرم (sar-garm)

かっぱつ 〔活発〕
A نشاط (nashāṭ)
P زنده دلی (zende-delī)
U زنده دلی (zinda-dilī)
活発な
A نشیط (nashīṭ)
P زنده دل (zende-del)
U زنده دل (zinda-dil)

カップ
A فنجان (finjān)
P فنجان (fenjān)
U پیالہ (piyāla)
賞杯
A كأس (ka's)
P جام (jām)
U ٹرافی (ṭrāfī) ; کپ (kap)

がっぺい 〔合併〕
A اندماج (indimāj)
P ادغام (edghām)
U الحاق (ilhāq)
合併する
A اندمج (indamaja)
P ادغام شدن (edghām shodan)
U الحاق ہونا (ilhāq hōnā)

かつやく 〔活躍〕
A نشاط (nashāṭ)
P فعالیت (fa"ālīyat)
U سرگرمی (sar-garmī)
活躍する
A نشط (nashiṭa)
P فعالیت کردن (fa"ālīyat kardan)
U سرگرم ہونا (sar-garm hōnā)

かつれい 〔割礼〕
A ختان (khitān) ; طهور (ṭahūr)
P ختنه (khatne)
U ختنہ (khatna)
割礼する
A ختن (khatana) ; طهر (ṭahhara)
P ختنه کردن (khatne kardan)
U ختنہ کرنا (khatna karnā)

かてい 〔家庭〕
A بيت (bayt) ; منزل (manzil)
P خانه (khāne)
U گهر (ghar)
かてい 〔仮定〕
A افتراض (iftirāḍ)
P فرض (farz)
U فرض (farz)
仮定する
A افترض (iftaraḍa)
P فرض كردن (farz kardan)
U فرض كرنا (farz karnā)
かていきょうし 〔家庭教師〕
A معلم خصوصى (mu‘allim khuṣūṣī)
P معلم سرخانه (mo‘alleme-sare-khāne)
U ٹيوٹر (ṭiyūṭar)
かど 〔角〕
A زاوية (zāwiya)
P گوشه (gūshe)
U نکڑ (nukkaṛ)
かとうな 〔下等な〕
A دنى (danīy)
P پست (past)
U ادنىٰ (adnā)
かとき 〔過渡期〕
A فترة الانتقال (fatratul-intiqāl)
P دورۀ انتقال (doureye-enteqāl)
U عبورى دور (‘ubūrī daur)
かどの 〔過度の〕
A مفرط (mufriṭ)
P بيش از حد (bīsh az hadd) ; مفرط (mofret)
U حد سے زياده (hadd se ziyāda)
カトリック
A كاثوليک (kāthūlīk)
P كاتوليک (kātolīk)
U كيتهولک (kaitholik)
かなう 〔叶う・適う〕
願いがかなう
A تحقق (taḥaqqaqa)
P به آرزو رسيدن (be-ārezū resīdan)
U منظور ہونا (manzūr hōnā)
かなえる 〔叶える〕
A حقق (ḥaqqaqa)
P برآوردن (bar-āvardan)
U منظور كرنا (manzūr karnā)
かなしい 〔悲しい〕
A حزين (ḥazīn)
P غمگين (ghamgīn)
U غمگين (ghamgīn)
かなしみ 〔悲しみ〕
A حزن (ḥuzn)
P غم (gham)
U غم (gham)
かなしむ 〔悲しむ〕
A حزن (ḥazina)
P غمگين شدن (ghamgīn shodan)
U غم كرنا (gham karnā)
カナダ
A كندا (kanadā)
P كانادا (kānādā)
U كناڈا (kanāḍā)
カナダの(人)
A كندى (kanadī)
P كانادائى (kānādā'ī)

U کناڈی (kanāḍī)

かなづち 〔金槌〕

A مطرقة (miṭraqa)

P چکش (chakkosh)

U ہتھوڑا (hathauṛā)

かならず 〔必ず〕

A بالتأكيد (bi-t-ta'kīd)

P حتماً (hatman)

U ضرور (zarūr)

カナリヤ

A كناري (kanārī)

P قناری (qanārī)

U کناری (kanārī)

かに 〔蟹〕

A سرطان (saraṭān)

P خرچنگ (kharchang)

U کیکڑا (kēkṛā)

かにゅう 〔加入〕

A اشتراك (ishtirāk)

P اشتراک (eshterāk)

U شمولیت (shumūliyat)

加入する

A اشترك (ishtaraka)

P اشتراک کردن (eshterāk kardan)

U شامل ہونا (shāmil hōnā)

かね 〔金〕

A مال (māl) ; فلوس (fulūs)

P پول (pūl)

U پیسا (paisā)

かね 〔鐘〕

A جرس (jaras)

P زنگ (zang) ; ناقوس (nāqūs)

U گھنٹا (ghanṭā)

かねかし 〔金貸し〕

A مرابٍ (murābin)

P نزول خوار (nozūl-khār)

U ساہوکار (sāhūkār)

かねもち 〔金持ち〕

A غني (ghanīy)

P پولدار (pūl-dār)

U دولتمند (daulat-mand)

かのう 〔可能〕

A إمكان ('imkān)

P امکان (emkān)

U امکان (imkān)

可能な

A ممكن (mumkin)

P ممکن (momken)

U ممکن (mumkin)

かのうする 〔化膿する〕

A تقيح (taqayyaḥa)

P چرک کردن (cherk kardan)

U پیپ پڑنا (pīp paṛnā)

かのじょ 〔彼女〕

A هي (hīya)

P او (ū)

U وہ (voh)

かば 〔河馬〕

A فرس البحر (farasul-baḥr)

P اسب آبی (asbe-ābī)

U دریائی گھوڑا (daryā'ī ghōṛā)

カバー

A غطاء (ghiṭā')

P روکش (rū-kesh)

U کور (kavar)

かばう 〔庇う〕
A حمى (ḥamā)
P حمایت کردن (hemāyat kardan)
U پناه دینا (panāh dēnā)

かはん 〔河畔〕
A ضفة (ḍaffa)
P کنار رودخانه (kenāre-rūdkhāne)
U دریا کا کناره (daryā ka kināra)

かばん 〔鞄〕
A حقيبة (ḥaqība)
P کیف (kīf)
U تهیلا (thailā)

かはんすう 〔過半数〕
A أكثرية (’aktharīya)
P اکثریت (aksarīyat)
U اکثریت (aksarīyat)

かび 〔黴〕
A عفن (‘afan)
P کپک (kapak)
U پهپهوندی (phaphūndī)

黴が生える
A عفن (‘afina)
P کپک زدن (kapak zadan)
U پهپهوندی لگنا (phaphūndī lagnā)

がびょう 〔画鋲〕
A دبوس (dabbūs)
P پونز (pūnez)
U ڈرائنگ پن (ḍrā’ing pin)

かびん 〔花瓶〕
A زهرية (zahrīya)
P گلدان (gol-dān)
U گلدان (gul-dān)

かびんな 〔過敏な〕
A حساس (ḥassās)
P حساس (hassās)
U حساس (hassās)

かぶ 〔株〕
切り株
A جذر (jidhr)
P کنده (kande)
U ٹهنٹه (ṭhunṭh)
株式
A سهم (sahm)
P سهام (sahām)
U حصص (hisas)
株主
A صاحب أسهم (ṣāḥib ’ashum)
P سهامدار (sahām-dār)
U حصه دار (hissa-dār)

かぶ 〔蕪〕
A سلجم (saljam) ; لفت (lift)
P شلغم (shalgham)
U شلغم (shalgham)

がふ 〔画布〕
A قماش للرسم (qumāsh li-r-rasm)
P بوم (būm)
U کینوس (kainvas)

カフェ
A مقهًى (maqhan)
P کافه (kāfe)
U قهوه خانه (qahva-khāna)

かぶしきがいしゃ 〔株式会社〕
A شركة محدودة (sharika maḥdūda)
P شرکت سهامی (sherkate-sahāmī)
U مشترکه سرمایه کی کمپنی

(mushtaraka sarmāya ki kampanī)

カフス
A أسورة القميص ('aswiratul-qamīṣ)
P سر آستين (sar-āstīn)
U كف (kaf)

かぶせる〔被せる〕
A غطى (ghaṭṭā)
P پوشاندن (pūshāndan)
U ڈھانپنا (ḍhānpnā)

カプセル
A كبسولة (kabsūla)
P كپسول (kapsūl)
U كپسول (kapsūl)

かぶと〔甲・兜〕
A خوذة (khūdha)
P خود (khūd)
U خود (khod)

かぶとむし〔甲虫〕
A جعل (ju'al)
P سوسک (sūsk)
U بھونرا (bhauṇrā)

かぶる〔被る〕
A لبس (labisa)
P پوشيدن (pūshīdan)
U پہننا (pahnnā)

かぶれる
A جرب (jariba)
P كهير زدن (kahīr zadan)
U سرخ باد ہونا (surkh-bād hōnā)

かふん〔花粉〕
A غبار الطلع (ghubāru-ṭ-ṭal')
P گرده (garde)
U زر گل (zare-gul)

かべ〔壁〕
A حائط (ḥā'iṭ) ; جدار (jidār)
P ديوار (dīvār)
U ديوار (dīwār)

かへい〔貨幣〕
A عملة ('umla)
P پول (pūl)
U پيسا (paisā)

コイン
A مسكوكة (maskūka)
P سكه (sekke)
U سكہ (sikka)

かぼちゃ
A يقطين (yaqṭīn)
P كدو (kadū)
U كدو (kaddū)

かま〔釜〕
A مرجل (mirjal)
P ديگ (dīg)
U ديگ (dēg)

かま〔鎌〕
A منجل (minjal)
P داس (dās)
U درانتی (darāṇtī)

かまう〔構う〕
気にかける
A عنى ('uniya)
P توجه كردن (tavajjoh karḍan)
U پروا كرنا (parwā karnā)

干渉する
A تدخل (tadakhkhala)
P دخالت كردن (dekhālat kardan)
U مداخلت كرنا (mudākhalat karnā)

かまきり
A فرس النبى (farasu-n-nabī)
P آخوندک (ākhondak)
U آخوندک (ākhūndak)

かまわない 〔構わない〕
A لا بأس (lā ba'sa)
P عيب ندارد ('eib na-dārad)
U كوئى پروا نهيں (kō'ī parwā nahīṇ)

がまん 〔我慢〕
A صبر (ṣabr)
P صبر (sabr)
U صبر (sabr)

我慢する
A صبر (ṣabara)
P صبر كردن (sabr kardan)
U صبر كرنا (sabr karnā)

かみ 〔神〕
A الله (allāh) ; اله (ilāh)
P خدا (khodā)
U خدا (khudā)

かみ 〔紙〕
A ورق (waraq)
P كاغذ (kāghaz)
U كاغذ (kāghaz)

かみ 〔髪〕
A شعر (sha'r)
P مو (mū)
U بال (bāl)

かみくず 〔紙屑〕
A اوراق مهملة (awrāq muhmala)
P كاغذ باطله (kāghaze-bātele)
U ردى (raddī)

かみそり 〔剃刀〕
A موسى (mūsā)
P تيغ (tīgh)
U استرا (ustarā)

かみなり 〔雷〕
A رعد (ra'd)
P رعد (ra'd)
U گرج (garaj)

かむ 〔嚙む〕

嚙みつく
A عض ('aḍḍa)
P گاز گرفتن (gāz gereftan)
U ڈسنا (ḍasnā)

食物を嚙む
A مضغ (maḍagha)
P جويدن (javīdan)
U چبانا (chabānā)

ガム
A علك ('ilk)
P آدامس (ādāms)
U چيوئنگ گم (chyū'ing gam)

かめ 〔亀〕
A سلحفاة (sulaḥfā)
P سنگ پشت (sang-posht)
U كچهوا (kachhwā)

かめ 〔瓶〕
A جرة (jarra)
P كوزه (kūze)
U مرتبان (martabān)

カメラ
A آلة تصوير (āla-taṣwīr)
P دور بين (dūr-bīn)
U كيمرا (kaimrā)

かもく 〔科目・課目〕
A مادة (mādda)
P درس (dars)
U نصاب (nisāb)

かもしか 〔羚羊〕
A ظبى (ẓaby) ; غزال (ghazāl)
P آهو (āhū)
U آہو (āhū)

…かもしれない
A من الممكن (minal-mumkin)
P ممكن است (momken ast)
U ممکن ہے (mumkin hai)

かもつ 〔貨物〕
A شحن (shaḥn)
P بار (bār)
U مال (māl)

貨物列車
A قطار نقل (qiṭār naql)
P قطار بارى (qatāre-bārī)
U مال گاڑى (māl-gāṛī)

かもめ 〔鴎〕
A نورز (nauraz)
P مرغ نوروزى (morghe-nourūzī)
U سمندرى بگلا (samandarī baglā)

かやく 〔火薬〕
A بارود (bārūd)
P باروت (bārūt)
U بارود (bārūd)

かゆ 〔粥〕
A عصيدة (‘aṣīda)
P شله (shole)
U دليا (daliyā)

かゆい 〔痒い〕
A حكه جلده (ḥakkahu jilduhu)
P خارش كردن (khāresh kardan)
U کھجلى اٹھنا (khujlī uṭhnā)

かよう 〔通う〕
往復する
A ذهب و آب (dhahaba wa āba) ;
داوم (dāwama)
P رفت و آمد كردن (raft-o-āmad kardan)
U آنا جانا (ānā jānā)

がようし 〔画用紙〕
A ورقة الرسم (waraqatu-r-rasm)
P كاغذ نقاشى (kāghaze-naqqāshī)
U ڈرائنگ پيپر (ḍrā’ing peipar)

かようび 〔火曜日〕
A يوم الثلاثاء (yawmu-th-thulāthā’)
P سه شنبه (se-shanbe)
U منگل (mangal)

かよわい 〔か弱い〕
A ضعيف (ḍa‘īf) ; لطيف (laṭīf)
P ضعيف (za‘īf) ; ظريف (zarīf)
U كمزور (kam-zōr) ; ظريف (zarīf)

から 〔殻〕
A قشرة (qishra)
P پوسته (pūste)
U بھوسى (bhūsī)

…から
A من (min)
P از (az)
U سے (se)

日本から
A من اليابان (minal-yābān)

P از ژاپن (az zhāpon)
U جاپان سے (jāpān se)

がら 〔柄〕
模様
A زخرفة (zakhrafa)
P نقش (naqsh)
U نقش (naqsh)

カラー
A لون (lawn)
P رنگ (rang)
U رنگ (rang)

カラーフィルム
A فلم ملون (film mulawwan)
P فیلم رنگی (fīlme-rangī)
U رنگین فلم (rangīn film)

からい 〔辛い〕
A حار (ḥārr)
P تیز (tīz)
U تیز (tēz)
塩辛い
A مالح (māliḥ)
P شور (shūr)
U نمکین (namkīn)

からかう
A سخر (sakhira)
P مسخره کردن (maskhare kardan)
U چڑانا (chirānā)

からし 〔辛子〕
A خردل (khardal)
P خردل (khardal)
U رائی (rā'ī)

からす 〔烏〕
A غراب (ghurāb)
P کلاغ (kalāgh)
U کوا (kawwā)

ガラス
A زجاج (zujāj)
P شیشه (shīshe)
U شیشہ (shīsha)

からだ 〔体〕
A جسم (jism) ; بدن (badan)
P بدن (badan) ; تن (tan) ;
جسم (jesm)
U بدن (badan) ; جسم (jism)

からの 〔空の〕
A خالٍ (khālin) ; فارغ (fārigh)
P خالی (khālī)
U خالی (khālī)

かり 〔借り〕
A دين (dayn)
P قرض (qarz) ; بدهی (bedehī)
U قرضہ (qarza)

かり 〔狩り〕
A صيد (ṣayd)
P شکار (shekār)
U شکار (shikār)

かりいれ 〔刈り入れ〕
A حصاد (ḥaṣād)
P درو (derou)
U کٹائی (kaṭā'ī)

カリキュラム
A برنامج (barnāmaj)
P برنامه (barnāme)
U نصاب (nisāb)

かりとる 〔刈り取る〕
A حصد (ḥaṣada)

P درو کردن (derou kardan)
U فصل کاٹنا (fasl kāṭnā)

かりの 〔仮の〕
A مؤقت (mu'aqqat)
P موقت (movaqqat)
U عارضی (‘ārizī)

カリフラワー
A قرنبيط (qarnabīṭ)
P گل کلم (gole-kalam)
U گوبھی (gōbhī)

かりる 〔借りる〕
金を借りる
A اقترض (iqtaraḍa)
P قرض گرفتن (qarz gereftan)
U قرض لینا (qarz lēnā)
物を借りる
A استعار (ista‘āra)
P امانت گرفتن (amānat gereftan)
U ادھار لینا (udhār lēnā)

かる 〔刈る〕
髪を刈る
A قص (qaṣṣa)
P کوتاه کردن (kūtāh kardan)
U کاٹنا (kāṭnā)
草を刈る
A حش (ḥashsha)
P چیدن (chīdan)
U کاٹنا (kāṭnā)
羊毛を刈る
A جز (jazza)
P چیدن (chīdan)
U کترنا (katarnā)

かるい 〔軽い〕
A خفيف (khafīf)
P سبک (sabok)
U ہلکا (halkā)

カルシウム
A كلسيوم (kalsiyūm)
P کلسیم (kalsiyom)
U کیلسیم (kailsiyom)

かれ 〔彼〕
A هو (huwa)
P او (ū)
U وہ (voh)

カレー
A كاري (kārī)
P کاری (kārī)
U کڑھی (kaṛhī)

ガレージ
A جراج (jarāj) ; كراج (karāj)
P گاراژ (gārāzh)
U گیراج (gairāj)

かれら 〔彼等〕
A هم (hum)
P ایشان (īshān) ; آنها (ān-hā)
U وہ (voh)

かれる 〔枯れる〕
A ذبل (dhabula)
P پژمرده شدن (pazhmorde shodan)
U مرجھانا (murjhānā)

かれる 〔涸れる〕
A نضب (naḍaba)
P خشک شدن (khoshk shodan)
U سوکھنا (sūkhnā)

カレンダー
A تقويم (taqwīm)
P تقويم (taqvīm)
U کیلنڈر (kailanḍar)

かろう 〔過労〕
A إرهاق (’irhāq)
P خستگی مفرط (khastegīye-mofret)
U بہت زیادہ کام (bahut ziyāda kām)

カロリー
A كالوري (kālūrī)
P کالری (kālorī)
U کلوری (kalorī)

かわ 〔川・河〕
A نهر (nahr)
P رودخانه (rūd-khāne) ; رود (rūd)
U دریا (daryā) ; ندی (nādī)

かわ 〔皮・革〕
A جلد (jild) ;
جلد مدبوغ (jild madbūgh)
P پوست (pūst) ; چرم (charm)
U کھال (khāl) ; چمڑا (chamṛā)

がわ 〔側〕
A جانب (jānib)
P جانب (jāneb)
U جانب (jānib)

かわいい 〔可愛い〕
A لطيف (laṭīf)
P ناز (nāz) ; عزيز (‘azīz)
U پیارا (pyārā)

かわいがる 〔可愛がる〕
A لاطف (lāṭafa) ; أحب (’aḥabba)
P نوازش کردن (navāzesh kardan)
U پیار کرنا (pyār karnā)

かわいそうな 〔可哀想な〕
A بائس (bā’is) ; مسكين (miskīn)
P بیچاره (bī-chāre) ;
مسکین (meskīn)
U بےچارہ (bē-chāra)

かわいた 〔乾いた〕
A جاف (jāff)
P خشک (khoshk)
U خشک (khushk)

かわかす 〔乾かす〕
A جفف (jaffafa)
P خشک کردن (khoshk kardan)
U خشک کرنا (khushk karnā) ;
سکھانا (sukhānā)

かわく 〔乾く〕
A جف (jaffa)
P خشک شدن (khoshk shodan)
U سوکھنا (sūkhnā) ;
خشک ہونا (khushk hōnā)

かわく 〔渇く〕
A عطش (‘aṭisha)
P تشنه شدن (teshne shodan)
U پیاس لگنا (pyās lagnā)

かわせ 〔為替〕
為替手形
A حوالة (ḥawāla)
P حواله (havāle)
U ہنڈی (hunḍī)
郵便為替
A حوالة بريدية (ḥawāla barīdīya)
P حواله پستی (havāleye-postī)

U پوسٹل منی آرڈر (pōsṭal manī-ārḍar)

かわら 〔瓦〕
A قرميد (qirmīd)
P سفال (sefāl)
U کھپریل (khaprail)

かわり 〔代わり〕
A بديل (badīl)
P عوض (‘avaz)
U بدل (badal)

かわり 〔変わり〕
A تغير (taghayyur)
P تغيير (taghyīr)
U تبديلی (tabdīlī)

かわる 〔代わる〕
A حل محله (ḥalla maḥallahu)
P جا گرفتن (jā gereftan)
U جگہ لینا (jagah lēnā)

かわる 〔変わる〕
A تغير (taghayyara)；
تحول (taḥawwala)
P تغيير يافتن (taghyīr yāftan)；
عوض شدن (‘avaz shodan)
U بدلنا (badalnā)；
تبدیل ہونا (tabdīl hōnā)

かん 〔缶〕
A علبة (‘ulba)
P قوطی (qūtī)
U ٹین (ṭīn)

かん 〔巻〕
A مجلد (mujallad)
P جلد (jeld)
U جلد (jild)

かん 〔管〕
A أنبوب (’unbūb)
P لوله (lūle)
U نالی (nālī)

がん 〔癌〕
A سرطان (saraṭān)
P سرطان (saratān)
U سرطان (sartān)

かんおけ 〔棺桶〕
A تابوت (tābūt)
P تابوت (tābūt)
U تابوت (tābūt)

かんか 〔感化〕
A تأثر (ta’aththur)
P تأثير (ta’sīr)
U اثر (asar)
感化する
A أثر (’aththara)
P تحت تأثير قرار دادن (tahte-ta’sīr qarār dādan)
U اثر ڈالنا (asar ḍālnā)

かんがい 〔灌漑〕
A ری (rayy)
P آبیاری (āb-yārī)
U آبپاشی (āb-pāshī)；
آبیاری (āb-yārī)
灌漑する
A روی (rawā)
P آبیاری کردن (āb-yārī kardan)
U آبپاشی کرنا (āb-pāshī karnā)

かんがえ 〔考え〕
A فكرة (fikra)
P فكر (fekr)

U خيال (khayāl)

かんがえる 〔考える〕

A فكر (fakkara) ; ظن (ẓanna)

P فكر كردن (fekr kardan) ;

گمان كردن (gamān kardan)

U خيال كرنا (khayāl karnā) ;

سوچنا (sōchnā)

かんかく 〔感覚〕

A حاسة (ḥāssa) ; حس (ḥiss)

P حس (hess)

U حس (hiss)

かんかく 〔間隔〕

A مسافة (masāfa)

P فاصله (fāsele)

U فاصله (fāsila)

カンガルー

A كنغر (kanghar)

P كانگورو (kāngūrū)

U كنگرو (kangarū)

かんき 〔換気〕

A تهوية (tahwiya)

P تهويه (tahviye)

U ہواداری (hawā-dārī)

かんきゃく 〔観客〕

A مشاهد (mushāhid)

P تماشاگر (tamāshā-gar)

U تماشائی (tamāshā'ī)

かんきょう 〔環境〕

A بيئة (bī'a)

P محيط (mohīt)

U ماحول (mā-haul)

環境汚染

A تلوث البيئة (talawwuthul-bī'a)

P آلودگی محيط (ālūdegīye-mohīt)

U آلودگی ماحول (ālūdagīe-mā-haul)

かんきん 〔監禁〕

A حبس (ḥabs)

P حبس (habs)

U حراست (hirāsat)

監禁する

A حبس (ḥabasa)

P حبس كردن (habs kardan)

U حراست ميں لينا (hirāsat meṇ lēnā)

かんけい 〔関係〕

A علاقة ('alāqa)

P رابطه (rābete)

U تعلق (ta'alluq)

かんげい 〔歓迎〕

A ترحيب (tarḥīb)

P استقبال (esteqbāl)

U خيرمقدم (khair-maqdam)

歓迎する

A رحب (raḥḥaba)

P استقبال كردن (esteqbāl kardan)

U خيرمقدم كرنا (khair-maqdam karnā)

かんげき 〔感激〕

A تأثر (ta'aththur)

P تأثير (ta'sīr)

U جوش (jōsh)

感激する

A تأثر (ta'aththara)

P متأثر شدن (mota'asser shodan)

U جوش ميں آنا (jōsh meṇ ānā)

かんけつ 〔完結〕
A تكميل (takmīl)
P تكميل (takmīl)
U تكميل (takmīl)

かんけつ 〔簡潔〕
A اختصار (ikhtiṣār)
P اختصار (ekhtesār)
U اختصار (ikhtesār)

簡潔な
A مختصر (mukhtaṣar)
P مختصر (mokhtasar)
U مختصر (mukhtasar)

簡潔に
A باختصار (bikhtiṣār)
P مختصراً (mokhtasaran)
U مختصراً (mukhtasaran)

かんげんすれば 〔換言すれば〕
A بكلمة أخرى (bi-kalima 'ukhrā)
P بعبارت ديگر (be-'ebārate-dīgar)
U دوسرے الفاظ ميں (dūsrē alfāz meṇ)

かんご 〔看護〕
A تمريض (tamrīḍ)
P پرستارى (parastārī)
U تيماردارى (tīmār-dārī)

看護する
A مرض (marraḍa)
P پرستارى كردن (parastārī kardan)
U تيماردارى كرنا (tīmār-dārī karnā)

がんこ 〔頑固〕
A عناد ('inād)
P لجاجت (lajājat)
U ضد (zidd)

頑固な
A عنيد ('anīd)
P لجوج (lajūj)
U ضدى (ziddī)

かんこう 〔刊行〕
A نشر (nashr)
P انتشار (enteshār)
U اشاعت (ishā'at)

刊行する
A نشر (nashara)
P انتشار دادن (enteshār dādan)
U اشاعت كرنا (ishā'at karnā)

刊行物
A منشورات (manshūrāt)
P نشريه (nashrīye)
U اشاعت (ishā'at)

かんこう 〔観光〕
A سياحة (siyāḥa)
P جهانگردى (jahān-gardī)
U سياحت (siyāhat)

観光客
A سائح (sā'iḥ)
P جهانگرد (jahān-gard)
U سياح (saiyāh)

観光バス
A حافلة سياحية (ḥāfila siyāḥīya)
P اتوبوس توريست (otobūse-tūrīst)
U تفريحى بس (tafrīhī bas)

かんこく 〔勧告〕
A نصيحة (naṣīḥa)
P نصيحت (nasīhat)
U نصيحت (nasīhat)

勧告する

A نصح (naṣaḥa)

P نصیحت کردن (nasīhat kardan)

U نصیحت دینا (nasīhat dēnā)

かんごふ 〔看護婦〕

A ممرضة (mumarriḍa)

P پرستار (parastār)

U نرس (nars)

かんさつ 〔観察〕

A ملاحظة (mulāḥaẓa)

P مشاهده (moshāhede)

U مشاہدہ (mushāhida)

観察する

A لاحظ (lāḥaẓa)

P مشاهده کردن (moshāhede kardan)

U مشاہدہ کرنا (mushāhida karnā)

かんし 〔監視〕

A مراقبة (murāqaba)

P مراقبت (morāqebat)

U نگرانی (nigrānī)

監視する

A راقب (rāqaba)

P مراقبت کردن (morāqebat kardan)

U نگرانی کرنا (nigrānī karnā)

かんじ 〔漢字〕

A حرف صینی (ḥarf ṣīnī)

P خط چینی (khatte-chīnī)

U چینی رسم‌الخط (chīnī rasmul-khatt)

かんじ 〔感じ〕

印象

A انطباع (inṭibā‘)

P تأثیر (ta'asīr)

U تاثر (taassur)

かんしゃ 〔感謝〕

A شکر (shukr)

P تشکر (tashakkor)

U شکر (shukr)

感謝する

A شکر (shakara)

P تشکر کردن (tashakkor kardan)

U شکر کرنا (shukr karnā)

かんじゃ 〔患者〕

A مریض (marīḍ)

P بیمار (bīmār) ; مریض (marīz)

U بیمار (bīmār) ; مریض (marīz)

かんしゅう 〔慣習〕

A عادة (‘āda)

P رسم (rasm) ; عادت (‘ādat)

U رسم (rasm) ; عادت (‘ādat)

かんしゅう 〔観衆〕

A مشاهدون (mushāhidūna)

P تماشاگران (tamāshā-garān)

U تماشائی (tamāshā'ī)

がんしょ 〔願書〕

A طلب (ṭalab)

P تقاضانامه (taqāzā-nāme)

U درخواست (darkhāst)

願書を出す

A قدم طلبًا (qaddama ṭalaban)

P تقاضا نامه دادن (taqāzā-nāme dādan)

U درخواست دینا (darkhāst dēnā)

かんしょう 〔干渉〕

A تدخل (tadakhkhul)

P مداخله (modākhele)

U مداخلت (mudākhalat)

干渉する

A تدخل (tadakhkhala)

P مداخله کردن (modākhele kardan)

U مداخلت کرنا (mudākhalat karnā)

かんしょう〔観賞〕

A تمتع بالمشاهدة (tamattu‘ bil-mushāhada)

P لذت از تماشا (lezzat az tamāshā)

U تعریف (ta‘rīf)

観賞する

A تمتع بالمشاهدة (tamatta‘ bil-mushāhada)

P از تماشا لذت بردن (az tamāshā lezzat bordan)

U تعریف کرنا (ta‘rīf karnā)

かんじょう〔勘定〕

A حساب (ḥisāb)

P حساب (hesāb)

U حساب (hisāb)

勘定書

A فاتورة (fātūra)

P صورت حساب (sūrate-hesāb)

U بل (bil)

かんじょう〔感情〕

A عاطفة (‘āṭifa)

P عاطفه (‘ātefe)

U جذبہ (jazba)

かんじる〔感じる〕

A أحس (’aḥassa) ; شعر (sha‘ara)

P احساس کردن (ehsās kardan)

U محسوس کرنا (mahsūs karnā)

かんしん〔感心〕

A إعجاب (’i‘jāb)

P تحسین (tahsīn)

U تحسین (tahsīn)

感心する

A أعجب (’u‘jiba)

P تحسین کردن (tahsīn kardan)

U سراہنا (sarāhnā)

かんしん〔関心〕

A اهتمام (ihtimām)

P علاقه (‘alāqe)

U توجہ (tawajjo)

かんする〔関する〕

A متعلق ب (muta‘alliq bi)

P راجع به (rāje‘ be)

U کے متعلق (ke muta‘alliq)

かんせい〔完成〕

A إتمام (’itmām) ; اكتمال (iktimāl)

P اتمام (etmām) ; تکمیل (takmīl)

U تکمیل (takmīl)

完成させる

A أتم (’atamma) ; أكمل (’akmala)

P به اتمام رساندن (be-etmām resāndan)

U مکمل کرنا (mukammal karnā)

かんせい〔歓声〕

A هتاف (hutāf)

P هلهله (halhale)

U نعرہ تحسین (na‘ra-e tahsīn)

かんせい〔管制〕

A مراقبة (murāqaba)

P کنترل (kontrol)

U کنٹرول (konṭrol)

かんぜい 〔関税〕
A تعريفة جمركية (ta'rīfa jumrukīya)
P حقوق گمرکی (hoqūqe-gomrokī)
U کسٹم (kasṭam)

かんせつ 〔関節〕
A مفصل (mafṣil)
P مفصل (mafsal)
U جوڑ (jōṛ)

かんせつの 〔間接の〕
A غير مباشر (ghayr-mubāshir)
P غير مستقيم (gheire-mostaqīm)
U بالواسطہ (bil-wāsta)

かんせん 〔感染〕
A عدوى ('adwā)
P سرايت (serāyat)
U چھوت (chhūt)

感染する
A نقل العدوى (naqala-l 'adwā)
P سرايت كردن (serāyat kardan)
U چھوت لگنا (chhūt lagnā)

かんぜん 〔完全〕
A كمال (kamāl)；تمام (tamām)
P كمال (kamāl)
U كمال (kamāl)

完全な
A كامل (kāmil)
P كامل (kāmel)
U كامل (kāmil)

かんそう 〔感想〕
A انطباع (inṭibā')
P تأثير (ta'sīl)；نظر (nazar)
U تاثرات (taassurāt)

かんそう 〔乾燥〕
A جفاف (jafāf)
P خشکی (khoshkī)
U خشکی (khushkī)

乾燥する
A جف (jaffa)
P خشک شدن (khoshk shodan)
U سوکھنا (sūkhnā)

かんぞう 〔肝臓〕
A كبد (kabid)
P كبد (kabed)；جگر (jegar)
U جگر (jigar)

かんそく 〔観測〕
A مراقبة (murāqaba)
P مشاهده (moshāhede)
U مشاہدہ (mushāhida)

観測所
A مرصد (marṣad)
P رصدخانه (rasad-khāne)
U رصدگاه (rasad-gāh)

かんたい 〔寒帯〕
A منطقة منجمدة (minṭaqa munjamida)
P منطقۀ منجمد (mantaqeye-monjamed)
U منطقۂ منجمده (mintaqaye-munjamida)

かんたい 〔艦隊〕
A أسطول ('usṭūl)
P ناوگان (nāvgān)
U بیڑا (bēṛā)

かんだい 〔寛大〕
A كرامة (karāma)

P بخشندگی (bakhshandegī)
U فیاضی (faiyāzī)
寛大な
A كريم (karīm)
P بخشنده (bakhshande)
U فیاض (faiyāz)

かんたん〔簡単〕
A سهولة (suhūla)
P سادگی (sādegī) ; آسانی (āsānī)
U سادگی (sādagī) ; آسانی (āsānī)
簡単な
A سهل (sahl) ; بسيط (basīṭ)
P ساده (sāde) ; آسان (āsān)
U ساده (sāda) ; آسان (āsān)

かんたん〔感嘆〕
A إعجاب (’i‘jāb)
P تحسین (tahsīn) ; تعجب (ta‘ajjob)
U حیرت (hairat)

かんだんけい〔寒暖計〕
A مقياس الحرارة (miqyāsul-ḥarāra)
P دما سنج (damā-sanj)
U حرارت پیما (harārat-paimā)

かんちょう〔官庁〕
A دوائر حكومية (dawā’ir ḥukūmīya)
P ادارهٔ دولتی (edāreye-doulatī)
U سرکاری دفتر (sarkārī daftar)

かんちょう〔浣腸〕
A حقنة (ḥuqna)
P تنقیه (tanqiye)
U حقنہ (huqna)

かんづめ〔缶詰〕
A علبة (‘ulba)
P کنسرو (konserv)
U ٹین کا ڈبا (ṭīn ka ḍibbā)
缶詰にする
A علب (‘allaba)
P کنسرو کردن (konserv kardan)
U ٹین کے ڈبے میں بند کرنا
(ṭin ke ḍibbe meṇ band karnā)

かんてん〔観点〕
A وجهة النظر (wujhatu-n-naẓar)
P نقطهٔ نظر (noqteye-nazar)
U نقطہ نظر (nuqtae-nazar)

かんでんち〔乾電池〕
A بطارية (baṭṭārīya)
P باطری خشک (bāterīye-khoshk)
U خشک باٹری (khushk bāṭerī)

かんとく〔監督〕
人
A مشرف (mushrif)
P ناظر (nāzer) ;
سرپرست (sar-parast)
U ناظم (nāzim)
映画の監督
A مخرج (mukhrij)
P کارگردان (kār-gardān)
U ہدایت کار (hidāyat-kār)

かんな〔鉋〕
A منجر (minjar)
P رنده (rande)
U رندا (randā)
鉋をかける
A نجر (najara)
P رنده کردن (rande kardan)
U رندا کرنا (randā karnā)

かんぬき 〔閂〕
A تِرباس (tirbās)
P كلون (kolūn)
U چٹخنی (chaṭkhanī)
閂をかける
A تربس (tarbasa)
P كلون كردن (kolūn kardan)
U چٹخنی کرنا (chaṭkhanī karnā)
かんねん 〔観念〕
A فكرة (fikra)
P ايده (īde)
U خيال (khayāl)
かんぱいする 〔乾杯する〕
A شرب نخبه (shariba nakhba-hu)
P به سلامتی کسی نوشیدن
(be-salāmatīye-kasī nūshīdan)
U جام صحت نوش کرنا
(jāme-sehat nūsh karnā)
かんばつ 〔旱魃〕
A قحط (qaḥt)
P خشکسالی (khoshk-sālī)
U خشک سالی (khushk-sālī)
がんばる 〔頑張る〕
努力する
A بذل الجهد (badhalal-juhd)
P کوشش کردن (kūshesh kardan)
U کوشش کرنا (kōshish karnā)
かんばん 〔看板〕
A لافتة (lāfita)
P تابلو (tāblo)
U سائن بورڈ (sā'in-bōrḍ)
かんぱん 〔甲板〕
A ظهر السفينة (ẓahru-s-safīna)
P عرشه ('arshe)
U عرشہ ('arsha)
かんびょう 〔看病〕
A تمريض (tamrīḍ)
P پرستاری (parastārī)
U تیمارداری (tīmār-dārī)
看病する
A مرض (marraḍa)
P پرستاری کردن (parastārī kardan)
U تیمارداری کرنا (tīmār-dārī karnā)
かんべんする 〔勘弁する〕
A سامح (sāmaḥa)
P بخشیدن (bakhshīdan)
U معاف کرنا (mu'āf karnā)
がんぼう 〔願望〕
A رغبة (raghba)
P آرزو (ārezū) ; رغبت (raghbat)
U آرزو (ārzū)
カンボジア
A كمبوديا (kambūdiyā)
P کامبوج (kāmbūj)
U کمبوڈیا (kambōḍiyā)
カンボジアの(人)
A كمبودى (kambūdī)
P کامبوجی (kāmbūjī)
U کمبوڈیائی (kambōḍiyā'ī)
かんむり 〔冠〕
A تاج (tāj)
P تاج (tāj)
U تاج (tāj)
がんやく 〔丸薬〕
A حبة (ḥabba)
P قرص (qors)

U گولی (gōlī)

かんよう 〔慣用〕
A استعمال معتاد (isti'māl mu'tād)
P استعمال عادى (este'māle 'ādī)
U عام استعمال ('ām iste'māl)

慣用句
A اصطلاح (isṭilāḥ)
P اصطلاح (esṭelāh)
U محاوره (muhāvara)

かんよする 〔関与する〕
A اشترك (ishtaraka)
P شركت كردن (sherkat kardan)
U حصہ لینا (hissa lēnā)

かんらく 〔陥落〕
A سقوط (suqūṭ)
P سقوط (soqūṭ)
U بربادى (barbādī)

陥落する
A سقط (saqaṭa)
P سقوط كردن (soqūṭ kardan)
U برباد ہونا (barbād hōnā)

かんり 〔管理〕
A إدارة ('idāra)
P مديريت (modīrīyat)
U انتظام (intezām)

管理する
A أدار ('adāra)
P اداره كردن (edāre kardan)
U انتظام كرنا (intezām karnā)

かんりゅう 〔寒流〕
A التيار البحرى البارد (at-tayyārul-baḥriyul-bārid)
P جريان سرد دريائى (jarayāne-sarde-daryā'ī)
U سرد لہر (sard lahar)

かんりょう 〔完了〕
A إتمام ('itmām)
P تكميل (takmīl)
U تكميل (takmīl)

完了する
A أتم ('atamma)
P تمام كردن (tamām kardan)
U تكميل كرنا (takmīl karnā)

かんりょう 〔官僚〕
A بيروقراطية (bīrūqrāṭīya)
P بوروكراسى (būrokerāsī)
U سركارى افسر (sarkārī afsar)

かんれん 〔関連〕
A نسبة (nisba) ; صلة (ṣila)
P وابستگى (vābastegī)
U تعلق (ta'alluq)

かんわ 〔緩和〕
A تخفيف (takhfīf)
P سستى (sostī)
U نرمى (narmī)

緩和する
A خفف (khaffafa)
P سست كردن (sost kardan)
U نرم كرنا (narm karnā)

き

き 〔木〕
樹木
A شجر (shajar) ; شجرة (shajara)
P درخت (derakht)
U پیڑ (pēṛ) ; درخت (darakht)
材木
A خشب (khashab)
P چوب (chūb)
U لکڑی (lakṛī)

き 〔気〕
精神
A روح (rūḥ)
P روح (rūh)
U روح (rūh)
気分
A مزاج (mizāj)
P حال (hāl)
U مزاج (mizāj)
意向
A إرادة (’irāda)
P اراده (erāde)
U اراده (irāda)

ギア
A تروس (turūs)
P دنده (dande)
U گیئر (gī’ar)

きあつ 〔気圧〕
A ضغط جوی (ḍaghṭ jawwī)
P فشار هوا (feshāre-havā)
U ہوائی دباو (hawā’ī dabāo)

ぎあん 〔議案〕
A لائحة (lā’iḥa) ;
مشروع قانون (mashrū‘ qānūn)
P لایحه (lāyehe)
U مسوده (musawwada) ; بل (bil)

キー
A مفتاح (miftāḥ)
P کلید (kelīd)
U چابی (chābī)

きいと 〔生糸〕
A حرير خام (ḥarīr khām)
P ابریشم خام (abrīshame-khām)
U خام ریشم (khām rēsham)

きいろの 〔黄色の〕
A أصفر (’aṣfar)
P زرد (zard)
U پیلا (pīlā) ; زرد (zard)

ぎいん 〔議員〕
A عضو للمجلس (‘uḍw lil-majlis)
P نمایندهٔ مجلس (namāyandeye-majles)
U اسمبلی کا رکن (asemblī ka

rukn)

きえる〔消える〕

火が消える

A انطفأ (inṭafa'a)

P خاموش شدن (khāmūsh shodan)

U بجهنا (bujhnā)

消失する

A اختفى (ikhtafā)

P ناپديد شدن (nāpadīd shodan)

U اوجهل هونا (ōjhal hōnā)

ぎえんきん〔義援金〕

A تبرع (tabarru')

P اعانه (e'āne)

U چنده (chanda)

きおく〔記憶〕

A ذاكرة (dhākira)

P ياد (yād)

U ياد (yād)

記憶する

A تذكر (tadhakkara)

P به ياد داشتن (be-yād dāshtan)

U ياد كرنا (yād karnā)

きおん〔気温〕

A درجة الحرارة (darajatul-ḥarāra)

P درجۀ حرارت (darajeye-harārat)

U درجۀ حرارت (darjae-harārat)

きが〔飢餓〕

A جوع (jū')

P گرسنگی (gorosnegī)

U بهوک (bhūk)

きかい〔機会〕

A فرصة (furṣa)

P فرصت (forsat)

U موقع (mauqa')

きかい〔機械〕

A ماكينة (mākīna) ; آلة (āla)

P ماشين (māshīn) ;

دستگاه (dastgāh)

U مشين (mashīn)

きがい〔危害〕

A أذًى ('adhan) ; ضرر (ḍarar)

P آزار (āzār) ; ضرر (zarar)

U ضرر (zarar)

危害を加える

A آذى (ādhā)

P آزار رساندن (āzār resāndan)

U ضرر پهنچانا (zarar pahunchānā)

ぎかい〔議会〕

A مجلس (majlis) ;

برلمان (barlamān)

P مجلس (majles) ;

پارلمان (pārlomān)

U پارليمنٹ (pārlīmanṭ)

きかがく〔幾何学〕

A علم الهندسة ('ilmul-handasa)

P هندسه (hendese)

U ہندسہ (hindsa)

きがかり〔気掛かり〕

A قلق (qalaq)

P نگرانی (negarānī)

U انديشہ (andēsha)

きがかりな〔気掛かりな〕

A قلق (qaliqa)

P نگران (negarān)

U فكرمند (fikr-mand)

きかく 〔規格〕
A معيار (mi‘yār)
P معيار (me‘yār)
U معيار (me‘yār)

きかく 〔企画〕
A تخطيط (takhṭīṭ)
P طرح ريزى (tarh-rīzī)
U منصوبہ بندى (mansūba-bandī)

きかする 〔帰化する〕
A اكتسب جنسية (iktasaba jinsīya)
P تابعيت كسب كردن (tābe‘īyat kasb kardan)
U حقوق شهريت اختيار كرنا (huqūqe-shahrīyat ikhteyār karnā)

きかせる 〔聞かせる〕
A أسمع ('asma‘a)
P شنواندن (shenavāndan)
U سنانا (sunānā)

きがるな 〔気軽な〕
A مرتاح (murtāḥ)
P آسوده خاطر (āsūde-khāter)
U بےفکر (bē-fikr)

きかん 〔期間〕
A مدة (mudda) ; فترة (fatra)
P مدت (moddat) ; دوره (doure)
U مدت (muddat) ; عرصہ (‘arsa)

きかん 〔器官〕
A عضو (‘uḍw)
P عضو (‘ozv)
U عضو (‘uzū)

きかん 〔機関〕
組織
A منظمة (munaẓẓama)
P سازمان (sāzmān)
U اداره (idāra)

きかんしゃ 〔機関車〕
A قاطرة (qāṭira)
P لوكوموتيو (lokomotīv)
U ريل كا انجن (rēl ka enjin)

きかんじゅう 〔機関銃〕
A مدفع رشاش (midfa‘ rashshāsh)
P مسلسل (mosalsal)
U مشين گن (mashīn-gan)

きき 〔危機〕
A أزمة ('azma)
P بحران (bohrān)
U نازک دور (nāzuk daur) ; بحران (bohrān)

ききて 〔聞き手〕
A مستمع (mustami‘) ; سامع (sāmi‘)
P شنونده (shenavande)
U سننے والا (sunnē-wālā)

ききめ 〔効き目〕
A فعالية (fa“ālīya)
P اثر (asar)
U اثر (asar)
効き目がある
A فعال (fa“āl)
P مؤثر (mo'asser)
U موثر (muassir)

ききゅう 〔危急〕
A اضطرار (iḍṭirār) ; طوارى (ṭawārī)
P اضطرار (ezterār)
U ہنگامى صورت حال (hangāmī sūrate-hāl)

ききゅう〔気球〕
A منطاد (munṭād)；بالون (bālūn)
P بالون (bālon)
U غبارا (ghubārā)

きぎょう〔企業〕
A شركة (sharika)；
مؤسسة (mu'assasa)
P شرکت (sherkat)；
مؤسسه (mo'assese)
U صنعت (sana't)；
کمپنی (kampanī)

ぎきょく〔戯曲〕
A مسرحية (masraḥīya)
P نمایش (nemāyesh)
U ڈراما (ḍrāmā)

ききん〔飢饉〕
A قحط (qaḥṭ)
P قحط (qaht)
U قحط (qaht)

ききん〔基金〕
A صندوق (ṣundūq)
P صندوق (sandūq)
U فنڈ (fanḍ)

ききんぞく〔貴金属〕
A معادن ثمينة (ma'ādin thamīna)
P فلزات نجیب (fellezāte-najīb)
U قیمتی دھات (qīmatī dhāt)

きく〔聞く〕
A سمع (sami'a)
P شنیدن (shenīdan)
U سننا (sunnā)

きく〔菊〕
A أقحوان ('uqḥuwān)
P گل داوودی (gole-dāvūdī)
U گل داودی (gule-dāūdī)

きぐ〔器具〕
A أداة ('adā)
P ابزار (abzār)
U آلہ (āla)

きげき〔喜劇〕
A مسرحية فكاهية (masraḥīya fukāhīya)；كوميديا (kōmīdiyā)
P کمدی (komedī)
U طربیہ (tarabīya)；
کامیڈی (kāmeḍī)

ぎけつ〔議決〕
A قرار (qarār)
P تصویب (tasvīb)
U فیصلہ (faisla)

きけん〔危険〕
A خطر (khaṭar)
P خطر (khatar)
U خطرہ (khatra)

危険な
A خطير (khaṭīr)
P خطرناک (khatar-nāk)
U خطرناک (khatar-nāk)

きげん〔起源〕
A أصل ('aṣl)
P منشأ (mansha')
U آغاز (āghāz)

きげん〔期限〕
A موعد (maw'id)
P موعد (mou'ed)
U میعاد (mī'ād)

きげん 〔機嫌〕
A مزاج (mizāj)
P حال (hāl)
U مزاج (mizāj)
機嫌が良い
A حسن المزاج (ḥasanul-mizāj)
P سرحال (sare-hāl)
U خوش (khush)
機嫌が悪い
A متعكر المزاج (muta'akkirul-mizāj)
P اوقات تلخ (ouqāt-talkh)
U نا خوش (nā-khush)
きけんする 〔棄権する〕
A امتنع (imtana'a)
P از دادن رأی خودداری کردن (az dādane-ra'y khod-dārī kardan)
U ووٹ نہ دینا (vōṭ na dēnā)
きこう 〔気候〕
A مناخ (munākh)
P آب و هوا (āb-o-havā)
U آب و ہوا (āb-o-hawā)
きごう 〔記号〕
A علامة ('alāma)
P علامت ('alāmat) ; نشان (neshān)
U علامت ('alāmat) ; نشان (nishān)
きこえる 〔聞こえる〕
A يسمع (yusma'u)
P شنیده شدن (shenīde shodan)
U سنائی دینا (sunā'i dēnā)
きこく 〔帰国〕
A عودة إلى الوطن ('awda 'ilāl-waṭan)
P برگشت به وطن (bargasht be-vatan)
U ملک واپسی (mulk-wāpasī)
帰国する
A عاد إلى الوطن ('āda 'ilal-waṭan)
P به وطن برگشتن (be-vatan bargashtan)
U اپنے ملک واپس جانا (apnē mulk wāpas jānā)
きこり 〔樵〕
A حطاب (ḥaṭṭāb)
P چوب بر (chūb-bor)
U لکڑہارا (lakaṛ-hārā)
きこんの 〔既婚の〕
A متزوج (mutazawwij)
P متأهل (mote'ahhel)
U شادی شده (shādī-shuda)
きざし 〔兆し〕
A بادرة (bādira)
P نشان (neshān)
U نشان (nishān)
きざむ 〔刻む〕
彫刻する
A نقش (naqasha)
P تراشیدن (tarāshīdan)
U تراشنا (tarāshnā)
肉などを刻む
A فرم (farama) ; قطع (qaṭṭa'a)
P قیمه کردن (qeime kardan)
U قیمہ کرنا (qīma karnā)
きし 〔岸〕
A شاطئ (shāṭi')
P کنار (kenār)
U کناره (kināra)

きじ 〔雉〕
A تدرجة (tadruja)
P قرقاول (qarqāvol)
U فیزنٹ (fēzanṭ)
きじ 〔記事〕
A مقالة (maqāla)
P مقاله (maqāle)
U مضمون (mazmūn)
きじ 〔生地〕
A قماش (qumā<u>sh</u>)
P پارچه (pār<u>ch</u>e)
U کپڑا (kapṛā)
ぎし 〔技師〕
A مهندس (muhandis)
P مهندس (mohandes)
U انجینیر (injīniyar)
ぎしき 〔儀式〕
A مراسم (marāsim)
P مراسم (marāsem)
U تقریب (taqrīb)
きしつ 〔気質〕
A طبع (ṭab')
P خلق (<u>kh</u>olq)
U طبیعت (tabī'at)
きしゃ 〔汽車〕
A قطار (qiṭār)
P قطار (qatār)
U ریل گاڑی (rēl-gāṛī)
きしゃ 〔記者〕
A صحفي (ṣuḥufī)
P روزنامه نگار (rūznāme-negār)
U صحافی (sahāfī)
きしゅくしゃ 〔寄宿舎〕
A قاعة نوم (qā'a nawm)
P خوابگاه (<u>kh</u>āb-gāh)
U ہوسٹل (hosṭel)
きじゅつ 〔奇術〕
A شعبذة (<u>sh</u>a'ba<u>dh</u>a)
P شعبده (sho'bade)
U شعبده بازی (<u>sh</u>a'bada-bāzī)
奇術師
A مشعوذ (mu<u>sh</u>a'wi<u>dh</u>)
P شعبده باز (<u>sh</u>o'bade-bāz)
U شعبده باز (<u>sh</u>a'bada-bāz)
きじゅつ 〔記述〕
A وصف (waṣf)
P توصیف (tousīf) ; وصف (vasf)
U بیان (bayān)
記述する
A وصف (waṣafa)
P توصیف کردن (tousīf kardan)
U بیان کرنا (bayān karnā)
ぎじゅつ 〔技術〕
A فن (fann)
P فن (fann)
U فن (fann)
技術の
A فني (fannī)
P فنی (fannī)
U فنی (fannī)
技術援助
A معونة فنية (ma'ūna fannīya)
P کمک فنی (komake-fannī)
U فنی امداد (fannī imdād)

きじゅん 〔基準〕
A معيار (mi‘yār)
P معيار (me‘yār)
U معيار (me‘yār)

きしょう 〔気象〕
A جو (jaww); طقس (ṭaqs)
P هوا (havā)
U موسم (mausam)

きしょう 〔記章〕
A شارة (shāra)
P نشان (neshān)
U تمغه (tamgha)

きしょうする 〔起床する〕
A نهض (nahaḍa)
P بلند شدن (boland shodan)
U اٹھنا (uṭhnā)

キス
A قبلة (qubla); بوسة (būsa)
P بوسه (būse)
U بوسه (bōsa)
キスをする
A قبل (qabbala)
P بوسيدن (būsīdan)
U بوسه دينا (bōsa dēnā)

きず 〔傷〕
A جرح (jurḥ)
P زخم (zakhm)
U زخم (zakhm)
傷つける
A جرح (jaraḥa)
P زخمی کردن (zakhmī kardan)
U زخمی کرنا (zakhmī karnā)
傷つく
A جرح (juriḥa)
P زخمی شدن (zakhmī shodan);
زخم خوردن (zakhm khordan)
U زخم کھانا (zakhm khānā);
زخمی ہونا (zakhmī hōnā)

きすう 〔奇数〕
A عدد فردی (‘adad fardī)
P عدد فرد (‘adade-fard); طاق (tāq)
U طاق عدد (tāq ‘adad)

きせい 〔既製〕
既製の
A جاهز (jāhiz)
P دوخته (dūkhte)
U سلے سلائے (silē-silā’ē)
既製服
A ثياب جاهزة (thiyāb jāhiza)
P لباس دوخته (lebāse-dūkhte)
U سلے سلائے کپڑے (silē-silā’ē kapṛē)

ぎせい 〔犠牲〕
A ضحية (ḍaḥīya); قربان (qurbān)
P قربانی (qurbānī)
U قربانی (qurbānī)
犠牲にする
A ضحى (ḍaḥḥā)
P قربانی کردن (qurbānī kardan)
U قربانی کرنا (qurbānī karnā)

きせいちゅう 〔寄生虫〕
A طفيلی (ṭufaylī)
P انگل (angal)
U طفيلی (tufailī)

きせき 〔奇跡〕
A معجزة (mu'jiza)
P معجزه (mo'jeze)
U معجزه (mo'jiza)

きせつ 〔季節〕
A فصل (faṣl) ; موسم (mawsim)
P فصل (fasl)
U موسم (mausam)

きぜつする 〔気絶する〕
A غشي (ghushiya)
P بیهوش شدن (bī-hūsh shodan)
U بےہوش ہونا (bē-hōsh hōnā)

きせる 〔着せる〕
A ألبس ('albasa)
P پوشانیدن (pūshānīdan)
U پہنانا (pahnānā)

きせん 〔汽船〕
A باخرة (bākhira)
P کشتی بخار (kashtīye-bokhār)
U دخانی جہاز (dukhānī jahāz)

ぎぜん 〔偽善〕
A رياء (riyā')
P ریا (riyā) ; ریاکاری (riyā-kārī)
U ریاکاری (riyā-kārī)

偽善者
A مراءٍ (murāin)
P ریاکار (riyā-kār)
U ریاکار (riyā-kār)

きそ 〔基礎〕
A أساس ('asās)
P بنیاد (bonyād) ; اساس (asās)
U بنیاد (buniyād)

基礎的な
A أساسي ('asāsī)
P بنیادی (bonyādī)
U بنیادی (buniyādī)

きそ 〔起訴〕
A اتهام (ittihām)
P تعقیب (ta'qīb)
U استغاثہ (istighāsa)

起訴する
A اتهم (ittahama)
P تعقیب کردن (ta'qīb kardan)
U استغاثہ کرنا (istighāsa karnā)

起訴状
A ورقة الاتهام (waraqatul-ittihām)
P کیفر خواست (keifar-khāst)
U تحریری استغاثہ (tahrīrī-istighasa)

きぞう 〔寄贈〕
A إهداء ('ihdā')
P اهدا (ehdā)
U عطیہ ('atiya)

寄贈する
A أهدى ('ahdā)
P اهدا کردن (ehdā kardan)
U عطیہ دینا ('atiya dēnā)

ぎぞう 〔偽造〕
A تزوير (tazwīr)
P جعل (ja'l)
U جعلسازی (ja'l-sāzī)

偽造する
A زور (zawwara)
P جعل کردن (ja'l kardan)
U جعلی بنانا (ja'lī banānā)

きそく 〔規則〕
A قاعدة (qā‘ida)；نظام (niẓām)
P قاعده (qā‘ede)
U قاعده (qā‘eda)
規則的な
A منتظم (muntaẓim)
P منظم (monazzam)
U با قاعده (bā-qā‘eda)

きぞく 〔貴族〕
A شريف (sharīf)；نبيل (nabīl)
P اشراف (ashrāf)；
اشراف زاده (ashrāf-zāde)
U امرا (umarā)

きた 〔北〕
A شمال (shamāl)
P شمال (shomāl)
U شمال (shimāl)
北の
A شمالى (shamālī)
P شمالى (shomālī)
U شمالى (shimālī)

ギター
A قيثار (qīthār)；جيتار (jītār)
P گيتار (gītār)
U گيتار (gītār)

きたい 〔気体〕
A غاز (ghāz)
P گاز (gāz)
U گيس (gēs)

きたい 〔期待〕
A توقع (tawaqqu‘)
P توقع (tavaqqo‘)
U توقع (tawaqqo‘)
期待する
A توقع (tawaqqa‘a)
P توقع داشتن (tavaqqo‘ dāshtan)
U توقع ركهنا (tawaqqo‘ rakhnā)

きたえる 〔鍛える〕
A قوى (qawwā)
P ورزيدن (varzīdan)
U تربيت دينا (tarbiyat dēnā)

きたくする 〔帰宅する〕
A عاد إلى البيت (‘ādā ’ilal-bayt)
P به خانه برگشتن (be-khāne bargashtan)
U گهر واپس جانا (ghar wāpas jānā)

きたない 〔汚い〕
A وسخ (wasikh)；قذر (qadhir)
P كثيف (kasīf)
U ميلا (mailā)

きち 〔基地〕
A قاعدة (qā‘ida)
P پايگاه (pāy-gāh)
U اڈا (aḍḍā)
軍事基地
A قاعدة عسكرية (qā‘īda ‘askarīya)
P پايگاه نظامى (pāy-gāhe-nezāmī)
U فوجى اڈا (faujī aḍḍā)

きちがい 〔気違い〕
A مجنون (majnūn)
P ديوانه (dīvāne)
U پاگل (pāgal)

きちょう 〔貴重〕
貴重な
A نفيس (nafīs)；ثمين (thamīn)
P قيمتى (qeimatī)

U قیمتی (qīmatī)
貴重品
A نفائس (nafā'is)
P اشیای قیمتی (ashyāye-qeimatī)
U قیمتی اشیا (qīmatī ashyā)

ぎちょう 〔議長〕
A رئيس جلسة (ra'īs jalsa)
P رئیس جلسه (ra'īse-jalse)
U چئرمین (che'armain)

きつえん 〔喫煙〕
A تدخين (tadkhīn)
P سیگار کشی (sīgār-keshī)
U تمباکو نوشی (tambākū-nōshī)

きづかう 〔気遣う〕
A قلق (qaliqa)
P نگران بودن (negarān būdan)
U پریشان ہونا (parēshān hōnā)

きづく 〔気付く〕
A فطن (faṭina)
P متوجه شدن (motavajjeh shodan)
U توجہ کرنا (tawajjo karnā)

きっさてん 〔喫茶店〕
A مقهًى (maqhan)
P چایخانه (chāy-khāne)
U چاے خانہ (chāe-khāna)

きって 〔切手〕
A طابع بريدى (ṭābi' barīdī)
P تمبر (tambr)
U ٹکٹ (ṭikaṭ)

きっと
A بالتأكيد (bit-ta'kīd)
P حتماً (hatman)
U ضرور (zarūr)

きつね 〔狐〕
A ثعلب (tha'lab)
P روباه (rūbāh)
U لومڑی (lōmṛī)

きっぷ 〔切符〕
A تذكرة (tadhkira)
P بلیت (belīt)
U ٹکٹ (ṭikaṭ)
切符売場
A مكتب التذاكر (maktabu-t-tadhākir)
P بلیت فروشی (belīt-forūshī)
U ٹکٹ گھر (ṭikaṭ-ghar)

きっぽう 〔吉報〕
A خبر جيد (khabar jayyid)
P مژده (mozhde)
U خوش خبری (khush-khabarī)

きてい 〔規定〕
A قاعدة (qā'ida) ; نص (naṣṣ)
P قاعده (qā'ede)
U قاعده (qā'eda)
規定する
A نص (naṣṣa)
P مقرر داشتن (moqarrar dāshtan)
U مقرر کرنا (muqarrar karnā)

きてき 〔汽笛〕
A صفير (ṣafīr)
P بوق (būq)
U سیٹی (sīṭī)

きどう 〔軌道〕
天体の軌道
A مدار (madār)
P مدار (madār)

U مدار (madār)

きどうたい 〔機動隊〕

A شرطة الأمن (shurṭatul-'amn)

P پلیس ضد شورش (polīse-zedde-shūresh)

U بلوے کی پولیس (balvē ki polīs)

きとくである 〔危篤である〕

A على وشك الموت ('alā washkil-mawt)

P مشرف به موت بودن (moshref be-mout būdan)

U حالت نازک ہونا (hālat nāzuk hōnā)

きにいる 〔気に入る〕

A أعجب ('a'jaba)

P خوش آمدن (khosh āmadan)

U پسند آنا (pasand ānā)

日本が気に入りましたか

A هل أعجبتك اليابان؟ (hal 'a'jabatkal-yābān)

P آیا از ژاپن خوشتان آمد؟ (āyā az zhāpon khoshetān āmad)

U کیا آپ کو جاپان پسند آیا؟ (kyā āp ko jāpān pasand āyā)

きにゅう 〔記入〕

A درج (darj) ; تسجيل (tasjīl)

P درج (darj)

U درج (darj)

記入する

A أدرج ('adraja) ; سجل (sajjala)

P درج کردن (darj kardan)

U درج کرنا (darj karnā)

きぬ 〔絹〕

A حرير (ḥarīr)

P ابریشم (abrīsham)

U ریشم (rēsham)

きねん 〔記念〕

A ذكرى (dhikrā) ; تذكار (tadhkār)

P یادگار (yād-gār)

U یادگار (yād-gār)

記念写真

A صورة تذكارية (ṣūra tadhkārīya)

P عکس یادگاری ('akse-yādgārī)

U یادگار کا فوٹو (yād-gār ka foṭo)

きのう 〔昨日〕

A أمس ('amsi)

P دیروز (dīrūz)

U کل (kal)

きのこ 〔茸〕

A فطر (fuṭr)

P قارچ (qārch)

U کھمبی (khumbī)

きのどくな 〔気の毒な〕

A مسكين (miskīn)

P بیچاره (bī-chāre)

U بےچارہ (bē-chāra)

きば 〔牙〕

A ناب (nāb)

P دندان (dandān)

U دانت (dāṇt)

きばらし 〔気晴らし〕

A ترويح (tarwīḥ)

P سرگرمی (sargarmī)

U تفریح (tafrīh)

きびしい　〔厳しい〕
A صارم (ṣārim)；قاسٍ (qāsin)
P سخت گیر (sak<u>h</u>t-gīr)；
سخت (sak<u>h</u>t)
U سخت (sak<u>h</u>t)

きふ　〔寄付〕
A تبرع (tabarru‘)
P اعانه (e‘āne)
U چنده (<u>ch</u>anda)
寄付する
A تبرع (tabarra‘a)
P اعانه دادن (e‘āne dādan)
U چنده دينا (<u>ch</u>anda dēnā)

キプロス
A قبرص (qubruṣ)
P قبرص (qebres)
U قبرص (qibrus)
キプロスの(人)
A قبرصى (qubruṣī)
P قبرصى (qebresī)
U قبرصى (qibrusī)

きぶん　〔気分〕
A مزاج (mizāj)；حال (ḥāl)
P حال (hāl)
U مزاج (mizāj)
気分はいかがですか
A كيف حالك؟ (kayfa ḥāl-ka)
P حال شما چطور است؟
(hāle-<u>sh</u>omā <u>ch</u>e-tour ast)
U آپ کا مزاج کیسا ہے؟
(āp ka mizāj kaisā hai)

きぼ　〔規模〕
A نطاق (niṭāq)
P مقياس (meqyās)
U پیمانہ (paimāna)
大規模に
A على نطاق واسع (‘alā niṭāq wāsi‘)
P به مقياس وسيع (be meqyāse vasī‘)
U بڑے پیمانے پر (baṛē paimānē par)

きぼう　〔希望〕
A أمنية (’umnīya)；أمل (’amal)
P اميد (omīd)
U اميد (ummīd)
希望する
A أمل (’amala)；رجا (rajā)
P اميدوار بودن (omīd-vār būdan)
U اميد كرنا (ummīd karnā)

きほん　〔基本〕
A أساس (’asās)
P اساس (asās)；بنياد (bonyād)
U بنياد (buniyād)

きまえのよい　〔気前のよい〕
A كريم (karīm)
P سخاوتمند (sak<u>h</u>āvat-mand)
U فياض (faiyāz)

きままな　〔気ままな〕
A أنانى (’anānī)
P خودسر (<u>kh</u>od-sar)
U خودسر (<u>kh</u>ud-sar)

きまり　〔決まり〕
決定
A قرار (qarār)
P تصميم (tasmīm)
U فيصلہ (faisla)
規則
A نظام (niẓām)

P قاعده (qā'ede)
U قاعده (qā'ida)
決まり文句
A كلمات معتادة (kalimāt mu'tāda)
P عبارت قالبى ('ebārate-qālebī)
U مبتذل كلمات (mubtazal kalimāt)

きまる 〔決まる〕
A تقرر (taqarrara)
P قرار شدن (qarār shodan)
U فيصله هونا (faisla hōnā)

きみ 〔君〕
A (男) أنت ('anta) ; (女) أنت ('antī)
P تو (to)
U تم (tum)

きみ 〔黄味〕
A صفار البيضة (ṣafārul-bayḍa)
P زرده (zarde)
U زردى (zardī)

きみじかな 〔気短な〕
A سريع الغضب (sarī'ul-ghaḍab)
P تند خو (tond-khū)
U تيز مزاج (tēz mizāj)

きみつ 〔機密〕
A سر (sirr)
P راز (rāz)
U راز (rāz)

きみょうな 〔奇妙な〕
A غريب (gharīb)
P عجيب ('ajīb)
U عجيب ('ajīb)

ぎむ 〔義務〕
A واجب (wājib)
P وظيفه (vazīfe)
U فرض (farz)
義務的
A إجبارى ('ijbārī)
P اجبارى (ejbārī)
U لازمى (lāzimī)
義務を果たす
A أدى واجبه ('addā wājibahu)
P انجام وظيفه دادن (anjāme-vazīfe dādan)
U فرض ادا كرنا (farz adā karnā)
義務教育
A تعليم إجبارى (ta'līm 'ijbārī)
P تحصيلات اجبارى (tahsīlāte-ejbārī)
U لازمى تعليم (lāzimī ta'līm)

きめる 〔決める〕
A قرر (qarrara)
P تصميم گرفتن (tasmīm gereftan)
U فيصله كرنا (faisla karnā)

きもち 〔気持ち〕
A شعور (shu'ūr)
P احساس (ehsās)
U احساس (ehsās)
気持ちの良い
A مريح (murīḥ)
P راحت (rāhat)
U خوش گوار (khush-gawār)

ぎもん 〔疑問〕
A شك (shakk)
P شک (shakk)
U شک (shakk)
疑問文
A جملة استفهامية (jumla

istifhāmīya)
P جملهٔ استفهامی (jomleye-estefhāmī)
U جملهٔ استفهامیہ (jumlae-istifhāmīya)

きゃく 〔客〕
訪問客
A ضيف (ḍayf)
P مهمان (mehmān)
U مہمان (mehmān)
顧客
A زبون (zabūn)
P مشتری (mos͟htarī)
U گاہک (gāhak)

ぎゃく 〔逆〕
A عكس (‘aks)
P عکس (‘aks)
U الٹ (ulaṭ)
逆に
A بالعكس (bil-‘aks)
P برعکس (bar-‘aks)
U الٹا (ulṭā)

ぎゃくさつ 〔虐殺〕
A مذبحة (mad͟hbaḥa) ; مجزرة (majzara)
P قتل عام (qatle-‘ām)
U قتل عام (qatle-‘ām)
虐殺する
A قتّل (qattala) ; ذبح (d͟habaḥa)
P قتل عام کردن (qatle-‘ām kardan)
U قتل عام کرنا (qatle-‘ām karnā)

きゃくしゃ 〔客車〕
A عربة الركاب (‘arabatu-r-rukkāb)
P واگون مسافری (vāgone-mosāferī)
U سیاحی گاڑی (siyāhī gāṛī)

ぎゃくたい 〔虐待〕
A إساءة المعامله (’isā’atul-mu‘āmala)
P بدرفتاری (bad-raftārī)
U بد سلوکی (bad-sulūkī)
虐待する
A أساء معاملته (’asā’a mu‘āmalata-hu)
P بدرفتاری کردن (bad-raftārī kardan)
U بد سلوکی کرنا (bad-sulūkī karnā)

きゃくほん 〔脚本〕
A سيناريو (sīnāriyū)
P سناریو (senāriyo)
U سیناریو (sīnāriyo)

きゃくま 〔客間〕
A غرفة الاستقبال (g͟hurfatul-istiqbāl)
P اطاق پذیرائی (otāqe-pazīrā’ī)
U ڈرائنگ روم (ḍrā’ing rūm)

きゃっかん 〔客観〕
A موضوعية (mawḍū‘īya)
P عینیت (‘einīyat)
U معروضیت (ma‘rūzīyat)
客観的な
A موضوعي (mawḍū‘ī)
P عینی (‘einī)
U معروضی (ma‘rūzī)

キャバレー
A كابارية (kābāriya)
P کاباره (kābāre)
U شراب خانہ (s͟harāb-k͟hāna)

キャベツ
A كرنب (kurunb)
P كلم (kalam)
U بندگوبهی (bandgōbhī)
ギャング
A بلطجی (balṭajjī) ; عصابة (‘iṣāba)
P گانگستر (gāngester)
U غنڈا (ghunḍā)
キャンディー
A طوفی (ṭūfī)
P تافی (tāfī) ; نبات (nabāt)
U ٹافی (ṭāfī)
キャンプ
A معسكر (mu‘askar)
P اردو (ordū)
U کیمپ (kaimp)
ギャンブル
A قمار (qimār)
P قمار (qomār)
U جوا (juā)
きゅう 〔急〕
急な
A عاجل (‘ājil)
P فوری (fourī)
U ہنگامی (hangāmī)
急に
A فجأةً (faj’atan)
P ناگهان (nāgahān)
U اچانک (achānak)
きゅう 〔級〕
クラス
A قسم (qism)
P کلاس (kelās)
U جماعت (jamā‘at)
等級
A درجة (daraja)
P درجه (daraje)
U درجہ (darja)
きゅう 〔九〕
A تسعة (tis‘a)
P نه (noh)
U نو (nau)
第九の
A تاسع (tāsi‘)
P نهم (nohom)
U نواں (nawwāṇ)
きゅうか 〔休暇〕
A عطلة (‘uṭla)
P تعطیل (ta‘tīl)
U چھٹی (chhuṭṭī)
きゅうかく 〔嗅覚〕
A حاسة الشم (ḥāssatu-sh-shamm)
P قوهٔ شامه (qovveye-shāmme)
U شمی حس (shammī hiss)
きゅうきゅうしゃ 〔救急車〕
A سيارة الإسعاف (sayyāratul-’is‘āf)
P آمبولانس (āmbūlāns)
U ایمبولینس (aimbūlains)
きゅうけい 〔休憩〕
A استراحة (istirāḥa)
P استراحت (esterāhat)
U آرام (ārām)
休憩する
A استراح (istarāḥa)
P استراحت کردن (esterāhat kardan)
U آرام کرنا (ārām karnā)

きゅうげきな 〔急激な〕
A مفاجئ (mufāji'u)
P ناگهانی (nāgahānī)
U اچانک (achānak)

きゅうこうれっしゃ 〔急行列車〕
A قطار سريع (qiṭār sarī‘)
P سريع السير (sarī‘-os-seir)
U ایکسپریس (ēksprēs)

きゅうこん 〔球根〕
A بصلة (baṣala)
P پیاز (piyāz)
U گنٹھی (ganṭhī)

きゅうこんする 〔求婚する〕
A طلب الزواج (ṭalaba-z-zawāj)
P خواستگاری کردن (khāstgārī kardan)
U شادی کی درخواست کرنا (shādī ki darkhāst karnā)

きゅうさい 〔救済〕
A إنقاذ ('inqādh)
P رهائی (rahā'ī) ; نجات (nejāt)
U بچاو (bachāo)

救済する
A أنقذ ('anqadha)
P نجات دادن (nejāt dādan)
U بچانا (bachānā)

きゅうし 〔休止〕
A وقف (waqf)
P وقفه (vaqfe)
U وقفہ (waqfa)

休止する
A توقف (tawaqqafa)
P توقف کردن (tavaqqof kardan)
U رکنا (ruknā)

きゅうし 〔急死〕
A موت مفاجئ (mawt mufāji')
P مرگ ناگهانی (marge-nāgahānī)
U اچانک موت (achānak maut)

急死する
A مات فجأةً (māta faj'atan)
P ناگهان مردن (nāgahān mordan)
U اچانک مرنا (achānak marnā)

きゅうじ 〔給仕〕
A خادم (khādim) ; نادل (nādil)
P پیشخدمت (pīsh-khedmat)
U بیرا (bearā)

きゅうじつ 〔休日〕
A عطلة ('uṭla)
P تعطیل (ta'ṭīl)
U چھٹی (chhuṭṭī)

きゅうじゅう 〔九十〕
A تسعون (tis'ūna)
P نود (navad)
U نوے (navvē)

きゅうしゅうする 〔吸収する〕
A امتص (imtaṣṣa)
P جذب کردن (jazb kardan)
U جذب کرنا (jazb karnā)

きゅうじょ 〔救助〕
A إنقاذ ('inqādh)
P نجات (nejāt)
U بچاو(bachāo)

救助する
A أنقذ ('anqadha)
P نجات دادن (nejāt dādan)
U بچانا (bachānā)

きゅうしんてきな 〔急進的な〕
A متطرف (mutaṭarrif)
P افراطی (efrāṭī)
U انتہا پسند (intihā-pasand)

きゅうすい 〔給水〕
A تزويد بالماء (tazwīd bil-mā')
P آبرسانی (āb-resānī)
U پانی کی فراهمی (pānī ki farāhamī)

給水する
A زود بالماء (zawwada bil-mā')
P آبرسانی کردن (āb-resānī kardan)
U پانی فراهم کرنا (pānī farāham karnā)

きゅうせん 〔休戦〕
A هدنة (hudna)
P آتش بس (ātesh-bas)
U التوائے جنگ (iltewā'e-jang)

きゅうそく 〔休息〕 →きゅうけい

きゅうそくな 〔急速な〕
A سريع (sarī')
P تند (tond) ; سريع (sarī')
U تيز (tēz)

きゅうだいする 〔及第する〕
A نجح في الامتحان (najaḥa fil-imtiḥān)
P در امتحان قبول شدن (dar emtehān qabūl shodan)
U امتحان میں پاس ہونا (imtehān meṇ pās hōnā)

きゅうてい 〔宮廷〕
A بلاط ملکی (balāṭ malakī)
P دربار (darbār)
U دربار (darbār)

きゅうでん 〔宮殿〕
A قصر (qaṣr)
P کاخ (kākh)
U محل (mahal)

ぎゅうにく 〔牛肉〕
A لحم بقر (laḥm baqar)
P گوشت گاو (gūshte-gāv)
U گاے کا گوشت (gāe ka gōsht)

ぎゅうにゅう 〔牛乳〕
A حليب بقر (ḥalīb baqar)
P شير (shīr)
U دودھ (dūdh)

きゅうびょう 〔急病〕
A مرض مفاجئ (maraḍ mufāji')
P بیماری ناگهانی (bīmārīye-nāgahānī)
U اچانک بیماری (achānak bīmārī)

急病人
A مريض مفاجئ (marīḍ mufāji')
P بیمار ناگهانی (bīmāre-nāgahānī)
U اچانک بیمار (achānak bīmār)

きゅうめい 〔救命〕
A نجاة (najā) ; إنقاذ ('inqādh)
P نجات (nejāt)
U بچاو (bachāo)

救命具
A ادوات النجاة (adawātu-n-najā)
P وسیلهٔ نجات (vasīleye-nejāt)
U بچاو پیٹی (bachāo pēṭī)

きゅうやくせいしょ 〔旧約聖書〕
A العهد القديم (al-'ahdul-qadīm) ;
تورات (tawrā)

P عهد عتيق (‘ahde-‘atīq)；
توراات (tourāt)
U پرانا عہدنامہ (purānā ‘ahd-nāma)；تورات (taurāt)

きゅうゆう 〔旧友〕
A صديق قديم (ṣadīq qadīm)
P دوست قديم (dūste-qadīm)
U پرانا دوست (purānā dōst)

きゅうよう 〔休養〕
A راحة (rāḥa)；استراحة (istirāḥa)
P استراحت (esterāhat)
U آرام (ārām)
休養する
A استراح (istarāḥa)
P استراحت كردن (esterāhat kardan)
U آرام كرنا (ārām karnā)

きゅうよう 〔急用〕
A عمل مفاجئ (‘amal mufāji’)
P كار فوری (kāre-fourī)
U فوری كام (faurī kām)

きゅうり 〔胡瓜〕
A خيار (khiyār)
P خيار (khiyār)
U كهيرا (khīrā)

きゅうりょう 〔給料〕
A راتب (rātib)
P حقوق (hoqūq)
U تنخواه (tankhāh)

きよい 〔清い〕
A نقی (naqī)；صافٍ (ṣāfin)
P پاک (pāk)；صاف (sāf)
U پاک (pāk)；صاف (sāf)

きよう 〔器用〕
A مهارة (mahāra)
P مهارت (mahārat)
U چابک دستی (chābuk-dastī)
器用な
A ماهر (māhir)
P ماهر (māher)
U چابک دست (chābuk-dast)

きょう 〔今日〕
A اليوم (al-yawma)
P امروز (emrūz)
U آج (āj)

ぎょう 〔行〕
A سطر (saṭr)
P سطر (satr)
U سطر (satr)

きょうい 〔驚異〕
A عجيبة (‘ajība)
P اعجاب (e‘jāb)
U حيرت (hairat)
驚異的
A عجيب (‘ajīb)
P عجيب (‘ajīb)
U حيرت انگيز (hairat-angēz)

きょうい 〔脅威〕
A تهديد (tahdīd)
P تهديد (tahdīd)
U دهمكی (dhamkī)

きょういく 〔教育〕
A تعليم (ta‘līm)
P آموزش (āmūzesh)；تعليم (ta‘līm)
U تعليم (ta‘līm)

きょういん 〔教員〕
A مدرس (mudarris) ;
معلم (mu'allim)
P معلم (mo'allem)
U استاد (ustād)

きょうか 〔強化〕
A تقوية (taqwiya)
P تقويت (taqviyat)
U تقويت (taqviyat)
強化する
A قوى (qawwā)
P تقويت دادن (taqviyat dādan)
U تقويت دينا (taqviyat dēnā)

きょうかい 〔協会〕
A جمعية (jam'īya)
P انجمن (anjoman)
U انجمن (anjuman)

きょうかい 〔教会〕
キリスト教会
A كنيسة (kanīsa)
P كليسا (kelīsā)
U گرجا (girjā)

きょうかい 〔境界〕
A حدود (ḥudūd)
P مرز (marz) ; حدود (hodūd)
U حد (hadd) ; سرحد (sarhad)

きょうがく 〔共学〕
A تعليم مختلط (ta'līm mukhtaliṭ)
P آموزش مختلط (āmūzeshe-mokhtalet)
U مخلوط تعليم (makhlūt ta'līm)

きょうかしょ 〔教科書〕
A كتاب مدرسى (kitāb madrasī)
P كتاب درسى (ketābe-darsī)
U درسى كتاب (darsī kitāb)

きょうき 〔狂気〕
A جنون (junūn)
P ديوانگى (dīvānegī)
U ديوانگى (dīwānagī)

きょうぎ 〔競技〕
A ألعاب رياضية (al'āb riyāḍīya)
P مسابقه (mosābeqe) ;
ورزش (varzesh)
U كهيل (khēl)
競技場
A ملعب (mal'ab)
P ميدان ورزش (meidāne-varzesh)
U كهيل كا ميدان (khēl ka maidān)

きょうぎ 〔協議〕
A تشاور (tashāwur)
P مشاوره (moshāvere)
U صلاح مشوره (salāh-mashwara)
協議する
A تشاور (tashāwara)
P مشاوره كردن (moshāvere kardan)
U صلاح مشوره كرنا (salāh-mashwara karnā)

きょうぎ 〔教義〕
A عقيدة ('aqīda)
P عقيده ('aqīde)
U عقيده ('aqīda)

ぎょうぎ 〔行儀〕
A آداب (ādāb)
P آداب (ādāb)
U آداب (ādāb)

行儀のよい

A مؤدب (mu'addab)

P مؤدب (mo'addab)

U خوش اخلاق (khush-akhlāq)

きょうきゅう 〔供給〕

A تزويد (tazwīd)

P عرضه ('arze)

U فراہمی (farāhamī)

供給する

A زود (zawwada)

P عرضه کردن ('arze kardan)

U فراہم کرنا (farāham karnā)

きょうぐう 〔境遇〕

A بيئة (bī'a)

P محيط (mohīt)

U ماحول (māhaul)

きょうくん 〔教訓〕

A عبرة ('ibra) ; درس (dars)

P عبرت ('ebrat) ; درس (dars)

U عبرت ('ibrat) ; درس (dars)

きょうけん 〔狂犬〕

A كلب مجنون (kalb majnūn)

P سگ هار (sage-hār)

U پاگل کتا (pāgal-kuttā)

きょうこう 〔恐慌〕

A أزمة ('azma)

P بحران (bohrān)

U بحران (bohrān)

きょうこな 〔強固な〕

A محكم (muḥkam)

P محکم (mohkam)

U مضبوط (mazbūt)

きょうざい 〔教材〕

A مواد تعليمية (mawwād ta'līmīya)

P مواد آموزشی (mavāde-āmūzeshī)

U مواد تعلیمی (mavāde-ta'līmī)

きょうさんしゅぎ 〔共産主義〕

A شيوعية (shuyū'īya)

P کمونیسم (komūnīsm)

U کمیونزم (kamyūnizm)

きょうさんしゅぎしゃ 〔共産主義者〕

A شيوعي (shuyū'ī)

P کمونیست (komūnīst)

U کمیونسٹ (kamyūnisṭ)

きょうさんとう 〔共産党〕

A حزب شيوعي (ḥizb shuyū'ī)

P حزب کمونیست (hezbe-komūnīst)

U کمیونسٹ پارٹی (kamyūnisṭ parṭī)

きょうし 〔教師〕

A مدرس (mudarris) ; معلم (mu'allim)

P معلم (mo'allem)

U استاد (ustād)

きょうしつ 〔教室〕

A فصل (faṣl)

P کلاس (kelās)

U کلاس روم (kilās-rūm)

きょうじゅ 〔教授〕

A أستاذ ('ustādh)

P استاد (ostād) ; پرفسور (porofesor)

U پروفیسر (professar)

きょうじゅする 〔享受する〕
A تمتع (tamatta‘a)
P لذت بردن (lezzat bordan)
U لطف اٹھانا (lutf uṭhānā)

ぎょうしょう 〔行商〕
A تجارة متجولة (tijāra mutajawwala)
P دوره گردی (doure-gardī)
U پهیری (phērī)

行商人
A بائع متجول (bā’i‘ mutajawwal)
P دوره گرد (doure-gard)
U پهیری والا (phērī-wālā)

ぎょうじょう 〔行状〕
A سلوك (sulūk)
P رفتار (raftār)
U چال چلن (c͟hāl-c͟halan)

きょうしん 〔狂信〕
A تعصب (ta‘aṣṣub)
P تعصب (ta‘assob)
U تعصب (ta‘assub)

狂信者
A متعصب (muta‘aṣṣib)
P متعصب (mota‘asseb)
U متعصب (muta‘assib)

きょうじん 〔狂人〕
A مجنون (majnūn)
P ديوانه (dīvāne)
U پاگل (pāgal)

きょうせい 〔強制〕
A إجبار (’ijbār)
P اجبار (ejbār)
U جبر (jabr)

強制的な
A إجبارى (’ijbārī)
P اجبارى (ejbārī)
U جبرى (jabarī)

強制する
A أجبر (’ajbara)
P مجبور کردن (majbūr kardan)
U مجبور کرنا (majbūr karnā)

ぎょうせい 〔行政〕
A إدارة (’idāra)
P اداره (edāre)
U انتظام (intezām)

行政の
A إدارى (’idārī)
P ادارى (edārī)
U انتظامی (intezāmī)

ぎょうせき 〔業績〕
A إنجازات (’injāzāt)
P دستاورد (dastāvard)
U کارنامہ (kār-nāma)

きょうそう 〔競争〕
A مسابقة (musābaqa)
P مسابقه (mosābeqe)
U مقابلہ (muqābila)

競争する
A سابق (sābaqa)
P مسابقه دادن (mosābeqe dādan)
U مقابلہ کرنا (nuqābila karnā)

きょうそう 〔競走〕
A سباق الجرى (sibāqul-jary)
P مسابقۀ دو (mosābeqeye-dou)
U دوڑ (dauṛ)

きょうぞう 〔胸像〕
A تمثال نصفى (timthāl niṣfī)
P مجسمهٔ نیم‌تنه (mojassameye-nīm-tane)
U نیم مجسمہ (nīm mujassama)

きょうぞん 〔共存〕
A تعايش (ta'āyush)
P همزیستی (ham-zīstī)
U ہم موجودیت (ham-maujūdiyat)
平和的共存
A تعايش سلمى (ta'āyush silmī)
P همزیستی مسالمت آمیز (ham-zīstīye-mosālemat-āmīz)
U پرامن ہم موجودیت (pur-aman ham-maujūdiyat)

きょうだい 〔兄弟〕
A أخ ('akh)
P برادر (barādar)
U بھائی (bhā'ī)

きょうたん 〔驚嘆〕
A دهشة (dahsha)
P تعجب (ta'ajjob)
U حیرت (hairat)
驚嘆する
A دهش (dahisha)
P تعجب کردن (ta'ajjob kardan)
U حیران ہونا (hairān hōnā)

きょうちょう 〔協調〕
A تعاون (ta'āwun)
P همکاری (ham-kārī)
U تعاون (ta'āwun)
協調する
A تعاون (ta'āwana)
P همکاری کردن (ham-kārī kardan)
U تعاون کرنا (ta'āwun karnā)

きょうちょう 〔強調〕
A تأكيد (ta'kīd)
P تأکید (ta'kīd)
U زور (zōr)
強調する
A أكد ('akkada)
P تأکید کردن (ta'kīd kardan)
U زور دینا (zōr dēnā)

きょうつうの 〔共通の〕
A مشترك (mushtarak)
P مشترک (moshtarak)
U مشترکہ (mushtarka)

きょうてい 〔協定〕
A اتفاقية (ittifāqīya)
P قرارداد (qarārdād)
U سمجھوتا (samjhautā)

きょうど 〔郷土〕
A وطن (waṭan)
P زادگاه (zād-gāh) ; وطن (vatan)
U وطن (watan)

きょうどう 〔共同〕
A اشتراك (ishtirāk)
P اشتراک (eshterāk)
U اشتراک (ishtirāk)
共同の
A مشترك (mushtarak)
P مشترک (moshtarak) ; اشتراکی (eshterākī)
U مشترکہ (mushtarka)
共同声明
A بيان مشترك (bayān mushtarak)

P بيانيۀ مشترك (bayānīyeye-moshtarak)
U مشترکہ اعلان (mushtarka e'lān)

きょうばい 〔競売〕
A بيع بالمزاد (bay' bil-mazād)
P مزايده (mozāyede)
U نيلام (nīlam)
競売にかける
A عرض للبيع بالمزاد ('araḍa lil-bay' bil-mazād)
P به مزايده گذاشتن (be-mozāyede gozāshtan)
U نيلام كرنا (nīlām karnā)

きょうはく 〔脅迫〕
A تهديد (tahdīd)
P تهديد (tahdīd)
U دهمكى (dhamkī)
脅迫する
A هدد (haddada)
P تهديد كردن (tahdīd kardan)
U دهمكى دينا (dhamkī dēnā)
脅迫状
A رسالة تهديد (risāla tahdīd)
P نامۀ تهديد آميز (nāmeye-tahdīd-āmīz)
U دهمكى آميز خط (dhamkī-āmēz khatt)

きょうはん 〔共犯〕
A مشاركة فى الجريمة (mushāraka fil-jarīma)
P شركت در جرم (sherkat dar jorm)
U جرم ميں شريک (jurm meṇ sharīk)
共犯者
A شريك فى الجريمة (sharīk fil-jarīma)
P شريک جرم (sharīke-jorm)
U شريک جرم (sharīke-jurm)

きょうふ 〔恐怖〕
A خوف (khawf)
P ترس (tars) ; خوف (khouf)
U ڈر (ḍar) ; خوف (khauf)

きょうぼう 〔共謀〕
A مؤامرة (mu'āmara) ;
تآمر (ta'āmur)
P تبانى (tabānī)
U سازش (sāzish)
共謀する
A تآمر (ta'āmara)
P تبانى كردن (tabānī kardan)
U سازش كرنا (sāzish karnā)

きょうみ 〔興味〕
A اهتمام (ihtimām)
P علاقه ('alāqe)
U دلچسپى (dil-chaspī)
興味をもつ
A اهتم (ihtamma)
P علاقه داشتن ('alāqe dāshtan)
U دلچسپى لينا (dil-chaspī lēnā)

きょうゆう 〔共有〕
A امتلاك مشترك (imtilāk mushtarak)
P مالكيت مشترک (mālekīyate-moshtarak)
U مشترکہ ملكيت (mushtarka milkiyat)

きょうよう〔教養〕
A ثقافة (thaqāfa)
P فرهنگ (farhang)
U تہذیب (tahzīb)
教養のある
A مثقف (muthaqqaf)
P با فرهنگ (bā-farhang)
U مہذب (muhazzab)

きょうらく〔享楽〕
A تمتع (tamattu‘)
P لذت (lezzat)
U لطف (lutf)
享楽する
A تمتع (tamatta‘a)
P لذت بردن (lezzat bordan)
U لطف اٹھانا (lutf uṭhānā)

きょうり〔郷里〕
A وطن (waṭan); مسقط رأس (masqaṭ ra’s)
P زادگاه (zād-gāh)
U وطن (watan)

きょうりょく〔協力〕
A تعاون (ta‘āwun)
P همکاری (ham-kārī)
U تعاون (ta‘āwun)
協力する
A تعاون (ta‘āwana)
P همکاری کردن (ham-kārī kardan)
U تعاون کرنا (ta‘āwun karnā)

ぎょうれつ〔行列〕
A صف (ṣaff); موكب (mawkib)
P صف (saff); رژه (rezhe)
U صف (saf); پریڈ (parēḍ)

きょうれつな〔強烈な〕
A شديد (shadīd)
P شديد (shadīd)
U شدید (shadīd)

きょうわこく〔共和国〕
A جمهورية (jumhūrīya)
P جمهوری (jomhūrī)
U جمہوریہ (jamhūriya)

きょえい〔虚栄〕
A غرور (ghurūr)
P خودنمائی (khod-nemā’ī)
U خودنمائی (khud-namā’ī)

きょか〔許可〕
A إذن (’idhn)
P اجازه (ejāze)
U اجازت (ijāzat)
許可する
A أذن (’adhina)
P اجازه دادن (ejāze dādan)
U اجازت دینا (ijāzat dēnā)

きょぎ〔虚偽〕
A كذبة (kadhba)
P دروغ (dorūgh)
U جھوٹ (jhūṭ)

ぎょぎょう〔漁業〕
A صيد السمك (ṣaydu-s-samak)
P ماهی گیری (māhī-gīrī)
U ماہی گیری (māhī-gīrī)

きょく〔曲〕
A نغمة (naghma); لحن (laḥn)
P نغمه (naghme); لحن (lahn)
U نغمہ (naghma)

きょくげい 〔曲芸〕
A ألعاب بهلوانية ('al'āb bahlawānīya)
P آكروبات بازى (ākrobāt-bāzī)
U بازىگرى (bāzī-garī)
曲芸師
A بهلوان (bahlawān)
P آكروبات باز (ākrobāt-bāz)
U بازىگر (bāzī-gar)

きょくせん 〔曲線〕
A خط منحنٍ (khaṭṭ munḥanin)
P خط منحنى (khatte-monhanī)
U ٹيڑھى لكير (ṭīṛhī lakīr)

きょくたん 〔極端〕
A تطرف (taṭarruf)
P افراط (efrāt)
U انتها (intehā)
極端な
A متطرف (mutaṭarrif)
P افراطى (efrātī)
U انتهائى (intehā'ī)

きょくち 〔極地〕
A منطقة قطبية (minṭaqa quṭbīya)
P سرزمين قطب (sarzamīne-qotb)
U قطبى خطه (qutbī khitta)

きょくとう 〔極東〕
A الشرق الأقصى (ash-sharqul-'aqṣā)
P خاور دور (khāvare-dūr)
U مشرق بعيد (mashriqe-ba'īd)

きょくりょく 〔極力〕
A بقدر الإمكان (bi-qadril-'imkān)
P حتى الامكان (hattal-emkān)
U حتى الامكان (hattal-imkān)

きょこうする 〔挙行する〕
A عقد ('aqada); أقام ('aqāma)
P برگزار كردن (bar-gozār kardan)
U منعقد كرنا (muna'qid karnā);
منانا (manānā)

きょじゅう 〔居住〕
A إقامة ('iqāma); سكن (sakan)
P اقامت (eqāmat);
سكونت (sokūnat)
U سكونت (sukūnat); قيام (qayām)
居住する
A أقام ('aqāma); سكن (sakana)
P اقامت كردن (eqāmat kardan)
U رهنا (rahnā);
قيام كرنا (qayām karnā)

きょじん 〔巨人〕
A عملاق ('imlāq)
P غول (ghūl)
U ديو (dēo)

きょぜつ 〔拒絶〕
A رفض (rafḍ)
P امتناع (emtenā'); رد (radd)
U انكار (inkār)
拒絶する
A رفض (rafaḍa)
P امتناع كردن (emtenā' kardan);
رد كردن (radd kardan)
U انكار كرنا (inkār karnā)

ぎょせん 〔漁船〕
A سفينة لصيد السمك (safīna li-ṣaydi-s-samak)
P قايق ماهى گيرى (qāyeqe-māhī-gīrī)

U مچھلی پکڑنے کی کشتی
(machhlī pakaṛnē ki kashtī)

きょだいな　〔巨大な〕
A عملاق ('imlāq)
P غول پیکر (ghūl-peikar)
U دیو ہیکل (dēo-haikal)

きょどう　〔挙動〕
A سلوك (sulūk)
P رفتار (raftār)
U چال چلن (chāl-chalan)

きょねん　〔去年〕
A السنة الماضية (as-sanatul-māḍiya)
P سال گذشته (sāle-gozashte)
U پچھلے سال (pichhlē sāl)

きょひ　〔拒否〕
A رفض (rafḍ)
P امتناع (emtenā')
U انکار (inkār)

きよめる　〔清める〕
A طهر (ṭahhara)
P پاک کردن (pāk kardan)
U پاک کرنا (pāk karnā)

きょり　〔距離〕
A مسافة (masāfa)
P مسافت (masāfat)
U مسافت (masāfat)

きらい　〔機雷〕
A لغم (lagham)
P مین (mīn)
U سرنگ (surang)

きらう　〔嫌う〕
A كره (kariha)
P دوست نداشتن
(dūst na-dāshtan);
نفرت داشتن (nefrat dāshtan)
U نا پسند کرنا (nā-pasand karnā)

きらくな　〔気楽な〕
A مرتاح (murtāḥ)
P راحت (rāhat)
U آرام ده (ārām-de)

きり　〔錐〕
A مثقب (mithqab)
P مته (matte)
U برما (barmā)

きり　〔霧〕
A ضباب (ḍabāb)
P مه (meh)
U کہر (kuhr)

霧のかかった
A مضبب (muḍabbab)
P مه آلود (meh-ālūd)
U کہرآلود (kuhr-ālūd)

ぎり　〔義理〕
A واجب (wājib)
P وظیفه (vazīfe)
U فرض (farz)

ギリシア
A اليونان (al-yūnān)
P یونان (yūnān)
U یونان (yūnān)

ギリシアの(人)
A يوناني (yūnānī)
P یونانی (yūnānī)
U یونانی (yūnānī)

キリスト
A المسيح (al-masīḥ)

P مسیح (masīh)
U عیسیٰ (‘īsā)
キリスト教
A المسيحية (al-masīḥīya)
P مسیحیت (masīhīyat)
U عیسائیت (‘īsā’īyat)
キリスト教徒
A مسيحى (masīḥī)
P مسیحی (masīhī)
U عیسائی (‘īsā’ī)

きりつ 〔規律〕
A نظام (niẓām)
P انضباط (enzebāt)
U ضابطه (zābita)

きりゅう 〔気流〕
A تيار هوائى (tayyār hawā’ī)
P جریان هوا (jarayāne-havā)
U ہوا کی لہر (hawā ki lahar)

きりょう 〔器量〕
容貌
A مظهر (maẓhar)
P قیافه (qiyāfe)
U حلیہ (hulya)
能力
A قدرة (qudra)
P لیاقت (liyāqat)
U قابلیت (qābiliyat)

キリン
A زرافة (zarāfa)
P زرافه (zarrāfe)
U زرافہ (zarrāfa)

きる 〔着る〕
A لبس (labisa)
P پوشیدن (pū<u>sh</u>īdan)
U پہننا (pahnnā)

きる 〔切る〕
A قطع (qaṭa‘a)
P بریدن (borīdan)
U کاٹنا (kāṭnā)

きれ 〔切れ〕
布
A قماش (qumā<u>sh</u>)
P پارچه (pār<u>ch</u>e)
U کپڑا (kapṛā)
小片
A قطعة (qiṭ‘a)
P تکه (tekke)
U ٹکڑا (ṭukṛā)

きれいな
A جميل (jamīl)
P قشنگ (qa<u>sh</u>ang)；زیبا (zībā)
U خوبصورت (<u>kh</u>ūb-sūrat)

きれる 〔切れる〕
A انقطع (inqaṭa‘a)
P بریده شدن (borīde <u>sh</u>odan)；
قطع شدن (qat‘ <u>sh</u>odan)
U کٹنا (kaṭnā)

キロ
キロメートル
A كيلومتر (kīlū-mitr)
P کیلومتر (kīlo-metr)
U کلومیٹر (kilo-mīṭar)
キログラム
A كيلوغرام (kīlū-<u>gh</u>rām)
P کیلوگرم (kīlo-geram)
U کلوگرام (kilo-grām)

きろく 〔記録〕
A تسجيل (tasjīl)
P ثبت (sabt)
U ریکارڈ (rekārḍ)
記録する
A سجل (sajjala)
P ثبت کردن (sabt kardan)
U ریکارڈ کرنا (rekārḍ karnā)

ぎろん 〔議論〕
A جدال (jidāl)
P بحث (bahs)
U بحث (bahs)
議論する
A جادل (jādala)
P بحث کردن (bahs kardan)
U بحث کرنا (bahs karnā)

きわめて 〔極めて〕
A للغاية (lil-ghāya)
P بی نهایت (bī-nehāyat)
U نہایت (nihāyat)

きん 〔金〕
A ذهب (dhahab)
P طلا (talā)
U سونا (sōnā)

ぎん 〔銀〕
A فضة (fiḍḍa)
P نقره (noqre)
U چاندی (chāṇḍī)

きんえん 〔禁煙〕
A ممنوع التدخين (mamnū'u-t-tadkhīn)
P سیگار کشیدن ممنوع است (sīgār keshīdan mamnū' ast)
U سگریٹ پینا منع ہے (sigarēṭ pinā mana' hai)

きんか 〔金貨〕
A عملة ذهبية ('umla dhahabīya)
P سکۀ طلا (sekkeye-talā)
U سونے کا سکہ (sōnē ka sikka)

ぎんか 〔銀貨〕
A عملة فضية ('umla fiḍḍīya)
P سکۀ نقره (sekkeye-noqre)
U چاندی کا سکہ (chāṇḍī ka sikka)

ぎんが 〔銀河〕
A درب التبانة (darbu-t-tabbāna)
P کهکشان (kahkeshān)
U کہکشاں (kahkashān)

きんがく 〔金額〕
A مبلغ (mablagh)
P مبلغ (mablagh)
U رقم (raqam)

きんがんの 〔近眼の〕
A قصير النظر (qaṣīru-n-naẓar)
P نزدیک بین (nazdīk-bīn)
U قریب نظر (qarīb-nazar)

きんきゅうの 〔緊急の〕
A عاجل ('ājil) ; طارئ (ṭāri')
P فوری (fourī) ; اضطراری (ezterārī)
U ہنگامی (hangāmī)

きんぎょ 〔金魚〕
A سمك ذهبي (samak dhahabī)
P ماهی قرمز (māhīye-qermez)
U سنہری مچھلی (sunahrī machhlī)

きんこ 〔金庫〕
A خزانة (khizāna)

P گاو صندوق (gāv-sandūq)
U سیف (seif)

きんこう 〔均衡〕
A توازن (tawāzun)
P توازن (tavāzon)
U توازن (tawāzun)

ぎんこう 〔銀行〕
A مصرف (maṣrif) ; بنك (bank)
P بانک (bānk)
U بینک (baink) ; بنک (bank)

きんし 〔禁止〕
A منع (man‘) ; حظر (ḥaẓr)
P منع (man‘)
U منع (mana‘)
禁止する
A منع (mana‘a) ; حظر (ḥaẓara)
P ممنوع کردن (mamnū‘ kardan) ;
منع کردن (man‘ kardan)
U منع کرنا (mana‘ karnā)

きんじょ 〔近所〕
A جوار (jiwār)
P مجاورت (mojāverat) ;
همسایگی (ham-sāyegī)
U پڑوس (paṛōs)

きんじる 〔禁じる〕
A منع (mana‘a) ; حظر (ḥaẓara)
P ممنوع کردن (mamnū‘ kardan) ;
منع کردن (man‘ kardan)
U منع کرنا (mana‘ karnā)

きんせい 〔近世〕
A عهد عصری (‘ahd ‘aṣrī)
P عصر جدید (‘asre-jadīd)
U جدید دور (jadīd daur)

きんせい 〔金星〕
A الزهرة (az-zuhara)
P ناهید (nāhīd) ; زهره (zohre)
U زہرہ (zohra)

きんせん 〔金銭〕
A مال (māl) ; فلوس (fulūs)
P پول (pūl)
U پیسا (paisā) ; روپیا (rūpayā)

きんぞく 〔金属〕
A معدن (ma‘din)
P فلز (felezz)
U دھات (dhāt)
金属の
A معدنی (ma‘dinī)
P فلزی (felezzī)
U دھاتی (dhātī)

きんだい 〔近代〕
A عصر حديث (‘aṣr ḥadīth)
P عصر جدید (‘asre jadīd)
U جدید دور (jadīd daur)
近代の
A عصری (‘aṣrī) ; حديث (ḥadīth)
P عصری (‘asrī)
U جدید دور کا (jadīd daur ka)

きんちょう 〔緊張〕
A توتر (tawattur)
P نا آرامی (nā-ārāmī)
U کشیدگی (kashīdagī)
緊張する
A توتر (tawattara)
P نا آرام شدن (nā-ārām shodan)
U کشیدہ ہونا (kashīda hōnā)

きんにく 〔筋肉〕
A عضلة ('aḍala)
P ماهيچه (mahīche) ; عضله ('azole)
U پٹھا (paṭṭhā) ; عضلہ ('azala)
筋肉の
A عضلى ('aḍalī)
P عضلانى ('azolānī)
U عضلانى ('azalānī)

きんねんに 〔近年に〕
A فى سنوات أخيرة (fī sanawāt 'akhīra)
P در سالهاى اخير (dar sālhāye-akhīr)
U گذشتہ چند سالوں میں (guzashta chand sālōṇ meṇ)

きんぱつの 〔金髪の〕
A أشقر ('ashqar)
P بور (būr)
U سنہری بال کا (sunahrī bāl ka)

きんべん 〔勤勉〕
A اجتهاد (ijtihād)
P سخت كوشى (sakht kūshī)
U محنت (mehnat)
勤勉な
A مجتهد (mujtahid)
P سخت كوش (sakht kūsh)
U محنتى (mehnatī)

きんむ 〔勤務〕
A عمل ('amal)
P خدمت (khedmat) ; كار (kār)
U ملازمت (mulāzimat) ; كام (kām)
勤務時間
A ساعات العمل (sā'ātul-'amal)
P ساعات كار (sā'āte-kār)
U اوقات كار (auqāte-kār)

きんゆう 〔金融〕
A تمويل (tamwīl)
P تأمين مالى (ta'mīne mālī) ;
مالیه (mālīye)
U ماليات (māliyāt)
金融機関
A مؤسسة مالية (mu'assasa mālīya)
P مؤسسهٔ مالى (mo'asseseye-mālī)
U مالى اداره (mālī idāra)

きんようび 〔金曜日〕
A جمعة (jum'a) ;
يوم الجمعة (yawmul-jum'a)
P جمعه (jom'e)
U جمعہ (jum'a)

きんり 〔金利〕
A فائدة (fā'ida)
P بهره (bahre)
U سود (sūd)

きんろうしゃ 〔勤労者〕
A عامل ('āmil)
P كارگر (kār-gar)
U مزدور (mazdūr)

く

く 〔区〕

A حی (ḥayy)

P محله (mahalle)

U محلہ (mahalla)

く 〔九〕

A تسعة (tis'a)

P نه (noh)

U نو (nau)

第九の

A تاسع (tāsi')

P نهم (nohom)

U نواں (nawwāṇ)

く 〔苦〕

A قلق (qalaq)

P نگرانی (negarānī)

U اندیشہ (andēsha)

ぐあい 〔具合〕

A حال (ḥāl)

P حال (hāl)

U حال (hāl)

くい 〔杭〕

A خازوق (khāzūq)

P تیر (tīr)

U کھمبا (khambā)

くいき 〔区域〕

A منطقة (minṭaqa)

P ناحیه (nāhiye) ; منطقه (mantaqe)

U منطقہ (mintaqa)

くいしんぼう 〔食いしん坊〕

A أكال ('akkāl)

P شکمو (shekamū)

U کھاؤ (khā'ō)

クイズ

A فزورة (fazzūra)

P مسابقهٔ اطلاعات عمومی (mosābeqeye-ettelā'āte-'omūmī)

U کوئز (kū'iz)

くいすぎる 〔食い過ぎる〕

A نهم (nahima)

P پرخوری کردن (por-khorī kardan)

U بہت زیادہ کھانا (bahut ziyāda khānā)

くいちがう 〔食い違う〕

A اختلف (ikhtalafa)

P فرق داشتن (farq dāshtan)

U اختلاف ہونا (ikhtilāf hōnā)

くいもの 〔食い物〕

A مأكولات (ma'kūlāt)

P خوراک (khorāk)

U کھانے کی چیز (khānē ki chīz)

くいる 〔悔いる〕

A ندم (nadima)

P پشیمان شدن (pashīmān shodan)
U افسوس کرنا (afsōs karnā)
くう 〔食う〕
A أكل (’akala)
P خوردن (khordan)
U کھانا (khānā)
クウェート
A الكويت (al-kuwayt)
P کویت (koveit)
U کویت (kuwēt)
クウェートの(人)
A كويتى (kuwaytī)
P کویتی (koveitī)
U کویتی (kuwētī)
くうかん 〔空間〕
A فضاء (faḍā’)
P فضا (fazā)
U فضا (fazā)
くうき 〔空気〕
A هواء (hawā’)
P هوا (havā)
U ہوا (hawā)
くうきじゅう 〔空気銃〕
A مدفع هوائى (midfa‘ hawā’ī)
P تفنگ بادی (tofange-bādī)
U ہوائی بندوق (hawā’ī bandūq)
くうきょな 〔空虚な〕
A خالٍ (khālin) ; فارغ (fārigh)
P خالی (khālī)
U خالی (khālī)
くうぐん 〔空軍〕
A قوات جوية (qūwāt jawwīya)
P نیروی هوائی (nīrūye-havā’ī)
U فضائیہ (fazā’īya)
空軍基地
A قاعدة جوية (qā‘ida jawwīya)
P پایگاه هوائی (pāygāhe-havā’ī)
U فضائیہ کا اڈا (fazā’īya ka aḍḍā)
くうこう 〔空港〕
A مطار (maṭār)
P فرودگاه (forūd-gāh)
U ہوائی اڈا (hawā’ī aḍḍā)
くうしゅう 〔空襲〕
A غارة جوية (ghāra jawwīya)
P حملهٔ هوائی (hamleye-havā’ī)
U ہوائی حملہ (hawā’ī hamla)
ぐうすう 〔偶数〕
A عدد زوجى (‘adad zawjī)
P عدد جفت (‘adade-joft)
U جفت عدد (juft ‘adad)
ぐうぜん 〔偶然〕
A صدفة (ṣudfa)
P اتفاق (ettefāq)
U اتفاق (ittefāq)
偶然に
A بالصدفة (bi-ṣ-ṣudfa) ;
صدفةً (ṣudfatan)
P اتفاقاً (ettefāqan)
U اتفاقاً (ittefāqan)
くうぜんの 〔空前の〕
A لا نظير له (lā naẓīra lahu) ;
لا سابقة له (lā sābiqa lahu)
P بی سابقه (bī-sābeqe)
U بےنظیر (bē-nazīr)
くうそう 〔空想〕
A خيال (khayāl) ; وهم (wahm)

P خيال (khiyāl) ; وهم (vahm)
U تخيل (takhaiyul) ; وہم (vahm)
空想する
A تخيل (takhayyala) ;
توهم (tawahhama)
P خيال بافتن (khiyāl bāftan)
U تخيل كرنا (takhaiyul karnā)

ぐうぞう 〔偶像〕
A صنم (ṣanam)
P بت (bot)
U بت (but)

クーデター
A انقلاب (inqilāb)
P كودتا (kūdetā)
U انقلاب (inqilāb)

くうふく 〔空腹〕
A جوع (jū')
P گرسنگی (gorosnegī)
U بهوک (bhūk)
空腹な
A جائع (jā'i')
P گرسنه (gorosne)
U بهوکا (bhūkā)

クーポン
A كوبون (kūbūn)
P كوپن (kūpon)
U كوپن (kūpon)

くうろ 〔空路〕
A طريق جوى (ṭarīq jawwī)
P مسير هوائى (masīre-havā'ī)
U فضائى راستہ (fazā'ī rāsta)

ぐうわ 〔寓話〕
A حكاية (ḥikāya) ; قصة (qiṣṣa)
P حكايت (hekāyat) ; قصه (qesse)
U حكايت (hikāyat) ; قصہ (qissa)

くがつ 〔九月〕
A سبتمبر (sibtambir)
P سپتامبر (septāmbr)
U ستمبر (sitambar)
イスラーム暦
A رمضان (ramaḍān)
P رمضان (ramazān)
U رمضان (ramazān)

くき 〔茎〕
A ساق (sāq)
P ساقه (sāqe)
U ڈنڈی (ḍanḍī)

くぎ 〔釘〕
A مسمار (mismār)
P ميخ (mīkh)
U كيل (kīl)
釘抜き
A كماشة (kammāsha) ;
كلابة (kullāba)
P گازانبر (gāz-anbor)
U زنبور (zanbūr)

くくひょう 〔九九表〕
A جدول الضرب (jadwalu-ḍ-ḍarb)
P جدول ضرب (jadvale-zarb)
U پہاڑا (pahāṛā)

くさ 〔草〕
A عشب ('ushb)
P گياه (giyāh)
U گهاس (ghās)

くさい 〔臭い〕
A كريه الرائحة (karīhu-r-rā'iḥa)

P بدبو (bad-bū)
U بدبو دار (bad-bū dār)

くさった〔腐った〕
A فاسد (fāsid)
P فاسد (fāsed)
U خراب (kharāb)

くさび〔楔〕
A إسفين (’isfīn)
P گوه (gove)
U فانہ (fāna)

くさびがたもじ〔楔形文字〕
A الخط المسماری (al-khaṭṭul-mismārī)
P خط میخی (khatte-mīkhī)
U خط میخی (khatte-mēkhī)

くさり〔鎖〕
A سلسلة (silsila)
P زنجیر (zanjīr)
U زنجیر (zanjīr)

くさる〔腐る〕
A فسد (fasada)
P فاسد شدن (fāsed shodan)
U سڑنا (saṛnā)；
خراب ہونا (kharāb hōnā)

くし〔櫛〕
A مشط (mishṭ)
P شانه (shāne)
U کنگھا (kanghā)

くし〔串〕
A سیخ (sīkh)
P سیخ (sīkh)
U سیخ (sīkh)

くじ
A قرعة (qur‘a)
P قرعه (qor‘e)
U لاٹری (lāṭrī)

くじを引く
A سحب قرعة (saḥaba qur‘a)
P قرعه کشیدن (qor‘e keshīdan)
U لاٹری نکالنا (lāṭrī nikālnā)

くじく〔挫く〕
A التوى (iltawā)
P رگ به رگ شدن (rag-be-rag shodan)
U موچ آنا (mōch ānā)

くじゃく〔孔雀〕
A طاؤوس (ṭā’ūs)
P طاووس (tāvūs)
U مور (mōr)

くしゃみ
A عطسة (‘aṭsa)
P عطسه (‘atse)
U چھینک (chhīṇk)

くしゃみをする
A عطس (‘aṭasa)
P عطسه کردن (‘atse kardan)
U چھینکنا (chhīṇknā)

くじょう〔苦情〕
A شكوى (shakwā)
P شکایت (shekāyat)
U شکایت (shikāyat)

苦情を言う
A شكا (shakā)
P شکایت کردن (shekāyat kardan)
U شکایت کرنا (shikāyat karnā)

くじら 〔鯨〕
A حوت (ḥūt)
P بال (bāl)
U ویل مچھلی (vēl machhlī)

くしん 〔苦心〕
A جهد (juhd)
P زحمت (zahmat)
U محنت (mehnat)
苦心する
A بذل جهده (badhala juhdahu)
P زحمت کشیدن (zahmat keshīdan)
U محنت کرنا (mehnat karnā)

くず 〔屑〕
A مهملات (muhmalāt)
P فضولات (fozūlāt) ;
آشغال (āshghāl)
U ردی (raddī)

くずかご 〔屑かご〕
A سلة مهملات (salla muhmalāt)
P ظرف کاغذ باطله
(zarfe-kāghaze-bātele) ;
ظرف آشغال (zarfe-āshghāl)
U ردی کی ٹوکری (raddī ki ṭōkrī)

くすぐる
A دغدغ (daghdagha)
P غلغلک دادن (ghelghelak dādan)
U گدگدانا (gudgudānā)

くずす 〔崩す〕
破壊する
A خرب (kharraba)
P خراب کردن (kharāb kardan)
U توڑنا (tōṛnā)
小銭に替える
A فك (fakka)
P خرد کردن (khord kardan)
U بھنانا (bhunānā)

くすり 〔薬〕
A دواء (dawā')
P دوا (davā) ; دارو (dārū)
U دوا (dawā)
薬を飲む
A أخذ دواء ('akhadha dawā')
P دوا خوردن (davā khordan)
U دوا پینا (dawā pīnā)

くすりや 〔薬屋〕
A صيدلية (ṣaydalīya)
P داروخانه (dārū-khāne)
U دواخانہ (dawā-khāna)

くすりゆび 〔薬指〕
A بنصر (binṣir)
P بنصر (benser)
U بنصر (binsir)

くずれる 〔崩れる〕
A انهار (inhāra)
P خراب شدن (kharāb shodan) ;
فرو ریختن (forū rīkhtan)
U ٹوٹنا (ṭūṭnā)

くせ 〔癖〕
A عادة ('āda)
P عادت ('ādat)
U عادت ('ādat)

くだ 〔管〕
A أنبوب ('unbūb)
P لوله (lūle)
U نالی (nālī)

ぐたいてきな 〔具体的な〕
  A ملموس (malmūs)
  P مشخص (mos͟hak͟hkhas)
  U واضح (wāzeh)
くだく 〔砕く〕
  A كسر (kassara)
  P خرد كردن (k͟hord kardan)
  U ٹکڑے ٹکڑے کرنا (ṭukṛē ṭukṛē karnā)
ください 〔下さい〕
  これを私に下さい
  A أعطني هٰذا ('a'ṭinī hād͟hā)
  P این را بمن بدهید (īn-rā be-man be-dehīd)
  U یہ مجھے دیجئے (yeh mujhē diji'e)
くたびれる
  A تعب (ta'iba)
  P خسته شدن (k͟haste s͟hodan)
  U تھكنا (thaknā)
くだもの 〔果物〕
  A فاكهة (fākiha)
  P ميوه (mīve)
  U پھل (phal); ميوه (mēwa)
くだらない
  A سخيف (sak͟hīf)
  P مزخرف (mozak͟hraf)
  U نا لائق (nā-lā'iq)
くだり 〔下り〕
  A نزول (nuzūl)
  P فرود (forūd)
  U اتار (utār)
くだる 〔下る〕
  A نزل (nazala)

  P پائین آمدن (pā'īn āmadan)
  U اترنا (utarnā)
くち 〔口〕
  A فم (fam)
  P دهان (dahān)
  U منہ (munḥ)
ぐち 〔愚痴〕
  A تذمر (tad͟hammur)
  P غرغر (g͟horg͟hor)
  U بڑبڑ (burbur)
愚痴をこぼす
  A تذمر (tad͟hammara)
  P غرغر كردن (g͟horg͟hor kardan)
  U بڑبڑانا (burburānā)
くちく 〔駆逐〕
  駆逐する
  A طرد (ṭarada)
  P راندن (rāndan)
  U نكالنا (nikālnā)
  駆逐艦
  A مدمرة (mudammira)
  P ناوشكن (nāv-s͟hekan)
  U تباہ كن جہاز (tabāh-kun jahāz)
くちばし
  A منقار (minqār)
  P منقار (menqār)
  U چونچ (chōnch)
くちひげ 〔口髭〕
  A شارب (s͟hārib)
  P سبيل (sebīl)
  U مونچھ (mūnchh)
くちびる 〔唇〕
  A شفة (s͟hafa)

P لب (lab)
U ہونٹ (hōṇṭ)

くちぶえ 〔口笛〕
A صفير (ṣafīr)
P سوت (sūt)
U سیٹی (sīṭī)
口笛を吹く
A صفر (ṣafara)
P سوت زدن (sūt zadan)
U سیٹی بجانا (sīṭī bajānā)

くちべに 〔口紅〕
A أحمر شفاه ('aḥmar shifāh);
روج (rūj)
P ماتیک (mātīk)
U لپ اسٹک (lip-isṭik)

くちょう 〔口調〕
A لهجة (lahja)
P لحن (lahn)
U لہجہ (lahja)

くつ 〔靴〕
A حذاء (ḥidhā')
P کفش (kafsh)
U جوتا (jūta)
靴をはく
A لبس حذاء (labisa ḥidhā')
P کفش پوشیدن (kafsh pūshīdan)
U جوتا پہننا (jūtā pahnnā)
靴を脱ぐ
A خلع حذاء (khala'a ḥidhā')
P کفش کندن (kafsh kandan)
U جوتا اتارنا (jūtā utārnā)

くつう 〔苦痛〕
A ألم ('alam)
P درد (dard)
U درد (dard)

くつした 〔靴下〕
A جورب (jawrab)
P جوراب (jūrāb)
U موزہ (mōza); جراب (jurrāb)

クッション
A مخدة (mikhadda)
P کوسن (kūsan); بالش (bālesh)
U گدا (gaddā)

くっつける
A ألصق ('alṣaqa)
P پیوستن (peivastan)
U جوڑنا (jōṛnā)

くっぷくする 〔屈服する〕
A استسلم (istaslama)
P تسلیم شدن (taslīm shodan)
U ہتھیار ڈالنا (hathiyār ḍālnā)

くつや 〔靴屋〕
人
A إسكاف ('iskāf)
P کفاش (kaffāsh);
کفشدوز (kafsh-dūz)
U موچی (mōchi)
店
A دكان أحذية (dukkān 'aḥdhiya)
P کفاشی (kaffāshi);
کفشدوزی (kafsh-dūzī)
U جوتے کی دکان (jūtē ki dukān)

くつろぐ 〔寛ぐ〕
A استراح (istarāḥa)
P استراحت کردن (esterāhat kardan)
U آرام کرنا (ārām karnā)

くなん 〔苦難〕
A مشقة (mas̲h̲aqqa)
P مشقت (mas̲h̲aqqat) ;
سختی (sak̲h̲tī)
U سختی (sak̲h̲tī)
くに 〔国〕
A بلد (balad) ; بلاد (bilād)
P کشور (kes̲h̲var)
U ملک (mulk)
くのう 〔苦悩〕
A عذاب (‘ad̲h̲āb)
P عذاب (‘azāb) ; رنج (ranj)
U کرب (karb) ; رنج (ranj)
くばる 〔配る〕
A وزع (wazza‘a)
P توزیع کردن (touzī‘ kardan)
U بانٹنا (bāṇṭnā)
くび 〔首〕
A عنق (‘unuq)
P گردن (gardan)
U گردن (gardan)
くびかざり 〔首飾り〕
A عقد (‘iqd)
P گردن بند (gardan-band)
U مالا (mālā)
くびわ 〔首輪〕
A طوق (ṭawq) ; حلقة (ḥalqa)
P قلاده (qallāde)
U ہار (hār) ; پٹا (paṭṭā)
くふう 〔工夫〕
A حيلة (ḥīla) ; طريقة (ṭarīqa)
P تدبیر (tadbīr)
U تدبیر (tadbīr)
工夫する
A دبر طريقة (dabbara ṭarīqa)
P تدبیر کردن (tadbīr kardan)
U تدبیر کرنا (tadbīr karnā)
くぶん 〔区分〕
A تقسيم (taqsīm)
P تقسیم (taqsīm)
U تقسیم (taqsīm)
区分する
A قسم (qassama)
P تقسیم کردن (taqsīm kardan)
U تقسیم کرنا (taqsīm karnā)
くべつ 〔区別〕
A تمييز (tamyīz)
P تمیز (tamīz) ; تمایز (tamāyoz)
U امتیاز (imteyāz)
区別する
A ميز (mayyaza)
P تمیز دادن (tamīz dādan)
U امتیاز کرنا (imteyāz karnā)
くま 〔熊〕
A دب (dubb)
P خرس (k̲h̲ers)
U ریچھ (rīc̲h̲h)
くまで 〔熊手〕
A مدمة (midamma)
P شن‌کش (s̲h̲en-kes̲h̲)
U کریدنی (kurēdnī)
くみあい 〔組合〕
A نقابة (niqāba)
P اتحادیه (ettehādīye)
U یونین (yūnion)

くみあわせ 〔組み合わせ〕
A تركيب (tarkīb)
P تركيب (tarkīb)
U ميل (mēl)
組み合わせる
A ركب (rakkaba)
P تركيب كردن (tarkīb kardan)
U ميل كرنا (mēl karnā)
くみたて 〔組み立て〕
A تجميع (tajmī‘)
P مونتاژ (montāzh)
U اسمبلى (asemblī);
تعمير (ta‘mīr)
組み立てる
A جمع (jamma‘a)
P مونتاژ كردن (montāzh kardan)
U تعمير كرنا (ta‘mīr karnā)
くむ 〔汲む〕
水を汲む
A سحب (saḥaba)
P بر داشتن (bar-dāshtan)
U نكالنا (nikālnā)
くも 〔雲〕
A سحاب (saḥāb)
P ابر (abr)
U بادل (bādal)
くも 〔蜘蛛〕
A عنكبوت (‘ankabūt)
P عنكبوت (‘ankabūt);
كارتنه (kārtane)
U مكڑى (makṛī)
くもりの 〔曇りの〕
A غائم (ghā’im)
P ابرى (abrī)
U ابر آلود (abr-ālūd)
くやしい 〔悔しい〕
A مؤسف (mu’sif)
P تأسف آور (ta’assof-āvar)
U افسوس ناک (afsōs-nāk)
くやみ 〔悔やみ〕
A تعزية (ta‘ziya)
P تسليت (tasliyat)
U تعزيت (ta‘ziyat)
くやむ 〔悔やむ〕
A أسف (’asifa)
P پشيمان شدن (pashīmān shodan)
U افسوس كرنا (afsōs karnā)
くら 〔蔵・倉〕
A مخزن (makhzan)
P انبار (anbār)
U گودام (gōdām)
くら 〔鞍〕
A سرج (sarj)
P زين (zīn)
U زين (zīn)
くらい 〔暗い〕
A مظلم (muẓlim)
P تاريک (tārīk)
U اندهيرا (aṇdhērā)
くらい 〔位〕
A رتبة (rutba)
P رتبه (rotbe)
U عهده (‘ohda)
グライダー
A طائرة شراعية (ṭā’ira shirā‘īya)
P هوا سر (havā-sor);

گلايدر (gelāyder)
U گلائیڈر (glā'iḍar)

くらげ 〔水母〕
A قنديل البحر (qindīlul-baḥr)
P چتر دریائی (c̲h̲atre-daryā'ī)
U جیلی مچھلی (jēlī mac̲h̲hlī)

くらし 〔暮らし〕
A معيشة (ma'īs̲h̲a)
P معاش (ma'ās̲h̲);
زندگی (zendegī)
U معاش (ma'ās̲h̲);
زندگی (zindagī)

クラシック
A كلاسيكي (kilāsīkī)
P کلاسیک (kelāsīk)
U کلاسیکی (kilāsīkī)

クラス
A فصل (faṣl)
P کلاس (kelās)
U کلاس (kilās)

くらす 〔暮らす〕
A عاش ('ās̲h̲a)
P زندگی کردن (zendegī kardan)
U زندگی بسر کرنا (zindagī basar karnā)

グラス
A كأس (ka's)
P گیلاس (gīlās)
U گلاس (gilās)

クラブ
A نادٍ (nādin)
P باشگاه (bās̲h̲gāh); کلوب (kolūb)
U کلب (kalab)

グラフ
A رسم بياني (rasm bayānī)
P نمودار (nemūdār)
U گراف (girāf)

くらべる 〔比べる〕
A قارن (qārana)
P مقایسه کردن (moqāyese kardan)
U مقابلہ کرنا (muqābila karnā)

グラム
A غرام (g̲h̲irām)
P گرم (geram)
U گرام (garām)

くらやみ 〔暗闇〕
A ظلام (ẓalām)
P تاریکی (tārīkī)
U اندھیرا (aṇdhērā);
تاریکی (tārīkī)

くり 〔栗〕
A كستنة (kastana)
P شاه بلوط (s̲h̲āh-balūt)
U بلوط (balūt)

クリーニング
A تنظيف الملابس (tanẓīful-malābis)
P لباس شوئی (lebās-s̲h̲ū'ī)
U کپڑے دھونا (kapṛē dhōnā)

クリーニング屋
A مغسل (mag̲h̲sal)
P لباس شوئی (lebās-s̲h̲ū'ī)
U دھوبی کی دکان (dhōbī ki dukān)

クリーム
A كريم (kurīm)
P کرم (kerem)

U كريم (krīm)

くりかえす 〔繰り返す〕

A كرر (karrara)

P تكرار كردن (tekrār kardan)

U دہرانا (dohrānā)

クリスチャン

A مسيحى (masīḥī)

P مسيحى (masīhī)

U عيسائى (‘īsā’ī)

クリスマス

A عيد الميلاد (‘īdul-mīlād) ;

الكريسمس (al-kurīsmas)

P نوئل (no’el) ;

كريسمس (kerīsmas)

U كرسمس (karismas) ;

بڑا دن (baṛā din)

クリップ

A مشبك (mishbak)

P گيره (gīre)

U كلپ (klip)

くる 〔来る〕

A أتى (’atā) ; جاء (jā’a)

P آمدن (āmadan)

U آنا (ānā)

くるう 〔狂う〕

A جن (junna)

P ديوانه شدن (dīvāne shodan)

U پاگل ہونا (pāgal hōnā)

グループ

A جماعة (jamā‘a) ;

مجموعة (majmū‘a)

P گروه (gorūh)

U گروه (girōh) ; گروپ (gurūp)

くるしい 〔苦しい〕

苦痛な

A مؤلم (mu’lim)

P دردناک (dard-nāk)

U دردناک (dard-nāk)

困難な

A صعب (ṣa‘b)

P سخت (sakht)

U سخت (sakht)

くるしみ 〔苦しみ〕

苦痛

A ألم (’alam)

P درد (dard)

U درد (dard)

難儀

A ضيق (ḍīq)

P مشقت (mashaqqat)

U تكليف (taklīf)

くるしむ 〔苦しむ〕

A عانى (‘ānā)

P رنج بردن (ranj bordan)

U دكھ اٹھانا (dukh uṭhānā)

くるしめる 〔苦しめる〕

A آلم (ālama) ; عذب (‘adhdhaba)

P عذاب دادن (‘azāb dādan)

U دكھانا (dukhānā)

くるぶし 〔踝〕

A رسغ القدم (rusghul-qadam)

P قوزک (qūzak)

U ٹخنا (ṭakhnā)

くるま 〔車〕

車両

A عربة (‘araba)

P چرخ (charkh)
U گاڑی (gāṛī)
自動車
A سيارة (sayyāra)
P ماشين (māshīn)
U موٹر کار (mōṭar-kār)

くるまいす　〔車椅子〕
A كرسي متحرك (kursī mutaḥarrik)
P صندلی چرخ دار (sandalīye-charkh-dār)
U پہیادار کرسی (pahiyā-dār kursī)

くるみ　〔胡桃〕
A جوز (jawz)
P گردو (gerdū)
U اخروٹ (akhrōṭ)

くるむ　〔包む〕
A لف (laffa)
P پیچیدن (pīchīdan)
U لپیٹنا (lapēṭnā)

クレーム
A ادعاء (iddi'ā') ; شكوى (shakwā)
P ادعا (edde'ā) ;
شکایت (shekāyat)
U دعویٰ (da'wā) ; شکایت (shikāyat)

クレジット
A ائتمان ('itimān)
P اعتبار (e'tebār)
U کرڈیٹ (kreḍiṭ)
クレジットカード
A بطاقة ائتمانية (biṭāqa i'timānīya)
P کارت اعتباری (kārte-e'tebārī)
U کرڈیٹ کارڈ (kreḍiṭ kārḍ)

クレヨン
A قلم شمع ملون (qalam sham' mulawwan)
P مداد شمعی (medāde-sham'ī)
U زنگین کھریا (rangīn kharyā)

くれる　〔呉れる〕
A أعطى ('a'ṭā)
P دادن (dādan)
U دینا (dēnā)

くれる　〔暮れる〕
暗くなる
A أظلم ('aẓlama)
P تاریک شدن (tārīk shodan)
U اندھیرا ہونا (andhērā hōnā)

くろい　〔黒い〕
A أسود ('aswad)
P سیاه (siyāh)
U کالا (kālā) ; سیاہ (siyāh)

くろう　〔苦労〕
A صعوبة (ṣu'ūba)
P زحمت (zahmat)
U تکلیف (taklīf)
苦労する
A واجه صعوبة (wājaha ṣu'ūba)
P زحمت کشیدن (zahmat keshīdan)
U تکلیف اٹھانا (taklīf uṭhānā)

クローク
A حجرة الإيداع (ḥujuratul-'īdā')
P رختکن (rakht-kan)
U لبادہ گاہ (labāda-gāh) ;
سامان گاہ (sāmān-gāh)

クローバー
A برسيم (birsīm)

P شبدر (shabdar)
U ترپهل (tirphal)

くわ 〔鍬〕
A معزقة (mi‘zaqa)
P بيل (bīl)
U پهاوڑا (phāoṛā)

くわ 〔桑〕
A توت (tūt)
P توت (tūt)
U شهتوت (shahtūt)

くわえる 〔加える〕
A أضاف ('aḍāfa)
P افزودن (afzūdan);
اضافه کردن (ezāfe kardan)
U اضافہ کرنا (izāfa karnā)

くわしい 〔詳しい〕
A مفصل (mufaṣṣal)
P مفصل (mofassal)
U مفصل (mufassal)
詳しく
A تفصيلاً (tafṣīlan);
بالتفصيل (bi-t-tafṣīl)
P مفصلاً (mofassalan);
بتفصيل (be-tafsīl)
U تفصیل سے (tafsīl se)

くわせる 〔食わせる〕
A غذى (ghadhdhā);
أطعم ('aṭ‘ama)
P خوراندن (khorāndan)
U کهلانا (khilānā);
چرانا (charānā)

くわだて 〔企て〕
A محاولة (muḥāwala)
P نقشه (naqshe)
U منصوبہ (mansūba)
企てる
A حاول (ḥāwala)
P نقشه کشیدن (naqshe keshīdan)
U منصوبہ بنانا (mansūba banānā)

くわわる 〔加わる〕
A اشترك (ishtaraka);
انضم (inḍamma)
P شرکت کردن (sherkat kardan);
پیوستن (peivastan)
U شرکت کرنا (shirkat karnā);
شامل ہونا (shāmil hōnā)

ぐん 〔軍〕
A جيش (jaysh)
P ارتش (artesh)
U فوج (fauj)

ぐんかん 〔軍艦〕
A سفينة حربية (safīna ḥarbīya)
P کشتی جنگی (keshtīye-jangī)
U جنگی جهاز (jangī jahāz)

ぐんこくしゅぎ 〔軍国主義〕
A عسكرية (‘askarīya)
P نظامی‌گری (nezāmī-garī)
U جنگ پرستی (jang-parastī)

ぐんじ 〔軍事〕
軍事の
A عسكري (‘askarī)
P نظامی (nezāmī)
U فوجی (faujī)
軍事基地
A قاعدة عسكرية (qā‘ida ‘askarīya)

P پایگاه نظامی (pāygāhe-nezāmī)
U فوجی اڈّا (faujī aḍḍā)

ぐんしゅう　〔群衆〕
A جمهور (jumhūr)
P مردم (mardom)
U ہجوم (hujūm)

ぐんしゅく　〔軍縮〕
A نزع السلاح (naz'u-s-silāḥ)
P خلع سلاح (khal'e-selāh)
U تخفیف اسلحہ (takhfīfe-aslaha)

くんしょう　〔勲章〕
A وسام (wisām)
P نشان (neshān)
U تمغہ (tamgha)

ぐんじん　〔軍人〕
A جندی (jundī)
P سرباز (sarbāz)
U سپاہی (sipāhī)

くんせいの　〔燻製の〕
A مدخن (mudakhkhan)
P دودی (dūdī)
U دھوئیں میں سکھانے والا
(dhū'ēṇ meṇ sukhānē wālā)

ぐんたい　〔軍隊〕
A جيش (jaysh)
P ارتش (artesh)
U فوج (fauj)

ぐんとう　〔群島〕
A أرخبيل ('arkhabīl)
P مجمع الجزاير (majma'-ol-jazāyer)
U مجمع الجزائر (majma'-ul-jazā'ir)

ぐんび　〔軍備〕
A تسلح (tasalluḥ)
P مسلح سازی (mosallah-sāzī)
U اسلحہ بندی (aslaha-bandī)

くんれん　〔訓練〕
A تدريب (tadrīb)
P تربیت (tarbiyat)
U تربیت (tarbiyat)

軍事訓練
A تدريب عسكري (tadrīb 'askarī)
P تربیت نظامی (tarbiyate-nezāmī)
U فوجی تربیت (faujī tarbiyat)

訓練する
A درب (darraba)
P تربیت کردن (tarbiyat kardan)
U تربیت دینا (tarbiyat dēnā)

け

け 〔毛〕

髪

A شعر (sha‘r)

P مو (mū)

U بال (bāl)

羊毛

A صوف (ṣūf)

P پشم (pashm)

U اون (ūn)

羽毛

A ريش (rīsh)

P پر (par)

U پنکھ (pankh)

けい 〔刑〕

A عقوبة (‘uqūba)

P مجازات (mojāzāt)

U سزا (sazā)

けいい 〔敬意〕

A احترام (iḥtirām)

P احترام (ehterām)

U احترام (ehterām)

敬意を表す

A احترم (iḥtarama)

P احترام گذاشتن (ehterām gozāshtan)

U احترام کرنا (ehterām karnā)

けいえい 〔経営〕

A إدارة (’idāra)

P مديريت (modīrīyat) ;
اداره (edāre)

U انتظام (intezām)

経営する

A أدار (’adāra)

P اداره کردن (edāre kardan)

U انتظام کرنا (intezām karnā)

経営者

A مدير (mudīr)

P اداره کننده (edāre-konande)

U منتظم (muntazim)

けいか 〔経過〕

時の経過

A مرور (murūr)

P مرور (morūr)

U مرور (murūr)

事の経過

A سير (sayr)

P جريان (jarayān)

U رفتار (raftār)

時が経過する

A مر (marra)

P گذشتن (gozashtan)

U گزرنا (guzarnā)

けいかい 〔警戒〕
A حذر (ḥadhar)
P احتياط (ehtiyāt)
U احتياط (ehteyāt)
警戒する
A حذر (ḥadhira)
P احتياط كردن (ehtiyāt kardan)
U احتياط كرنا (ehteyāt karnā)
けいかく 〔計画〕
A خطة (khuṭṭa)
P نقشه (naqshe) ; برنامه (barnāme)
U منصوبہ (mansūba)
計画する
A خطط (khaṭṭaṭa)
P برنامه ريختن (barnāme rīkhtan)
U منصوبہ بنانا (mansūba banānā)
けいかん 〔警官〕
A شرطى (shurṭī) ; بوليس (būlīs)
P پليس (polīs)
U پوليس والا (polīs-wālā)
婦人警官
A شرطية (shurṭīya)
P پليس زن (polīse-zan)
U پوليس والى (polīs-wālī)
けいき 〔景気〕
市況
A حالة اقتصادية (ḥāla iqtiṣādīya)
P وضع بازار (waz'e-bāzār)
U بازار (bāzār)
好景気
A رواج تجارى (rawāj tijārī)
P رواج بازار (ravāje-bāzār)
U رونق بازارى (raunaqe-bāzārī)
不景気
A كساد (kasād)
P كساد (kesād)
U كساد بازارى (kasād-bāzārī)
けいぐ 〔敬具〕
A المخلص (al-mukhliṣ)
P ارادتمند (erādat-mand)
U آپ كا مخلص (āp ka mukhlis)
けいけん 〔経験〕
A تجربة (tajriba)
P تجربه (tajrobe)
U تجربہ (tajruba)
けいこ 〔稽古〕
A تمرين (tamrīn)
P تمرين (tamrīn)
U مشق (mashq)
けいこう 〔傾向〕
A تيار (tayyār) ; ميل (mayl)
P تمايل (tamāyol)
U رجحان (rujhān)
けいこうぎょう 〔軽工業〕
A صناعة خفيفة (ṣinā'a khafīfa)
P صنايع سبک (sanāye'e-sabok)
U ہلکی صنعت (halkī sana't)
けいこうとう 〔蛍光灯〕
A لمبة فلورسنت (lamba filūrisint)
P لامپ فلوئورسان (lāmpe-folū'orsān)
U فلوری لائٹ (flūrī-lā'iṭ)
けいこく 〔警告〕
A تحذير (taḥdhīr)
P هشدار (hoshdār)
U تنبيہ (tanbīh)

警告する
A حذر (ḥadhdhara)
P هشدار دادن (hoshdār dādan)
U تنبیہ کرنا (tanbīh karnā)

けいざい 〔経済〕
A اقتصاد (iqtiṣād)
P اقتصاد (eqtesād)
U اقتصادیات (iqtisādīyāt)；
معاشیات (ma'āshīyāt)
経済の
A اقتصادى (iqtiṣādī)
P اقتصادى (eqtesādī)
U اقتصادى (iqtisādī)；
معاشى (ma'āshī)

けいさつ 〔警察〕
A شرطة (shurṭa)；بوليس (būlīs)
P پليس (polīs)
U پوليس (polīs)
警察官
A شرطى (shurṭī)
P پليس (polīs)
U پوليس والا (polīs-wālā)
警察署
A مركز الشرطة (markazu-sh-shurṭa)
P كلانترى (kalāntarī)；
ادارهٔ پليس (edāreye-polīs)
U تهانا (thānā)

けいさん 〔計算〕
A حساب (ḥisāb)
P حساب (hesāb)
U حساب (hisāb)
計算する
A حسب (ḥasaba)
P حساب كردن (hesāb kardan)
U حساب كرنا (hisāb karnā)

けいじ 〔刑事〕
A مخبر (mukhbir)
P كارآگاه (kār-āgāh)
U خفيه پوليس (khufiya-polīs)

けいじ 〔掲示〕
A إعلان ('i'lān)
P اعلان (e'lān)
U نوٹس (noṭis)
掲示板
A لوحة الإعلانات (lawḥatul-'i'lānāt)
P تابلوى اعلانات (tābloye-'e'lānāt)
U نوٹس بورڈ (noṭis-borḍ)

けいしき 〔形式〕
A شكل (shakl)
P شكل (shekl)
U رسم (rasm)
形式的な
A شكلى (shaklī)
P رسمى (rasmī)
U رسمى (rasmī)

けいしゃ 〔傾斜〕
A انحدار (inḥidār)
P شيب (shīb)
U ڈهلان (ḍhalān)
傾斜する
A انحدر (inḥadara)
P شيب داشتن (shīb dāshtan)
U ڈهلوان ہونا (ḍhalwān hōnā)

げいじゅつ 〔芸術〕
A فن (fann)
P هنر (honar)

U فن (fann)
芸術家
A فنان (fannān)
P هنرمند (honar-mand)
U فنكار (fann-kār)
芸術的な
A فنى (fannī)
P هنرى (honarī)
U فنكارانہ (fann-kārāna)

けいしょうする 〔継承する〕
A خلف (khalafa)
P جانشين شدن (jā-neshīn shodan)
U جانشين ہونا (jā-nashīn hōnā)

けいず 〔系図〕
A شجرة النسب (shajaratu-n-nasab)
P شجره نامه (shajare-nāme)
U شجره (shajara)

けいぞく 〔継続〕
A استمرار (istimrār)
P ادامه (edāme)
U سلسلہ (silsila)
継続する
A استمر (istamarra)
P ادامه دادن (edāme dādan)
U جارى ركهنا (jārī rakhnā)

けいそつ 〔軽率〕
A إهمال (’ihmāl) ; غفلة (ghafla)
P نا سنجيدگى (nā-sanjīdegī)
U غفلت (ghaflāt)
軽率な
A مهمل (muhmil) ; غافل (ghāfil)
P نا سنجيده (nā-sanjīde) ; غافل (ghāfel)
U غافل (ghāfil)

けいたい 〔携帯〕
携帯する
A حمل (ḥamala)
P همراه داشتن (hamrāh dāshtan)
U لے جانا (lē-jānā)
携帯電話
A تلفون محمول (tilifūn maḥmūl)
P تلفن همراه (telefone-hamrāh)
U پورٹيبل ٹيلىفون (porṭaibl ṭelīfon)

けいてき 〔警笛〕
A صفارة إنذار (ṣaffāra ’indhār)
P آژير خطر (āzhīre-khatar)
U سيٹى (sīṭī)

けいと 〔毛糸〕
A خيط صوفى (khayṭ ṣūfī)
P نخ پشمى (nakhe-pashmī)
U اونى دهاگا (ūnī dhāgā)

けいど 〔経度〕
A خط الطول (khaṭṭu-ṭ-ṭūl)
P طول جغرافيائى (tūle-joghrāfiyā’ī)
U طول البلد (tūlul-balad)

けいとう 〔系統〕
A نظام (niẓām)
P نظام (nezām)
U نظام (nizām)

けいば 〔競馬〕
A سباق الخيل (sibāqul-khayl)
P اسب دوانى (asb-davānī)
U گهڑ دوڑ (ghuṛ-dauṛ)

けいはつ〔啓発〕
A تنوير (tanwīr)
P روشنگری (roushan-garī)
U روشن خيالی (raushan khayālī)
啓発する
A نور (nawwara)
P روشنگری کردن (roushan-garī kardan)
U روشن خيال بنانا (raushan khayāl banānā)

けいばつ〔刑罰〕
A عقاب (‘iqāb); جزاء (jazā’)
P مجازات (mojāzāt); جزا (jazā)
U سزا (sazā)

けいはんざい〔軽犯罪〕
A جنحة (junḥa)
P جنحه (jonhe)
U چھوٹا جرم (chhōṭā jurm)

けいひ〔経費〕
A نفقة (nafaqa); مصروف (maṣrūf)
P هزينه (hazīne); مخارج (makhārej)
U خرچ (kharch); لاگت (lāgat)

けいび〔警備〕
A حراسة (ḥirāsa)
P پاسداری (pāsdārī)
U نگهبانی (nigah-bānī)
警備する
A حرس (ḥarasa)
P پاسداری کردن (pāsdārī kardan)
U نگهبانی کرنا (nigah-bānī karnā)
警備員
A حارس (ḥāris)
P نگهبان (negah-bān)
U چوکیدار (chaukī-dār)

けいひん〔景品〕
A جائزة (jā’iza)
P جايزه (jāyeze)
U تحفہ (tohfa)

けいべつ〔軽蔑〕
A احتقار (iḥtiqār)
P تحقير (tahqīr)
U حقارت (hiqārat)
軽蔑する
A احتقر (iḥtaqara)
P تحقير کردن (tahqīr kardan)
U حقارت کرنا (hiqārat karnā)

けいほう〔刑法〕
A القانون الجنائی (al-qānūnul-jinā’ī)
P قانون کيفری (qānūne-keifarī)
U قانون تعزيری (qānūne-ta‘zīrī)

けいむしょ〔刑務所〕
A سجن (sijn)
P زندان (zendān)
U جيل (jēl)

けいやく〔契約〕
A عقد (‘aqd)
P پيمان (peimān)
U ٹھيکا (ṭhīkā)
契約を結ぶ
A تعاقد (ta‘āqada)
P پيمان بستن (peimān bastan)
U ٹھيکا لينا (ṭhīkā lēnā)
契約者
A متعاقد (muta‘āqid)

P پیمانکار (peimān-kār)
U ٹھیکے دار (ṭhīkē-dār)

けいゆで 〔経由で〕
A عن طريق (‘an ṭarīq)
P از راه (az rāhe)
U براه (ba-rāhe)

けいようし 〔形容詞〕
A صفة (ṣifa)
P صفت (sefat)
U صفت (sifat)

けいりし 〔計理士〕
A محاسب (muḥāsib)
P حسابدار مجاز (hesāb-dāre-mojāz)
U محاسب (muhāsib)

けいりゃく 〔計略〕
A حيلة (ḥīla)
P حیله (hīle)
U چال (c͟hāl)
計略にかける
A احتال (iḥtāla)
P حیله کردن (hīle kardan)
U پھنسانا (phansānā)

けいれい 〔敬礼〕
A سلام عسكرى (salām ‘askarī)
P سلام نظامی (salāme-nezāmī)
U فوجی سلام (faujī salām)

けいれき 〔経歴〕
A سيرة ذاتية (sīra d͟hātīya)
P سیر زندگی (seire-zendegī)
U ذاتی ریکارڈ (zātī rēkārḍ)

けいれん
A تشنج (tas͟hannuj)
P تشنج (tas͟hannoj)
U اینٹھن (ainṭhan)；
تشنج (tas͟hannuj)
けいれんを起こす
A تشنج (tas͟hannaja)
P متشنج شدن (motas͟hannej s͟hodan)
U اینٹھن ہونا (ainṭhan hōnā)

ケーキ
A كعكة (ka‘ka)
P کیک (keik)
U کیک (kēk)

ケーブル
A كابل (kābil)；سلك (silk)
P کابل (kābl)；سیم (sīm)
U کیبل (keibl)

ケーブルカー
A عربة السلك (‘arabatu-s-silk)
P تله کابین (tale kābīn)
U کیبل کار (keibl kār)

ゲーム
A لعبة (lu‘ba)
P بازی (bāzī)
U کھیل (khēl)
ゲームをする
A لعب (la‘iba)
P بازی کردن (bāzī kardan)
U کھیلنا (khēlnā)；
بازی کرنا (bāzī karnā)

けが 〔怪我〕
A جرح (jurḥ)
P زخم (zak͟hm)
U زخم (zak͟hm)

怪我をする

A جرح (juriḥa)

P زخمی شدن (zakhmī shodan)

U زخمی ہونا (zakhmī hōnā)

げか 〔外科〕

A جراحة (jirāḥa)

P جراحی (jarrāhī)

U جراحی (jarrāhī)

外科の

A جراحی (jirāḥī)

P جراحی (jarrāhī)

U جراحی (jarrāhī)

外科医

A جراح (jarrāḥ)

P جراح (jarrāh)

U جراح (jarrāh) ; سرجن (sarjan)

外科手術

A عملية جراحية (‘amalīya jirāḥīya)

P عمل جراحی (‘amale-jarrāhī)

U عمل جراحی (‘amale-jarrāhī)

けがわ 〔毛皮〕

A فرو (farw)

P خز (khaz)

U پوستین (pūstīn)

げき 〔劇〕

A مسرحية (masraḥīya)

P نمایش (nemāyesh)

U ڈراما (ḍrāmā)

げきじょう 〔劇場〕

A مسرح (masraḥ)

P تآتر (teātr)

U تهیٹر (thiyaṭar)

げきれい 〔激励〕

A تشجيع (tashjī‘)

P تشویق (tashvīq)

U حوصله افزائی (hausila-afzā'ī)

激励する

A شجع (shajja‘a)

P تشویق کردن (tashvīq kardan)

U حوصله افزائی کرنا (hausila-afzā'ī karnā)

けさ 〔今朝〕

A هذا الصباح (hādhā-ṣ-ṣabāḥ)

P امروز صبح (emrūz sobh)

U آج صبح (āj subah)

けし 〔芥子〕

A خشخاش (khashkhāsh)

P خشخاش (khashkhāsh)

U خشخاش (khashkhāsh)

げし 〔夏至〕

A انقلاب صيفي (inqilāb ṣayfī)

P انقلاب تابستانی (enqelābe-tābestānī)

U انقلاب صیفی (inqilābe-saifī)

けしき 〔景色〕

A منظر (manẓar)

P منظره (manzare)

U نظاره (nazzāra) ; منظر (manzar)

けしゴム 〔消しゴム〕

A ممحاة (mimḥā)

P مداد پاک‌کن (medād-pāk-kon)

U ربڑ (rabaṛ)

げしゃする 〔下車する〕

A نزل (nazala)

P پیاده شدن (piyāde shodan)

U اترنا (utarnā)

げしゅくする 〔下宿する〕

A سكن فى نزل (sakana fī nazl)

P اتاق اجاره كردن (otāq ejāre kardan)

U کرایے پر کمرا لینا (kīrāyē par kamrā lēnā)

けしょう 〔化粧〕

A تجميل الوجه (tajmīlul-wajh)

P آرایش (ārāyesh) ; توالت (toālet)

U سنگار (siṇgār)

化粧する

A جمل وجه (jammala wajh)

P آرایش کردن (ārāyesh kardan)

U سنگار کرنا (siṇgār karnā)

けす 〔消す〕

火を消す

A أطفأ ('aṭfa'a)

P خاموش کردن (khāmūsh kardan)

U بجھانا (bujhānā)

電気を消す

A أطفأ ('aṭfa'a)

P خاموش کردن (khāmūsh kardan)

U بند کرنا (band karnā)

文字を消す

A محا (maḥā)

P پاک کردن (pāk kardan)

U مٹانا (miṭānā)

けずる 〔削る〕

A برى (barā)

P تراشیدن (tarāshīdan)

U تراشنا (tarāshnā)

けだかい 〔気高い〕

A نبيل (nabīl) ; شريف (sharīf)

P شریف (sharīf)

U شریف (sharīf)

けだもの 〔獣〕

A وحش (waḥsh)

P حیوان (heivān)

U جانور (jānwar)

けちな

A بخيل (bakhīl)

P خسیس (khasīs)

U کنجوس (kanjūs)

けつあつ 〔血圧〕

A ضغط الدم (ḍaghṭu-d-dam)

P فشار خون (feshāre-khūn)

U خون کا دباو (khūn ka dabāo)

けつい 〔決意〕

A عزم ('azm)

P عزم ('azm)

U عزم ('azm)

決意する

A عزم ('azama)

P عزم کردن ('azm kardan)

U عزم کرنا ('azm karnā)

けつえき 〔血液〕

A دم (dam)

P خون (khūn)

U خون (khūn)

血液型

A فصيلة دم (faṣīla dam)

P گروه خون (gorūhe-khūn)

U خون کا نمبر (khūn ka nambar)

けっか 〔結果〕
A نتيجة (natīja)
P نتيجه (natīje)
U نتيجہ (natīja)

けっかく 〔結核〕
A سل (sull)
P سل (sel)
U تپ دق (tape-diq)

けっかん 〔欠陥〕
A عيب (‘ayb) ; خلل (khalal)
P عيب (‘eib) ; نقص (naqs)
U عيب (‘aib) ; نقص (naqs)
欠陥のある
A به خلل (bi-hi khalal)
P ناقص (nāqes)
U ناقص (nāqis)

けっかん 〔血管〕
A عرق دم (‘irq dam)
P رگ (rag)
U رگ (rag)

けつぎ 〔決議〕
A قرار (qarār)
P تصميم (tasmīm)
U قرارداد (qarār-dād)

げっきゅう 〔月給〕
A راتب شهرى (rātib shahrī)
P حقوق (hoqūq)
U تنخواه (tankhāh)

けっきょく 〔結局〕
A أخيراً (’akhīran)
P بالاخره (bel-akhare)
U آخركار (ākhir-kār)

げっけい 〔月経〕
A حيض (ḥayḍ)
P قاعدگى (qā‘edegī)
U ماہوارى (māhvārī)

げっけいじゅ 〔月桂樹〕
A غار (ghār)
P برگ بو (barge-bū) ; غار (ghār)
U لارل (lārel)

けっこう 〔結構〕
A حسناً (ḥasanan)
P بسيار خوب (besyār khūb)
U بہت اچھا (bahut achchhā)

げっこう 〔月光〕
A نور القمر (nūrul-qamar)
P نور ماه (nūre-māh) ;
مهتاب (mahtāb)
U چاندنى (chāndnī)

けっこん 〔結婚〕
A زواج (zawāj)
P ازدواج (ezdevāj) ; عروسى (‘arūsī)
U شادى (shādī)
結婚する
A تزوج (tazawwaja)
P ازدواج كردن (ezdevāj kardan)
U شادى كرنا (shādī karnā)

けっさく 〔傑作〕
A رائعة (rā’i‘a)
P شاهكار (shāh-kār)
U شاہكار (shāh-kār)

けっさん 〔決算〕
A تصفية (taṣfiya)
P تسويۀ حساب (tasviyeye-hesāb)
U تصفيه حساب (tasfiyae-hisāb)

けっして　〔決して〕
A أبدًا ('abadan)
P هرگز (hargez)
U ہرگز (hargiz)

げっしゃ　〔月謝〕
A مكافأة شهرية (mukāfa'a shahrīya)
P شهريه (shahrīye)
U ماہانہ فیس (māhāna fīs)

けっしょう　〔決勝〕
A مباراة نهائية (mubārā nihā'īya)
P مسابقهٔ نهائی (mosābeqeye-nahā'ī)
U فائنل میچ (fā'inal maich)

けっしょう　〔結晶〕
A بلورة (billawra) ; بلور (ballūr)
P تبلور (tabalvor) ; بلور (bolūr)
U بلور (billaur)

げっしょく　〔月食〕
A خسوف القمر (khusūful-qamar)
P ماه گرفتگی (māh gereftegī) ; خسوف (khosūf)
U چاند گرہن (chānd garahan)

けっしん　〔決心〕
A عزم ('azm)
P تصميم (tasmīm)
U فيصلہ (faisla)

決心する
A عزم ('azama)
P تصميم گرفتن (tasmīm gereftan)
U فیصلہ کرنا (faisla karnā)

けっせき　〔欠席〕
A غياب (ghiyāb)
P غيبت (gheibat)
U غير حاضرى (ghair-hāzirī)

欠席する
A غاب (ghāba)
P غيبت كردن (gheibat kardan)
U غیر حاضر ہونا (ghair-hāzir hōnā)

けってい　〔決定〕
A قرار (qarār)
P تصميم (tasmīm)
U فيصلہ (faisla)

決定する
A قرر (qarrara)
P تصميم گرفتن (tasmīm gereftan)
U فیصلہ کرنا (faisla karnā)

けってん　〔欠点〕
A عيب ('ayb) ; نقص (naqṣ)
P عيب ('eib) ; نقص (naqs)
U عيب ('aib) ; نقص (naqs)

けっとう　〔血統〕
A نسب (nasab)
P نسب (nasab)
U نسب (nasab) ; نسل (nasl)

けっとう　〔決闘〕
A مبارزة (mubāraza)
P دوئل (dū'el)
U ڈوئل (ḍū'el)

けっぱく　〔潔白〕
A براءة (barā'a)
P بی‌گناهی (bī-gonāhī)
U بےگناہی (bē-gunāhī)

げっぷ　〔月賦〕
A قسط شهرى (qisṭ shahrī) ; تقسيط (taqsīṭ)
P قسط ماهانه (qeste-māhāne)

U ماہانہ قسط (māhāna qist)

げっぷ

A تجشؤ (tajashshu')

P آروغ (ārūgh)

U ڈکار (ḍakār)

げっぷが出る

A تجشأ (tajashsha'a)

P آروغ زدن (ārūgh zadan)

U ڈکار لینا (ḍakār lēnā)

けつぼう〔欠乏〕

A قلة (qilla)

P کمی (kamī)

U کمی (kamī)

けつまつ〔結末〕

A خاتمة (khātima)

P خاتمه (khāteme)

U خاتمہ (khātima)

げつようび〔月曜日〕

A يوم الاثنين (yawmul-ithnayn)

P دوشنبه (do-shanbe)

U پیر (pīr)

けつろん〔結論〕

A نتيجة (natīja)

P نتیجه (natīje)

U نتیجہ (natīja)

結論を出す

A استنتج (istantaja)

P نتیجه گرفتن (natīje gereftan)

U نتیجہ نکالنا (natīja nikālnā)

ケニア

A كينيا (kīniyā)

P کنیا (keniyā)

U کینیا (kēniyā)

けびょう〔仮病〕

A تمارض (tamāruḍ)

P تمارض (tamāroz)

U جھوٹی بیماری (jhūṭī bīmārī)

仮病をつかう

A تمارض (tamāraḍa)

P تمارض کردن (tamāroz kardan)

U بیماری کا حیلہ کرنا (bīmārī ka hīla karnā)

げひんな〔下品な〕

A بذيء (badhī')

P مبتذل (mobtazal)

U ناشائستہ (nā-shā'ista)

けむり〔煙〕

A دخان (dukhān)

P دود (dūd)

U دھواں (dhuāṇ)

げり〔下痢〕

A إسهال ('ishāl)

P اسهال (eshāl)

U دست (dast) ; اسہال (ishāl)

下痢をする

A أصيب بإسهال ('uṣība bi-'ishāl)

P اسهال گرفتن (eshāl gereftan)

U دست آنا (dast ānā)

ゲリラ

A جندى فى حرب العصابات (jundī fī ḥarbil-'iṣābāt)

P چریک (cherīk)

U گوریلا (gūrēlā)

ける〔蹴る〕

A رفس (rafasa)

P لگد زدن (lagad zadan)

U لات مارنا (lāt mārnā)

けれども

A لكن (lākin) ; مع أن (ma‘a ’anna)

P اما (ammā) ;

با این همه (bā-īn-hame)

U ليكن (lēkin) ; تاہم (tā-ham)

けわしい 〔険しい〕

A شديد الانحدار (shadīdul-inḥidār)

P با شیب تند (bā shībe-tond)

U کھڑا (khaṛā)

けん 〔券〕

A تذكرة (tadhkira)

P بليط (belīt)

U ٹکٹ (ṭikaṭ)

けん 〔剣〕

A سيف (sayf)

P شمشير (shamshīr)

U تلوار (talwār)

げん 〔弦〕

A وتر (watar)

P وتر (vatar)

U وتر (vatar)

けんい 〔権威〕

A سلطة (sulṭa)

P اقتدار (eqtedār)

U اقتدار (iqtedār)

げんいん 〔原因〕

A علة (‘illa) ; سبب (sabab)

P علت (‘ellat) ; سبب (sabab)

U سبب (sabab) ; وجہ (wajah)

けんえき 〔検疫〕

A حجر صحى (ḥajr ṣiḥḥī)

P قرنطينه (qarantīne)

U کوارنٹین (koāranṭīn)

けんえつ 〔検閲〕

A رقابة (raqāba)

P سانسور (sānsūr)

U سنسر (sansar)

検閲する

A أجرى رقابة (’ajrā raqāba)

P سانسور كردن (sānsūr kardan)

U سنسر کرنا (sansar karnā)

けんお 〔嫌悪〕

A كراهة (karāha) ; كراهية (karāhīya)

P نفرت (nefrat)

U نفرت (nafrat)

嫌悪する

A كره (kariha)

P نفرت كردن (nefrat kardan)

U نفرت کرنا (nafrat karnā)

けんか 〔喧嘩〕

A تشاجر (tashājur)

P دعوا (da‘vā)

U جھگڑا (jhagṛā)

喧嘩をする

A تشاجر (tashājara)

P دعوا كردن (da‘vā kardan)

U جھگڑنا (jhagaṛnā)

げんか 〔原価〕

A سعر تكلفة (si‘r-taklifa)

P قيمت تمام شده (qeimate-tamām shode)

U اصل قیمت (asl qīmat)

けんかい 〔見解〕

A وجهة نظر (wujha-naẓar)

P نظر (nazar) ; رأى (ra’y)

U نقطۂ نظر (nuqtae-nazar) ;
راے (rāe)

げんかい 〔限界〕
A حد (ḥadd)
P حد (hadd)
U حد (hadd)

けんがく 〔見学〕
A زيارة (ziyārā)
P بازديد (bāz-dīd)
U معائنہ (mu'ā'ina)
見学する
A قام بزيارة (qāma bi-ziyāra)
P بازديد كردن (bāz-dīd kardan)
U معائنہ کرنا (mu'ā'ina karnā)

げんかく 〔幻覚〕
A هلوسة (halwasa)
P توهم (tavahhom)
U وہم (vahm)

げんかくな 〔厳格な〕
A صارم (ṣārim)
P سختگير (sak͟ht-gīr)
U سخت (sak͟ht)

げんかん 〔玄関〕
A مدخل (madk͟hal)
P در ورودى (dare-vorūdī)
U دروازه (darwāza)

げんき 〔元気〕
元気な
A نشيط (nas͟hīṭ)
P سرزنده (sar-zende)
U زنده دل (zinda-dil)
お元気ですか
A هل أنت بخير؟ (hal 'anta bi-k͟hayr) ;
كيف حالك؟ (kayfa ḥāl-ka)
P حال شما خوب است؟ (hāle-s͟homā k͟hūb ast)
U کیا آپ خیریت سے ہیں؟ (kyā āp k͟hairiyat se hain)

けんきゅう 〔研究〕
A دراسة (dirāsa) ; بحث (baḥt͟h)
P تحقيق (tahqīq)
U مطالعہ (mutāla'a)
研究する
A بحث (baḥat͟ha) ;
قام بدراسة (qāma bi-dirāsa)
P تحقيق كردن (tahqīq kardan)
U مطالعہ کرنا (mutāla'a karnā)

けんきょ 〔検挙〕
A قبض (qabḍ)
P دستگيرى (dast-gīrī)
U گرفتارى (giriftārī)
検挙する
A قبض على (qabaḍa 'alā)
P دستگير كردن (dast-gīr kardan)
U گرفتار کرنا (giriftār karnā)

けんきょ 〔謙虚〕
A تواضع (tawāḍu')
P فروتنى (forū-tanī)
U انکسار (inkisār)
謙虚な
A متواضع (mutawāḍi')
P فروتن (forū-tan)
U منکسر (munkasir)

けんきん 〔献金〕
A تبرع مالى (tabarru' mālī)

P اعانه (e'āne)

U چنده (chanda)

政治献金

A تبرع مالی سیاسی (tabarru' mālī siyāsī)

P اعانهٔ سیاسی (e'āneye-siyāsī)

U سیاسی چنده (siyāsī chanda)

げんきん 〔現金〕

A نقد (naqd) ; نقود (nuqūd)

P نقد (naqd)

U نقد (naqd)

けんげん 〔権限〕

A سلطة (sulṭa)

P اختيار (ekhtiyār)

U اختيار (ikhtiyār)

げんご 〔言語〕

A لغة (lugha)

P زبان (zabān)

U زبان (zabān)

言語学

A علم اللغة ('ilmul-lugha)

P زبانشناسی (zabān-shenāsī)

U لسانيات (lisāniyāt)

けんこう 〔健康〕

A صحة (ṣiḥḥa)

P تندرستی (tan-dorostī)

U صحت (sehat)

健康な

A صحی (ṣiḥḥī)

P تندرست (tan-dorost)

U صحت مند (sehat-mand)

げんこう 〔原稿〕

A مسودة (musawwada)

P پیش‌نویس (pīsh-nevīs) ; نسخه (noskhe)

U مسوده (musauwada)

げんこく 〔原告〕

A مدع (mudda'in)

P مدعی (modda'ī)

U مدعی (mudda'ī)

げんこつ 〔拳骨〕

A قبضة اليد (qabḍatul-yad)

P مشت (mosht)

U مٹهی (muṭṭhī)

けんごな 〔堅固な〕

A متين (matīn)

P مستحکم (mustahkam)

U مضبوط (mazbūt)

けんさ 〔検査〕

A فحص (faḥṣ)

P بازرسی (bāz-resī)

U معائنه (mu'ā'ina)

検査する

A فحص (faḥaṣa)

P بازرسی کردن (bāz-resī kardan)

U معائنه کرنا (mu'ā'ina karnā)

げんざい 〔現在〕

A الحاضر (al-ḥāḍir)

P حال (hāl)

U حال (hāl)

現在の

A حاضر (ḥāḍir) ; حالی (ḥālī)

P کنونی (konūnī) ; فعلی (fe'lī)

U حاليه (hāliya)

けんさつちょう 〔検察庁〕

A النيابة (an-niyāba)

P دادسرا (dād-sarā)

U محکمه سرکاری وکیل (mahkamae-sarkārī wakīl)

けんじ 〔検事〕

A المدعی العام (al-mudda'iyul-'āmm)

P دادستان (dād-setān)

U سرکاری وکیل (sarkārī wakīl)

げんし 〔原子〕

A ذرة (dharra)

P اتم (atom)

U ایٹم (ēṭm)

原子爆弾

A قنبلة ذرية (qunbula dharrīya)

P بمب اتمی (bombe-atomī)

U ایٹمی بم (ēṭmī bam)

げんし 〔原始〕

原始的

A بدائی (budā'ī)

P اولیه (avvalīye)

U ابتدائی (ibtedā'ī)

原始人

A إنسان بدائی ('insān budā'ī)

P انسان اولیه (ensāne-avvalīye)

U ابتدائی دور کا انسان (ibtedā'ī daur ka insān)

げんじつ 〔現実〕

A واقع (wāqi')

P واقعیت (vāqe'īyat)

U واقعیت (wāqe'īyat)

現実の

A واقعی (wāqi'ī)

P واقعی (vāqe'ī)

U واقعی (wāqe'ī)

げんしゅ 〔元首〕

A رئيس الدولة (ra'īsu-d-dawla)

P رئیس کشور (ra'īse-keshvar)

U صدر ملک (sadre-mulk)

けんしゅう 〔研修〕

A تدریب (tadrīb)

P کارآموزی (kār-āmūzī)

U تربیت (tarbiyat)

研修所

A مرکز تدریب (markaz tadrīb)

P مرکز کارآموزی (markaze-kār-āmūzī)

U مرکز تربیت (markaze-tarbiyat)

けんじゅう 〔拳銃〕

A مسدس (musaddas); طبنجة (ṭabanja)

P تپانچه (tapānche)

U پستول (pistōl)

げんしゅくな 〔厳粛な〕

A وقور (waqūr)

P موقر (movaqqar)

U باوقار (bā-waqār)

けんしょう 〔懸賞〕

A جائزة (jā'iza)

P جایزه (jāyeze)

U انعام (in'ām)

げんしょう 〔現象〕

A ظاهرة (ẓāhira)

P پدیده (padīde)

U مظهر (mazhar)

げんしょう 〔減少〕

A انخفاض (inkhifāḍ)

P کاهش (kāhe<u>sh</u>)
U کمی (kamī)

減少する

A انخفض (in<u>kh</u>afaḍa)
P کاهش یافتن (kāhe<u>sh</u> yāftan)
U کم ہونا (kam hōnā)

げんじょう　〔現状〕

A الوضع الحالى (al-waḍ'ul-ḥālī)
P وضع موجود (vaz'e-moujūd)
U صورت حال (sūrate-hāl)

けんしん　〔献身〕

A إخلاص ('i<u>kh</u>lāṣ)
P فدا کاری (fadā-kārī)
U جان نثاری (jān-nisārī)

げんぜい　〔減税〕

A تخفيض الضرائب (ta<u>kh</u>fīḍu-ḍ-ḍarā'ib)
P کاهش مالیات (kāhe<u>sh</u>e-māliyāt)
U محصول میں کمی (mahsūl meṇ kamī)

けんせつ　〔建設〕

A بناء (binā') ; تشييد (ta<u>sh</u>yīd)
P ساختمان (sā<u>kh</u>temān)
U تعمیر (ta'mīr)

建設する

A بنى (banā) ; شيد (<u>sh</u>ayyada)
P ساختن (sā<u>kh</u>tan)
U تعمیر کرنا (ta'mīr karnā)

けんぜんな　〔健全な〕

A سليم (salīm)
P سالم (sālem)
U سالم (sālim)

げんそ　〔元素〕

A عنصر ('unṣur)
P عنصر ('onsor)
U عنصر ('unsar)

げんそう　〔幻想〕

A وهم (wahm) ; خيال (<u>kh</u>ayāl)
P وهم (vahm) ; خیال (<u>kh</u>iyāl)
U وہم (wahm) ; خیال (<u>kh</u>ayāl)

げんぞう　〔現像〕

A تحميض (taḥmīḍ)
P ظهور (zohūr)
U ڈیویلپ (ḍīvēlop)

現像する

A حمض (ḥammaḍa)
P ظاهر کردن (zāher kardan)
U ڈیویلپ کرنا (ḍīvēlop karnā)

げんそく　〔原則〕

A مبدأ (mabda')
P اصول (osūl)
U اصول (usūl)

けんそん　〔謙遜〕

A تواضع (tawāḍu')
P فروتنی (forū-tani)
U انکسار (inkisār)

げんだい　〔現代〕

A عصر حاضر ('aṣr ḥāḍir)
P عصر جدید ('asre-jadīd)
U موجودہ زمانہ (maujūda zamāna)

現代の

A عصرى ('aṣrī)
P معاصر (mo'āser)
U موجودہ زمانے کا (maujūda zamānē ka)

けんちく 〔建築〕
A تشييد (tashyīd)；بناء (binā')
P ساختمان (sākhtemān)
U تعمير (ta'mīr)
建築物
A عمارة ('imāra)；مبنًى (mabnan)
P عمارت ('emārat)
U عمارت ('imārat)
建築家
A معمار (mi'mār)；
مهندس معماری (muhandis mi'mārī)
P معمار (me'mār)
U ماہر تعمیر (māhire-ta'mīr)
けんちょな 〔顕著な〕
A بارز (bāriz)
P چشمگیر (chashm-gīr)
U ممتاز (mumtāz)
けんてい 〔検定〕
A ترخيص (tarkhīṣ)
P تصويب (tasvīb)
U منظوری (manzūrī)
げんてい 〔限定〕
A تحديد (taḥdīd)
P محدوديت (mahdūdiyat)
U حد بندی (hadd-bandī)
限定する
A حدد (ḥaddada)
P محدود كردن (mahdūd kardan)
U حد بندی کرنا (hadd-bandī karnā)
げんど 〔限度〕
A حد (ḥadd)
P حد (hadd)
U حد (hadd)
けんとう 〔検討〕
A دراسة (dirāsa)
P مطالعه (motāle'e)
U جائزه (jā'iza)
検討する
A درس (darasa)
P مطالعه كردن (motāle'e kardan)
U جائزه لينا (jā'iza lēnā)
けんとう 〔拳闘〕
A ملاكمة (mulākama)
P بوكس (boks)
U باكسنگ (bāksing)
拳闘家
A ملاكم (mulākim)
P بوكسور (boksor)
U باكسر (bāksar)
げんどうりょく 〔原動力〕
A قوة محركة (qūwa muḥarrika)
P قوهٔ محركه (qovveye-moharreke)
U قوت محركه (quwwate-muharrika)
げんば 〔現場〕
事件現場
A مكان الحادث (makānul-ḥādith)
P محل حادثه (mahalle-hādese)
U جائے وقوع (jā'e-wuqū')
けんびきょう 〔顕微鏡〕
A مجهر (mijhar)；
ميكروسكوب (mīkrūskūb)
P ريزبين (rīz-bīn)；
ميكروسكوپ (mīkroskop)
U خردبين (khurd-bīn)

けんぶつ 〔見物〕
A مشاهدة (mushāhada)
P تماشا (tamāshā)
U سير (sair)
見物する
A شاهد (shāhada)
P تماشا كردن (tamāshā kardan)
U سير كرنا (sair karnā)
けんぽう 〔憲法〕
A دستور (dustūr)
P قانون اساسی (qānūne-asāsī)
U آئين (ā'īn) ; دستور (dastūr)
げんみつな 〔厳密な〕
A دقيق (daqīq)
P دقيق (daqīq)
U ٹهيک (ṭhīk)
けんめいな 〔賢明な〕
A ذكي (dhakī)
P باهوش (bā-hūsh)
U ہوشيار (hōsh-yār)
けんやく 〔倹約〕
A توفير (tawfīr)
P صرفه جوئی (sarfe-jū'ī)
U كفايت (kifāyat)
倹約する
A وفر (waffara)
P صرفه جوئی كردن (sarfe-jū'ī kardan)
U كفايت كرنا (kifāyat karnā)
げんゆ 〔原油〕
A نفط خام (nafṭ khām)
P نفت خام (nafte-khām)
U كروڈ آئل (kurūḍ ā'il)
けんり 〔権利〕
A حق (ḥaqq)
P حق (haqq)
U حق (haqq)
げんり 〔原理〕
A أصول ('uṣūl)
P اصول (osūl)
U اصول (usūl)
げんりしゅぎ 〔原理主義〕
A أصولية ('uṣūlīya)
P اصول گرائی (osūl-gera'ī)
U اصوليت (usūlīyat)
原理主義者
A أصولي ('uṣūlī)
P اصول گرا (osūl-gerā)
U اصولی (usūlī)
げんりょう 〔原料〕
A مواد خام (mawādd khām)
P مواد خام (mavādde-khām)
U خام اشيا (khām ashyā)
けんりょく 〔権力〕
A سلطة (sulṭa)
P اقتدار (eqtedār)
U اقتدار (iqtedār)
げんろん 〔言論〕
A كلام (kalām)
P كلام (kalām)
U تقرير (taqrīr)
言論の自由
A حرية الكلام (ḥurrīyatul-kalām)
P آزادی كلام (āzādīye-kalām)
U آزادی تقرير (āzādīe-taqrīr)

こ

こ 〔子〕
A طفل (ṭifl)
P بچه (bachche)
U بچہ (bachcha)
男の子
A ولد (walad)
P پسر (pesar)
U لڑکا (laṛkā)
女の子
A بنت (bint)
P دختر (dokhtar)
U لڑکی (laṛkī)
こ 〔故〕
A مرحوم (marḥūm)
P مرحوم (marhūm) ;
شادروان (shād-ravān)
U مرحوم (marhūm)
ご 〔五〕
A خمسة (khamsa)
P پنج (panj)
U پانچ (pāṇch)
ご 〔語〕
単語
A كلمة (kalima)
P کلمه (kaleme)
U لفظ (lafz)
言語
A لغة (lugha)
P زبان (zabān)
U زبان (zabān)
…ご 〔…後〕
A بعد (ba'da)
P پس از (pas az) ; بعد از (ba'd az)
U کے بعد (ke ba'd)
昼食後
A بعد الغداء (ba'dal-ghadā')
P پس از ناهار (pas az nāhār)
U دوپہر کے کھانے کے بعد
(dō-pahar ke khānē ke ba'd)
こい 〔恋〕
A حب (ḥubb)
P محبت (mohebbat) ; عشق ('eshq)
U محبت (muhabbat) ; عشق ('ishq)
恋人
A (男) حبيب (ḥabīb) ;
(女) حبيبة (ḥabība)
P (男) عاشق ('āsheq) ;
(女) معشوقه (ma'shūqe)
U (男) عاشق ('āshiq) ;
(女) معشوقہ (ma'shūqa)
こい 〔鯉〕
A شبوط (shabbūṭ)

P ماهی کپور (māhīye-kapūr)
U سیم ماہی (sīm-māhī)

こい〔故意〕
A قصد (qaṣd)
P قصد (qasd)
U قصد (qasd)
故意に
A قصداً (qaṣdan)
P قصداً (qasdan)
U جان بوجھ کر (jān būjh kar)

こい〔濃い〕
色が濃い
A قاتم (qātim)
P پررنگ (por-rang)
U گہرا (gahrā)
液が濃い
A ثخين (thakhīn)
P غليظ (ghalīz)
U گاڑھا (gāṛhā)

ごい〔語彙〕
A كلمات (kalimāt)
P واژگان (vāzhegān);
كلمات (kalemāt)
U فرہنگ (farhang)

こいし〔小石〕
A حصاة (ḥaṣā)
P سنگریزه (sang-rīze)
U کنکر (kankar)

コイン
A مسكوكة (maskūka);
عملة معدنية (‘umla ma‘dinīya)
P سکه (sekke)
U سکہ (sikka)
小銭
A فكة (fakka)
P پول خرد (pūle-khord)
U ریزگاری (rēzgārī)

ごう〔壕〕
A خندق (khandaq)
P خندق (khandaq)
U مورچہ (mōrcha);
خندق (khandaq)

こうあん〔公安〕
A أمن عام (’amn ‘āmm)
P امنيت عمومی (amnīyate-‘omūmī)
U امن عامہ (amane-‘āme)

こうあん〔考案〕
A اختراع (ikhtirā‘)
P تدبير (tadbīr)
U تدبیر (tadbīr)
考案する
A اخترع (ikhtara‘a)
P تدبير کردن (tadbīr kardan)
U تدبیر کرنا (tadbīr karnā)

こうい〔好意〕
A حسن النية (ḥusnu-n-nīya)
P حسن نيت (hosne-nīyat);
عنايت (‘enāyat)
U عنایت (‘ināyat)

こうい〔行為〕
A عمل (‘amal)
P کردار (kerdār)
U حرکت (harkat)

ごうい〔合意〕
A موافقة (muwāfaqa);
اتفاق (ittifāq)

P موافقت (movāfeqat)
U باہمی رضامندی (bāhamī razāmandī)

ごうう〔豪雨〕
A مطر غزير (maṭar ghazīr)
P باران شديد (bārāne-shadīd)
U موسلادھار بارش (mūslā-dhār bārish)

こううん〔幸運〕
A حسن الحظ (ḥusnul-ḥaẓẓ)
P خوشبختی (khosh-bakhtī)
U خوش‌قسمتی (khush-qismatī)
幸運にも
A لحسن الحظ (li-ḥusnil-ḥaẓẓ)
P خوشبختانه (khosh-bakhtāne)
U خوش‌قسمتی سے (khush-qismatī se)

こうえい〔光栄〕
A شرف (sharaf)
P افتخار (eftekhār)
U اعزاز (e‘zāz)
光栄ある
A شريف (sharīf)
P پرافتخار (por-eftekhār)
U اعزازی (e‘zāzī)

こうえん〔公園〕
A حديقة عامة (ḥadīqa ‘āmma)
P پارک (pārk)；باغ ملی (bāghe-melli)
U پارک (pārk)

こうえん〔講演〕
A محاضرة (muḥāḍara)
P سخنرانی (sokhan-rānī)
U تقرير (taqrīr)
講演する
A ألقى محاضرة (’alqā muḥāḍara)
P سخنرانی کردن (sokhan-rānī kardan)
U تقرير کرنا (taqrīr karnā)

こうえん〔後援〕
A تأييد (ta’yīd)；مساعدة (musā‘ada)
P پشتيبانی (poshtī-bānī)
U سرپرستی (sar-parastī)
後援する
A أيد (’ayyada)；ساعد (sā‘ada)
P پشتيبانی کردن (poshtī-bānī kardan)
U سرپرستی کرنا (sar-parastī karnā)

こうか〔効果〕
A أثر (’athar)；تأثير (ta’thīr)
P اثر (asar)
U اثر (asar)
効果的な
A مؤثر (mu’aththir)
P مؤثر (mo’asser)
U موثر (muassir)

こうか〔硬貨〕
A مسكوكة (maskūka)；عملة معدنية (‘umla ma‘dinīya)
P سکه (sekke)
U سکہ (sikka)

こうか〔校歌〕
A نشيد مدرسة (nashīd madrasa)
P سرود مدرسه (sorūde-madrese)

U اسکول کا گانا (iskūl ka gānā)

こうか 〔降下〕
A هبوط (hubūṭ)
P فرود (forūd)
U اترنا (utarnā)
降下する
A هبط (habaṭa)
P فرود آمدن (forūd āmadan)
U اترنا (utarnā)

こうかい 〔航海〕
A ملاحة (milāḥa)
P دریانوردی (daryā-navardī)
U جہازرانی (jahāz-rānī)

こうかい 〔後悔〕
A ندامة (nadāma)
P پشیمانی (pashīmānī)
U توبہ (tauba)
後悔する
A ندم (nadima)
P پشیمان شدن (pashīmān shodan)
U توبہ کرنا (tauba karnā)

こうかい 〔紅海〕
A البحر الأحمر (al-baḥrul-'aḥmar)
P دریای احمر (daryāye-ahmar)
U بحر احمر (bahre-ahmar)

こうかい 〔公海〕
A بحار عامة (biḥār ʻāmma)
P دریای آزاد (daryāye-āzād)
U کھلا سمندر (khulā samandar)

こうがい 〔郊外〕
A ضواحٍ (ḍawāḥin)
P حومه (houme)
U مضافات (muzāfāt)

こうがい 〔公害〕
A تلوث البيئة (talawwuthul-bī'a)
P آلودگی محیط (ālūdegīye-mohīt)
U آلودگی ماحول (ālūdagīe-māhaul)

ごうがい 〔号外〕
A طبعة خاصة من جريدة (ṭabʻa khaṣṣa min jarīda)
P روزنامهٔ فوق العاده (rūz-nāmeye fouqol ʻāde)
U ضمیمہ اخبار (zamīmae-akhbār)

こうかいどう 〔公会堂〕
A قاعة عامة (qāʻa ʻāmma)
P تالار عمومی (tālāre-ʻomūmī)
U پبلک ہال (pablik hāl)

こうがく 〔工学〕
A هندسة (handasa)
P مهندسی (mohandesī)
U انجینیرنگ (injīniyaring)
工学部
A كلية الهندسة (kullīyatul-handasa)
P دانشکدهٔ فنی (dānesh-kadeye-fannī)
U شعبۂ ٹیکنالوجی (shoʻbae-ṭēknālojī)

こうがく 〔光学〕
A علم البصريات (ʻilmul-baṣarīyāt)
P نور شناسی (nūr-shenāsī)
U علم المناظر (ʻilmul-manāzir)

ごうかく 〔合格〕
A نجاح (najāḥ)
P قبولی (qabūlī)
U کامیابی (kāmyābī)

合格する
A نجح (najaḥa)
P قبول شدن (qabūl shodan)
U کامیاب ہونا (kāmyāb hōnā)

こうかする 〔硬化する〕
A تصلب (taṣallaba)
P سفت شدن (seft shodan)
U کڑا ہونا (kaṛā hōnā)

こうかな 〔高価な〕
A غالٍ (ghālin)
P گران (gerān)
U مہنگا (mahiṇgā)

ごうかな 〔豪華な〕
A فاخر (fākhir)
P مجلل (mojallal)
U شان دار (shān-dār)

こうかん 〔交換〕
A تبادل (tabādul)
P تبادل (tabādol)
U تبادلہ (tabādla)

交換する
A تبادل (tabādala)
P تبادل کردن (tabādol kardan)
U تبادلہ کرنا (tabādla karnā)

ごうかん 〔強姦〕
A اغتصاب (ightiṣāb)
P تجاوز به عنف (tajāvoz be-'onf)
U عصمت‌دری ('ismat-darī)

強姦する
A اغتصب (ightaṣaba)
P تجاوز به عنف کردن (tajāvoz be-'onf kardan)
U عصمت‌دری کرنا ('ismat-darī karnā)

こうぎ 〔抗議〕
A احتجاج (iḥtijāj)
P اعتراض (e'terāz)
U احتجاج (ehtejāj)

抗議する
A احتج (iḥtajja)
P اعتراض کردن (e'terāz kardan)
U احتجاج کرنا (ehtejāj karnā)

こうぎ 〔講義〕
A محاضرة (muḥāḍara)
P درس (dars)
U لکچر (lekchar)

講義する
A ألقى محاضرة ('alqā muḥāḍara)
P درس دادن (dars dādan)
U لکچر دینا (lekchar dēnā)

こうきあつ 〔高気圧〕
A ضغط جوی مرتفع (ḍaghṭ jawwī murtafi')
P فشار هوای زیاد (feshāre-havāye-ziyād)
U بلند ہوائی دباو (buland hawā'ī dabāo)

こうきしん 〔好奇心〕
A حب الاستطلاع (ḥubbul-istiṭlā')
P کنجکاوی (konjkāvī)
U اشتیاق (ishtiyāq)

こうきな 〔高貴な〕
A نبیل (nabīl)
P شریف (sharīf)
U شریف (sharīf)

こうきゅうな 〔高級な〕
A عالٍ (ʻālin) ; فاخر (fākhir)
P عالى (ʻālī) ; لوكس (lūks)
U اعلىٰ (aʻlā) ; عمده (ʻumda)
こうきゅうび 〔公休日〕
A عطلة رسمية (ʻuṭla rasmīya)
P تعطيل عمومى (taʻtīle-ʻomūmī)
U سركارى تعطيل (sarkārī taʻtīl)
こうきょう 〔公共〕
公共の
A عام (ʻāmm) ; عمومى (ʻumūmī)
P عمومى (ʻomūmī)
U عمومى (ʻumūmī) ; عام (ʻām)
公共事業
A أعمال عامة (ʼaʻmāl ʻāmma)
P كارهاى عمومى (kārhāye-ʻomūmī)
U رفاه عام كا كام (rifāhe-ʻām ka kām)
こうぎょう 〔工業〕
A صناعة (ṣināʻa)
P صنعت (sanaʻt)
U صنعت (sanaʻt)
工業の
A صناعى (ṣināʻī)
P صنعتى (sanaʻtī)
U صنعتى (sanaʻtī)
こうぎょう 〔鉱業〕
A تعدين (taʻdīn)
P معدن كارى (maʻdan-kārī)
U كان كنى (kān-kanī)
こうきょうがく 〔交響楽〕
A سيمفونية (sīmfūnīya)
P سمفونى (samfonī)
U سمفنى (simfonī)
ごうきん 〔合金〕
A خليط معدنى (khalīṭ maʻdinī)
P آلياژ (ālyāzh)
U بهرت (bharat)
こうくう 〔航空〕
A طيران (ṭayarān)
P هواپيمائى (havā-peimāʼī)
U ہوا بازى (hawā-bāzī)
航空郵便
A البريد الجوى (al-barīdul-jawwī)
P پست هوائى (poste-havāʼī)
U ہوائى ڈاک (hawāʼī ḍāk)
こうけい 〔光景〕
A منظر (manẓar)
P منظره (manzare)
U منظر (manzar)
ごうけい 〔合計〕
A مجموع (majmūʻ)
P جمع (jamʻ)
U ميزان (mīzān)
合計する
A جمع (jamaʻa)
P جمع كردن (jamʻ kardan)
U جمع كرنا (jamaʻ karnā)
こうけいしゃ 〔後継者〕
A خلف (khalaf)
P جانشين (jā-neshīn)
U جانشين (jā-nashīn)
こうげき 〔攻撃〕
A هجوم (hujūm) ; حملة (ḥamla)
P حمله (hamle)
U حملہ (hamla)

攻撃する

A هجم (hajama)

P حمله کردن (hamle kardan)

U حملہ کرنا (hamla karnā)

こうけん 〔貢献〕

A مساهمة (musāhama)

P سهم (sahm)

U خدمت (khidmat)

貢献する

A ساهم (sāhama)

P سهم داشتن (sahm dāshtan)

U خدمت کرنا (khidmat karnā)

こうげん 〔高原〕

A هضبة (haḍba)

P فلات (falāt)

U سطح مرتفع (satahe-murtafa‘)

こうご 〔口語〕

A لغة عامية (lugha ‘āmmīya)

P زبان عاميانه (zabāne-‘āmiyāne)

U عام بول چال (‘ām bōl-chāl)

こうこう 〔高校〕

A مدرسة ثانوية (madrasa thānawīya)

P دبيرستان (dabīrestān)

U ہائی اسکول (hā’ī iskūl)

こうこう 〔孝行〕

A فرض بنوى (farḍ banawī)

P وظيفۀ فرزندى (vazīfeye-farzandī)

U فرزندانہ فرض (farzandāna farz)

こうこう 〔航行〕

A ملاحة (milāḥa)

P کشتيرانى (kashtī-rānī)

U جہازرانی (jahāz-rānī)

こうごう 〔皇后〕

A إمبراطورة (’imbirāṭūra)

P امپراتريس (emperātrīs)

U ملکہ (malika)

こうこがく 〔考古学〕

A علم الآثار (‘ilmul-āthār)

P باستان شناسى (bāstān-shenāsī)

U علم آثار قديمہ (‘ilme-āsāre-qadīma)

考古学者

A عالم آثار (‘ālim-āthār); أثرى (’atharī)

P باستان شناس (bāstān-shenās)

U ماہر اثريات (māhire-asariyāt)

こうこく 〔広告〕

A إعلان (’i‘lān)

P تبليغ (tablīgh); آگهى (āgahī)

U اشتہار (ishtehār)

こうさ 〔交差〕

A تقاطع (taqāṭū‘)

P تقاطع (taqāto‘)

U تقاطع (taqāto‘)

交差点

A تقاطع الطرق (taqāṭu‘-ṭ-ṭurq)

P محل تقاطع (mahalle-taqāto‘)

U کراسنگ (krāsing)

こうざ 〔口座〕

A حساب (ḥisāb)

P حساب (hesāb)

U حساب (hisāb)

こうさい 〔交際〕

A معاشرة (mu‘āshara)

P معاشرت (mo‘āsherat)

U صحبت (sohbat)

交際する

A عاشر (‘āshara)

P معاشرت كردن (mo‘āsherat kardan)

U صحبت کرنا (sohbat karnā)

こうさい　〔公債〕

A سندات عامة (sanadāt ‘amma)

P وام دولتی (vāme-doulatī)

U سرکاری قرضہ (sarkārī qarza)

こうさく　〔耕作〕

A حراثة (ḥirātha)

P كشت (kesht)

U کاشت (kāsht)

耕作する

A حرث (ḥaratha)

P كشت كردن (kesht kardan)

U کاشت کرنا (kāsht karnā)

こうざん　〔鉱山〕

A منجم (manjam)

P معدن (ma‘dan)

U معدن (ma‘dan)

こうざん　〔高山〕

A جبل شاهق (jabal shāhiq)

P كوه بلند (kūhe-boland)

U اونچا پہاڑ (ūṇchā pahāṛ)

こうし　〔公使〕

A وزير (wazīr)

P وزير (vazīr)

U منسٹر (ministar)

こうし　〔講師〕

A محاضر (muḥāḍir)

P سخنران (sokhan-rān)；

مربی (murabbī)

U لکچرر (lekcharar)

こうじ　〔工事〕

A عمل (‘amal)

P ساختمان (sakhtemān)

U تعمیر (ta‘mīr)

こうしきの　〔公式の〕

A رسمی (rasmī)

P رسمی (rasmī)

U رسمی (rasmī)

こうじつ　〔口実〕

A عذر (‘udhr)

P بهانه (bahāne)

U بہانہ (bahāna)

こうしゃ　〔後者〕

A المذكور أخيرًا (al-madhkūr ’akhīran)

P اخير الذكر (akhīro-z-zekr)

U مؤخر الذکر (mu’akhkharu-z-zikr)

こうしゃ　〔校舎〕

A مبنى مدرسة (mabnā madrasa)

P عمارت مدرسه (‘emārate-madrese)

U اسکول کی عمارت (iskūl ki ‘imārat)

こうしゃほう　〔高射砲〕

A مدفع مضاد للطائرات (midfa‘-muḍādd-liṭ-ṭā’irāt)

P توپ ضد هوائی (tūpe-zedde-havā’ī)

U طیارہ شکن‌توپ (taiyāra-shikan-tōp)

こうしゅう　〔公衆〕

A جمهور (jumhūr)

P عموم (‘omūm)

U عوام ('awām)
公衆衛生
A صحة عامة (ṣiḥḥa 'āmma)
P بهداشت عمومی (behdā<u>sh</u>te-'omūmī)
U صحت عامہ (sehate-'āme)
公衆電話
A تلفون عام (tilifūn 'āmm)
P تلفن همگانی (telefone-hamegānī)
U عوامی ٹیلی‌فون ('awāmī ṭelīfōn)

こうしゅう 〔講習〕
A دورة دراسية (dawra dirāsīya)
P دورهٔ درسی (doureye-darsī)
U تربیتی کلاس (tarbiyatī kilās)

こうしゅけい 〔絞首刑〕
A الإعدام شنقًا (al-'i'dām <u>sh</u>anqan)
P اعدام با چوبهٔ دار (e'dām bā <u>ch</u>ūbeye-dār)
U پھانسی (phāṇsī)

こうしょう 〔交渉〕
A مفاوضة (mufāwaḍa)
P مذاکره (mozākere)
U مذاکرات (muzākarāt)
交渉する
A فاوض (fāwaḍa)
P مذاکره کردن (mozākere kardan)
U مذاکرات کرنا (muzākarāt karnā)

こうじょう 〔工場〕
A مصنع (maṣna')
P کارخانه (kār-<u>kh</u>āne)
U کارخانہ (kār-<u>kh</u>āna)

こうじょう 〔向上〕
A تقدم (taqaddum)
P پیشرفت (pī<u>sh</u>-raft)
U ترقی (taraqqī)

ごうじょう 〔強情〕
A عناد ('inād)
P لجاجت (lejājat)
U ضد (zidd)
強情な
A عنيد ('anīd)
P لجوج (lajūj)
U ضدی (ziddī)

こうしょうにん 〔公証人〕
A موثق (muwa<u>th</u><u>th</u>iq)
P سر دفتر اسناد رسمی (sar daftare-asnāde-rasmī)
U وثیقہ نویس (vasīqa-navīs)

こうしん 〔行進〕
A مشية عسكرية (mi<u>sh</u>ya 'askarīya)
P مارش (mār<u>sh</u>)
U مارچ (mār<u>ch</u>)
行進する
A مشى (mā<u>sh</u>ā)
P مارش کردن (mār<u>sh</u> kardan)
U مارچ کرنا (mār<u>ch</u> karnā)

こうしん 〔更新〕
A تجديد (tajdīd)
P تجدید (tajdīd)
U تجدید (tajdīd)
更新する
A جدد (jaddada)
P تجدید کردن (tajdīd kardan)
U تجدید کرنا (tajdīd karnā)

こうしんりょう 〔香辛料〕
A بهار (bahār) ; توابل (tawābil)

P ادویه (adviye)
U گرم مسالا (garm-masālā)

こうすい 〔香水〕
A عطر (‘iṭr)
P عطر (‘atr)
U عطر (‘itr)
香水をつける
A عطر (‘aṭṭara)
P عطر زدن (‘atr zadan)
U عطر لگانا (‘itr lagānā)

こうずい 〔洪水〕
A فيضان (fayaḍān)
P سیل (seil)
U سیلاب (sailāb)

こうせい 〔公正〕
A عدالة (‘adāla)
P عدالت (‘adālat)
U عدل (‘adl)
公正な
A عادل (‘ādil)
P عادل (‘ādel)
U عادل (‘ādil)

こうせい 〔厚生〕
A رفاهية عامة (rafāhīya ‘āmma)
P رفاه عام (refāhe-‘ām)
U رفاه عام (rafāhe-‘ām)

こうせい 〔構成〕
A تركيب (tarkīb)
P ترکیب (tarkīb)
U ترکیب (tarkīb)

こうせい 〔校正〕
A تصحيح مسودات (taṣḥīḥ musawwadāt)
P غلطگیری (ghalat-gīrī)
U پروف خوانی (prūf-khānī)
校正刷り
A تجربة (tajriba)
P نمونه (nemūne)
U پروف (prūf)

ごうせい 〔合成〕
A تركيب (tarkīb)
P ترکیب (tarkīb)
U ترکیب (tarkīb)
合成の
A مركب (murakkab)
P مرکب (morakkab)
U مرکب (murakkab)

こうせき 〔鉱石〕
A معدن (ma‘din)
P سنگ معدن (sange-ma‘dan)
U کچی دھات (kachchī dhāt)

こうせき 〔功績〕
A عمل عظيم (‘amal ‘aẓīm)
P دستاورد (dastāvard)
U کارنامہ (kār-nāma)

こうせん 〔光線〕
A شعاع (shu‘ā‘)
P شعاع (sho‘ā‘) ; پرتو (partou)
U شعاع (sho‘ā‘) ; کرن (kiran)

こうぜん 〔公然〕
公然の
A علني (‘alanī)
P علنی (‘alanī)
U کھلا (khulā)
公然と
A علانيةً (‘alānīyatan) ;

علنًا ('alanan)
P علناً ('alanan)
U کھلم کھلا (khullam-khulā)

こうそ 〔控訴〕
A استئناف (isti'nāf)
P استيناف (estīnāf)
U مرافعه (murāfa'a)
控訴する
A استأنف (ista'nafa)
P استيناف دادن (estīnāf dādan)
U مرافعه کرنا (murāfa'a karnā)

こうぞう 〔構造〕
A تركيب (tarkīb)
P ساختار (sā<u>kh</u>tār)
U بناوٹ (banāwaṭ)

こうそく 〔拘束〕
A تقييد (taqyīd) ; حبس (ḥabs)
P بازداشت (bāz-dā<u>sh</u>t)
U پابندی (pā-bandī)
拘束する
A قيد (qayyada) ; حبس (ḥabasa)
P بازداشت کردن (bāz-dā<u>sh</u>t kardan)
U پابندی لگانا (pā-bandī lagānā)

こうそく 〔高速〕
A سرعة عالية (sur'a 'āliya)
P سرعت زياد (sor'ate-ziyād)
U تيز رفتار (tēz-raftār)
高速道路
A طريق سريع (ṭarīq sarī')
P بزرگراه (bozorg-rāh)
U شاہراہ (<u>sh</u>āh-rāh) ;
ہائی وے (hā'i-wei)

こうたい 〔交代〕
A تناوب (tanāwub)
P نوبت (noubat)
U بدل (badal)
交代で
A بالتناوب (bi-t-tanāwub)
P به نوبت (be-noubat)
U باری باری (bārī-bārī)
交代する
A تناوب (tanāwaba)
P به نوبت عوض شدن (be-noubat 'awaz <u>sh</u>odan)
U بدلنا (badalnā)

こうたい 〔後退〕
A تقهقر (taqahqur)
P پسروی (pas-ravī)
U پسپائی (pas-pā'ī)
後退する
A تقهقر (taqahqara)
P پس رفتن (pas raftan)
U پسپا ہونا (pas-pā hōnā)

こうたいし 〔皇太子〕
A ولي العهد (walīyul-'ahd)
P وليعهد (valī-'ahd)
U ولی عہد (walī-'ahd)

こうだいな 〔広大な〕
A واسع (wāsi')
P وسيع (vasī')
U وسیع (wasī')

こうたく 〔光沢〕
A لمع (lam')
P جلا (jalā)
U چمک (<u>ch</u>amak)

光沢のある

A لامع (lāmi‘)

P جلا دار (jalā-dār)

U چمکدار (chamak-dār)

こうちしょ 〔拘置所〕

A محبس (maḥbas)

P بازداشتگاه (bāzdāsht-gāh)

U قیدخانہ (qaid-khāna)

こうちゃ 〔紅茶〕

A شاى (shāy)

P چاى (chāy)

U چاے (chāe)

こうちょう 〔校長〕

A رئيس مدرسة (ra'īs madrasa)

P مدير مدرسه (modīre-madrese)

U ہیڈ ماسٹر (heḍ-māsṭar)

こうつう 〔交通〕

A مرور (murūr)

P عبور و مرور (‘obūr-o-morūr); ترافيك (terāfīk)

U ٹریفک (ṭrēfik)

交通信号

A علامات مرور (‘alāmāt murūr)

P چراغ راهنما (cherāghe-rāh-nemā)

U ٹریفک لائٹ (ṭrēfik lā'iṭ)

こうつごうな 〔好都合な〕

A مناسب (munāsib)

P مناسب (monāseb)

U مناسب (munāsib)

こうてい 〔皇帝〕

A إمبراطور ('imbirāṭūr)

P امپراتور (emperātūr)

U شہنشاہ (shahinshāh)

こうてい 〔校庭〕

A فناء المدرسة (finā'ul-madrasa)

P حياط مدرسه (hayāte-madrese)

U اسکول کا میدان (iskūl ka maidān)

こうてつ 〔鋼鉄〕

A صلب (ṣulb); فولاذ (fūlādh)

P فولاد (fūlād)

U فولاد (faulād)

こうど 〔高度〕

A ارتفاع (irtifā‘)

P ارتفاع (ertefā‘)

U بلندی (bulandī)

こうとう 〔口頭〕

口頭の

A شفهى (shafahī)

P شفاهى (shafāhī)

U تقریری (taqrīrī); زبانی (zabānī)

口頭試問

A امتحان شفهى (imtiḥān shafahī)

P امتحان شفاهى (emtehāne-shafāhī)

U تقریری امتحان (taqrīrī imtehān)

こうとう 〔高等〕

高等の

A عالٍ (‘ālin)

P عالى (‘ālī)

U اعلیٰ (a‘lā)

高等学校

A مدرسة ثانوية (madrasa thānawīya)

P دبيرستان (dabīrestān)

U ہائی اسکول (hā'ī iskūl)

高等教育

A تعليم عالٍ (ta'līm 'ālin)

P آموزش عالی (āmūzeshe-'ālī)

U اعلیٰ تعليم (a'lā ta'līm)

こうどう〔行動〕

A عمل ('amal) ; تصرف (taṣarruf)

P عمل ('amal) ; حركت (harakat)

U عمل ('amal) ; حركت (harkat)

こうどう〔講堂〕

A قاعة محاضرة (qā'a muḥāḍara)

P تالار (tālār)

U آڈیٹوریم (āḍīṭoriyam)

ごうとう〔強盗〕

A سارق (sāriq)

P سارق (sāreq)

U ڈاکو (ḍākū)

ごうどうの〔合同の〕

A مشترك (mushtarak)

P مشترک (moshtarak)

U مشترکہ (mushtarka)

こうどく〔購読〕

A اشتراك (ishtirāk)

P اشتراک (eshterāk)

U خریداری (kharīdārī)

購読者

A مشترك (mushtarik)

P مشترک (moshtarek)

U خریدار (kharīdār)

こうにゅう〔購入〕

A شراء (shirā')

P خرید (kharīd)

U خرید (kharīd)

購入する

A اشترى (ishtarā)

P خریدن (kharīdan)

U خریدنا (kharīdnā)

こうにん〔公認〕

公認会計士

A محاسب قانونی (muḥāsib qānūnī)

P حسابدار مجاز (hesāb-dāre-mojāz)

U مستند محاسب (mustanad muhāsib)

こうば〔工場〕

A مصنع (maṣna')

P کارخانه (kār-khāne)

U کارخانہ (kār-khāna)

こうはいした〔荒廃した〕

A خرب (kharib) ;
مخرب (mukharrab)

P خراب (kharāb) ; ویران (vīrān)

U ویران (vīrān)

こうはん〔公判〕

A محاكمة (muḥākama)

P محاکمه (mohākeme)

U مقدمہ (muqaddama)

こうはん〔後半〕

A نصف أخير (niṣf 'akhīr)

P نصف دوم (nesfe-dovvom)

U نصف آخر (nisfe-ākhir)

こうばん〔交番〕

A مركز الشرطة (markazu-sh-shurṭa)

P پاسگاه پلیس (pāsgahe-polīs)

U پولیس بکس (polīs-boks)

こうはんな〔広範な〕

A واسع (wāsi')

P وسيع (vasī')
U وسيع (wasī')

こうひょう 〔公表〕
A إعلان رسمى ('i'lān rasmī)
P اعلان رسمى (e'lāne-rasmī)
U سركارى اعلان (sarkārī e'lān)
公表する
A أعلن رسمياً ('a'lana rasmīyan)
P بطور رسمى اعلان كردن (be-toure-rasmī e'lān kardan)
U سركارى طور پر اعلان كرنا (sarkārī taur par e'lān karnā)

こうふ 〔坑夫〕
A معدن (mu'addin)
P معدنچى (ma'dan-chī)
U كانكن (kān-kan)

こうふく 〔幸福〕
A سعادة (sa'āda)
P خوشحالى (khosh-hālī) ; سعادت (sa'ādat)
U خوشى (khushī)
幸福な
A سعيد (sa'īd)
P خوشحال (khosh-hāl)
U خوش (khush)

こうふく 〔降服〕
A استسلام (istislām)
P تسليم (taslīm)
U دستبردارى (dast-bardārī)
降服する
A استسلم (istaslama)
P تسليم شدن (taslīm shodan)
U ہتهيار ڈالنا (hathiyār ḍālnā)

こうふする 〔交付する〕
A أصدر ('aṣdara)
P صادر كردن (sāder kardan)
U عطا كرنا ('atā karnā)

こうぶつ 〔鉱物〕
A معدن(ma'din)
P كانى (kānī) ; معدنى (ma'danī)
U معدنيات (ma'daniyāt)

こうぶつ 〔好物〕
A طعام مفضل (ṭa'ām mufaḍḍal)
P خوراک مطلوب (khorāke-maṭlūb)
U پسنديده كهانا (pasandīda khānā)

こうふん 〔興奮〕
A هيجان (hayajān)
P هيجان (hayajān)
U جوش (jōsh)
興奮する
A تهيج (tahayyaja)
P به هيجان آمدن (be-hayajān āmadan)
U جوش ميں آنا (jōsh meṇ ānā)

こうぶんしょ 〔公文書〕
A وثيقة رسمية (wathīqa rasmīya)
P سند رسمى (sanade-rasmī)
U سركارى دستاويز (sarkārī dastāvēz)

こうへい 〔公平〕
A عدالة ('adāla)
P انصاف (ensāf)
U انصاف (insāf)
公平な
A عادل ('ādil)

P منصف (monsef) ; عادل (‘ādel)
U منصفانہ (munsifāna)

こうほう 〔広報〕
A علاقات عامة (‘alāqāt ‘āmma)
P روابط عمومی (ravābete-‘omūmī)
U تعلقات عامہ (ta‘alluqāte-‘āmma)

ごうほうてきな 〔合法的な〕
A شرعی (shar‘ī) ; مشروع (mashrū‘)
P قانونی (qānūnī) ;
مشروع (mashrū‘)
U قانونی (qānūnī)

こうほしゃ 〔候補者〕
A مرشح (murashshaḥ)
P نامزد (nām-zad) ;
کاندیدا (kāndīdā)
U امیدوار (ummīd-wār)

ごうまん 〔傲慢〕
A تکبر (takabbur) ;
غطرسة (ghaṭrasa)
P غرور (ghorūr) ; تکبر (takabbor)
U غرور (ghurūr) ; تکبر (takabbur)
傲慢な
A متکبر (mutakabbir) ;
متغطرس (mutaghaṭris)
P مغرور (maghrūr)
U مغرور (maghrūr)

こうみょう 〔光明〕
A نور (nūr)
P نور (nūr)
U نور (nūr)

こうみょうな 〔巧妙な〕
A ماهر (māhir) ; ماکر (mākir)
P ماهر (māher) ; ماکر (māker)
U ماہر (māhir) ; چالاک (chālāk)

こうむ 〔公務〕
A عمل رسمی (‘amal rasmī)
P امور رسمی (omūre-rasmī)
U سرکاری کام (sarkārī kām)
公務員
A موظف عام (muwaẓẓaf ‘āmm)
P کارمند دولت (kār-mande-doulat)
U سرکاری ملازم (sarkārī mulāzim)

こうもく 〔項目〕
A مادة (mādda)
P ماده (mādde)
U مد (mad)

こうもり 〔蝙蝠〕
A خفاش (khuffāsh)
P خفاش (khoffāsh) ;
شبپره (shab-pare)
U چمگادڑ (chamgādaṛ)

こうもん 〔肛門〕
A شرج (sharaj)
P مقعد (maq‘ad)
U مبرز (mabraz)

ごうもん 〔拷問〕
A تعذیب (ta‘dhīb)
P شکنجه (shekanje)
U تشدد (tashaddud)
拷問にかける
A عذب (‘adhdhaba)
P شکنجه کردن (shekanje kardan)
U تشدد کرنا (tashaddud karnā)

こうやく 〔膏薬〕
A مرهم (marham)
P مرهم (marham)

U مرہم (marham)

こうよう 〔公用〕

A عمل رسمی ('amal rasmī)

P امور رسمی (omūre-rasmī)

U سرکاری کام (sarkārī kām)

公用語

A لغة رسمية (lugha rasmīya)

P زبان رسمی (zabāne-rasmī)

U دفتری زبان (daftarī zabān)

こうり 〔小売り〕

A بيع بالتجزئة (bay' bi-t-tajzi'a)

P خرده فروشی (khorde forūshī)

U خرده فروشی (khurda farōshī)

小売り商人

A تاجر التجزئة (tajiru-t-tajzi'a)

P خرده فروش (khorde forūsh)

U خرده فروش (khorda farōsh)

こうりがし 〔高利貸し〕

A مرابٍ (murābin)

P رباخوار (rebā-khār)

U سودخور (sūd-khor)

こうりつ 〔公立〕

公立の

A عام ('āmm)

P عمومی ('omūmī)

U سرکاری (sarkārī)

公立学校

A مدرسة عامة (madrasa 'āmma)

P مدرسه عمرمی (madreseye-'omūmī)

U پبلک اسکول (pablik iskūl)

ごうりてきな 〔合理的な〕

A معقول (ma'qūl) ; عقلی ('aqlī)

P معقول (ma'qūl) ; عقلی ('aqlī)

U معقول (ma'qūl) ; عقلی ('aqlī)

こうりゅう 〔交流〕

A تبادل (tabādul)

P مبادله (mobādele)

U تبادلہ (tabādla)

文化交流

A تبادل ثقافی (tabādul thaqāfī)

P مبادلات فرهنگی (mobādelāte-farhangī)

U ثقافتی تبادلہ (saqāfatī tabādla)

こうりょ 〔考慮〕

A تفکیر (tafkīr)

P ملاحظه (molāheze)

U غور (ghaur)

考慮する

A فکر (fakkara)

P ملاحظه کردن (molāheze kardan)

U غور کرنا (ghaur karnā)

こうりょう 〔香料〕

A توابل (tawābil)

P ادویه (adviye)

U مسالا (masālā)

こうりょく 〔効力〕

薬などの効力

A فاعلية (fā'ilīya)

P اثر (asar)

U اثر (asar)

法律の効力

A مفعول (maf'ūl)

P اعتبار (e'tebār)

U تاثیر (tāsīr)

こうれいしゃ 〔高齢者〕
A مسن (musinn)
P سالخورده (sāl-khorde) ;
مسن (mosenn)
U سن رسیده (sin-rasīda)

こうろ 〔航路〕
A خط بحرى (khaṭṭ baḥrī)
P مسير دريائى (masīre-darya'ī)
U بحرى راستہ (bahrī rāsta)

こうわ 〔講和〕
A صلح (ṣulḥ)
P صلح (solh)
U امن (aman)
講和条約
A معاهدة الصلح (mu'āhadatu-ṣ-ṣulḥ)
P معاهدۀ صلح (mo'āhedeye-solh)
U معاہدۂ امن (mu'āhidae-aman)

こえ 〔声〕
A صوت (ṣawt)
P صدا (sedā)
U آواز (āwāz)

ごえい 〔護衛〕
A حراسة (ḥirāsa)
P پاسداری (pās-dārī)
U نگهبانی (nigah-bānī)
護衛する
A حرس (ḥarasa)
P پاسداری کردن (pās-dārī kardan)
U نگهبانی کرنا (nigah-bānī karnā)

こえた 〔肥えた〕
A سمين (samīn)
P چاق (chāq)
U موٹا (mōṭā)

こえだ 〔小枝〕
A غصين (ghuṣayn)
P ترکه (tarke)
U ٹہنی (ṭahnī)

こえる 〔越える〕
横切る
A عبر ('abara)
P عبور کردن ('obūr kardan)
U پار کرنا (pār karnā)
超過する
A تجاوز (tajāwaza)
P تجاوز کردن (tajāvoz kardan)
U تجاوز کرنا (tajāwuz karnā)

コーチ
A مدرب (mudarrib)
P مربی (morabbī)
U کھیلوں کا استاد (khēlōṇ ka ustād)

コート
上衣
A معطف (mi'ṭaf)
P کت (kot)
U کوٹ (kōṭ)
球技のコート
A ملعب (mal'ab)
P زمین (zamīn)
U میدان (maidān) ; کورٹ (kōrṭ)

コーヒー
A قهوة (qahwa)
P قهوه (qahve)
U کوفی (kōfī)

コーラス
A كورس (kūras)

P کر (kor)
U کورس (kōras)

コーラン
A القرآن (al-qur'ān)
P قرآن (qor'ān)
U قرآن (qur'ān)

こおり 〔氷〕
A جليد (jalīd)
P يخ (yakh)
U برف (barf)

こおる 〔凍る〕
A تجمد (tajammada)
P يخ بستن (yakh bastan)
U جمنا (jamnā)

ゴールキーパー
A حارس المرمى (ḥārisul-marmā)
P دروازه بان (darvāze-bān)
U گول کیپر (gōl-kīpar)

こおろぎ
A جدجد (judjud) ; صرصر (ṣurṣur)
P جيرجيرک (jīrjīrak)
U جهينگر (jhīngar)

ごかい 〔誤解〕
A سوء الفهم (sū'ul-fahm)
P سوء تفاهم (sū'e-tafāhom)
U غلط فهمی (ghalat-fahmī)

誤解する
A أساء الفهم ('asā'al-fahm)
P غلط فهميدن (ghalat fahmīdan)
U غلط فهمی ہونا (ghalat-fahmī hōnā)

ごがく 〔語学〕
A دراسة اللغة (dirāsatu-l-lugha)
P مطالعۀ زبان (motāle'eye-zabān)
U زبان کا مطالعہ (zabān ka mutāla'a)

こかげ 〔木陰〕
A ظل شجرة (ẓill shajara)
P سايۀ درخت (sāyeye-derakht)
U درخت کا سایہ (darakht ka sāya

こがたな 〔小刀〕
A سكين (sikkīn)
P چاقو (chāqū)
U چاقو (chāqū)

ごがつ 〔五月〕
A مايو (māyū)
P مه (meh)
U مئی (ma'ī)

こぎって 〔小切手〕
A شيك (shīk)
P چک (chek)
U چک (chek)

こきゅう 〔呼吸〕
A تنفس (tanaffus) ; نفس (nafas)
P تنفس (tanaffos) ; نفس (nafas)
U تنفس (tanaffus) ; سانس (sāṇs)

呼吸する
A تنفس (tanaffasa)
P نفس کشیدن (nafas keshīdan)
U سانس لینا (sāṇs lēnā)

こきょう 〔故郷〕
A وطن (waṭan) ;
مسقط رأس (masqaṭ ra's)
P زادگاه (zād-gāh) ; وطن (vatan)
U وطن (watan)

こぐ 〔漕ぐ〕
A جدف (jadafa)
P پارو زدن (pārū zadan)
U کهینا (khēnā)

こくおう 〔国王〕
A ملك (malik)
P شاه (shāh)
U بادشاه (bādshāh)

こくがい 〔国外〕
A الخارج (al-khārij)
P خارج (khārej)
U خارج (khārij)

こくご 〔国語〕
A اللغة الأم (al-lughatul-'umm)
P زبان ملی (zabāne-mellī)
U قومی زبان (qaumī zabān)

こくさい 〔国債〕
A سندات حكومية (sanadāt ḥukūmīya)
P سند قرضه دولتی (sanade-qarzeye-doulatī)
U قومی قرضه (qaumī-qarza)

こくさい 〔国際〕
国際的な
A دولی (duwalī)
P بين المللی (beinol-melalī)
U بين الاقوامی (bainul-aqwāmī)
国際関係
A علاقات دولية ('alāqāt duwalīya)
P روابط بين المللی (ravābete-beinol-melalī)
U بين الاقوامی تعلقات (bainul-aqwāmī ta'alluqāt)

こくさいれんごう 〔国際連合〕
A الأمم المتحدة (al-'umamul-muttaḥida)
P ملل متحد (melale-mottahed)
U اقوام متحده (aqwāme-muttahida)

こくじん 〔黒人〕
A زنجی (zanjī)
P سياه پوست (siyāh-pūst)
U حبشی (habshī)

こくせいちょうさ 〔国勢調査〕
A تعداد الأنفس (ta'dādul-'anfus)
P سر شماری (sar-shomārī)
U مردم شماری (mardum-shumārī)

こくせき 〔国籍〕
A جنسية (jinsīya)
P مليت (mellīyat)
U قوميت (qaumīyat)

こくそ 〔告訴〕
A اتهام (ittihām)
P اتهام (ettehām)
U استغاثه (isteghāsa)
告訴する
A اتهم (ittahama)
P متهم ساختن (mottaham sākhtan)
U استغاثه كرنا (isteghāsa karnā)

こくないの 〔国内の〕
A داخلی (dākhilī)
P داخلی (dākhelī)
U داخلی (dākhilī)

こくはく 〔告白〕
A اعتراف (i'tirāf)
P اعتراف (e'terāf)

U اقبال (iqbāl)
告白する
A اعترف (i'tarafa)
P اعتراف کردن (e'terāf kardan)
U اقبال کرنا (iqbāl karnā)

こくばん〔黒板〕
A سبورة (sabbūra)
P تخته سیاه (takhte-siyāh)
U سیاہ تختہ (siyāh takhta)

こくひ〔国費〕
A نفقات الحكومة (nafaqātul-ḥukūma)
P هزینهٔ دولتی (hazīneye-doulatī)
U سرکاری خرچ (sarkārī kharch)

こくふくする〔克服する〕
A تغلب (taghallaba)
P فایق آمدن (fāyeq āmadan)
U قابو پانا (qābū pānā)

こくほう〔国宝〕
A كنز وطنى (kanz waṭanī)
P گنجینهٔ ملی (ganjīneye-mellī)
U قومی خزانہ (qaumī khazāna)

こくぼう〔国防〕
A دفاع وطنى (difā' waṭanī)
P دفاع ملی (defā'e-mellī)
U ملکی دفاع (mulkī difā')

こくみん〔国民〕
A شعب (sha'b)；قوم (qawm)
P ملت (mellat)
U قوم (qaum)
国民の
A شعبى (sha'bī)；قومى (qawmī)
P ملی (mellī)
U قومی (qaumī)

こくもつ〔穀物〕
A حبوب (ḥubūb)
P غله (ghalle)
U اناج (anāj)

こくゆう〔国有〕
A تأميم (ta'mīm)
P ملی سازی (mellī-sāzī)
U قومی ملکیت (qaumī milkiyat)
国有化する
A أمم ('ammama)
P ملی کردن (mellī kardan)
U قومی ملکیت میں لینا (qaumī milkiyat meṇ lēnā)

ごくらく〔極楽〕
A جنة (janna)
P بهشت (behesht)；جنت (jannat)
U جنت (jannat)；بہشت (bahisht)

こくりつ〔国立〕
国立の
A حكومى (ḥukūmī)
P دولتی (doulatī)
U قومی (qaumī)
国立大学
A جامعة حكومية (jāmi'a ḥukūmīya)
P دانشگاه دولتی (dāneshgāhe-doulatī)
U قومی یونیورسٹی (qaumī yūnivarsiṭī)

こけ〔苔〕
A طحلب (ṭuḥlub)
P خزه (khaze)
U کائی (kā'ī)

ごげん 〔語源〕
A اشتقاق (ishtiqāq)
P اشتقاق (eshteqāq)
U اشتقاق (ishtiqāq)

ここ
A هنا (hunā)
P اينجا (īn-jā)
U يہاں (yahāṇ)

ごご 〔午後〕
A بعد الظهر (ba'da-ẓ-ẓuhr)
P بعد از ظهر (ba'd az zohr)
U سہ پہر (se-pahar)

ココア
A كاكاو (kākāw)
P كاكائو (kākā'ū)
U كوكو (koko)

ここち 〔心地〕
A شعور (shu'ūr)
P احساسات (ehsāsāt)
U احساس (ehsās)

心地よい
A مريح (murīḥ)
P راحت (rāhat)
U خوش گوار (khush-gawār)

こごと 〔小言〕
A تأنيب (ta'nīb)
P سرزنش (sar-zanesh)
U جھڑکی (jhiṛkī)

小言を言う
A أنب ('annaba)
P سرزنش كردن (sar-zanesh kardan)
U جھڑکنا (jhiṛaknā)

ここのつ 〔九つ〕
A تسعة (tis'a)
P نه (noh)
U نو (nau)

こころ 〔心〕
A قلب (qalb)
P دل (del)
U دل (dil)

こころづけ 〔心付け〕
A بقشيش (baqshīsh);
بخشيش (bakhshīsh)
P انعام (en'ām)
U بخشش (bakhshish)

こころぼそい 〔心細い〕
A منفرد (munfarid);
موحش (mūḥish)
P بيچاره (bī-chāre)
U بے بس (bē-bas)

こころみ 〔試み〕
A محاولة (muḥāwala)
P سعى (sa'ī)
U آزمائش (āzmā'ish)

試みる
A حاول (ḥāwala)
P سعى كردن (sa'ī kardan)
U آزمانا (āzmānā)

こころもち 〔心持ち〕 ──→ここち

こころよい 〔快い〕
A مريح (murīḥ)
P راحت (rāhat)
U خوش گوار (khush-gawār)

ござ 〔茣蓙〕
A حصير (ḥaṣīr)

P حصير (hasīr)
U چٹائی (chṭā'ī)

こさくにん 〔小作人〕
A مزارع مستأجر (muzāri‘ musta'jir)
P زارع مستأجر (zāre‘e-mosta'jer) ; زارع (zāre‘)
U اسامی (asāmī)

こさめ 〔小雨〕
A مطر خفيف (maṭar khafīf)
P باران ریز (bārāne-rīz)
U پھوار (phuwār)

こし 〔腰〕
A خصر (khaṣr)
P کمر (kamar)
U کمر (kamar)

こじ 〔孤児〕
A يتيم (yatīm)
P يتيم (yatīm)
U يتيم (yatīm)
孤児院
A دار الأيتام (dārul-'aytām)
P يتيم خانه (yatīm-khāne)
U يتيم خانہ (yatīm-khāna)

こじき 〔乞食〕
A سائل (sā'il)
P گدا (gedā)
U گدا (gadā)

こしつする 〔固執する〕
A أصر ('aṣarra)
P اصرار کردن (esrār kardan)
U اصرار کرنا (isrār karnā)

ごじゅう 〔五十〕
A خمسون (khamsūn)
P پنجاه (panjāh)
U پچاس (pachās)

ごじょ 〔互助〕
A تعاون (ta‘āwun)
P تعاون (ta‘āvon)
U باہمی امداد (bāhamī imdād)

こしょう 〔故障〕
A تعطل (ta‘aṭṭul)
P خرابی (kharābī)
U ٹوٹ (ṭūṭ)
故障する
A تعطل (ṭa‘aṭṭala)
P خراب شدن (kharāb shodan)
U خراب ہونا (kharāb hōnā)

こしょう 〔胡椒〕
A فلفل (filfil)
P فلفل (felfel)
U مرچ (mirch)

ごしょく 〔誤植〕
A خطأ مطبعی (khaṭa' maṭba‘ī)
P غلط چاپی (ghalate-chāpī)
U کتابت کی غلطی (kitābat ki ghalatī)

こじん 〔個人〕
A فرد (fard)
P فرد (fard)
U فرد (fard)
個人の
A فردی (fardī) ; شخصی (shakhṣī)
P فردی (fardī) ; شخصی (shakhsī)
U نجی (nijī) ; ذاتی (zātī)

こす〔越す〕
超過する
A تجاوز (tajāwaza)
P تجاوز كردن (tajāvoz kardan)
U تجاوز كرنا (tajāwoz karnā)
越えて行く
A اجتاز (ijtāza)
P عبور كردن (‘obūr kardan)
U پار كرنا (pār karnā)

こす〔漉す〕
A صفى (ṣaffā)
P صاف كردن (sāf kardan)
U چهاننا (chhānnā)

コスト ──→げんか〔原価〕

こする〔擦る〕
A حك (ḥakka)
P ماليدن (mālīdan)
U رگڑنا (ragaṛnā)

こせい〔個性〕
A شخصية (shakhṣīya)
P شخصيت (shakhsīyat)
U شخصيت (shakhsīyat)

こせき〔戸籍〕
A سجل العائلة (sijillul-‘ā’ila)
P دفترثبت احوال (daftare-sabte-ahvāl)
U رجسٹر (rajisṭar)

こぜに〔小銭〕
A فكة (fakka)
P پول خرد (pūle-khord)
U ريزگارى (rēzgārī)

ごぜん〔午前〕
A قبل الظهر (qabla-ẓ-ẓuhr)
P قبل از ظهر (qabl az zohr)
U صبح (subah)

こたい〔固体〕
A جسم صلب (jism ṣulb)
P جسم جامد (jesme-jāmed)
U ٹهوس شے (ṭhōs shae)

こだい〔古代〕
A عصر قديم (‘aṣr qadīm)
P زمان قديم (zamāne-qadīm)
U عهد قديم (‘ahde-qadīm)

こだいもうそうきょう〔誇大妄想狂〕
A جنون العظمة (junūnul-‘aẓama)
P جنون خودبزرگبينى (jonūne-khod-bozorg-bīnī)
U بڑائى كا خبط (baṛā’ī ka khabt)

こたえ〔答え〕
A إجابة (’ijābā) ; جواب (jawāb)
P جواب (javāb)
U جواب (jawāb)
答える
A أجاب (’ajāba)
P جواب دادن (javāb dādan)
U جواب دينا (jawāb dēnā)

こたえる〔応える〕
A استجاب (istajāba)
P برآوردن (bar-āvardan)
U قبول كرنا (qubūl karnā)

こだま〔木霊〕
A صدًى (ṣadan)
P پژواك (pazhvāk)
U گونج (gūṇj)

ごちそう〔御馳走〕
A طعام لذيذ (ṭa‘ām lazhīzh)

P غذای خوشمزه (ghazāye-khosh-maze)
U لذیذ کھانا (lazīz khānā)

こちょう 〔誇張〕
A مبالغة (mubālagha)
P مبالغه (mobāleghe)
U مبالغہ (mubālagha)
誇張する
A بالغ (bālagha)
P مبالغه کردن (mobāleghe kardan)
U مبالغہ کرنا (mubālagha karnā)

こちら
A هنا (hunā)
P اینجا (īn-jā)
U یہاں (yahāṇ)

こっか 〔国家〕
A دولة (dawla)
P دولت (doulat)
U ملک (mulk)

こっか 〔国歌〕
A نشيد وطنى (nashīd waṭanī)
P سرود ملی (sorūde-mellī)
U قومی ترانہ (qaumī tarāna)

こっかい 〔国会〕 ──→ぎかい

こづかい 〔小使い〕
A فراش (farrāsh)
P نوکر (noukar)
U نوکر (naukar)

こづかい 〔小遣い〕
A مصروف الجيب (maṣrūful-jayb)
P پول تو جیبی (pule-tū-jībī)
U جیب خرچ (jēb-kharch)

こっき 〔国旗〕
A علم وطنى (‘alam waṭanī)
P پرچم ملی (parchame mellī)
U قومی پرچم (qaumī parcham)

こっきょう 〔国境〕
A حدود (ḥudūd)
P مرز (marz)
U سرحد (sar-had)

コック
A طباخ (ṭabbākh)
P آشپز (āsh-paz)
U باورچی (bāwarchī)

こっけい 〔滑稽〕
A فكاهة (fukāha)
P فکاهت (fokāhat)
U مزاح (mizāh)
滑稽な
A فكاهى (fukāhī)
P فکاهی (fokāhī)
U مزاحیہ (mizāhiya)

こっこ 〔国庫〕
A خزانة الدولة (khizānatu-d-dawla)
P خزانهٔ دولت (khazāneye-doulat) ; بیت المال (beitol-māl)
U قومی خزانہ (qaumī khazāna)

こっこう 〔国交〕
A علاقات دبلوماسية (‘alāqāt diblūmāsīya)
P روابط سیاسی (ravābete-siyāsī)
U سفارتی تعلقات (sifāratī ta‘alluqāt)

こづつみ 〔小包〕
A طرد (ṭard)
P بسته (baste)

U پارسل (pārsel)

こっとう 〔骨董〕

A تحفة (tuḥfa)

P عتيقه (‘atīqe)

U نوادر (nawādir)

コップ

A كوب (kūb)

P ليوان (līvān)

U گلاس (gilās)

こてい 〔固定〕

固定した

A ثابت (thābit)

P ثابت (sābet)

U جما ہوا (jamā-huā)

固定する

A ثبت (thabbata)

P ثابت كردن (sābet kardan)

U جمانا (jamānā)

こてん 〔古典〕

A كلاسيكى (kilāsīkī)

P كلاسيک (kelāsīk)

U كلاسيكيات (kilāsīkiyāt)

古典的な

A كلاسيكى (kilāsīkī)

P كلاسيک (kelāsīk)

U كلاسيكى (kilāsīkī)

古典文学

A أدب كلاسيكى ('adab kilāsīkī)

P ادبيات كلاسيک (adabiyāte-kelāsīk)

U كلاسيكى ادبيات (kilāsīkī adabiyāt)

こと 〔事〕

A أمر ('amr) ; شئ (shay')

P امر (amr) ; چيز (chīz)

U امر (amr) ; بات (bāt)

ことう 〔孤島〕

A جزيرة معزولة (jazīra ma‘zūla)

P جزيرۀ منفرد (jazīreye-monfared)

U تنہا جزيره (tanhā jazīra)

こどく 〔孤独〕

A انفراد (infirād)

P تنهائى (tanhā'ī) ; انفراد (enferād)

U تنہائى (tanhā'ī)

孤独な

A منفرد (munfarid)

P تنها (tanhā) ; منفرد (monfared)

U تنہا (tanhā) ; اكيلا (akēlā)

ことし 〔今年〕

A هٰذا العام (hādhal-‘ām)

P امسال (emsāl)

U اس سال (is sāl)

ことづけ 〔言付け〕

A رسالة (risāla)

P پيغام (peighām)

U پيغام (paighām)

ことなる 〔異なる〕

A اختلف (ikhtalafa)

P فرق كردن (farq kardan)

U مختلف ہونا (mukhtalif hōnā)

ことに 〔殊に〕

A خاصةً (khāṣṣatan)

P مخصوصاً (makhsūsan)

U خصوصاً (khusūsan)

…ごとに 〔…毎に〕
A كل (kull)
P هر (har)
U ہر (har)
夜毎に
A كل ليلة (kulla layla)
P هر شب (har shab)
U هر رات (har rāt)

ことば 〔言葉〕
A كلمة (kalima)；كلام (kalām)
P سخن (sokhan)；كلمه (kaleme)
U سخن (sukhan)；لفظ (lafz)

こども 〔子供〕
A طفل (ṭifl)
P بچه (bachche)
U بچہ (bachcha)
子供時代
A طفولة (ṭufūla)
P بچگی (bachchegī)
U بچپن (bachpan)

ことり 〔小鳥〕
A عصفور (ʻuṣfūr)
P پرنده (parande)
U چڑیا (chiṛyā)

ことわざ 〔諺〕
A مثل (mathal)
P ضرب المثل (zarbol-masal)
U کہاوت (kahāwat)

ことわる 〔断る〕
A رفض (rafaḍa)
P امتناع كردن (emtenāʻ kardan)
U انکار کرنا (inkār karnā)

こな 〔粉〕
穀物の粉
A طحين (ṭaḥīn)
P آرد (ārd)
U آٹا (āṭā)
粉末
A مسحوق (masḥūq)
P پودر (pūdr)
U پوڈر (pauḍar)

こなごなにする 〔粉々にする〕
A حطم (ḥaṭṭama)
P تكه تكه كردن (tekke-tekke kardan)
U ٹکڑے ٹکڑے کرنا (ṭukṛē-ṭukṛē karnā)

こにもつ 〔小荷物〕
A طرد (ṭard)
P بسته (baste)
U پارسل (pārsel)

こねこ 〔小猫〕
A بسينة (busayna)
P پيشی (pīshī)
U بلوٹا (bilauṭā)

こねる 〔捏ねる〕
A عجن (ʻajana)
P خمير كردن (khamīr kardan)
U گوندھنا (gūṇdhnā)

この
A （男）هٰذا (hādhā)；
（女）هٰذه (hādhihi)
P اين (īn)
U یہ (yeh)

この本
A هٰذا الكتاب (hādhal-kitāb)
P اين كتاب (īn ketāb)
U يہ كتاب (yeh kitāb)
この娘
A هٰذه البنت (hādhihil-bint)
P اين دختر (īn dokhtar)
U يہ لڑکی (yeh laṛki)

このごろ 〔この頃〕
A هٰذه الأيام (hādhihil-ayyām)
P اخيراً (akhīran)
U آجكل (āj-kal)

このましい 〔好ましい〕
A مرغوب (marghūb)
P مطلوب (matlūb)
U پسنديده (pasandīda)

このむ 〔好む〕
A أحب (‘aḥabba)
P دوست داشتن (dūst dāshtan) ;
ميل داشتن (meil dāshtan)
U پسند كرنا (pasand karnā)

このような 〔この様な〕
A مثل هٰذا (mithl hādhā)
P چنين (chenīn)
U ايسا (aisā)

こはく 〔琥珀〕
A كهرباء (kahrabā’)
P كهربا (kahrobā)
U عنبر (‘anbar)

こはん 〔湖畔〕
A شاطئ البحيرة (shāṭi’l-buḥayra)
P كنار درياچه (kenāre-daryāche)
U جهيل كا كناره (jhīl ka kināra)

ごはん 〔御飯〕
飯
A أرز مسلوق (’aruzz maslūq)
P چلو (chelou)
U ابلا ہوا چاول (ublā huā chāwal)
食事
A وجبة (wajba)
P غذا (ghazā)
U كهانا (khānā)

コピー
A صورة (ṣūra)
P كپی (kopī)
U نقل (naql)
コピーする
A صور (ṣawwara) ;
أخذ صورة (’akhadha ṣūra)
P كپی كردن (kopī kardan)
U نقل كرنا (naql karnā)

こひつじ 〔子羊〕
A حمل (ḥamal)
P بره (barre)
U بره (barra)

こびと 〔小人〕
A قزم (qazam)
P كوتوله (kūtūle)
U بونی (baunī)

こぶ 〔瘤〕
はれもの
A ورم (waram)
P ورم (varam) ; آماس (āmās)
U آماس (āmās)
らくだのこぶ
A سنام (sanām)

P کوهان (kūhān)
U کوہان (kōhān)

こぶし 〔拳〕
A قبضة اليد (qabḍatul-yad)
P مشت (mosht)
U مٹھی (muṭṭhī)

こぶね 〔小舟〕
A زورق (zawraq)
P قایق (qāyeq)
U ناو (nāo)

こぼす
A دلق (dalaqa)
P ریختن (rīkhtan)
U بہانا (bahānā)

こぼれる
A اندلق (indalaqa)
P ریختن (rīkhtan)
U گرنا (girnā)

こま 〔独楽〕
A دوامة (duwwāma)
P فرفره (ferfere)
U لٹو (laṭṭū)

ごま 〔胡麻〕
A سمسم (simsim)
P کنجد (konjed)
U تل (til)

こまかい 〔細かい〕
A دقيق (daqīq)
P دقیق (daqīq)
U باریک (bārīk)

ごまかす
だます
A خدع (khada'a)
P گول زدن (gūl zadan)
U دھوکا دینا (dhōkā dēnā)

こまる 〔困る〕
当惑する
A تحير (taḥayyara)
P سردرگم شدن (sar-dar-gom shodan)
U گھبرانا (ghabrānā)

ごみ 〔芥〕
A زبالة (zubāla) ; قمامة (qumāma)
P زباله(zobāle) ; آشغال (āshghāl)
U کوڑا (kūṛā)

こみいった 〔込み入った〕
A معقد (mu'aqqad)
P پیچیده (pīchīde)
U پیچیده (pēchīda)

こみち 〔小道〕
A درب (darb)
P کوچه (kūche)
U گلی (galī)

コミュニケ
A بيان (bayān)
P اطلاعیه (ettelā'iye) ;
بیانیه (bayānīye)
U اعلامیہ (e'lāmīya)

コミュニケーション
A اتصالات (ittiṣālāt)
P ارتباط (ertebāt)
U خبررسانی (khabar-rasānī)

こむ 〔込む・混む〕
A ازدحم (izdaḥama)
P شلوغ شدن (sholūgh shodan)
U بھیڑ لگنا (bhīr lagnā)

ゴム
A مطاط (maṭṭāṭ)
P کائوچو (kā'ūchū)
U ربڑ (rabaṛ)
消しゴム
A ممحاة (mimḥā)
P مداد پاک‌کن (medād pāk-kon)
U ربڑ (rabaṛ)

こむぎ 〔小麦〕
A قمح (qamḥ)
P گندم (gandom)
U گیہوں (gēhūṇ)

こめ 〔米〕
A أرز ('aruzz) ; رز (ruzz)
P برنج (berenj)
U چاول (chāwāl)

こめかみ
A صدغ (ṣudgh)
P شقیقه (shaqīqe)
U کنپٹی (kanpaṭī)

コメディー
A كوميدى (kūmīdī)
P کمدی (komedī)
U کامیڈی (kāmīḍī)

コメント
A تعليق (ta'līq)
P نظر (nazar)
U تبصرہ (tabsira)

ごめんなさい 〔御免なさい〕
A عن إذنك ('an 'idhnak) ;
اسمح لى (ismaḥ lī)
P ببخشید (be-bakhshīd)
U معاف کیجیے (mu'āf kījiē)

こもり 〔子守〕
A راعى الطفل (rā'iyu-ṭ-ṭifl)
P بچه نگهدار (bachche-negahdār)
U آیا (āyā)

こもん 〔顧問〕
A مستشار (mustashār)
P مستشار (mostashār)
U مشیر (mushīr)

こや 〔小屋〕
A كوخ (kūkh)
P کلبه (kolbe)
U جھونپڑی (jhōṇpṛī)

こやぎ 〔子山羊〕
A جدى (jady)
P بزغاله (bozghāle)
U میمنا (mēmnā)

ごやく 〔誤訳〕
A ترجمة خاطئة (tarjama khāṭi'a)
P ترجمهٔ غلط (tarjomeye-ghalat)
U غلط ترجمہ (ghalat tarjuma)

こやま 〔小山〕
A جبيل (jubayl)
P تپه (tappe)
U پہاڑی (pahāṛī)

こゆう 〔固有〕
固有の
A خاص (khāṣṣ)
P خاص (khās)
U مخصوص (makhsūs)
固有名詞
A اسم علم (ism 'alam)
P اسم خاص (esme-khās)
U اسم خاص (isme-khās)

こゆび〔小指〕
A خنصر (khinṣir)
P انگشت کوچک (angoshte-kūchak) ; خنصر (khenser)
U چھنگلیا (chhungalyā)

こよう〔雇用〕
A استخدام (istikhdām)
P استخدام (estekhdām)
U ملازمت (mulāzimat)
雇用する
A استخدم (istakhdama)
P استخدام کردن (estekhdām kardan)
U ملازم رکھنا (mulāzim rakhnā)
雇用主
A مستخدم (mustakhdim)
P کار فرما (kār-farmā)
U آجر (ājir) ; مالک (mālik)

こよみ〔暦〕
A تقويم (taqwīm)
P تقویم (taqvīm)
U کیلنڈر (kelenḍar) ; تقویم (taqvīm)

ごらく〔娯楽〕
A تسلية (tasliya) ; ترفيه (tarfīh)
P تفریح (tafrīh)
U تفریح (tafrīh)

こらしめる〔懲らしめる〕
A عاقب (ʻāqaba)
P تنبیه کردن (tanbīh kardan)
U سزا دینا (sazā dēnā)

こりつ〔孤立〕
A عزلة (ʻuzla)
P انزوا (enzevā)
U علیحدگی (ʻalāhidagī)

ゴリラ
A غوريلا (ghūrīlā)
P گوریل (gūrīl)
U گوریلا (gorīlā)

コルク
A فلينة (fallīna)
P چوب پنبه (chūb-panbe)
U کارک (kārk)

ゴルフ
A جولف (jūlf)
P گلف (golf)
U گولف (golf)
ゴルフをする
A لعب جولف (laʻiba jūlf)
P گلف بازی کردن (golf bāzī kardan)
U گولف کھیلنا (golf khēlnā)

これ
A（男）هٰذا (hādhā) ;
（女）هٰذه (hādhihi)
P این (īn)
U یہ (yeh)
これはなんですか
A ما هٰذا؟ (mā hādhā)
P این چیست؟ (īn chīst)
U یہ کیا ہے؟ (yeh kyā hai)

これから
A من الآن (minal-ān)
P از این ببعد (az īn be-baʻd)
U اس کے بعد (is ke baʻd)

コレクション
A مجموعة (majmū‘a)
P كلكسيون (kolleksiyon)
U مجموعه (majmū‘a)

これほど〔これ程〕
A هٰكذا (hā-kadhā)
P اين قدر (īn qadr)
U اتنا (itnā)

これまで〔これ迄〕
A حتى الآن (ḥattal-ān)
P تا كنون (tā konūn)
U اب تک (ab tak)

コレラ
A هيضة (hayḍa) ; كوليرا (kūlīrā)
P وبا (vabā)
U ہیضہ (haiza)

ころがす〔転がす〕
A دحرج (daḥraja)
P غلتاندن (ghaltāndan)
U لڑھکانا (luṛhkānā)

ころがる〔転がる〕
A تدحرج (tadaḥraja)
P غلتيدن (ghaltīdan)
U لڑھکنا (luṛhaknā)

ころす〔殺す〕
A قتل (qatala)
P كشتن (koshtan)
U مارڈالنا (mār-ḍālnā) ;
قتل كرنا (qatl karnā)

ころぶ〔転ぶ〕
A وقع (waqa‘a)
P افتادن (oftādan) ;
زمين خوردن (zamīn khordan)

U گر پڑنا (gir-paṛnā)

こわい〔怖い〕
A مخيف (mukhīf) ; خائف (khā’if)
P ترسناک (tars-nāk) ;
مخوف (makhūf)
U خوفناک (khauf-nāk)

こわがる〔怖がる〕
A خاف (khāfa)
P ترسيدن (tarsīdan)
U ڈرنا (ḍarnā)

こわす〔壊す〕
A كسر (kasara)
P شكستن (shekastan)
U توڑنا (tōṛnā)

こわれる〔壊れる〕
A انكسر (inkasara)
P شكسته شدن
(shekaste shodan) ;
خراب شدن (kharāb shodan)
U ٹوٹنا (ṭūṭnā)

こんがん〔懇願〕
A توسل (tawassul)
P التماس (eltemās)
U منت (minnat)

懇願する
A توسل (tawassala)
P التماس كردن (eltemās kardan)
U منت كرنا (minnat karnā)

こんき〔根気〕
A صبر (ṣabr)
P پشتكار (poshte-kār) ; صبر (sabr)
U صبر (sabr)

こんきょ 〔根拠〕
A أساس ('asās)
P اساس (asās)
U بنیاد (buniyād)
コンクール
A مسابقة (musābaqa)
P مسابقه (mosābeqe)
U مقابلہ (muqābila)
コンクリート
A خرسانة (kharasāna)
P بتن (beton)
U کنکریٹ (konkrīṭ)
こんげつ 〔今月〕
A هٰذا الشهر (hādhā-sh-shahr)
P این ماه (īn mah)
U اس مہینے (is mahīnē)
こんけつの 〔混血の〕
A مختلط الدم (mukhtaliṭu-d-dam)
P دورگه (do-rage)
U دوغلا (dōghlā)
こんご 〔今後〕
A من الآن (minal-ān)
P از این ببعد (az īn be-ba'd)
U اب سے (ab se)
こんごう 〔混合〕
A خلط (khalṭ)
P آمیزش (āmīzesh) ;
اختلاط (ekhtelāt)
U ملاوٹ (milāwaṭ)
コンサート
A كونسرت (kūnsirt) ;
حفلة موسيقية (ḥafla mūsīqiya)
P كنسرت (konsert)
U کنسرٹ (konserṭ)
こんざつ 〔混雑〕
A زحمة (zaḥma)
P شلوغی (sholūghī)
U بھیڑ (bhīṛ)
こんしゅう 〔今週〕
A هٰذا الأسبوع (hādhā-l-'usbū')
P این هفته (īn hafte)
U اس ہفتے (is haftē)
こんぜつ 〔根絶〕
A استئصال (isti'ṣāl)
P ریشه کنی (rīshe-kanī) ;
استیصال (estīsāl)
U استیصال (istīsāl)
根絶する
A استأصل (ista'ṣala)
P ریشه کن کردن (rīshe-kan kardan)
U استیصال کرنا (istīsāl karnā)
コンセント
A مقبس (maqbis)
P پریز (perīz)
U ساکٹ (sākeṭ)
コンタクトレンズ
A عدسات لاصقة ('adasāt-lāṣiqa)
P عدسی مماس ('adasīye-momās)
U اندرونی چشمہ (andarūnī-chashma)
こんだて 〔献立〕
A قائمة طعام (qā'ima ṭa'ām)
P صورت غذا (sūrate-ghazā)
U مینو (mīnū)
こんちゅう 〔昆虫〕
A حشرة (ḥashara)

P حشره (hashare)
U کیڑا (kīṛā)

コンテスト
A مسابقة (musābaqa)
P مسابقه (mosābeqe)
U مقابلہ (muqābila)

こんど 〔今度〕
A هٰذه المرة (hāzhihil-marra)
P این بار (īn bār)
U اس دفعہ (is dafa‘)

こんどう 〔混同〕
A اختلاط (ikhtilāt)
P اختلاط (ekhtelāt)
U گڑبڑ (gaṛbaṛ)

コンドーム
A کیس (kīs)
P کاپوت (kāpūt)
U ربڑ (rabaṛ)

こんな
A هٰكذا (hā-kadhā)
P چنین (chenīn)
U ایسا (aisā)

こんなん 〔困難〕
A صعوبة (ṣu‘ūba)
P مشکل (moshkel);
دشواری (doshvārī)
U مشکل (mushkil)
困難な
A صعب (ṣa‘b)
P مشکل (moshkel);
دشوار (doshvār)
U مشکل (mushkil)

こんにち 〔今日〕
A اليوم (al-yawm)
P امروز (emrūz)
U آج (āj)
今日は
A السلام عليكم (as-salām ‘alaykum)
P سلام عليكم (salām ‘aleikom)
U السلام علیکم (as-salām ‘alaikum)

コンパクト
A علبة بودرة (‘ulba būdra)
P جا پودری (jā pūdrī)
U جیبی سنگار دان (jēbī singār-dān)

コンパス
両脚器
A فرجار (firjār)
P پرگار (pargār)
U پرکار (parkār)

こんばん 〔今晩〕
A هٰذا المساء (hādhāl-masā’)
P امشب (emshab)
U آج شام (āj shām)
今晩は
A مساء الخير (masā’ul-khayr)
P شب بخیر (shab be-kheir)
U شام بخیر (shām ba-khair)

コンピューター
A كومبيوتر (kūmbiyūtar)
P کامپیوتر (kāmpiyoter);
رایانه (rāyāne)
U کامپیوٹر (kāmpiyūṭer)

こんぶ 〔昆布〕
A عشب بحري (‘ushb baḥrī)
P جلبک دریائی (jolbake-daryā’ī)

U بحری گھاس (bahrī ghās)

コンプレックス

A مركب نقص (murakkab naqṣ)

P عقدهٔ حقارت (‘oqdeye-heqārat)

U احساس کمتری (ehsāse-kamtarī)

コンマ

A فاصلة (fāṣila)

P ویرگول (vīrgūl)

U سکتہ (sakta)

こんや〔今夜〕

A هٰذه الليلة (hā<u>dh</u>ihi-l-layla)

P امشب (em<u>sh</u>ab)

U آج رات (āj rāt)

こんやく〔婚約〕

A خطبة (<u>kh</u>iṭba)

P نامزدی (nām-zadī)

U منگنی (maṇgnī)

婚約者

A (男) خطيب (<u>kh</u>aṭīb)；
(女) خطيبة (<u>kh</u>aṭība)

P نامزد (nām-zad)

U منگیتر (maṇgētar)

こんらん〔混乱〕

A اضطراب (iḍṭirāb)

P آشفتگی (ā<u>sh</u>oftegī)

U گڑبڑ (gaṛbaṛ)

混乱する

A اضطرب (iḍṭaraba)

P آشفتن (ā<u>sh</u>oftan)

U گڑبڑ ہونا (gaṛbaṛ hōnā)

こんろ〔焜炉〕

A فرن طبخ (furn ṭab<u>kh</u>)

P اجاق (ojāq)

U چولھا (<u>ch</u>ūlhā)

こんわく〔困惑〕

A حيرة (ḥayra)

P دستپاچگی (dast-pā<u>ch</u>egī)

U پریشانی (parē<u>sh</u>ānī)

困惑した

A محير (muḥayyar)

P دستپاچه (dast-pā<u>ch</u>e)

U پریشان (parē<u>sh</u>ān)

さ

さ〔差〕

A فرق (farq)

P فرق (farq)

U فرق (farq)

サーカス

A سرك (sirk)

P سیرک (sīrk)

U سرکس (sarkas)

サーチライト
A ضوء كشاف (ḍaw'-kashshāf)
P نور افكن (nūr-afkan)
U سرچ لائٹ (sarch-lā'iṭ)

サービス
A خدمة (khidma)
P سرويس (sarvīs)
U سروس (sarvis)

さい 〔才〕
A موهبة (mawhiba)
P استعداد (este'dād)
U قابليت (qābiliyat)

さい 〔犀〕
A كركدن (karkaddan)
P كرگدن (kargadan)
U گينڈا (gēṇḍā)

さいあいの 〔最愛の〕
A أعز ('a'azz)
P عزيز ترين ('azīz-tarīn)
U عزيز ترين ('azīz-tarīn)

ざいあく 〔罪悪〕
宗教・道徳上の罪悪
A إثم ('ithm) ; ذنب (dhanb)
P گناه (gonāh)
U گناه (gunāh)
法律上の罪悪
A جريمة (jarīma)
P جرم (jorm)
U جرم (jurm)

さいあくの 〔最悪の〕
A أسوأ ('aswa'u)
P بدترين (bad-tarīn)
U بدترين (bad-tarīn)

さいかい 〔再開〕
A استئناف (isti'nāf)
P بازگشائی (bāz-goshā'ī)
U دوباره آغاز (dō-bāra-āghāz)

さいがい 〔災害〕
A كارثة (kārítha) ;
مصيبة (muṣība)
P مصيبت (mosībat) ; بلا (balā)
U مصيبت (musībat)

ざいかい 〔財界〕
A دوائر مالية (dawā'ir mālīya)
P محافل بازرگانی (mahāfele-bāzargānī)
U كار و باری حلقه (kār-o-bārī halqa)

さいきん 〔最近〕
A مؤخرًا (mu'akhkharan)
P اخيراً (akhīran)
U آجكل (āj-kal)

さいきん 〔細菌〕
A بكتيريا (baktīriyā)
P ميكروب (mīkrob)
U جراثيم (jarāsīm)

さいくつ 〔採掘〕
A استخراج (istikhrāj)
P استخراج (estekhrāj)
U كانكنی (kān-kanī)
採掘する
A استخرج (istakhraja)
P استخراج كردن (estekhrāj kardan)
U كانكنی كرنا (kān-kanī karnā)

サイクリング
A ركوب الدراجة (rukūbu-d-darrāja)

P دوچرخه سواری (docharkhe-savārī)
U بائیسکل چلانا (bā'īskl chalānā)

さいぐんび 〔再軍備〕
A إعادة التسليح ('i'ādatu-t-taslīḥ)
P تجدید تسلیحات (tajdīde-taslīhāt)
U دوباره اسلحه بندی (dō-bāra aslaha-bandī)

さいけつ 〔採決〕
A تصويت (taṣwīt)
P رأی گیری (ra'y-gīrī)
U ووٹنگ (vōṭing)
採決する
A صوت (ṣawwata)
P رأی دادن (ra'y dādan)
U ووٹ لینا (vōṭ lēnā)

さいけつする 〔採血する〕
A أخذ الدم ('akhadha-d-dam)
P خون گرفتن (khūn gereftan)
U خون لینا (khūn lēnā)

さいけん 〔債権〕
A دين (dayn)
P بستانکاری (bestān-kārī)
U قرض (qarz)
債権者
A دائن (dā'in)
P بستانکار (bestān-kār)
U قرض خواه (qarz-khāh)

さいけん 〔債券〕
A سندات (sanadāt)
P اوراق قرضه (ourāqe-qarze) ; سندقرضه (sanad-qarze)
U بونڈ (bonḍ)

さいけん 〔再建〕
A إعادة البناء ('i'ādatul-binā')
P تجدید بنا (tajdīde-benā)
U از سر نو تعمیر (az sare-nau ta'mīr)
再建する
A أعاد البناء ('a'ādal-binā')
P تجدید بنا کردن (tajdīde-benā kardan)
U از سر نو تعمیر کرنا (az sare-nau ta'mīr karnā)

ざいげん 〔財源〕
A موارد مالية (mawārid mālīya)
P منبع درآمد (manba'e-dar-āmad)
U آمدنی کا ذریعہ (āmadnī ka zarī'a)

さいけんとう 〔再検討〕
A إعادة النظر ('i'ādatu-n-naẓar)
P تجدید نظر (tajdīde-nazar)
U دوباره غور (dō-bāra ghaur)
再検討する
A أعاد النظر ('a'āda-n-naẓar)
P تجدید نظر کردن (tajdīde-nazar kardan)
U دوباره غور کرنا (dō-bāra ghaur karnā)

さいご 〔最後〕
A آخر (ākhir)
P آخر (ākher) ; خاتمه (khāteme)
U آخر (ākhir) ; خاتمہ (khātima)
最後の
A أخير ('akhīr)
P آخرین (ākherīn)

U آخری (ākhirī)

さいこう 〔再考〕

→さいけんとう〔再検討〕

さいこう 〔再興〕

A إعادة البناء (’i‘ādatul-binā’)

P بازسازی (bāz-sāzī)

U بحالی (ba-hālī)

再興する

A أعاد البناء (’a‘ādal-binā’)

P بازسازی کردن (bāz-sāzī kardan)

U بحال کرنا (ba-hāl karnā)

さいこう 〔最高〕

最高の

A أعلى (’a‘lā)

P بلندترین (boland-tarīn) ; عالی (‘ālī)

U اعلیٰ ترین (a‘lā-tarīn)

最高裁判所

A محكمة عليا (maḥkama ‘ulyā)

P دیوان عالی کشور (dīvāne-‘ālīye-keshvar)

U سپریم کورٹ (sprīm-kōrṭ)

さいころ 〔骰子〕

A نرد (nard) ; زهر (zahr)

P طاس (tās) ; تاس (tās)

U پانسا (pāṇsā)

さいこん 〔再婚〕

A زواج مرة ثانية (zawāj marra thāniya)

P تجدید فراش (tajdīde-ferāsh) ; دوباره ازدواج (do-bāre ezdevāj)

U دوباره شادی (dō-bāra shādī)

さいさん 〔採算〕

A ربح (ribḥ)

P سود (sūd)

U فائده (fā’ida)

ざいさん 〔財産〕

A ملك (milk) ; ثروة (tharwa)

P دارائی (dārā’ī) ; ملک (melk)

U جائداد (jā’edād)

さいじつ 〔祭日〕

A عطلة رسمية (‘uṭla rasmīya)

P تعطیل ملی (ta‘tīle-mellī)

U قومی تعطیل (qaumī ta‘tīl)

さいしゅう 〔採集〕

A جمع (jam‘)

P جمع آوری (jam‘-āvarī)

U جمع (jama‘)

採集する

A جمع (jama‘a)

P جمع آوری کردن (jam‘-āvarī kardan)

U جمع کرنا (jama‘ karnā)

さいしゅうの 〔最終の〕

A أخير (’akhīr)

P آخرین (ākherīn)

U آخری (ākhirī)

さいしょ 〔最初〕

A أول (’awwal)

P آغاز (āghāz)

U ابتدا (ibtedā)

最初の

A أول (’awwal)

P نخست (nokhost) ; اولین (avvalīn)

U پہلا (pahlā) ; اول (awwal)

さいしょうの〔最小の〕
A أصغر ('aṣghar)
P کوچکترین (kūchek-tarīn)
U سب سے چھوٹا (sab se chhōṭā)
さいじょうの〔最上の〕
A أحسن ('aḥsan) ; أفضل ('afḍal)
P بهترین (behtarīn)
U بہترین (behtarīn)
さいしょく〔菜食〕
A تغذية نباتية (taghdhiya-nabātīya)
P گیاه خواری (giyāh-khārī)
U سبزی خوری (sabzī-khorī)
菜食主義者
A نباتی (nabātī)
P گیاه خوار (giyāh-khār)
U سبزی خور (sabzī-khor)
さいしんの〔最新の〕
A أحدث ('aḥdath) ; آخر (ākhir)
P آخرین (ākherīn)
U جدید ترین (jadīd-tarīn)
サイズ
A مقاس (maqās)
P اندازه (andāze)
U ناپ (nāp) ; سائز (sā'iz)
ざいせい〔財政〕
A المالية (al-mālīya)
P مالیه (mālīye) ; دارائی (dārā'ī)
U مالیت (mālīyat)
財政の
A مالی (mālī)
P مالی (mālī)
U مالی (mālī)

さいせいき〔最盛期〕
全盛期
A عصر ذهبی ('aṣr dhahabī)
P عصر طلائی ('asre-talā'ī)
U عہد زرین ('ahde-zarrīn)
出さかり
A موسم (mawsim)
P فصل (fasl)
U موسم (mausam)
さいせん〔再選〕
A إعادة الانتخاب ('i'ādatul-intikhāb
P تجدید انتخاب (tajdīde-entekhāb
U دوباره انتخاب (dō-bāra intekhāb
さいぜん〔最善〕
最善の
A أحسن ('aḥsan)
P بهترین (behtarīn)
U بہترین (behtarīn)
最善を尽くす
A بذل كل ما فى وسعه
(badhala kulla mā fī wus'ihi)
P منتهای کوشش خود را کردن
(montahāye-kūsheshe-khod rā kardan)
U حتی المقدور کوشش کرنا
(hattal-maqdūr kōshish karnā)
さいそく〔催促〕
A استحثاث (istiḥthāth)
P اصرار (esrār)
U تقاضا (taqāzā)
催促する
A استحث (istaḥaththa)
P اصرار کردن (esrār kardan)

U تقاضا کرنا (taqāzā karnā)

さいだい 〔最大〕

最大の

A أكبر ('akbar)

P بزرگترین (bozorg-tarīn)

U سب سے بڑا (sab se baṛā)

最大公約数

A القاسم المشترك الأكبر (al-qāsimul-mushtarakul-'akbar)

P بزرگترین بخشیاب مشترک (bozorg-tarīn bakhsh-yābe-moshtarak)

U جزو اکبر مشترک (juzve-akbare-mushtarak)

ざいたくする 〔在宅する〕

A موجود فى البيت (maujūd fil-bayt)

P در خانه بودن (dar khāne būdan)

U گھر پر ہونا (ghar par hōnā)

ざいだん 〔財団〕

A مؤسسة مالية (mu'assasa mālīya)

P بنیاد (bonyād)

U مالیاتی اداره (māliyātī idāra) ; فنڈ (fanḍ)

さいたんの 〔最短の〕

A أقصر ('aqṣar)

P کوتاه‌ترین (kūtāh-tarīn)

U سب سے چھوٹا (sab se chhōṭā)

さいちょうの 〔最長の〕

A أطول ('aṭwal)

P دراز ترین (derāz-tarīn)

U سب سے لمبا (sab se lambā)

さいてんする 〔採点する〕

A قدر الدرجات (qaddara-d-darajāt)

P نمره گذاشتن (nomre gozāshtan)

U نمبر لگانا (nambar lagānā)

さいなん 〔災難〕

A كارثة (kāritha) ; مصيبة (muṣība)

P مصیبت (mosībat)

U مصیبت (musībat)

事故

A حادثة (ḥāditha)

P حادثه (hādese)

U حادثہ (hādisa)

さいにゅう 〔歳入〕

A ايرادات سنوية حكومية (īrādāt sanawīya ḥukūmīya)

P درآمد سالانه دولت (dar-āmade-sālāneye-doulat)

U سرکاری سالانہ آمدنی (sarkārī sālāna āmadanī)

ざいにん 〔罪人〕

法律上の罪人

A مجرم (mujrim)

P مجرم (mojrem)

U مجرم (mujrim)

宗教上の罪人

A آثم (āthim)

P گناهکار (gonāh-kār)

U گناہگار (gūnāh-gār)

さいのう 〔才能〕

A موهبة (mawhiba)

P استعداد (este'dād)

U قابلیت (qābiliyat)

才能のある

A موهوب (mawhūb)

P با استعداد (bā-este'dād)

U قابل (qābil)

さいばい 〔栽培〕

A زراعة (zirā'a)

P كشت (ke<u>sh</u>t)

U كاشت (kā<u>sh</u>t)

栽培する

A زرع (zara'a)

P كاشتن (kā<u>sh</u>tan)

U كاشت كرنا (kā<u>sh</u>t karnā)

さいばん 〔裁判〕

A محاكمة (muḥākama)

P دادرسى (dād-rasī) ;
محاكمه (mohākeme)

U مقدمہ (muqaddama)

裁判官

A قاضٍ (qāḍin)

P دادرس (dād-ras) ; قاضى (qāzī)

U جج (jaj)

裁判所

A محكمة (maḥkama)

P دادگاه (dād-gāh)

U كورٹ (kōrṭ)

さいひょうせん 〔砕氷船〕

A كاسحة الجليد (kāsiḥatul-jalīd)

P كشتى يخ شكن (ke<u>sh</u>tīye-ya<u>kh</u>-<u>sh</u>ekan)

U يخ شكن جهاز (ya<u>kh</u>-<u>sh</u>ikan jahāz)

さいふ 〔財布〕

A حافظة (ḥāfiẓa)

P كيف پول (kīfe-pūl)

U بٹوا (baṭwā)

サイフォン

A سيفون (sīfūn)

P سيفون (sīfon)

U سيفن (saifan)

さいほう 〔裁縫〕

A خياطة (<u>kh</u>iyāṭa)

P دوزندگى (dūzandegī)

U سلائى (silā'ī)

さいぼう 〔細胞〕

A خلية (<u>kh</u>alīya)

P ياخته (yā<u>kh</u>te)

U خليہ (<u>kh</u>alīya)

ざいほう 〔財宝〕

A كنز (kanz)

P گنجينه (ganjīne)

U خزانہ (<u>kh</u>azāna)

さいみつが 〔細密画〕

A منمنمة (munamnama)

P مينياتور (mīniyātor)

U نقش كوچک (naq<u>sh</u>e-kō<u>ch</u>ak)

さいみん 〔催眠〕

催眠剤

A قرص منوم (qurṣ munawwim)

P قرص خواب (qorse-<u>kh</u>āb)

U نيندآور دوا (nīṇd-āvar dawā)

催眠術

A تنويم مغناطيسى (tanwīm ma<u>gh</u>nāṭīsī)

P هيپنوتيزم (hīpnotīzm)

U عمل تنويم ('amale-tanwīm)

さいむ 〔債務〕

A دين (dayn)

P بدهى (bedehī) ;
بدهكارى (bedeh-kārī)

U قرض (qarz)

債務者
A مدين (madīn)
P بدهكار (bedeh-kār)
U قرض دار (qarz-dār)

ざいもく 〔材木〕
A خشب (khashab)
P چوب (chūb)
U لکڑی (lakṛī)

さいよう 〔採用〕
雇用
A توظيف (tawẓīf)
P استخدام (estekhdām)
U ملازمت (mulāzimat)
採用する
A وظف (waẓẓafa)
P استخدام كردن (estekhdām kardan)
U ملازم رکھنا (mulāzim rakhnā)

ざいりょう 〔材料〕
原料
A مواد خام (mawādd khām)
P مواد خام (mavādde-khām)
U خام اشیا (khām ashyā)

さいりょうの 〔最良の〕
A أحسن (’aḥsan)
P بهترين (behtarīn)
U سب سے اچھا (sab se achchhā)；بہترین (behtarīn)

サイレン
A صفارة (ṣaffāra)
P آژير (āzhīr)；سوت (sūt)
U سائرن (sā’iren)

さいわい 〔幸い〕
A سعادة (sa‘āda)
P خوشحالى (khosh-hālī)
U خوشی (khushī)
幸いにも
A لحسن الحظ (li-ḥusnil-ḥaẓẓ)
P خوشبختانه (khosh-bakhtāne)
U خوش قسمتی سے (khush-qismatī se)

サイン
合図
A إشارة (’ishāra)
P اشاره (eshāre)
U اشاره (ishāra)
署名
A إمضاء (’imḍā’)；توقيع (tawqī‘)
P امضا (emzā)
U دستخط (dast-khatt)
サインする
A أمضى (’amḍā)；وقع (waqqa‘a)
P امضا كردن (emzā kardan)
U دستخط کرنا (dast-khatt karnā)

…さえ
A حتى (ḥattā)
P حتى (hattā)
U تک (tak)

さえぎる 〔遮る〕
A قاطع (qāṭa‘a)
P مسدود كردن (masdūd kardan)
U رکاوٹ ڈالنا (rukāwaṭ ḍālnā)

さえずる 〔囀る〕
A غرد (gharrada)
P جيک جيک كردن (jīk-jīk kardan)

U چہچہانا (chahchahānā)

さお 〔竿〕
A زانة (zāna)
P تیر (tīr)
U ڈنڈا (ḍanḍā)

さか 〔坂〕
A منحدر (munḥadar)
P شیب (shīb)
U ڈھلان (ḍhalān)

さかい 〔境〕
A حد (ḥadd)
P حد (hadd)
U حد (hadd)

国境
A حدود (ḥudūd)
P مرز (marz)
U سرحد (sar-had)

さかえる 〔栄える〕
A ازدهر (izdahara)
P رونق گرفتن (rounaq gereftan)
U فروغ پانا (farōgh pānā)

さかさま 〔逆様〕
逆様の
A معكوس (ma'kūs)
P وارونه (vārūne)
U الٹا (ulṭā)

逆様に
A معكوسًا (ma'kūsan)
P وارونه (vārūne)
U الٹا (ulṭā)

さがす 〔捜す・探す〕
A بحث (baḥatha)
P جستن (jostan)
U ڈھونڈنا (ḍhūṇḍnā)

さかずき 〔杯〕
A كأس (ka's)
P پیاله (piyāle) ; جام (jām)
U جام (jām)

さかだちする 〔逆立ちする〕
A وقف على يديه (waqafa 'alā yadayhi)
P بالانس زدن (bālāns zadan)
U سر کے بل کھڑا ہونا (sir ke bal kharạ hōnā)

さかな 〔魚〕
A سمك (samak)
P ماهی (māhī)
U مچھلی (machhlī)

さかのぼる 〔遡る〕
川を遡る
A صعد (ṣa'ida)
P بالا رفتن (bālā raftan)
U اوپر کی طرف جانا (ūpar ki taraf jānā)

遡及する
A رجع (raja'a)
P عطف بما سبق شدن ('atf be-mā-sabaq shodan)
U نافذ رجعی ہونا (nāfize-raj'ī hōnā)

さかば 〔酒場〕
A حانة (ḥāna) ; خمارة (khammāra)
P بار (bār) ; میخانه (mei-khāne)
U بار (bār) ; شراب خانہ (sharāb-khāna)

さからう 〔逆らう〕
A خالف (khālafa)

P مخالفت كردن (mokhālefat kardan)
U مخالفت کرنا (mukhālifat karnā)

さかり 〔盛り〕
A أوج ('awj) ; عنفوان ('unfawān)
P اوج (ouj) ; عنفوان ('onfovān)
U عروج ('urūj)

さがる 〔下がる〕
降りる
A نزل (nazala)
P پايين آمدن (pāyīn āmadan)
U گرنا (girnā)

さかんな 〔盛んな〕
A مزدهر (muzdahir)
P با رونق (bā-rounaq)
U با فروغ (bā-farōgh)

さき 〔先〕
未来
A مستقبل (mustaqbal)
P آينده (āyande)
U مستقبل (mustaqbil)
先端
A طرف (ṭaraf)
P سر (sar)
U سرا (sirā)

さぎ 〔詐欺〕
A نصب (naṣb)
P كلاهبردارى (kolāh-bardārī)
U دغا (daghā)
詐欺師
A نصاب (naṣṣāb)
P كلاهبردار (kolāh-bardār)
U دغاباز (daghā-bāz)

さぎ 〔鷺〕
A بلشون (balashūn)
P حواصيل (havāsīl)
U بگلا (baglā)

さきおととい
A منذ ثلاثة أيام (mundh thalātha 'ayyām)
P سه روز پيش (se rūze-pīsh)
U تين دن پہلے (tīn din pahlē)

さきごろ 〔先頃〕
A منذ مدة (mundh mudda)
P چند روز پيش (chand rūze-pīsh)
U کچھ دن پہلے (kuchh din pahlē)

さきばらい 〔先払い〕
A دفع مقدمًا (daf' muqaddaman)
P پيش پرداخت (pīsh-pardākht)
U پيش ادائى (pēsh-adā'ī)
先払いする
A دفع مقدمًا (dafa'a muqaddaman)
P پيش پرداخت كردن (pīsh-pardākht kardan)
U پيشگى ادا کرنا (pēshgī adā karnā)

さきゅう 〔砂丘〕
A كثيب رملى (kathīb ramalī)
P تلماسه (tal-māse)
U ريگى ٹيلا (rēgī ṭīlā)

さぎょう 〔作業〕
A عمل ('amal)
P كار (kār)
U کام (kām)
作業場
A معمل (ma'mal)

P کار گاه (kār-gāh)
U ورک شاپ (wark-shāp)

さきん 〔砂金〕
A تراب ذهبی (turāb dhahabī)
P خاکه طلا (khake talā)
U سونے کا خاک (sōnē ka khāk)

さく 〔咲く〕
A تفتح (tafattaḥa)
P شکفتن (shekoftan)
U کهلنا (khilnā)

さく 〔裂く〕
A مزق (mazzaqa)
P دریدن (darīdan)；
پاره کردن (pāre kardan)
U پهاڑنا (phāṛnā)；چیرنا (chīrnā)

さく 〔柵〕
A سیاج (siyāj)；سور (sūr)
P پرچین (parchīn)
U جنگلا (janglā)

さくいん 〔索引〕
A فهرس (fihris)
P نمایه (nemāye)
U اشاریه (ishārīya)

さくげん 〔削減〕
A تخفیض (takhfīḍ)
P تقلیل (taqlīl)
U تخفیف (takhfīf)

削減する
A خفض (khaffaḍa)
P تقلیل دادن (taqlīl dādan)
U تخفیف کرنا (takhfīf karnā)

さくじつ 〔昨日〕
A أمس (’amsi)
P دیروز (dīrūz)
U کل (kal)

さくしゃ 〔作者〕
A کاتب (kātib)
P نویسنده (nevīsande)
U مصنف (musannif)

さくじょ 〔削除〕
A حذف (ḥadhf)
P حذف (hazf)
U اخراج (ikhrāj)

削除する
A حذف (ḥadhafa)
P حذف کردن (hazf kardan)
U خارج کرنا (khārij karnā)

さくせい 〔作成〕
A وضع (waḍ‘)；إعداد (’i‘dād)
P تهیه (tahīye)；تشکیل (tashkīl)
U تشکیل (tashkīl)

作成する
A وضع (waḍa‘a)；أعد (’a‘adda)
P تهیه کردن (tahīye kardan)
U تشکیل کرنا (tashkīl karnā)

さくせん 〔作戦〕
A عملية (‘amalīya)
P عملیات نظامی (‘amalīyāte-nezāmī)
U فوجی نقل و حرکت (faujī naql-o-harkat)

さくねん 〔昨年〕
A السنة الماضية (as-sanatul-māḍiya)
P سال گذشته (sāle-gozashte)；
پارسال (pārsāl)
U پچهلے سال (pichhlē sāl)

さくひん 〔作品〕
A عمل ('amal)
P اثر (asar)
U نمونہ (namūna) ; تصنیف (tasnīf)
さくぶん 〔作文〕
A إنشاء ('inshā')
P انشا (enshā) ;
جمله سازی (jomle-sāzī)
U مضمون نگاری (mazmūn-nigārī) ;
انشا (inshā)
さくもつ 〔作物〕
A محصول (maḥṣūl)
P محصول (mahsūl)
U فصل (fasl)
さくや 〔昨夜〕
A ليلة أمس (layla 'amsi)
P دیشب (dīshab)
U کل رات (kal rāt)
さくら 〔桜〕
A كرز (karaz)
P گیلاس (gīlās)
U چیڑی (chēṛī)
さくりゃく 〔策略〕
A حيلة (ḥīlā)
P حیله (hīle)
U چال (chāl)
ざくろ 〔柘榴〕
A رمان (rummān)
P انار (anār)
U انار (anār)
さけ 〔酒〕
A خمر (khamr)
P شراب (sharāb) ; می (mei)
U شراب (sharāb)
さけ 〔鮭〕
A سلمون (salmūn)
P ماهی آزاد (māhīye-āzād)
U سامن مچھلی (sāmon machhlī)
さけび 〔叫び〕
A صرخة (ṣarkha) ; صيحة (ṣayḥa)
P فریاد (faryād)
U پکار (pukār)
さけぶ 〔叫ぶ〕
A صرخ (ṣarakha) ; صاح (ṣāḥa)
P فریاد زدن (faryād zadan)
U پکارنا (pukārnā)
さける 〔裂ける〕
A انشق (inshaqqa)
P شکاف خوردن (shekāf khordan) ;
پاره شدن (pāre shodan)
U پھٹنا (phaṭnā)
さける 〔避ける〕
A تجنب (tajannaba)
P اجتناب کردن (ejtenāb kardan)
U ٹالنا (ṭālnā)
さげる 〔下げる〕
吊す
A علق ('allaqa)
P آویختن (āvīkhtan)
U لٹکانا (laṭkānā)
値を低くする
A خفض (khaffaḍa)
P تخفیف دادن (takhfīf dādan)
U کم کرنا (kam karnā)
ささいな 〔些細な〕
A تافه (tāfih)

P جزئی (jozʼī)
U ذراسا (zarā-sā)

ささえ 〔支え〕
A سند (sanad)
P پشتیبانی (poshtībānī)
U تهام (thām)
支える
A ساند (sānada)
P پشتیبانی کردن (poshtībānī kardan)
U تهامنا (thāmnā)

ささげる 〔捧げる〕
献呈する
A قدم (qaddama) ; أهدى (ʼahdā)
P تقدیم کردن (taqdīm kardan)
U پیش کرنا (pēsh karnā)
生涯を捧げる
A كرس (karrasa)
P وقف کردن (vaqf kardan)
U نذر کرنا (nazr karnā)

ささやく 〔囁く〕
A همس (hamasa)
P نجوا کردن (najvā kardan)
U سرگوشیوں میں کہنا (sar-gōshiyoṇ meṇ kahnā)

さじ 〔匙〕
A ملعقة (milʻaqa)
P قاشق (qāshoq)
U چمچہ (chamcha)

さしあげる 〔差し上げる〕
進呈する
A أهدى (ʼahdā)
P تقدیم کردن (taqdīm kardan)
U پیش کرنا (pēsh karnā)

さしえ 〔挿し絵〕
A صورة (ṣūra)
P تصویر (tasvīr)
U تصویر (tasvīr)
挿し絵画家
A رسام صور (rassām ṣuwar)
P تصویرگر (tasvīr-gar)
U مصور (musavvir)

さしおさえる 〔差し押さえる〕
A صادر (ṣādar)
P ضبط کردن (zabt kardan)
U ضبط کرنا (zabt karnā)

さしころす 〔刺し殺す〕
A طعن و قتل (ṭaʻana wa qatala)
P چاقو زده کشتن (chāqū zade koshtan)
U گھونپ کر قتل کرنا (ghōṇp kar qatl karnā)

さしず 〔指図〕
A أمر (ʼamr)
P دستور (dastūr)
U حکم (hukm)
指図する
A أمر (ʼamara)
P دستور دادن (dastūr dādan)
U حکم دینا (hukm dēnā)

さしだしにん 〔差出人〕
A مرسل (mursil)
P فرستنده (ferestande)
U بھیجنے والا (bhējnē-wālā)

さしつかえ 〔差し支え〕
A مانع (māniʻ)

P مانع (māne‘)
U رکاوٹ (rukāwaṭ)

さしょう 〔査証〕
ビザ
A تأشيرة (ta’shīra)
P رواديد (ravādīd) ; ويزا (vīzā)
U ويزا (vīzā)

さす 〔刺す〕
A لدغ (ladagha)
P نيش زدن (nīsh zadan)
U ڈنک مارنا (ḍank mārnā)
短剣で刺す
A طعن (ṭa‘ana)
P چاقو زدن (chāqū zadan)
U گھونپنا (ghōṇpnā)

さす 〔指す〕
A أشار (’ashāra)
P اشاره کردن (eshāre kardan)
U اشاره کرنا (ishāra karnā)

さずける 〔授ける〕
A منح (manaḥa) ; أعطى (’a‘ṭā)
P اعطا کردن (e‘tā kardan)
U عطا کرنا (‘atā karnā)

ざせき 〔座席〕
A مقعد (maq‘ad)
P جا (jā) ; صندلی (sandalī)
U سیٹ (sīṭ)

ざせつする 〔挫折する〕
A فشل (fashila)
P ناکام شدن (nā-kām shodan)
U ناکام ہونا (nā-kām hōnā)

さそう 〔誘う〕
A دعا (da‘ā)
P دعوت کردن (da‘vat kardan)
U دعوت دینا (da‘wat dēnā)

さそり
A عقرب (‘aqrab)
P کژدم (kazhdom) ; عقرب (‘aqrab)
U بچھو (bichchhū)

さだまる 〔定まる〕
A تقرر (taqarrara)
P مستقر شدن (mostaqerr shodan)
U مقرر ہونا (muqarrar hōnā)

さだめ 〔定め〕
運命
A قدر (qadar)
P سرنوشت (sar-nevasht)
U تقدیر (taqdīr)

さだめる 〔定める〕
決める
A قرر (qarrara) ; حدد (ḥaddada)
P مستقر کردن (mostaqerr kardan)
U مقرر کرنا (muqarrar karnā)

さつ 〔札〕
紙幣
A بنكنوت (banknōt) ;
ورقة مالية (waraqa mālīya)
P اسکناس (eskenās)
U نوٹ (nōṭ)

さつ 〔冊〕
A مجلد (mujallad)
P جلد (jeld)
U جلد (jild)

さつえい 〔撮影〕
A تصوير (taṣwīr)
P عکس برداری (‘aks-bardārī)

U عکاسی ('akkāsī)

撮影する

A صور (ṣawwara)

P عکس برداشتن ('aks bar-dāshtan)

U فوٹو لینا (foṭo lēnā)

ざつおん 〔雑音〕

A ضوضاء (ḍawḍā')

P سر و صدا (sar-o-sedā)

U شور (shōr)

さっか 〔作家〕

A （男）كاتب (kātib)；（女）كاتبة (kātiba)

P نویسنده (nevīsande)

U （男）مصنف (musannif)；（女）مصنفہ (musannifa)

サッカー

A كرة القدم (kuratul-qadam)

P فوتبال (fūtbāl)

U فٹ بال (fuṭbāl)

さっきょく 〔作曲〕

A تلحين (talḥīn)

P آهنگسازی (āhang-sāzī)

U نغمہ گری (naghma-garī)

作曲家

A ملحن (mulaḥḥin)

P آهنگساز (āhang-sāz)

U نغمہ نگار (naghma-nigār)

さっきん 〔殺菌〕

A تعقيم (ta'qīm)

P ضد عفونی (zedde-'ofūnī)

U جراثیم کشی (jarāsīm-kushī)

殺菌する

A عقم ('aqqama)

P ضد عفونی کردن (zedde-'ofūnī kardan)

U جراثیم مارنا (jarāsīm mārnā)

ざっし 〔雑誌〕

A مجلة (majalla)

P مجله (majalle)

U رسالہ (risāla)

さつじん 〔殺人〕

A قتل (qatl)

P قتل (qatl)

U قتل (qatl)

殺人犯

A قاتل (qātil)

P قاتل (qātel)

U قاتل (qātil)

ざっそう 〔雑草〕

A حشائش (ḥashā'ish)

P علف هرزه ('alafe-harze)

U گھاس پھوس (ghās-phūs)

さっそく 〔早速〕

A فورًا (fawran)

P فوراً (fouran)

U فوراً (fauran)

ざつだん 〔雑談〕

A دردشة (dardasha)

P گپ (gap)

U گپ (gap)

さっちゅうざい 〔殺虫剤〕

A مبيدات حشرات (mubīdāt-ḥasharāt)

P حشره کش (hashare-kosh)

U کیڑے ماردوا (kīṛē-mār-dawā)

ざっとう 〔雑踏〕

A ازدحام (izdiḥām)

P شلوغی (sholūghī) ;

ازدحام (ezdehām)

U بھیڑ (bhīṛ)

雑踏する

A ازدحم (izdaḥama)

P ازدحام کردن (ezdehām kardan) ;

شلوغ شدن (sholūgh shodan)

U بھیڑ لگنا (bhīṛ lagnā)

さつまいも 〔さつま芋〕

A بطاطة حلوة (baṭāṭā ḥulwa)

P سیب زمینی شیرین

(sīb-zamīnīye-shīrīn)

U شکرقند (shakar-qand)

さてい 〔査定〕

A تخمين (takhmīn)

P ارزیابی (arz-yābī)

U تشخیص (tashkhīs)

査定する

A خمن (khammana)

P ارزیابی کردن (arz-yābī kardan)

U تشخیص کرنا (tashkhīs karnā)

さとう 〔砂糖〕

A سكر (sukkar)

P شکر (shekar)

U شکر (shakar)

砂糖きび

A قصب السكر (qaṣabu-s-sukkar)

P نیشکر (nei-shekar)

U گنا (gannā)

さとる 〔悟る〕

A أدرك ('adraka)

P ادراک کردن (edrāk kardan)

U سمجھنا (samajhnā)

さばく 〔砂漠〕

A صحراء (ṣaḥrā')

P بیابان (biyābān) ; صحرا (sahrā)

U ریگستان (rēgistān)

さばく 〔裁く〕

A حكم (ḥakama)

P دادرسی کردن (dād-rasī kardan)

U فیصلہ سنانا (faisla sunānā)

さび 〔錆〕

A صدأ (ṣada')

P زنگ (zang)

U زنگ (zang)

錆びる

A صدئ (ṣadi'a)

P زنگ زدن (zang zadan)

U زنگ لگنا (zang lagnā)

さびしい 〔寂しい〕

A موحش (mūḥish)

P دلتنگ (del-tang)

U تنہا (tanhā)

さびれる 〔寂れる〕

A أقفر ('aqfara)

P ویران شدن (vīrān shodan)

U اجڑنا (ujaṛnā)

サファイア

A ياقوت (yāqūt)

P یاقوت کبود (yāqūte-kabūd)

U نیلم (nīlam)

サフラン
A زعفران (za'farān)
P زعفران (za'farān)
U زعفران (za'farān)

さべつ 〔差別〕
A تمييز (tamyīz)
P تبعيض (tab'īz)
U امتياز (imteyāz)
差別する
A ميز (mayyaza)
P تبعيض كردن (tab'īz kardan)
U امتياز كرنا (imteyāz karnā)
人種差別
A تمييز عنصرى (tamyīz 'unṣurī)
P تبعيض نژادى (tab'īze-neẕhādī)
U امتياز نسلى (imteyāze-naslī)

さほう 〔作法〕
A آداب (ādāb)
P آداب (ādāb)
U آداب مجلس (ādābe-majlis)

サボタージュ
A أعمال التخريب ('a'mālu-t-takhrīb)
P خرابكارى (kharāb-kārī)
U تخريب كارى (takhrīb-kārī)

サボテン
A صبار (ṣabbār)
P كاكتوس (kāktūs)
U كيكٹس (kaikṭs)

…さま 〔…様〕
男性に対して
A السيد (as-sayyid)
P جناب آقاى (jenābe-āqāye)
U جناب (janāb)

さまざまな 〔様々な〕
A مختلف (mukhtalif)
P مختلف (mokhtalef)
U مختلف (mukhtalif)

さます 〔冷ます〕
A برد (barrada)
P خنک كردن (khonak kardan)
U ٹھنڈا كرنا (ṭhanḍā karnā)

さます 〔覚ます〕
A استيقظ (istayqaẓa)
P بيدار شدن (bīdār shodan)
U جاگنا (jāgnā)

さまたげ 〔妨げ〕
A إعاقة ('i'āqa)
P مانع (māne')
U ركاوٹ (rukāwāṭ)
妨げる
A أعاق ('a'āqa)
P مانع شدن (māne' shodan)
U ركاوٹ ڈالنا (rukāwaṭ ḍālnā)

さまよう 〔さ迷う〕
A هام على وجهه (hāma 'alā wajhihi)
P سرگردان شدن (sar-gardān shodan)
U ادهر ادهر پهرنا (idhar udhar phirnā)

さむい 〔寒い〕
A بارد (bārid)
P سرد (sard)
U ٹھنڈا (ṭhanḍā) ; سرد (sard)

さむさ 〔寒さ〕
A برد (bard)
P سردى (sardī)
U ٹھنڈ (ṭhanḍ) ; سردى (sardī)

さめ 〔鮫〕
A قرش (qirsh)
P کوسه (kūse)
U شارک مچھلی (shārk machhlī)

さめる 〔冷める〕
A برد (baruda)
P خنک شدن (khonak shodan)
U ٹھنڈا ہونا (ṭhanḍā hōnā)

さめる 〔褪める〕
色が褪める
A بهت (bahita)
P پریدن (parīdan)
U اڑنا (uṛnā)

さもないと
A و إلا (wa-'illā)
P وگرنه (va-gar-na) ; والا (va-ellā)
U نہیں تو (nahīṇ-to) ; ورنہ (warna)

さや 〔鞘〕
A غمد (ghimd)
P غلاف (ghalāf) ; نیام (niyām)
U میاں (miyāṇ) ; غلاف (ghilāf)

さゆう 〔左右〕
A يمين و يسار (yamīn wa yasār)
P راست و چپا (rāst-o-chap)
U دایاں اور بایاں (dāyāṇ aur bāyāṇ)

さよう 〔作用〕
働き
A تفاعل (tafā'ul)
P عمل ('amal)
U عمل ('amal)
影響
A تأثير (ta'thīr)
P تأثیر (ta'sīr)
U اثر (asar)

さようなら
A مع السلامة (ma'a-s-salāma)
P خدا حافظ (khodā hāfez)
U خدا حافظ (khudā hāfiz)

さよく 〔左翼〕
A اليسار (al-yasār)
P چپ گرائی (chap-gerā'ī)
U بایاں بازو (bāyāṇ-bāzū)

さら 〔皿〕
A صحن (ṣaḥn)
P بشقاب (boshqāb)
U قاب (qāb) ; تھالی (thālī)

サラダ
A سلاطة (salāṭa)
P سالاد (salād)
U سلاد (salād)

さらに 〔更に〕
A علاوة على ذلك ('ilāwa 'alā-dhālika)
P علاوه براین ('alāve bar-īn)
U اس کے علاوہ (is ke 'ilāwa)

サラリー
A راتب (rātib)
P حقوق (hoqūq)
U تنخواہ (tankhāh)

サラリーマン
A موظف (muwaẓẓaf)
P حقوق بگیر (hoqūq-begīr)
U تنخواہ دار (tankhāh-dār)

さる 〔猿〕
A قرد (qird)
P میمون (meimūn)
U بندر (bandar)

さる 〔去る〕
A غادر (ghādar)
P ترک کردن (tark kardan)
U چھوڑنا (chhōṛnā)

ざる 〔笊〕
A مصفاة (miṣfā)
P آبکش (āb-kesh)
U ٹوکری (ṭōkrī)

サロン
A صالة (ṣāla)
P سالن (sālon)
U ہال (hāl)

さわがしい 〔騒がしい〕
A كثير الضوضاء (kathīru-ḍ-ḍawḍā')
P پر سر و صدا (por sar-o-sedā)
U شور و غل والا (shōr-o-ghul wālā)

さわぎ 〔騒ぎ〕
騒乱
A شغب (shaghab)
P آشوب (āshūb)
U ہل چل (hal-chal)
喧噪
A ضوضاء (ḍawḍā')
P سر و صدا (sar-o-sedā)
U شور (shōr)

さわぐ 〔騒ぐ〕
A أحدث ضوضاء ('aḥdatha ḍawḍā')
P سر و صدا کردن (sar-o-sedā kardan)
U شور مچانا (shōr machānā)

さわやかな 〔爽やかな〕
A منعش (mun'ish)
P تازه (tāze) ; نشاط‌آور (neshāt-āvar)
U تازه (tāza) ; راحت بخش (rāhat-bakhsh)

さわる 〔触る〕
A مس (massa)
P دست زدن (dast zadan)
U چھونا (chhūnā)

さん 〔三〕
A ثلاثة (thalātha)
P سه (se)
U تین (tīn)

さん 〔酸〕
A حامض (ḥāmiḍ)
P اسید (asīd)
U تیزاب (tēzāb)

さんか 〔参加〕
A اشتراك (ishtirāk)
P شرکت (sherkat)
U شرکت (shirkat)
参加する
A اشترك (ishtaraka)
P شرکت کردن (sherkat kardan)
U شرکت کرنا (shirkat karnā)

さんかくけい 〔三角形〕
A مثلث (muthallath)
P مثلث (mosallas) ; سه‌گوشه (se-gūshe)
U مثلث (musallas) ; تکون (tikōn)

さんがつ 〔三月〕
A مارس (māris)
P مارس (mārs)
U مارچ (mārch)

んぎいん 〔参議院〕
A مجلس الشيوخ (majlisu-sh-shuyūkh)
P مجلس شورا (majlese-shourā)；مجلس سنا (majlese-senā)
U ايوان بالا (aiwāne-bālā)

さんぎょう 〔産業〕
A صناعة (ṣinā'a)
P صنعت (san'at)
U صنعت (san'at)
産業の
A صناعى (ṣinā'ī)
P صنعتى (san'atī)
U صنعتى (san'atī)

ざんぎょう 〔残業〕
A عمل إضافى ('amal 'iḍāfī)
P اضافه كار (ezāfe-kār)
U زائد وقت كا كام (zā'id waqt ka kām)

ざんきん 〔残金〕
A رصيد (raṣīd)；الباقى (al-bāqī)
P بقيه (baqīye)
U بقيه (baqīya)

サングラス
A نظارة شمسية (naẓẓāra shamsīya)
P عينك آفتابى ('einake-āftābī)
U دهوپ چشمه (dhūp chashma)

さんご 〔珊瑚〕
A مرجان (marjān)
P مرجان (marjān)
U مونگا (mūngā)

さんこう 〔参考〕
A مرجع (marji')
P مراجعه (morāje'e)
U حواله (hawāla)
参考書
A مراجع (marāji')
P كتاب مرجع (ketābe-marja')
U كتاب حواله (kitābe-hawāla)

ざんこく 〔残酷〕
A قسوة (qaswa)
P بيرحمى (bī-rahmī)
U بے رحمى (bē-rahmī)
残酷な
A قاسٍ (qāsin)
P بيرحم (bī-rahm)
U بے رحم (bē-rahm)

さんじ 〔惨事〕
A فاجعة (fāji'a)；كارثة (kāritha)
P فاجعه (fāje'e)
U خوفناک حادثه (khauf-nāk hādisa)

ざんじ 〔暫時〕
A برهةً (burhatan)
P براى مدت كوتاهى (barāye-moddate-kūtāhī)
U تهوڑى دير (thōṛī dēr)

さんじせいげん 〔産児制限〕
A تحديد الولادات (taḥdīdul-wilādāt)
P كنترل مواليد (kontrele-mavālīd)
U خاندانى منصوبه بندى (khāndānī mansuba-bandī)

さんじゅう 〔三十〕
A ثلاثون (thalāthūn)
P سى (sī)
U تيس (tīs)

さんしょうする 〔参照する〕
A راجع (rāja'a)
P مراجعه كردن (morāje'e kardan)
U حوالہ دینا (hawāla dēnā)
さんすう 〔算数〕
A علم الحساب ('ilmul-ḥisāb)
P علم حساب ('elme-hesāb)
U علم حساب ('ilme-hisāb)
さんせい 〔賛成〕
A موافقة (muwāfaqa)
P موافقت (movāfeqat)
U منظوری (manzūrī)
賛成する
A وافق (wāfaqa)
P موافقت كردن (movāfeqat kardan)
U منظوری دینا (manzūrī dēnā)
さんせいけん 〔参政権〕
A حق التصويت (ḥaqqu-t-taṣwīt) ; حق الانتخاب (ḥaqqul-intikhāb)
P حق رأى (haqqe-ra'y)
U حق رائے دہی (haqqe-rāe-dehī)
さんそ 〔酸素〕
A أوكسجين ('ūksujīn)
P اكسيژن (oksīzhen)
U آكسيجن (āksījan)
サンタクロース
A بابا نويل (bābā-nuwīl)
P بابا نوئل (bābā-no'el)
U بابا كرسمس (bābā-karismas)
サンダル
A صندل (ṣandal)
P صندل (sandal)
U چپل (chappal)
さんちょう 〔山頂〕
A قمة الجبل (qimmatul-jabal)
P قله (qolle)
U پہاڑ کی چوٹی (pahāṛ ki chōṭī)
ざんていの 〔暫定の〕
A مؤقت (mu'aqqat)
P موقت (movaqqat)
U عارضی ('ārizī)
サンドイッチ
A ساندويتش (sānduwītsh)
P ساندويچ (sāndvīch)
U سینڈوچ (sainḍwich)
ざんねんな 〔残念な〕
A مؤسف (mu'sif)
P متأسف (mota'assef)
U افسوس ناک (afsōs-nāk)
さんば 〔産婆〕
A قابلة (qābila) ; مولدة (muwallida)
P ماما (māmā) ; قابله (qābele)
U دائی (dā'ī) ; دایہ (dāya)
さんぱいする 〔参拝する〕
A زار (zāra)
P زيارت كردن (ziyārat kardan)
U زیارت کرنا (ziyārat karnā)
さんばし 〔桟橋〕
A رصيف (raṣīf)
P اسكله (eskele)
U حفاظتی بند (hifāzatī-band)
さんぱつする 〔散髪する〕
A حلق شعر الرأس (ḥalaqa sha'ru-r-ra's)
P موی سر اصلاح كردن (mūye-sar

eslāh kardan)

U بال کٹوانا (bāl kaṭwānā)

んふじんか 〔産婦人科〕

A طب النساء و ولادة
(ṭibbu-n-nisā' wa wilāda)

P پزشکی زنان و زایمان
(pezeshkīye-zanān va zāyemān)

U طب قابلہ گیری و امراض نسوانی
(tibbe-qābila-gīrī-o-amrāze-niswānī)

さんぶつ 〔産物〕

A محصولات (maḥṣūlāt);
منتجات (muntajāt)

P محصولات (mahsūlāt)

U پیداوار (paidāwār)

サンプル

A عينة ('ayyana)

P نمونه (nemūne)

U نمونہ (namūna)

さんぶん 〔散文〕

A نثر (nathr)

P نثر (nasr)

U نثر (nasr)

散文の

A نثري (nathrī)

P نثری (nasrī)

U نثری (nasrī)

さんぽ 〔散歩〕

A تمشّ (tamashsh)

P گردش (gardesh)

U سیر (sair)

散歩する

A تمشى (tamashshā)

P گردش کردن (gardesh kardan)

U سیر کرنا (sair karnā)

さんみゃく 〔山脈〕

A سلسلة جبال (silsila-jibāl)

P رشته کوه (reshteye-kūh)

U سلسلہ کوہ (silsilae-kōh)

さんりん 〔山林〕

A غابة (ghāba)

P جنگل (jangal)

U جنگل (jangal)

さんりんしゃ 〔三輪車〕

A دراجة بثلاث عجلات
(darrāja bi-thalāth 'ajalāt)

P سه چرخه (se-charkhe)

U ٹرائیسکل (ṭrā'īsikl)

さんろく 〔山麓〕

A تل سفحي (tall safḥī)

P دامنه (dāmane)

U پہاڑ کا دامن (pahāṛ ka dāman)

し

し 〔四〕
A أربعة ('arba'a)
P چهار (chahār)
U چار (chār)

し 〔市〕
A مدينة (madīna)
P شهر (shahr)
U شهر (shahar)

し 〔死〕
A موت (mawt)
P مرگ (marg) ; موت (mout)
U موت (maut)

し 〔詩〕
A شعر (shi'r)
P شعر (she'r)
U شعر (she'r)

し 〔師〕
A أستاذ ('ustādh)
P استاد (ostād)
U استاد (ustād)

じ 〔字〕
A خط (khaṭṭ) ; حرف (ḥarf)
P خط (khatt) ; حرف (harf)
U حرف (harf)

じ 〔時〕
A ساعة (sā'a)
P ساعت (sā'at)
U بجا (bajā) ; بجے (bajē)

じ 〔痔〕
A باسور (bāsūr) ; بواسير (bawāsīr)
P بواسير (bavāsīr)
U بواسير (bawāsīr)

しあい 〔試合〕
A مباراة (mubārā)
P مسابقه (mosābeqe)
U مقابله (muqābila)

しあがる 〔仕上がる〕
A اكتمل (iktamala)
P تکمیل شدن (takmīl shodan)
U مکمل ہونا (mukammal hōnā)

しあげる 〔仕上げる〕
A كمل (kammala)
P تکمیل کردن (takmīl kardan)
U مکمل کرنا (mukammal karnā)

しあわせ 〔幸せ〕
A سعادة (sa'āda)
P خوشحالی (khosh-hālī)
U خوش حالی (khush-hālī)

幸せな
A سعيد (sa'īd)
P خوشحال (khosh-hāl)
U خوش حال (khush-hāl)

しあん 〔思案〕
A تفكر (tafakkur)
P تفکر (tafakkor)
U فکر (fikr)
思案する
A فكر (fakkara)
P تفکر کردن (tafakkor kardan)
U فکر کرنا (fikr karnā)

シーアは 〔シーア派〕
A الشيعة (ash-shī'a)
P شيعه (shī'e)
U شیعہ (shī'a)
シーア派教徒
A شيعي (shī'ī)
P شیعی (shī'ī)
U شیعی (shī'ī)

しいく 〔飼育〕
A تربية (tarbiya)
P پرورش (parvaresh)
U نسل کشی (nasl-kashī)
飼育する
A ربى (rabbā)
P پرورش دادن (parvaresh dādan)
U نسل کشی کرنا (nasl-kashī karnā) ; پالنا (pālnā)

シーズン
A فصل (faṣl)
P فصل (fasl)
U موسم (mausam)

シーソー
A أرجوحة ('urjūḥa)
P الاکلنگ (allākolang)
U ہنڈولا (hanḍōlā)

シーツ
A ملاءة (mulā'a) ;
شرشف (sharshaf)
P ملافه (malāfe)
U چادر (chādar)

ジープ
A سيارة الجيب (sayyāratul-jīb)
P جيپ (jīp)
U جیپ (jīp)

しいる 〔強いる〕
A أجبر ('ajbara)
P مجبور کردن (majbūr kardan)
U مجبور کرنا (majbūr karnā)

しいん 〔子音〕
A حرف صامت (ḥarf ṣāmit)
P صامت (sāmet) ;
همخوان (ham-khān)
U حرف صحيح (harfe-sahīh)

しいん 〔死因〕
A سبب الوفاة (sababul-wafā)
P سبب مرگ (sababe-marg)
U موت کا سبب (maut ka sabab)

じいん 〔寺院〕
A معبد (ma'bad)
P معبد (ma'bad)
U مندر (mandir)

じえい 〔自衛〕
A الدفاع عن النفس (ad-difā' 'anin-nafs)
P دفاع از خود (defā'-az-khod)
U خود دفاع (khud-difā')
自衛権
A حق الدفاع عن النفس (ḥaqqu-d-

difā‘ ‘anin-nafs)
P حق دفاع از خود (haqqe-defā‘-az-khod)
U حق خود دفاع (haqqe-khud-difā‘)

ジェット
ジェット機
A طائرة نفاثة (ṭā’ira naffātha)
P هواپیمای جت (havā-peimāye-jet)
U جیٹ طیارہ (jeṭ taiyāra)

ジェリー
A جيلي (jīlī)
P ژله (zhele)
U جیلی (jēlī)

しお 〔塩〕
A ملح (milḥ)
P نمک (namak)
U نمک (namak)
塩からい
A مالح (māliḥ)
P نمکین (namakīn)
U نمکین (namkīn)

しお 〔潮〕
A المد و الجزر (al-madd wal-jazr)
P جزر و مد (jazr-o-madd)
U مد و جزر (madd-o-jazr)

しおり 〔栞〕
A مؤشرة (mu’ashshira)
P چوب الف (chūbe-alef)
U نشانی (nishānī)

しおれる 〔萎れる〕
A ذبل (dhabula)
P پژمرده شدن (pazhmorde shodan)
U مرجھانا (murjhānā)

しか 〔鹿〕
A أيل (’ayyil) ; غزال (ghazāl)
P گوزن (gavazn)
U ہرن (hiran)

しか 〔市価〕
A سعر السوق (si‘ru-s-sūq)
P قیمت بازار (qeimate-bāzār)
U بازاری قیمت (bāzārī qīmat)

しかい 〔歯科医〕
A طبيب الأسنان (ṭabībul-’asnān)
P دندان پزشک (dandān pezeshk)
U دندان ساز (dandān-sāz)

しかい 〔司会〕
A رئاسة جلسة (ri’āsa jalsa)
P ریاست جلسه (riyāsate-jalse)
U صدارت (sadārat)
司会者
A رئيس الجلسة (ra’īsul-jalsa)
P رئیس جلسه (ra’īse-jalse)
U چیئرمین (che’armain)

しかい 〔視界〕
A مدى البصر (madāl-baṣar)
P حوزه دید (houzeye-dīd)
U حد نگاہ (hadde-nigāh)

しかい 〔市会〕
A مجلس المدينة (majlisul-madīna)
P انجمن شهر (anjomane-shahr)
U بلدیاتی کمیٹی (baladiyātī komīṭī)

しがい 〔市外〕
A ضواح (ḍawāḥ)
P حومه (houme)
U مضافات (muzāfāt)

しがい 〔市街〕
A شارع (shāri‘)
P خيابان (khiyābān)
U سڑک (saṛak)

しがい 〔死骸〕
A جثة (juththa)
P جسد (jasad)
U لاش (lāsh)

しがいせん 〔紫外線〕
A الأشعة فوق البنفسجية (al-’ashi“a fawqal-banafsajīya)
P اشعه فرا بنفش (ashe‘eye-farā-banafsh)
U بالا بنفشی شعاعیں (bālā-banafshī sho‘ā‘ēṇ)

しかえし 〔仕返し〕
A انتقام (intiqām)
P انتقام (enteqām)
U انتقام (inteqām)

しかく 〔四角〕
A مربع (murabba‘)
P مربع (morabba‘)
U مربع (murabba‘)

しかく 〔資格〕
A مؤهلات (mu’ahhilāt)
P شرایط لازم (sharāyete-lāzem)
U اہلیت (ahlīyat)

しかく 〔視覚〕
A بصر (baṣar)
P باصره (bāsere)
U بصارت (basārat)

じかく 〔自覚〕
A وعی (wa‘y) ; إدراك (’idrāk)
P خودآگاهی (khod-āgāhī)
U خودآگاہی (khud-āgāhī)

しかけ 〔仕掛け〕
A حيلة (ḥīla)
P دستگاه (dastgāh)
U تدبیر (tadbīr)

しかざん 〔死火山〕
A بركان خامد (burkān khāmid)
P آتشفشان خاموش (ātesh-feshāne-khāmūsh)
U بجھا آتش فشاں (bujhā ātish-fishāṇ)

しかし
A لٰكن (lākin)
P ولی (valī) ; اما (ammā)
U لیکن (lēkin)

しかた 〔仕方〕
A طريقة (ṭarīqa)
P چاره (chāre)
U چاره (chāra)

仕方がない
A لا بد منه (lā budda minhu)
P چاره ندارد (chāre na-dārad)
U کوئی چاره نہیں (kō’ī chāra nahīṇ)

しがつ 〔四月〕
A أبريل (’abrīl)
P آوریل (āvrīl)
U اپریل (aprail)

しがみつく
A تعلق (ta‘allaqa)
P چسبیدن (chasbīdan)
U چمٹنا (chimaṭnā)

しかる 〔叱る〕
A وبخ (wabbakha)
P سرزنش كردن (sar-zanesh kardan)
U ڈانٹنا (ḍānṭnā)

しかん 〔士官〕
A ضابط (ḍābiṭ)
P افسر (afsar)
U افسر (afsar)

しがん 〔志願〕
A تطوع (taṭawwu')
P داوطلبى (dāv-talabī)
U درخواست (dar-khāst)
志願する
A تطوع (taṭawwa'a)
P داوطلب شدن (dāv-talab shodan)
U درخواست دينا (dar-khāst dēnā)
志願者
A متطوع (mutaṭawwi')
P داوطلب (dāv-talab); متقاضى (mutaqāzī)
U رضاكار (razā-kār)

じかん 〔時間〕
A وقت (waqt); ساعة (sā'a)
P وقت (vaqt); ساعت (sā'at)
U وقت (waqt); گهنٹا (ghanṭa)
時間通りに
A فى الوقت المحدد (fil-waqtil-muḥaddad)
P سر ساعت (sare-sā'at)
U وقت پر (waqt par)
時間表
A برنامج (barnāmaj)
P برنامه (bar-nāme)
U اوقات نامه (auqāt-nāma)

じかん 〔次官〕
A نائب (nā'ib)
P معاون (mo'āven)
U نائب (nā'ib)

しき 〔四季〕
A الفصول الأربعة (al-fuṣūlul-'arba'a)
P چهار فصل (chahār fasl)
U چار موسم (chār mausam)

しき 〔指揮〕
A قيادة (qiyāda)
P رهبرى (rah-barī)
U حكم (hukm)
指揮する
A قاد (qāda)
P رهبرى كردن (rah-barī kardan)
U حكم دينا (hukm dēnā)
指揮者
A قائد (qā'id)
P رهبر (rah-bar)
U رہنما (rah-numā)

しき 〔式〕
方程式
A معادلة (mu'ādala)
P معادله (mo'ādele)
U ضابطه (zābita)
儀式
A مراسم (marāsim)
P مراسم (marāsem)
U تقريب (taqrīb)

じき 〔時期〕
A فصل (faṣl)

P فصل (fasl)

U موسم (mausam)

じき 〔時機〕

A فرصة (furṣa)

P فرصت (forsat)

U موقع (mauqa')

じき 〔磁気〕

A مغنطيس (mighnaṭīs)

P مغناطيس (meghnātīs)

U مقناطيسيت (miqnātīsiyat)

じき 〔磁器〕

A خزف (khazaf)

P چينى (chīnī)

U چينى (chīnī)

しきい 〔敷居〕

A عتبة ('ataba)

P آستانه (āstāne)

U دہليز (dehlīz)

しきさい 〔色彩〕

A لون (lawn)

P رنگ (rang)

U رنگ (rang)

しきそ 〔色素〕

A صبغة (ṣibgha)

P رنگيزه (rangīze)

U رنگ (rang)

しきてん 〔式典〕

A احتفال (iḥtifāl) ; مراسم (marāsim)

P مراسم (marāsem)

U تقريب (taqrīb)

じきに 〔直に〕

A بعد قليل (ba'da qalīl)

P بزودى (be-zūdī)

U تهوڑى دير ميں (thōṛī dēr meṇ)

しきふく 〔式服〕

A لباس رسمى (libās rasmī)

P لباس رسمى (lebāse-rasmī)

U رسمى لباس (rasmī libās)

しきもう 〔色盲〕

A عمى الألوان ('amal-'alwān)

P كور رنگى (kūre-rangī)

U رنگ ناشناسى (rang-nāshināsī)

しきもの 〔敷物〕

A بساط (bisāṭ)

P فرش (farsh)

U بچهونا (bichhōnā)

しきゅう 〔子宮〕

A رحم (raḥim)

P رحم (rahem)

U رحم (rehm)

じきゅう 〔自給〕

A الاكتفاء الذاتى

(al-iktifā'u-dh-dhātī)

P خودكفائى (khod-kefā'ī)

U خودكفالت (khud-kafālat)

しきゅうの 〔至急の〕

A عاجل ('ājil)

P فورى (fourī)

U فورى (faurī)

しきょう 〔司教〕

A أسقف ('usquf)

P اسقف (osqof)

U اسقف (usquf)

じきょう 〔自供〕

A اعتراف (i'tirāf)

P اعتراف (e'terāf)

U اقبال (iqbāl)
自供する
A اعترف (i'tarafa)
P اعتراف کردن (e'terāf kardan)
U اقبال کرنا (iqbāl karnā)

じぎょう〔事業〕
A عمل ('amal)
P کار (kār)
U کام (kām)

しきりに
しばしば
A مرارًا (mirāran)
P بارها (bār-hā)
U باربار (bār-bār)

しきん〔資金〕
A رأس مال (ra's-māl)
P سرمایه (sar-māye)
U سرمایہ (sar-māya)

しきんせき〔試金石〕
A محك (miḥakk)
P سنگ محک (sange-mahakk)
U کسوٹی (kasauṭī)

しく〔敷く〕
A فرش (farasha)
P گستردن (gostardan)
U بچھانا (bichhānā)

じく〔軸〕
A محور (miḥwar)
P محور (mehvar)
U دھرا (dhurā) ; محور (mehvar)

しくじる
A فشل (fashila)
P ناکام شدن (nā-kām shodan)
U ناکام ہونا (nā-kām hōnā)

しけい〔死刑〕
A إعدام ('i'dām)
P اعدام (e'dām)
U سزائے موت (sazā'ē-maut)
死刑宣告
A حكم الإعدام (ḥukmul-'i'dām)
P حکم اعدام (hokme-e'dām)
U حکم سزائے موت (hukme-sazā'ē-maut)

しげき〔刺激〕
A حافز (hāfiz)
P تحریک (tahrīk)
U تحریک (tahrīk)
刺激する
A حفز (ḥafaza)
P تحریک کردن (tahrīk kardan)
U تحریک پیدا کرنا (tahrīk paidā karnā)

しけん〔試験〕
A امتحان (imtiḥān)
P امتحان (emtehān)
U امتحان (imtehān)
試験を受ける
A تقدم للامتحان (taqaddama lil-imtiḥān)
P امتحان دادن (emtehān dādan)
U امتحان دینا (imtehān dēnā)
試験をする
A أجرى الامتحان ('ajral-imtiḥān)
P امتحان کردن (emtehān kardan)
U امتحان لینا (imtehān lēnā)

しげん 〔資源〕
A موارد (mawārid)
P منابع (manābe‘)
U وسائل (wasā’il)
天然資源
A موارد طبيعية (mawārid ṭabī‘īya)
P منابع طبیعی (manābe‘e-tabī‘ī)
U قدرتی وسائل (qudratī wasā’il)

じけん 〔事件〕
A واقعة (wāqi‘a) ; حادثة (ḥāditha)
P حادثه (hādese) ;
سانحه (sānehe)
U واقعہ (wāqe‘a) ;
واردات (wāridāt)

じげん 〔次元〕
A بعد (bu‘d)
P بعد (bo‘d)
U بعد (bo‘d)

じこ 〔自己〕
A نفس (nafs)
P خود (khod)
U خود (khud)
自己紹介
A تعريف بالنفس (ta‘rīf bin-nafs)
P معرفی خود (mo‘arrefīye-khod)
U اپنا تعارف (apnā ta‘āruf)

じこ 〔事故〕
A حادث (ḥādith) ; حادثة (ḥāditha)
P حادثه (hādese)
U حادثہ (hādisa)

しこう 〔施行〕
A تنفيذ (tanfīdh)
P اجرا (ejrā)
U نفاذ (nafāz)
施行する
A نفذ (naffadha)
P اجرا کردن (ejrā kardan)
U نافذ کرنا (nāfiz karnā)

しこう 〔思考〕
A تفكير (tafkīr) ; فكرة (fikra)
P فکر (fekr)
U خیال (khayāl)
思考する
A فكر (fakkara)
P فکر کردن (fekr kardan)
U خیال کرنا (khayāl karnā)

じこう 〔時効〕
A مدة التقادم (muddatu-t-taqādum)
P مرور زمان (morūre-zamān)
U حق قدامت (haqqe-qadāmat)

じごく 〔地獄〕
A جهنم (jahannam)
P دوزخ (dūzakh) ;
جهنم (jahannam)
U جہنم (jahannam) ;
دوزخ (dūzakh)

しごと 〔仕事〕
A شغل (shughl) ; عمل (‘amal)
P کار (kār)
U کام (kām)
職業
A مهنة (mihna)
P شغل (shoghl)
U پیشہ (pēsha)

じさ 〔時差〕
A فرق التوقيت (farqu-t-tawqīt)

P تفاوت وقت (tafāvote-vaqt)
U فرق وقت (farqe-waqt)

しさつ 〔視察〕
A تفقد (tafaqqud)
P بازدید (bāz-dīd)
U معائنہ (mu'ā'ina)
視察する
A تفقد (tafaqqada)
P بازدید کردن (bāz-dīd kardan)
U معائنہ کرنا (mu'ā'ina karnā)

じさつ 〔自殺〕
A انتحار (intiḥār)
P خودکشی (khod-koshī)
U خودکشی (khud-kushī)
自殺する
A انتحر (intaḥara)
P خودکشی کردن (khod-koshī kardan)
U خودکشی کرنا (khud-kushī karnā)

しさん 〔資産〕
A ملك (milk)
P دارائی (dārā'ī)
U جائداد (jā'edād)

じさん 〔持参〕
持参する
A أتى ب ('atā bi)
P آوردن (āvardan)
U لانا (lānā)
持参金
A مهر (mahr)
P جهیزیه (jahīzīye)
U جهیز (jahēz)

しじ 〔支持〕
A تأييد (ta'yīd)
P حمایت (hemāyat)
U حمایت (himāyat)
支持する
A أيد ('ayyada)
P حمایت کردن (hemāyat kardan)
U حمایت کرنا (himayat karnā)

しじ 〔指示〕
A إشارة ('ishāra)
P اشاره (eshāre)
U اشاره (ishāra)
指示する
A أشار ('ashāra)
P اشاره کردن (eshāre kardan)
U اشاره کرنا (ishāra karnā)

じじ 〔時事〕
A أحداث جارية ('aḥdāth jāriya)
P رویدادهای جاری (rūydād-hāye-jārī)
U مروجہ موضوع (murauwaja mauzū')

じじつ 〔事実〕
A حقيقة (ḥaqīqa)
P حقیقت (haqīqat)
U حقیقت (haqīqat)

ししゃ 〔支社〕
A فرع الشركة (far'u-sh-sharika)
P شعبه (sho'be)
U دفتر شاخ (daftare-shākh)

ししゃ 〔死者〕
A ميت (mayyit)
P مرده (morde)

U مرده (murda)

ししゃ〔使者〕

A رسول (rasūl)

P فرستاده (ferestāde)

U قاصد (qāsid)

じしゃく〔磁石〕

A مغناطيس (mighnāṭīs)

P آهن ربا (āhan-robā)

U مقناطيس (miqnātīs)

ししゅう〔詩集〕

A ديوان (dīwān)

P ديوان (dīvān)

U ديوان (dīwān)

ししゅう〔刺繍〕

A تطريز (taṭrīz)

P گلدوزی (gol-dūzī)

U سوزن کاری (sōzan-kārī)

しじゅう〔四十〕

A أربعون ('arba'ūn)

P چهل (chehel)

U چالیس (chālīs)

しじゅう〔始終〕

A دائمًا (dā'iman)

P همیشه (hamīshe)

U ہمیشہ (hamēsha)

じしゅうする〔自習する〕

A درس بنفسه (darasa-bi-nafsihi)

P خود آموزی کردن (khod-āmūzī kardan)

U خود پڑھنا (khud paṛhnā)

じしゅする〔自首する〕

A سلم نفسه للبوليس (sallama nafsa-hu lil-būlīs)

P خود را به پلیس معرفی کردن (khod rā be-polīs mo'arrefi kardan)

U خود پیش ہونا (khud pēsh hōnā)

ししゅつ〔支出〕

A مصروف (maṣrūf)；

مصاريف (maṣārīf)

P خرج (kharj)

U خرچ (kharch)

支出する

A صرف (ṣarafa)

P خرج کردن (kharj kardan)

U خرچ کرنا (kharch karnā)

ししょ〔司書〕

A أمين مكتبة ('amīn maktaba)

P کتابدار (ketāb-dār)

U لائبریرین (lā'ibrērian)

じしょ〔辞書〕

A قاموس (qāmūs)

P فرهنگ (farhang)

U لغت (lughat)

しじょう〔市場〕

A سوق (sūq)

P بازار (bāzār)

U بازار (bāzār)

じじょう〔事情〕

A ظروف (ẓurūf)

P اوضاع (ouzā')

U حالت (hālat)

ししょうしゃ〔死傷者〕

A قتلى و جرحى (qatlā-wa-jarḥā)

P کشته ها و زخمی ها (koshtehā-o-zakhmīhā)

U ہلاک و زخمی ہونے والے (halāk-

o-zakhmī hōne wāle)

じしょく 〔辞職〕

A استقالة (istiqāla)

P استعفا (este'fā)

U استعفا (iste'fā)

辞職する

A استقال (istaqāla)

P استعفا دادن (este'fā dādan)

U استعفا دینا (iste'fā dēnā)

じじょでん 〔自叙伝〕

A ترجمة حياة المؤلف بقلمه (tarjama ḥayātil-mu'allif bi-qalami-hi)

P زندگی نامهٔ شخمی (zendegī-nāmeye-shakhsī)

U آپ بیتی (āp-bītī)

ししょばこ 〔私書箱〕

A صندوق بريد خاص (ṣundūq barīd khāṣṣ)

P صندوق پستی (sandūqe-postī)

U پوسٹ آفس بکس (pōsṭ āfis boks)

しじん 〔詩人〕

A شاعر (shā'ir)

P شاعر (shā'er)

U شاعر (shā'ir)

じしん 〔地震〕

A زلزال (zilzāl)

P زلزله (zelzele)

U زلزلہ (zalzala)

じしん 〔自信〕

A ثقة بالنفس (thiqa bin-nafs)

P اعتماد بنفس (e'temād be-nafs)

U خود اعتمادی (khud-e'temādī)

しずかな 〔静かな〕

A هادئ (hādi')

P ساکت (sāket)

U ساکت (sākit)

しずく 〔雫〕

A قطرة (qaṭra)

P قطره (qatre)

U قطرہ (qatra)

しずけさ 〔静けさ〕

A هدوء (hudū')

P سکوت (sokūt)

U سکون (sukūn)

システム

A نظام (niẓām)

P نظام (nezām)

U نظام (nizām)

じすべり 〔地滑り〕

A انهيال الأرض (inhiyālul-'arḍ)

P زمین لغزه (zamīn-laghze)

U ریزش زمین (rēzishe-zamīn)

しずまる 〔静まる〕

A هدأ (hada'a)

P ساکت شدن (sāket shodan)

U خاموش ہونا (khāmōsh hōnā)

しずむ 〔沈む〕

A غرق (ghariqa)

P غرق شدن (gharq shodan)

U ڈوبنا (ḍūbnā)

しずめる 〔沈める〕

A أغرق ('aghraqa)

P غرق کردن (gharq kardan)

U ڈبونا (ḍubōnā)

しずめる 〔静める〕
A هدأ (hadda'a)
P ساكت كردن (sāket kardan)
U خاموش كرنا (khāmōsh karnā)

しせい 〔姿勢〕
A وضع (waḍ')
P وضع (vaz')
U وضع (waz'a)

じせい 〔自制〕
A ضبط النفس (ḍabṭu-n-nafs)
P خودداری (khod-dārī)
U خودداری (khud-dārī)

しせいじ 〔私生児〕
A ابن حرام (ibn ḥarām)
P حرامزاده (harām-zāde)
U ناجائز اولاد (nā-jā'iz aulād)

しせき 〔史跡〕
A آثار تأريخية (āthār ta'rīkhīya)
P آثار تاريخی (āsāre-tārīkhī)
U تاريخی مقام (tārīkhī maqām)

しせつ 〔使節〕
A رسول (rasūl)
P فرستاده (ferestāde)
U سفير (safīr)

使節団
A وفد (wafd)
P هيئت (hei'at)
U مشن (mishan)

しせつ 〔施設〕
A مرافق (marāfiq)
P تسهيلات (tashīlāt)
U سهولتيں (suhūlatēṇ)

しせん 〔視線〕
A نظرة (naẓra)
P نظر (nazar) ; نگاه (negāh)
U نظر (nazar) ; نگاه (nigāh)

しぜん 〔自然〕
A طبيعة (ṭabī'a)
P طبيعت (tabī'at)
U قدرت (qudrat) ; فطرت (fitrat)

自然の
A طبيعی (ṭabī'ī)
P طبيعی (ṭabī'ī)
U قدرتی (qudratī)

じぜん 〔慈善〕
A خير (khayr)
P خيرات (kheirāt)
U خيرات (khairāt)

慈善の
A خيری (khayrī)
P خيريه (kheirīye) ;
خيراتی (kheirātī)
U خيراتی (khairātī)

しそう 〔思想〕
A فكر (fikr)
P فكر (fekr)
U فكر (fikr)

思想家
A مفكر (mufakkir)
P متفكر (motafakker)
U مفكر (mufakkir)

じそく 〔時速〕
A سرعة فی الساعة (sur'a fi-s-sā'a)
P سرعت در ساعت (sor'at dar sā'at)
U رفتار فی گهنٹا (raftār fī ghanṭā)

しそん 〔子孫〕
A نسل (nasl) ; ذرية (dhurrīya)
P نسل آينده (nasle-āyande)
U اولاد (aulād)

した 〔舌〕
A لسان (lisān)
P زبان (zabān)
U زبان (zabān)

したい 〔死体〕
A جثة (juththa)
P جسد (jasad)
U لاش (lāsh)

…したい
A أراد ('arāda)
P خواستن (khāstan)
U چاہنا (chāhnā)

私は行きたい
A أريد أن أذهب ('urīdu 'an 'adhhaba)
P من مى‌خواهم بروم (man mī-khāham be-ravam)
U میں جانا چاہتا ہوں (maiṇ jānā chāhtā hūṇ)

じたい 〔辞退〕
A امتناع (imtinā') ; رفض (rafḍ)
P خودداری (khod-dārī)
U دست برداری (dast-bardārī)

辞退する
A امتنع (imtana'a) ; رفض (rafaḍa)
P خودداری كردن (khod-dārī kardan)
U دست بردار ہونا (dast-bardār hōnā)

じだい 〔時代〕
A عصر ('aṣr)
P عصر ('asr)
U زمانہ (zamāna)

しだいに 〔次第に〕
A تدريجيًا (tadrījīyan)
P بتدريج (be-tadrīj)
U رفتہ رفتہ (rafta-rafta)

したう 〔慕う〕
A اشتاق (ishtāqa)
P اشتياق داشتن (eshtiyāq dāshtan)
U آرزو میں مرنا (ārzū meṇ marnā)

したがう 〔従う〕
A أطاع ('aṭā'a)
P اطاعت كردن (etā'at kardan)
U اطاعت كرنا (itā'at karnā)

したがき 〔下書き〕
A مسودة (musawwada)
P چرک‌نويس (cherk-nevīs)
U مسوده (musauwada)

したがって 〔従って〕
A لذا (li-dhā) ; لذلك (li-dhālika)
P بنابراين (banā-barīn) ; لذا (le-zā)
U اس لیے (is liye)

したぎ 〔下着〕
A ملابس داخلية (malābis dakhilīya)
P زير پيراهنى (zīr-pīrāhanī)
U زیرجامہ (zēr-jāma)

したく 〔支度〕
A استعداد (isti'dād)
P آمادگى (āmādegī)
U تیاری (taiyārī)

支度する

A استعد (ista‘adda)

P آماده کردن (āmāde kardan)

U تیار کرنا (taiyār karnā)

したしい 〔親しい〕

A حميم (ḥamīm) ; عزيز (‘azīz)

P صمیمی (samīmī)

U عزيز (‘azīz)

したたる 〔滴る〕

A تقاطر (taqāṭara)

P چکیدن (chekīdan)

U ٹپکنا (ṭapaknā)

したて 〔仕立て〕

A خياطة (khiyāṭa)

P خیاطی (khayyātī)

U سلائی (silā'ī)

仕立て屋

A خياط (khayyāṭ)

P خیاط (khayyāt)

U درزی (darzī)

したに 〔下に〕

A تحت (taḥta)

P زیر (zīre)

U کے نیچے (ke nīchē)

じだん 〔示談〕

A تصالح (taṣāluḥ)

P مصالحه (mosālehe)

U مصالحت (musālahat)

しち 〔質〕

A رهن (rahn)

P گرو (gerou)

U گروی (girvī)

質屋

A محل رهونات (maḥall ruhūnāt)

P بنگاه کارگشائی (bongāhe-kār-goshā'ī)

U گروی کی دکان (girvī ki dukān)

しち 〔七〕

A سبعة (sab‘a)

P هفت (haft)

U سات (sāt)

じち 〔自治〕

A حكم ذاتي (ḥukm dhātī)

P خودمختاری (khod-mokhtārī)

U خودمختاری (khud-mukhtārī)

しちがつ 〔七月〕

A يوليو (yūliyū)

P ژوئیه (zhū'īye)

U جولائی (jūlā'ī)

しちめんちょう 〔七面鳥〕

A ديك رومي (dīk-rūmī)

P بوقلمون (būqalamūn)

U ترکی مرغ (turkī-murgh)

しちょう 〔市長〕

A رئيس المدينة (ra'īsul-madīna)

P شهردار (shahr-dār)

U صدر بلدیه (sadre-baladīya) ; میئر (mei'ar)

しつ 〔質〕

A نوعية (naw‘īya)

P جنس (jens)

U کیفیت (kaifiyat)

しつぎょう 〔失業〕

A بطالة (baṭāla)

P بیکاری (bī-kārī)

U بے روزگاری (bē-rōzgārī)
失業者
A عاطل ('āṭil)
P بیکار (bī-kār)
U بے روزگار (bē-rōzgār)

じっきょうほうそう 〔実況放送〕
A إذاعة حية مباشرة
('idhā'a ḥayya mubāshira)
P پخش زنده (pakhshe-zende)
U آنکھوں دیکھا حال کا نشر
(āṇkhōṇ dēkhā hāl ka nashr)

しつけ 〔躾〕
A أدب ('adab) ; تأديب (ta'dīb)
P تربیت (tarbiyat)
U تربیت (tarbiyat)
躾る
A أدب ('addaba)
P تربیت کردن (tarbiyat kardan)
U تربیت دینا (tarbiyat dēnā)

しっけ 〔湿気〕
A رطوبة (ruṭūba)
P رطوبت (rotūbat) ; نمی (namī)
U نمی (namī)

じっけん 〔実験〕
A تجربة (tajriba)
P آزمایش (āzmāyesh)
U تجربہ (tajruba)
実験する
A أجرى تجربة ('ajrā tajriba)
P آزمایش کردن (āzmāyesh kardan)
U تجربہ کرنا (tajruba karnā)

じつげん 〔実現〕
A تحقيق (taḥqīq)
P تحقق (tahaqqoq)
U تعمیل (ta'mīl)
実現する
A تحقق (taḥaqqaqa)
P تحقق یافتن (tahaqqoq yāftan)
U عمل میں لانا ('amal meṇ lānā)

しつこい
A لجوج (lajūj) ; لحوح (laḥūḥ)
P مصر (moser)
U مصر (musir)

しっこう 〔執行〕
A تنفيذ (tanfīdh)
P اجرا (ejrā)
U تعمیل (ta'mīl)

じっこう 〔実行〕
A تنفيذ (tanfīdh)
P انجام (anjām)
U تعمیل (ta'mīl)
実行する
A نفذ (naffadha)
P انجام دادن (anjām dādan)
U تعمیل کرنا (ta'mīl karnā)

しっこうゆうよ 〔執行猶予〕
A ايقاف تنفيذ الحكم
(īqāf tanfīdhil-ḥukm)
P تعلیق مجازات (ta'līqe-mojāzāt)
U التواے سزا (iltivāe-sazā)

じっさい 〔実際〕
A واقع (wāqi')
P حقیقت (haqīqat)
U حقیقت (haqīqat)
実際に
A فی الواقع (fil-wāqi')

P در حقیقت (dar haqīqat)
U حقیقت میں (haqīqat meṇ)

じっし 〔実施〕
A تنفيذ (tanfīdh)
P اجرا (ejrā)
U نفاذ (nafāz)

実施する
A نفذ (naffadha)
P اجرا کردن (ejrā kardan)
U نفاذ کرنا (nafāz karnā)

じっしゅう 〔実習〕
A تدريب (tadrīb)
P کارآموزی (kār-āmūzī)
U تربیت (tarbiyat)

実習生
A متدرب (mutadarrib)
P کارآموز (kār-āmūz)
U تربیت پانے والا (tarbiyat pānē-wālā)

しっしん 〔失神〕
A غشي (ghashy)
P بیهوشی (bī-hūshī)
U بےہوشی (bē-hōshī)

失神する
A غشي (ghushiya)
P بیهوش شدن (bī-hūsh shodan)
U بےہوش ہونا (bē-hōsh hōnā)

しっそ 〔質素〕
A بساطة (basāṭa)
P سادگی (sādegī)
U سادگی (sādagī)

質素な
A بسيط (basīṭ)
P ساده (sāde)
U ساده (sāda)

しっと 〔嫉妬〕
A حسد (ḥasad)
P حسد (hasad)
U حسد (hasad)

嫉妬する
A حسد (ḥasada)
P حسد بردن (hasad bordan)
U حسد کرنا (hasad karnā)

しつど 〔湿度〕
A درجة الرطوبة (darajatu-r-ruṭūba)
P درجه رطوبت (darajaye-rotūbat)
U نمی کا تناسب (namī ka tanāsub)

湿度計
A مقياس درجة الرطوبة (miqyās darajatu-r-ruṭūba)
P رطوبت سنج (rotūbat-sanj)
U رطوبت پیما (rutūbat-paimā)

しっぱい 〔失敗〕
A فشل (fashal)
P ناکامی (nā-kāmī)
U ناکامی (nā-kāmī)

失敗する
A فشل (fashila)
P ناکام شدن (nā-kām shodan)
U ناکام ہونا (nā-kām hōnā)

じっぴ 〔実費〕
A سعر التكلفة (siʻru-t-takkalifa)
P هزینه حقیقی (hazīneye-haqīqī)
U اصلی لاگت (aslī lāgat)

しっぽ〔尻尾〕
A ذيل (dhayl)；ذنب (dhanab)
P دم (dom)
U دم (dum)

しつぼう〔失望〕
A خيبة الأمل (khaybatul-'amal)
P ناامیدی (nā-omīdī)
U ناامیدی (nā-ummīdī)
失望する
A خاب الأمل (khābal-'amal)
P ناامید شدن (nā-omīd shodan)
U ناامید ہونا (nā-ummīd hōnā)

しつめいする〔失明する〕
A عمى ('amiya)
P کور شدن (kūr shodan)
U اندھا ہونا (andhā hōnā)

しつもん〔質問〕
A سؤال (su'āl)
P سؤال (so'āl)
U سوال (sawāl)
質問する
A سأل (sa'ala)
P سؤال کردن (so'āl kardan)
U سوال کرنا (sawāl karnā)

じつりょく〔実力〕
A قدرات (qudrāt)
P استعداد (este'dād)
U لیاقت (liyāqat)

しつれいですが〔失礼ですが〕
A عن إذنك ('an 'idhnika)
P معذرت می خواهم (ma'zerat mī-khāham)
U معاف کیجیے (mu'āf kījiē)

じつわ〔実話〕
A قصة واقعية (qiṣṣa wāqi'īya)
P داستان واقعی (dāstāne-vaqe'ī)
U حقیقی قصہ (haqīqī qissa)

してい〔指定〕
A تعيين (ta'yīn)；تحديد (taḥdīd)
P تعیین (ta'yīn)
U تعین (ta'aiyun)
指定する
A عين ('ayyana)；حدد (ḥaddada)
P تعیین کردن (ta'yīn kardan)
U تعین کرنا (ta'aiyyun karnā)

してき〔指摘〕
A إشارة ('ishāra)
P اشاره (eshāre)
U اشاره (ishāra)
指摘する
A أشار ('ashāra)
P اشاره کردن (eshāre kardan)
U اشاره کرنا (ishāra karnā)

してつ〔私鉄〕
A سكة حديد خاصة (sikka ḥadīd khāṣṣa)
P راه آهن خصوصی (rāh-āhane-khosūsī)
U نجی ریل وے (nijī reil-wē)

してん〔支店〕
A مكتب فرعي (maktab far'ī)
P شعبه (sho'be)
U دفتر شاخ (daftare-shākh)

しでん〔市電〕
A ترام (tarām)
P تراموا (terāmvā)

U ٹرام (ṭarām)

じてん〔辞典〕

A قاموس (qāmūs)

P فرهنگ (farhang)

U لغت (lug̲h̲at)

じてん〔事典〕

百科事典

A دائرة المعارف (dā'iratul-ma'ārif)

P دائرة المعارف (dā'eratol-ma'āref)

U انسائیکلوپیڈیا (ensā'īklopēḍiyā)

じてんしゃ〔自転車〕

A دراجة (darrāja)

P دوچرخه (do-c̲h̲ark̲h̲e)

U سائکل (sā'ikl)

しどう〔指導〕

A إرشاد ('irs̲h̲ād)

P ارشاد (ers̲h̲ād)

U قیادت (qiyādat)

指導する

A أرشد ('ars̲h̲ada)

P ارشاد کردن (ers̲h̲ād kardan)

U قیادت کرنا (qiyādat karnā)

指導者

A زعيم (za'īm)；قائد (qā'id)

P رهبر (rahbar)

U قائد (qā'id)

じどう〔児童〕

A طفل (ṭifl)

P کودک (kūdak)

U بچہ (bac̲h̲c̲h̲a)

じどうし〔自動詞〕

A فعل لازم (fi'l lāzim)

P فعل لازم (fe'le-lāzem)

U فعل لازم (fe'le-lāzim)

じどうしゃ〔自動車〕

A سيارة (sayyāra)

P اتومبیل (otomobīl)；ماشین (mās̲h̲īn)

U موٹرکار (mōṭar-kār)；کار (kār)

じどうの〔自動の〕

A أوتوماتيكي ('ūtūmātīkī)

P خودکار (k̲h̲od-kār)

U خودکار (k̲h̲ud-kār)

しなもの〔品物〕

A بضاعة (biḍā'a)

P کالا (kālā)

U مال (māl)

シナモン

A قرفة (qirfa)

P دارچین (dārc̲h̲īn)

U دارچینی (dārc̲h̲īnī)

シナリオ

A سيناريو (sīnāriyū)

P سناریو (senāriyo)

U سیناریو (sīnāriyo)

しぬ〔死ぬ〕

A مات (māta)

P مردن (mordan)

U مرنا (marnā)

じぬし〔地主〕

A مالك الأرض (mālikul-'arḍ)

P مالک (mālek)

U زمیندار (zamīn-dār)

しのぶ〔忍ぶ〕

A تحمل (taḥammala)

P تحمل کردن (tahammol kardan)

U جهیلنا (jhēlnā)

しば 〔芝〕

A حشائش (ḥashā'ish)

P چمن (chaman)

U لان (lān)

しはい 〔支配〕

A حكم (ḥukm)

P حکومت (hokūmat)

U حکومت (hukūmat)

支配する

A حكم (ḥakama)

P حکومت کردن (hokūmat kardan)

U حکومت کرنا (hukūmat karnā)

しばい 〔芝居〕

A مسرحية (masraḥīya)

P نمایش (nemāyesh)

U ڈراما (ḍrāmā)

じはく 〔自白〕

A اعتراف (i'tirāf)

P اعتراف (e'terāf)

U اقبال (iqbāl)

自白する

A اعترف (i'tarafa)

P اعتراف کردن (e'terāf kardan)

U اقبال کرنا (iqbāl karnā)

しばしば

A كثيرًا ما (kathīran-mā) ;

مرارًا (mirāran)

P بارها (bār-hā)

U اکثر (aksar) ; باربار (bār-bār)

じはつてきに 〔自発的に〕

A من تلقاء نفسه (min tilqā' nafsihi)

P به دلخواه (be del-khāh)

U خودبخود (khud-bakhud)

しはらい 〔支払い〕

A دفع (daf')

P پرداخت (pardākht)

U ادائگی (adā'egī)

しはらう 〔支払う〕

A دفع (dafa'a)

P پرداختن (pardākhtan)

U ادا کرنا (adā karnā)

しばらく 〔暫く〕

A دقيقةً (daqīqatan) ;

برهةً (burhatan)

P چندی (chandī) ;

یک دقیقه (yek daqīqe)

U تهوڑی دیر (thōṛī dēr)

暫くして

A بعد قليل (ba'da qalīl)

P پس از چندی (pas az chandī)

U تهوڑی دیر میں (thōṛī dēr meṇ)

しばる 〔縛る〕

A ربط (rabaṭa)

P بستن (bastan)

U باندهنا (bāṇdhnā)

じひ 〔慈悲〕

A رحمة (raḥma)

P رحمت (rahmat) ; رحم (rahm)

U رحم (rahm)

慈悲深い

A رحيم (raḥīm)

P رحیم (rahīm) ;

دل رحم (del-rahm)

U رحم دل (rahm-dil)

じびき 〔字引〕 ―→じしょ

じひで 〔自費で〕

A على نفقة خاصة ('alā nafaqa khāṣṣa)

P با هزينهٔ شخصى (bā hazīneye-shakhsī)

U اپنے خرچ سے (apnē kharch se)

じひょう 〔辞表〕

A استقالة (istiqāla)

P استعفانامه (este'fā-nāme)

U استعفا (iste'fā)

しびれる 〔痺れる〕

A تخدر (takhaddara)

P كرخ شدن (kerekh shodan)

U سن ہونا (sun hōnā)

しぶい 〔渋い〕

A مر (murr)

P دبش (debsh)

U قابض (qābiz)

ジプシー

A نورى (nawarī) ; غجرى (ghajarī)

P كولى (koulī)

U جپسی (jipsī)

じぶん 〔自分〕

A نفس (nafs)

P خود (khod)

U خود (khud)

しへい 〔紙幣〕

A بنكنوت (bank-nūt) ; عملة ورقية ('umla waraqīya)

P اسكناس (eskenās)

U نوٹ (nōṭ)

しほう 〔司法〕

A قضاء (qaḍā')

P دادگسترى (dādgostarī)

U عدالت ('adālat)

しぼう 〔死亡〕

A موت (mawt) ; وفاة (wafā)

P درگذشت (dar-gozasht) ; موت (mout)

U وفات (wafāt) ; موت (maut)

しぼう 〔脂肪〕

A دهن (duhn)

P چربى (charbī)

U چربی (charbī)

しぼう 〔志望〕

A رغبة (raghba)

P آرزو (ārezū)

U آرزو (ārzū)

しぼむ 〔萎む〕

A ذبل (dhabula)

P پژمرده شدن (pazhmorde shodan)

U مرجھانا (murjhānā)

しぼる 〔絞る〕

A عصر ('aṣara)

P فشردن (feshordan)

U پیلنا (pēlnā)

しほん 〔資本〕

A رأسمال (ra'smāl)

P سرمايه (sarmāye)

U سرمایہ (sarmāya)

資本家

A رأسمالى (ra'smālī)

P سرمايه دار (sarmāye-dār)

U سرمایہ دار (sarmāya-dār)

資本主義
A رأسمالية (ra'smālīya)
P سرمایه داری (sarmāye-dārī)
U سرمایہ داری (sarmāya-dārī)

しま　〔島〕
A جزيرة (jazīra)
P جزیره (jazīre)
U جزیره (jazīra)

しま　〔縞〕
A خطوط (khuṭūṭ)
P خط (khatt)
U دھاری (dhārī)

しまい　〔姉妹〕
A أخت ('ukht)
P خواهر (khāhar)
U بہن (bahin)

しまる　〔閉まる〕
A انغلق (inghalaqa)
P بسته شدن (baste shodan)
U بند ہونا (band hōnā)

じまん　〔自慢〕
A تفاخر (tafākhur)
P لاف (lāf)；فخر (fakhr)
U فخر (fakhr)

自慢する
A تفاخر (tafākhara)
P لاف زدن (lāf zadan)；
افتخار کردن (eftekhār kardan)
U فخر کرنا (fakhr karnā)

しみ　〔染み〕
A بقعة (buq'a)
P لکه (lakke)
U داغ (dāgh)

しみる　〔染みる〕
A تسرب (tasarraba)
P نشت کردن (nasht kardan)
U پھیلنا (phailnā)

しみん　〔市民〕
A مواطن (muwāṭin)
P شهروند (shahrvand)
U شہری (shahrī)

じむいん　〔事務員〕
A موظف إداري (muwaẓẓaf 'idārī)
P کارمند دفتری (kārmande-daftarī)
U کلرک (kilark)

じむしょ　〔事務所〕
A مكتب (maktab)
P دفتر (daftar)；اداره (edāre)
U دفتر (daftar)

しめい　〔氏名〕
A اسم كامل (ism kāmil)
P اسم کامل (esme-kāmel)
U پورا نام (pūrā nām)

しめい　〔使命〕
A مهمة (muhimma)
P مأموریت (ma'mūrīyat)
U مقصد (maqsad)

しめい　〔指名〕
A تعيين (ta'yīn)
P نامزدی (nām-zadī)
U نام زدگی (nām-zadagī)

指名する
A عين ('ayyana)
P نامزد کردن (nām-zad kardan)
U نام زد کرنا (nām-zad karnā)

しめきり　〔締め切り〕
A آخر موعد (ākhir maw‘id)
P موعد (mou‘ed)
U آخری تاریخ (ākhirī tārīkh)

しめす　〔示す〕
A عرض (‘arada) ; أرى (’arā)
P نشان دادن (neshān dādan)
U دکھانا (dikhānā)

しめった　〔湿った〕
A رطب (raṭb)
P تر (tar)
U بھیگا (bhīgā)

しめる　〔閉める〕
A أغلق (’aghlaqa)
P بستن (bastan)
U بند کرنا (band karnā)

しめる　〔占める〕
A شغل (shaghala)
P گرفتن (gereftan)
U قبضہ کرنا (qabza karnā)

しめる　〔湿る〕
A تبلل (taballala)
P تر شدن (tar shodan)
U بھیگنا (bhīgnā)

じめん　〔地面〕
A سطح الأرض (saṭḥul-’arḍ)
P سطح زمین (sathe-zamīn)
U زمین کی سطح (zamīn ki satah)

しも　〔霜〕
A صقيع (ṣaqī‘)
P بشم (bashm)
U پالا (pālā)

しもん　〔指紋〕
A بصمة أصابع (baṣma ’aṣābi‘)
P اثر انگشت (asare-angosht)
U انگلیوں کا نشان (uṇgliyōṇ ka nishān)

ジャーナリスト
A صحفي (ṣuḥufī)
P روزنامه نگار (rūznāme-negār)
U اخبار نویس (akhbār-navīs)

ジャーナリズム
A صحافة (ṣiḥāfa)
P روزنامه نگاری (rūznāme-negārī)
U اخبار نویسی (akhbār-navīsī)

しゃいん　〔社員〕
A موظف شركة (muwaẓẓaf sharika)
P کارمند شرکت (kārmande-sherkat)
U کمپنی کا ملازم (kampanī ka mulāzim)

しゃかい　〔社会〕
A مجتمع (mujtama‘) ;
　اجتماع (ijtimā‘)
P اجتماع (ejtemā‘) ;
　جامعه (jāme‘e)
U سماج (samāj)

社会の
A اجتماعي (ijtimā‘ī)
P اجتماعی (ejtemā‘ī)
U سماجی (samājī)

社会学
A علم الاجتماع (‘ilmul-ijtimā‘)
P جامعه شناسی (jāme‘e-shenāsī)
U عمرانیات (‘umrānīyāt)

じゃがいも
A بطاطس (baṭāṭis) ; بطاطا (baṭāṭā)
P سیب زمینی (sīb-zamīnī)
U آلو (ālū)

しゃがむ
A قرفص (qarfaṣa)
P چنباتمه زدن (chanbātme zadan)
U دبکنا (dabaknā)

しやくしょ 〔市役所〕
A مكتب البلدية (maktabul-baladīya) ; بلدية (baladīya)
P شهرداری (shahr-dārī)
U بلدیہ (baldīya)

じゃぐち 〔蛇口〕
A صنبور (ṣunbūr)
P شیر (shīr)
U ٹونٹی (ṭōnṭī)

じゃくてん 〔弱点〕
A نقطة ضعف (nuqṭa ḍa'f)
P نقطهٔ ضعف (noqteye-za'f)
U نقطہ کمزوری (nuqtae-kamzōrī)

しゃくど 〔尺度〕
A مقياس (miqyās) ; معيار (mi'yār)
P مقیاس (meqyās)
U معیار (me'yār)

しゃくほう 〔釈放〕
A إطلاق ('iṭlāq)
P رهائی (rahā'ī) ; آزادی (āzādī)
U رہائی (rihā'ī) ; آزادی (azādī)

釈放する
A أطلق ('aṭlaqa)
P رها کردن (rahā kardan) ;
آزاد کردن (āzād kardan)
U رہا کرنا (rihā karnā)

しゃくや 〔借家〕
A بيت بالإيجار (bayt bil-'ījār)
P خانهٔ اجاره‌ای (khāneye-ejāreī)
U کرایے کا مکان (kirāyē ka makān)

借家人
A مستأجر (musta'jir)
P مستأجر (mosta'jer)
U کرایہ دار (kirāya-dār)

しゃくようする 〔借用する〕
A اقترض (iqtaraḍa)
P قرض گرفتن (qarz gereftan)
U قرض لینا (qarz lēnā)

しゃげき 〔射撃〕
A رماية (rimāya)
P شلیک (shellīk)
U فائرنگ (fā'yaring)

ジャケット
A جاكت (jākit)
P ژاکت (zhāket)
U جیکٹ (jaikeṭ)

しゃこ 〔車庫〕
A جراج (jarāj)
P گاراژ (gārāzh)
U گیراج (gairāj)

しゃこうてきな 〔社交的な〕
A اجتماعي (ijtimā'ī)
P معاشرتی (mo'āsheratī)
U ملنسار (milansār)

しゃさつする 〔射殺する〕
A قتل بالرصاص (qatala bi-r-raṣāṣ)
P با تیراندازی کشتن

(bā tīr-andāzī koshtan)
U گولی مارکر ہلاک کرنا
(gōlī mār-kar halāk karnā)

しゃしょう 〔車掌〕
A كمسارى (kumsārī)
P کمک راننده (komak-rānande)
U کنڈکٹر (kanḍakṭar)

しゃしん 〔写真〕
A صورة (ṣūra)
P عکس (‘aks)
U فوٹو (foṭo)
写真機
A كاميرا (kāmīrā) ;
آلة تصوير (āla-taṣwīr)
P دوربين (dūr-bīn)
U کیمرا (kaimrā)
写真家
A مصور (muṣawwir)
P عكاس (‘akkās)
U فوٹوگرافر (foṭogarāfar)
写真をとる
A أخذ صورة (’akhadha ṣūra)
P عکس گرفتن (‘aks gereftan)
U فوٹو اتارنا (foṭo utārnā)

ジャスミン
A ياسمين (yāsamīn)
P یاسمن (yāsaman)
U چنبیلی (chanbēlī)

しゃせつ 〔社説〕
A افتتاحية (iftitāḥīya)
P سرمقاله (sar-maqāle)
U اداریہ (idāriya)

しゃぜつ 〔謝絶〕
A رفض (rafḍ)
P رد (radd)
U انکار (inkār)
謝絶する
A رفض (rafaḍa)
P رد کردن (radd kardan)
U انکار کرنا (inkār karnā)

しゃちょう 〔社長〕
A مدير الشركة (mudīru-sh-sharika)
P رئيس شرکت (ra’īse-sherkat)
U صدر (sadr)

シャツ
A قميص (qamīṣ)
P پیراهن (pīrāhan)
U قمیص (qamīs)

しゃっきん 〔借金〕
A دين (dayn)
P بدهی (bedehī) ; قرض (qarz)
U قرض (qarz)
借金をする
A اقترض (iqtaraḍa)
P قرض گرفتن (qarz gereftan)
U قرض لینا (qarz lēnā)

しゃっくり
A فواق (fuwāq)
P سکسکه (sekseke)
U ہچکی (hichkī)
しゃっくりする
A فاق فواقًا (fāqa fuwāqan)
P سکسکه کردن (sekseke kardan)
U ہچکی لینا (hichkī lēnā)

しゃどう 〔車道〕
A طريق سيارات (ṭarīq sayyārāt)
P سواره رو (savāre-rou)
U موٹرگاڑی کا راستہ (mōṭar-gāṛī ka rāsta)

シャベル
A مجرفة (mijrafa)
P بیل (bīl)
U بیلچہ (bēlcha)

じゃま 〔邪魔〕
A عائق (‘ā’iq)
P مزاحمت (mozāhemat)
U مزاحمت (muzāhamat)
邪魔する
A أعاق (’a‘āqa)
P مزاحم شدن (mozāhem shodan)
U مزاحمت کرنا (muzāhamat karnā)

ジャム
A مربى (murabbā)
P مربا (morabbā)
U جام (jām)

じゃり 〔砂利〕
A حصباء (ḥaṣbā’) ; حصًى (ḥaṣan)
P سنگریزه (sangrīze)
U کنکر (kankar)

しゃりょう 〔車両〕
A عربة (‘araba)
P واگن (vāgon)
U گاڑی (gāṛī)

しゃりん 〔車輪〕
A عجلة (‘ajala)
P چرخ (charkh)
U پہیا (pahiyā)

しゃれい 〔謝礼〕
A مكافأة (mukāfa’a)
P پاداش (pādāsh)
U انعام (in‘ām)

シャワー
A دوش (dūsh)
P دوش (dūsh)
U فواره (fawwāra)

シャンデリア
A نجفة (najafa)
P چلچراغ (chelcherāgh)
U فانوس (fānūs)

ジャンパー
A سترة (sutra)
P کاپشن (kāpshen)
U چولا (chōlā)

シャンプー
A شامبو (shāmbū)
P شامپو (shāmpū)
U شیمپو (shaimpū)

しゅ 〔種〕
A جنس (jins) ; نوع (naw‘)
P نوع (nou‘)
U نوع (nau‘)

しゅ 〔主〕
A رب (rabb)
P رب (rabb)
U رب (rabb)

しゅう 〔週〕
A أسبوع (’usbū‘)
P هفته (hafte)
U ہفتہ (hafta)

しゅう 〔州〕
A ولاية (wilāya)
P ايالت (ayālat)
U صوبہ (sūba)
しゆう 〔私有〕
私有の
A خاص (khāṣṣ);
خصوصى (khuṣūṣī)
P خصوصى (khosūsī)
U نجى (nijī)
私有財産
A ملك خاص (milk khāṣṣ)
P دارائى خصوصى (dārā'īye-khosūsī)
U نجى جائداد (nijī jā'edād)
じゆう 〔自由〕
A حرية (ḥurrīya)
P آزادى (āzādī)
U آزادى (āzādī)
自由な
A حر (ḥurr)
P آزاد (āzād)
U آزاد (āzād)
じゅう 〔十〕
A عشرة ('ashara)
P ده (dah)
U دس (das)
じゅう 〔銃〕
A بندقية (bunduqīya)
P تفنگ (tofang)
U بندوق (bandūq)
しゅうい 〔周囲〕
A محيط (muḥīṭ)
P دور (dour); محيط (mohīt)
U گرد و نواح (gird-o-nawāh)
じゅうい 〔獣医〕
A طبيب بيطرى (ṭabīb bayṭarī)
P دامپزشک (dām-pezeshk)
U بيطار (baitār)
じゅういちがつ 〔十一月〕
A نوفمبر (nūfambar)
P نوامبر (navāmbr)
U نومبر (navambar)
しゅうかい 〔集会〕
A اجتماع (ijtimā')
P اجتماع (ejtemā')
U جلسہ (jalsa)
しゅうかく 〔収穫〕
A حصاد (ḥaṣād)
P محصول (mahsūl)
U فصل (fasl)
収穫する
A حصد (ḥaṣada)
P درو كردن (derou kardan)
U فصل كاٹنا (fasl kāṭnā)
しゅうがくりょこう 〔修学旅行〕
A رحلة مدرسية (riḥla madrasīya)
P گردش علمى (gardeshe-'elmī)
U اسكول كا تعليمى سفر (iskūl ka ta'līmī safar)
じゅうがつ 〔十月〕
A أكتوبر ('uktūbar)
P اكتبر (oktobr)
U اكتوبر (aktūbar)
しゅうかん 〔習慣〕
A عادة ('āda)

P عادت (‘ādat)
U عادت (‘ādat)

しゅうかんし 〔週刊誌〕
A مجلة أسبوعية (majalla ’usbū‘īya)
P هفته نامه (hafte-nāme)
U ہفتہ وار رسالہ (hafta-wār risāla)

しゅうぎいん 〔衆議院〕
A مجلس النواب (majlisu-n-nuwwāb)
P مجلس نمايندگان (majlese-namāyandegān)
U ايوان نمائندگان (aiwāne-numā’indagān)

しゅうきゅう 〔週給〕
A راتب أسبوعى (rātib ’usbū‘ī)
P مزد هفتگى (mozde-haftegī)
U ہفتہ وار تنخواہ (hafta-wār tan<u>kh</u>āh)

しゅうきょう 〔宗教〕
A دين (dīn)
P دين (dīn) ; مذهب (mazhab)
U مذہب (mazhab) ; دين (dīn)

宗教の
A دينى (dīnī)
P دينى (dīnī) ; مذهبى (mazhabī)
U مذہبى (mazhabī) ; دينى (dīnī)

じゅうぎょういん 〔従業員〕
A موظف (muwaẓẓaf)
P كارمند (kār-mand)
U ملازم (mulāzim)

しゅうきん 〔集金〕
A جمع المال (jam‘ul-māl)
P جمع‌آورى پول (jam‘-āvarīye-pūl)
U وصول (wusūl)

集金する
A جمع مالاً (jama‘a mālan)
P پول جمع‌آوردن (pūl jam‘ āvardan)
U پيسا وصول كرنا (paisā wusūl karnā)

しゅうげき 〔襲撃〕
A هجوم (hujūm)
P حمله (hamle) ; هجوم (hojūm)
U حملہ (hamla)

襲撃する
A هاجم (hājama)
P حمله كردن (hamle kardan)
U حملہ كرنا (hamla karnā)

しゅうごう 〔集合〕
A اجتماع (ijtimā‘)
P اجتماع (ejtemā‘)
U جمع (jama‘)

集合する
A اجتمع (ijtama‘a)
P اجتماع كردن (ejtemā‘ kardan)
U جمع ہونا (jama‘ hōnā)

じゅうこうぎょう 〔重工業〕
A صناعة ثقيلة (ṣinā‘a <u>th</u>aqīla)
P صنايع سنگين (sanāye‘ye-sangīn)
U بھارى صنعت (bhārī sana‘t)

しゅうさい 〔秀才〕
A عبقرى (‘abqarī)
P شخص باهوش (<u>sh</u>ak<u>h</u>se-bā-hū<u>sh</u>)
U ذہين شخص (zahīn <u>sh</u>ak<u>h</u>s)

しゅうし 〔収支〕
A دخل و مصروف (dakhl-wa-maṣrūf)
P دخل و خرج (dakhl-o-kharj)
U آمد و خرچ (āmad-o-kharch)

しゅうし 〔修士〕
A ماجستير (mājistīr)
P فوق ليسانس (fouqe-līsāns)；کارشناس ارشد (kār-shenāse-arshad)
U ايم اے (ēm-ē)

じゅうじ 〔十字〕
A صليب (ṣalīb)
P صليب (salīb)
U صليب (salīb)
十字路
A تقاطع الطرق (taqāṭu'-ṭ-ṭurq)
P چهار راه (chahār-rāh)
U چوراہا (chaurāhā)

じゅうじする 〔従事する〕
A اشتغل (ishtaghala)
P مشغول بودن (mashghūl būdan)
U مشغول ہونا (mashghūl hōnā)

しゅうしゅう 〔収集〕
A جمع (jam')
P جمع آوری (jam'-āvarī)
U جمع (jama')

じゅうじゅんな 〔従順な〕
A مطيع (muṭī')
P مطيع (motī')；فرمانبردار (farmān-bordār)
U فرمان بردار (farmān-bardār)

じゅうしょ 〔住所〕
A عنوان ('unwān)
P نشانی (neshānī)；آدرس (ādres)
U پتا (patā)

じゅうしょう 〔重傷〕
A جرح خطير (jurḥ khaṭīr)
P زخم شديد (zakhme-shadīd)
U شديد زخم (shadīd zakhm)

しゅうしょくする 〔就職する〕
A توظف (tawaẓẓafa)
P احراز شغل کردن (ehrāze-shoghl kardan)
U ملازمت اختيار کرنا (mulāzimat ikhteyār karnā)

しゅうじん 〔囚人〕
A سجين (sajīn)
P زندانی (zendānī)
U قيدی (qaidī)

じゅうしん 〔重心〕
A مركز الثقل (markazu-th-thiql)
P مرکز ثقل (markaze-seql)
U مرکز ثقل (markaze-siql)

ジュース
A عصير ('aṣīr)
P آب (āb)；آب ميوه (ābe-mīve)
U رس (ras)

しゅうせい 〔修正〕
A تعديل (ta'dīl)
P اصلاح (eslāh)
U اصلاح (islāh)
修正する
A عدل ('addala)
P اصلاح کردن (eslāh kardan)

U اصلاح کرنا (islāh karnā)

しゅうせん 〔終戦〕

A انتهاء الحرب (intihā'ul-ḥarb)

P پایان جنگ (pāyāne-jang)

U جنگ کا خاتمہ (jang ka khātima)

終戦後に

A بعد الحرب (ba'dal-ḥarb)

P بعد از جنگ (ba'd az jang)

U جنگ کے بعد (jang ke ba'd)

しゅうぜん 〔修繕〕

A إصلاح ('iṣlāḥ)

P تعمیر (ta'mīr)

U مرمت (marammat)

修繕する

A أصلح ('aṣlaḥa)

P تعمیر کردن (ta'mīr kardan)

U مرمت کرنا (marammat karnā)

じゅうだいな 〔重大な〕

A خطير (khaṭīr)

P خطیر (khatīr)

U اہم (aham)

じゅうたく 〔住宅〕

A مسكن (maskan)

P مسکن (maskan)

U مکان (makān)

しゅうだん 〔集団〕

A جماعة (jamā'a)

P گروه (gorūh)

U جماعت (jamā'at)

じゅうたん 〔絨毯〕

A بساط (bisāṭ) ; سجادة (sajjāda)

P فرش (farsh) ; قالی (qālī)

U قالین (qālīn)

しゅうちゅう 〔集中〕

A تركز (tarakkuz)

P تمرکز (tamarkoz)

U ارتکاز (irtikāz)

集中する

A تركز (tarakkaza)

P متمرکز شدن (motamarkaz shodan)

U مرکوز ہونا (markūz hōnā)

しゅうてん 〔終点〕

A آخر محطة (ākhir maḥaṭṭa)

P ترمینال (termīnāl)

U آخری اسٹیشن (ākhirī isṭēshon)

しゅうと 〔舅〕

A حم (ḥam)

P پدر شوهر (pedar shouhar)

U سسر (susar)

しゅうどういん 〔修道院〕

A دير (dayr)

P صومعه (soume'e) ; دیر (deir)

U دیر (dair)

しゅうとめ 〔姑〕

A حماة (ḥamā)

P مادر شوهر (mādar shouhar)

U ساس (sās)

じゅうにがつ 〔十二月〕

A ديسمبر (dīsambar)

P دسامبر (desāmbr)

U دسمبر (disambar)

しゅうにゅう 〔収入〕

A دخل (dakhl)

P درآمد (dar-āmad)

U آمدنی (āmadanī)

しゅうにんする 〔就任する〕
A تولى المنصب (tawallal-manṣib)
P بعهده گرفتن (be-‘ohde gereftan)
U عہدہ سنبھالنا (‘ohda sanbhālnā)
しゅうはすう 〔周波数〕
A ذبذبة (dhabdhaba)
P بسامد (basāmad) ; فركانس (ferekāns)
U لہروں کی تعداد (laharōṇ ki ta‘dād)
じゅうびょう 〔重病〕
A مرض خطير (maraḍ khaṭīr)
P بيماری وخيم (bīmārīye-vakhīm)
U سخت بيماری (sakht bīmārī)
重病人
A مريض خطير (marīḍ khaṭīr)
P بيمار وخيم (bīmāre-vakhīm)
U سخت بيمار (sakht bīmār)
しゅうぶん 〔秋分〕
A الاعتدال الخريفى (al-i‘tidālul-kharīfī)
P اعتدال پاييزى (e‘tedāle-payīzī)
U اعتدال خريفى (e‘tedāle-kharīfī)
じゅうぶんな 〔十分な〕
A كافٍ (kāfin)
P كافى (kāfī)
U كافى (kāfī)
しゅうまつ 〔週末〕
A نهاية الأسبوع (nihāyatul-’usbū‘)
P آخر هفته (ākhere-hafte)
U ہفتے کا آخر (haftē ka ākhir)
じゅうみん 〔住民〕
A ساكن (sākin)
P ساكن (sāken)
U باشنده (bāshinda)
じゅうやく 〔重役〕
A مدير (mudīr)
P مدير (modīr)
U ڈائرکٹر (ḍā’irekṭar)
じゅうゆ 〔重油〕
A زيت ثقيل (zayt thaqīl)
P نفت سنگين (nafte-sangīn)
U بھاری مٹی کا تيل (bhārī miṭṭī ka tēl)
じゅうよう 〔重要〕
A أهمية (’ahammīya)
P اهميت (ahammiyat)
U اہميت (ahamiyat)
重要な
A هام (hāmm) ; مهم (muhimm)
P مهم (mohem)
U اہم (aham)
じゅうらいの 〔従来の〕
A سابق (sābiq)
P سابق (sābeq)
U اب تک کا (ab tak ka)
しゅうり 〔修理〕
A إصلاح (’iṣlāḥ)
P تعمير (ta‘mīr)
U مرمت (marammat)
しゅうりょう 〔終了〕
A انتهاء (intihā’)
P پايان (pāyān)
U ختم (khatam)
終了する
A انتهى (intahā)

P تمام شدن (tamām shodan);
پایان گرفتن (pāyān gereftan)
U ختم ہونا (khatam hōnā)

じゅうりょう 〔重量〕
A وزن (wazn)
P وزن (vazn)
U وزن (wazn)

じゅうりょく 〔重力〕
A قوة جاذبة (qūwa jādhiba);
الجاذبية (al-jādhibīya)
P قوه ثقل (qovveye-seql)
U كشش ثقل (kashishe-siql)

じゅうろうどう 〔重労働〕
A أعمال شاقة (’a‘māl shāqqa)
P اعمال شاقه (a‘māle-shāqqe)
U محنت شاقہ (mehnate-shāqqa)

しゅうわい 〔収賄〕
A ارتشاء (irtishā’)
P رشوه گیری (reshve-gīrī)
U رشوت ستانی (rishwat-sitānī)

しゅえい 〔守衛〕
A بواب (bawwāb)
P دربان (dar-bān)
U چوكیدار (chaukī-dār)

しゅかく 〔主格〕
A حالة الرفع (ḥālatu-r-raf‘)
P حالت فاعلی (hālate-fā‘elī)
U حالت فاعلی (hālate-fā‘ilī)

しゅかん 〔主観〕
A ذاتية (dhātīya)
P ذهنیت (zehnīyat)
U موضوعیت (mauzū‘iyat)

主観的な
A ذاتی (dhātī)
P ذهنی (zehnī)
U موضوعی (mauzū‘ī)

じゅきゅう 〔需給〕
A عرض و طلب (‘arḍ wa ṭalab)
P عرضه و تقاضا (‘arze-o-taqāzā)
U رسد و طلب (rasad-o-talab)

じゅぎょう 〔授業〕
A درس (dars)
P درس (dars)
U تعلیم (ta‘līm)

授業料
A رسوم دراسية (rusūm dirāsīya)
P شهریه (shahrīye);
حق التعلیم (haqqo-t-ta‘līm)
U مدرسے کی فیس (madrasē ki fīs

じゅく 〔塾〕
A كتاب (kuttāb)
P مكتب (maktab)
U مكتب (maktab)

しゅくえん 〔祝宴〕
A احتفال (iḥtifāl)
P ضیافت (ziyāfat); جشن (jashn)
U ضیافت (ziyāfat); جشن (jāshn)

じゅくご 〔熟語〕
A عبارة (‘ibāra)
P اصطلاح (estelāh)
U محاوره (muhāvara)

しゅくじ 〔祝辞〕
A كلمة التهنئة (kalimatu-t-tahni’a)
P سخنرانی تهنیت آمیز
(sokhanrānīye-tahniyat-āmīz)

U مبارک باد (mubārak-bād)

しゅくじつ 〔祝日〕

A عيد رسمى (‘īd rasmī)

P تعطيل رسمى (ta‘tīle-rasmī)

U تہوار (tehwār)

しゅくしゃ 〔宿舎〕

A مكان إقامة (makān ’iqāma)

P اقامتگاه (eqāmat-gāh)

U قيام گاه (qayām-gāh)

じゅくすい 〔熟睡〕

A نوم عميق (nawm ‘amīq)

P خواب سنگين (khābe-sangīn)

U گہری نیند (gahrī nīṇd)

じゅくする 〔熟する〕

A نضج (naḍija)

P رسيدن (resīdan)

U پکنا (paknā)

しゅくせい 〔粛清〕

A تطهير (taṭhīr)

P پاکسازی (pāk-sāzī)

U اخراج (ikhrāj)

しゅくだい 〔宿題〕

A واجبات منزلية (wājibāt manzilīya)

P تكليف منزل (taklīfe-manzel)

U گھر کا کام (ghar ka kām)

しゅくでん 〔祝電〕

A برقية تهنئة (barqīya tahni’a)

P تلگراف تبریک (telegrāfe-tabrīk)

U مبارک باد کا تار (mubārak-bād ka tār)

しゅくめい 〔宿命〕

A قدر (qadar)

P تقدير (taqdīr)

U تقدير (taqdīr)

じゅくりょ 〔熟慮〕

A تفكر (tafakkur)

P تفكر (tafakkor)

U غور و خوض (ghaur-o-khauz)

熟慮する

A تفكر (tafakkara)

P تفكر كردن (tafakkor kardan)

U غور و خوض کرنا (ghaur-o-khauz karnā)

じゅくれん 〔熟練〕

A مهارة (mahāra)

P مهارت (mahārat)

U مہارت (mahārat)

熟練した

A ماهر (māhir)

P ماهر (māher)

U ماہر (māhir)

しゅけん 〔主権〕

A سيادة (siyāda)

P حاكميت (hākemīyat)

U حاکمیت (hākimīyat)

じゅけんする 〔受験する〕

A تقدم لامتحان (taqaddama li-imtiḥān)

P امتحان دادن (emtehān dādan)

U امتحان دینا (imtehān dēnā)

しゅご 〔主語〕

A فاعل (fā‘il)

P فاعل (fā‘el)

U فاعل (fā‘il)

しゅこうぎょう 〔手工業〕

A صناعة يدوية (ṣinā‘a yadawīya)

P صنایع دستی (sanāye‘e-dastī)
U حرفت کی صنعت (hirfat ki sana‘t)

しゅさいで〔主催で〕
A تحت رعاية (taḥta ri‘āya)
P تحت توجهات (tahte-tavajjohāte)
U کے اہتمام میں (ke ehtemām meṇ)

じゅし〔樹脂〕
A راتينج (rātīnaj)
P رزین (rezīn)
U رال (rāl)

しゅじゅつ〔手術〕
A عملية جراحية (‘amalīya jirāḥiya)
P عمل جراحی (‘amale-jarrāhī)
U آپریشن (āprēshan)

手術をする
A أجرى عملية جراحية (’ajrā ‘amalīya jirāḥīya)
P عمل جراحی کردن (‘amale-jarrāhī kardan)
U آپریشن کرنا (āprēshan karnā)

しゅじゅの〔種々の〕
A مختلف (mukhtalif)
P مختلف (mokhtalef)
U مختلف (mukhtalif)

しゅしょう〔主将〕
A كابتن (kābtin)
P کاپیتان (kāpītān)
U کپتان (kaptān)

しゅしょう〔首相〕
A رئيس الوزراء (ra’īsul-wuzarā’)
P نخست وزیر (nokhost vazīr)
U وزیر اعظم (wazīre-a‘zam)

じゅしょうする〔受賞する〕
A فاز بجائزة (fāza bi-jā’iza)
P جایزه بردن (jāyeze bordan)
U انعام پانا (in‘ām pānā)

しゅしょく〔主食〕
A غذاء رئيسي (ghizā‘ ra’īsī)
P غذای اصلی (ghazāye-aslī)
U اہم خوراک (aham khūrāk)

しゅじん〔主人〕
A صاحب (ṣāhib)
P صاحب (sāheb)
U مالک (mālik)

じゅず〔数珠〕
A سبحة (subḥa)
P تسبیح (tasbīh)
U تسبیح (tasbīh)

しゅぞく〔種族〕
A جنس (jins)
P نژاد (nezhād)
U نسل (nasl)

しゅだい〔主題〕
A موضوع (mawḍū‘)
P موضوع (mouzū‘)
U موضوع (mauzū‘)

しゅだん〔手段〕
A وسيلة (wasīla)
P وسیله (vasīle)
U وسیلہ (wasīla)

しゅちょう〔主張〕
A زعم (za‘m)
P ادعا (edde‘a)
U دعوا (da‘wā)

主張する

A زعم (za'ama)

P ادعا كردن (edde'ā kardan)

U دعوا كرنا (da'wā karnā)

しゅつえん 〔出演〕

出演する

A مثل (ma<u>th</u><u>th</u>ala)

P در صحنه ظاهر شدن (dar sahne zāher <u>sh</u>odan)

U كردار ادا كرنا (kirdār adā karnā)

出演者

A ممثل (muma<u>th</u><u>th</u>il)

P بازيگر (bāzī-gar)

U اداكار (adā-kār)

しゅっかする 〔出火する〕

A نشب حريق (na<u>sh</u>iba ḥarīq)

P آتش سوزى رخ دادن (āte<u>sh</u>-sūzī ro<u>kh</u> dādan)

U آگ لگنا (āg lagnā)

しゅっけつする 〔出血する〕

A نزفه الدم (nazafa-hu-d-dam)

P خون آمدن (<u>kh</u>ūn āmadan)

U خون بهنا (<u>kh</u>ūn bahnā)

しゅつげん 〔出現〕

A ظهور (ẓuhūr)

P ظهور (zohūr)

U ظهور (zuhūr)

出現する

A ظهر (ẓahara)

P ظاهر شدن (zāher <u>sh</u>odan)

U ظهور ميں آنا (zuhūr meṇ ānā)

じゅつご 〔術語〕

A اصطلاح (iṣṭilāḥ); مصطلح (muṣṭalaḥ)

P اصطلاحات (estelāhāt)

U اصطلاح (istelāh)

じゅつご 〔述語〕

A خبر (<u>kh</u>abar)

P گزاره (gozāre); خبر (<u>kh</u>abar)

U خبر (<u>kh</u>abar)

じゅっこう 〔熟考〕

A تأمل (ta'ammul)

P تأمل (ta'ammol)

U غور و خوض (<u>gh</u>aur-o-<u>kh</u>auz)

熟考する

A تأمل (ta'ammala)

P تأمل كردن (ta'ammol kardan)

U غور و خوض كرنا (<u>gh</u>aur-o-<u>kh</u>auz karnā)

しゅっさつぐち 〔出札口〕

切符売り場

A مكتب التذاكر (maktabu-t-ta<u>dh</u>ākir)

P بليت فروشى (belīt-forū<u>sh</u>ī)

U ٹكٹ گهر (ṭikaṭ-ghar)

しゅっさん 〔出産〕

A ولادة (wilāda)

P زايمان (zāyemān)

U زچگى (za<u>ch</u><u>ch</u>agī)

出産する

A ولدت (waladat)

P زاييدن (zāyīdan)

U جننا (jannā)

しゅっし 〔出資〕

A تمويل (tamwīl)

P سرمايه گذارى (sarmāye-gozārī)

U سرمایه کاری (sarmāya-kārī)
出資する
A مول (mawwala)
P سرمایه گذاشتن (sramāye gozāshtan)
U سرمایه لگانا (sarmāya lagānā)

しゅっしょう 〔出生〕
A میلاد (mīlād)
P تولد (tavallod)
U ولادت (vilādat)
出生地
A محل الميلاد (maḥallul-mīlād) ; مسقط الرأس (masqaṭu-r-ra's)
P محل تولد (mahalle-tavallod)
U جائے ولادت (jā'ē-vilādat)

しゅっせき 〔出席〕
A حضور (ḥuḍūr)
P حضور (hozūr)
U حاضری (hāzirī)
出席する
A حضر (ḥaḍara)
P حاضر شدن (hāzer shodan)
U حاضر ہونا (hāzir hōnā)
出席者(総称)
A حاضرون (ḥāḍirūna)
P حضار (hozzār)
U حاضرین (hāzerīn)

しゅっせする 〔出世する〕
A نجح فی الحياة (najaḥa fil-ḥayā)
P در زندگی موفق شدن (dar zendegī movaffaq shodan)
U زندگی میں کامیاب ہونا (zindagī meṇ kām-yāb hōnā)

しゅっちょう 〔出張〕
A سفر العمل (safarul-'amal)
P سفر اداری (safare-edārī)
U کام کا سفر (kām ka safar)
出張する
A سافر للعمل (sāfara lil-'amal)
P برای مأموریت سفر کردن (barāye ma'mūrīyat safar kardan)
U کام کے لیے سفر پر جانا (kām ke liye safar par jānā)

しゅっぱつ 〔出発〕
A مغادرة (mughādara)
P حرکت (harakat)
U روانگی (rawāngī)
出発する
A غادر (ghādara)
P حرکت کردن (harakat kardan)
U روانہ ہونا (rawāna hōnā)

しゅっぱん 〔出版〕
A نشر (nashr)
P انتشار (enteshār) ; نشر (nashr)
U اشاعت (ishā'at)
出版する
A نشر (nashara)
P منتشر کردن (montasher kardan)
U اشاعت کرنا (ishā'at karnā)
出版社
A دار النشر (dāru-n-nashr)
P ناشر (nāsher)
U ناشر (nāshir)

しゅと 〔首都〕
A عاصمة ('āṣima)
P پایتخت (pāye-takht)

U دارالحکومت (dārul-hukūmat)

しゅとう 〔種痘〕

A طعم ضد الجدری (ṭu'm ḍiddal-judarī)

P آبله کوبی (ābele-kūbī)

U چیچک کا ٹیکا (chēchak ka ṭīkā)

じゅどう 〔受動〕

受動的な

A سلبی (salbī)

P منفعل (monfa'el)

U انفعالی (infe'ālī)

受動態

A صیغة المجهول (ṣīghatul-majhūl)

P صیغه مجهول (sīgheye-majhūl)

U طور مجهول (taure-majhūl)

しゅどうけん 〔主導権〕

A قیادة (qiyāda)

P رهبری (rahbarī)

U قیادت (qiyādat)

しゅとして 〔主として〕

A غالبًا (ghāliban)

P بیشتر (bīsh-tar)；غالباً (ghāleban)

U بیشتر (bēsh-tar)；اغلباً (aghlaban)

しゅのう 〔首脳〕

首脳会談

A مؤتمر قمة (mu'tamar qimma)

P کنفرانس سران (konferānse-sarān)

U سر براہوں کی کانفرنس (sar-barāhōṇ ki kānfarans)

しゅび 〔守備〕

A دفاع (difā')

P دفاع (defā')

U دفاع (difā')

しゅひつ 〔主筆〕

A رئیس التحریر (ra'īsu-t-taḥrīr)

P سردبیر (sar-dabīr)

U مدیر اعلیٰ (mudīre-a'lā)

しゅふ 〔主婦〕

A ربة بیت (rabba bayt)

P خانم خانه (khānome-khāne)

U گھروالی (ghar-wālī)

しゅふ 〔首府〕 ―→しゅと

しゅみ 〔趣味〕

A هواية (hiwāya)

P سرگرمی (sar-garmī)；مشغولیت (mashghūlīyat)

U مشغله (mashghala)

じゅみょう 〔寿命〕

A عمر ('umr)

P عمر ('omr)

U عمر ('umr)

しゅやく 〔主役〕

A دور رئیسی (dawr ra'īsī)

P نقش اصلی (naqshe-aslī)

U سب سے اہم کردار (sab se aham kirdār)

しゅよう 〔腫瘍〕

A ورم (waram)

P غده (ghodde)；تومور (tūmor)

U رسولی (rasūlī)

じゅよう 〔需要〕

A طلب (ṭalab)

P تقاضا (taqāzā)

U مانگ (māṇg)；طلب (talab)

しゅようなに〔主要な〕

A هام (hāmm)

P عمده (‘omde)

U اہم (aham)

しゅりょう〔狩猟〕

A صيد (ṣayd)

P شکار (shekār)

U شکار (shikār)

じゅりょうしょう〔受領証〕

A وصل (waṣl)

P رسید (resīd)

U رسید (rasīd)

しゅるい〔種類〕

A نوع (naw‘)

P نوع (nou‘)

U قسم (qism)

じゅわき〔受話器〕

A سماعة (sammā‘a)

P گوشی (gūshī)

U رسیور (resīvar)

じゅんかい〔巡回〕

A طواف (ṭawāf)；دورية (dawrīya)

P گشت (gasht)

U گشت (gasht)

巡回する

A طاف (ṭāfa)

P گشت زدن (gasht zadan)

U گشت کرنا (gasht karnā)

しゅんかん〔瞬間〕

A لحظة (laḥẓa)

P لحظه (lahze)

U لمحہ (lamha)

じゅんかん〔循環〕

A دورة (dawra)

P دوران (davarān)

U گردش (gardish)

じゅんきょう〔殉教〕

A استشهاد (istishhād)

P شهادت (shahādat)

U شہادت (shahādat)

殉教者

A شهيد (shahīd)

P شهید (shahīd)

U شہید (shahīd)

じゅんきん〔純金〕

A ذهب خالص (dhahab khāliṣ)

P طلای خالص (talāye-khāles)

U خالص سونا (khālis sōnā)

じゅんさ〔巡査〕

A شرطي (shurṭī)

P پلیس (polīs)

U پولیس والا (polīs-wālā)

じゅんじょ〔順序〕

A ترتيب (tartīb)

P ترتیب (tartīb)

U ترتیب (tartīb)

じゅんしんな〔純真な〕

A بسيط القلب (basīṭul-qalb)

P ساده دل (sāde-del)

U بھولا (bhōlā)

じゅんすいな〔純粋な〕

A أصيل (’aṣīl)

P اصیل (asīl)

U خالص (khālis)

じゅんちょうな 〔順調な〕
A مؤات (mu'āt)
P مساعد (mosā'ed)
U قابل اطمينان (qābile-itmīnān)
じゅんばん 〔順番〕
A دور (dawr)
P نوبت (noubat)
U بارى (bārī)
じゅんび 〔準備〕
A إعداد ('i'dād)
P آمادگى (āmādegī)
U تيارى (taiyārī)
準備する
A أعد ('a'adda)
P آماده كردن (āmāde kardan)
U تيارى كرنا (taiyārī karnā)
しゅんぶん 〔春分〕
A الاعتدال الربيعى (al-i'tidālu-r-rabī'ī)
P اعتدال بهارى (e'tedāle-bahārī)
U اعتدال ربيعى (e'tedāle-rabī'ī)
じゅんれい 〔巡礼〕
A （メッカへ）حج (ḥajj)
P حج (hajj)；
（聖地へ）زيارت (ziyārat)
U حج (hajj)；زيارت (ziyārat)
巡礼者
A حاج (ḥajj)
P حاجى (hājī)；زاير (zāyer)
U حاجى (hājī)；زائر (zā'ir)
巡礼する
A حج (ḥajja)
P حج رفتن (hajj raftan)
U حج كو جانا (hajj ko jānā)
じょい 〔女医〕
A طبيبة (ṭabība)
P پزشک زن (pezeshke-zan)
U ڈاكٹرنى (ḍākṭarnī)
しよう 〔使用〕
A استعمال (isti'māl)
P استعمال (este'māl)
U استعمال (iste'māl)
使用する
A استعمل (ista'mala)
P استعمال كردن (este'māl kardan)
U استعمال كرنا (iste'māl karnā)
しよう 〔私用〕
A أمر خاص ('amr khaṣṣ)
P كار خصوصى (kāre-khosūsī)
U ذاتى كام (zātī kām)
しょう 〔賞〕
A جائزة (jā'iza)
P جايزه (jāyeze)
U انعام (in'ām)
しょう 〔省〕
A وزارة (wizāra)
P وزارت (vezārat)
U وزارت (vizārat)
外務省
A وزارة الخارجية (wizāratul-khārijīya)
P وزارت خارجه (vezārate-khāreje)
U وزارت خارجہ (vizārate-khārija)
しょう 〔章〕
A فصل (faṣl)；باب (bāb)
P فصل (fasl)；باب (bāb)

U باب (bāb)

じょう 〔情〕

A عاطفة (‘āṭifa)

P عاطفه (‘ātefe)

U احساس (ehsās)

じょう 〔錠〕

A قفل (qufl)

P قفل (qofl)

U تالا (tālā)

じょう 〔条〕

A مادة (mādda)

P ماده (mādde)

U دفعه (daf‘a)

じょういん 〔上院〕

A مجلس الشيوخ (majlisu-sh-shuyūkh)

P مجلس سنا (majlese-senā)

U ایوان بالا (aiwāne-bālā)

じょうえいする 〔上映する〕

A عرض (‘araḍa)

P نمایش دادن (nemāyesh dādan)

U فلم دکهانا (film dikhānā)

しょうか 〔消化〕

A هضم (haḍm)

P هضم (hazm)

U ہضم (hazm)

消化する

A هضم (haḍama)

P هضم کردن (hazm kardan)

U ہضم کرنا (hazm karnā)

しょうか 〔消火〕

消火する

A أطفأ النار (’aṭfa’a-n-nār)

P آتش نشانی کردن (ātesh-neshānī kardan)

U آگ بجهانا (āg bujhānā)

消火器

A مطفأة النار (miṭfa’atun-nār)

P کپسول آتش نشانی (kapsūle-ātesh-neshānī)

U آگ بجهانے کا آلہ (āg bujhānē ka āla)

しょうが 〔生姜〕

A زنجبيل (zanjabīl)

P زنجبیل (zanjabīl)

U ادرک (adrak)

しょうかい 〔紹介〕

A تقديم (taqdīm) ; تعريف (ta‘rīf)

P معرفی (mo‘arrefī)

U تعارف (ta‘āruf)

紹介する

A قدم (qaddama) ; عرف (‘arrafa)

P معرفی کردن (mo‘arrefī kardan)

U تعارف کرنا (ta‘āruf karnā)

紹介状

A رسالة التقديم (risālatu-t-taqdīm)

P معرفی‌نامه (mo‘arrefī-nāme)

U تعارف‌نامہ (ta‘āruf-nāma)

しょうがい 〔生涯〕

A حياة (ḥayā)

P زندگی (zendegī) ; حیات (hayāt)

U زندگی (zindagī) ; حیات (hayāt)

しょうがい 〔障害〕

A عائق (‘ā’iq)

P مانع (māne‘)

U رکاوٹ (rukāwaṭ)

しょうがい 〔傷害〕
A إيذاء ('īdhā')
P صدمه (sadame)
U حادثہ (hādisa)
傷害保険
A تأمين ضد الحوادث (ta'mīn ḍiddal-ḥawādith)
P بيمهٔ حوادث (bīmeye-havādes)
U حادثاتی بیمہ (hādisāti bīma)
しょうがくきん 〔奨学金〕
A منحة (minḥa)
P بورس (būrs)
U وظیفہ (wazīfa)
しょうがつ 〔正月〕
A رأس السنة (ra'su-s-sana)
P نوروز (nou-rūz)
U نیا سال (nayā sāl)
しょうがっこう 〔小学校〕
A مدرسة ابتدائية (madrasa ibtidā'īya)
P دبستان (dabestān)
U ابتدائی مدرسہ (ibtidā'ī madrasa)
しょうかんする 〔召喚する〕
A استدعى (istad'ā)
P احضار كردن (ehzār kardan)
U طلب کرنا (talab karnā)
しょうき 〔正気〕
A صواب (ṣawāb)
P هوش (hūsh)
U ہوش (hōsh)
しょうぎ 〔将棋〕
A شطرنج (shaṭranj)
P شطرنج (shatranj)
U شطرنج (shatranj)
じょうき 〔蒸気〕
A بخار (bukhār)
P بخار (bokhār)
U بھاپ (bhāp) ; بخار (bukhār)
じょうぎ 〔定規〕
A مسطرة (misṭara)
P خطكش (khat-kesh)
U رولر (rūlar)
じょうきゃく 〔乗客〕
A راكب (rākib)
P مسافر (mosāfer)
U سواری (sawārī)
しょうきゅう 〔昇給〕
A رفع الراتب (raf'u-r-rātib)
P افزايش حقوق (afzāyeshe-hoqūq)
U تنخواہ میں اضافہ (tankhāh meṇ izāfa)
しょうぎょう 〔商業〕
A تجارة (tijāra)
P بازرگانی (bāzargānī) ;
تجارت (tejārat)
U تجارت (tijārat)
商業の
A تجاری (tijārī)
P تجارتی (tejāratī)
U تجارتی (tijāratī)
じょうきょう 〔状況〕
A وضع (waḍ') ; حالة (ḥāla)
P وضع (vaz') ; حالت (hālat)
U حالت (hālat)

しょうきょくてきな〔消極的な〕
A سلبى (salbī)
P منفى (manfī)
U انفعالى (infe'ālī)

しょうきん〔賞金〕
A جائزة مالية (ja'iza mālīya)
P جايزه نقدى (jāyezeye-naqdī)
U انعام (in'ām)

しょうけん〔証券〕
A سندات مالية (sanadāt mālīya)
P اوراق بهادار (ourāqe-bahā-dār)
U تمسک (tamassuk)

証券市場
A سوق السندات (sūqu-s-sanadāt)
P بازار اوراق بهادار (bāzāre-ourāqe-bahā-dār)
U سٹاک بازار (siṭāk bāzār)

しょうげん〔証言〕
A شهادة (shahāda)
P گواهى (gavāhī)
U گواہی (gawāhī)

証言する
A أدى شهادة ('addā shahāda)
P گواهى دادن (gavāhī dādan)
U گواہی دینا (gawāhī dēnā)

じょうけん〔条件〕
A شرط (sharṭ)
P شرط (shart)
U شرط (shart)

条件付きの
A مشروط (mashrūṭ)
P مشروط (mashrūt)
U مشروط (mashrūt)

無条件で
A بلا شرط (bilā sharṭ)
P بلا شرط (belā shart)
U غير مشروط (ghair mashrūt)

しょうこ〔証拠〕
A دليل (dalīl)
P مدرک (madrak)；دليل (dalīl)
U دليل (dalīl)；ثبوت (subūt)

しょうご〔正午〕
A ظهر (ẓuhr)
P ظهر (zohr)
U دو پہر (dō-pahar)

しょうこう〔将校〕
A ضابط (ḍābiṭ)
P افسر (afsar)
U فوجى افسر (faujī afsar)

しょうごう〔称号〕
A لقب (laqab)
P لقب (laqab)
U لقب (laqab)

しょうさい〔詳細〕
A تفصيل (tafṣīl)
P تفصيل (tafsīl)
U تفصيل (tafsīl)

詳細な
A مفصل (mufaṣṣal)
P مفصل (mofassal)
U مفصل (mufassal)

詳細に
A بالتفصيل (bi-t-tafṣīl)
P بطور مفصل (be-toure-mofassal)
U تفصيل سے (tafsīl se)

ょうざい 〔錠剤〕
A قرص (qurṣ)
P قرص (qors)
U گولی (gōlī)

ょうさん 〔賞賛〕
A مدح (madḥ)
P تحسين (tahsīn)；
ستايش (setāyesh)
U تعريف (ta'rīf)

賞賛する
A مدح (madaḥa)
P تحسين كردن (tahsīn kardan)
U تعريف كرنا (ta'rīf karnā)

ょうじき 〔正直〕
A صدق (ṣidq)
P درستكارى (dorost-kārī)；
صداقت (sedāqat)
U ديانت (diyānat)

正直な
A صادق (ṣādiq)
P درستكار (dorost-kār)；
صادق (sādeq)
U ديانت دار (diyānat-dār)

じょうしき 〔常識〕
A ذوق سليم (dhawq salīm)
P عقل سليم ('aqle-salīm)
U عقل سليم ('aqle-salīm)

しょうしゃ 〔商社〕
A شركة تجارية (sharika tijārīya)
P شركت تجارتى (sherkate-tejāratī)
U تجارتى كمپنى
(tijāratī kampanī)

じょうしゃ 〔乗車〕

乗車する
A ركب (rakiba)
P سوار شدن (savār shodan)
U سوار ہونا (sawār hōnā)

乗車券
A تذكرة (tadhkira)
P بليط (belīt)；بليت (belīt)
U ٹکٹ (ṭikaṭ)

じょうじゅ 〔成就〕
A إنجاز ('injāz)
P انجام (anjām)
U سر انجام (sar-anjām)

成就する
A أنجز ('anjaza)
P انجام دادن (anjām dādan)
U سرانجام دينا (sar-anjām dēnā)

しょうしゅう 〔召集〕
A استدعاء (istid'ā')
P احضار (ehzār)
U طلب (talab)

召集する
A استدعى (istad'ā)
P احضار كردن (ehzār kardan)
U طلب كرنا (talab karnā)

しょうじゅう 〔小銃〕
A بندقية (bunduqīya)
P تفنگ (tofang)
U بندوق (bandūq)

じょうじゅん 〔上旬〕
A أوائل ('awa'il)
P اوايل (avāyel)
U مہینے کا شروع (mahīnē ka shurū')

しょうじょ 〔少女〕
A بنت (bint)
P دختر (dok͟htar)
U لڑکی (laṛkī)
しょうしょう 〔少々〕
A قليل من (qalīl min)
P کمی (kamī)
U تھوڑا (thōṛā)
しょうじょう 〔症状〕
A عرض (‘araḍ)
P نشانۀ بیماری (ne͟shāneye-bīmārī)
U بیماری کی علامت (bīmārī ki ‘alāmat)
しょうしん 〔昇進〕
A ترقٍ (taraqqin)
P ترفیع (tarfī‘)
U ترقی (taraqqī)
昇進する
A ترقى (taraqqā)
P ترفیع یافتن (tarfī‘ yāftan)
U ترقی کرنا (taraqqī karnā)
しょうすう 〔小数〕
A رقم عشري (raqm ‘u͟shrī)
P رقم اعشاری (raqame-a‘͟shārī)
U اعشاریہ (a‘͟shārīya)
小数点
A نقطة عشرية (nuqṭa ‘u͟shrīya)
P ممیز (momayyez)
U نقطہ اعشاریہ (nuqtaye-a‘͟shārīya)
しょうすう 〔少数〕
A أقلية (’aqallīya)
P اقلیت (aqallīyat)
U اقلیت (aqliyat)
じょうずな 〔上手な〕
A ماهر (māhir)
P ماهر (māher)
U ماہر (māhir)
しょうずる 〔生ずる〕
起こる
A حدث (ḥadat͟ha)
P پیش آمدن (pī͟sh āmadan)
U پیش آنا (pē͟sh ānā)
じょうせい 〔情勢〕
A وضع (waḍ‘) ; أوضاع (’awḍā‘)
P وضع (vaz‘) ; اوضاع (ouzā‘)
U صورت حال (sūrate-hāl)
しょうせつ 〔小説〕
A قصة (qiṣṣa) ; رواية (riwāya)
P رمان (romān) ; داستان (dāstān)
U ناول (nāval)
小説家
A روائى (riwā’ī)
P رمان نویس (romān-nevīs)
U ناول نگار (nāval-nigār)
しょうせん 〔商船〕
A سفينة تجارية (safīna tijārīya)
P کشتی بازرگانی (ke͟shtīye-bāzargānī)
U تجارتی جہاز (tijāratī jahāz)
じょうせんする 〔乗船する〕
A ركب سفينة (rakiba safīna)
P سوار کشتی شدن (savāre ke͟shtī ͟shodan)
U جہاز پر سوار ہونا (jahāz par sawār hōnā)

ょうぞうが 〔肖像画〕
A رسم شخصی (rasm shakhṣī)
P پرتره (portre)
U شبیه (shabīh)

ょうそく 〔消息〕
A أخبار ('akhbār) ; أنباء ('anbā')
P خبر (khabar) ; اطلاع (ettelā')
U خبر (khabar) ; اطلاع (ittelā')

ょうたい 〔招待〕
A دعوة (da'wa)
P دعوت (da'vat)
U دعوت (da'wat)
招待する
A دعا (da'ā)
P دعوت کردن (da'vat kardan)
U دعوت دینا (da'wat dēnā)
招待状
A بطاقة دعوة (biṭāqa da'wa)
P دعوتنامه (da'vat-nāme)
U دعوت نامہ (da'wat-nāma)

ょうたい 〔状態〕
A حال (ḥal) ; حالة (ḥāla)
P حال (hāl) ; حالت (hālat)
U حال (hāl) ; حالت (hālat)

ょうだく 〔承諾〕
A قبول (qubūl)
P قبول (qabūl)
U منظوری (manzūrī)
承諾する
A قبل (qabila)
P قبول کردن (qabūl kardan)
U منظوری دینا (manzūrī dēnā)

じょうたつする 〔上達する〕
A تقدم (taqaddama)
P ترقی کردن (taraqqī kardan)
U ترقی کرنا (taraqqī karnā)

じょうだん 〔冗談〕
A مزاح (muzāḥ)
P شوخی (shūkhī)
U مذاق (mazāq)
冗談を言う
A مزح (mazaḥa)
P شوخی کردن (shūkhī kardan)
U مذاق کرنا (mazāq karnā)

しょうちする 〔承知する〕
知る
A علم ('alima)
P دانستن (dānestan)
U جاننا (jānnā)
同意する
A قبل (qabila)
P قبول کردن (qabūl kardan)
U ماننا (mānnā)

しょうちょう 〔象徴〕
A رمز (ramz)
P نماد (nemād)
U علامت ('alāmat)

しょうてん 〔商店〕
A دكان (dukkān)
P مغازه (maghāze) ;
دکان (dokkān)
U دکان (dukān)

しょうてん 〔焦点〕
A بؤرة (bu'ra)
P کانون (kānūn)

U ماسکہ (māsika)

しょうどう 〔衝動〕

A نزوة (nazwa)

P تکانه (takāne)

U ترنگ (tarang)

しょうとうする 〔消灯する〕

A أطفأ النور ('aṭfa'a-n-nūr)

P چراغ را خاموش کردن (cherāgh rā khāmūsh kardan)

U بتی بجھانا (battī bujhānā)

じょうとうな 〔上等な〕

A ممتاز (mumtāz)

P عالی ('ālī)

U عمدہ ('umda)

しょうどく 〔消毒〕

A تعقيم (ta'qīm) ; تطهير (taṭhīr)

P ضد عفونی (zedde-'ofūnī)

U جراثیم کشی (jarāsīm-kushī)

消毒する

A عقم ('aqqama) ; طهر (ṭahhara)

P ضد عفونی کردن (zedde-'ofūnī kardan)

U جراثیم سے پاک کرنا (jarāsīm se pāk karnā)

しょうとつ 〔衝突〕

A اصطدام (iṣṭidām) ; تصادم (taṣādum)

P تصادف (tasādof)

U تصادم (tasādum)

衝突する

A اصطدم (iṣṭadama)

P تصادف کردن (tasādof kardan)

U تصادم ہونا (tasādum hōnā)

しょうにまひ 〔小児麻痺〕

A شلل الأطفال (shalalul-'aṭfāl)

P فلج اطفال (falaje-atfāl)

U بچوں کا فالج (bachchōṇ ka fāli

しょうにん 〔証人〕

A شاهد (shāhid)

P شاهد (shāhed)

U شاہد (shāhid) ; گواہ (gawāh)

しょうにん 〔商人〕

A تاجر (tājir)

P بازرگان (bāzargān) ; تاجر (tājer)

U تاجر (tājir)

しょうにん 〔承認〕

A موافقة (muwāfaqa)

P شناسائی (shenāsā'ī) ; موافقت (movāfaqat)

U تسلیم (taslīm) ; منظوری (manzūrī)

承認する

A وافق (wāfaqa)

P شناختن (shenākhtan)

U تسلیم کرنا (taslīm karnā)

じょうねつ 〔情熱〕

A حماسة (hamāsa)

P شور (shūr)

U جوش (jōsh)

しょうねん 〔少年〕

A ولد (walad)

P پسر (pesar)

U لڑکا (laṛkā)

しょうのう 〔樟脳〕

A كافور (kāfūr)

P كافور (kāfūr)
U كافور (kāfūr)

じょうば 〔乗馬〕
A ركوب الخيل (rukūbul-khayl)
P سوار كارى (savār-kārī)
U گھوڑے کی سواری (ghōṛē ki sawārī)

しょうばい 〔商売〕
A تجارة (tijāra)
P بازرگانى (bāzargānī) ; تجارت (tejārat)
U تجارت (tijārat)

じょうはつ 〔蒸発〕
A تبخر (tabakhkhur)
P تبخير (tabkhīr)
U تبخير (tabkhīr)
蒸発する
A تبخر (tabakhkhara)
P تبخير شدن (tabkhīr shodan)
U تبخير ہونا (tabkhīr hōnā)

しょうひ 〔消費〕
A استهلاك (istihlāk)
P مصرف (masraf)
U صرف (sarf)
消費する
A استهلك (istahlaka)
P مصرف كردن (masraf kardan)
U صرف کرنا (sarf karnā)
消費者
A مستهلك (mustahlik)
P مصرف كننده (masraf-konande)
U صارف (sārif)

しょうひょう 〔商標〕
A علامة تجارية ('alāma tijārīya)
P علامت تجارتى ('alāmate-tejāratī)
U ٹریڈ مارک (ṭrēḍ mārk)

しょうひん 〔賞品〕
A جائزة (jā'iza)
P جايزه (jāyeze)
U انعام (in'ām)

しょうひん 〔商品〕
A بضاعة (biḍā'a)
P كالا (kālā)
U تجارتی مال (tijāratī māl)

じょうひんな 〔上品な〕
A أنيق ('anīq)
P ظريف (zarīf)
U شستہ (shusta)

じょうぶな 〔丈夫な〕
健康な
A قوى البنية (qawīyul-binya)
P قوى البنيه (qavīyol-bonye)
U تندرست (tandurust)
堅牢な
A متين (matīn)
P محكم (mohkam)
U مضبوط (mazbūt)

じょうぶん 〔条文〕
A نص (naṣṣ)
P متن (matn)
U متن (matn)

しょうべん 〔小便〕
A بول (bawl)
P پيشاب (pīshāb)
U پیشاب (pēshāb)

小便する
A تبول (tabawwala)
P پیشاب کردن (pīshāb kardan)
U پیشاب کرنا (pēshāb karnā)

じょうほ 〔譲歩〕
A تنازل (tanāzul)
P سازش (sāzesh)
U مراعات (murā'āt)
譲歩する
A تنازل (tanāzala)
P سازش کردن (sāzesh kardan)
U مراعات کرنا (murā'āt karnā)

しょうぼう 〔消防〕
消防署
A مركز إطفاء (markaz 'iṭfā')
P سازمان آتش نشانی (sāzmāne-ātesh-neshānī)
U فائراسٹیشن (fā'yar-isṭēshon)
消防士
A إطفائی ('iṭfā'ī)
P مأمور آتش‌نشانی (ma'mūre-ātesh neshānī)
U آگ بجھانے والا (āg bujhānē-wāla)
消防車
A سيارة إطفاء (sayyāra 'iṭfā')
P ماشین آتش‌نشانی (māshīne-āteshneshānī)
U فائرانجن (fā'yar-enjin)

じょうほう 〔情報〕
A معلومات (ma'lūmāt)
P اطلاعات (ettelā'āt)
U اطلاع (ittelā')

じょうみゃく 〔静脈〕
A وريد (warīd)
P سیاهرگ (siyāh-rag); ورید (varīd)
U ورید (varīd)

しょうめい 〔証明〕
A إثبات ('ithbāt)
P اثبات (esbāt)
U ثبوت (subūt)
証明する
A أثبت ('athbata)
P اثبات کردن (esbāt kardan); ثابت کردن (sābet kardan)
U ثابت کرنا (sābit karnā)

しょうめい 〔照明〕
A إضاءة ('iḍā'a)
P نور پردازی (nūr-pardāzī)
U چراغاں (chirāghāṇ)
照明する
A أضاء ('aḍā')
P نور پردازی کردن (nūr-pardāzī kardan)
U چراغاں کرنا (chirāghāṇ karnā)

しょうめいしょ 〔証明書〕
A شهادة (shahāda)
P گواهی‌نامه (gavāhī-nāme)
U تصدیق‌نامہ (tasdīq-nāma)

しょうめんに 〔正面に〕
A أمام ('amāma)
P روبرو (rū-be-rū)
U سامنے (sāmnē)

しょうもう 〔消耗〕
A استهلاك (istihlāk)
P مصرف (masraf)

U صرف (sarf)

消耗する

A استهلك (istahlaka)

P مصرف کردن (masraf kardan)

U صرف کرنا (sarf karnā)

消耗品

A بضائع للاستهلاك (baḍā'i'-lil-istihlāk)

P اشیای مصرفی (as͟hyāye-masrafī)

U اشیائے صرف (as͟hyā'ē-sarf)

じょうやく 〔条約〕

A معاهدة (mu'āhada)

P معاهده (mo'āhede) ; پیمان (peimān)

U معاہدہ (mu'āhida)

条約を結ぶ

A عقد معاهدة ('aqada mu'āhada)

P معاهده بستن (mo'āhede bastan)

U معاہدہ طے کرنا (mu'āhida tae karnā)

しょうよ 〔賞与〕

A مكافأة (mukāfa'a)

P پاداش (pādās͟h)

U بونس (bōnas)

しょうらい 〔将来〕

A مستقبل (mustaqbal)

P آینده (āyande)

U مستقبل (mustaqbil)

しょうり 〔勝利〕

A نصر (naṣr) ; فتح (fatḥ)

P فتح (fath) ; پیروزی (pīrūzi)

U فتح (fatah) ; جیت (jīt)

勝利する

A انتصر (intaṣara)

P فاتح شدن (fāteh s͟hodan)

U فتح حاصل کرنا (fatah hāsil karnā) ; جیتنا (jītnā)

じょうりく 〔上陸〕

船から上陸する

A نزل إلى البر (nazala 'ilal-barr)

P پیاده شدن (piyāde s͟hodan)

U اترنا (utarnā)

しょうりゃくする 〔省略する〕

A حذف (ḥad͟hafa)

P حذف کردن (hazf kardan)

U چھوڑنا (c͟hhōṛnā)

じょうりゅうする 〔蒸留する〕

A قطر (qaṭṭara)

P تقطیر کردن (taqtīr kardan)

U کشید کرنا (kas͟hīd karnā)

しょうりょう 〔少量〕

A كمية قليلة (kammīya qalīla)

P مقدار کم (meqdāre-kam)

U تھوڑی مقدار (thōṛī miqdār)

しょうれい 〔奨励〕

A تشجيع (tas͟hjī')

P تشویق (tas͟hvīq)

U حوصلہ افزائی (hausila-afzā'ī)

奨励する

A شجع (s͟hajja'a)

P تشویق کردن (tas͟hvīq kardan)

U حوصلہ افزائی کرنا (hausila-afzā'i karnā)

じょおう 〔女王〕

A ملكة (malika)

P ملکه (maleke)
U ملکہ (malika)
ショーウィンドー
A واجهة للعرض (wājiha lil-‘arḍ)
P ویترین (vītrīn)
U شو ونڈو (shō-wīnḍou)
ショール
A شال (shāl)
P شال (shāl)
U شال (shāl)
じょがい 〔除外〕
A استثناء (istithnā’)
P استثنا (estesnā)
U استثنا (istesnā)
除外する
A استثنى (istathnā)
P استثنا کردن (estesnā kardan)
U مستثنیٰ کرنا (mustasnā karnā)
しょがくしゃ 〔初学者〕
A مبتدئ (mubtadi’)
P مبتدی (mobtadī)
U مبتدی (mubtadī)
しょきかん 〔書記官〕
A سكرتير (sikritīr)
P دبیر (dabīr)
U سکرٹری (sekreṭarī)
じょきょうし 〔女教師〕
A مدرسة (mudarrisa)
P خانم آموزگار (khānom āmūzegār)
U استانی (ustānī)
じょきょうじゅ 〔助教授〕
A أستاذ مساعد (’ustādh musā‘id)
P استادیار (ostād-yār)
U اسسٹنٹ پروفیسر (asisṭanṭ professar)
しょくいん 〔職員〕
A موظف (muwaẓẓaf)
P کارمند (kār-mand)
U عملہ (‘amla)
しょくえん 〔食塩〕
A ملح الطعام (milḥu-ṭ-ṭa‘ām)
P نمک طعام (namake-ta‘ām)
U صاف نمک (sāf-namak)
しょくぎょう 〔職業〕
A مهنة (mihna)
P شغل (shoghl)
U پیشہ (pēsha)
しょくじ 〔食事〕
A وجبة (wajba)
P غذا (ghazā)
U کھانا (khānā)
食事をとる
A تناول وجبة (tanāwala wajba)
P غذا خوردن (ghazā khordan)
U کھانا کھانا (khānā khānā)
しょくたく 〔食卓〕
A مائدة (mā’ida)
P میز نهار خوری (mīze-nahār-khorī)
U کھانے کی میز (khānē ki mēz)
しょくどう 〔食堂〕
A مطعم (maṭ‘am)
P رستوران (restorān)
U ریستوران (rēstorān)
食堂車
A عربة المطعم (‘arabatul-maṭ‘am)
P واگن غذا خوری (vāgone-ghazā-

khorī)
U ڈائننگ کار (ḍā'ining-kār)

しょくどう 〔食道〕
A مریء (marī')
P مری (merī)
U نرخرا (narkharā)

しょくにん 〔職人〕
A صانع (ṣāni')
P صنعتگر (sana't-gar)
U کاریگر (kārī-gar)

しょくば 〔職場〕
A مكان العمل (makānul-'amal)
P محل کار (mahalle-kār)
U کام کرنے کی جگہ (kām karnē ki jaga)

しょくひ 〔食費〕
A مصاريف الطعام (maṣārīfu-ṭ-ṭa'ām)
P هزینهٔ غذا (hazīneye-ghazā)
U کھانے کا خرچ (khānē ka kharch)

しょくひん 〔食品〕
A أطعمة ('aṭ'ima)
P مواد غذائی (mavādde-ghazā'ī)
U اشیائے خوردنی (ashyā'ē khurdanī)

しょくぶつ 〔植物〕
A نبات (nabāt)
P نبات (nabāt)
U نباتات (nabātāt)

植物園
A حديقة نباتات (ḥadīqa nabātāt)
P باغ نباتات (bāghe-nabātāt)
U نباتاتی باغ (nabātātī bāgh)

しょくみんち 〔植民地〕
A مستعمرة (musta'mara)
P مستعمره (mosta'mare)
U نوآبادی (nau-ābādī)

しょくむ 〔職務〕
A واجب (wājib)
P وظیفه (vazīfe)
U فرض (farz)

しょくよく 〔食欲〕
A شهية (shahīya)
P اشتها (eshtehā)
U بھوک (bhūk)

しょくりょう 〔食糧〕
A مادة غذائية (mādda ghizā'īya)
P مواد غذائی (mavādde-ghazā'ī)
U خوراک (khūrāk)

しょけい 〔処刑〕
A إعدام ('i'dām)
P اعدام (e'dām)
U پھانسی (phāṇsī)

処刑する
A أعدم ('a'dama)
P اعدام کردن (e'dām kardan)
U پھانسی دینا (phāṇsī dēnā)

じょげん 〔助言〕
A نصيحة (naṣīḥa)
P نصیحت (nasīhat)
U مشورہ (mashwara)

助言する
A نصح (naṣaḥa)
P نصیحت کردن (nasīhat kardan)
U مشورہ دینا (mashwara dēnā)

じょこうする 〔徐行する〕
A خفض السرعة (khaffaḍa-s-sur‘a)
P از سرعت کاستن (az sor‘at kāstan)
U رفتار کم کرنا (raftār kam karnā)

しょさい 〔書斎〕
A غرفة المكتبة (ghurfatul-maktaba)
P اطاق مطالعه (otāqe-motāle‘e)
U مطالعے کا کمرا (mutāla‘ē ka kamrā)

じょさんぷ 〔助産婦〕
A قابلة (qābila)
P ماما (māmā) ; قابله (qābele)
U دائی (dā’ī)

じょし 〔女子〕
婦人
A سيدة (sayyida) ; امرأة (imra’a)
P خانم (khānom) ; زن (zan)
U عورت (‘aurat)
娘
A فتاة (fatā) ; بنت (bint)
P دختر (dokhtar)
U لڑکی (laṛkī)

じょじし 〔叙事詩〕
A ملحمة شعرية (malḥama shi‘rīya)
P حماسه (hamāse)
U رزمیہ نظم (razmīya nazm)

しょじする 〔所持する〕
A حمل مع (ḥamala ma‘a)
P همراه داشتن (ham-rāh dāshtan)
U کے پاس ہونا (ke pās hōnā)

じょしゅ 〔助手〕
A مساعد (musā‘id)
P دستیار (dast-yār)
U اسسٹنٹ (asisṭanṭ)

じょじゅつする 〔叙述する〕
A وصف (waṣafa)
P توصیف کردن (tousīf kardan)
U بیان کرنا (bayān karnā)

しょじょ 〔処女〕
A بكر (bikr)
P باکره (bākere)
U دوشیزہ (dōshīza) ; کنواری (kuṇwārī)

じょじょうし 〔叙情詩〕
A شعر عاطفي (shi‘r ‘āṭifī)
P شعر غنائی (she‘re-ghenā’ī) ; غزل (ghazal)
U غزل (ghazal)

じょじょに 〔徐々に〕
A تدريجيًا (tadrījīyan)
P بتدریج (be-tadrīj)
U آہستہ آہستہ (āhista-āhista)

じょすう 〔序数〕
A عدد ترتيبي (‘adad tartībī)
P عدد ترتیبی (‘adade-tartībī)
U عدد ترتیبی (‘adade-tartībī)

じょせい 〔女性〕
A امرأة (imra’a)
P زن (zan)
U عورت (‘aurat)

じょせいきん 〔助成金〕
A إعانة مالية (’i‘āna mālīya)
P سوبسید (sūbsīd)
U امداد (imdād)

じょちゅう 〔女中〕
A خادمة (khādima)

P كلفت (kolfat)
U نوكرانى (naukarānī)

しょっき 〔食器〕
A أدوات المائدة (’adawātul-mā’ida)
P ظروف غذا خورى (zorūfe-ghazā-khorī)
U برتن (bartan)

ショック
A صدمة (ṣadma)
P صدمه (sadame)
U صدمہ (sadma)
ショックを受ける
A تلقى صدمة (talaqqā ṣadma)
P صدمه ديدن (sadame dīdan)
U صدمہ اٹھانا (sadma uṭhānā)

しょてん 〔書店〕
A مكتبة (maktaba)
P كتابفروشى (ketāb-forūshī)
U كتابوں كى دكان (kitābōṇ ki dukān)

しょとう 〔初等〕
初等の
A ابتدائى (ibtidā’ī)
P ابتدائى (ebtedā’ī)
U ابتدائى (ibtedā’ī)
初等教育
A تعليم ابتدائى (ta‘līm ibtidā’ī)
P آموزش ابتدائى (āmūzeshe-ebtedā’ī)
U ابتدائى تعليم (ibtedā’ī ta‘līm)

しょどう 〔書道〕
A الخط (al-khaṭṭ)
P خطاطى (khattātī);
خوشنويسى (khosh-nevīsī)
U خوشنويسى (khush-navīsī)
書道家
A خطاط (khaṭṭāt)
P خوشنويس (khosh-nevīs)
U خوشنويس (khush-navīs)

じょどうし 〔助動詞〕
A فعل مساعد (fi‘l musā‘id)
P فعل كمكى (fe‘le-komakī)
U امدادى فعل (imdādī fe‘l)

しょとく 〔所得〕
A دخل (dakhl)
P درآمد (dar-āmad)
U آمدنى (āmadanī)
所得税
A ضريبة الدخل (ḍarībatu-d-dakhl)
P ماليات بر درآمد (māliyāt bar dar-āmad)
U محصول آمدنى (mahsūle-āmadanī)

しょばつ 〔処罰〕
A عقاب (‘iqāb)
P مجازات (mojāzāt)
U سزا (sazā)
処罰する
A عاقب (‘āqaba)
P مجازات كردن (mojāzāt kardan)
U سزا دينا (sazā dēnā)

しょひょう 〔書評〕
A نقد الكتاب (naqdul-kitāb)
P نقد كتاب (naqde-ketāb)
U تنقيد كتاب (tanqīde-kitāb)

じょぶん 〔序文〕
A مقدمة (muqaddima)
P پیشگفتار (pīsh-goftār)
U دیباچہ (dībācha)
しょぶんする 〔処分する〕
A تخلص (takhallaṣa)
P دور ریختن (dūr rīkhtan)
U انتظام کرنا (intezām karnā)
しょほうせん 〔処方箋〕
A وصفة (waṣfa)
P نسخه (noskhe)
U نسخہ (nuskha)
しょほの 〔初歩の〕
A مبدئی (mabda'ī)
P مقدماتی (moqaddamātī)
U بنیادی (buniyādī)
しょみん 〔庶民〕
A عامة الناس ('āmmatu-n-nās)
P عوام ('avām)
U عام لوگ ('ām lōg)
しょむ 〔庶務〕
A شؤون عامة (shu'ūn 'āmma)
P امور عمومی (omūre-'omūmī)
U عام معاملہ ('ām mu'āmala)
しょめい 〔署名〕
A إمضاء ('imḍā') ; توقیع (tawqī')
P امضا (emazā)
U دستخط (dast-khatt)
署名する
A أمضى ('amḍā) ; وقع (waqqa'a)
P امضا کردن (emzā kardan)
U دستخط کرنا (dast-khatt karnā)

しょゆう 〔所有〕
A امتلاك (imtilāk)
P مالکیت (mālekīyat)
U قبضہ (qabza)
所有する
A امتلك (imtalaka)
P داشتن (dāshtan)
U کے پاس ہونا (ke pās hōnā)
所有者
A مالك (mālik)
P دارنده (dārande)
U مالک (mālik)
じょゆう 〔女優〕
A ممثلة (mumaththila)
P هنرپیشه زن (honar-pīsheye-zan)
U ادا کارہ (adā-kāra)
じょりょく 〔助力〕
A مساعدة (musā'ada)
P کمک (komak)
U مدد (madad)
助力する
A ساعد (sā'ada)
P کمک کردن (komak kardan)
U مدد کرنا (madad karnā)
しょるい 〔書類〕
A وثيقة (wathīqa)
P مدرک (madrak)
U دستاویز (dastāvēz)
じらい 〔地雷〕
A لغم (lughm)
P مین (mīn)
U سرنگ (surang)

しらが 〔白髪〕
A شيب (shayb)
P موی سفيد (mūye sefīd)
U سفيد بال (safēd bāl)

しらせ 〔知らせ〕
A خبر (khabar)
P خبر (khabar)
U خبر (khabar)

知らせる
A أخبر ('akhbara)
P خبر دادن (khabar dādan)
U خبر دينا (khabar dēnā)

しらべ 〔調べ〕

調査
A تحقيق (taḥqīq)
P تحقيق (tahqīq)
U تحقيق (tahqīq)

調べる
A أجرى تحقيق ('ajrā taḥqīq)
P تحقيق كردن (tahqīq kardan)
U تحقيق كرنا (tahqīq karnā)

しらみ 〔虱〕
A قملة (qamla)
P شپش (shepesh)
U جوں (jūṇ)

しり 〔尻〕
A مقعدة (maq'ada)
P لمبر (lombar)
U كولها (kūlhā)

シリア
A سورية (sūriya)
P سوريه (sūriye)
U شام (shām)

シリアの(人)
A سورى (sūrī)
P سورى (sūrī)
U شامى (shāmī)

しりあい 〔知り合い〕
A معارف (ma'ārif)
P آشنا (āshenā)
U واقف (wāqif)

知り合いになる
A تعارف (ta'ārafa)
P آشنا شدن (āshenā shodan)
U واقف ہونا (wāqif hōnā)

シリーズ
A سلسلة (silsila)
P سرى (serī)
U سلسله (silsila)

しりぞく 〔退く〕
A انسحب (insaḥaba)
P كنار رفتن (kenār raftan)
U پيچھے ہٹنا (pīchhē haṭnā)

しりつ 〔私立〕

私立の
A خاص (khāṣṣ) ; أهلى ('ahlī)
P خصوصى (khosūsī)
U پرائيويٹ (prā'īvēṭ)

私立学校
A مدرسة خاصة (madrasa khāṣṣa)
P مدرسۀ خصوصى (madreseye-khosūsī)
U پرائيوٹ اسكول (prā'īvēṭ iskūl)

しりつの 〔市立の〕
A بلدى (baladi)
P شهرى (shahrī)

U بلدياتى (baldīyātī)

しりゅう 〔支流〕

A فرع (far‘)

P شاخابه (shākhābe)

U معاون (mu‘āwin)

しりょう 〔資料〕

A مراجع (marāji‘)

P منابع (manābe‘)

U ماده (mādda)

しりょう 〔飼料〕

A علف (‘alaf)

P علوفه (‘olūfe)

U چارا (chārā)

しりょく 〔視力〕

A بصر (baṣar)

P بينائى (bīnā'ī)

U بينائى (bīnā'ī)

しる 〔知る〕

A عرف (‘arafa) ; علم (‘alima)

P دانستن (dānestan)

U جاننا (jānnā)

しる 〔汁〕

スープ

A شوربة (shūrba)

P سوپ (sūp)

U شوربا (shorbā)

果汁

A عصير (‘aṣīr)

P آب (āb)

U رس (ras)

しるし 〔印〕

A علامة (‘alāma)

P علامت (‘alāmat) ; نشان (neshān)

U علامت (‘alāmat) ; نشان (nishān)

印をつける

A وضع علامة (waḍa‘a ‘alāma)

P علامت گذاشتن (‘alāmat gozāshtan)

U نشان لگانا (nishān lagānā)

しれる 〔知れる〕

A عرف (‘urifa)

P معلوم شدن (ma‘lūm shodan)

U معلوم ہونا (ma‘lūm hōnā)

しれん 〔試練〕

A محنة (miḥna)

P آزمايش (āzmāyesh)

U آزمائش (āzmā'ish)

ジレンマ

A ورطة (warṭa)

P محظور (mahzūr)

U كشمكش (kash-ma-kash)

しろ 〔城〕

A قصر (qaṣr) ; قلعة (qal'a)

P قلعه (qal‘e)

U قلعہ (qil‘a)

しろい 〔白い〕

A أبيض ('abyad)

P سفيد (sefīd)

U سفيد (safēd)

しろうと 〔素人〕

A هاوٍ (hāwin)

P آماتور (āmātūr)

U شوقين (shauqīn)

シロップ

A شراب (sharāb)

P شربت (sharbat)

U شربت (sharbat)

しわ 〔皺〕

顔の皺

A تجاعيد (tajā'īd)

P چين (chīn)

U جهرى (jhurrī)

物の皺

A كرمشة (karmasha)

P چروک (chorūk)

U شكن (shikan)

しん 〔芯〕

果物の芯

A لب (lubb)

P مغز (maghz)

U گودا (gūdā)

鉛筆の芯

A رصاص (raṣāṣ)

P سرب (sorb)

U سيسه (sīsa)

ろうそくの芯

A فتيلة (fatīla)

P فتيله (fatīle)

U بتى (battī)

しんか 〔進化〕

A تطور (taṭawwur)

P تكامل (takāmol)

U ارتقا (irteqā)

しんがい 〔侵害〕

A انتهاك (intihāk)

P تجاوز (tajāvoz)

U خلاف ورزى (khilāf-warzī)

侵害する

A انتهك (intahaka)

P تجاوز كردن (tajāvoz kardan)

U خلاف ورزى كرنا (khilāf-warzī karnā)

しんがく 〔神学〕

A علم اللاهوت ('ilmul-lāhūt);
علم الكلام ('ilmul-kalām)

P الهيات (elāhīyāt)

U علم كلام ('ilme-kalām)

じんかく 〔人格〕

A شخصية (shakhṣīya)

P شخصيت (shakhsīyat)

U شخصيت (shakhsiyat)

しんぎ 〔審議〕

A تشاور (tashāwur)

P مشاوره (moshāvere)

U مشوره (mashwara)

審議する

A تشاور (tashāwara)

P مشاوره كردن (moshāvere kardan)

U مشوره كرنا (mashwara karnā)

しんきろう 〔蜃気楼〕

A سراب (sarāb)

P سراب (sarāb)

U سراب (sarāb)

しんくう 〔真空〕

A فراغ (farāgh)

P خلأ (khala')

U خلا (khalā)

しんけい 〔神経〕

A عصب ('aṣab)

P عصب ('asab)

U عصب ('asab)

神経衰弱

A انهيار عصبى (inhiyār ‘aṣabī)

P پریشانی عصبی (parishānīye-‘asabī)

U اعصابی کمزوری (a‘sābī kam-zorī)

しんげつ〔新月〕

A هلال (hilāl)

P هلال (helāl)

U ہلال (hilāl)

しんけん〔真剣〕

真剣な

A جدی (jiddī)

P جدی (jeddī)

U سنجیدہ (sanjīda)

真剣に

A جديًا (jiddīyan)

P بطور جدی (be-toure-jeddī)

U سنجیدگی سے (sanjīdagī se)

じんけん〔人権〕

A حقوق الإنسان (ḥuqūqul-’insān)

P حقوق بشر (hoqūqe-bashar)

U انسانی حقوق (insānī huqūq)

しんこう〔信仰〕

A إيمان (’īmān)

P ایمان (īmān)

U ایمان (īmān)

信仰する

A آمن (āmana)

P ایمان داشتن (īmān dāshtan)

U ایمان لانا (īmān lānā)

しんこう〔振興〕

A تشجيع (tashjī‘)

P تشویق (tashvīq)

U فروغ (farōgh)

振興する

A شجع (shajja‘a)

P تشویق کردن (tashvīq kardan)

U فروغ دینا (farōgh dēnā)

しんごう〔信号〕

A إشارة (’ishāra)

P علامت (‘alāmat)

U سگنل (signal)

信号する

A أشار (’ashāra)

P علامت دادن (‘alāmat dādan)

U سگنل کرنا (signal karnā)

じんこう〔人口〕

A عدد السكان (‘adadu-s-sukkān)

P جمعیت (jam‘īyat)

U آبادی (ābādī)

じんこう〔人工〕

人工の

A صناعی (ṣinā‘ī)

P مصنوعی (masnū‘ī)

U مصنوعی (masnū‘ī)

人工衛星

A قمر صناعی (qamar ṣinā‘ī)

P قمر مصنوعی (qamare-masnū‘ī) ; ماهواره (māhvāre)

U مصنوعی سیارہ (masnū‘ī saiyāra)

しんこきゅう〔深呼吸〕

A نفس عميق (nafas ‘amīq)

P نفس عميق (nafase-‘amīq)

U گہری سانس (gahrī sāṇs)

しんこく 〔申告〕
A بيان (bayān) ; إقرار ('iqrār)
P اظهار (ezhār)
U رپورٹ (ripōrṭ)
申告する
A قدم بيانًا (qaddama bayānan) ;
أقر ('aqarra)
P اظهار دادن (ezhār dādan)
U رپورٹ کرنا (ripōrṭ karnā)

しんこくな 〔深刻な〕
A خطير (khaṭīr)
P خطير (khatīr)
U سنجيده (sanjīda)

しんこん 〔新婚〕
新婚夫婦
A زوجان حديثا الزواج
(zawjāni ḥadīthā-z-zawāj)
P زن و شوهر تازه ازدواج کرده
(zan-o-shouhare-tāze ezdvāj karde)
U حال میں شادی شده جوڑی
(hāl meṇ shādī shuda jōṛī)
新婚旅行
A شهر العسل (shahrul-'asal)
P ماه عسل (māhe-'asal)
U ہنی مون (hanī-mūn)

しんさつ 〔診察〕
A فحص طبی (faḥṣ ṭibbī)
P معاینه پزشکی (mo'āyeneye-pezeshkī)
U طبی معائنہ (tibbī mu'ā'ina)
診察する
A فحص (faḥaṣa)
P معاینه کردن (mo'āyene kardan)
U طبی معائنہ کرنا (tibbī mu'ā'ina karnā)

しんし 〔紳士〕
A سيد (sayyid)
P آقا (āqā)
U شریف آدمی (sharīf ādmī)

じんじ 〔人事〕
人事課
A قسم شؤون الموظفين (qism shu'ūnul-muwaẓẓafīn)
P ادارهٔ کار گزینی (edāreye-kār-gozīnī)
U شعبهٔ امور عمله (sho'bae-umūre-'amla)

しんしき 〔新式〕
A طراز حديث (ṭirāz ḥadīth)
P طرز جدید (tarze-jadīd)
U جدید طرز (jadīd tarz)

しんしつ 〔寝室〕
A غرفة نوم (ghurfa nawm)
P اطاق خواب (otāqe-khāb)
U سونے کا کمرا (sōnē ka kamrā)

しんじつ 〔真実〕
A حقيقة (ḥaqīqa)
P حقیقت (haqīqat)
U سچ (sach) ; حقیقت (haqīqat)

しんじゃ 〔信者〕
A مؤمن (mu'min)
P پیرو (peirou)
U پیرو (pairau)

じんじゃ 〔神社〕
A معبد (ma'bad)
P معبد (ma'bad)

U معبد (ma'bad)

しんじゅ 〔真珠〕

A لؤلؤ (lu'lu')

P مروارید (morvārīd)

U موتی (mōtī)

じんしゅ 〔人種〕

A جنس (jins)；عنصر ('unṣur)

P نژاد (nezhād)

U نسل (nasl)

しんじる 〔信じる〕

A صدق (ṣaddaqa)

P باور کردن (bāvar kardan)

U یقین ماننا (yaqīn mānnā)；
باور کرنا (bāvar karnā)

しんせい 〔申請〕

A طلب (ṭalab)

P تقاضا (taqāzā)

U درخواست (dar-khāst)

申請する

A قدم طلبًا (qaddama ṭalaban)

P تقاضا کردن (taqāzā kardan)

U درخوست کرنا (dar-khāst karnā)

じんせい 〔人生〕

A حياة (ḥayā)

P زندگی (zendegī)；حیات (hayāt)

U زندگی (zindagī)；حیات (hayāt)

しんせいな 〔神聖な〕

A مقدس (muqaddas)

P مقدس (moqaddas)

U مقدس (muqaddas)

しんせつな 〔親切な〕

A لطيف (laṭīf)；كريم (karīm)

P مهربان (mehrabān)

U مہربان (mehrbān)

しんぜん 〔親善〕

A صداقة (ṣadāqa)

P دوستی (dūstī)

U دوستی (dōstī)

しんせんな 〔新鮮な〕

A طازج (ṭāzaj/ṭāzij)

P تازه (tāze)

U تازه (tāza)

しんぞう 〔心臓〕

A قلب (qalb)

P قلب (qalb)

U قلب (qalb)

じんぞう 〔腎臓〕

A كلية (kulya)

P کلیه (kolye)

U گرده (gurda)

じんぞうの 〔人造の〕

A صناعی (ṣinā'ī)

P مصنوعی (masnū'ī)

U مصنوعی (masnū'ī)

しんたい 〔身体〕

A جسم (jism)；بدن (badan)

P بدن (badan)；جسم (jesm)

U بدن (badan)；جسم (jism)

身体障害者

A معاقون (mu'āqūna)

P معلولین (ma'lūlīn)

U معذورین (ma'zūrīn)

しんだい 〔寝台〕

A سرير (sarīr)

P تختخواب (takhte-khāb)

U پلنگ (palaṇg)

寝台車

A قطار النوم (qiṭāru-n-nawn)

P واگن خواب (vāgone-khāb)

U سونے کا ڈبا (sōnē ka ḍibbā)

しんだん 〔診断〕

A تشخيص (tashkhīṣ)

P تشخیص (tashkhīs)

U تشخیص (tashkhīs)

診断書

A شهادة طبية (shahāda ṭibbīya)

P گواهی نامهٔ پزشک (gavāhī-nāmeye-pezeshk)

U ڈاکٹری سرٹیفیکیٹ (ḍākṭarī sarṭīfīkeit)

しんちゅう 〔真鍮〕

A نحاص أصفر (nuḥāṣ 'aṣfar)

P برنج (berenj)

U پیتل (pītal)

しんちょう 〔身長〕

A قامة (qāma) ; طول (ṭūl)

P قد (qadd) ; قامت (qāmat)

U قد (qad) ; قامت (qāmat)

しんちょう 〔慎重〕

慎重な

A حذر (ḥadhir)

P محتاط (mohtāt)

U محتاط (muhtāt)

慎重に

A بحذر (bi-ḥadhar)

P احتیاطاً (ehtiyātan)

U احتیاط سے (ehtiyāt se)

じんつう 〔陣痛〕

A طلق (ṭalq)

P درد زایمان (darde-zāyemān)

U درد زہ (darde-zeh)

しんてい 〔進呈〕

A تقديم (taqdīm) ; إهداء ('ihdā')

P تقدیم (taqdīm)

U پیشکش (pesh-kash)

進呈する

A قدم (qaddama) ; أهدى ('ahdā)

P تقدیم کردن (taqdīm kardan)

U پیشکش کرنا (pēsh-kash karnā)

しんどう 〔震動〕

A هزة (hazza)

P لرزش (larzesh)

U ارتعاش (irte'āsh)

じんどう 〔人道〕

A إنسانية ('insānīya)

P انسانیت (ensānīyat)

U انسانیت (insānīyat)

しんにゅう 〔侵入〕

A غزو (ghazw)

P تجاوز (tajāvoz)

U حملہ (hamla)

侵入する

A غزا (ghazā)

P تجاوز کردن (tajāvoz kardan)

U حملہ کرنا (hamla karnā)

しんにんじょう 〔信任状〕

A أوراق الاعتماد ('awrāqul-i'timād)

P استوارنامه (ostovār-nāme)

U مراسلۂ تعارف (murāsalae-ta'āruf)

しんねん 〔新年〕

A عام جديد ('ām jadīd)

P سال نو (sāle-nou)

U نیا سال (nayā sāl)

新年おめでとう

A كل عام و أنتم بخير (kull 'ām wa 'antum bi-khayr)

P سال نو مبارک (sāle-nou mobārak)

U نیا سال مبارک ہو (nayā sāl mubārak hō)

しんねん 〔信念〕

A عقيدة ('aqīda)

P اعتقاد (e'teqād)

U ایمان (īmān)

しんぱい 〔心配〕

A قلق (qalaq)

P نگرانی (negarānī)

U فکر (fikr)

心配する

A قلق (qaliqa)

P نگران بودن (negarān būdan)

U فکر کرنا (fikr karnā)

しんぱんいん 〔審判員〕

A حكم (ḥakam)

P داور (dāvar)

U امپائر (ampā'ar)

しんぴ 〔神秘〕

A سر (sirr) ; أسرار ('asrār)

P اسرار (asrār)

U اسرار (asrār)

神秘主義者

A صوفي (ṣūfī)

P صوفی (sūfī)

U صوفی (sūfī)

しんぷ 〔神父〕

A قسيس (qissīs)

P کشیش (keshīsh)

U پادری (pādrī)

しんぷ 〔新婦〕

A عروس ('arūs)

P نوعروس (nou-'arūs)

U دلہن (dulhan)

シンフォニー

A سيمفونية (sīmfūnīya)

P سمفونی (samfonī)

U سمفنی (simfanī)

じんぶつ 〔人物〕

A شخصية (shakhṣīya)

P شخصیت (shakhsīyat)

U شخص (shakhs)

しんぶん 〔新聞〕

A جريدة (jarīda) ; صحيفة (ṣaḥīfa)

P روزنامه (rūz-nāme)

U اخبار (akhbār)

新聞記者

A صحفي (ṣuḥufī)

P روزنامه نگار (rūz-nāme negār)

U اخبار نویس (akhbār-navīs)

しんぽ 〔進歩〕

A تقدم (taqaddum)

P پیشرفت (pīsh-raft)

U ترقی (taraqqī)

進歩する

A تقدم (taqaddama)

P پیشرفت کردن (pīsh-raft kardan)

U ترقی کرنا (taraqqī karnā)

んぼう 〔辛抱〕
A صبر (ṣabr)
P صبر (sabr)
U صبر (sabr)
辛抱する
A صبر (ṣabara)
P صبر کردن (sabr kardan)
U صبر کرنا (sabr karnā)
ンポジウム
A ندوة (nadwa)
P همايش (hamāyesh)
U مجلس مذاكره (majlise-muzākara)
んみつな 〔親密な〕
A وثيق (wathīq)
P صميمى (samīmī)
U قريبى (qarībī)
んみん 〔人民〕
A شعب (sha'b)
P خلق (khalq)
U عوام ('awām)
んもん 〔尋問〕
A استجواب (istijwāb)
P بازجوئى (bāz-jū'ī)
U دريافت (daryāft)
尋問する
A استجوب (istajwaba)
P بازجوئى كردن (bāz-jū'ī kardan)
U دريافت كرنا (daryāft karnā)
んや 〔深夜〕
A منتصف الليل (muntaṣaful-layl)
P نيمه شب (nīme shab)
U آدهى رات (ādhī rāt)

しんやくせいしょ 〔新約聖書〕
A العهد الجديد (al-'ahdul-jadīd)
P عهد جديد ('ahde-jadīd)
U نيا عهدنامه (nayā 'ahd-nāma)
しんゆう 〔親友〕
A صديق حميم (ṣadīq ḥamīm)
P دوست صميمى (dūste-samīmī)
U گهرا دوست (gahrā dōst)
しんよう 〔信用〕
A اعتماد (i'timād)
P اعتماد (e'temād)
U اعتماد (e'temād)
信用する
A اعتمد (i'tamada)
P اعتماد كردن (e'temād kardan)
U اعتماد ركهنا (e'temād rakhnā)
しんらい 〔信頼〕
A ثقة (thiqa)
P اطمينان (etmīnān)
U بهروسا (bharōsā)
信頼する
A وثق (wathiqa)
P اطمينان كردن (etmīnān kardan)
U بهروسا ركهنا (bharōsā rakhnā)
しんり 〔心理〕
A نفس (nafs)
P روان (ravān)
U نفسيات (nafsīyāt)
心理学
A علم النفس ('ilmu-n-nafs)
P روان شناسى (ravān-shenāsī)
U نفسيات (nafsīyāt)

心理状態

A حالة نفسية (ḥāla nafsīya)

P حالت روانی (hālate-ravānī)

U نفسیاتی حالت (nafsiyātī hālat)

しんり 〔真理〕

A حق (ḥaqq) ; حقيقة (ḥaqīqa)

P حقیقت (haqīqat)

U حق (haqq)

しんりゃく 〔侵略〕

A اعتداء (i'tidā')

P تجاوز (tajāvoz)

U حملہ (hamla)

侵略する

A اعتدى (i'tadā)

P تجاوز کردن (tajāvoz kardan)

U حملہ کرنا (hamla karnā)

しんりん 〔森林〕

A غابة (ghāba)

P جنگل (jangal)

U جنگل (jangal)

しんるい 〔親類〕

A قريب (qarīb)

P خویشاوند (khīshāvand)

U رشتہدار (rīshta-dār)

じんるい 〔人類〕

A بشر (bashar)

P بشر (bashar)

U بنی نوع انسان (banī nau'e-insān)

しんろ 〔進路〕

A مسار (masār)

P مسیر (masīr)

U راستہ (rāsta)

しんろう 〔新郎〕

A عريس ('arīs)

P نو داماد (nou-dāmād)

U دولہا (dūlhā)

しんわ 〔神話〕

A أسطورة ('usṭūra) ;
أساطير ('asāṭīr)

P اسطوره (ostūre) ;
اساطیر (asātīr)

U اسطوره (ustūra) ;
اساطیر (asātīr)

す

す 〔巣〕

鳥の巣

A عش ('ushsh)

P لانه (lāne)

U گھونسلا (ghōṇslā)

獣の巣

A وجر (wajr) ; جحر (juḥr)

P کنام (konām)

U بهٹ (bhaṭ)

〔酢〕

A خل (khall)

P سرکه (serke)

U سرکہ (sirka)

〔図〕

A رسم (rasm)

P نقاشی (naqqāshī)

U تصویر (tasvīr)

あしで　〔素足で〕

A حافياً (ḥāfiyan)

P با پای برهنه (bā pāye-berehne)

U ننگے پاوں (nangē pāoṇ)

ずあん　〔図案〕

A تصميم (taṣmīm)

P طرح (tarh)

U نقشہ (naqsha)

すい　〔酸い〕

A حامض (ḥāmiḍ)

P ترش (torsh)

U کھٹا (khaṭṭā)

すい　〔粋〕

A جوهر (jawhar)

P زبده (zobde)

U جوہر (jauhar)

すいあつ　〔水圧〕

A ضغط الماء (ḍaghṭul-mā')

P فشار آب (feshāre-āb)

U پانی کا دباؤ (pānī ka dabā'o)

すいえい　〔水泳〕

A سباحة (sibāḥa)

P شنا (shenā)

U تیراکی (tairākī)

水泳をする

A سبح (sabaḥa)

P شنا کردن (shenā kardan)

U تیرنا (tairnā)

すいか　〔西瓜〕

A بطيخ (biṭṭīkh)

P هندوانه (hendevāne)

U تربوز (tarbūz)

すいがい　〔水害〕

A ضرر الفيضان (ḍararul-fayaḍān)

P سیل زدگی (seil zadegī)

U سیلاب کا نقصان (sailāb ka nuqsān)

すいがら　〔吸い殻〕

A عقب السيجارة ('uqbu-s-sījāra)

P ته سیگار (tah sīgār)

U سگار کا بچا ہوا ٹکڑا (sigār ka bachā huā ṭukṛā)

すいぎゅう　〔水牛〕

A جاموس (jāmūs)

P گاومیش (gāv-mīsh)

U بھینس (bhaiṇs)

すいぎん　〔水銀〕

A زئبق (zi'baq)

P جیوه (jīve)

U سیماب (sīmāb)

すいこうする　〔遂行する〕

A أنجز ('anjaza)

P انجام دادن (anjām dādan)

U سرانجام دینا (sar-anjām dēnā)

ずいこうする　〔随行する〕

A رافق (rāfaqa)

P همراهی کردن (ham-rāhī kardan)

U همراہ ہونا (ham-rāh hōnā)

すいさいが 〔水彩画〕

A رسم بألوان مائية (rasm bi-'alwān mā'īya)

P نقاشی آبرنگ (naqqāshīye-āb-rang)

U آبی رنگ کی تصویر (ābī rang ki tasvīr)

すいじ 〔炊事〕

A طبخ (ṭabkh)

P آشپزی (āsh-pazī)

U پکانا (pakānā)

炊事する

A طبخ (ṭabakha)

P پختن (pokhtan) ; آشپزی کردن (āsh-pazī kardan)

U پکانا (pakānā)

すいしゃ 〔水車〕

A ساقية (sāqīya)

P چرخ آبی (charkhe-ābī) ; آسیاب (āsiyāb)

U پن چکی (pan-chakkī)

すいじゅん 〔水準〕

A مستوًى (mustawan)

P سطح (sath)

U سطح (satah)

すいしょう 〔水晶〕

A بلور (billawr)

P بلور (bolūr)

U بلور (billaur)

すいじょうき 〔水蒸気〕

A بخار (bukhār)

P بخار (bokhār)

U بخار (bukhār)

スイス

A سويسرا (suwīsrā)

P سویس (sūīs)

U سوئیٹزرلینڈ (sū'īṭzerleinḍ)

スイスの(人)

A سويسری (suwīsrī)

P سویسی (sūīsī)

U سویس (sūīs)

すいせい 〔水星〕

A عطارد ('uṭārid)

P عطارد ('otāred)

U عطارد ('utārid)

すいせん 〔推薦〕

A توصية (tawṣiya)

P سفارش (sefāresh)

U سفارش (sirārish)

推薦する

A أوصى ('awṣā)

P سفارش کردن (sefāresh kardan)

U سفارش کرنا (sifārish karnā)

推薦状

A خطاب التوصية (khiṭābu-t-tawṣiya)

P سفارش نامه (sefāresh-nāme)

U سفارش نامہ (sifārish-nāma)

すいせん 〔水仙〕

A نرجس (narjis)

P نرگس (narges)

U نرگس (nargis)

すいそ 〔水素〕

A هيدروجين (hīdrūjīn)

P هیدروژن (hīdrozhen)

U ہائڈروجن (hā'iḍrojan)

水素爆弾

A قنبلة هيدروجينية (qunbula hīdrūjīnīya)

P بمب هيدروژنی (bambe-hīdrozhenī)

U ہائڈروجن بم (hā'iḍrojan bam)

すいぞう 〔膵臓〕

A بنكرياس (bankiriyās)

P لوزالمعده (louz-ol-me'de)；پانکراس (pānkrās)

U لبلبا (liblibā)

すいそく 〔推測〕

A تخمين (takhmīn)

P حدس (hads)

U قياس (qiyās)

推測する

A خمن (khammana)

P حدس زدن (hads zadan)

U قياس كرنا (qiyās karnā)

すいぞくかん 〔水族館〕

A متحف للأحياء المائية (matḥaf lil-'aḥyā'ul-mā'īya)

P آکواریم (ākvāryom)；آبزیدان (āb-zī-dān)

U مچھلی گھر (machhlī ghar)；ماہی‌خانہ (māhī-khāna)

すいたい 〔衰退〕

A انحطاط (inḥiṭāṭ)

P انحطاط (enhetāt)；زوال (zavāl)

U زوال (zawāl)

衰退する

A انحط (inḥaṭṭa)

P انحطاط یافتن (enhetāt yāftan)

U زوال آنا (zawāl ānā)

すいちょく 〔垂直〕

垂直の

A عمودى ('amūdi)

P عمودى ('amūdī)

U عمودى ('amūdī)

垂直線

A خط عمودى (khaṭṭ 'amūdī)

P عمود ('amūd)；خط عمودى (khatte-'amūdī)

U عمود ('amūd)

スイッチ

A مفتاح (miftāḥ)；زر (zirr)

P سوئيچ (sū'īch)

U سوئچ (sū'ich)

すいとう 〔水筒〕

A زمزمية (zamzamīya)

P قمقمه (qomqome)

U بوتل (bōtal)

すいどう 〔水道〕

A أنبوب المياه ('unbūbul-miyāh)

P لوله کشی آب (lūle-keshīye-āb)

U نل کا پانی (nal ka pānī)

すいはんき 〔炊飯器〕

A رزازة (razzāza)

P پلوپز (polo-paz)

U رائس کوکر (rā'is-kūkar)

ずいひつ 〔随筆〕

A مقالة (maqāla)

P مقاله (maqāle)

U انشائیہ (inshā'īya)

随筆家

A كاتب مقالات (kātib maqālāt)

P مقاله نویس (maqāle-nevīs)
U انشائیہ نگار (inshā'īya-nigār)

すいふ 〔水夫〕
A ملاح (mallāḥ)
P ملاح (mallāh)
U ملاح (mallāh)

すいへい 〔水平〕
水平の
A أفقى ('ufuqī)
P افقى (ofoqī)
U افقى (ufuqī)
水平線
A أفق ('ufuq)
P افق (ofoq)
U افق (ufuq)

すいみん 〔睡眠〕
A نوم (nawm)
P خواب (khāb)
U نيند (nīṇd)
睡眠剤
A منوم (munawwim)
P داروی خواب‌آور (dārūye-khāb-āvar)
U نيندآور دوا (nīṇd-āwar dawā)

すいめん 〔水面〕
A سطح الماء (saṭḥul-mā')
P سطح آب (sathe-āb)
U سطح آب (satahe-āb)

すいようび 〔水曜日〕
A يوم الأربعاء (yawmul-'arbi'ā')
P چهارشنبه (chahār-shanbe)
U بدھ (budh)

すいりょく 〔水力〕
A طاقة مائية (ṭāqa mā'īya)
P نیروی آب (nīrūye-āb)
U آبی قوت (ābī quwwat)
水力発電
A توليد الكهرباء بالطاقة المائية (tawlīdul-kahrabā' bi-ṭ-ṭāqatul-mā'īya)
P تولید برق با نیروی آب (toulīde barq bā nīrūye-āb)
U برقاب پیدا کرنا (barqāb paidā karnā)

すう 〔吸う〕
液体を吸う
A امتص (imtaṣṣa)
P مکیدن (mekīdan)
U چوسنا (chūsnā)

すう 〔数〕
A عدد ('adad)
P عدد ('adad)
U عدد ('adad)

スウェーデン
A السويد (as-suwayd)
P سوئد (sū'ed)
U سویڈن (swīḍn)
スウェーデンの(人)
A سويدى (suwaydī)
P سوئدى (sū'edī)
U سویڈی (swīḍī)

すうがく 〔数学〕
A رياضيات (riyāḍīyāt)
P رياضى (riyāzī)
U رياضى (riyāzī)

数学者
A عالم رياضيات ('ālim riyāḍīyāt)
P رياضی دان (riyāzī-dān)
U رياضی دان (riyāzī-dān)

ーうし 〔数詞〕
A عدد ('adad)
P عدد ('adad)
U عدد ('adad)

すうじ 〔数字〕
A رقم (raqm)
P رقم (raqam)
U عدد ('adad)

ずうずうしい 〔図々しい〕
A وقح (waqiḥ)
P بی‌حیا (bī-hayā)
U بےحیا (bē-hayā)

スーダン
A السودان (as-sūdān)
P سودان (sūdān)
U سودان (sūdān)

スーダンの(人)
A سودانی (sūdānī)
P سودانی (sūdānī)
U سودانی (sūdānī)

スーツ
A بدلة (badla)
P لباس (lebās)
U سوٹ (sūṭ)

スーツケース
A حقيبة سفر (ḥaqība safar)
P چمدان (chamadān)
U سوٹ کیس (sūṭ-kēs)

スーパーマーケット
A سوبر ماركت (sūbar-mārkit)
P سوپرمارکت (sūper-mārket)
U سپرمارکیٹ (supar-mārkeiṭ)

スーパーマン
A سوبرمان (sūbar-mān)
P ابرمرد (abar-mard)
U سپرمن (supar-man)

すうはい 〔崇拝〕
A عبادة ('ibāda)
P عبادت ('ebādat)
U عبادت ('ibādat)

崇拝する
A عبد ('abada)
P عبادت کردن ('ebādat kardan)
U عبادت کرنا ('ibādat karnā)

スープ
A شوربة (shūrba) ; حساء (ḥasā')
P سوپ (sūp)
U شوربا (shorbā)

すえつける 〔据え付ける〕
A ركب (rakkaba)
P نصب کردن (nasb kardan)
U نصب کرنا (nasb karnā)

スカート
A تنورة (tannūra)
P دامن (dāman)
U سايا (sāyā)

スカーフ
A وشاح (wishāḥ)
P روسری (rūsarī)
U گلوبند (gulū-band)

ずがいこつ 〔頭蓋骨〕
A جمجمة (jumjuma)
P جمجمه (jomjome)
U کھوپری (khōprī)

すがた 〔姿〕
A مظهر (maẓhar) ; شكل (shakl)
P اندام (andām) ; شكل (shekl)
U شکل (shakl)

すき 〔鋤〕
A محراث (miḥrāth) ;
مجراف (mijrāf)
P بيل (bīl)
U ہل (hal)

すぎ 〔杉〕
A أرز ('arz)
P سدر (sedr)
U ديودار (dēodār)

スキー
A تزحلق (tazaḥluq)
P اسکی (eskī)
U اسکی (iskī)

すきな 〔好きな〕
A مفضل (mufaḍḍal)
P مورد پسند (mourede-pasand)
U پسنديده (pasandīda)

すきま 〔空き間〕
A فتحة (futḥa)
P شكاف (shekāf)
U شگاف (shigāf)

スキャンダル
A فضيحة (faḍīḥa)
P افتضاح (eftezāh)
U فضيحت (fazīhat)

すぎる 〔過ぎる〕
時が過ぎる
A مضى (maḍā)
P گذشتن (gozashtan)
U گزرنا (guzarnā)

すく 〔好く〕
A أحب ('aḥabba)
P پسنديدن (pasandīdan)
U پسند کرنا (pasand karnā)

すく 〔梳く〕
A مشط (mashaṭa)
P شانه زدن (shāne zadan)
U کنگھی کرنا (kanghī karnā)

すぐ 〔直ぐ〕
A فورًا (fawran)
P فوراً (fouran)
U فوراً (fauran)

すくう 〔救う〕
A أنقذ ('anqadha)
P نجات دادن (nejāt dādan)
U بچانا (bachānā)

すくない 〔少ない〕
A قليل (qalīl)
P كم (kam)
U تھوڑا (thōṛā) ; کم (kam)

すくなくとも 〔少なくとも〕
A على الأقل ('alal-'aqall)
P دست كم (daste-kam)
U کم سے کم (kam se kam)

スクリーン
A شاشة (shāsha)
P پرده (parde)
U پرده (parda)

スクリュー
A لولب (lawlab)
P پروانه (parvāne)
U پیچ (pēch)

すぐれた 〔優れた〕
A فائق (fā'iq)
P عالی ('ālī)
U اعلیٰ (a'lā)

スケート
A تزحلق على الجليد (tazaḥluq 'alal-jalīd)
P اسکیت (eskeit)
U اسکیٹنگ (iskēṭing)

すこし 〔少し〕
A قليل (qalīl) ; قليلاً (qalīlan)
P کم (kam) ; کمی (kamī)
U کم (kam) ; تھوڑا (thōṛā)

すごす 〔過ごす〕
A قضى (qaḍā)
P گذراندن (gozarāndan)
U گزارنا (guzārnā)

スコップ
A مجراف (mijrāf)
P بیل (bīl)
U بیل (bēl)

すす 〔煤〕
A سناج (sināj)
P دوده (dūde)
U کالک (kālak)

すず 〔鈴〕
A جرس (jaras)
P زنگ (zang)
U گھنٹی (ghanṭī)

鈴を鳴らす
A دق الجرس (daqqal-jaras)
P زنگ زدن (zang zadan)
U گھنٹی بجانا (ghanṭī bajānā)

すず 〔錫〕
A قصدير (qaṣdīr)
P قلع (qal')
U ٹین (ṭīn)

すずしい 〔涼しい〕
A رطب (raṭb) ; رطيب (raṭīb)
P خنک (khonak)
U خنک (khunuk)

すすむ 〔進む〕
進歩する
A تقدم (taqaddama)
P پیشرفت کردن (pīsh-raft kardan)
U ترقی کرنا (taraqqī karnā)

前進する
A تقدم (taqaddama)
P جلو رفتن (jelou raftan)
U آگے بڑھنا (āgē baṛhnā)

すずめ 〔雀〕
A عصفور ('uṣfūr)
P گنجشک (gonjeshk)
U گوریا (gauraiyā)

すすめる 〔進める〕
A قدم (qaddama)
P پیش بردن (pīsh bordan)
U بڑھانا (baṛhānā)

すすめる 〔勧める〕
A نصح (naṣaḥa)
P نصیحت کردن (nasīhat kardan)
U نصیحت کرنا (nasīhat karnā)

すそ 〔裾〕
A طرف (ṭaraf)
P دامن (dāman)
U دامن (dāman)

スター
A نجم (najm)
P ستاره (setāre)
U ستاره (sitāra)

スタイル
文体
A أسلوب (’uslūb)
P سبک (sabk)
U اسلوب (uslūb)

スタジアム
A إستاد (’istād)
P استاديوم (estādyom)
U سٹیدیم (sṭaidiyam)

スタジオ
A إستوديو (’istūdiyū)
P استوديو (estodyo)
U اسٹوڈیو (isṭūḍiyo)

スタンプ
A دمغة (damgha)
P مهر (mohr)
U مہر (mohr)

スチーム
A بخار (bukhār)
P بخار (bokhār)
U بھاپ (bhāp)

ずつう 〔頭痛〕
A صداع (ṣudā‘)
P سر درد (sar-dard)
U سر کا درد (sir ka dard)

私は頭痛がする
A عندى صداع (‘indī ṣudā‘)
P سرم درد می‌کند (saram dard mī konad)
U میرے سر میں درد ہے (mērē sir meṇ dard hai)

すっぱい 〔酸っぱい〕
A حامض (ḥāmiḍ)
P ترش (torsh)
U کھٹا (khaṭṭā)

ステーキ
A بيفتيك (bīftīk)
P بيفتک (bīftek)
U بيفتک (bīftek)

ステートメント
A بيان (bayān)
P بيانيه (bayānīye)
U بيان (bayān)

すてきな 〔素敵な〕
A لطيف (laṭīf)
P عالى (‘ālī)
U بہت اچھا (bahut achchhā)

すてご 〔捨て子〕
A لقيط (laqīṭ) ; وليد منبوذ (walīd manbūdh)
P بچه سر راهى (bachcheye-sar-rāhī)
U گرا پڑا بچہ (girā-paṛā bachcha)

ステッキ
A عصًا (‘aṣan)
P چوبدستى (chūb-dastī)
U چھڑی (chhaṛī)

すてる 〔捨てる〕

投げ捨てる

A رمى (ramā)

P انداختن (andākhtan)

U پهينكنا (phēṇknā)

見捨てる

A ترك (taraka)

P ترک کردن (tark kardan)

U چهوڑنا (chhōṛnā)

ステレオ

A استريو (istiryū)

P استريو (esteryo)

U اسٹيريو (isṭērīo)

ストーブ

A مدفأ (midfa')

P بخاری (bokhārī)

U اسٹوو (isṭōv)

ストライキ

A إضراب ('iḍrāb)

P اعتصاب (e'tesāb)

U ہڑتال (haṛtāl)

ストライキをする

A أضرب ('aḍraba)

P اعتصاب كردن (e'tesāb kardan)

U ہڑتال کرنا (haṛtāl karnā)

ストレス

A ضغط نفسى (ḍaghṭ nafsī)

P فشار روحی (feshāre-rūhī)

U نفسياتى دباؤ (nafsiyātī dabā'o)

すな 〔砂〕

A رمل (raml)

P ريگ (rīg)

U ريت (rēt)

すなわち 〔即ち〕

A أى ('ay) ; يعنى (ya'nī)

P يعنى (ya'nī)

U يعنى (ya'nī)

すね 〔脛〕

A ساق (sāq)

P ساق پا (sāqe-pā)

U پنڈلی (pinḍlī)

ずのう 〔頭脳〕

A دماغ (dimāgh)

P دماغ (demāgh)

U دماغ (dimāgh)

スパイ

A جاسوس (jāsūs)

P جاسوس (jāsūs)

U جاسوس (jāsūs)

スパイス

A بهار (bahār)

P ادويه (adviye)

U گرم مسالا (garm masālā)

スパゲッティ

A مكرونة (makarūna)

P ماکارونی (mākārūnī)

U چوڑی سویاں (chauṛī-sivaiyāṇ)

すばやい 〔素早い〕

A سريع (sarī')

P چابک (chabok)

U تيز (tēz)

すばらしい 〔素晴らしい〕

A رائع (rā'i')

P عالى ('ālī)

U شان دار (shān-dār)

スピーカー
A مكبر الصوت (mukabbiru-ṣ-ṣawt)
P بلندگو (boland-gū)
U لاؤڈ سپیکر (lā'uḍ-spīkar)

スピーチ
A كلمة (kalima)
P سخنرانی (sokhan-rānī)
U تقریر (taqrīr)

スピーチをする
A ألقى كلمة ('alqā kalima)
P سخنرانی کردن (sokhan-rānī kardan)
U تقریر کرنا (taqrīr karnā)

スピード
A سرعة (sur'a)
P سرعت (sor'at)
U رفتار (raftār)

ずひょう〔図表〕
A جدول (jadwal)
P نمودار (nemūdār)
U جدول (jadval)

スフィンクス
A أبو الهول ('abūl-hawl)
P ابوالهول (abūl-houl)
U ابوالہول (abūl-haul)

スプーン
A ملعقة (mil'aqa)
P قاشق (qāshoq)
U چمچہ (chamcha)

スペイン
A إسبانيا ('isbāniyā)
P اسپانیا (espāniyā)
U ہسپانیہ (haspāniya)

スペインの(人)
A إسباني ('isbānī)
P اسپانیائی (espāniyā'ī)
U ہسپانوی (haspānavī)

すべての〔凡ての〕
A كل (kull)
P همه (hame)
U سب (sab)

すべる〔滑る〕
A انزلق (inzalaqa)
P لغزیدن (laghzīdan)
U پھسلنا (phisalnā)

スポークスマン
A متحدث (mutaḥaddith)
P سخنگو (sokhan-gū)
U ترجمان (tarjumān)

スポーツ
A رياضة (riyāḍa)
P ورزش (varzesh)
U کھیل کود (khēl-kūd)

スポーツマン
A رجل رياضي (rajul riyāḍī)
P ورزشکار (varzesh-kār)
U کھیل کود کا شائق (khēl-kūd ka shā'iq)

ズボン
A بنطلون (banṭalūn) ; سروال (sirwāl)
P شلوار (shalvār)
U پتلون (patlūn)

スポンサー
A ممول (mumawwil)
P حمایت کننده (hemāyat-konande)
U مشتہر (mushtahir)

ポンジ
A إسفنج ('isfanj)
P اسفنج (esfanj)
U اسفنج (isfanj)

スマートな
A رشيق (rashīq)
P شیک (shīk)
U خوش پوش (khush-pōsh)

すまい 〔住まい〕
A منزل (manzil) ; مسكن (maskan)
P منزل (manzel) ; خانه (khāne)
U گھر (ghar)

すみ 〔炭〕
A فحم (faḥm)
P زغال (zoghāl)
U کوئلا (kō'elā)

すみ 〔隅〕
A زاوية (zāwiya)
P گوشه (gūshe)
U گوشہ (gōsha)

すみません 〔済みません〕
A أنا آسف ('anā āsif)
P ببخشید (be-bakhshīd)
U معاف کیجیے (mu'āf kījiye)

すみれ 〔菫〕
A بنفسج (banafsaj)
P بنفشه (banafshe)
U بنفشہ (banafsha)

すむ 〔住む〕
A سكن (sakana)
P زندگی کردن (zendegī kardan)
U رہنا (rahnā)

すり 〔掏摸〕
A نشال (nashshāl)
P جیب بر (jīb-bor)
U جیب کترا (jēb-katrā)

スリッパ
A شبشب (shibshib)
P دمپائی (dam-pā'ī) ;
سرپائی (sar-pā'ī)
U سلیپر (salīpar)

する 〔刷る〕
A طبع (ṭaba'a)
P چاپ کردن (chāp kardan)
U چھاپنا (chhāpnā)

する 〔擦る〕
A حك (ḥakka)
P مالیدن (mālīdan)
U رگڑنا (ragaṛnā)

する 〔為る〕
A فعل (fa'ala)
P کردن (kardan)
U کرنا (karnā)

ずるい
A مكار (makkār)
P فریب کار (farīb-kār) ;
مکار (makkār)
U چالاک (chālāk)

するどい 〔鋭い〕
A حاد (ḥādd)
P تیز (tīz)
U تیز (tēz)

スローガン
A شعار (shi'ār)
P شعار (she'ār)

U نعره (naʻra)

すわる 〔座る〕

A جلس (jalasa)

P نشستن (ne<u>sh</u>astan)

U بیٹھنا (baiṭhnā)

スンニーは 〔スンニー派〕

A سنى (sunnī)

P سنى (sonnī)

U سنى (sunnī)

すんぽう 〔寸法〕

A مقاسات (maqāsāt)

P اندازه (andāze)

U ناپ (nāp)

寸法をとる

A أخذ مقاسات (’a<u>kh</u>a<u>dh</u>a maqāsāt)

P اندازه گرفتن (andāze gereftan)

U ناپنا (nāpnā)

せ

せ 〔背〕

A قامة (qāma) ; طول (ṭūl)

P قد (qad) ; قامت (qāmat)

U قد (qad) ; لمبائی (lambā’ī)

背が高い

A طويل القامة (ṭawīlul-qāma)

P قد بلند (qade-boland)

U قد آور (qad āvar) ; لمبا (lambā)

背が低い

A قصير القامة (qaṣīrul-qāma)

P قد كوتاه (qade-kūtāh)

U پست قد (past qad) ;
چھوٹا (<u>ch</u>hōṭā)

せい 〔姓〕

A اسم العائلة (ismul-‘ā’ila)

P نام خانوادگى (nāme-<u>kh</u>ānevādegī)

U خاندانى نام (<u>kh</u>āndānī nām)

せい 〔性〕

A جنس (jins)

P جنس (jens)

U جنس (jins)

性の

A جنسى (jinsī)

P جنسى (jensī)

U جنسى (jinsī)

…せい 〔…製〕

日本製の

A مصنوع فى اليابان
(maṣnū‘ fil-yābān)

P ساخت ژاپن (sā<u>kh</u>te-<u>zh</u>āpon)

U جاپانى ساختہ (jāpānī sā<u>kh</u>ta)

ぜい 〔税〕

A ضريبة (ḍarība)

P ماليات (māliyāt)

U محصول (mahsūl)
課税する
A فرض ضريبة (farada dariba)
P ماليات بستن (māliyāt bastan)
U محصول عائد كرنا (mahsūl 'ā'id karnā)

せいい 〔誠意〕
A إخلاص ('ikhlāṣ)
P خلوص (kholūs)
U خلوص (khulūs)
誠意ある
A مخلص (mukhlis)
P مخلص (mokhles)
U مخلص (mukhlis)

せいいく 〔生育〕
A نمو (numūw)
P نمو (nomov)
U نشو و نما (nashv-o-namā)
生育する
A نما (namā)
P نمو كردن (nomov kardan)
U نشو و نما ہونا (nashv-o-namā hōnā)

せいうけい 〔晴雨計〕
A بارومتر (bārūmitr)
P بارومتر (bārometr)
U بيروميٹر (bairōmīṭar)

せいえき 〔精液〕
A نطفة (nuṭfa) ; المنى (al-manī)
P منى (manī) ; نطفه (notfe)
U منى (manī) ; نطفہ (nutfa)

せいえん 〔声援〕
A تشجيع (tashjī') ; هتاف (hutāf)
P هلهله (halhale) ; تشويق (tashvīq)
U نعرۂ تحسين (na'rae-tahsīn) ; ہمت افزائی (himmat-afzā'ī)
競技で声援をおくる
A هتف (hatafa)
P هلهله كردن (halhale kardan)
U نعرۂ تحسين لگانا (na'rae-tahsīn lagānā)

せいかい 〔政界〕
A دوائر سياسية (dawā'ir siyāsīya)
P محافل سياسى (mahāfele-siyāsī)
U سياسى حلقہ (siyāsī-halqa)

せいかい 〔正解〕
A إجابة صحيحة ('ijāba ṣaḥīḥa)
P جواب صحيح (javābe-sahīh)
U صحيح جواب (sahīh jawāb)

せいかく 〔性格〕
A شخصية (shakhṣīya)
P اخلاق (akhlāq) ; شخصيت (shakhsīyat)
U سيرت (sīrat)

せいかく 〔正確〕
A دقة (diqqa) ; صحة (ṣiḥḥa)
P درستى (dorostī) ; دقت (deqqat)
U درستى (durustī) ; صحت (sehat)
正確な
A دقيق (daqīq) ; صحيح (ṣaḥīḥ)
P درست (dorost) ; دقيق (daqīq)
U درست (durust) ; صحيح (sahīh)

せいかつ 〔生活〕
A معيشة (ma'īsha) ; حياة (ḥayā)
P زندگى (zendegī) ; معاش (ma'āsh)

U زندگی (zindagī) ;
معاش (ma'āsh)
生活する
A عاش ('āsha)
P زندگی کردن (zendegī kardan)
U زندگی بسر کرنا (zindagī basar karnā)

ぜいかん 〔税関〕
A جمرك (jumruk)
P گمرک (gomrok)
U کسٹم (kasṭam)

せいき 〔世紀〕
A قرن (qarn)
P قرن (qarn)
U صدی (sadī)
20世紀
A القرن العشرون (al-qarnul-'ishrūn)
P قرن بیستم (qarne-bīstom)
U بیسویں صدی (bīswīṇ sadī)

せいき 〔生気〕
A حيوية (ḥayawīya)
P نیروی حیاتی (nīyūye hayātī) ;
جان (jān)
U جان (jān)

せいぎ 〔正義〕
A عدالة ('adāla) ; عدل ('adl)
P عدالت ('adālat) ; عدل ('adl)
U انصاف (insāf) ; عدل ('adl)

せいきゅうしょ 〔請求書〕
A فاتورة (fātūra)
P فاکتور (fāktor)
U بل (bil)

せいきょ 〔逝去〕
A وفاة (wafā)
P فوت (fout) ; وفات (vafāt)
U انتقال (inteqāl)
逝去する
A توفى (tuwuffiya)
P فوت کردن (fout kardan)
U انتقال کرنا (inteqāl karnā)

せいけい 〔生計〕
A معيشة (ma'īsha)
P معاش (ma'āsh)
U روزی (rōzī)
生計を立てる
A كسب المعيشة (kasabal-ma'īsha)
P امرار معاش کردن (emrāre-ma'āsh kardan)
U روزی کمانا (rōzī kamānā)

せいけい 〔西経〕
A خط الطول الغربی (khaṭṭu-ṭ-ṭūlul-gharbī)
P طول غربی (tūle-gharbī)
U مغربی طول البلد (maghribī tūlul-balad)

せいけいげか 〔整形外科〕
A جراحة تقويم (jirāḥa taqwīm)
P ارتوپدی (ortopedī)
U تشکیلی جراحت (tashkīlī jirāhat)

せいけつ 〔清潔〕
A نظافة (naẓāfa)
P پاکیزگی (pākīzegī) ;
نظافت (nezāfat)
U صفائی (safā'ī)

清潔な

A نظيف (naẓīf)

P پاکيزه (pākīze) ; نظيف (nazīf)

U صاف (sāf)

せいけん 〔政権〕

A حكم (ḥukm)

P قدرت سياسى (qodrate-siyāsī)

U سياسى اقتدار (siyāsī iqtedār)

せいげん 〔制限〕

A تحديد (taḥdīd)

P محدوديت (mahdūdīyat)

U پابندى (pā-bandī)

制限する

A حدد (ḥaddada)

P محدود كردن (mahdūd kardan)

U پابندى لگانا (pā-bandī lagānā)

せいこう 〔成功〕

A نجاح (najāḥ)

P موفقيت (movaffaqīyat)

U كاميابى (kām-yābī)

成功する

A نجح (najaḥa)

P موفق شدن (movaffaq shodan)

U كامياب ہونا (kām-yāb hōnā)

せいこう 〔性交〕

A مضاجعة (muḍāja'a) ;

جماع (jimā')

P جماع (jemā') ;

مقاربت (moqārebat)

U مباشرت (mubāsharat)

せいこうな 〔精巧な〕

A دقيق (daqīq)

P دقيق (daqīq)

U بہت خوش نما (bahut khush-numā)

せいごひょう 〔正誤表〕

A كشف الخطأ و الصواب (kashful-khaṭa'-wa-ṣ-ṣawāb)

P غلطنامه (ghalat-nāme)

U صحت نامہ (sehat-nāma)

せいざ 〔星座〕

A مجموعة نجوم (majmū'a nujūm)

P صورت فلكى (sūrate-falakī)

U مجموعۂ نجوم (majmū'ae-nujūm)

せいさい 〔制裁〕

A عقوبة ('uqūba)

P تحريم (tahrīm)

U سزا (sazā)

制裁を加える

A فرض عقوبة (faraḍa 'uqūba)

P تحريم كردن (tahrīm kardan)

U سزا دينا (sazā dēnā)

せいさく 〔政策〕

A سياسة (siyāsa)

P سياست (siyāsat)

U پاليسى (pālīsī)

外交政策

A سياسة خارجية (siyāsa khārijīya)

P سياست خارجى (siyāsate-khārejī)

U سفارتى پاليسى (sifāratī pālīsī)

せいさくする 〔製作する〕

A صنع (ṣana'a)

P ساختن (sākhtan)

U بنانا (banānā) ;

تيار كرنا (taiyār karnā)

せいさん 〔生産〕
A إنتاج ('intāj)
P توليد (toulīd)
U پيداوار (paidā-wār)
生産する
A أنتج ('antaja)
P توليد كردن (toulīd kardan)
U پيدا كرنا (paidā karnā)
生産者
A منتج (muntij)
P توليد كننده (toulīd konande)
U پيدا كرنے والا (paidā karnē-wālā)

せいさん 〔精算〕
A تصفية الحساب (taṣfiyatul-ḥisāb)
P تسويهٔ حساب (tasviyeye-hesāb)
U تصفيۂ حساب (tasfiyae-hisāb)
精算する
A صفى الحساب (ṣaffal-ḥisāb)
P تسويه كردن (tasviye kardan)
U حساب صاف كرنا (hisāb sāf karnā)

せいし 〔製紙〕
A صناعة الورق (ṣinā'atul-waraq)
P كاغذسازى (kāghaz-sāzī)
U كاغذسازى (kāghaz-sāzī)

せいし 〔生死〕
A الحياة و الموت (al-ḥayā wal-mawt)
P مرگ و زندگى (marg-o-zendegī)
U زندگى اور موت (zindagī aur maut)

せいじ 〔政治〕
A سياسة (siyāsa)
P سياست (siyāsat)
U سياست (siyāsat)
政治的な
A سياسى (siyāsī)
P سياسى (siyāsī)
U سياسى (siyāsī)
政治家
A سياسى (siyāsī);
رجل سياسة (rajul siyāsa)
P سياستمدار (siyāsat-madār)
U سياستدان (siyāsat-dān)

せいしき 〔正式〕
正式の
A رسمى (rasmī)
P رسمى (rasmī)
U رسمى (rasmī)
正式に
A رسميًا (rasmīyan)
P بطور رسمى (be-toure-rasmī)
U رسمى طور پر (rasmī taur par)

せいしつ 〔性質〕
A خلق (khuluq); طبع (ṭab')
P سرشت (seresht)
U فطرت (fitrat)

せいじつ 〔誠実〕
A إخلاص ('ikhlāṣ)
P خلوص (kholūs)
U خلوص (khulūs)
誠実な
A مخلص (mukhliṣ)
P مخلص (mokhles)
U پر خلوص (pur-khulūs)

せいじゃ 〔聖者〕
A ولى (walī)

P ولی (valī)
U ولی (walī)
キリスト教の聖者
A قديس (qiddīs)
P قدیس (qeddīs)
U عیسائی ولی ('īsā'ī walī)

せいしゅく 〔静粛〕
A هدوء (hudū')
P سکوت (sokūt)
U سکوت (sukūt)

せいしゅん 〔青春〕
A شباب (shabāb)
P جوانی (javānī) ; شباب (shabāb)
U جوانی (jawānī) ; شباب (shabāb)

せいしょ 〔聖書〕
A الكتاب المقدس (al-kitābul-muqaddas)
P کتاب مقدس (ketābe-moqaddas)
U بائبل (bā'ibal)

せいじょうな 〔正常な〕
A عادی ('ādī)
P عادی ('ādī)
U معمولی (ma'mūlī)

せいしょくき 〔生殖器〕
A أعضاء تناسلية ('a'ḍā' tanāsulīya)
P اندامهای تناسلی (andām-hāye-tanāsolī)
U اعضائے تناسل (a'zā'e-tanāsul)

せいしん 〔精神〕
A روح (rūḥ)
P روح (rūh)
U روح (rūh)
精神病
A مرض نفسى (maraḍ nafsī)
P بیماری روانی (bīmārīye-ravānī)
U دماغی مرض (dimāghī marz)

せいじん 〔成人〕
A بالغ (bāligh)
P بالغ (bālegh)
U بالغ (bāligh)

せいぜい
A على الأكثر ('alal-'akthar)
P حد اکثر (hadde-aksar)
U زیاده سے زیاده (ziyāda se ziyāda)

せいせき 〔成績〕
A نتيجة (natīja)
P نتیجه (natīje)
U ریکارڈ (rekārḍ)

せいせん 〔聖戦〕
A جهاد (jihād)
P جهاد (jahād)
U جہاد (jihād)

せいそう 〔清掃〕
A تنظيف (tanẓīf)
P نظافت (nezāfat)
U صفائی (safā'ī)

せいぞう 〔製造〕
A صنع (ṣun')
P ساخت (sākht)
U ساخت (sākht)
製造する
A صنع (ṣana'a)
P ساختن (sākhtan)
U تیار کرنا (taiyār karnā) ; بنانا (banānā)

せいそうけん　〔成層圏〕
A ستراتوسفير (strātūsfīr)
P استراتسفر (estrātosfer)
U بالائی فضا (bālā'ī fazā)

せいぞん　〔生存〕
A وجود (wujūd)
P هستی (hastī)
U ہستی (hastī)
生存競争
A تنازع البقاء (tanāzu'ul-baqā')
P تنازع بقا (tanāzo'e-baqā)
U تنازع للبقا (tanāzo' lil-baqā)

せいたい　〔政体〕
A نظام الحكم (niẓāmul-ḥukm)
P نظام حكومت (nezāme-hokūmat)
U نظام حکومت (nizāme-hukūmat)

せいだいな　〔盛大な〕
A فاخر (fākhir)；عظيم ('aẓīm)
P شكوهمند (shokūh-mand)；
مجلل (mojallal)
U شان دار (shān-dār)

ぜいたく　〔贅沢〕
A ترف (taraf)
P تجمل (tajammol)
U عيش و عشرت ('aish-o-'ishrat)
贅沢な
A مترف (mutraf)
P تجملی (tajammolī)
U عيش و عشرت کا ('aish-o-'ishrat ka)

せいちょう　〔成長〕
A نمو (numūw)
P رشد (roshd)
U نشو و نما (nashv-o-namā)
経済成長
A نمو اقتصادی (numūw iqtiṣādī)
P رشد اقتصادی (roshde-eqtesādī)
U اقتصادی نشو و نما (iqtesādī nashv-o-namā)

せいつうする　〔精通する〕
A اطلع على (iṭṭala'a 'alā)
P تبحر داشتن (tabahhor dāshtan)
U واقف ہونا (wāqif hōnā)

せいで　〔所為で〕
A بسبب (bi-sabab)
P به علت (be-'ellate)
U کی وجہ سے (ki wajah se)

せいてい　〔制定〕
A وضع (waḍ')
P وضع (vaz')
U قانون سازی (qānūn-sāzī)
制定する
A وضع (waḍa'a)
P وضع كردن (vaz' kardan)
U قانون سازی کرنا (qānūn-sāzī karnā)

せいてつじょ　〔製鉄所〕
A مصنع الحديد (maṣna'ul-ḥadīd)
P كارخانهٔ ذوب آهن (kār-khāneye-zoube-āhān)
U لوہا بنانے کا کارخانہ (lōhā bānānē ka kār-khāna)

せいてん　〔晴天〕
A سماء صافية (samā' ṣāfiya)
P آسمان صاف (āsmāne-sāf)
U صاف آسمان (sāf āsmān)

せいと 〔生徒〕
A تلميذ (tilmīdh)
P شاگرد (shāgerd)；
دانش آموز (dānesh-āmūz)
U شاگرد (shāgird)
せいど 〔制度〕
A نظام (niẓām)
P نظام (nezām)
U نظام (nizām)
教育制度
A نظام التعليم (niẓāmu-t-ta‘līm)
P نظام آموزشی (nezāme-āmūzeshī)
U تعليمى نظام (ta‘līmī nizām)
せいとう 〔政党〕
A حزب سياسى (ḥizb siyāsī)
P حزب سياسى (hezbe-siyāsī)
U سياسى پارٹى (siyāsī pārṭī)
せいとう 〔正当〕
正当な
A شرعى (shar‘ī)
P مشروع (mashrū‘)
U جائز (jā’iz)
正当防衛
A دفاع شرعى (difā‘ shar‘ī)
P دفاع مشروع (defā‘e-mashrū‘)
U دفاع مشروع (difā‘e-mashrū‘)
せいどう 〔青銅〕
A برونز (burūnz)
P مفرغ (mefragh)；برنز (boronz)
U كانسى (kāṇsī)
せいとうかする 〔正当化する〕
A برر (barrara)
P توجيه كردن (toujīh kardan)
U توجيه كرنا (taujīh karnā)
せいとん 〔整頓〕
A ترتيب (tartīb)
P ترتيب (tartīb)
U ترتيب (tartīb)
整頓する
A رتب (rattaba)
P ترتيب دادن (tartīb dādan)
U ترتيب دينا (tartīb dēnā)
せいねん 〔青年〕
A شاب (shabb)
P جوان (javān)；
نوجوان (nou-javān)
U نوجوان (nau-jawān)
せいねんがっぴ 〔生年月日〕
A تأريخ الولادة (ta’rīkhul-wilāda)
P تاريخ تولد (tārīkhe-tavallod)
U يوم پيدائش (yaume-paidā’ish)
せいのう 〔性能〕
A كفاءة (kafā’a)
P كارآئى (kār-ā’ī)
U كاركردگى (kār-kardagī)
せいびょう 〔性病〕
A مرض تناسلى (maraḍ tanāsulī)
P بيمارى آميزشى (bīmārīye-āmīzeshī)
U جنسى امراض (jinsī amrāz)
せいひん 〔製品〕
A منتجات (muntajāt)
P محصولات (mahsūlāt)；
فرآورده (far-āvarde)
U مصنوعات (masnū‘āt)

せいふ 〔政府〕
A حكومة (ḥukūma)
P دولت (doulat)；
حكومت (hokūmat)
U حكومت (hukūmat)；
سركار (sarkār)
政府の
A حكومى (ḥukūmī)
P دولتى (doulatī)；
حكومتى (hokūmatī)
U سركارى (sarkārī)
せいふく 〔征服〕
A فتح (fatḥ)
P فتح (fath)
U فتح (fatah)
征服する
A فتح (fataḥa)
P فتح كردن (fath kardan)
U فتح كرنا (fatah karnā)
征服者
A فاتح (fātiḥ)
P فاتح (fāteh)
U فاتح (fātih)
せいぶつ 〔生物〕
A كائن حى (kā'in ḥayy)
P موجود زنده (moujūde-zende)
U جاندار (jān-dār)
生物学
A علم الأحياء ('ilmul-'aḥyā')
P زيست شناسى (zīst-s̲h̲enāsī)
U حياتيات (hayātiyāt)
せいほうけい 〔正方形〕
A مربع (murabba')
P مربع (morabba')
U مربع (murabba')
せいほん 〔製本〕
A تجليد (tajlīd)
P صحافى (sahhāfī)；
جلدسازى (jeld-sāzī)
U جلدسازى (jild-sāzī)
せいまいする 〔精米する〕
A كرر الأرز (karraral-'aruzz)
P برنج پاک كردن (berenj pāk kardan)
U چاول صاف كرنا (c̲h̲āwal sāf karnā)
せいみつきかい 〔精密機械〕
A آلات دقيقة (ālāt daqīqa)
P ابزارهاى دقيق (abzārhāye-daqīq)
U بالكل ٹهيک آله (bilkul ṭhīk āla)
ぜいむしょ 〔税務所〕
A مصلحة الضرائب (maṣlaḥatu-ḍ-ḍarā'ib)
P ادارهٔ ماليات (edāreye-māliyāt)
U ٹيكس آفس (ṭaiks āfis)
せいめい 〔生命〕
A حياة (ḥayā)
P جان (jān)
U جان (jān)
生命保険
A تأمين على الحياة (ta'mīn 'ala-l ḥayā)
P بيمهٔ عمر (bīmeye-'omr)
U زندگى كا بيمه (zindagī ka bīma)
せいめい 〔声明〕
A بيان (bayān)

P بيانيه (bayānīye)

U اعلان (e'lān)

せいもん 〔正門〕

A باب رئيسى (bāb ra'īsī)

P دروازهٔ اصلى (darvāzeye-aslī)

U صدر دروازه (sadr darwāza)

せいよう 〔西洋〕

A الغرب (al-gharb)

P غرب (gharb)

U مغرب (maghrib)

西洋の(人)

A غربى (gharbī)

P غربى (gharbī)

U مغربى (maghribī)

せいよう 〔静養〕

A استراحة (istirāḥa)

P استراحت (esterāhat)

U آرام (ārām)

静養する

A استراح (istarāḥa)

P استرحت كردن (esterāhat kardan)

U آرام كرنا (ārām karnā)

せいよく 〔性欲〕

A شهوة جنسية (shahwa jinsīya)

P شهوت جنسى (shahvate-jensī)

U جنسى خواهش (jinsī khāhish)

せいり 〔整理〕

A ترتيب (tartīb) ; تنظيم (tanẓīm)

P ترتيب (tartīb)

U ترتيب (tartīb)

整理する

A رتب (rattaba) ; نظم (naẓẓama)

P ترتيب دادن (tartīb dādan)

U ترتيب دينا (tartīb dēnā)

せいり 〔生理〕

月経

A حيض (ḥayḍ)

P قاعدگى (qā'edegī)

U ماهوارى (māhvārī)

生理学

A علم وظائف الأعضاء
('ilm waẓā'iful-'a'ḍā')

P فيزيولوژى (fīzyolozhī)

U عضويات ('uzūviyāt)

せいりつする 〔成立する〕

A تكون (takawwana) ;
أنشأ ('unshi'a)

P به وجود آمدن (be vojūd āmadan)

U وجود ميں آنا (wujūd meṇ ānā)

せいりょく 〔勢力〕

A نفوذ (nufūdh)

P نفوذ (nofūz)

U اقتدار (iqtedār)

せいりょく 〔精力〕

A قوة (qūwa) ; نشاط (nashāṭ)

P نيرو (nīrū)

U توانائى (tawānā'ī)

精力的な

A نشيط (nashīṭ)

P نيرومند (nīrū-mand)

U توانا (tawānā)

せいれき 〔西暦〕

A سنة ميلادية (sana mīlādīya)

P سال ميلادى (sāle-mīlādī)

U سنه عيسوى (sanahe-'īsavī)

せいれつする　〔整列する〕
A اصطف (iṣṭaffa)
P صف بستن (saf bastan)
U صف باندھنا (saf bāṇdhnā)

セーター
A سويتر (suwītar)
P گرمکن (garm-kon)
U سویٹر (suwaiṭar)

せおう　〔背負う〕
A حمل على ظهره (ḥamala 'alā ẓahrihi)
P به دوش گرفتن (be-dūsh gereftan)
U کندھے پر اٹھانا (kandhē par uṭhānā)

せかい　〔世界〕
A عالم ('ālam)
P جهان (jahān) ; عالم ('ālam)
U عالم ('ālam) ; جہان (jahān)
世界的な
A عالمي ('ālamī)
P جهانی (jahānī)
U عالمی ('ālamī)

せき　〔席〕
A مقعد (maq'ad)
P جا (jā)
U نشست (nishast)

せき　〔咳〕
A سعال (su'āl)
P سرفه (sorfe)
U کھانسی (khāṇsī)
咳をする
A سعل (sa'ala)
P سرفه کردن (sorfe kardan)
U کھانسنا (khāṇsnā)

せきがいせん　〔赤外線〕
A الأشعة دون الحمراء (al-'ashi''a dūnal-ḥamrā')
P اشعهٔ زیر قرمز (ashe'eye-zīre-qermez)
U زیرسرخ اشعاع (zēr-surkh ish'ā')

せきじゅうじ　〔赤十字〕
A الصليب الأحمر (aṣ-ṣalībul-'aḥmar)
P صلیب سرخ (salībe-sorkh)
U ریڈ کراس (reḍ karās)

せきたん　〔石炭〕
A فحم حجري (faḥm ḥajarī)
P زغال سنگ (zoghāl-sang)
U کوئلا (kō'elā)

せきつい　〔脊椎〕
A فقرة (fiqra)
P ستون فقرات (sotūne-faqarāt) ; فقره (faqare)
U ریڑھ (rīṛh) ; فقره (fiqra)

せきどう　〔赤道〕
A خط الاستواء (khaṭṭul-istiwā')
P خط استوا (khatte-estevā)
U خط استوا (khatte-istivā)

せきにん　〔責任〕
A مسؤولية (mas'ūlīya)
P مسئولیت (mas'ūliyat)
U ذمہ داری (zimme-dārī)
責任ある
A مسؤول (mas'ūl)
P مسئول (mas'ūl)
U ذمہ دار (zimme-dār)

せきゆ 〔石油〕
A نفط (nafṭ)
P نفت (naft)
U مٹی کا تیل (miṭṭī ka tēl)

せきり 〔赤痢〕
A زحار (zuḥār)
P اسهال خونی (eshāle-khūnī)
U پیچش (pēchish)

せけん 〔世間〕
A دنيا (dunyā)
P دنیا (donyā)
U دنیا (duniyā)

世間並みの
A عادى (‘ādī)
P عادی (‘ādī)
U معمولی (ma‘mūlī)

せだい 〔世代〕
A جيل (jīl)
P نسل (nasl)
U نسل (nasl)

せつ 〔説〕
A نظرية (naẓarīya)
P نظریه (nazarīye)
U نظریہ (nazarīya)

せっかい 〔石灰〕
A جير (jīr)
P آهک (āhak)
U چونا (chūnā)

せっき 〔石器〕
A أدوات حجرية (’adawāt ḥajarīya)
P افزار سنگی (afzāre-sangī)
U پتھر کا سامان (patthar ka sāmān)

石器時代
A عصر حجرى (‘asr ḥajarī)
P عصر حجر (‘asre-hajar)
U پتھر کا زمانہ (patthar ka zamāna)

せっきょう 〔説教〕
A وعظ (wa‘ẓ) ; موعظة (maw‘iẓa)
P وعظ (va‘z)
U وعظ (wa‘z)

説教する
A وعظ (wa‘aẓa)
P وعظ کردن (va‘z kardan)
U وعظ کرنا (wa‘z karnā)

説教師
A واعظ (wā‘iẓ)
P واعظ (vā‘ez)
U واعظ (wā‘iz)

せっきょくてきな 〔積極的な〕
A إيجابى (’ījābī)
P مثبت (mosbat)
U مثبت (musbat)

せっきんする 〔接近する〕
A اقترب (iqtaraba)
P نزدیک شدن (nazdīk shodan)
U نزدیک جانا (nazdīk jānā)

セックス
性別
A جنس (jins)
P جنس (jens)
U جنس (jins)

せっけい 〔設計〕
A تصميم (taṣmīm)
P طرح (tarh) ; طراحی (tarrāhī)

U نقشہ (naqsha)

設計する

A صمم (ṣammama)

P طراحی کردن (tarrāhī kardan)

U نقشہ تیار کرنا (naqsha taiyār karnā)

せっけっきゅう 〔赤血球〕

A الكريات الحمراء (al-kurayyātul-ḥamrā')

P گویچهٔ قرمز (gūy-cheye-qermez)

U لال جسمیہ (lāl jismīya)

せっけん 〔石鹸〕

A صابون (ṣābūn)

P صابون (sābūn)

U صابن (sābon)

せっこう 〔石膏〕

A جبس (jibs)

P گچ (gach)

U پلستر (palastar)

ぜっこうする 〔絶交する〕

A قطع العلاقات (qaṭa'al-'alāqāt)

P قطع رابطه کردن (qat'e-rābete kardan)

U قطع تعلق کرنا (qat'e-ta'alluq karnā)

せっし 〔摂氏〕

A مئوى (mi'awī)

P سانتیگراد (sāntīgrād)

U سینٹی‌گریڈ (sēnṭi-grēḍ)

せっしょく 〔接触〕

A اتصال (ittiṣāl)

P تماس (tamās)

U رابطہ (rābita)

接触する

A اتصل (ittaṣala)

P تماس گرفتن (tamās gereftan)

U رابطہ قائم کرنا (rābita qā'im karnā)

せっせい 〔節制〕

A كف (kaff)

P پرهیز (parhīz)

U پرہیز (parhēz)

節制する

A كف (kaffa)

P پرهیز کردن (parhīz kardan)

U پرہیز کرنا (parhēz karnā)

せつぞく 〔接続〕

A ربط (rabṭ)

P اتصال (ettesāl)

U جوڑ (jōṛ)

接続する

A ربط (rabaṭa)

P متصل کردن (mottasel kardan)

U جوڑنا (jōṛnā)

せつぞくし 〔接続詞〕

A حرف عطف (ḥarf 'aṭf)

P حرف ربط (harfe-rabt)

U حرف عطف (harfe-'atf)

せったい 〔接待〕

A استضافة (istiḍāfa)

P پذیرائی (pazīrā'ī)

U استقبال (isteqbāl)

接待する

A استضاف (istaḍāfa)

P پذیرائی کردن (pazīrā'ī kardan)

U استقبال کرنا (isteqbāl karnā)

ぜったいに 〔絶対に〕
A مطلقًا (muṭlaqan)
P مطلقاً (motlaqan)
U مطلقاً (mutlaqan)

せつだん 〔切断〕
A قطع (qaṭ')
P قطع (qat')
U قطع (qat'a)
切断する
A قطع (qaṭa'a)
P قطع كردن (qat' kardan)
U قطع کرنا (qat'a karnā)

せっちゃく 〔接着〕
接着剤
A مادة لاصقة (mādda lāṣiqa)
P چسب (chasb)
U سریش (sarēsh)
接着テープ
A شريط لاصق (sharīṭ lāṣiq)
P نوار چسب (navāre-chasb)
U چیپ دار فیتہ (chēp-dār fīta)

ぜっちょう 〔絶頂〕
山頂
A قمة (qimma)
P قله (qolle)
U چوٹی (chōṭī)
頂点
A أوج ('awj)
P اوج (ouj)
U انتہا (intehā)

セット
A طقم (ṭaqm)
P سرویس (servīs)
U سٹ (seṭ)

せっとう 〔窃盗〕
A سرقة (sirqa)
P سرقت (serqat); دزدی (dozdī)
U چوری (chōrī)

せっとくする 〔説得する〕
A أقنع ('aqna'a)
P وادار كردن (vādār kardan)
U سمجھانا (samjhānā)

せつび 〔設備〕
A تجهيزات (tajhīzāt)
P تجهيزات (tajhīzāt);
وسايل (vasāyel)
U ساز و سامان (sāz-o-sāmān)

せっぷん 〔接吻〕
A قبلة (qubla); بوسة (būsa)
P بوسه (būse)
U بوسہ (bōsa)
接吻する
A قبل (qabbala)
P بوسيدن (būsīdan)
U بوسہ دینا (bōsa dēnā)

ぜつぼう 〔絶望〕
A يأس (ya's)
P نااميدى (nā-omīdī)
U مایوسی (māyūsī)
絶望する
A يئس (ya'isa)
P نااميد شدن (nā-omīd shodan)
U مایوس ہونا (māyūs hōnā)

せつめい 〔説明〕
A شرح (sharḥ)
P توضيح (touzīh)

U تشریح (ta<u>sh</u>rīh)
説明する
A شرح (<u>sh</u>araḥa)
P توضیح دادن (touzīh dādan)
U تشریح کرنا (ta<u>sh</u>rīh karnā)

ぜつめつ　〔絶滅〕
A انقراض (inqirāḍ)
P نابودی (nā-būdī)
U قلع و قمع (qal'-o-qam')
絶滅する
A انقرض (inqaraḍa)
P نابود شدن (nā-būd <u>sh</u>odan)
U ناپید ہونا (nā-paid hōnā)

せつやく　〔節約〕
A توفیر (tawfīr)
P صرفه جوئی (sarfe-jū'ī)
U کفایت (kifāyat)
節約する
A وفر (waffara)
P صرفه جوئی کردن (sarfe-jū'ī kardan)
U کفایت شعاری کرنا (kifāyat-<u>sh</u>e'ārī karnā)

せつりつ　〔設立〕
A تأسیس (ta'sīs)
P تأسیس (ta'sīs)
U تاسیس (tāsīs) ; قیام (qayām)
設立する
A أسس ('assasa)
P تأسیس کردن (ta'sīs kardan)
U قائم کرنا (qā'im karnā)

せともの　〔瀬戸物〕
A خزف (<u>kh</u>azaf)
P چینی (<u>ch</u>īnī)
U چینی کا برتن (<u>ch</u>īnī ka bartan)

せなか　〔背中〕
A ظهر (ẓahr)
P پشت (po<u>sh</u>t)
U پیٹھ (pīṭh)

せばまる　〔狭まる〕
A ضاق (ḍāqa)
P تنگ شدن (tang <u>sh</u>odan)
U تنگ ہونا (tang hōnā)

せばめる　〔狭める〕
A ضیق (ḍayyaqa)
P تنگ کردن (tang kardan)
U تنگ کرنا (tang karnā)

ぜひ　〔是非〕
必ず
A بکل تأکید (bi-kull ta'kīd)
P حتماً (hatman)
U ضرور (zarūr)

せびろ　〔背広〕
A بدلة (badla)
P کت (kot)
U عام سوٹ ('ām sūṭ)

せぼね　〔背骨〕
A عمود فقری ('amūd fiqrī)
P ستون فقرات (sotūne-faqarāt)
U ریڑھ کی ہڈی (rīṛh ki haḍḍī)

せまい　〔狭い〕
A ضیق (ḍayyiq)
P تنگ (tang)
U تنگ (tang)

せみ　〔蝉〕
A زیز (zīz)

P زنجره (zanjare)
U جھینگر (jhīngar)

ゼミ
A حلقة دراسية (ḥalqa dirāsīya)
P سمينار (seminār)
U حلقۂ درس (halqae-dars)

せむし
A أحدب (’aḥdab)
P گوژپشت (gūzh-posht)
U کبڑا (kubṛā)

せめて
A على الأقل (‘alal-’aqall)
P دست کم (daste-kam)
U کم سے کم (kam se kam)

せめる 〔攻める〕
A هاجم (hājama);
حمل على (ḥamala ‘alā)
P حمله كردن (hamle kardan)
U حملہ کرنا (hamla karnā)

せめる 〔責める〕
A لام (lāma)
P ملامت كردن (malāmat kardan)
U الزام لگانا (ilzām lagānā)

セメント
A أسمنت (’asmant)
P سيمان (sīmān)
U سیمنٹ (sīmanṭ)

せり 〔競り〕
A مزاد (mazād); مزايدة (muzāyada)
P مزايده (mozāyede)
U نیلام (nīlām)

せりふ 〔台詞〕
A حوار (ḥiwār)
P متن (matn)
U مکالمہ (mukālama)

ゼロ
A صفر (ṣifr)
P صفر (sefr)
U صفر (sifr)

セロリ
A كرفس (karafs)
P كرفس (karafs)
U سلری (selerī)

せろん 〔世論〕
A رأى عام (ra’y-‘āmm)
P افكار عمومى (afkāre-‘omūmī)
U رائے عامہ (rāe-‘āmma)

せわをする 〔世話をする〕
A رعى (ra‘ā)
P توجه كردن (tavajjoh kardan)
U خدمت کرنا (khidmat karnā)

せん 〔千〕
A ألف (’alf)
P هزار (hezār)
U ہزار (hazār)

せん 〔栓〕
A سدادة (sidāda)
P سربطرى (sar-botrī);
چوب‌پنبه (chūb-panbe)
U ڈاٹ (ḍāṭ)

栓をする
A سد (sadda)
P چوب‌پنبه گذاشتن (chūb-panbe gozāshtan)
U ڈاٹ لگانا (ḍāṭ lagānā)

せん 〔線〕
A خط (khaṭṭ)
P خط (khat)
U لکیر (lakīr)
線を引く
A خط (khaṭṭa)
P خط کشیدن (khat keshīdan)
U لکیر کھینچنا (lakīr khēṇchnā)
ぜん 〔善〕
A خير (khayr)
P نیکی (nīkī)
U نیکی (nēkī)
せんい 〔繊維〕
A ليف (līf) ; ألياف ('alyāf)
P لیف (līf) ; الیاف (alyāf)
U ریشہ (rēsha)
ぜんい 〔善意〕
A حسن النية (ḥusnu-n-nīya)
P حسن نیت (hosne-nīyat)
U نیک نیتی (nēk-nīyatī)
せんいん 〔船員〕
A ملاح (mallāḥ)
P ملوان (malavān) ; ملاح (mallāḥ)
U جہازران (jahāz-rān)
ぜんか 〔前科〕
A سابقة (sābiqa)
P سوء سابقه (sū'e-sābeqe)
U جرم کا ریکارڈ (jurm ka rēkārḍ)
ぜんかい 〔全快〕
A شفاء تام (shifā' tāmm)
P شفای کامل (shafāye-kāmel)
U شفا یابی (shifā-yābī)
全快する
A شفي تماماً (shufiya tamāman)
P شفای کامل یافتن (shafāye-kāmel yāftan)
U پھر شفا پانا (phir shifā pānā)
ぜんがく 〔全額〕
A مبلغ تام (mablagh tāmm)
P مبلغ کل (mablaghe-koll)
U تمام رقم (tāmām raqam)
せんかん 〔戦艦〕
A سفينة حربية (safīna ḥarbīya)
P رزمناو (razm-nāv)
U جنگی جہاز (jangī jahāz)
せんきょ 〔選挙〕
A انتخاب (intikhāb) ;
انتخابات (intikhābāt)
P انتخاب (entekhāb) ;
انتخابات (entekhābāt)
U انتخاب (intekhāb)
選挙する
A انتخب (intakhaba)
P انتخاب کردن (entekhāb kardan)
U انتخاب کرنا (intekhāb karnā)
せんきょうし 〔宣教師〕
A مبشر (mubashshir)
P مبلغ (moballegh)
U مشنری (mishnarī)
せんげつ 〔先月〕
A الشهر الماضي (ash-shahrul-māḍī)
P ماه گذشته (māhe-gozashte)
U پچھلے مہینے (pichhlē mahīnē)

せんげん 〔宣言〕
A إعلان ('i'lān)
P اعلان (e'lān)
U اعلان (e'lān)
宣言する
A أعلن ('a'lana)
P اعلان كردن (e'lān kardan)
U اعلان کرنا (e'lān karnā)

せんご 〔戦後〕
A بعد الحرب (ba'dal-ḥarb)
P بعد از جنگ (ba'd az jang)
U جنگ کے بعد (jang ke ba'd)

せんこう 〔専攻〕
A اختصاص (ikhtiṣāṣ)
P مطالعهٔ تخصصی (motāle'eye-takhassosī)
U مخصوص مطالعہ (makhsūs mutāla'a)
専攻する
A اختص (ikhtaṣṣa)
P مطالعهٔ تخصصی كردن (motāle'eye-takhassosī kardan)
U خاص مطالعہ کرنا (khās mutāla'a karnā)

せんこう 〔選考〕
A اختيار (ikhtiyār)
P انتخاب (entekhāb);
گزينش (gozīnesh)
U انتخاب (intekhāb)
選考する
A اختار (ikhtāra)
P انتخاب كردن (entekhāb kardan);
برگزيدن (bar-gozīdan)
U انتخاب کرنا (intekhāb karnā)

せんこう 〔線香〕
A بخور (bakhūr)
P عود ('ūd)
U اگر بتی (agar battī)

ぜんこう 〔善行〕
A إحسان ('iḥsān)
P كردار نيک (kerdāre-nīk)
U نیک کام (nēk kām)

せんこく 〔宣告〕
A حكم (ḥukm)
P حكم (hokm)
U حکم (hukm)
宣告する
A حكم (ḥakama)
P محكوم كردن (mahkūm kardan)
U حکم سنانا (hukm sunānā)

ぜんこく 〔全国〕
A جميع البلاد (jamī'ul-bilād)
P سراسر كشور (sarāsare-keshvar)
U پورا ملک (pūrā mulk)

せんざい 〔洗剤〕
A منظف (munaẓẓif)
P پاک كننده (pāk konande)
U صافی (sāfī)

せんさいな 〔繊細な〕
A رقيق (raqīq)
P نازک (nāzok)
U نازک (nāzuk)

せんしする 〔戦死する〕
A قتل في الحرب (qutila fil-ḥarb)
P در جنگ كشته شدن (dar jang

koshte shodan)
U جنگ میں ہلاک ہونا (jang meṇ halāk hōnā)

せんじつ〔先日〕
A منذ أيام (mundh 'ayyām)
P چند روز پیش (chand rūze-pīsh)
U پچھلے دن (pichhlē din)

せんしゃ〔戦車〕
A دبابه (dabbāba)
P تانک (tānk)
U ٹینک (ṭaink)

せんしゅ〔選手〕
A لاعب (lā'ib)
P ورزشکار (varzesh-kār)
U کھلاڑی (khilāṛī)

せんしゅう〔先週〕
A الأسبوع الماضى (al-'usbū'ul-māḍī)
P هفتهٔ گذشته (hafteye-gozashte)
U پچھلے ہفتے (pichhlē haftē)

ぜんしゅう〔全集〕
A مجموعة كاملة (majmū'a kāmila) ; كليات (kullīyāt)
P مجموعهٔ آثار (majmū'aye-āsār) ; كليات (kollīyāt)
U مجموعہ (majmū'a) ; كليات (kulliyāt)

せんじゅつ〔戦術〕
A استراتيجية ('istrātījīya) ; تكتيك (taktīk)
P استراتژی (estrātezhī)
U مصافیات (musāfīyāt)

せんじょう〔戦場〕
A ميدان القتال (maydānul-qitāl)
P میدان جنگ (meidāne-jang)
U میدان جنگ (maidāne-jang)

せんしょくたい〔染色体〕
A كروموزوم (krūmūzūm)
P كروموزوم (koromozom)
U كروموزوم (kuromozūm)

ぜんしん〔前進〕
A تقدم (taqaddum)
P پیشروی (pīsh-ravī)
U پیش قدمی (pēsh-qadmī)

前進する
A تقدم (taqaddama)
P پیشروی کردن (pīsh-ravī kardan)
U پیش قدمی کرنا (pēsh-qadmī karnā)

せんしんこく〔先進国〕
A دولة متقدمة (dawla mutaqqadima)
P کشور پیشرفته (keshvare-pīshrafte)
U ترقی یافته ملک (taraqqī-yāfta mulk)

せんす〔扇子〕
A مروحة يدوية (mirwaḥa yadawīya)
P بادبزن دستی (bād-bezane-dastī)
U پنکھا (pankhā)

せんすい〔潜水〕
A غوص (ghawṣ)
P غواصی (ghavvāsī)
U غوطہ (ghōta)

潜水する
A غاص (ghaṣa)
P غواصی کردن (ghavvasī kardan)
U غوطہ مارنا (ghōta mārnā)

潜水夫
A غواص (ghawwāṣ)
P غواص (ghavvās)
U غوطہخور (ghōta-khur)
潜水艦
A غواصة (ghawwāṣa)
P زیر دریائی (zīr-daryā'ī)
U آب دوز (āb-dōz)

〔せ〕んせい 〔宣誓〕
A قسم (qasam)
P قسم (qasam)
U حلف (halaf) ; قسم (qasam)
宣誓する
A أقسم ('aqsama)
P قسم خوردن (qasam khordan)
U حلف اٹھانا (halaf uṭhānā) ;
قسم کھانا (qasam khānā)

〔せ〕んせい 〔先生〕
A مدرس (mudarris) ;
معلم (mu'allim)
P معلم (mo'allem)
U ماسٹر (māsṭar) ; معلم (mu'allim)

〔せ〕んせん 〔宣戦〕
A إعلان الحرب ('i'lānul-ḥarb)
P اعلان جنگ (e'lāne-jang)
U اعلان جنگ (e'lāne-jang)

〔せ〕んぜん 〔戦前〕
A قبل الحرب (qablal-ḥarb)
P قبل از جنگ (qabl az jang)
U جنگ سے پہلے (jang se pahlē)

〔ぜ〕んせん 〔前線〕
A جبهة (jabha)
P جبهه (jebhe)
U محاذ جنگ (mohāze-jang)

せんぞ 〔先祖〕
A أجداد ('ajdād)
P نیاکان (niyākān) ; اجداد (ajdād)
U آبا و اجداد (ābā-o-ajdād)

せんそう 〔戦争〕
A حرب (ḥarb)
P جنگ (jang)
U جنگ (jang)

ぜんそく 〔喘息〕
A ربو (rabw)
P تنگ نفس (tange-nafas) ;
آسم (āsm)
U دمہ (dama)

ぜんそくりょくで 〔全速力で〕
A بأقصى سرعة (bi-'aqṣā sur'a)
P بسرعتی هرچه تمامتر (be-sor'atī harche tamāmtar)
U پوری رفتار سے (pūrī raftār se)

センター
A مركز (markaz)
P مرکز (markaz)
U مرکز (markaz)

ぜんたい 〔全体〕
A كل (kull)
P کل (koll)
U کل (kul)

せんたく 〔洗濯〕
A غسل (ghasl)
P لباس شوئی (lebās-shū'ī)
U دهلائی (dhulā'ī)
洗濯する
A غسل (ghasala)

P شستن (shostan)
U دھونا (dhōnā)
洗濯屋
A مغسل (maghsal)
P لباس شوئی (lebās-shū'ī)
U دھوبی کی دکان (dhōbī ki dukān)
洗濯機
A غسالة (ghassāla)
P ماشین لباس شوئی (māshīne-lebās-shū'ī)
U واشنگ مشین (wāshing-mashīn)

せんたく 〔選択〕
A اختيار (ikhtiyār)
P اختیار (ekhtiyār)
U انتخاب (intekhāb)
選択する
A اختار (ikhtāra)
P اختیار کردن (ekhtiyār kardan)
U انتخاب کرنا (intekhāb karnā)

せんだん 〔船団〕
A أسطول ('usṭūl)
P ناوگان (nāvgān)
U بیڑا (bēṛā)

ぜんちし 〔前置詞〕
A حرف جر (ḥarf jarr)
P حرف اضافه (harfe-ezāfe)
U حرف جار (harfe-jār)

センチメートル
A سنتيمتر (santīmitr)
P سانتیمتر (sāntīmetr)
U سینٹی میٹر (sēnṭīmiṭr)

せんちょう 〔船長〕
A ربان السفينة (rubbānu-s-safīna) ;
قبطان (qubṭān)
P ناخدا (nākhodā)
U کپتان (kaptān)

ぜんちょう 〔前兆〕
A فأل (fa'l) ; بشيرة (bashīra)
P فال (fāl)
U شگون (shugūn) ; فال (fāl)

せんでん 〔宣伝〕
A دعاية (di'āya)
P تبلیغات (tablīghāt)
U پروپیگنڈا (propaiganḍā)

せんてんてきな 〔先天的な〕
A فطري (fiṭrī)
P فطری (fetrī)
U پیدائشی (paidā'ishī)

ぜんと 〔前途〕
A مستقبل (mustaqbal)
P آینده (āyande)
U مستقبل (mustaqbil)
前途有望な
A مستقبل باهر (mustaqbal bāhir)
P آینده امیدبخش (āyande-omīd-bakhsh)
U ہونہار آئندہ (hōnhār ā'inda)

せんとう 〔先頭〕
A رأس (ra's) ; مقدمة (muqaddima)
P رأس (ra's)
U پہل (pahal)

せんとう 〔戦闘〕
A قتال (qitāl) ; معركة (ma'raka)
P نبرد (nabard)
U لڑائی (laṛā'ī)

戦闘機

A طائرة مقاتلة (ṭā'ira muqātila)

P هواپیمای جنگنده (havā-peimāye-jangande)

U لڑاکا طیارہ (laṛākā taiyāra)

せんとう 〔銭湯〕

A حمام عام (ḥammām 'āmm)

P گرمابه (garmābe)

U حمام (hammām)

せんどう 〔扇動〕

A تحریض (taḥrīḍ)

P تحریک (tahrīk)

U ہلچل (hal<u>ch</u>al)

扇動する

A حرض (ḥarraḍa)

P تحریک کردن (tahrīk kardan)

U ہلچل ڈالنا (hal<u>ch</u>al ḍālnā)

せんどう 〔船頭〕

A مراكبى (marākibī)

P قايقران (qāyeq-rān)

U کشتی والا (ka<u>sh</u>tī-wālā)

せんにゅうかん 〔先入観〕

A فكرة مسبقة (fikra musabbaqa)

P پیش پندار (pī<u>sh</u>-pendār)

U قبل تصور (qabl-tasawwur)

せんにゅうする 〔潜入する〕

A تسلل (tasallala)

P نفوذ کردن (nofūz kardan)

U سرایت کرنا (sarāyat karnā)

せんばい 〔専売〕

A احتكار (iḥtikār)

P انحصار (enhesār)

U اجاره داری (ijāra-dārī)

せんばつ 〔選抜〕

A اختيار (i<u>kh</u>tiyār)

P انتخاب (ente<u>kh</u>āb)

U انتخاب (inte<u>kh</u>āb)

選抜する

A اختار (i<u>kh</u>tāra)

P انتخاب کردن (ente<u>kh</u>āb kardan)

U انتخاب کرنا (inte<u>kh</u>āb karnā)

せんばん 〔旋盤〕

A مخرطة (mi<u>kh</u>raṭa)

P دستگاه خراطی (dastgāhe-<u>kh</u>arrātī)

U خراد (<u>kh</u>arād)

ぜんはん 〔前半〕

A نصف أول (niṣf 'awwal)

P نیمهٔ اول (nīmeye-avval)

U نصف اول (nisfe-awwal)

ぜんぱんに 〔全般に〕

A بوجه عام (bi-wajh 'āmm)

P عموماً ('omūman)

U عام طور پر ('ām taur par)

ぜんぶ 〔全部〕

A كل (kull)

P همه (hame)

U سب (sab)

せんぷうき 〔扇風機〕

A مروحة كهربائية (mirwaḥa kahrabā'īya)

P بادبزن برقی (bād-bezane-barqī)

U بجلی کا پنکھا (bijlī ka pankhā)

せんぼう 〔羨望〕

A حسد (ḥasad)

P حسد (hasad) ; رشک (ra<u>sh</u>k)

U رشک (rashk)

ぜんぽうに 〔前方に〕

A أماماً ('amāman)

P در جلو (dar jelou)

U سامنے (sāmnē)

ぜんまい

A زنبرك (zunburuk)

P فنر (fanar)

U کمانی (kamānī)

せんめんじょ 〔洗面所〕

A مرحاض (mirḥāḍ)

P دستشوئی (dast-shū'ī)

U غسلخانہ (ghusl-khāna)

せんもん 〔専門〕

A اختصاص (ikhtiṣāṣ) ;

تخصص (takhaṣṣuṣ)

P تخصص (takhassos)

U مخصوص موضوع

(makhsūs mauzū')

専門家

A خبير (khabīr) ;

متخصص (mutakhaṣṣiṣ)

P متخصص (motakhasses)

U ماہر (māhir)

せんやく 〔先約〕

A موعد سابق (maw'id sābiq)

P قرار قبلی (qarāre-qablī)

U پہلے کا وعدہ (pahlē ka wa'da)

せんようの 〔専用の〕

A مخصص (mukhaṣṣaṣ)

P اختصاصی (ekhtesāsī)

U مخصوص (makhsūs)

せんりつ 〔旋律〕

A لحن (laḥn) ; نغم (nagham)

P آهنگ (āhang) ; نغمه (naghme)

U تال (tāl)

ぜんりつせん 〔前立腺〕

A غدة المثانة (ghuddatul-mathāna) ; بروستاتة (brūstāta)

P غدهٔ پروستات (ghoddeye-perostāt)

U پراسٹیٹ (prāsṭēṭ)

せんりゃく 〔戦略〕

A إستراتيجية ('istrātījīya)

P استراتژی (estrātezhī)

U مصافیات (musāfīyāt)

せんりょう 〔占領〕

A احتلال (iḥtilāl)

P اشغال (eshghāl)

U قبضہ (qabza)

占領する

A احتل (iḥtalla)

P اشغال کردن (eshghāl kardan)

U قبضہ کرنا (qabza karnā)

占領軍

A جيش احتلال (jaysh iḥtilāl)

P ارتش اشغالی (arteshe-eshghālī)

U قابض فوج (qābiz fauj)

せんりょう 〔染料〕

A صبغة (ṣibgha)

P رنگ (rang)

U رنگ (rang)

ぜんりょうな 〔善良な〕

A طيب (ṭayyib)

P نیک (nīk)

U نیک (nēk)

ぜんりょく 〔全力〕
A قوة كاملة (qūwa kāmila)
P تمام نيرو (tamāme-nīrū)
U پورا زور (pūrā zōr)
全力で
A بكل قوة (bi-kull qūwa)
P با تمام نيرو (bā tāmāme-nīru)
U پورے زور سے (pūrē zōr se)
せんれい 〔先例〕
A سابقة (sābiqa)
P سابقه (sābeqe)
U مثال (misāl)
せんれい 〔洗礼〕
A تعميد (ta'mīd)
P تعميد (ta'mīd)
U بپتسمہ (baptisma)
せんれんされた 〔洗練された〕
A مهذب (muhaḏḏhab)
P مهذب (mohazzab) ; ظريف (zarīf)
U مہذب (muhazzab) ;
شائستہ (shā'ista)
せんろ 〔線路〕
A قضيب (qaḍīb)
P ريل (reil) ; خط آهن (khatte-āhan)
U ریل کی پٹری (rēl ki paṭrī)

そ

そ 〔祖〕
祖先
A أجداد ('ajdād)
P نياكان (niyākān)
U آبا و اجداد (ābā-o-ajdād)
創始者
A مؤسس (mu'assis)
P بانى (bānī)
U بانی (bānī)
そあくな 〔粗悪な〕
A خشن (khashin)
P خشن (khashen)
U خراب (kharāb)
そう 〔僧〕
A كاهن (kāhin) ; راهب (rāhib)
P راهب (rāheb)
U پروہت (parōhit) ; راہب (rāhib)
そう 〔層〕
A طبقة (ṭabaqa)
P طبقه (tabaqe)
U طبقہ (tabaqa)
…そう
A ظهر (ẓahara)
P به نظر آمدن (be-nazar āmadan)
U معلوم ہونا (ma'lūm hōnā)

ぞう 〔象〕
A فيل (fīl)
P فيل (fīl) ; پيل (pīl)
U ہاتھی (hāthī)

ぞう 〔像〕
A تمثال (timthāl)
P تمثال (temsāl)
U مجسمہ (mujassama)

そうい 〔相違〕
A اختلاف (ikhtilāf)
P فرق (farq)
U فرق (farq)

相違する
A اختلف (ikhtalafa)
P فرق كردن (farq kardan)
U فرق پڑنا (farq paṛnā)

ぞうお 〔憎悪〕
A بغض (bughḍ)
P نفرت (nefrat)
U نفرت (nafrat)

憎悪する
A كره (kariha) ; أبغض (’abghaḍa)
P نفرت داشتن (nefrat dāshtan)
U نفرت كرنا (nafrat karnā)

そうおん 〔騒音〕
A ضوضاء (ḍawḍā’)
P سر و صدا (sar-o-sedā)
U شور (shōr)

ぞうか 〔増加〕
A ازدياد (izdiyād)
P افزايش (afzāyesh)
U اضافہ (izāfa)

増加する
A ازداد (izdāda)
P افزايش يافتن (afzāyesh yāftan)
U اضافہ ہونا (izāfa hōnā)

ぞうか 〔造花〕
A زهور صناعية (zuhūr ṣinā‘īya)
P گل مصنوعی (gole-masnū‘ī)
U مصنوعی پھول (masnū‘ī phūl)

そうかい 〔総会〕
A جلسة عامة (jalsa ‘āmma)
P مجمع عمومی (majma‘e-‘omūmī)
U عام اجلاس (‘ām ijlās)

そうがく 〔総額〕
A مجموع (majmū‘)
P مبلغ كل (mablaghe-koll)
U رقم (raqam) ; مبلغ (mablagh)

そうがんきょう 〔双眼鏡〕
A منظار ثنائی (minẓār thunā’ī)
P دوربين دو چشمی (dūrbīne-do-chashmī)
U دو چشمی دوربين (dō-chashmī dūrbīn)

そうぎ 〔葬儀〕
A جنازة (jināza)
P تشييع جنازه (tashyī‘e-jenāze)
U تجہيز و تكفين (tajhīz-o-takfīn)

そうぎ 〔争議〕
A تفاوض (tafāwuḍ)
P اختلاف (ekhtelāf)
U جھگڑا (jhagṛā)

そうきん 〔送金〕
A إرسال المال (’irsālul-māl)
P ارسال پول (ersāle-pūl)

U ترسیل زر (tarsīle-zar)

送金する

A أرسل مالاً (’arsala mālan)

P پول ارسال کردن (pūl ersāl kardan)

U روپیا بهیجنا (rūpayā bhējnā)

ぞうきん 〔雑巾〕

A ممسحة (mimsaḥa)

P کهنه (kohne)

U جهاڑن (jhāṛan)

ぞうげ 〔象牙〕

A عاج (‘āj)

P عاج (‘āj)

U ہاتهی دانت (hāthī dāṇt)

そうけい 〔総計〕

A مجموع (majmū‘)

P جمع کل (jam‘e-koll)

U میزان کل (mīzāne-kul)

そうげん 〔草原〕

A مرج (marj)

P سبزه زار (sabze-zār)

U سبزه زار (sabza-zār)

そうこ 〔倉庫〕

A مخزن (makhzan)

P انبار (anbār)

U گودام (gōdām)

そうごの 〔相互の〕

A متبادل (mutabādal)

P متقابل (motaqābel)

U باہمی (bāhamī)

そうごんな 〔荘厳な〕

A وقور (waqūr)

P موقر (movaqqar)

U شان دار (shān-dār)

そうさ 〔捜査〕

A تحقيق (taḥqīq)

P تحقیق (tahqīq)

U تفتیش (taftīsh)

そうさい 〔総裁〕

A رئيس (ra’īs)

P رئیس (ra’īs)

U صدر (sadr)

そうさく 〔捜索〕

A تفتيش (taftīsh)

P بازرسی (bāz-resī)

U تلاشی (talāshī)

家宅捜索

A تفتيش المنزل (taftīshul-manzil)

P بازرسی منزل (bāz-resīye-manzel)

U مکان کی تلاشی (makān ki talāshī)

ぞうさん 〔増産〕

A زيادة الإنتاج (ziyādatul-’intāj)

P افزایش تولید (afzāyeshe-toulīd)

U پیداوار میں اضافه (paidā-wār meṇ izāfa)

増産する

A زاد الإنتاج (zādal-’intāj)

P بر تولید افزودن (bar toulīd afzūdan)

U پیداوار میں اضافه کرنا (paidā-wār meṇ izāfa karnā)

そうじ 〔掃除〕

A تنظيف (tanẓīf)

P نظافت (nezāfat)

U صفائی (safā’ī) ; جهاڑ (jhāṛ)

掃除する
A نظف (naẓẓafa)
P نظافت کردن (nezāfat kardan)
U صاف کرنا (sāf karnā)；
جھاڑنا (jhāṛnā)

そうしき　〔葬式〕
A جنازة (jināza)
P تشییع جنازه (ta<u>sh</u>yī'e-jenāze)
U تجہیز و تکفین (tajhīz-o-takfīn)

そうじしょく　〔総辞職〕
A استقالة شاملة (istiqāla <u>sh</u>āmila)
P استعفای جمعی (este'fāye-jam'ī)
U عام استعفا ('ām iste'fā)

そうしつする　〔喪失する〕
A فقد (faqada)
P از دست دادن (az dast dādan)
U کھونا (khōnā)

そうじゅう　〔操縦〕
操縦する
A قاد (qāda)
P راندن (rāndan)
U چلانا (<u>ch</u>alānā)
操縦士(パイロット)
A طيار (ṭayyār)
P خلبان (<u>kh</u>alabān)
U ہواباز (hawā-bāz)

そうしょく　〔装飾〕
A زينة (zīna)
P آرایش (ārāye<u>sh</u>)；تزیین (tazyīn)
U سجاوٹ (sajāwaṭ)；
آرائش (ārā'i<u>sh</u>)
装飾する
A زين (zayyana)
P تزیین کردن (tazyīn kardan)
U سجانا (sajānā)

そうしょくどうぶつ　〔草食動物〕
A حيوان يقتات على الأعشاب
(ḥayawān yaqtātu 'alal-'a'<u>sh</u>āb)
P جانوران گیاه خوار (jānevarāne-giyāh-<u>kh</u>ār)
U جانور چرندہ (jānware-<u>ch</u>arinda)

そうしんぐ　〔装身具〕
A حلية (ḥilya)
P زیور آلات (zīvar-ālāt)
U زیور (zēwar)

そうせいじ　〔双生児〕
A توأم (taw'am)
P دوقلو (do-qolū)
U جڑواں بچے (juṛwāṇ ba<u>ch</u><u>ch</u>ē)

ぞうせん　〔造船〕
A بناء السفن (binā'u-s-sufun)
P کشتی سازی (ke<u>sh</u>tī-sāzī)
U جہاز سازی (jahāz-sāzī)
造船所
A ترسانة (tarsāna)
P کارگاه کشتی سازی
(kār-gāhe-ke<u>sh</u>tī-sāzī)
U جہاز سازی کا کارخانہ
(jahāz-sāzī ka kār-<u>kh</u>āna)

そうせんきょ　〔総選挙〕
A انتخابات عامة (inti<u>kh</u>ābāt 'āmma)
P انتخابات عمومی (ente<u>kh</u>ābāte-'omūmī)
U عام انتخابات ('ām inte<u>kh</u>ābāt)

そうぞう　〔創造〕
A خلق (<u>kh</u>alq)

P آفرینش (āfarīnesh)；خلق (khalq)
U تخلیق (takhlīq)
創造する
A خلق (khalaqa)
P آفریدن (āfarīdan)；
خلق کردن (khalq kardan)
U تخلیق کرنا (takhlīq karnā)
そうぞう〔想像〕
A تصور (taṣawwur)
P تصور (tasavvor)
U تصور (tasauwur)
想像する
A تصور (taṣawwara)
P تصور کردن (tasavvor kardan)
U تصور کرنا (tasauwur karnā)
そうぞうしい〔騒々しい〕
A كثير الضوضاء (kathīru-ḍ-ḍawḍā')
P پر سر و صدا (por sar-o-sedā)
U پرشور (pur-shōr)
そうぞく〔相続〕
A إرث ('irth)；وراثة (wirātha)
P ارث (ers)；وراثت (verāsat)
U وراثت (wirāsat)
相続する
A ورث (waritha)
P به ارث بردن (be-ers bordan)
U وراثت میں پانا (wirāsat meṇ pānā)
相続人
A وارث (wārith)；وريث (warīth)
P وارث (vāres)
U وارث (wāris)
そうたいてき〔相対的〕
A نسبى (nisbī)
P نسبى (nesbī)
U نسبتى (nisbatī)
相対的に
A نسبيًا (nisbīyan)
P نسبتاً (nesbatan)
U نسبتاً (nisbatan)
そうだん〔相談〕
A تشاور (tashāwur)
P مشورت (mashvarat)
U مشوره (mashwara)
相談する
A تشاور (tashāwara)；
شاور (shāwara)
P مشورت کردن (mashvarat kardan)
U مشوره کرنا (mashwara karnā)
そうち〔装置〕
A جهاز (jihāz)；تجهيزات (tajhīzāt)
P تجهیزات (tajhīzāt)；
دستگاه (dast-gāh)
U ساز و سامان (sāz-o-sāmān)
そうちょう〔早朝〕
A صباح باكر (ṣabāḥ bākir)
P صبح زود (sobhe-zūd)
U صبح سویرے (subah savērē)
そうてい〔装丁〕
A تجليد (tajlīd)
P جلد سازى (jeld-sāzī)；
تجلید (tajlīd)
U جلد بندى (jild-bandī)
ぞうてい〔贈呈〕
A إهداء ('ihdā')

P اهدا (ehdā)
U ہدیہ (hadya)
贈呈する
A أهدى ('ahdā)
P اهدا کردن (ehdā kardan)
U ہدیہ کرنا (hadya karnā)

そうどう 〔騒動〕
A شغب (shaghab) ; فوضى (fawḍā)
P شورش (shūresh) ; آشوب (āshūb)
U فساد (fasād)

そうなん 〔遭難〕
A حادثة (ḥāditha) ; مصيبة (muṣība)
P حادثه (hādese) ;
مصیبت (mosībat)
U حادثہ (hādisa)
遭難する
A وقعت له حادثة (waqa'at la-hu ḥāditha)
P مصیبت دیدن (mosībat dīdan)
U حادثے کا شکار ہونا (hādisē ka shikār hōnā)

そうにゅう 〔挿入〕
A إدخال ('idkhāl)
P درج (darj)
U اندراج (indirāj)
挿入する
A أدخل ('adkhala)
P داخل کردن (dākhel kardan) ;
درج کردن (darj kardan)
U داخل کرنا (dākhil karnā)

そうび 〔装備〕
A تجهيز (tajhīz)
P تجهیز (tajhīz)
U ساز و سامان (sāz-o-sāmān)
装備する
A جهز (jahhaza)
P مجهز کردن (mojahhaz kardan)
U لیس کرنا (lais karnā)

ぞうへいきょく 〔造幣局〕
A دار السكة (dāru-s-sikka)
P ضرابخانه (zarrāb-khāne)
U ٹکسال (ṭaksāl)

そうべつ 〔送別〕
A توديع (tawdī')
P تودیع (toudī')
U الوداع (al-vidā')
送別会
A حفلة التوديع (ḥaflatu-t-tawdī')
P مهمانی تودیع (mehmānīye-toudī')
U الوداعی پارٹی (al-vidā'ī parṭī)

そうほう 〔双方〕
A طرفاني (ṭarafānī)
P طرفین (tarafein)
U طرفین (tarafain)

そうり 〔総理〕
A رئيس الوزراء (ra'īsul-wuzarā')
P نخست وزیر (nokhst-vazīr)
U وزیر اعظم (wazīre-a'zam)

そうりつ 〔創立〕
A تأسيس (ta'sīs)
P تأسیس (ta'sīs)
U تاسیس (tāsīs)
創立する
A أسس ('assasa)
P تأسیس کردن (ta'sīs kardan)
U قائم کرنا (qā'im karnā)

創立者
A مؤسس (mu'assis)
P مؤسس (mo'asses)
U بانی (bānī)

そうりょう 〔送料〕
A أجرة البريد ('ujratul-barīd)
P هزينهٔ پست (hazīneye-post)
U محصول ڈاک (mahsūle-ḍāk)

そうりょうじ 〔総領事〕
A قنصل عام (qunṣul 'āmm)
P سرکنسول (sar-konsūl)
U قونسل جنرل (qaunsal jeneral)

総領事館
A قنصلية عامة (qunṣulīya 'āmma)
P سرکنسولگری (sar-konsūlgarī)
U قونسل خانہ (qaunsal-khāna)

そうりょく 〔総力〕
A كل الطاقة (kullu-ṭ-ṭāqa)
P تمام نيرو (tamāme-nīrū)
U پوری طاقت (pūrī tāqat)

ぞうわい 〔贈賄〕
A رشوة (rishwa)
P رشوه (reshve)
U رشوت (rishwat)

贈賄する
A رشا (rashā)
P رشوه دادن (reshve dādan)
U رشوت دینا (rishwat dēnā)

ソース
A صلصلة (ṣalṣa)
P سس (sos)
U ساس (sās)

ソーセージ
A سجق (sujuq)
P سوسيس (sosīs)
U ساسيج (sāsīj)

ソーダ
A صودا (ṣūdā)
P سود (sūd)
U سوڈا (sōḍā)

そかく 〔組閣〕
A تشكيل مجلس الوزراء (tashkīl majlisul-wuzarā')
P تشكيل هيئت وزرا (tashkīle-hei'ate-vozarā)
U تشکیل کابینہ (tashkīle-kābīna)

ぞく 〔賊〕
A سارق (sāriq)
P دزد (dozd)
U چور (chōr)

ぞくあくな 〔俗悪な〕
A مبتذل (mubtadhil)
P مبتذل (mobtazil)
U بازاری (bāzārī)

そくいする 〔即位する〕
A جلس على العرش (jalasa 'alal-'arsh)
P بر تخت جلوس كردن (bar takht jolūs kardan)
U تخت نشین ہونا (takht-nashīn hōnā)

ぞくご 〔俗語〕
A لغة هابطة (lugha hābiṭa)
P زبان عاميانه (zabāne-'āmiyāne)
U بازاری بولی (bāzārī bōlī)

そくざに〔即座に〕
A فورًا (fawran)
P فوراً (fouran)
U فوراً (fauran)

そくしする〔即死する〕
A مات في الحال (māta fil-ḥāl)
P در جا مردن (dar jā mordan)
U موقع پر ہلاک ہونا (mauqa' par halāk hōnā)

そくじつ〔即日〕
A نفس اليوم (nafsul-yawm)
P همان روز (hamān rūz)
U اسی دن (usī din)

そくしん〔促進〕
A تشجيع (tashjī') ; تعجيل (ta'jīl)
P تشويق (tashvīq) ; تسريع (tasrī')
U فروغ (farōgh) ; ترقی (taraqqī)
促進する
A شجع (shajja'a)
P تشويق كردن (tashvīq kardan)
U فروغ دينا (farōgh dēnā)

ぞくじん〔俗人〕
聖職者に対して
A علمانی ('almānī)
P عامی ('āmī)
U عوام ('awām)

ぞくする〔属する〕
A انتمی (intamā)
P تعلق داشتن (ta'alloq dāshtan)
U منسلک ہونا (munsalik hōnā)

そくたつ〔速達〕
A بريد مستعجل (barīd musta'jil)
P پست اكسپرس (poste-eksperes)
U ایکسپریس ڈاک (ēksprēs ḍāk)

そくてい〔測定〕
A قياس (qiyās)
P اندازه گيری (andāze-gīrī)
U ناپ (nāp)
測定する
A قاس (qāsa)
P اندازه گرفتن (andāze gereftan)
U ناپنا (nāpnā)

そくど〔速度〕
A سرعة (sur'a)
P سرعت (sor'at)
U رفتار (raftār)
速度計
A مقياس السرعة (miqyāsu-s-sur'a)
P سرعت سنج (sor'at-sanj)
U رفتار پيما (raftār-paimā)

そくばく〔束縛〕
A تقيد (taqayyud)
P قيد (qeid)
U پابندی (pā-bandī)
束縛する
A قيد (qayyada)
P مقيد كردن (moqayyad kardan)
U پابندی لگانا (pā-bandī lagānā)

そくりょう〔測量〕
A مساحة (misāḥa)
P مساحی (massāhī)
U مساحت (masāhat)
測量する
A مسح (masaḥa)
P مساحی كردن (massāhī kardan)
U مساحت كرنا (masāhat karnā)

ケット
A مقبس (miqbas)
P پريز (perīz)
U ساکٹ (sāketٖ)

こ 〔底〕
A قاع (qā‘)
P ته (tah)
U تہہ (tah)

こ 〔其処〕
A هناك (hunāka)
P آنجا (ānjā)
U وہاں (wahāṇ)

そこく 〔祖国〕
A وطن (waṭan)
P وطن (vatan)
U وطن (watan)

そこなう 〔損なう〕
A ضر (ḍarra)
P ضرر رساندن (zarar resāndan)
U نقصان پہنچانا (nuqsān pahuṇchānā)

そし 〔阻止〕
A منع (man‘)
P جلوگيرى (jelou-gīrī)
U رکاوٹ (rukāwaṭ)

阻止する
A منع (mana‘a)
P جلوگيرى كردن (jelou-gīrī kardan)
U روکنا (rōknā)

そしき 〔組織〕
A منظمة (munaẓẓama)
P سازمان (sāzmān)
U تنظيم (tanzīm)

組織する
A نظم (naẓẓama)
P سازمان دادن (sāzmān dādan)
U تنظيم كرنا (tanzīm karnā)

そしつ 〔素質〕
A طبع (ṭab‘)
P طبع (tab‘)
U طبيعت (tabī‘at)

そして
A و (wa)
P و (va/o)
U اور (aur)

そしょう 〔訴訟〕
A دعوى (da‘wā)
P دعوى (da‘vī);
دادخواهى (dād-khāhī)
U مقدمہ (muqaddama)

訴訟を起こす
A رفع الدعوى (rafa‘a-d-da‘wā)
P اقامۀ دعوى كردن (eqāmeye-da‘vī kardan)
U مقدمہ كرنا (muqaddama karnā)

そせき 〔礎石〕
A حجر أساسى (ḥajar ’asāsī)
P سنگ زاويه (sange-zāviye)
U سنگ بنياد (sange-buniyād)

そせん 〔祖先〕
A أجداد (’ajdād)
P نياكان (niyākān)
U آبا و اجداد (ābā-o-ajdād)

そそぐ 〔注ぐ〕
A صب (ṣabba)
P ريختن (rīkhtan)

U چھڑکنا (chhiṛaknā)

そそっかしい

A غافل (ghāfil)

P بی پروا (bī-parvā)

U بے پروا (bē-parwā)

そだつ 〔育つ〕

A نشأ (nasha'a) ; نما (namā)

P بزرگ شدن (bozorg shodan) ; رشد کردن (roshd kardan)

U بڑا ہونا (baṛā hōnā) ; پلنا (palnā)

そだてる 〔育てる〕

A نشأ (nashsha'a) ; نمى (nammā)

P پرورش دادن (parvaresh dādan)

U پالنا (pālnā)

そち 〔措置〕

A إجراءات ('ijrā'āt)

P اقدام (eqdām)

U اقدام (iqdām)

措置をとる

A اتخذ إجراءات (ittakhadha 'ijrā'āt)

P اقدام کردن (eqdām kardan)

U اقدام کرنا (iqdām karnā)

そっき 〔速記〕

A اختزال (ikhtizāl)

P تندنویسی (tond-nevīsī)

U مختصرنویسی (mukhtasar-navīsī)

速記者

A مختزل (mukhtazil)

P تندنویس (tond-nevīs)

U مختصرنویس (mukhtasar-navīs)

そつぎょう 〔卒業〕

A تخرج (takharruj)

P فارغ التحصیلی (fāregh-ot-tahsīlī)

U گریجویشن (garaijwēshan)

卒業する

A تخرج (takharraja)

P فارغ التحصیل شدن (fāregh-ot-tahsīl shodan)

U گریجویٹ ہونا (garaijwēṭ hōnā)

卒業生

A خريج (khirrīj) ; متخرج (mutakharrij)

P فارغ التحصیل (fāregh-ot-tahsīl)

U گریجویٹ (garaījwēṭ)

ソックス

A جورب (jawrab)

P جوراب (jūrāb)

U موزه (mōza)

そっこうじょ 〔測候所〕

A مرصد جوى (marṣad jawwī)

P ایستگاه هواشناسی (īstgāhe-havā-shenāsī)

U محکمۂ موسمیات (mahkamae-mausamīyāt)

ぞっこうする 〔続行する〕

A واصل (wāṣala)

P ادامه دادن (edāme dādan)

U جاری رکھنا (jārī rakhnā)

そっちょく 〔率直〕

率直な

A صريح (ṣarīḥ)

P صریح (sarīh)

U صاف دل (sāf-dil)

率直に

A بصراحة (bi-ṣarāḥa)

P با صراحت (bā-sarāhat)

U صاف صاف (sāf-sāf)

[そ]って〔沿って〕

A طوال (ṭiwāla) ; على طول (‘alā ṭūl)

P در امتداد (dar emtedāde)

U کے کنارے (ke kinārē)

道に沿って

A طوال الطريق (ṭiwāla-ṭ-ṭarīq)

P در امتداد راه (dar emtedāde-rāh)

U سڑک کے کنارے (saṛak ke kinārē)

[そ]っとう〔卒倒〕

A إغماء (’ighmā’) ; غشية (ghashya)

P غش (ghash)

U غش (ghash)

卒倒する

A غشى (ghushiya)

P غش کردن (ghash kardan)

U غش آنا (ghash ānā)

そで〔袖〕

A كم (kumm)

P آستين (āstīn)

U آستين (āstīn)

そとに〔外に〕

A خارج (khārija)

P بيرون (bīrūn)

U باہر (bāhar)

そなえる〔備える〕

A استعد (ista‘adda)

P آماده کردن (āmāde kardan)

U تیار کرنا (taiyār karnā)

[ソ]ナタ

A سوناتة (sūnāta)

P سونات (sonāt)

U سوناتا (sonātā)

その

A (男) ذٰلك (dhālika) ;

(女) تلك (tilka)

P آن (ān)

U وہ (voh)

そのうえ〔その上〕

A علاوة على ذٰلك (‘ilāwa ‘alā dhālika)

P علاوه بر اين (‘alāve bar īn)

U اس کے علاوہ (us ke ‘ilāwa)

そのご〔その後〕

A بعد ذٰلك (ba‘da dhālika)

P بعد از آن (ba‘d az ān)

U اس کے بعد (us ke ba‘d)

そのころ〔その頃〕

A فى ذٰلك الوقت (fī dhālikal-waqt)

P در آن وقت (dar ān vaqt)

U اس وقت (us waqt)

そのため

A لذٰلك (li-dhālika)

P بنابر اين (banā-bar īn)

U اس وجہ سے (us wajah se)

そのとき〔その時〕

A عندئذ (‘inda’idh)

P در آن وقت (dar ān vaqt)

U اس وقت (us waqt)

そのまま

A كما هو (kamā huwa)

P همان طور (hamān tour)

U جوں کا توں (jūṇ ka tūṇ)

そば〔側〕

A جانب (jānib)

P پهلو (pahlū) ; جنب (janb)

U پهلو (pahlū)

そふ 〔祖父〕

A جد (jadd)

P پدر بزرگ (pedar-bozorg)

U دادا (dādā)

ソファー

A أريكة (’arīka)

P کاناپه (kānāpe)

U صوفہ (sōfa)

そぼ 〔祖母〕

A جدة (jadda)

P مادر بزرگ (mādar-bozorg)

U دادی (dādī)

そぼく 〔素朴〕

A بساطة (basāṭa)

P سادگی (sādegī)

U سادگی (sādagī)

素朴な

A بسيط (basīṭ)

P ساده (sāde)

U ساده (sāda)

そまつな 〔粗末な〕

A حقير (ḥaqīr)

P محقر (mohaqqar)

U گھٹیا (ghaṭiyā)

そむく 〔背く〕

従わない

A عصى (‘aṣā)

P نافرمانی کردن (nā-farmānī kardan)

U نافرمانی کرنا (nā-farmānī karnā)

裏切る

A خان (khāna)

P خیانت کردن (khiyānat kardan)

U غداری کرنا (ghaddārī karnā)

違反する

A خالف (khālafa)

P تخلف کردن (takhallof kardan)

U خلاف ورزی کرنا (khilāf-warzī karnā)

そめる 〔染める〕

A صبغ (ṣabagha)

P رنگ کردن (rang kardan)

U رنگنا (rangnā)

そやな 〔粗野な〕

A خشن (khashin)

P خشن (khashen)

U کھردرا (khurdurā)

そよかぜ 〔微風〕

A نسيم (nasīm)

P نسیم (nasīm)

U نسیم (nasīm)

そら 〔空〕

A سماء (samā’)

P آسمان (āsemān)

U آسمان (āsmān)

そる 〔剃る〕

A حلق (ḥalaqa)

P تراشیدن (tarāshīdan)

U حجامت بنانا (hajāmat banānā)

それ

A ذلك (dhālika)

P آن (ān)

U وہ (voh)

それから

A ثم (thumma)

P سپس (sepas)
U اس کے بعد (us ke ba'd)

それぞれ
A كل من (kull min)
P هر یک (har yek)
U ہر ایک (har ēk)

それとも
A أو ('aw); أم ('am)
P یا (yā)
U یا (yā)

そろえる 〔揃える〕
A رتب (rattaba)
P ترتیب دادن (tartīb dādan)
U ترتیب دینا (tartīb dēnā)

そろばん 〔算盤〕
A معداد (mi'dād)
P چرتکه (chortke); چتکه (chotke)
U تختۂ شمار (takhtae-shumār)

そん 〔損〕
A خسارة (khasāra)
P خسارت (khesārat); زیان (ziyān)
U خساره (khasāra);
نقصان (nuqsān)

損をする
A خسر (khasira)
P خسارت دیدن (khesārat dīdan)
U نقصان ہونا (nuqsān hōnā)

そんえきかんじょう 〔損益勘定〕
A حساب الأرباح و الخسائر (ḥisābul-'arbāḥ wal-khasā'ir)
P حساب سود و زیان (hesābe-sūd-o-ziyān)
U حساب نفع و نقصان (hisābe-nafa'-o-nuqsān)

そんがい 〔損害〕
A خسارة (khasāra); ضرر (ḍarar)
P زیان (ziyān); ضرر (zarar)
U نقصان (nuqsān)

そんがいほけん 〔損害保険〕
A تأمين على الخسائر (ta'mīn 'alal-khasā'ir)
P بیمۂ حوادث (bīmeye-havādes)
U نقصان کا بیمہ (nuqsān ka bīma)

そんけい 〔尊敬〕
A احترام (iḥtirām)
P احترام (ehterām)
U احترام (ehterām)

尊敬する
A احترم (iḥtarama)
P احترام گذاشتن (ehterām gozāshtan)
U احترام کرنا (ehterām karnā)

そんざい 〔存在〕
A وجود (wujūd)
P وجود (vojūd); هستی (hastī)
U وجود (wujūd)

存在する
A وجد (wujida); موجود (mawjūd)
P وجود داشتن (vojūd dāshtan)
U موجود ہونا (maujūd hōnā)

そんちょう 〔村長〕
A عمدة ('umda)
P کدخدا (kad-khodā)
U چودھری (chaudhrī)

そんちょうする 〔尊重する〕
A احترم (iḥtarama)

P احترام گذاشتن (ehterām gozāshtan)
U احترام کرنا (ehterām karnā)

そんな
A مثل ذٰلك (mithl dhālika)
P چنان (chonān)
U ایسا (aisā)

そんみん 〔村民〕
A قروى (qarawī)
P روستائی (rūstā'ī)
U گاوں والا (gāoṇ-wālā)

た

た 〔田〕
A حقل أرز (ḥaql 'aruzz)
P شالی زار (shālī-zār)
U دھان کا کھیت (dhān ka khēt)

た 〔他〕
他の
A آخر (ākhar)
P دیگر (dīgar)
U اور (aur) ; دوسرا (dūsrā)

ダース
A دستة (dasta)
P دوجین (dūjīn)
U درجن (darjan)

ターバン
A عمامة ('imāma)
P عمامه ('ammāme)
U پگڑی (pagṛī)

タール
A قار (qār)
P قیر (qīr)
U کولتار (kōltār)

タイ
A تايلاند (tāylānd)
P تایلند (tāyland)
U تھائی لینڈ (thā'īlanḍ)
タイの(人)
A تايلاندى (tāylāndī)
P تایلندی (tāylandī)
U تھائی لینڈی (thā'īlanḍī)

たい 〔鯛〕
A أبراميس ('abrāmīs)
P ماهی سیم (māhīye-sīm)
U بریم مچھلی (brēm machhlī)

たい 〔隊〕
A فرقة (firqa)
P دسته (daste) ; گروه (gorūh)
U جماعت (jamā'at) ; دستہ (dasta)

…たい
A أراد ('arāda)
P خواستن (khāstan)

U چاہنا (chāhnā)
私はそこに行きたい
A أريد أن أذهب إلى هناك
('urīd 'an 'adhhaba 'ilā hunāka)
P من می خواهم آنجا بروم
(man mī-khāham ānjā be-ravam)
U میں وہاں جانا چاہتا ہوں (maiṇ wahān jānā chāhtā hūṇ)

だい 〔題〕
A عنوان ('unwān)
P عنوان ('onvān)
U عنوان ('unwān)

だい 〔台〕
A حامل (ḥāmil)
P تخته (takhte)
U تختہ (takhta)

だい 〔代〕
時代
A عصر ('aṣr)
P عصر ('asr)
U زمانہ (zamāna)
世代
A جيل (jīl)
P نسل (nasl)
U پشت (pusht)
料金
A أجرة ('ujra)
P کرایه (kerāye)
U کرایہ (kirāya)

たいい 〔大意〕
A خلاصة (khulāṣa)
P خلاصه (kholāse)
U خلاصہ (khulāsa)

たいいく 〔体育〕
A تربية بدنية (tarbiya badanīya)
P تربيت بدنی (tarbiyate-badanī)
U جسمانی تربیت (jismānī tarbiyat)

たいいくかん 〔体育館〕
A جمنازيوم (jimnāzyūm)
P ورزشگاه (varzesh-gāh)
U جم خانہ (jim-khāna)

だいいち 〔第一〕
A الأول (al-'awwal)
P یکم (yekom) ; اول (avval)
U پہلا (pahlā) ; اول (awwal)

たいいんする 〔退院する〕
A غادر المستشفى (ghādaral-mustashfā)
P از بیمارستان مرخص شدن (az bīmārestān morakhkhas shodān)
U ہسپتال سے نکلنا (haspatāl se nikalnā)

たいおん 〔体温〕
A درجة حرارة الجسم (daraja-ḥarāratil-jism)
P حرارت بدن (harārate-badan) ; تب (tab)
U حرارت (harārat)
体温計
A ترمومتر (tirmūmitr)
P دماسنج پزشکی (damā-sanje-pezeshkī)
U تھرمامیٹر (tharmāmīṭr)

たいか 〔大火〕
A حريق كبير (ḥarīq kabīr)
P حریق بزرگ (harīqe-bozorg)

U آتش زدگی (ātis͟h-zadagī)

たいか 〔大家〕

A مرجع (marji‘)

P کارشناس معتبر (kār-s͟henāse-mo‘tabar)

U بڑا ماہر (baṛā māhir)

たいか 〔耐火〕

A مقاوم للحريق (muqāwim lil-ḥarīq)

P نسوز (na-sūz) ;

ضد آتش (zedde-ātes͟h)

U غیر آتش‌گیر (g͟hair-ātis͟h-gīr)

耐火建築

A عمارة مقاومة للحريق

(‘imāra muqāwima lil-ḥarīq)

P ساختمان نسوز (sāk͟htmāne-na-sūz)

U غیر آتش‌گیر عمارت

(g͟hair-ātis͟h-gīr ‘imārat)

たいかい 〔大会〕

A اجتماع كبير (ijtimā‘ kabīr)

P اجتماع بزرگ (ejtemā‘e-bozorg)

U بڑا اجلاس (baṛā ijlās)

たいかく 〔体格〕

A بنية (bunya)

P بنیه (bonye)

U جسمانی ساخت (jismānī sāk͟ht)

だいがく 〔大学〕

A جامعة (jāmi‘a)

P دانشگاه (dānes͟h-gāh)

U یونیورسٹی (yūnīvarsiṭī)

たいがくする 〔退学する〕

A ترك المدرسة (tarakal madrasa)

P ترک مدرسه کردن (tarke-madrese kardan)

U پڑھائی چھوڑنا (paṛhā'ī c͟hhōṛnā)

たいがん 〔対岸〕

A ضفة مقابلة (ḍaffa muqābila)

P ساحل مقابل (sāhele-moqābel)

U دوسرا کناره (dūsrā kināra)

たいき 〔大気〕

A هواء (hawā')

P هوا (havā)

U ہوا (hawā)

大気汚染

A تلوث الهواء (talawwut͟hul-hawā')

P آلودگی هوا (ālūdegīye-havā)

U آلودگی ہوا (ālūdagīye-hawā)

だいぎし 〔代議士〕

A عضو البرلمان (‘uḍwul-barlamān)

P وکیل مجلس (vakīle-majles)

U پارلیمانی رکن (pārlīmānī rukn)

たいきゃく 〔退却〕

A تقهقر (taqahqur)

P عقب نشینی (‘aqab-nes͟hīnī)

U پسپائی (pas-pā'ī)

退却する

A تقهقر (taqahqara)

P عقب نشینی کردن (‘aqab-nes͟hīnī kardan)

U پسپا ہونا (pas-pā hōnā)

たいきゅうせい 〔耐久性〕

A قوة التحمل (qūwatu-t-taḥammul)

P دوام (davām)

U پائداری (pā'edārī)

だいきん 〔代金〕

A ثمن (t͟haman)

P قيمت (qeimat)
U قيمت (qīmat)

いく 〔大工〕
A نجار (najjār)
P نجار (najjār)
U بڑھئی (baṛha'ī)

いぐう 〔待遇〕
A معاملة (mu'āmala)
P سلوک (solūk)
U برتاو (bartāo)
待遇する
A عامل ('āmala)
P سلوک کردن (solūk kardan)
U برتاو کرنا (bartāo karnā)

いくつ 〔退屈〕
A ملل (malal)
P ملال (malāl)
U اکتاہٹ (uktāhaṭ)
退屈な
A ممل (mumill)
P ملال آور (malāl-āvar)
U اکتانے والا (uktānē-wālā)

たいけい 〔体系〕
A نظام (niẓām)
P نظام (nezām)
U نظام (nizām)

たいけつ 〔対決〕
A مواجهة (muwājaha)
P مواجهه (movājehe)
U مقابلہ (muqābila)
対決する
A واجه (wājaha)
P مواجهه کردن (movājehe kardan)
U مقابلہ کرنا (muqābila karnā)

たいけん 〔体験〕
A تجربة (tajriba)
P تجربه (tajrobe)
U تجربہ (tajruba)
体験する
A مر بتجربة (marra bi-tajriba)
P تجربه کردن (tajrobe kardan)
U تجربہ کرنا (tajruba karnā)

たいこ 〔太鼓〕
A طبل (ṭabl)
P طبل (tabl)
U ڈھول (ḍhōl)
太鼓を打つ
A ضرب الطبل (ḍaraba-ṭ-ṭabl)
P طبل زدن (tabl zadan)
U ڈھول بجانا (ḍhōl bajānā)

だいこん 〔大根〕
A فجل (fujl)
P ترب (torob)
U مولی (mūlī)

たいざい 〔滞在〕
A إقامة ('iqāma)
P اقامت (eqāmat)
U قيام (qayām)
滞在する
A أقام ('aqāma)
P اقامت کردن (eqāmat kardan)
U قيام کرنا (qayām karnā)

たいさく 〔対策〕
A إجراءات ('ijrā'āt) ;
تدبيرات (tadbīrāt)
P تدبير (tadbīr)

U اقدام (iqdām)
対策を講じる
A اتخذ إجراءات (ittakhadha 'ijrā'āt)
P تدبير كردن (tadbīr kardan)
U اقدام لينا (iqdām lēnā)

たいし 〔大使〕
A سفير (safīr)
P سفير (safīr)
U سفير (safīr)
大使館
A سفارة (sifāra)
P سفارت (sefārat)
U سفارت خانه (sifārat-khāna)

たいじ 〔退治〕
A إبادة ('ibāda)
P نابودى (nā-būdī)
U انسداد (insidād)
退治する
A أباد ('abāda)
P نابود كردن (nā-būd kardan)
U انسداد كرنا (insidād karnā)

だいじ 〔大事〕
A أمر خطير ('amr khaṭīr)
P امور خطير (omūre-khatīr)
U اہم مسئلہ (aham mas'ala)
大事な
A مهم (muhimm) ; هام (hāmm)
P مهم (mohemm)
U اہم (aham)

たいしゃくたいしょうひょう
〔貸借対照表〕 ——→バランスシート

たいしゅう 〔大衆〕
A شعب (sha'b)
P عوام ('avām)
U عوام ('awām)

たいじゅう 〔体重〕
A وزن (wazn)
P وزن (vazn)
U وزن (wazn)
体重を計る
A وزن جسمه (wazana jisma-hu)
P خود را وزن كردن (khod rā vazn kardan)
U وزن تولنا (wazn tōlnā)

たいしょう 〔対象〕
A هدف (hadaf)
P هدف (hadaf)
U ہدف (hadaf)

たいしょう 〔対照〕
A مقارنة (muqārana)
P تطبيق (tatbīq)
U مقابلہ (muqābila)
対照する
A قارن (qārana)
P تطبيق كردن (tatbīq kardan)
U مقابلہ كرنا (muqābila karnā)

たいしょう 〔大将〕
A جنرال (jinirāl)
P ژنرال (zhenerāl)
U جنرل (jeneral)

たいしょう 〔隊商〕
A قافلة (qāfila)
P كاروان (kārvān)
U كاروان (kārwān)

だいしょう 〔代償〕
A تعويض (ta'wīḍ)

P جبران (jobrān)
U تلافی (talāfī)

たいじょうする 〔退場する〕
A انصرف (inṣarafa)
P خارج شدن (khārej shodan)
U چلا جانا (chalā jānā)

だいじょうぶ 〔大丈夫〕
安全な
A أمين ('amīn)
P ايمن (īman)
U محفوظ (mahfūz)
確実な
A أكيد ('akīd)
P يقين (yaqīn)
U يقينى (yaqīnī)

たいしょく 〔退職〕
A تقاعد (taqā'ud)
P بازنشستگی (bāz-neshastegī)
U ریٹائرمنٹ (rīṭā'irmenṭ)
退職する
A تقاعد (taqā'ada)
P بازنشسته شدن (bāz-neshaste shodan)
U ریٹائر ہونا (rīṭā'ir hōnā)
退職金
A مكافأة تقاعد (mukāfa'a-taqā'ud)
P حقوق بازنشستگی (hoqūqe-bāz-neshastegī)
U ریٹائرمنٹ الاؤنس (rīṭā'irmenṭ alā'uns)

たいしょく 〔大食〕
A شراهة (sharāha)
P پرخوری (por-khorī)
U بسیارخوری (bisyār-khorī)
大食家
A أكال ('akkāl)
P پرخور (por-khor)
U بسیارخور (bisyār-khor)

だいじん 〔大臣〕
A وزير (wazīr)
P وزير (vazīr)
U وزير (wazīr)

だいず 〔大豆〕
A فول الصويا (fūlu-ṣ-ṣūyā)
P سويا (soyā)
U سويا بين (sōyā-bīn)

だいすう 〔代数〕
A علم الجبر ('ilmul-jabr)
P جبر (jabr)
U الجبرا (aljabrā)

だいすきな 〔大好きな〕
A مفضل (mufaḍḍal)
P دلخواه (del-khāh)
U پسنديده (pasandīda)

たいせい 〔体制〕
A نظام (niẓām)
P نظام (nezām)
U نظام (nizām)

たいせいよう 〔大西洋〕
A المحيط الأطلسى (al-muḥīṭul-'aṭlasī)
P اقيانوس اطلس (oqyānūse-atlas)
U بحر اوقيانوس (bahre-oqiyānūs)

たいせき 〔体積〕
A سعة (sa'a) ; حجم (ḥajm)
P حجم (hajm)

U جسامت (jasāmat)

たいせつな 〔大切な〕

A مهم (muhimm) ; هام (hāmm)

P مهم (mohemm)

U اہم (aham)

たいせん 〔大戦〕

第二次世界大戦

A الحرب العالمية الكبرى الثانية (al-ḥarbul-'ālamīyatul-kubra-th-thāniya)

P جنگ جهانی دوم (jange-jahānīye-dovvom)

U دوسری جنگ عظیم (dūsrī jange-'azīm)

たいそう 〔体操〕

A جمباز (jumbāz)

P ژیمناستیک (zhīmnāstīk)

U جمناسٹک (jimnāsṭik)

たいだ 〔怠惰〕

A كسل (kasal)

P تنبلی (tanbalī)

U سستی (sustī)

怠惰な

A كسلان (kaslān)

P تنبل (tanbal)

U سست (sust)

だいたい 〔大体〕

概略

A خلاصة (khulāṣa)

P خلاصه (kholāse)

U خلاصہ (khulāsa)

およそ

A حوالى (ḥawālay) ;

تقريباً (taqrīban)

P تقریباً (taqrīban)

U تقریباً (taqrīban)

だいだい 〔代々〕

A من جيل إلى جيل (min jīl 'ilā jīl)

P نسل به نسل (nasl be nasl)

U پشت بہ پشت (pusht ba pusht)

だいたすう 〔大多数〕

A أكثرية ('aktharīya) ;

أغلبية ('aghlabīya)

P اکثریت (aksarīyat)

U اکثریت (aksarīyat)

たいだん 〔対談〕

A حديث (ḥadīth)

P گفتگو (goftegū)

U گفتگو (guftgū)

だいたん 〔大胆〕

A جرأة (jur'a)

P بی باکی (bī-bākī) ; جرأت (jor'at)

U بے باکی (bē-bākī)

大胆な

A جريء (jarī')

P بی باک (bī-bāk) ; جری (jarī)

U بے باک (bē-bāk)

だいち 〔大地〕

A أرض ('arḍ)

P زمین (zamīn)

U زمین (zamīn)

たいちょう 〔体調〕

A حالة صحية (ḥāla ṣiḥḥīya)

P وضع جسمانی (vaz'e-jesmānī)

U جسمانی حالت (jismānī hālat)

だいちょう 〔大腸〕
A المعى الغليظ (al-mi‘al- ghalīẓ)
P رودهٔ بزرگ (rūdeye-bozorg)
U بڑی آنت (baṛī āṇt)

たいてい 〔大抵〕
A غالبًا (ghāliban)
P معمولاً (ma‘mūlan)
U عموماً (‘umūman)

たいど 〔態度〕
A موقف (mawqif)
P رفتار (raftār)
U رویہ (ruwaiya)

たいとう 〔対等〕
A مساواة (musāwā)
P برابری (barābarī) ;
مساوات (mosāvāt)
U برابری (barābarī)
対等の
A مساوٍ (musāwin)
P برابر (barābar) ; مساوی (mosāvī)
U برابر (barābar)

だいとうりょう 〔大統領〕
A رئيس الدولة (ra’īsu-d-dawla)
P رئیس جمهور (ra’īse-jomhūr)
U صدر (sadr)

だいどころ 〔台所〕
A مطبخ (maṭbakh)
P آشپزخانه (āshpaz-khāne)
U باورچی خانہ (bāwarchī-khāna)

ダイナマイト
A ديناميت (dīnāmīt)
P دینامیت (dīnāmīt)
U ڈائنامیٹ (ḍā’ināmaiṭ)

だいにの 〔第二の〕
A ثانٍ (thānin)
P دوم (dovvom) ; ثانی (sānī)
U دوسرا (dūsrā)

だいのう 〔大脳〕
A مخ (mukhkh)
P مخ (mokh)
U بڑا دماغ (baṛā dimāgh)

たいばつ 〔体罰〕
A عقوبة بدنية (‘uqūba badanīya)
P تنبیه بدنی (tanbīhe-badanī)
U جسمانی سزا (jismānī sazā)

タイピスト
A كاتبة على الآلة (kātiba ‘alal-āla)
P ماشین نویس (māshīn-nevīs)
U ٹائپسٹ (ṭā’ipisṭ)

たいびょう 〔大病〕
A مرض خطير (maraḍ khaṭīr)
P بیماری سخت (bīmārīye-sakht)
U سخت بیماری (sakht bīmārī)

だいひょう 〔代表〕
事
A تمثيل (tamthīl) ; نيابة (niyāba)
P نمایندگی (nemāyandegī)
U نمائندگی (numā’indagī)
人
A ممثل (mumaththil) ; نائب (nā’ib)
P نماینده (nemāyande)
U نمائندہ (numā’inda)
代表する
A مثل (maththala)
P نمایندگی کردن (nemāyandegī kardan)

U نمائندگی کرنا (numā'indagī karnā)

ダイビング
A غطس (ghaṭs)
P غوطه (ghūte)
U غوطہ (ghōta)

たいふう 〔台風〕
A تيفون (tayfūn) ; تايفون (tāyfūn)
P توفان (tūfān)
U طوفان (tūfān)

だいぶぶん 〔大部分〕
A معظم (mu'ẓam) ; أغلب ('aghlab)
P اكثر (aksar) ; اغلب (aghlab)
U اکثریت (aksariyat)

タイプライター
A آلة كاتبة (āla kātiba)
P ماشين تحرير (māshīne-tahrīr)
U ٹائپرائٹر (ṭā'ip-rā'iṭar)

たいへいよう 〔太平洋〕
A المحيط الهادئ (al-muḥītul-hādi')
P اقيانوس آرام (oqyānūse-ārām)
U بحر الکاہل (bahrul-kāhil)

だいべん 〔大便〕
A براز (birāz)
P مدفوع (madfū')
U براز (barāz)

たいへんな 〔大変な〕
A هائل (hā'il)
P وحشتناك (vahshat-nāk)
U خوفناک (khauf-nāk)

重大な
A خطير (khaṭīr)
P وخيم (vakhīm)
U سنجیدہ (sanjīda)

たいほ 〔逮捕〕
A اعتقال (i'tiqāl)
P دستگيرى (dast-gīrī)
U گرفتاری (giriftārī)

逮捕する
A اعتقل (i'taqala)
P دستگير كردن (dast-gīr kardan)
U گرفتار کرنا (giriftār karnā)

逮捕状
A أمر الاعتقال ('amrul-i'tiqāl)
P حكم دستگيرى (hokme-dast-gīrī)
U وارنٹ (wāranṭ)

たいほう 〔大砲〕
A مدفع (midfa')
P توپ (tūp)
U توپ (tōp)

だいほん 〔台本〕
A سيناريو (sīnāriyū)
P سناريو (senāriyo)
U سیناریو (sīnāriyo)

タイマー
A جهاز توقيت (jihāz tawqīt)
P تايمر (tāymer)
U ٹائمر (ṭā'imar)

たいまん 〔怠慢〕
A كسل (kasal)
P تنبلى (tanbalī)
U سستی (sustī)

怠慢な
A كسلان (kaslān)
P تنبل (tanbal)
U سست (sust)

だいめいし 〔代名詞〕
A ضمير (ḍamīr)
P ضمير (zamīr)
U ضمير (zamīr)

たいめん 〔体面〕
A شرف (sharaf)
P آبرو (āberū)
U عزت (‘izzat)

タイヤ
A إطار (’iṭār)
P تاير (tāyer)
U ٹائر (ṭā’yar)

ダイヤモンド
A ألماس (’almās)
P الماس (almās)
U ہیرا (hīrā)

ダイヤル
A قرص التليفون (qurṣu-t-tilīfūn)
P شماره گیر (shomāre-gīr)
U ڈائل (ḍā’il)

たいよう 〔太陽〕
A الشمس (ash-shams)
P آفتاب (āftāb)；
خورشید (khorshīd)
U سورج (sūraj)

たいよう 〔大洋〕
A محيط (muḥīṭ)
P اقیانوس (oqyānūs)
U بحر (bahr)

たいらな 〔平らな〕
A مسطح (musaṭṭaḥ)
P هموار (hamvār)
U ہموار (hamwār)

だいり 〔代理〕
A نيابة (niyāba)
P نیابت (niyābat)
U نمائندگی (numā’indagī)
代理店
A وكالة (wakāla)
P آژانس (āzhāns)
U ایجنسی (ējansī)
代理人
A نائب (nā’ib)
P نایب (nāyeb)
U قائم مقام (qā’im-maqām)

たいりく 〔大陸〕
A قارة (qārra)
P قاره (qārre)
U بر اعظم (barre-a‘zam)

だいりせき 〔大理石〕
A مرمر (marmar)；رخام (rukhām)
P سنگ مرمر (sange-marmar)
U سنگ مرمر (sange-marmar)

たいりつ 〔対立〕
A خلاف (khilāf)
P مخالفت (mokhālefat)
U اختلاف (ikhtelāf)
対立する
A خالف (khālafa)
P مخالفت کردن (mokhālefat kardan)
U اختلاف کرنا (ikhtelāf karnā)

たいりょう 〔大量〕
A كمية كبيرة (kammīya kabīra)
P مقدار زیاد (meqdāre-ziyād)
U بڑی مقدار (baṛī miqdār)

大量生産
A إنتاج بالجملة ('intāj bil-jumla)
P تولید انبوه (toulīde-anbūh)
U كثيرالمقدار پيداوار
(kasīrul-miqdār paidāwār)

たいりょく 〔体力〕
A قوة بدنية (qūwa badanīya)
P نیروی بدنی (nīrūye-badanī)
U جسمانی قوت (jismānī quwwat)

タイル
A بلاط (balāṭ)
P کاشی (kās̲h̲ī)
U ٹائل (ṭā'il)

たいわ 〔対話〕
A محاورة (muḥāwara)
P گفتگو (goftegū)
U گفتگو (guftgū)

たえず 〔絶えず〕
A دائمًا (dā'iman)
P دائماً (dā'eman)
U لگاتار (lagātār)

たえる 〔耐える〕
A تحمل (taḥammala)
P تحمل کردن (tahammol kardan)
U برداشت کرنا (bar-dās̲h̲t karnā)

たえる 〔絶える〕
A انتهى (intahā)
P معدوم شدن (ma'dūm s̲h̲odan)
U فنا ہونا (fanā hōnā)

だえんけい 〔楕円形〕
A شكل بيضوى (s̲h̲akl bayḍawī)
P بیضی (beizī)
U بیضوی شکل (baizavī s̲h̲akl)

たおす 〔倒す〕
A أسقط ('asqaṭa)
P انداختن (andāk̲h̲tan)
U گرانا (girānā)

タオル
A منشفة (mins̲h̲afa)
P حوله (houle)
U توليا (tauliyā)

たおれる 〔倒れる〕
A وقع (waqa'a)
P افتادن (oftādan)
U گرنا (girnā)

たか 〔鷹〕
A صقر (ṣaqr)
P باز (bāz)
U باز (bāz)

たかい 〔高い〕
A عالٍ ('ālin)
P بلند (boland)
U اونچا (ūṇc̲h̲ā)

背が高い
A طويل (ṭawīl)
P بلند (boland)
U لمبا (lambā)

値が高い
A غالٍ (g̲h̲ālin)
P گران (gerān)
U مہنگا (mahiṇgā)

たがいに 〔互いに〕
A بعضهم بعضًا (ba'ḍuhum ba'ḍan)
P یکدیگر (yek-dīgar)
U آپس میں (āpas meṇ)

たかさ 〔高さ〕
A ارتفاع (irtifā‘)
P بلندی (bolandī)
U اونچائی (ūṇchā'ī)
たかとび 〔高跳び〕
A قفز عالٍ (qafz ‘ālin)
P پرش ارتفاع (pareshe-ertefā‘)
U ہائی جمپ (hā'ī-jamp)
たかまる 〔高まる〕
A ارتفع (irtafa‘a)
P بلند شدن (boland shodan)
U اونچا ہونا (ūṇchā hōnā)
たかめる 〔高める〕
A رفع (rafa‘a)
P بلند کردن (boland kardan)
U اونچا کرنا (ūṇchā karnā)
たがやす 〔耕す〕
A حرث (ḥaratha)
P کاشتن (kāshtan)
U کاشت کرنا (kāsht karnā)
たから 〔宝〕
A كنز (kanz)
P گنج (ganj)
U خزانہ (khazāna)
宝くじ
A يانصيب (yānaṣīb)
P بخت آزمائی (bakht-āzmā'ī)
U لاٹری (lāṭrī)
だから
A لذا (li-dhā) ; لذٰلك (li-dhālika)
P لذا (le-zā) ; بنا براین (banā barīn)
U اس لیے (is liye)

たき 〔滝〕
A شلال (shallāl)
P آبشار (āb-shār)
U آبشار (āb-shār)
だきあう 〔抱き合う〕
A تعانق (ta‘ānaqa)
P همدیگر را در آغوش گرفتن
(ham-dīgar rā dar āghūsh gereftan)
U ہمآغوش ہونا (ham-āghōsh hōnā)
だきょう 〔妥協〕
A تنازل (tanāzul)
P مصالحه (mosālehe)
U مصالحت (musālahat)
妥協する
A قدم تنازلاً (qaddama tanāzulan)
P مصالحه کردن (mosālehe kardan)
U مصالحت کرنا (musālahat karnā)
たく 〔炊く〕
A طبخ (ṭabakha)
P پختن (pokhtan)
U پکانا (pakānā)
たく 〔焚く〕
A أحرق (’aḥraqa)
P سوزاندن (sūzāndan) ;
سوختن (sūkhtan)
U جلانا (jalānā)
だく 〔抱く〕
A عانق (‘ānaqa)
P در آغوش گرفتن (dar āghūsh gereftan)
U آغوش میں لینا (āghōsh meṇ lēnā)

たくさん 〔沢山〕
沢山の
A كثير (kathīr)
P بسيار (besyār)
U بهت (bahut)
十分な
A كافٍ (kāfin)
P كافى (kāfī)
U كافى (kāfī)

タクシー
A تاكسى (tāksī)
P تاكسى (tāksī)
U ٹيكسى (ṭēksī)

たくじしょ 〔託児所〕
A دار الحضانة (dārul-ḥaḍāna)
P مهد كودک (mahde-kūdak)
U نرسرى (narsirī)

たくみな 〔巧みな〕
A ماهر (māhir)
P ماهر (māher)
U ہنرمند (hunar-mand)

たくらみ 〔企み〕
A مكيدة (makīda)
P توطئه (toute'e)
U سازش (sāzish)

たくわえ 〔蓄え〕
A ذخيرة (dhakhīra)
P ذخيره (zakhīre)
U ذخيره (zakhīra)
蓄える
A ادخر (iddakhara)
P ذخيره كردن (zakhīre kardan)
U ذخيره كرنا (zakhīra karnā)

たけ 〔竹〕
A خيزران (khayzurān)
P خيزران (kheizarān)
U بانس (bāṇs)

…だけ
A فقط (faqat)
P فقط (faqat)
U صرف (sirf)

だげき 〔打撃〕
A ضربة (ḍarba)
P ضربه (zarbe)
U ضرب (zarb)
打撃を与える
A وجه ضربة (wajjaha ḍarba)
P ضربه زدن (zarbe zadan)
U ضرب لگانا (zarb lagānā)

だけつ 〔妥結〕
A اتفاق (ittifāq)
P موافقت (movāfeqat)
U تصفيه (tasfiya)
妥結する
A اتفق (ittafaqa)
P موافقت كردن (movāfeqat kardan)
U تصفيه كرنا (tasfiya karnā)

たこ 〔凧〕
A طيارة (ṭayyāra)
P بادبادک (bād-bādak)
U پتنگ (patang)
凧をあげる
A طير طيارة (ṭayyara ṭayyāra)
P بادبادک هوا كردن (bād-bādak havā kardan)
U پتنگ اڑانا (patang uṛānā)

たこ 〔蛸〕
A أخطبوط ('ukhṭubūṭ)
P هشت پا (hasht-pā)
U آکٹوپس (ākṭopas)

たこく 〔他国〕
A بلد أجنبي (balad 'ajnabī)
P کشور بیگانه (keshvare-bīgāne)
U غیر ملک (ghair-mulk)

他国の
A أجنبي ('ajnabī)
P خارجی (khāreji) ; بیگانه (bīgāne)
U غیر ملکی (ghair-mulkī)

たしかな 〔確かな〕
A مؤكد (mu'akkad)
P يقين (yaqīn)
U يقينى (yaqīnī)

たしかめる 〔確かめる〕
A تأكد (ta'akkada)
P يقين كردن (yaqīn kardan)
U يقين كرنا (yaqīn karnā)

たしざん 〔足し算〕
A الجمع (al-jam')
P جمع (jam')
U جمع (jama')

だしぬけに 〔出し抜けに〕
A فجأةً (faj'atan)
P ناگهانی (nāgahānī)
U اچانک (achānak)

たしょう 〔多少〕
A بعض الشيء (ba'ḍa-sh-shay')
P کم و بیش (kam-o-bīsh)
U کم و بیش (kam-o-bēsh)

たす 〔足す〕
A جمع (jama'a)
P جمع کردن (jam' kardan)
U جمع کرنا (jama' karnā)

だす 〔出す〕
A أخرج ('akhraja)
P درآوردن (dar-āvardan)
U نکالنا (nikālnā)

たすう 〔多数〕
A عدد كبير ('adad kabīr) ;
أغلبية (aghlabīya)
P عدهٔ زیاد ('eddeye-ziyād) ;
اکثریت (aksarīyat)
U بڑی تعداد (baṛī ta'dād) ;
اکثریت (aksariyat)

多数決
A إقرار بالأغلبية (iqrār bil-'aghlabīya)
P تصمیم با اکثریت آرا (tasmīm bā aksarīyate-ārā)
U اکثریت سے فیصلہ (aksariyat se faisla)

たすかる 〔助かる〕
A نجا (najā)
P نجات یافتن (nejāt yāftan)
U بچنا (bachnā)

たすけ 〔助け〕
A مساعدة (musā'ada)
P کمک (komak)
U مدد (madad)

救助
A إنقاذ ('inqādh)
P نجات (nejāt)

U بچاو (bac͟hāo)

たすける 〔助ける〕

A ساعد (sā‘ada)

P کمک کردن (komak kardan)

U مدد کرنا (madad karnā)

救助する

A أنقذ (’anqad͟ha)

P نجات دادن (nejāt dādan)

U بچانا (bac͟hānā)

たずねる 〔尋ねる〕

A سأل (sa’ala)

P پرسیدن (porsīdan)

U پوچھنا (pūc͟hhnā)

たずねる 〔訪ねる〕

A زار (zāra)

P دیدن کردن (dīdan kardan)

U ملاقات کو جانا (mulāqāt ko jānā)

だせい 〔惰性〕

A خمول (k͟humūl)

P لختی (lak͟htī)

U سستی (sustī)

たそがれ 〔黄昏〕

A غسق (g͟hasaq)

P تاریک و روشن (tārīk-o-rous͟han)

U دھندلکا (dhuṇdalkā)

ただ 〔唯・只〕

単に

A فقط (faqaṭ)

P فقط (faqat)

U صرف (sirf)

無料で

A مجاناً (majjānan)

P مجانی (majjānī)

U مفت (muft)

ただいの 〔多大の〕

A كبير (kabīr) ; كثير (kat͟hīr)

P بزرگ (bozorg) ; بسیار (besyār)

U بہت بڑا (bahut baṛā)

たたかい 〔戦い〕

A حرب (ḥarb) ; معركة (ma‘raka)

P جنگ (jang) ; نبرد (nabard)

U جنگ (jang) ; لڑائی (laṛā’ī)

たたかう 〔戦う〕

A حارب (ḥāraba)

P جنگیدن (jangīdan)

U لڑنا (laṛnā)

たたく 〔叩く〕

A ضرب (ḍaraba)

P زدن (zadan)

U مارنا (mārnā)

ただしい 〔正しい〕

A صحيح (ṣaḥīḥ)

P درست (dorost) ; صحیح (sahīh)

U ٹھیک (ṭhīk) ; صحیح (sahīh)

ただす 〔正す〕

A صحح (ṣaḥḥaḥa)

P درست کردن (dorost kardan)

U درست کرنا (durust karnā)

ただちに 〔直ちに〕

A فوراً (fawran)

P فوراً (fouran)

U فوراً (fauran)

たたむ 〔畳む〕

A طوى (ṭawā)

P تا کردن (tā kardan)

U تہہ کرنا (tah karnā)

たちあう　〔立ち会う〕
A حضر (ḥaḍara)
P حاضر شدن (hāzer shodan)
U حاضر ہونا (hāzir hōnā)

たちあがる　〔立ち上がる〕
A قام (qāma)
P ایستادن (īstādan)；
بلند شدن (boland shodan)
U اٹھنا (uṭhnā)

たちいりきんし　〔立入禁止〕
A ممنوع الدخول (mamnū'u-d-dukhūl)
P ورود ممنوع (vorūd mamnū')
U داخل ہونا منع ہے (dākhil hōnā mana' hai)

たちさる　〔立ち去る〕
A غادر (ghādar)
P ترک کردن (tark kardan)
U چلا جانا (chalā jānā)

たちどまる　〔立ち止まる〕
A توقف (tawaqqafa)
P توقف کردن (tavaqqof kardan)
U رکنا (ruknā)

たちば　〔立場〕
A موقف (mawqif)
P موقعیت (mouqe'īyat)
U موقف (mauqif)

だちょう　〔駝鳥〕
A نعام (na'ām)
P شتر مرغ (shotor-morgh)
U شتر مرغ (shutur-murgh)

たちよる　〔立ち寄る〕
A مر (marra)
P سر زدن (sar zadan)
U ملاقات کو جانا (mulāqāt ko jānā)

たつ　〔立つ〕
A قام (qāma)
P ایستادن (istādan)
U اٹھنا (uṭhnā)

たつ　〔建つ〕
A بنی (buniya)
P ساخته شدن (sākhte shodan)
U تعمیر ہونا (ta'mīr hōnā)

たつ　〔経つ〕
A مضى (maḍā)
P گذشتن (gozashtan)
U گزرنا (guzarnā)

たつ　〔断つ〕
A قطع (qaṭa'a)
P بریدن (borīdan)；
قطع کردن (qat' kardan)
U کاٹنا (kāṭnā)；
قطع کرنا (qata' karnā)

たっきゅう　〔卓球〕
A تنس الطاولة (tinisu-ṭ-ṭāwila)
P تنیس روی میز (tenīse-rūye-mīz)；پینگ پونگ (pīng-pong)
U ٹیبل ٹینس (ṭeibl-ṭenis)

だっこくする　〔脱穀する〕
A درس (darasa)
P خرمن کوبیدن (kharman kūbīdan)
U گاہنا (gāhnā)

だつごくする　〔脱獄する〕
A هرب من السجن (haraba mina-s-sijn)
P از زندان فرار کردن (az zendān

farār kardan)
U قیدخانے سے بھاگنا (qaid-khānē se bhāgnā)

たっしゃ 〔達者〕
健康な
A فی صحة جيدة (fī ṣiḥḥa jayyida)
P تندرست (tan-dorost)
U تندرست (tan-durust)
熟達した
A ماهر (māhir)
P ماهر (māher)
U ماہر (māhir)

だっしゅつする 〔脱出する〕
A تخلص (takhallaṣa)
P گريختن (gorīkhtan)
U کھسکنا (khisaknā)

たっする 〔達する〕
A بلغ (balagha)
P رسیدن (resīdan)
U پہنچنا (pahuṇchnā)

だっせんする 〔脱線する〕
A خرج عن الخط (kharaja 'anil-khaṭṭ)
P از خط خارج شدن (az khatt khārej shodan)
U پٹڑی سے اترنا (paṭṛī se utarnā)

だっそう 〔脱走〕
A فرار (firār)
P فرار (farār)
U فرار (farār)
脱走する
A فر (farra) ; هرب (haraba)
P فرار کردن (farār kardan) ; گريختن (gorīkhtan)
U فرار ہونا (farār hōnā) ; بھاگنا (bhāgnā)
脱走兵
A جندی هارب (jundī hārib)
P سرباز فراری (sarbāze-farārī)
U مفرور سپاهی (mafrūr sipāhī)

たった
A فقط (faqaṭ)
P فقط (faqat)
U صرف (sirf)

だったいする 〔脱退する〕
A انسحب (insaḥaba)
P کناره گیری کردن (kenāre-gīrī kardan)
U الگ ہونا (alag hōnā)

たづな 〔手綱〕
A لجام (lijām)
P لگام (legām)
U باگ (bāg)

たっぷり
A کافٍ (kāfin)
P کافی (kāfī)
U کافی (kāfī)

たて 〔盾〕
A ترس (turs)
P سپر (separ)
U سپر (sipar)

たての 〔縦の〕
A عمودی ('amūdī)
P عمودی ('amūdī)
U عمودی ('amūdī)

たてもの 〔建物〕
A عمارة ('imāra) ; مبنًى (mabnan)

P عمارت (‘emārat)
U عمارت (‘imārat)

たてる 〔立てる〕
A أقام (’aqāma)
P ايستاندن (īstāndan)
U كهڑا كرنا (khaṛā karnā)

たてる 〔建てる〕
A بنى (banā)
P ساختن (sā<u>kh</u>tan)
U بنانا (banānā)

たどうし 〔他動詞〕
A فعل متعدٍ (fi‘l muta‘addin)
P فعل متعدی (fe‘le-mota‘addī)
U فعل متعدی (fi‘le-muta‘addī)

だとうする 〔打倒する〕
A أسقط (’asqaṭa)
P برانداختن (bar-andā<u>kh</u>tan)
U شكست دينا (<u>sh</u>ikast dēnā)

だとうな 〔妥当な〕
A معقول (ma‘qūl)
P مناسب (monāseb)
U مناسب (munāsib)

たとえ
A ولو (wa-law)
P اگرچه (agar-<u>ch</u>e)
U اگرچہ (agar-<u>ch</u>e)

たとえ 〔譬え〕
A مثل (ma<u>th</u>al) ; استعارة (isti‘āra)
P ضرب المثل (zarbol-masal) ;
استعاره (este‘āre)
U كہاوت (kahāwat) ;
استعاره (iste‘āra)

たとえば 〔例えば〕
A مثلاً (ma<u>th</u>alan)
P مثلاً (masalan)
U مثلاً (masalan)

たな 〔棚〕
A رف (raff)
P رف (raf)
U طاق (tāq)

たに 〔谷〕
A وادٍ (wādin)
P وادی (vādī)
U وادی (wādī)

だに
A قراد (qurād)
P كنه (kane)
U چچڑی (<u>ch</u>i<u>ch</u>ṛī)

たにん 〔他人〕
A غير (<u>gh</u>ayr) ; غريب (<u>gh</u>arīb)
P شخص ديگر (<u>sh</u>a<u>kh</u>se-dīgar) ;
بيگانه (bīgāne)
U دوسرا آدمی (dūsrā ādmī) ;
اجنبی (ajnabī)

たぬき 〔狸〕
A راكون (rākūn)
P راكون (rākūn)
U بيجر (baijar)

たね 〔種〕
A بذر (ba<u>dh</u>r)
P تخم (to<u>kh</u>m)
U بيج (bīj)

種をまく
A بذر (ba<u>dh</u>ara) ;
ألقى بذورًا (’alqā bu<u>dh</u>ūran)

P تخم پاشیدن (tokhm pāshīdan)
U بیج بونا (bīj bōnā)
たのしい 〔楽しい〕
A ممتع (mumti‘)
P خوشحال (khosh-hāl) ;
خوش (khosh)
U خوش (khush)
たのしみ 〔楽しみ〕
A متعة (mut‘a)
P خوشی (khoshī)
U خوشی (khushī)
たのしむ 〔楽しむ〕
A تمتع (tamatta‘a)
P لذت بردن (lezzat bordan)
U لطف اٹھانا (lutf uṭhānā)
たのみ 〔頼み〕
A طلب (ṭalab)
P تقاضا (taqāzā)
U درخواست (dar-khāst)
たのむ 〔頼む〕
A طلب (ṭalaba)
P تقاضا کردن (taqāzā kardan)
U درخواست کرنا (dar-khāst karnā)
たのもしい 〔頼もしい〕
A يمكن الاعتماد (yumkinul-i‘timād)
P قابل اعتماد (qābele-e‘temād)
U قابل اعتماد (qābile-e‘temād)
たば 〔束〕
A حزمة (ḥuzma)
P بسته (baste)
U گٹھڑی (gaṭhṛī)
たばこ 〔煙草〕
A سيجارة (sījāra)
P سیگار (sīgār)
U سگریٹ (sigareṭ)
煙草を吸う
A دخن سيجارة (dakhkhana sījāra)
P سیگار کشیدن (sīgār keshīdan)
U سگریٹ پینا (sigareṭ pīnā)
たび 〔旅〕
A سفر (safar)
P سفر (safar)
U سفر (safar)
旅をする
A سافر (sāfara)
P سفر کردن (safar kardan)
U سفر کرنا (safar karnā)
たびたび 〔度々〕
A مراراً (mirāran)
P بارها (bār-hā)
U باربار (bār-bār)
だぶだぶの
A فضفاض (faḍfāḍ)
P گشاد (goshād)
U ڈھیلا (ḍhīlā)
たぶん 〔多分〕
A ربما (rubbamā)
P شاید (shāyad)
U شاید (shāyad)
たべもの 〔食べ物〕
A طعام (ṭa‘ām)
P خوراک (khorāk) ; غذا (ghazā)
U کھانے کی چیز (khānē ki chīz)
たべる 〔食べる〕
A أكل (’akala)
P خوردن (khordan)

U کهانا (khānā)

たほう 〔他方〕

A ناحية أخرى (nāḥiya 'ukhrā)

P طرف دیگر (tarafe-dīgar)

U دوسری طرف (dūsrī taraf)

たま 〔玉・球・弾〕

球

A كرة (kura)

P توپ (tūp)

U گیند (gēṇd)

弾丸

A رصاص (raṣāṣ)

P گلوله (golūle)

U گولی (gōlī)

たまご 〔卵〕

A بيض (bayḍ)

P تخم مرغ (tokhme-morgh)

U انڈا (anḍā)

たましい 〔魂〕

A روح (rūḥ)

P روح (rūh)

U روح (rūh)

だます 〔騙す〕

A خدع (khada'a)

P فریب دادن (farīb dādan)

U دهوکا دینا (dhōkā dēnā)

たまたま 〔偶々〕

A صدفةً (ṣudfatan) ;

اتفاقًا (ittifāqan)

P اتفاقاً (ettefāqan)

U اتفاقاً (ittefāqan)

たまねぎ 〔玉葱〕

A بصل (baṣal)

P پیاز (piyāz)

U پیاز (piyāz)

たまもの 〔賜物〕

天の賜物

A نعمة (ni'ma)

P نعمت (ne'mat)

U نعمت (ne'mat)

だまらせる 〔黙らせる〕

A صمت (ṣammata)

P خاموش کردن (khāmūsh kardan)

U چپ کرنا (chup karnā)

たまる 〔溜まる〕

A تجمع (tajamma'a)

P جمع شدن (jam' shodan)

U جمع ہونا (jama' hōnā)

だまる 〔黙る〕

A صمت (ṣamata)

P خاموش شدن (khāmūsh shodan)

U چپ ہونا (chup hōnā)

ダム

A سد (sadd)

P سد (sadd)

U بند (band)

ためいき 〔溜め息〕

A تنهد (tanahhud)

P آه (āh)

U ٹهنڈی سانس (ṭhanḍī sāṇs)

溜め息をつく

A تنهد (tanahhada)

P آه کشیدن (āh keshīdan)

U ٹهنڈی سانس لینا (ṭhandī sāṇs lēnā)

ためす　〔試す〕

A جرب (jarraba)
P سعی کردن (sa'ī kardan)
U آزمانا (āzmānā)

だめな　〔駄目な〕

役に立たない

A غير نافع (ghayr-nāfi')
P بی فایده (bī-fāyede)
U بےکار (bē-kār)

望みのない

A لا أمل (lā 'amal)
P نا امید (nā-omīd)
U نا امید (nā-ummīd)

…ために

目的

A في سبيل (fī sabīl) ; ل (li)
P برای (barāye)
U کے لیے (ke liye)

理由

A بسبب (bi-sabab)
P بعلت (be-'ellate)
U کی وجہ سے (ki wajah se)

日本のために

A لليابان (lil-yābān)
P برای ژاپن (barāye zhāpon)
U جاپان کے لیے (jāpān ke liye)

病気のために

A بسبب مرض (bi-sababi maraḍ)
P بعلت بیماری (be-'ellate-bīmārī)
U بیماری کی وجہ سے (bīmārī ki wajah se)

ためになる

A مفيد (mufīd)
P مفید (mofīd)
U مفید (mufīd)

ためらう

A تردد (taraddada)
P تردید کردن (tardīd kardan)
U تامل کرنا (taammul karnā)

ためる　〔溜める・貯める〕

金を貯める

A وفر (waffara)
P پس انداز کردن (pas-andāz kardan
U بچت کرنا (bachat karnā)

貯蔵する

A ادخر (iddakhara)
P ذخیره کردن (zakhīre kardan)
U ذخیرہ کرنا (zakhīra karnā)

たもつ　〔保つ〕

A حفظ (ḥafiẓa)
P نگهداری کردن (negah-dārī kardan)
U رکھنا (rakhnā)

たやすい　〔容易い〕

A سهل (sahl)
P آسان (āsān)
U آسان (āsān)

たより　〔便り〕

消息

A خبر (khabar) ; أخبار ('akhbār)
P خبر (khabar)
U خبر (khabar)

手紙

A رسالة (risāla)
P نامه (nāme)
U خط (khatt)

たより〔頼り〕
A اعتماد (i'timād)
P اعتماد (e'temād)
U بھروسا (bharōsā)

たよる〔頼る〕
A اعتمد (i'tamada)
P اعتماد کردن (e'temād kardan)
U بھروسا رکھنا (bharōsā rakhnā)

だらく〔堕落〕
A انحلال أخلاقی (inḥilāl 'akhlāqī)
P فساد (fasād)
U خرابی (kharābī)
堕落する
A انحلت أخلاقه (inḥallat 'akhlāqu-hu)
P فاسد شدن (fāsed shodan)
U بگڑنا (bigaṛnā)

だらしない
A غير مرتب (ghayr-murattab)
P شلخته (shelakhte)
U بے سلیقہ (bē-salīqa)

ダリア
A ضاليا (ḍāliyā)
P کوکب (koukab)
U ڈالیا (ḍālīyā)

たりょう〔多量〕
A كمية كبيرة (kammīya kabīra)
P مقدار زیاد (meqdāre-ziyād)
U بڑی مقدار (baṛī miqdār)

たりる〔足りる〕
A كفى (kafā)
P کافی بودن (kāfī būdan)
U کافی ہونا (kāfī hōnā)

たる〔樽〕
A برميل (barmīl)
P بشکه (boshke)
U پیپا (pīpā)

だるい
A كليل (kalīl)
P سست (sost)
U سست (sust)

たるむ〔弛む〕
A ارتخى (irtakhā)
P شل شدن (shol shodan)
U ڈھیلا ہونا (ḍhīlā hōnā)

だれ〔誰〕
A من (man)
P که (ke)；کی (kī)
U کون (kaun)
あなたは誰ですか
A من أنت؟ (man 'anta)
P شما کیستید؟ (shomā kīstīd)
U آپ کون ہیں؟ (āp kaun haiṇ)

たん〔痰〕
A بلغم (balgham)；نخامة (nukhāma)
P خلط (khelt)
U بلغم (balgham)

だん〔段〕
階段
A درج (daraj)
P پله (pelle)
U سیڑھی (sīṛhī)

だんあつ〔弾圧〕
A قمع (qam')
P سرکوب (sar-kūb)

U ظلم (zulm)

弾圧する

A قمع (qama'a)

P سرکوب کردن (sar-kūb kardan)

U ظلم کرنا (zulm karnā)

たんい　〔単位〕

A وحدة (waḥda)

P واحد (vāhed)

U یونٹ (yūniṭ)

たんか　〔担架〕

A نقالة (naqqāla)

P برانکار (berānkār)

U اسٹریچر (isṭrechar)

タンカー

A ناقلة نفط (nāqila nafṭ)

P نفتکش (naft-kesh)

U تیل بردار جهاز (tēl-bardār jahāz)

だんかい　〔段階〕

A مرحلة (marḥala)

P مرحله (marhale)

U مرحلہ (marhala)

だんがい　〔断崖〕

A جرف (jurf)

P پرتگاه (part-gāh)

U کھڑی چٹان (kharī chaṭān)

たんがん　〔嘆願〕

A توسل (tawassul) ;
التماس (iltimās)

P التماس (eltemās)

U منت (minnat)

嘆願する

A توسل (tawassala) ;
التمس (iltamasa)

P التماس کردن (eltemās kardan)

U منت کرنا (minnat karnā)

だんがん　〔弾丸〕

小銃の弾丸

A رصاصة (raṣāṣa)

P گلوله (golūle)

U گولی (gōlī)

砲弾

A قذيفة (qadhīfa)

P توپ (tūp)

U گولا (gōlā)

たんき　〔短期〕

A مدة قصيرة (mudda qaṣīra)

P مدت کوتاه (moddate-kūtāh)

U مختصر مدت (mukhtasar muddat)

短期の

A قصير المدى (qaṣīrul-madā)

P کوتاه مدت (kūtāh moddat)

U مختصر مدت کا (mukhtasar muddat ka)

たんきな　〔短気な〕

A سريع الغضب (sarī'ul-ghaḍab)

P تندخو (tond-khū)

U تیز مزاج (tēz-mizāj)

タンク

戦車

A دبابة (dabbāba)

P تانک (tānk)

U ٹینک (ṭaink)

油槽

A خزان (khazzān)

P مخزن نفت (makhzane-naft)

U ٹنکی (ṭankī)

だんけつ 〔団結〕

A اتحاد (ittiḥād) ;
تضامن (taḍāmun)

P یکپارچگی (yek-pārchegī) ;
اتحاد (ettehād)

U اتحاد (ittehād)

団結する

A اتحد (ittahada) ;
تضامن (taḍāmana)

P یکپارچه شدن (yek-pārche shodan)

U متحد ہونا (muttahid hōnā)

たんけん 〔探険〕

A استكشاف (istikshāf)

P اکتشاف (ekteshāf)

U مہم (muhimm)

探険する

A استكشف (istakshafa)

P اکتشاف کردن (ekteshāf kardan)

U مہم چلانا (muhimm chalānā)

だんげん 〔断言〕

A تأكيد (ta'kīd) ; جزم (jazm)

P ادعا (edde'ā) ; تأکید (ta'kīd)

U دعوىٰ (da'uā)

断言する

A أكد ('akkada) ; جزم (jazama)

P ادعا کردن (edde'ā kardan) ;
تأکید کردن (ta'kīd kardan)

U وثوق سے کہنا (vusūq se kahnā)

たんご 〔単語〕

A كلمة (kalima)

P کلمه (kalame) ; واژه (vāzhe)

U لفظ (lafz)

たんこう 〔炭坑〕

A منجم فحم (manjam faḥm)

P معدن زغال‌سنگ (ma'dane-zoghāl-sang)

U کوئلے کی کان (kō'elē ki kān)

だんこうする 〔断交する〕

A قطع العلاقات (qaṭa'al-'alāqāt)

P قطع روابط کردن
(qat'e-ravābet kardan)

U قطع تعلقات کرنا
(qata'e-ta'alluqāt karnā)

ダンサー

A رقاصة (raqqāṣa) ; راقصة (rāqiṣa)

P رقاصه (raqqāse)

U رقاصہ (raqqāsa)

たんさん 〔炭酸〕

A حامض الكربونيك (ḥāmiḍul-karbūnīk)

P اسید کربنیک (asīde-karbonīk)

U کاربانک اسیڈ (kārbānik asīḍ)

だんし 〔男子〕

少年

A ولد (walad)

P پسر (pesar)

U لڑکا (laṛkā)

成人

A رجل (rajul)

P مرد (mard)

U مرد (mard)

だんじき 〔断食〕

A صوم (ṣawm) ; صيام (ṣiyām)

P روزه (rūze)

U روزہ (rōza)

断食をする

A صام (ṣāma)

P روزه گرفتن (rūze gereftan)

U روزه رکهنا (rōza rakhnā)

たんしゅく 〔短縮〕

A تقصير (taqṣīr)

P كاهش (kāhesh)

U تخفيف (takhfīf)

短縮する

A قصر (qaṣṣara)

P كاهش دادن (kāhesh dādan)

U تخفيف كرنا (takhfīf karnā)

たんじゅん 〔単純〕

A بساطة (basāṭa)

P سادگى (sādegī)

U سادگى (sādagī)

単純な

A بسيط (basīṭ)

P ساده (sāde)

U ساده (sāda)

たんしょ 〔短所〕

A عيب (‘ayb)

P عيب (‘eib)

U عيب (‘aib)

たんじょう 〔誕生〕

A ميلاد (mīlād)

P تولد (tavallod)

U پيدائش (paidā’ish)

誕生する

A ولد (wulida)

P متولد شدن (motavalled shodan)

U پيدا هونا (paidā hōnā)

誕生日

A عيد ميلاد (‘īd-mīlād)

P روز تولد (rūze-tavallod)

U يوم پيدائش (yaume-paidā’ish)

だんじょきょうがく 〔男女共学〕

A تعليم مختلط (ta‘līm mukhtaliṭ)

P آموزش مختلط (āmūzeshe-mokhtalet)

U مخلوط تعليم (makhlūt ta‘līm)

たんしん 〔短針〕

A عقرب قصير (‘aqrab qaṣīr)

P عقربهٔ كوچک (‘aqrabeye-kūchek)

U چهوٹى سوئى (chhōṭī sū’ī)

たんす 〔箪笥〕

A دولاب (dūlāb)

P كمد (komod)

U الماری (almārī)

ダンス

A رقص (raqṣ)

P رقص (raqs)

U ناچ (nāch) ; رقص (raqs)

たんすい 〔淡水〕

A ماء عذب (mā’ ‘adhb)

P آب شيرين (ābe-shīrīn)

U ميٹها پانى (mīṭhā pānī)

たんすう 〔単数〕

A مفرد (mufrad)

P مفرد (mofrad)

U مفرد (mufrad)

だんせい 〔男性〕

A رجل (rajul)

P مرد (mard)

U مرد (mard)

文法上の男性
A مذكر (mudhakkar)
P مذکر (mozakkar)
U مذکر (muzakkar)

たんそ 〔炭素〕
A كربون (karbūn)
P کربن (karbon)
U کاربن (kārbon)

だんたい 〔団体〕
A جماعة (jamā‘a)；
منظمة (munaẓẓama)
P گروه (gorūh)；جماعت (jamā‘at)
U جماعت (jamā‘at)

だんだん 〔段々〕
A تدريجيًا (tadrījīyan)
P بتدریج (be-tadrīj)
U رفته رفته (rafta-rafta)

たんちょうな 〔単調な〕
A رتيب (ratīb)
P یکنواخت (yek-navākht)
U بےلطف (bē-lutf)

たんてい 〔探偵〕
A بوليس سري (būlīs sirrī)；
مخبر (mukhbir)
P کارآگاه (kār-āgāh)
U سراغ رساں (surāgh-risān)

探偵小説
A قصة بوليسية (qiṣṣa būlīsiya)
P داستان پلیسی (dāstāne-polīsī)
U جاسوسی ناول (jāsūsī nāval)

たんとう 〔短刀〕
A خنجر (khanjar)
P خنجر (khanjar)
U خنجر (khanjar)

たんとうする 〔担当する〕
A تولى (tawallā)
P تصدی کردن (tasaddī kardan)
U ذمہ داری لینا (zimme-dārī lēnā)

たんどくの 〔単独の〕
A فردي (fardī)
P فردی (fardī)
U اکیلا (akēlā)

たんに 〔単に〕
A فقط (faqaṭ)
P فقط (faqat)
U صرف (sirf)

だんねんする 〔断念する〕
A كف (kaffa)；ترك (taraka)
P ترک کردن (tark kardan)
U ترک کرنا (tark karnā)

たんぱ 〔短波〕
A موجة قصيرة (mawja qaṣīra)
P موج کوتاه (mouje-kūtāh)
U شارٹ ویو (shārṭ weiv)

短波放送
A إذاعة الموجة القصيرة
(’idhā‘atul-mawjatil-qaṣīra)
P پخش موج کوتاه
(pakhshe-mouje-kūtāh)
U شارٹ ویو کی نشریات
(shārṭ weiv ki nashryāt)

たんぱくしつ 〔蛋白質〕
A بروتين (burūtīn)
P پروتئین (prote’īn)
U پروٹین (proṭīn)

ダンピング
A إغراق الأسواق بالسلع (‘ighrāqul-’aswāq bis-sila‘)
P بازار شکنی (bāzār-shekanī)
U ڈمپنگ (ḍamping)

ダンプカー
A سيارة قلابة (sayyāra qallāba)
P کمپرسی (komperesī)
U ڈمپ ٹرک (ḍamp ṭrak)

たんぺん 〔短編〕
短編小説
A قصة قصيرة (qiṣṣa qaṣīra)
P داستان کوتاه (dāstāne-kūtāh)
U افسانہ (afsāna)
短編映画
A فيلم قصير (fīlm qaṣīr)
P فیلم کوتاه (fīlme-kūtāh)
U مختصر فلم (mukhtasar film)

たんぽ 〔担保〕
A رهن (rahn)
P رهن (rahn)
U رہن (rehn)

だんぼう 〔暖房〕
A تدفئة (tadfi’a)
P گرمایش (garmāyesh)
U ہیٹنگ (hiṭing)

たんぽぽ
A طرخشقون (ṭarakhshaqūn)
P قاصدک (qāsedak)
U ککروندا (kakrōndā)；
شیر دندان (shēre-dandān)

だんやく 〔弾薬〕
A ذخيرة (dhakhīra)
P مهمات (mohemmāt)
U گولا بارود (gōlā-bārūd)

だんりゅう 〔暖流〕
A تيار بحري دافئ (tayyār baḥrī dāfi’)
P جریان گرم (jarayāne-garm)
U گرم لہر (garm lahar)

だんろ 〔暖炉〕
ストーブ
A مدفأة (midfa’a)
P بخاری (bokhārī)
U اسٹوو (isṭōv)
壁炉
A موقد (mawqid)
P کانون (kānūn)
U آتش دان (ātish-dān)

だんわ 〔談話〕
A محادثة (muḥādatha)
P گفتگو (goftegū)
U گفتگو (guftgū)

ち

ち〔血〕
A دم (dam)
P خون (khūn)
U خون (khūn)
血を流す
A سفك الدماء (safaka-d-dimā')
P خون ريختن (khūn rīkhtan)
U خون بہانا (khūn bahānā)
出血する
A نزف دمه (nuzifa damu-hu)
P خون آمدن (khūn āmadan)
U خون بہنا (khūn bahnā)
ち〔地〕
地面
A أرض ('arḍ)
P زمين (zamīn)
U زمین (zamīn)
陸地
A بر (barr)
P خشكى (khoshkī)
U خشکی (khushkī)
ちあん〔治安〕
A أمن عام ('amn 'āmm)
P امنيت (amnīyat)
U امن عامہ (amane-'āmma)
ちい〔地位〕
A مكانة (makāna)
P مقام (maqām)
U حیثیت (haisiyat)
ちいき〔地域〕
A منطقة (minṭaqa)
P منطقه (mantaqe)
U علاقہ ('ilāqa)
ちいさい〔小さい〕
A صغير (ṣaghīr)
P كوچك (kūchek)
U چھوٹا (chhōṭā)
チーズ
A جبن (jubn)
P پنير (panīr)
U پنیر (panīr)
チーム
A فريق (farīq)
P تيم (tīm)
U ٹیم (ṭīm)
ちえ〔知恵〕
A حكمة (ḥikma)；عقل ('aql)
P خرد (kherad)；عقل ('aql)；حكمت (hekmat)
U حکمت (hikmat)；عقل ('aql)

チェス
A شطرنج (shaṭranj)
P شطرنج (shatranj)
U شطرنج (shatranj)

チェロ
A كمان جهير (kamān jahīr)
P ویولن سل (viyolon-sel)
U چیلو (chēlo)

ちえん 〔遅延〕
A تأخر (ta'akhkhur)
P تأخیر (ta'khīr)
U دیر (dēr) ; تاخیر (tākhīr)
遅延する
A تأخر (ta'akhkhara)
P تأخیر کردن (ta'khīr kardan)
U دیر ہونا (dēr hōnā) ;
تاخیر کرنا (tākhīr karnā)

ちかい 〔近い〕
A قريب (qarīb)
P نزدیک (nazdīk)
U نزدیک (nazdīk)

ちかい 〔誓い〕
A قسم (qasam)
P قسم (qasam) ; سوگند (sougand)
U قسم (qasam)
誓う
A أقسم ('aqsama)
P قسم خوردن (qasam khordan)
U قسم کھانا (qasam khānā)

ちがい 〔違い〕
A فرق (farq) ; اختلاف (ikhtilāf)
P فرق (farq)
U فرق (farq)

ちがう 〔違う〕
A اختلف (ikhtalafa)
P فرق کردن (farq kardan)
U فرق ہونا (farq hōnā)

ちがく 〔地学〕
A علم الأرض ('ilmul-'arḍ)
P علوم زمین ('olūme-zamin)
U علم زمین ('ilme-zamīn)

ちかごろ 〔近頃〕
A فى هٰذه الأيام
(fī hādhihil-'ayyām)
P این روزها (īn rūz-hā)
U آجکل (āj-kal)

ちかしつ 〔地下室〕
A حجرة تحت الأرض
(ḥujra taḥtal-'arḍ)
P زیرزمین (zīr-zāmīn)
U تہہ خانہ (tah-khānā)

ちかづく 〔近付く〕
A اقترب (iqtaraba) ; دنا (danā)
P نزدیک شدن (nazdīk shodan)
U نزدیک آنا (nazdīk ānā)

ちかてつ 〔地下鉄〕
A مترو (mitrū)
P مترو (metro)
U سب وے (sabwē) ;
زمین دوز گاڑی (zamīn-dōz gāṛī)

ちかの 〔地下の〕
A تحت الأرض (taḥtal-'arḍ)
P زیر زمینی (zīr-zamīnī)
U زیر زمین (zēre-zamīn)

ちかみち 〔近道〕
A أقرب طريق ('aqrab ṭarīq)

P راه میان بر (rāhe-miyān-bor)
U چهوٹا راستہ (chhōṭā rāsta)

ちから 〔力〕
A قوة (qūwa)
P زور (zūr) ; نيرو (nīrū) ;
قوت (qovvat)
U زور (zōr) ; طاقت (tāqat) ;
قوت (quwwat)

力強い
A قوى (qawīy)
P قوى (qavī) ; نيرومند (nīrū-mand)
U طاقتور (tāqat-war) ;
زوردار (zōr-dār)

ちきゅう 〔地球〕
A الكرة الأرضية (al-kuratul-'arḍīya)
P كرهٔ زمين (koreye-zamīn)
U كرهٔ ارض (kurae-arz)

ちく 〔地区〕
A حى (ḥayy)
P محله (mahalle)
U ضلع (zila')

チケット
A تذكرة (tadhkira)
P بليت (belīt)
U ٹکٹ (ṭikaṭ)

ちこくする 〔遅刻する〕
A تأخر (ta'akhkhara)
P دير كردن (dīr kardan)
U دير سے آنا (dēr se ānā)

ちじ 〔知事〕
A محافظ (muḥāfiẓ)
P استاندار (ostān-dār)
U صوبہ دار (sūba-dār)

ちしき 〔知識〕
A معرفة (ma'rifa) ; علم ('ilm)
P دانش (dānesh) ; علم ('elm)
U علم ('ilm)

知識階級
A طبقة المثقفين
(ṭabaqatul-muthaqqafīn)
P روشنفكران (roushan-fekrān)
U تعليم يافتہ طبقہ
(ta'līm yāfta tabaqa)

ちしつ 〔地質〕
A طبقات الأرض (ṭabaqātul-'arḍ)
P كيفيت زمين (keifiyate-zamīn)
U ارضيات (arzīyāt)

地質学
A علم طبقات الأرض ('ilm ṭabaqātul-'arḍ) ; جيولوجى (jiyūlūjī)
P زمين شناسى (zamīn-shenāsī)
U ارضيات (arzīyāt)

ちじん 〔知人〕
A معارف (ma'ārif)
P آشنا (āshenā)
U آشنا (āshnā)

ちず 〔地図〕
A خريطة (kharīṭa)
P نقشه (naqshe)
U نقشہ (naqsha)

ちたい 〔地帯〕
A منطقة (minṭaqa)
P منطقه (mantaqe)
U علاقہ ('ilāqa)

ちち 〔父〕
A أب ('ab) ; والد (wālid)

P پدر (pedar)
U باپ (bāp)

ちち　〔乳〕
A حليب (ḥalīb)
P شیر (s͟hīr)
U دودھ (dūdh)

ちぢむ　〔縮む〕
A انكمش (inkamas͟ha)
P آب رفتن (āb raftan)
U سکڑنا (sukaṛnā)

ちちゅうかい　〔地中海〕
A البحر الأبيض المتوسط
(al-baḥrul-'abyaḍul-mutawassiṭ)
P دریای مدیترانه
(daryāye-medīterāne)
U بحیرۂ روم (buhairae-rūm)

ちつじょ　〔秩序〕
A نظام (niẓām)
P نظم (nazm)
U نظم (nazm)
秩序ある
A منظم (munaẓẓam)
P منظم (monazzam)
U منظم (munazzam)

ちっそ　〔窒素〕
A نتروجين (nitrūjīn)
P ازت (azot) ; نیتروژن (nītroz͟hen)
U نائٹروجن (nā'iṭrojen)

ちっそく　〔窒息〕
A اختناق (ik͟htināq)
P خفگی (k͟hafegī) ;
اختناق (ek͟htenāq)
U حبس دم (habse-dam)
窒息する
A اختنق (ik͟htanaqa)
P خفه شدن (k͟hafe s͟hodan)
U دم گھٹنا (dam ghuṭnā)

チップ
A بخشيش (bak͟hs͟hīs͟h)
P انعام (an'ām)
U بخشش (bak͟hs͟his͟h) ; ٹپ (ṭip)

ちのう　〔知能〕
A ذكاء (d͟hakā')
P هوش (hūs͟h)
U ذہانت (zahānat)
知能指数
A نسبة الذكاء (nisbatu-d͟h-d͟hakā')
P ضریب هوش (zarībe-hūs͟h)
U قدر ذہانت (qadare-zahānat)

ちぶさ　〔乳房〕
A ثدى (t͟hady)
P پستان (pestān)
U چھاتی (c͟hhātī)

チフス
A تيفوس (tīfūs)
P تیفوس (tīfus)
U ٹائیفس (ṭā'īfas)

ちへいせん　〔地平線〕
A أفق ('ufuq)
P افق (ofoq)
U افق (ufuq)

チベット
A التبت (at-tibit)
P تبت (tabbat)
U تبت (tibet)

チベットの(人)
A تبتى (tibitī)
P تبتى (tabbatī)
U تبتى (tibetī)

ちほう 〔地方〕
A إقليم (’iqlīm)
P ناحيه (nāhiye)
U علاقه (‘ilāqa)
地方の
A محلى (maḥallī) ; إقليمى (’iqlīmī)
P محلى (mahallī)
U علاقائى (‘ilāqā’ī)

ちめいてきな 〔致命的な〕
A مهلك (muhlik) ; مميت (mumīt)
P مهلک (mohlek)
U مهلک (mohlik)

ちゃ 〔茶〕
A شاى (s̲h̲āy)
P چاى (c̲h̲āy)
U چاے (c̲h̲āe)
茶をいれる
A حضر الشاى (ḥaḍḍara-s̲h̲-s̲h̲āy)
P چاى درست كردن (c̲h̲āy dorost kardan)
U چاے بنانا (c̲h̲āe banānā)

ちゃいろの 〔茶色の〕
A بنى (bunnī)
P قهوه‌اى (qahveī)
U بھورا (bhūrā)

ちゃかす 〔茶化す〕
A مازح (māzaḥa)
P مسخره كردن (mask̲h̲are kardan)
U مذاق اڑانا (mazāq uṛānā)

ちゃくじつな 〔着実な〕
A ثابت (t̲h̲ābit)
P ثابت (sābet)
U استوار (ustvār)

ちゃくせきする 〔着席する〕
A جلس (jalasa)
P نشستن (nes̲h̲astan)
U بیٹھنا (baiṭhnā)

ちゃくりくする 〔着陸する〕
A هبط على الأرض (habaṭa ‘alal-’arḍ)
P به زمين نشستن (be-zamīn nes̲h̲astan)
U زمين پر اترنا (zamīn par utarnā)

ちゃのま 〔茶の間〕
A غرفة الجلوس (g̲h̲urfatul-julūs)
P اطاق نشيمن (otāqe-nes̲h̲īman)
U بیٹھک (baiṭhak)

ちゃわん 〔茶碗〕
A فنجان للشاى (finjān li-s̲h̲-s̲h̲āy)
P فنجان چاى (fenjāne-c̲h̲āy)
U پيالى (piyālī)
食事用茶碗
A إناء الأرز (’inā’ul-’aruzz)
P كاسه (kāse)
U كهانا كهانے كا برتن (k̲h̲ānā k̲h̲ānē ka bartan)

チャンス
A فرصة (furṣa)
P فرصت (forsat) ; شانس (s̲h̲āns)
U موقع (mauqa‘)

チャンネル
A قناة (qanā)
P كانال (kānāl)

U چاننل (chānnel)
ちゅう 〔注〕
A حاشية (ḥāshiya)
P تبصره (tabsere) ; حاشيه (hāshiye)
U نوٹ (nōṭ) ; حاشیہ (hāshiya)
ちゅうい 〔注意〕
A انتباه (intibāh)
P توجه (tavajjoh)
U احتياط (ehteyāt)
注意する
A انتبه (intabaha)
P توجه كردن (tavajjoh kardan)
U احتياط كرنا (ehteyāt karnā)
チューインガム
A علك ('ilk)
P آدامس (ādāms)
U چیوئنگ گم (chiyū'ing-gam)
ちゅうおう 〔中央〕
A مركز (markaz) ; وسط (wasṭ)
P مركز (markaz) ; وسط (vasat)
U مركز (markaz) ; بيچ (bīch)
中央の
A مركزى (markazī)
P مركزى (markazī)
U مركزى (markazī)
ちゅうかい 〔仲介〕
A وساطة (wisāṭa)
P وساطت (vesātat) ;
میانجیگری (miyānjī-garī)
U وساطت (vasātat)
仲介する
A توسط (tawassaṭa)
P وساطت كردن (vesātat kardan) ;
میانجیگری كردن
(miyānjī-garī kardan)
U وساطت كرنا (vasātat karnā)
ちゅうがえり 〔宙返り〕
A شقلبة (shaqlaba)
P پشتک (poshtak)
U قلابازى (qalā-bāzī)
宙返りをする
A تشقلب (tashaqlaba)
P پشتک زدن (poshtak zadan)
U قلا بازى لگانا (qalā-bāzī lagānā)
ちゅうがっこう 〔中学校〕
A مدرسة إعدادية (madrasa 'i'dādīya)
P مدرسهٔ راهنمائى (madreseye-rāh-nemā'ī)
U سیکنڈرى اسكول (sekonḍarī iskūl)
ちゅうかん 〔中間〕
A وسط (wasṭ)
P وسط (vasat) ; ميان (miyān)
U بيچ (bīch) ; وسط (wast)
ちゅうぎ 〔忠義〕
A إخلاص ('ikhlāṣ)
P وفادارى (vafā-dārī)
U وفادارى (wafā-dārī)
ちゅうきんとう 〔中近東〕
A الشرق الأوسط (ash-sharqul-'awsaṭ)
P خاور ميانه (khāvare-miyāne)
U مشرق وسطىٰ (mashriqe-wustā)
ちゅうけいする 〔中継する〕
A أذاع على الهواء ('adhā'a 'alal-hawā')

P رله کردن (rele kardan)
U ریلے کرنا (rīlē karnā)

ちゅうこく 〔忠告〕
A نصيحة (naṣīḥa)
P نصيحت (nasīhat)
U نصيحت (nasīhat)
忠告する
A نصح (naṣaḥa)
P نصيحت كردن (nasīhat kardan)
U نصيحت دينا (nasīhat dēnā)

ちゅうごく 〔中国〕
A الصين (aṣ-ṣīn)
P چين (c͟hīn)
U چين (c͟hīn)
中国の(人)
A صينى (ṣīnī)
P چينى (c͟hīnī)
U چينى (c͟hīnī)

ちゅうこの 〔中古の〕
A مستعمل (mustaʻmal)
P دست دوم (daste-dovvom)
U سيكنڈ ہينڈ (sekanḍ hainḍ)

ちゅうさい 〔仲裁〕
A توسط (tawassuṭ)
P حكميت (hakamīyat)
U ثالثى (sālisī)
仲裁する
A توسط (tawassaṭa)
P حكميت كردن (hakamīyat kardan)
U ثالثى كرنا (sālisī karnā)

ちゅうさんかいきゅう 〔中産階級〕
A طبقة متوسطة (ṭabaqa mutawassiṭa)
P طبقۀ متوسط (tabaqeye-motavasset)
U متوسط طبقہ (mutawassit tabaqa)

ちゅうしする 〔中止する〕
A أوقف (ʼawqafa) ; ألغى (ʼalg͟hā)
P متوقف كردن (motavaqqef kardan)
U منسوخ كرنا (mansūk͟h karnā)

ちゅうじつ 〔忠実〕
A إخلاص (ʼik͟hlāṣ)
P وفادارى (vafā-dārī)
U وفادارى (wafā-dārī)
忠実な
A مخلص (muk͟hliṣ)
P وفادار (vafā-dār)
U وفادار (wafā-dār)

ちゅうしゃ 〔注射〕
A حقنة (ḥuqna)
P تزريق (tazrīq)
U ٹيكا (ṭīkā)
注射する
A حقن (ḥaqana)
P تزريق كردن (tazrīq kardan)
U ٹيكا لگانا (ṭīkā lagānā)

ちゅうしゃ 〔駐車〕
A وقوف السيارة (wuqūfu-s-sayyāra)
P پارک (pārk)
U پاركنگ (pārking)
駐車する
A أوقف السيارة (ʼawqafa-s-sayyāra)
P پارک كردن (pārk kardan)
U كار پارک كرنا (kār pārk karnā)

駐車場
A موقف السيارات (mawqifu-s-sayyārāt)
P پارکینگ (pārkīng)
U پارکنگ ایریا (pārking-ēriyā)

ちゅうしゃく 〔注釈〕
A شرح (sharḥ)
P شرح (sharh)
U شرح (sharah)

ちゅうじゅん 〔中旬〕
A أواسط ('awāsit)
P وسط (vasat)
U وسط (wast)

ちゅうしょう 〔抽象〕
A تجريد (tajrīd)
P تجرید (tajrīd)
U تجرید (tajrīd)

抽象的な
A تجريدي (tajrīdī); معنوي (ma'nawī)
P تجریدی (tajrīdī); مجرد (mojarrad)
U تجریدی (tajrīdī)

抽象名詞
A اسم معنًى (ism ma'nan)
P اسم معنی (esme-ma'nī)
U اسم ذہنی (isme-zehnī)

ちゅうしょう 〔中傷〕
A افتراء (iftirā')
P افترا (efterā)
U بہتان (bohtān)

中傷する
A افترى (iftarā)
P افترا زدن (efterā zadan)
U بہتان باندھنا (bohtān bāṇdhnā)

ちゅうしょく 〔昼食〕
A غداء (ghadā')
P ناهار (nāhār)
U دوپہر کا کھانا (dōpahar ka khānā)

昼食をとる
A تناول الغداء (tanāwalal-ghadā')
P ناهار خوردن (nāhār khordan)
U دوپہر کا کھانا کھانا (dōpahar ka khānā khānā)

ちゅうしん 〔中心〕
A مركز (markaz)
P مرکز (markaz)
U مرکز (markaz)

中心の
A مركزي (markazī)
P مرکزی (markazī)
U مرکزی (markazī)

ちゅうせい 〔中世〕
A العصور الوسطى (al-'uṣūrul-wusṭā)
P قرون وسطا (qorūne-vostā)
U قرون وسطیٰ (qurūne-wustā)

ちゅうせい 〔中性〕
A تعادل (ta'ādul)
P خنثی بودن (khonsā būdan)
U تعدیل (ta'dīl)

中性の
A متعادل (muta'ādil)
P خنثی (khonsā)
U تعدیلی (ta'dīlī)

ゅうせん 〔抽選〕
A قرعة (qur'a)
P قرعه (qor'e)
U قرعہ اندازی (qur'a-andāzī)
抽選する
A أجرى قرعة ('ajrā qur'a)
P قرعه كشيدن (qor'e keshīdan)
U قرعہ اندازی کرنا (qur'a-andāzī karnā)
ゅうだんする 〔中断する〕
A قاطع (qāṭa'a)
P قطع كردن (qat' kardan)
U منقطع کرنا (munqate' karnā)
ちゅうちょ 〔躊躇〕
A تردد (taraddud)
P ترديد (tardīd)
U تامل (taammul)
躊躇する
A تردد (taraddada)
P ترديد كردن (tardīd kardan)
U تامل کرنا (taammul karnā)
ちゅうどく 〔中毒〕
A تسمم (tasammum)
P مسموميت (masmūmīyat)
U سم زدگی (sam-zadagī)
中毒する
A تسمم (tasammama)
P مسموم شدن (masmūm shodan)
U سم زدہ ہونا (sam-zada hōnā)
ちゅうとで 〔中途で〕
A بنصف المسافة (bi-niṣfil-masāfa)
P در وسط راه (dar vasate-rāh)
U راستے میں (rāstē meṇ)
ちゅうねんの 〔中年の〕
A كهل (kahl)
P ميان سال (miyān-sāl)
U ادهیڑ (adhēṛ)
チューブ
A أنبوب ('unbūb)
P تويى (tūyi)
U ٹیوب (ṭiyūb)
ちゅうもく 〔注目〕
A ملاحظة (mulāḥaẓa);
انتباه (intibāh)
P توجه (tavajjoh)
U توجہ (tawajjo)
注目する
A لاحظ (lāḥaẓa)
P توجه كردن (tavajjoh kardān)
U توجہ دینا (tawajjo dēnā)
ちゅうもん 〔注文〕
A طلب (ṭalab)
P سفارش (sefāresh)
U آرڈر (ārḍar)
注文する
A طلب (ṭalaba)
P سفارش دادن (sefāresh dādan)
U آرڈر دینا (ārḍar dēnā)
ちゅうりつ 〔中立〕
A حياد (ḥiyād)
P بيطرفى (bī-tarafī)
U غیر جانبداری (ghair-jānib-dārī)
中立の
A حيادى (ḥiyādī); محايد (muḥāyid)
P بيطرف (bī-taraf)
U غیر جانبدار (ghair-jānib-dār)

チューリップ
A تيوليب (tiyūlīb)
P لاله (lāle)
U لالہ (lālā)

ちゅうわ 〔中和〕
中和させる
A عادل (ʻādala)
P خنثى كردن (khonsā kardan)
U تعديل كرنا (taʻdīl karnā)

チュニジア
A تونس (tūnis)
P تونس (tūnes)
U تيونس (tiyūnis)
チュニジアの(人)
A تونسى (tūnisī)
P تونسى (tūnesī)
U تيونسى (tiyūnisī)

ちょう 〔長〕
A رئيس (ra'īs)
P رئيس (ra'īs)
U سردار (sar-dār)

ちょう 〔腸〕
A معًى (miʻan)
P روده (rūde)
U آنت (āṇt)

ちょう 〔蝶〕
A فراشة (farāsha)
P پروانه (parvāne)
U تتلى (titlī)

ちょういん 〔調印〕
A إمضاء ('imḍā') ; توقيع (tawqīʻ)
P امضا (emzā)
U دستخط (dast-khatt)
調印する
A أمضى ('amḍā) ; وقع (waqqaʻa)
P امضا كردن (emzā kardan)
U دستخط كرنا (dast-khatt karnā)

ちょうえき 〔懲役〕
A سجن (sajn)
P حبس (habs)
U قيد (qaid)

ちょうか 〔超過〕
A زيادة (ziyāda)
P اضافه (ezāfe)
U زيادتى (ziyādatī)
超過料金
A أجرة إضافية ('ujra 'iḍāfīya)
P كرايهٔ اضافى (kerāyeye-ezāfī)
U زائد كرايہ (zā'id kirāya)

ちょうかく 〔聴覚〕
A حاسة السمع (ḥāssatu-s-samʻ)
P حس شنوائى (hesse-shenavā'ī)
U حس سمعى (hise-samʻī)

ちょうかん 〔朝刊〕
A جريدة صباحية (jarīda ṣabāḥīya)
P روزنامهٔ صبح (rūz-nāmeye-sobh)
U صبح كا اخبار (subah ka akhbār)

ちょうき 〔長期〕
A مدة طويلة (mudda ṭawīla)
P مدت دراز (moddate-derāz)
U لمبى مدت (lambī muddat)

ちょうきょり 〔長距離〕
A مسافة طويلة (masāfa ṭawīla)
P راه دور (rāhe-dūr)
U لمبا فاصلہ (lambā fāsila)

ちょうこう 〔兆候〕
病気の兆候
A عرض (‘araḍ)
P نشانه (neshāne)
U علامت (‘alāmat)

ちょうこく 〔彫刻〕
A نقس (naqsh)
P مجسمه سازی (mojassame-sāzī)
U سنگ تراشی (sang-tarāshī)；
تراشی (tarāshī)
彫刻する
A نقش (naqasha)
P مجسمه ساختن (mojassame sākhtan)
U تراشنا (tarāshnā)
彫刻家
A نقاش (naqqāsh)
P مجسمه ساز (mojassame-sāz)
U سنگ تراش (sang-tarāsh)

ちょうさ 〔調査〕
A تحقيق (taḥqīq)
P تحقیق (tahqīq)
U جائزہ (jā’iza)
調査する
A حقق (ḥaqqaqa)
P تحقیق کردن (tahqīq kardan)
U جائزہ لینا (jā’iza lēnā)

ちょうし 〔調子〕
リズム
A لحن (laḥn)
P لحن (lahn)
U سر (sur)

ちょうしゅう 〔徴収〕
A تحصيل (taḥṣīl)
P وصول (vosūl)
U وصولی (wusūlī)
徴収する
A حصل (ḥaṣṣala)
P وصول کردن (vosūl kardan)
U وصول کرنا (wusūl karnā)

ちょうしゅう 〔聴衆〕
A مستمعون (mustami‘ūna)
P شنوندگان (shenavandegān)
U سامعین (sāmi‘īn)

ちょうしょ 〔長所〕
A مزية (mazīya)
P لياقت (liyāqat)
U خوبی (khūbī)

ちょうしょ 〔調書〕
A سجل الاستجواب (sijillul-istijwāb)
P پرونده (parvande)
U رپورٹ (riporṭ)

ちょうじょ 〔長女〕
A بنت كبرى (bint kubrā)
P بزرگترین دختر (bozorg-tarīn dokhtar)
U سب سے بڑی بیٹی (sab se baṛī bēṭī)

ちょうしょう 〔嘲笑〕
A سخرية (sukhrīya)
P مسخره (maskhare)
U مضحکہ (mazhaka)
嘲笑する
A سخر (sakhira)
P مسخره کردن (maskhare kardan)

U مضحکہ اڑانا (mazhaka uṛānā)

ちょうじょう 〔頂上〕

A قمة (qimma)

P قله (qolle)

U چوٹی (c͟hōṭī)

ちょうしょく 〔朝食〕

A فطور (faṭūr)

P صبحانه (sobhāne)

U ناشتا (nās͟htā)

朝食をとる

A أفطر (ʼafṭara)

P صبحانه خوردن (sobhāne k͟hordan)

U ناشتا کرنا (nās͟htā karnā)

ちょうしん 〔長針〕

A عقرب طويل (ʻaqrab ṭawīl)

P عقربهٔ دقیقه شمار (ʻaqrabeye-daqīqe-s͟homār)

U لمبی سوئی (lambī sūʼī)

ちょうせい 〔調整〕

A تعديل (taʻdīl)

P تعدیل (taʻdīl)

U تعدیل (taʻdīl)

調整する

A عدل (ʻaddala)

P تعدیل کردن (taʻdīl kardan)

U تعدیل کرنا (taʻdīl karnā)

ちょうせつ 〔調節〕

A ضبط (ḍabṭ)

P تنظیم (tanzīm)

U تنظیم (tanzīm)

調節する

A ضبط (ḍabaṭa)

P تنظیم کردن (tanzīm kardan)

U ٹھیک کرنا (ṭhīk karnā)

ちょうせん 〔朝鮮〕

A كوريا (kūriyā)

P کره (kore)

U کوریا (kōriyā)

朝鮮の(人)

A كوري (kūrī)

P کرهای (koreī)

U کوریائی (kōriyāʼī)

ちょうせん 〔挑戦〕

A تحدٍ (taḥaddin)

P مبارزه طلبی (mobāreze-talabī)

U چیلنج (c͟hailanj)

挑戦する

A تحدى (taḥaddā)

P به مبارزه طلبیدن (be-mobāreze talabīdan)

U چیلنج کرنا (c͟hailanj karnā)

ちょうたつ 〔調達〕

A تموين (tamwīn)

P تدارک (tadārok)

U بہم رسانی (ba-ham rasānī)

調達する

A مون (mawwana)

P تدارک دیدن (tadārok dīdan)

U بہم پہنچانا (ba-ham pahuṇc͟hānā)

ちょうちょう 〔町長〕

A عمدة (ʻumda)

P بخشدار (bak͟hs͟h-dār) ;

شهردار (s͟hahr-dār)

U چودھری (c͟haudhrī)

ちょうちん 〔提灯〕
A فانوس (fānūs)
P فانوس (fānūs)
U لالٹین (lāltain)

ちょうつがい 〔蝶番〕
A مفصلة (mufaṣṣala)
P لولا (loulā)
U قبضہ (qabza)

ちょうてい 〔調停〕
A وساطة (wisāṭa) ; توسط (tawassuṭ)
P وساطت (vesātat)
U تصفیہ (tasfiya)

ちょうてん 〔頂点〕
A ذروة (dhurwa) ; أوج (’awj)
P اوج (ouj)
U چوٹی (chōṭī)

ちょうど 〔丁度〕
A تماماً (tamāman)
P درست (dorost)
U ٹھیک (ṭhīk)

ちょうなん 〔長男〕
A ابن أكبر (ibn ’akbar)
P بزرگترین پسر (bozorg-tarīn pesar)
U سب سے بڑا بیٹا (sab se baṛā bēṭā)

ちょうはつ 〔挑発〕
A استفزاز (istifzāz)
P تحریک (tahrīk)
U اشتعال انگیزی (ishti‘āl-angēzī)

挑発する
A استفز (istafazza)
P تحریک کردن (tahrīk kardan)
U اکسانا (uksānā)

ちょうへい 〔徴兵〕
A تجنيد إلزامى (tajnīd ’ilzāmī)
P خدمت وظیفه (khedmate-vazīfe)
U جبری بھرتی (jabarī bhartī)

ちょうぼ 〔帳簿〕
A دفتر حسابات (daftar ḥisābāt)
P دفتر حساب (daftare-hesāb)
U بہی کھاتا (bahī-khātā)

帳簿をつける
A مسك الحسابات (masakal-ḥisābāt)
P حساب نگاه داشتن (hesāb negāh dāshtan)
U بہی کھاتے میں درج کرنا (bahī-khātē meṇ darj karnā)

ちょうほうけい 〔長方形〕
A مستطيل (mustaṭīl)
P مستطیل (mostatīl)
U مستطیل (mustatīl)

ちょうほうな 〔重宝な〕
A مفيد (mufīd)
P مفید (mofīd) ; راحت (rāhat)
U مفید (mufīd)

ちょうみ 〔調味〕

調味料
A تابل (tābal)
P ادویه (adviye)
U مسالا (masālā)

調味する
A تبل (tabbala)
P ادویه زدن (adviye zadan)
U مزہ دینا (maza dēnā)

ちょうめい 〔長命〕
A امتداد العمر (imtidādul-‘umr)

P درازی عمر (derāzīye-‘omr)
U عمر درازی (‘umr-darāzī)
長命な
A طويل العمر (ṭawīlul-‘umr)
P دراز عمر (derāz-‘omr)
U عمر دراز (‘umr-darāz)

ちょうめん 〔帳面〕
A دفتر (daftar)
P دفتر (daftar)
U کاپی (kāpī)

ちょうやく 〔跳躍〕
A قفز (qafz)
P پرش (pare<u>sh</u>)
U چھلانگ (<u>ch</u>hlāṇg)
跳躍する
A قفز (qafaza)
P پریدن (parīdan) ; جستن (jastan)
U چھلانگ لگانا (<u>ch</u>hlāṇg lagānā)

ちょうりゅう 〔潮流〕
A تيار بحري (tayyār baḥrī)
P جریان آب (jarayāne-āb)
U سمندری دھارا (samandarī dhārā)

ちょうろう 〔長老〕
A شيخ (<u>sh</u>ayk<u>h</u>)
P پیر (pīr) ; شیخ (<u>sh</u>eik<u>h</u>)
U بزرگ (buzurg)

ちょうわ 〔調和〕
A انسجام (insijām)
P هم‌آهنگی (ham-āhangī)
U ہم‌آہنگی (ham-āhangī)
調和する
A انسجم (insajama)
P هم‌آهنگ شدن (ham-āhang <u>sh</u>odan)
U ہم‌آہنگ ہونا (ham-āhang hōnā)

チョーク
A طباشير (ṭabā<u>sh</u>īr)
P گچ (ga<u>ch</u>)
U چاک (<u>ch</u>āk)

ちょきん 〔貯金〕
A ادخار (iddi<u>kh</u>ār)
P پس‌انداز (pas-andāz)
U بچت (ba<u>ch</u>at)
貯金する
A ادخر مالاً (idda<u>kh</u>ara mālan)
P پس‌انداز کردن (pas-andāz kardan)
U بچت کرنا (ba<u>ch</u>at karnā)

ちょくせつ 〔直接〕
直接の
A مباشر (mubā<u>sh</u>ir)
P مستقیم (mostaqīn)
U براہ راست (ba-rāhe-rāst)
直接に
A مباشرةً (mubā<u>sh</u>aratan)
P مستقیماً (mostaqīman)
U براہ راست (ba-rāhe-rāst)

ちょくせん 〔直線〕
A خط مستقيم (<u>kh</u>aṭṭ mustaqīm)
P خط مستقیم (<u>kh</u>atte-mostaqīm)
U خط مستقیم (<u>kh</u>atte-mustaqīm)

ちょくめんする 〔直面する〕
A واجه (wājaha)
P مواجه شدن (movāje <u>sh</u>odan)
U سامنا ہونا (sāmnā hōnā)

ちょくやく 〔直訳〕
A ترجمة حرفية (tarjama ḥarfīya)

P ترجمه تحت‌اللفظی (tarjomeye-tahtol-lafzī)
U لفظی ترجمه (lafzī tarjuma)
チョコレート
A شيكولاتة (shīkūlāta)
P شکلات (shokolāt)
U چاکلیٹ (chāklīṭ)
ちょさく 〔著作〕
A تأليف (ta'līf)
P تألیف (ta'līf)
U تصنیف (tasnīf)
ちょしゃ 〔著者〕
A مؤلف (mu'allif)
P مؤلف (mo'allef)
U مصنف (musannif)
ちょすいち 〔貯水池〕
A خزان مياه (khazzān miyāh)
P آب انبار (āb-anbār)
U حوض (hauz) ; تالاب (tālāb)
ちょぞう 〔貯蔵〕
A خزن (khazn)
P ذخیره (zakhīre)
U ذخیره (zakhīra)
貯蔵する
A خزن (khazana)
P ذخیره کردن (zakhīre kardan)
U ذخیره کرنا (zakhīra karnā)
ちょちく 〔貯蓄〕 ──→ちょきん
ちょっかく 〔直角〕
A زاوية قائمة (zāwiya qā'ima)
P گوشهٔ راست (gūsheye-rāst) ;
زاویهٔ قائمه (zāviyeye-qā'ime)
U زاویۂ قائمہ (zāviyae-qā'ima)
チョッキ
A صدرية (ṣadrīya)
P جلیقه (jelīqe)
U واسکٹ (vāskaṭ)
ちょっけい 〔直径〕
A قطر (quṭr)
P قطر (qotr)
U قطر (qutr)
ちょっと 〔一寸〕
しばらく
A دقيقةً (daqīqatan)
P یک دقیقه (yek daqīqe)
U ذرا (zarā)
少し
A قليلاً (qalīlan)
P کمی (kamī)
U کچھ (kuchh)
ちょめいな 〔著名な〕
A مشهور (mashhūr) ;
معروف (ma'rūf)
P مشهور (mashhūr) ;
نامدار (nām-dār)
U مشہور (mashhūr) ;
نامور (nām-war)
ちらす 〔散らす〕
A نشر (nashara)
P پراکندن (parākandan)
U بکھیرنا (bikhērnā)
ちり 〔塵〕
A غبار (ghubār)
P غبار (ghobār) ; گرد (gard)
U غبار (ghubār) ; گرد (gard)

ちり　〔地理〕
A جغرافيا (jughrāfiyā)
P جغرافيا (joghrāfiyā)；
جغرافی (joghrāfī)
U جغرافيہ (jughrāfiya)

チリ
A شيلي (shīlī)
P شیلی (shīlī)
U چلی (chilī)

ちりがみ　〔塵紙〕
トイレットペーパー
A ورق تواليت (waraq tuwālīt)
P کاغذ توالت (kāghaze-toālet)
U ٹائلٹ پیپر (ṭā'ilet-peipar)

ちりょう　〔治療〕
A علاج ('ilāj)
P معالجه (mo'āleje)；علاج ('alāj)
U علاج ('ilāj)
治療する
A عالج ('ālajā)
P معالجه کردن (mo'āleje kardan)
U علاج کرنا ('ilāj karnā)

ちる　〔散る〕
葉が散る
A تناثر (tanāthara)
P ریختن (rīkhtan)
U گرنا (girnā)

ちんあげ　〔賃上げ〕
A رفع الأجور (raf'ul-'ujūr)
P افزایش حقوق (afzāyeshe-hoqūq)
U اجرت میں اضافہ (ujrat meṇ izāfa)

ちんかする　〔鎮火する〕
A انطفأ (inṭafa'a)
P خاموش شدن آتش (khāmūsh shodane ātesh)
U آگ بجھنا (āg bujhnā)

ちんぎん　〔賃金〕
A أجر ('ajr)
P مزد (mozd)
U مزدوری (mazdūrī)

ちんしゃくする　〔賃借する〕
A استأجر (ista'jara)
P اجاره کردن (ejāre kardan)
U کرایے پر لینا (kirāyē par lēnā)

ちんじゅつ　〔陳述〕
A تصريح (taṣrīḥ)
P بیان (bayān)
U بیان (bayān)
陳述する
A صرح (ṣarraḥa)
P بیان کردن (bayān kardan)
U بیان کرنا (bayān karnā)

ちんじょう　〔陳情〕
A التماس (iltimās)
P عرضحال ('arz-hāl)
U عرض ('arz)
陳情する
A التمس (altamasa)
P عرضحال دادن ('arz-hāl dādan)
U عرض کرنا ('arz karnā)

ちんたいする　〔賃貸する〕
A أجر ('ajjara)
P اجاره دادن (ejāre dādan)
U کرایے پر دینا (kirāyē par dēnā)

ちんちゃく〔沈着〕
A رصانة (raṣāna)
P خودداری (khod-dārī)
U اطمینان (itmīnān)
ちんつうざい〔鎮痛剤〕
A مسكن (musakkin)
P مسکن (mosakken)
U مسکن (musakkin)
ちんでん〔沈殿〕
A ترسب (tarassub) ; رسوب (rusūb)
P رسوب (rosub)
U ترسیب (tarsīb)
沈殿する
A ترسب (tarassaba)
P رسوب کردن (rosūb kardan)
U تہہ میں بیٹھنا (tah meṇ baiṭhnā)
チンパンジー
A شمبانزی (shimbānzī)
P شمپانزه (shampānze)
U چمپانزی (chimpānzī)
ちんぼつ〔沈没〕
A غرق (gharaq)
P غرق (gharq)
U غرق (gharq)
沈没する
A غرق (ghariqa)
P غرق شدن (gharq shodan)
U غرق ہونا (gharq hōnā)
ちんもく〔沈黙〕
A سكوت (sukūt) ; صمت (ṣamt)
P خاموشی (khāmūshī)
U چپ (chup) ; خاموشی (khāmōshī)
沈黙する
A سكت (sakata) ; صمت (ṣamata)
P خاموش شدن (khāmūsh shodan)
U چپ ہونا (chup hōnā)
沈黙させる
A أسكت ('askata) ;
أصمت ('aṣmata)
P خاموش کردن (khāmūsh kardan)
U چپ کرنا (chup karnā)
ちんれつ〔陳列〕
A عرض ('arḍ)
P نمایش (nemāyesh)
U نمائش (numā'ish)
陳列する
A عرض ('araḍa)
P نمایش دادن (nemāyesh dādan)
U نمائش کرنا (numā'ish karnā)
陳列会
A معرض (ma'riḍ)
P نمایشگاه (nemāyesh-gāh)
U نمائش (numā'ish)

つ

ツアー
A رحلة جماعية (riḥla jamā'īya)
P تور (tūr)
U جماعت کی سیاحت (jamā'at ki siyāhat)

つい 〔対〕
A زوج (zawj)
P جفت (joft)
U جوڑا (jōṛā)

ついか 〔追加〕
A إضافة ('iḍāfa)
P اضافه (ezāfe)
U اضافہ (izāfa)
追加する
A أضاف ('aḍāfa)
P اضافه کردن (ezāfe kardan)
U اضافہ کرنا (izāfa karnā)

ついきゅう 〔追求〕
A سعی (sa'y)
P تعقیب (ta'qīb)
U تعاقب (ta'āqub)
追求する
A سعی (sa'ā)
P تعقیب کردن (ta'qīb kardan)
U تعاقب کرنا (ta'āqub karnā)

ついきゅう 〔追究〕
A تحقیق (taḥqīq)
P تحقیق (tahqīq)
U مطالعہ (mutāla'a)
追究する
A حقق (ḥaqqaqa)
P تحقیق کردن (tahqīq kardan)
U مطالعہ کرنا (mutāla'a karnā)

ついしん 〔追伸〕
A حاشية (ḥāshiya)
P پی‌نوشت (pey-nevesht)
U تتمہ (tatimma)

ついせき 〔追跡〕
A مطاردة (muṭārada)
P تعقیب (ta'qīb)
U تعاقب (ta'āqub)
追跡する
A طارد (ṭārada)
P تعقیب کردن (ta'qīb kardan)
U تعاقب کرنا (ta'āqub karnā)

ついて 〔就いて〕
関して
A عن ('an) ; حول (ḥawla)
P از (az) ; در باره (dar bāreye)
U کے بارے میں (ke bārē meṇ)

…の下で
A على ('alā)
P زير (zīre)
U کے تحت (ke taht)

ついとう 〔追悼〕
A ندب (nadb)
P سوگواری (sūg-vārī)
U ماتم (mātam)
追悼する
A ندب (nadaba)
P سوگواری کردن (sūg-vārī kardan)
U ماتم کرنا (mātam karnā)

ついとつする 〔追突する〕
A اصطدم من الخلف (iṣṭadama minal-khalf)
P از عقب تصادف کردن (az 'aqab tasādof kardan)
U پیچھے سے تصادم ہونا (pīchhē se tasādum hōnā)

ついに 〔遂に〕
A أخيراً ('akhīran)
P بالاخره (bel-akhare)
U آخرکار (ākhir-kār)

ついばむ 〔啄む〕
A التقط (iltaqaṭa) ; نقر (naqara)
P برچیدن (bar-chīdan)
U چگنا (chugnā)

ついほう 〔追放〕
A نفى (nafy) ; طرد (ṭard)
P تبعید (tab'īd)
U شہربدر (shahar ba-dar)
追放する
A نفى (nafā) ; طرد (ṭarada)
P تبعید کردن (tab'īd kardan)
U شہر بدر کرنا (shahar ba-dar karnā)

ついやす 〔費やす〕
金を費やす
A صرف (ṣarafa)
P صرف کردن (ṣarf kardan)
U صرف کرنا (sarf karnā)
時間を費やす
A قضى (qaḍā)
P گذراندن (gozarāndan)
U گزارنا (guzārnā)

ついらく 〔墜落〕
A سقوط (suqūṭ)
P سقوط (soqūt)
U سقوط (suqūt)
墜落する
A سقط (saqaṭa)
P سقوط کردن (soqūt kardan)
U گر پڑنا (gir-paṛnā)

つうか 〔通過〕
A مرور (murūr) ; عبور ('ubūr)
P گذر (gozar) ; عبور ('obūr)
U گزرنا (guzarnā)
通過する
A مر (marra) ; عبر ('abara)
P گذشتن (gozashtan) ;
عبور کردن ('obūr kardan)
U گزرنا (guzarnā)

つうか 〔通貨〕
A عملة ('umla)
P پول رایج (pūle-rāyej)
U کرنسی (karensī)

つうかいな 〔痛快な〕
A سار (sārr)
P دلپذير (del-pazīr)
U مسرت بخش (masarrat-bakhsh)
つうがくする 〔通学する〕
A ذهب إلى المدرسة (dhahaba 'ilal-madrasa)
P به مدرسه رفتن (be-madrese raftan)
U اسکول جانا (iskūl jānā)
つうきんする 〔通勤する〕
A ذهب إلى العمل (dhahaba 'ilal-'amal)
P سر كار رفتن (sare-kār raftan)
U دفتر جانا (daftar jānā)
つうこう 〔通行〕
A مرور (murūr)
P آمد و شد (āmad-o-shod)
U آمد و رفت (āmad-o-raft)
通行する
A مر (marra)
P گذشتن (gozashtan)
U گزرنا (guzarnā)
通行人
A مار (mārr)
P عابر ('āber)
U ره گزر (rah-guzar)
つうじょう 〔通常〕
A عادةً ('ādatan)
P معمولاً (ma'mūlan)
U عموماً ('umūman)
つうしん 〔通信〕
A اتصال (ittiṣāl)
P ارتباط (ertebāt)
U مواصلات (moāsalāt)
通信社
A وكالة الأنباء (wakālatul-'anbā')
P خبر گزاری (khabar-gozārī)
U خبر رسان ایجنسی (khabar-rasān ējansī)
つうち 〔通知〕
A إشعار ('ish'ār) ; إخبار ('ikhbār)
P خبر (khabar) ; اطلاع (ettelā')
U خبر (khabar) ; اطلاع (ittelā')
通知する
A أخبر ('akhbara)
P خبر دادن (khabar dādan) ;
اطلاع دادن (ettelā' dādan)
U خبر دینا (khabar dēnā) ;
اطلاع دینا (ittelā' dēnā)
つうちょう 〔通帳〕
A دفتر (daftar)
P دفترچه (daftar-che)
U بنک پاس بک (bank pās-buk)
つうふう 〔痛風〕
A نقرس (niqris)
P نقرس (neqres)
U گھٹیا (ghaṭyā)
つうやく 〔通訳〕
事
A ترجمة (tarjama)
P ترجمه (tarjome)
U ترجمانی (tarjumānī)
人
A مترجم (mutarjim)
P مترجم (motarjem)

U ترجمان (tarjumān)
通訳する
A ترجم (tarjama)
P ترجمه کردن (tarjome kardan)
U ترجمانی کرنا (tarjumānī karnā)
つうようする 〔通用する〕
A تداول (tadāwala)
P رواج داشتن (ravāj dāshtan)；
جاری بودن (jārī būdan)
U جاری ہونا (jārī hōnā)
つうろ 〔通路〕
A ممر (mamarr)
P گذرگاه (gozar-gāh)
U گزرگاہ (guzar-gāh)
つえ 〔杖〕
A عصًا ('aṣan)
P عصا ('asā)；چوب دستی (chūb-dastī)
U چھڑی (chhaṛī)
つか 〔塚〕
A ربوة (rubwa)
P تپه (tappe)
U ٹیلا (ṭīlā)
つかい 〔使い〕
A مهمة (muhimma)
P پادوئی (pādū'ī)；کار (kār)
U کام (kām)
つかう 〔使う〕
A استعمل (ista'mala)
P استفاده کردن (estefāde kardan)
U استعمال کرنا (iste'māl karnā)
つかえる 〔仕える〕
A خدم (khadama)
P خدمت کردن (khedmat kardan)
U خدمت کرنا (khidmat karnā)
つかまえる 〔捕まえる〕
A قبض (qabaḍa)
P گرفتن (gereftan)
U پکڑنا (pakaṛnā)
逮捕する
A اعتقل (i'taqala)
P دستگیر کردن (dast-gīr kardan)
U گرفتار کرنا (giriftār karnā)
つかまる 〔捕まる〕
A قبض (qubiḍa)
P دستگیرشدن (dast-gīr shodan)
U پکڑا جانا (pakṛā jānā)
つかむ 〔掴む〕
A أمسك ('amsaka)
P محکم گرفتن (mohkam gereftan)
U پکڑنا (pakaṛnā)
つかれ 〔疲れ〕
A تعب (ta'b)
P خستگی (khastegī)
U تھکن (thakan)
つかれた 〔疲れた〕
A تعبان (ta'bān)
P خسته (khaste)
U تھکا ہوا (thakā huā)
つかれる 〔疲れる〕
A تعب (ta'iba)
P خسته شدن (khaste shodan)
U تھکنا (thaknā)
つき 〔月〕
天体
A قمر (qamar)

P ماه (māh)
U چاند (c̲h̲āṇd)
暦
A شهر (s̲h̲ahr)
P ماه (māh)
U مهينا (mahīnā)

つきあい 〔付き合い〕
A مصاحبة (muṣāḥaba)
P معاشرت (mo'ās̲h̲erat)
U صحبت (sohbat)

つきあう 〔付き合う〕
A صاحب (ṣāḥaba)
P معاشرت كردن (mo'ās̲h̲erat kardan)
U ملنا جلنا (milnā julnā)

つきそう 〔付き添う〕
A رافق (rāfaqa)
P همراهی كردن (ham-rāhī kardan)
U ہمراہ ہونا (ham-rāh hōnā)

つきだす 〔突き出す〕
A دفع بشدة (dafa'a bi-s̲h̲idda)
P بيرون هل دادن (bīrūn hol dādan)
U آگے بڑھانا (āgē baṛhānā)

つぎつぎに 〔次々に〕
A واحدًا بعد الآخر
(wāḥidan ba'dal-āk̲h̲ar)
P يكی بعد از ديگری
(yekī ba'd az dīgarī)
U يكے بعد ديگرے
(yakē ba'de dīgarē)

つぎの 〔次の〕
A تالٍ (tālin)
P بعدی (ba'dī)
U اگلا (aglā)

つきはなす 〔突き放す〕
A ترك (taraka)
P ترک كردن (tark kardan)
U چھوڑنا (c̲h̲hōṛnā)

つきひ 〔月日〕
A وقت (waqt) ; أيام ('ayyām)
P زمان (zamān) ; وقت (vaqt)
U زمانہ (zamāna) ; وقت (waqt)

つぎめ 〔継ぎ目〕
A وصلة (wuṣla)
P پيوندگاه (peivand-gāh)
U جوڑ (jōṛ)

つく 〔着く〕
到着する
A وصل (waṣala)
P رسيدن (resīdan)
U پہنچنا (pahuṇc̲h̲nā)

つく 〔付く〕
付着する
A التصق (iltaṣaqa)
P چسبيدن (c̲h̲asbīdan)
U چپكنا (c̲h̲ipaknā)

つく 〔突く〕
A طعن (ṭa'ana)
P سوراخ كردن (sūrāk̲h̲ kardan)
U دھكا دينا (dhakkā dēnā)

つぐ 〔注ぐ〕
A صب (ṣabba)
P ريختن (rīk̲h̲tan)
U انڈيلنا (uṇḍēlnā)

つぐ 〔継ぐ〕
A ورث (warit̲h̲a) ;
خلف (k̲h̲alafa)

P وارث شدن (vāres shodan)
U وارث ہونا (wāris hōnā)

つくえ 〔机〕
A مكتب (maktab)
P ميز (mīz)
U ميز (mēz)

つくす 〔尽くす〕
尽力する
A بذل جهدًا كبيرًا
(badhala juhdan kabīran)
P خيلى كوشش كردن
(kheilī kūshesh kardan)
U جد و جهد كرنا
(jidd-o-jihad karnā)

つぐなう 〔償う〕
A عوض (ʻawwaḍa)
P جبران كردن (jobrān kardan);
تلافى كردن (talāfī kardan)
U تلافى كرنا (talāfī karnā)

つくる 〔作る〕
A صنع (ṣanaʻa)
P ساختن (sākhtan)
U بنانا (banānā)

つくろう 〔繕う〕
かがる
A رفأ (rafa'a)
P رفو كردن (rofū kardan)
U رفو كرنا (rafū karnā)
修理する
A أصلح ('aṣlaḥa)
P تعمير كردن (taʻmīr kardan)
U مرمت كرنا (marammat karnā)

つけ 〔付け〕
勘定書
A فاتورة (fātūra)
P صورت حساب (sūrate-hesāb)
U بل (bil)

つけもの 〔漬け物〕
A مخللات (mukhallalāt)
P ترشى (torshī)
U اچار (achār)

つける 〔付ける〕
設置する
A نصب (naṣaba)
P نصب كردن (nasb kardan)
U نصب كرنا (nasb karnā)

つげる 〔告げる〕
A أخبر ('akhbara)
P گفتن (goftan);
اطلاع دادن (ettelāʻ dādan)
U بتانا (batānā)

つごう 〔都合〕
A ظروف (ẓurūf)
P راحتى (rāhatī)
U سهولت (suhūlat)
都合のよい
A مناسب (munāsib)
P مناسب (monāseb); راحت (rāhat)
U مناسب (munāsib)

つた 〔蔦〕
A لبلاب (lablāb)
P پيچک (pīchak)
U آئوى (ā'ivī)

つたえる 〔伝える〕
A بلغ (ballagha)

P اطلاع دادن (ettelā‘ dādan)
U بتانا (batānā)

つたわる 〔伝わる〕
A انتشر (intas<u>h</u>ara)
P نقل شدن (naql <u>sh</u>odan)
U پہنچنا (pahuṇ<u>ch</u>nā)

つち 〔土〕
土地
A أرض (’arḍ)
P زمين (zamīn)
U زمين (zamīn)
土壌
A تربة (turba)
P خاک (<u>kh</u>āk)
U مٹی (miṭṭī)

つち 〔槌〕
A مطرق (miṭraq)
P چکس (<u>ch</u>akko<u>sh</u>)
U ہتھوڑا (hathauṛā)

つづき 〔続き〕
A استمرار (istimrār)
P ادامه (edāme)
U سلسلہ (silsila)
話の続き
A بقية (baqīya)
P دنباله (donbāle)
U اگلی قسط (aglī-qist)

つづく 〔続く〕
A استمر (istamarra)
P ادامه داشتن (edāme dā<u>sh</u>tan)
U جاری رہنا (jārī rahnā)

つづける 〔続ける〕
A واصل (wāṣala) ;
استمر (istamarra)
P ادامه دادن (edāme dādan)
U جاری رکھنا (jārī rakhnā)

つつじ
A أزالية (’azāliya)
P آزاليا (āzāliyā)
U ازاليا (azāliya)

つつしみ 〔慎み〕
謙遜
A احتشام (iḥti<u>sh</u>ām)
P تواضع (tavāzo‘)
U انکسار (inkisār)
自制
A امتناع (imtinā‘)
P خودداری (<u>kh</u>od-dārī)
U خودداری (<u>kh</u>ud-dārī)

つつしむ 〔慎む〕
A امتنع (imtana‘a)
P خودداری کردن (<u>kh</u>od-dārī kardan)
U پرہیز کرنا (parhēz karnā)

つつしんで 〔謹んで〕
A توقيراً و احتراماً (tawqīran wa-iḥtirāman)
P احتراماً (ehterāman)
U با احترام (bā-ehterām)

つつましい 〔慎ましい〕
謙遜な
A متواضع (mutawāḍī‘)
P متواضع (motavāze‘)
U منکسر (munkasir)
質素な
A مقتصد (muqtaṣīd)
P صرفه جو (sarfe-jū)

U كفايت شعار (kifāyat-shi‘ār)

つつみ 〔包み〕

A طرد (ṭard)

P بسته (baste)

U گٹھڑی (gaṭhṛī)

つつみ 〔堤〕

A ضفة (ḍaffa)

P پشته (poshte)

U بند (band)

つつむ 〔包む〕

A لف (laffa)

P پيچيدن (pīchīdan)

U لپيٹنا (lapēṭnā)

つづり 〔綴り〕

A هجاء (hijā’)

P هجی (hejjī)

U ہجے (hijē)

つづる 〔綴る〕

A تهجى (tahajjā)

P هجی کردن (hejjī kardan)

U ہجے کرنا (hijē karnā)

つとめ 〔勤め・務め〕

義務

A واجب (wājib)

P وظيفه (vazīfe)

U ڈيوٹی (ḍyūṭī)

仕事

A عمل (‘amal)

P کار (kār)

U کام (kām)

つとめる 〔勤める〕

A عمل (‘amila)

P کار کردن (kār kardan)

U کام کرنا (kām karnā)

つとめる 〔努める〕

試みる

A حاول (ḥāwala)

P سعی کردن (sa‘y kardan)

U آزمانا (āzmānā)

努力する

A بذل جهدًا (badhala jahdan)

P کوشش کردن (kūshesh kardan)

U کوشش کرنا (kōshish karnā)

つな 〔綱〕

A حبل (ḥabl)

P طناب (tanāb)

U رسا (rassā)

つながる 〔繋がる〕

A ارتبط (irtabaṭa)

P وصل شدن (vasl shodan)

U لگنا (lagnā)

つなぐ 〔繋ぐ〕

A ربط (rabaṭa)

P بستن (bastan)

U باندهنا (bāṇdhnā)

つね 〔常〕

常の

A عادی (‘ādī)

P معمولی (ma‘mūlī)

U معمولی (ma‘mūlī)

常に

A دائمًا (dā’iman)

P معمولاً (ma‘mūlan)

U عموماً (‘umūman)

つねる 〔抓る〕

A قرص (qaraṣa)

P نیشگون گرفتن (nīshgūn gereftan)
U نوچنا (nōchnā)

つの 〔角〕
A قرن (qarn)
P شاخ (shākh)
U سینگ (sīṇg)

つば 〔唾〕
A بصاق (buṣāq)
P تف (tof) ; آب دهان (ābe-dahān)
U تھوک (thūk)

唾を吐く
A بصق (baṣaqa)
P تف کردن (tof kardan)
U تھوکنا (thūknā)

つばき 〔椿〕
A كاميليا (kāmīliyā)
P کاملیا (kāmeliyā)
U کمیلیا (kamēliyā)

つばさ 〔翼〕
A جناح (janāḥ)
P بال (bāl)
U بال (bāl) ; بازو (bāzū)

つばめ
A سنونو (sunūnū)
P پرستو (parastū)
U ابابیل (abābīl)

つぶ 〔粒〕
A حبة (ḥabba) ; قطرة (qaṭra)
P دانه (dāne) ; قطره (qatre)
U دانہ (dāna) ; قطرہ (qatra)

つぶす 〔潰す〕
A هشم (hashshama) ; سحق (saḥaqa)
P له کردن (leh kardan) ;
خرد کردن (khord kardan)
U کچلنا (kuchalnā)

つぶやく
A همهم (hamhama)
P زمزمه کردن (zemzeme kardan) ;
غرغر کردن (ghorghor kardan)
U بڑبڑانا (buṛbuṛānā)

つぶれる 〔潰れる〕
A انهار (inhāra) ; انسحق (insaḥaqa)
P له شدن (leh shodan)
U تباہ ہونا (tabāh hōna)

つぼ 〔壺〕
A جرة (jarra)
P کوزه (kūze)
U مرتبان (martabān) ;
مٹکی (maṭkī)

つぼみ 〔蕾〕
A برعم (bur'um)
P غنچه (ghonche)
U کلی (kalī) ; غنچہ (ghuncha)

つま 〔妻〕
A زوجة (zawja)
P زن (zan)
U بیوی (bīvī)

つまさきで 〔爪先で〕
A على أطراف أصابع
('alā 'aṭrāf 'aṣābi')
P با نوک‌پا (bā nūke-pā)
U پنجوں کے بل (panjōṇ ke bal)

つまずく 〔躓く〕
A عثر ('athara) ; تعثر (ta'aththara)
P سکندری خوردن
(sekandarī khordan)

U ٹھوکر کھانا (ṭhōkar khānā)

つまようじ 〔爪楊枝〕

A مسواك (miswāk) ; خلال (khilāl)

P خلال دندان (khalāle-dandān)

U خلال (khilāl)

つまらない

A تافه (tāfih)

P ناچیز (nā-chīz)

U ذراسا (zarā-sā)

つまり 〔詰まり〕

要するに

A بعبارة أخرى (bi-'ibāra 'ukhrā)

P خلاصه (kholāse)

U الغرض (al-gharaz)

つまる 〔詰まる〕

A انسد (insadda)

P گرفته شدن (gerefte shodan)

U بند ہونا (band hōnā)

つみ 〔罪〕

法律上の罪

A جريمة (jarīma)

P جرم (jorm)

U جرم (jurm)

宗教上の罪

A إثم ('ithm)

P گناه (gonāh)

U گناه (gunāh)

罪を犯す

A ارتكب جريمة (irtakaba jarīma)

P مرتکب جرم شدن
(mortakebe-jorm shodan)

U جرم کا مرتکب ہونا
(jurm ka murtakib hōnā)

つむ 〔摘む〕

A قطف (qaṭafa)

P چیدن (chīdan)

U چننا (chunnā)

つむ 〔積む〕

A كدس (kaddasa)

P کپه کردن (koppe kardan) ;
توده کردن (tūde kardan)

U ڈھیر لگانا (ḍhēr lagānā)

荷を積む

A شحن (shaḥana)

P بار کردن (bār kardan)

U لادنا (lādnā)

つむぐ 〔紡ぐ〕

A غزل (ghazala)

P ریسیدن (rīsīdan)

U چرخہ کاتنا (charkha kātnā)

つめ 〔爪〕

A ظفر (ẓufr)

P ناخن (nākhon)

U ناخن (nākhun)

爪切り

A قلامة أظافر (qallāma 'aẓāfir)

P ناخن گیر (nākhon-gīr)

U ناخن تراش (nākhun-tarāsh)

つめこむ 〔詰め込む〕

A حشا (ḥashā)

P تپاندن (tapāndan)

U ٹھونسنا (ṭhūṇsnā)

つめたい 〔冷たい〕

A بارد (bārid)

P خنک (khonak)

U ٹھنڈا (ṭhanḍā)

つめる 〔詰める〕
A حشا (ḥas̲h̲ā)
P انباشتن (anbās̲h̲tan)
U بهرنا (bharnā)
つもり 〔積もり〕
意図
A قصد (qaṣd)
P قصد (qasd)
U اراده (irāda)
つもる 〔積もる〕
A تراكم (tarākama)
P تلنبار شدن (talanbār s̲h̲odan)
U ڈهير لگنا (ḍhēr lagnā)
つゆ 〔露〕
A ندًى (nadan)
P شبنم (s̲h̲ab-nam)
U اوس (ōs)
つゆ 〔汁〕
A حساء (ḥasā') ; شوربة (s̲h̲ūrba)
P سوپ (sūp)
U شوربا (s̲h̲orbā)
つゆ 〔梅雨〕
A فصل الأمطار (faṣlul-'amṭār)
P فصل بارانی (fasle-bārānī)
U برسات (barsāt)
つよい 〔強い〕
A قوی (qawīy)
P قوی (qavī)
U مضبوط (mazbūt)
つらい 〔辛い〕
A شاق (s̲h̲āqq) ; صعب (ṣa'b)
P سخت (sak̲h̲t) ; شاق (s̲h̲āqq)
U تلخ (talk̲h̲) ; تکلیف ده (taklīf-deh)
つらなる 〔連なる〕
A امتد (imtadda)
P کشیده شدن (kes̲h̲īde s̲h̲odan)
U سلسله هونا (silsila hōnā)
つらぬく 〔貫く〕
A اخترق (ik̲h̲taraqa)
P سوراخ کردن (sūrāk̲h̲ kardan)
U چهيدنا (c̲h̲hēdnā)
つらら 〔氷柱〕
A حبال جليدية (ḥibāl jalīdīya)
P قندیل یخ (qendīle-yak̲h̲)
U برف کی قلم (barf ki qalam)
つり 〔釣り〕
A صيد السمك (ṣaydu-s-samak)
P ماهی‌گیری (māhī-gīrī)
U مچهلی کا شکار (mac̲h̲hlī ka s̲h̲ikār)
つりあい 〔釣り合い〕
A توازن (tawāzun)
P توازن (tavāzon)
U توازن (tawāzun)
つりせん 〔釣り銭〕
A الباقی (al-bāqī)
P پول خرد (pūle-k̲h̲ord)
U ریزگاری (rēzgārī)
つる 〔鶴〕
A كركی (kurkī)
P کلنگ (kolang)
U سارس (sāras)
つる 〔蔓〕
A نبات متسلق (nabāt mutasalliq)
P پیچک (pīc̲h̲ak)

U بیل (bēl)

つる 〔釣る〕

A اصطاد السمك

(iṣṭāda-s-samak)

P ماهی‌گیری کردن

(māhī-gīrī kardan)

U مچھلی کا شکار کرنا

(machhlī ka shikār karnā)

つるす 〔吊るす〕

A علق (‘allaqa)

P آویختن (āvīkhtan)

U لٹکانا (laṭkānā)

つれ 〔連れ〕

A رفيق (rafīq)

P همراه (ham-rāh)

U ساتھی (sāthī)

つれていく 〔連れて行く〕

A أخذ (’akhadha)

P بردن (bordan)

U لے جانا (lē-jānā)

つれてくる 〔連れて来る〕

A أحضر معه (’aḥḍara ma‘a-hu)

P کسی را آوردن

(kasī rā āvardan)

U کسی کو لانا (kisī ko lānā)

て

て 〔手〕

A يد (yad)

P دست (dast)

U ہاتھ (hāth)

手の

A يدوى (yadawī)

P دستی (dastī)

U دستی (dastī)

…で

場所

A فى (fī)

P در (dar)

U میں (meṇ)

原料

A من (min)

P از (az)

U سے (se)

手段

A ب (bi)

P به (be)

U سے (se)

言語

A ب (bi)

P به (be)

U میں (meṇ)

であう 〔出会う〕
A لقى (laqiya) ; قابل (qābala)
P ملاقات كردن (molāqāt kardan)
U ملنا (milnā)

てあて 〔手当〕
治療
A علاج (‘ilāj)
P علاج (‘alāj)
U علاج (‘ilāj)
報酬
A مكافأة (mukāfa’a)
P اعانه (e‘āne)
U الاؤنس (alā’uns)

てあらい 〔手洗い〕
A مرحاض (mirḥāḍ) ;
توالیت (tuwālīt)
P توالت (toālet) ;
مستراح (mostarāh)
U پاخانه (pā-khāna) ;
بيت الخلا (baitul-khalā)

ていあん 〔提案〕
A اقتراح (iqtirāḥ)
P پیشنهاد (pīsh-nehād)
U تجویز (tajvīz)
提案する
A اقترح (iqtaraḥa)
P پیشنهاد کردن (pīsh-nehād kardan)
U تجویز کرنا (tajvīz karnā)

ディーゼル
A ديزل (dīzil)
P دیزل (dīzel)
U ڈیزل (dīzel)

ていいん 〔定員〕
A عدد محدد (‘adad muḥaddad)
P تعداد مقرر (te‘dāde-moqarrar)
U مقررہ تعداد (muqarrara ta‘dād)

ていえん 〔庭園〕
A حديقة (ḥadīqa)
P باغ (bāgh)
U باغ (bāgh)

ていおうせっかい 〔帝王切開〕
A عملية قيصرية (‘amalīya qayṣarīya)
P سزارین (sezāriyan)
U عمل قیصری (‘amale-qaisarī)

ていか 〔定価〕
A سعر محدد (si‘r muḥaddad)
P قیمت مقطوع (qeimate-maqtū‘)
U مقررہ قیمت (muqarrara qīmat)

ていか 〔低下〕
A انخفاض (inkhifāḍ)
P تنزل (tanazzol)
U گھٹاؤ (ghaṭā’o)
低下する
A انخفض (inkhafaḍa)
P تنزل کردن (tanazzol kardan)
U گھٹنا (ghaṭnā)

ていき 〔定期〕
定期の
A دوري (dawrī)
P ادواری (advārī)
U دوری (daurī) ;
باقاعدہ (bā-qā‘eda)
定期券
A تذكرة اشتراك (tadhkira ishtirāk)
P بلیط فصلی (belīte-faslī)

U موسمی ٹکٹ (mausamī ṭikaṭ)

ていぎ 〔定義〕

A تعريف (ta'rīf)

P تعریف (ta'rīf)

U تعریف (ta'rīf)

定義する

A عرف ('arrafa)

P تعریف کردن (ta'rīf kardan)

U تعریف کرنا (ta'rīf karnā)

ていきあつ 〔低気圧〕

A ضغط جوى منخفض (ḍaghṭ jawwī munkhafiḍ)

P فشار کم (feshāre-kam)

U ہوا کا کم دباؤ (hawā ka kam dabā'o)

ていきゅうな 〔低級な〕

A سوقى (sūqī)

P پست (past)

U ادنیٰ (adnā)

ていきゅうび 〔定休日〕

A عطلة دورية ('uṭla dawrīya)

P تعطیل مقرر (ta'tīle-moqarrar)

U باقاعده چهٹی (bā-qā'eda chhuṭṭī)

ていきょう 〔提供〕

A تقديم (taqdīm)

P تقدیم (taqdīm)

U پیشکش (pēsh-kash)

提供する

A قدم (qaddama)

P تقدیم کردن (taqdīm kardan)

U پیشکش کرنا (pēsh-kash karnā)

ていけい 〔提携〕

A تعاون (ta'āwun)

P همکاری (ham-kārī)

U تعاون (ta'āwun)

提携する

A تعاون (ta'āwana)

P همکاری کردن (ham-kārī kardan)

U تعاون کرنا (ta'āwun karnā)

ていけつ 〔締結〕

A عقد ('aqd)

P عقد ('aqd)

U ترتیب (tartīb)

締結する

A عقد ('aqada)

P منعقد کردن (mon'aqed kardan)

U طے کرنا (tae karnā)

ていこう 〔抵抗〕

A مقاومة (muqāwama)

P مقاومت (moqāvemat)

U مقابلہ (muqābila)

抵抗する

A قاوم (qāwama)

P مقاومت کردن (moqāvemat kardan)

U مقابلہ کرنا (muqābila karnā)

ていこく 〔帝国〕

A إمبراطورية ('imbirāṭūrīya)

P امپراطوری (emperātūrī)

U امپائر (empā'ar)

ていさい 〔体裁〕

A مظهر (maẓhar)

P ظاهر (zāher)

U ظاہری شکل (zāhirī shakl)

ていさつ〔偵察〕
- A استكشاف (istik<u>sh</u>āf)
- P اكتشاف (ekte<u>sh</u>āf)
- U جاسوسی (jāsūsī)

偵察する
- A استكشف (istak<u>sh</u>afa)
- P اكتشاف كردن (ekte<u>sh</u>āf kardan)
- U جاسوسی كرنا (jāsūsī karnā)

ていし〔停止〕
- A وقوف (wuqūf); توقف (tawaqquf)
- P توقف (tavaqqof)
- U روک (rōk)

停止する
- A وقف (waqafa); توقف (tawaqqafa)
- P توقف كردن (tavaqqof kardan); متوقف كردن (motavaqqef kardan)
- U رکنا (ruknā); روکنا (rōknā)

ていじする〔提示する〕
- A أرى ('arā)
- P ارائه كردن (erā'e kardan)
- U دكھانا (dikhānā)

ていじに〔定時に〕
- A فى الموعد المقرر (fil-maw'idil-muqarrar)
- P در وقت مقرر (dar vaqte-moqarrar)
- U مقرره وقت پر (muqarrara waqt par)

ていしゃする〔停車する〕
- A توقف (tawaqqafa)
- P توقف كردن (tavaqqof kardan)
- U رکنا (ruknā)

ていじゅうする〔定住する〕
- A استقر (istaqarra)
- P ساكن شدن (sāken <u>sh</u>odan)
- U مستقل آباد ہونا (mustaqil ābād honā)

ていしゅつする〔提出する〕
- A قدم (qaddama)
- P تقديم كردن (taqdīm kardan)
- U پیش كرنا (pē<u>sh</u> karnā)

ていせい〔訂正〕
- A تصحيح (taṣḥīḥ)
- P تصحيح (tashīh)
- U تصحيح (tashīh)

訂正する
- A صحح (ṣaḥḥaḥa)
- P تصحيح كردن (tashīh kardan)
- U تصحيح كرنا (tashīh karnā)

ていせん〔停戦〕
- A وقف إطلاق النار (waqf 'iṭlāqi-n-nār)
- P آتش بس (āte<u>sh</u>-bas)
- U التوائے جنگ (iltewā'e-jang)

ていそう〔貞操〕
- A عفاف ('afāf)
- P عصمت ('esmat)
- U عصمت ('ismat)

ティッシュペーパー
- A منديل ورقى (mindīl waraqī)
- P دستمال كاغذى (dastmāle-kāghazī)
- U ٹیش پیپر (ṭī<u>sh</u> peipar)

ていでん〔停電〕
- A انقطاع كهربائى (inqiṭā' kahrabā'ī)

P قطع برق (qat‘e-barq)
U بجلی کا تعطل (bijlī ka ta‘atul)

ていど 〔程度〕
A درجة (daraja)
P اندازه (andāze)
U حد (hadd)
ある程度
A إلى درجة ما (’ilā daraja mā)
P تا اندازه‌ای (tā andāzeī)
U کسی حد تک (kisī hadd tak)

ていとう 〔抵当〕
A رهن (rahn)
P رهن (rahn)
U گروی (girvī) ; رہن (rehn)

ていねいな 〔丁寧な〕
A مؤدب (mu’addab)
P مؤدب (mo’addab)
U با ادب (bā-adab)

ていねん 〔定年〕
A سن التقاعد (sinnu-t-taqā‘ud)
P سن بازنشستگی (senne-bāz-neshastegī)
U ریٹائرمنٹ کی عمر (riṭā’irmenṭ ki ‘umr)

ていのう 〔低能〕
A عقل ضعيف (‘aql ḍa‘īf)
P کم عقلی (kam ‘aqlī)
U کم عقلی (kam ‘aqlī)
低能な
A ضعيف العقل (ḍa‘īful-‘aql)
P کم عقل (kam ‘aql)
U کم عقل (kam ‘aql)

ていはく 〔停泊〕
A رسو (rasū)
P لنگر اندازی (langar-andāzī)
U لنگر اندازی (langar-andāzī)
停泊する
A رسا (rasā)
P لنگر انداختن (langar andākhtan)
U لنگر ڈالنا (langar ḍālnā)

ていへん 〔底辺〕
A قاعدة (qā‘ida)
P قاعده (qā’ede)
U قاعده (qā’ida)

ていぼう 〔堤防〕
A حاجز (ḥājiz)
P پشته (poshte) ; سد (sadd)
U بند (band)

ていり 〔定理〕
A نظرية (naẓarīya)
P قضيه (qazīye)
U نظریہ (nazarīya)

ていりゅうじょ 〔停留所〕
A محطة (maḥaṭṭa)
P ایستگاه (īst-gāh)
U اسٹاپ (isṭāp)

ていれ 〔手入れ〕
修理
A إصلاح (’iṣlāḥ)
P تعمیر (ta‘mīr)
U مرمت (marammat)
世話
A عناية (‘ināya)
P توجه (tavajjoh)
U دیکھ بھال (dēkh-bhāl)

データ
A معلومات (ma'lūmāt)
P داده ها (dāde-hā)
U مفروضات (mafrūzāt)

テープ
A شريط (sharīṭ)
P نوار (navār)
U ٹیپ (ṭēp)
テープに録音する
A سجل على شريط (sajjala 'alā sharīṭ)
P روی نوار ضبط کردن (rūye-navār zabt kardan)
U ٹیپ کرنا (ṭēp karnā)

テーブル
A منضدة (minḍada) ; مائدة (mā'ida)
P میز (mīz)
U میز (mēz)
テーブルクロス
A مفرش (mifrash)
P رو میزی (rū-mīzī)
U میز پوش (mēz-pōsh)

テープレコーダー
A مسجل (musajjil)
P ضبط صوت (zabte-sout)
U ٹیپ ریکارڈر (ṭep-rīkārḍar)

テーマ
A موضوع (mawḍū')
P موضوع (mouzū')
U موضوع (mauzū')

ておち 〔手落ち〕
A تقصير (taqṣīr) ; خطأ (khaṭa')
P تقصیر (taqsīr) ; خطا (khatā)
U غلطی (ghalatī) ; خطا (khatā)

てがかり 〔手掛かり〕
A دليل (dalīl)
P سراغ (sorāgh)
U سراغ (surāgh)

でかける 〔出掛ける〕
A خرج (kharaja)
P بیرون رفتن (bīrūn raftan)
U باہر جانا (bāhar jānā)

てがた 〔手形〕
A سند (sanad)
P برات (barāt) ; حواله (havāle)
U ہنڈی (hunḍī)

てがみ 〔手紙〕
A رسالة (risāla) ; خطاب (khiṭāb)
P نامه (nāme)
U خط (khatt)
手紙を書く
A كتب رسالة (kataba risāla)
P نامه نوشتن (nāme neveshtan)
U خط لکھنا (khatt likhnā)

てがら 〔手柄〕
A مأثرة (ma'thara)
P کاربزرگ (kāre-bozorg)
U کارنامہ (kār-nāma)

てがるな 〔手軽な〕
A سهل (sahl) ; بسيط (basīṭ)
P آسان (āsān) ; ساده (sāde)
U آسان (āsān) ; سادہ (sāda)

てき 〔敵〕
A عدو ('adūw)
P دشمن (doshman)
U دشمن (dushman)

きあがる〔出来上がる〕
A جاهز (jāhiz)
P حاضر شدن (hāzer shodan)
U تیار ہونا (taiyār hōnā)

きい〔敵意〕
A عداوة (‘adāwa)
P دشمنی (doshmanī)
U دشمنی (dushmanī)

きおうする〔適応する〕
A تكيف (takayyafa)
P سازگار بودن (sāzgār būdan)
U مطابق ہونا (mutābiq hōnā)

できごと〔出来事〕
A حدث (ḥadath)
P واقعه (vāqe‘e)
U واقعہ (wāqe‘a)

できしする〔溺死する〕
A مات غرقًا (māta gharqan)
P غرق شدن (gharq shodan)
U ڈوب کر مرنا (ḍūb kar marnā)

テキスト
A نص (naṣṣ)
P متن (matn)
U متن (matn)
教科書
A كتاب مدرسی (kitāb madrasī)
P کتاب درسی (ketābe-darsī)
U درسی کتاب (darsī kitāb)

てきする〔適する〕
A ناسب (nāsaba)
P مناسب بودن (monāseb būdan)
U موافق ہونا (muwāfiq hōnā)

てきせつな〔適切な〕
A مناسب (munāsib)
P مناسب (monāseb)
U مناسب (munāsib)

てきたい〔敵対〕
敵対する
A عادی (‘ādā)
P مخالفت کردن (mokhālefat kardan)
U مخالفت کرنا (mukhālifat karnā)
敵対行為
A عمل عدائی (‘amal ‘idā’ī)
P عمل خصمانه (‘amale-khasmāne)
U معاندانہ حرکت (mo‘ānidāna harkat)

できたての〔出来たての〕
A طازج (ṭāzij)
P تازه (tāze)
U تازہ (tāza)

てきとうな〔適当な〕
A مناسب (munāsib); ملائم (mulā’im)
P مناسب (monāseb); شایسته (shāyeste)
U مناسب (munāsib); موزوں (mauzūṇ)

てきはつ〔摘発〕
A إفشاء (’ifshā’)
P افشا (efshā)
U انکشاف (inkishāf)
摘発する
A أفشى (’afshā)
P افشا کردن (efshā kardan)

U انکشاف کرنا (inkishāf karnā)

てきよう 〔適用〕

A تطبيق (taṭbīq)

P مشموليت (mashmūlīyat)

U اطلاق (itlāq)

適用する

A طبق (ṭabbaqa)

P مشمول كردن (mashmūl kardan)

U اطلاق کرنا (itlāq karnā)

てきよう 〔摘要〕

A خلاصة (khulāṣa)

P خلاصه (kholāse)

U خلاصہ (khulāsa)

できる 〔出来る〕

A استطاع (istaṭā'a)

P توانستن (tavānestan)

U سکنا (saknā)

私はアラビア語(ペルシア語，ウルドゥー語)を話すことが出来る

A أستطيع أن أتكلم اللغة العربية ('astaṭī'u 'an 'atakallama-l-lughatal-'arabīya)

P من مى‌توانم فارسى حرف بزنم (man mī-tavānam fārsī harf be-zanam)

U میں اردو بول سکتا ہوں (maiṇ urdū bōl saktā hūṇ)

できるだけ 〔出来るだけ〕

A بقدر الإمكان (bi-qadril-'imkān)

P حتى الامكان (hattal-emkān)

U حتی الامکان (hattal-imkān)

てぎわ 〔手際〕

A مهارة (mahāra)

P مهارت (mahārat)

U مہارت (mahārat)

手際の良い

A ماهر (māhir)

P ماهر (māher)

U ماہر (māhir)

でぐち 〔出口〕

A مخرج (makhraj)

P خروج (khorūj)

U باہر جانے کا راستہ (bāhar jānē ka rāsta)

テクノロジー

A تكنولوجية (tiknūlūjīya)

P تكنولوژى (teknolozhī)

U ٹکنولوجی (ṭeknolojī)

てくび 〔手首〕

A معصم (mi'ṣam)

P مچ (moch)

U کلائی (kalā'ī)

てこ 〔梃子〕

A رافعة (rāfi'a)

P اهرم (ahrom)

U ليور (lēvar)

でこぼこの 〔凸凹の〕

A غير مستوٍ (ghayr-mustawin)

P ناهموار (nā-hamvār)

U ناہموار (nā-hamwār)

てごろな 〔手頃な〕

A مناسب (munāsib)

P مناسب (monāseb)

U مناسب (munāsib)

デザート

A الطبق الحلو (aṭ-ṭabaqul-ḥulw)

P دسر (deser)
U نقل (nuql)

デザイナー
A مصمم (muṣammim)
P طراح (tarrāh)
U ڈیزائنر (ḍīzā'inar)

デザイン
A تصميم (taṣmīm)
P طرح (tarh)
U ڈیزائن (ḍizā'in)

デザインする
A صمم (ṣammama)
P طراحی کردن (tarrāhī kardan)
U ڈیزائن تیار کرنا (ḍīzā'in taiyār karnā)

でし 〔弟子〕
A تلميذ (tilmīdh)
P شاگرد (shāgerd)
U شاگرد (shāgird)

てした 〔手下〕
A تابع مرؤوس (tābi' mar'ūs)
P زیردست (zīr-dast)
U ماتحت (mā-taht)

てじな 〔手品〕
A شعوذة (sha'wadha)
P شعبده (sho'bade)
U شعبده (sha'bada)

手品師
A مشعوذ (musha'widh)
P شعبده باز (sho'bade-bāz)
U شعبده باز (sha'bada-bāz)

てじゅん 〔手順〕
A ترتيب العمل (tartībul-'amal)
P ترتیب کار (tartībe-kār)
U کام کی ترتیب (kām ki tartīb)

てじょう 〔手錠〕
A غل (ghull)
P دستبند (dast-band)
U ہتھکڑی (hathkaṛī)

手錠をかける
A كبل الغل (kabbalal-ghull)
P دستبند زدن (dast-band zadan)
U ہتھکڑی لگانا (hathkaṛī lagānā)

てすう 〔手数〕
A متاعب (matā'ib)
P زحمت (zahmat)
U تکلیف (taklīf)

手数をかける
A سبب متاعب (sabbaba matā'ib)
P زحمت دادن (zahmat dādan)
U تکلیف دینا (taklīf dēnā)

てすうりょう 〔手数料〕
A عمولة ('umūla) ;
كومسيون (kūmisyūn)
P حق العمل (haqqol-'amal)
U کمیشن (komīshan)

テスト
A امتحان (imtiḥān) ;
اختبار (ikhtibār)
P امتحان (emtehān) ;
آزمایش (āzmāyesh)
U امتحان (imtehān) ;
آزمائش (āzmā'ish)

テストする
A امتحن (imtaḥana) ;
اختبر (ikhtabara)

P امتحان کردن (emtehān kardan) ;
آزمایش کردن (āzmāyesh kardan)
U امتحان لینا (imtehān lēnā) ;
آزمائش کرنا (āzmā'ish karnā)

てすり 〔手摺り〕
A مقابض الدرج (maqābiḍu-d-daraj)
P نرده (narde)
U جنگلا (janglā)

てだすけ 〔手助け〕
A مساعدة (musā'ada)
P کمک (komak)
U مدد (madad)
手助けする
A ساعد (sā'ada)
P کمک کردن (komak kardan)
U مدد کرنا (madad karnā)

でたらめ
A لغو (laghw)
P مزخرف (mozakhraf)
U بےہودگی (bē-hūdagī)

てちょう 〔手帳〕
A مفكرة (mufakkira) ; دفتر (daftar)
P دفترچهٔ یادداشت (daftarcheye-yād-dāsht)
U نوٹ بک (nōṭ-buk)

てつ 〔鉄〕
A حديد (ḥadīd)
P آهن (āhan)
U لوہا (lōhā)

てっかいする 〔撤回する〕
A سحب (saḥaba)
P پس گرفتن (pas gereftan)
U واپس لینا (wāpas lēnā)

てつがく 〔哲学〕
A فلسفة (falsafa)
P فلسفه (falsafe)
U فلسفہ (falsafa)
哲学者
A فيلسوف (faylasūf)
P فیلسوف (fīlsūf)
U فلسفی (falsafī)

デッキ
A ظهر السفينة (ẓahru-s-safīna)
P عرشه ('arshe)
U عرشہ ('arsha)

てっきょう 〔鉄橋〕
A جسر حديدي (jisr ḥadīdī)
P پل آهنی (pole-āhanī)
U لوہے کا پل (lōhē ka pul)

てっきんコンクリート 〔鉄筋コンクリート〕
A خرسانة مسلحة (kharasāna musallaḥa)
P بتن آرمه (beton ārme) ;
بتون مسلح (botone-mosallah)
U فیروکنکریٹ (fērō-konkrīṭ)

てつけ 〔手付け〕
A عربون ('arabūn)
P بیعانه (bei'āne)
U بیعانہ (bai'āna)

てつじょうもう 〔鉄条網〕
A شبكة من الأسلاك الشائكة (shabaka minal-'aslāku-sh-shā'ika)
P شبکهٔ سیم خاردار (shabakeye-sīme-khārdār)
U خاردار تاروں کا جنگلا

(khārdār tārōṇ ka janglā)

てったい 〔撤退〕
A انسحاب (insiḥāb)
P عقب نشینی (‘aqab-neshīnī)
U پشپائی (pas-pā’ī)
撤退する
A انسحب (insaḥaba)
P عقب نشستن (‘aqab neshastan)
U پسپا ہونا (pas-pā hōnā)

てつだい 〔手伝い〕
A مساعدة (musā‘ada)
P کمک (komak)
U مدد (madad)
お手伝い(女性)
A خادمة (khādima)
P کلفت (kolfat)
U نوکرانی (naukarānī)

てつだう 〔手伝う〕
A ساعد (sā‘ada)
P کمک کردن (komak kardan)
U مدد کرنا (madad karnā)

てつづき 〔手続き〕
A إجراءات (’ijrā’āt)
P تشریفات (tashrīfāt)
U کارروائی (kār-rawā’ī)
手続きをする
A أدى إجراءات (‘addā ’ijrā’āt)
P انجام تشریفات دادن (anjāme-tashrīfāt dādan)
U کارروائی کرنا (kār-rawā’ī karnā)

てっていてきな 〔徹底的な〕
A شامل (shāmil) ; كامل (kāmil)
P کامل (kāmel) ; تمام و کمال (tamām-o-kamāl)
U مکمل (mukammal)

てつどう 〔鉄道〕
A سكة حديدية (sikka-ḥadīdīya)
P راه آهن (rāh-āhan)
U ریل (rēl) ; ریلوے (rēl-wē)

てっぱいする 〔撤廃する〕
A ألغى (’alghā)
P الغا کردن (elghā kardan)
U ختم کرنا (khatam karnā)

てっぽう 〔鉄砲〕
A بندقية (bunduqīya)
P تفنگ (tofang)
U بندوق (bandūq)

てつやする 〔徹夜する〕
A سهر (sahira)
P شب زنده داشتن (shabe-zende dāshtan)
U ساری رات جاگنا (sārī rāt jāgnā)

…でなければ
A وإلا (wa-’illā)
P وگرنه (vagarna)
U ورنہ (warna)

てなずける 〔手懐ける〕
A روض (rawwaḍa)
P رام کردن (rām kardan)
U سدھانا (sadhānā)

テニス
A تنس (tinis)
P تنیس (tenīs)
U ٹینس (ṭēnis)
テニスをする
A لعب التنس (la‘iba-t-tinis)

P تنیس بازی کردن (tenīs bāzī kardan)
U ٹینس کھیلنا (ṭēnis khēlnā)
テニスコート
A ملعب التنس (mal‘abu-t-tinis)
P میدان تنیس (meidāne-tenīs)
U ٹینس کورٹ (ṭēnis kōrṭ)

てにもつ 〔手荷物〕
A أمتعة يدوية (’amti‘a yadawīya)
P اسباب دستی (asbābe-dastī)
U اسباب (asbāb)

てぬぐい 〔手拭い〕
A منشفة (min<u>sh</u>afa)
P حوله (houle)
U تولیا (tauliyā)

てのひら 〔手の平〕
A كف (kaff)
P کف دست (kaffe-dast)
U ہتھیلی (hathēlī)

デパート
A مركز تجاري (markaz tijārī)
P فروشگاه بزرگ (forū<u>sh</u>gāhe-bozorg)
U ڈپارٹمنٹ اسٹور (ḍepārṭmanṭ-isṭōr)

てはいする 〔手配する〕
A دبر (dabbara)
P تهیه کردن (tahīye kardan)
U بندوبست کرنا (band-o-bast karnā)

てばなす 〔手放す〕
A تخلى (ta<u>kh</u>allā)
P رها کردن (rahā kardan)
U چھوڑنا (c<u>h</u>hōṛnā)

てびき 〔手引き〕
指導
A إرشاد (’ir<u>sh</u>ād)
P هدایت (hedāyat)
U ہدایت (hidāyat)
案内書
A دليل (dalīl)
P کتاب راهنما (ketābe-rāhnema)
U گائڈ بک (gā’id-buk)

てぶくろ 〔手袋〕
A قفاز (quffāz)
P دستکش (dast-ke<u>sh</u>)
U دستانہ (dastānā)

デフレ
A انكماش اقتصادى (inkimā<u>sh</u> iqtiṣādī)
P تورم زدائی (tavarrom-zedā’ī)
U تفریط زر (tafrīte-zar)

てほん 〔手本〕
A مثل (ma<u>th</u>al) ; نموذج (namū<u>dh</u>aj)
P نمونه (nemūne)
U نمونہ (namūna)

デマ
A إشاعة كاذبة (’i<u>sh</u>ā‘a kā<u>dh</u>iba)
P عوام فریبی (‘avām-farībī)
U غلط افواه (<u>gh</u>alat afwāh)

てまね 〔手真似〕
A إشارة باليد (’i<u>sh</u>āra bil-yad)
P اشاره با دست (e<u>sh</u>āre bā-dast)
U ہاتھ کا اشاره (hāth ka i<u>sh</u>āra)

でむかえ 〔出迎え〕
A استقبال (istiqbāl)

P استقبال (esteqbāl)
U استقبال (isteqbāl)
出迎える
A استقبل (istaqbala)
P استقبال کردن (esteqbāl kardan)
U استقبال کرنا (isteqbāl karnā)

デモ
A مظاهرة (muẓāhara)
P تظاهرات (tazāhorāt)
U مظاہرہ (muzāhira)
デモをする
A قام بمظاهرة (qāma bi-muẓāhara)
P تظاهرات کردن
(tazāhorāt kardan)
U مظاہرہ کرنا (muzāhira karnā)

デモクラシー
A ديمقراطية (dīmuqrāṭīya)
P دموکراسی (demokrāsī) ;
مردم سالاری (mardom-sālārī)
U جمہوریت (jamhūriyat)

てもとに 〔手元に〕
A على مقربة (‘alā maqraba)
P دم دست (dame-dast)
U کے پاس (ke pās)

てら 〔寺〕
A معبد (ma‘bad)
P معبد (ma‘bad)
U مندر (mandir)

テラス
A شرفة (shurfa)
P مهتابی (mahtābī)
U چبوترا (chabūtrā)

てらす 〔照らす〕
A أضاء (’aḍā’a)
P درخشاندن (derakhshāndan)
U روشن کرنا (raushan karnā)

てる 〔照る〕
A ضاء (ḍā‘a)
P درخشیدن (derakhshīdan)
U چمکنا (chamaknā)

でる 〔出る〕
外に出る
A خرج (kharaja)
P بیرون رفتن (bīrūn raftan)
U باہر جانا (bāhar jānā)
出発する
A غادر (ghādara)
P حرکت کردن (harakat kardan)
U روانہ ہونا (rawāna hōnā)
出席する
A حضر (ḥaḍara)
P حاضر شدن (hāzer shodan)
U حاضر ہونا (hāzir hōnā)

テレビ
A تلفزيون (tilifizyūn)
P تلویزیون (televīzyon)
U ٹیلی ویژن (ṭelīvīzhan)
テレビを見る
A شاهد التلفزيون
(shāhada-t-tilifizyūn)
P تلویزیون تماشا کردن
(televīzyon tamāshā kardan)
U ٹیلی ویژن دیکھنا
(ṭelīvīzhan dēkhnā)

てれる 〔照れる〕
A خجل (khajila)
P کمروئی کردن (kam-rū'ī kardan)
U شرمنده ہونا (sharminda hōnā)

テロ
A إرهاب ('irhāb)
P ترور (teror)
U دہشت انگیزی (dahshat-angēzī)

テロリスト
A إرهابی ('irhābī)
P تروریست (terorīst)
U دہشت پسند (dahshat-pasand)

てわたす 〔手渡す〕
A سلم (sallama)
P تحویل دادن (tahvīl dādan)
U حوالے کرنا (havāle karnā)

てん 〔天〕
A سماء (samā')
P آسمان (āsemān)
U آسمان (āsmān)

てん 〔点〕
A نقطة (nuqṭa)
P نقطه (noqte)
U نقطہ (nuqta)

でんあつ 〔電圧〕
A جهد كهربائی (juhd kahrabā'ī)
P ولتاژ (voltāzh)
U وولٹیج (volṭēj)

てんいん 〔店員〕
A （男） بائع (bā'i') ;
（女） بائعة (bā'i'a)
P （男） فروشنده (forūshande) ;
（女） خانم فروشنده
(khānome-forūshande)
U （男） دکان والا (dukān-wālā) ;
（女） دکان والی (dukān-wālī)

でんえん 〔田園〕
A ریف (rīf)
P روستا (rūstā)
U دیہات (dēhāt)

田園生活
A حياة ريفية (ḥayā rīfīya)
P زندگی روستائی
(zendegīye-rūstā'ī)
U دیہی زندگی (dēhī zindagī)

てんかん
A مرض الصرع (maraḍu-ṣ-ṣar')
P صرع (sar')
U مرگی (mirgī)

てんき 〔天気〕
A جو (jaww) ; طقس (ṭaqs)
P هوا (havā)
U موسم (mausam)

でんき 〔電気〕
A كهرباء (kahrabā')
P برق (barq)
U بجلی (bijlī)

でんき 〔伝記〕
A سيرة (sīra)
P زندگی‌نامه (zendegī-nāme) ;
شرح حال (sharhe-hāl)
U سوانح عمری (sawānehe-'umrī)

でんきゅう 〔電球〕
A لمبة كهربائية (lamba kahrabā'īya)
P لامپ (lāmp)
U بلب (balb)

てんきょ 〔転居〕
A انتقال (intiqāl)
P نقل مکان (naqle-makān)
U نقل مکانی (naqle-makānī)
転居する
A انتقل (intaqala)
P نقل مکان کردن (naqle-makān kardan)
U نقل مکانی کرنا (naqle-makānī karnā)
転居先
A عنوان جديد (‘unwān jadīd)
P آدرس جدید (ādrese-jadīd)
U نیا پتا (nayā patā)

てんきん 〔転勤〕
A انتقال المكتب (intiqālul-maktab)
P انتقال (enteqāl)
U تبدیلی (tabdīlī)

てんけい 〔典型〕
A مثال (mithāl)
P نمونه (nemūne)
U مثال (misāl)
典型的な
A مثالي (mithālī)
P نمونه‌ای (nemūneī)
U مثالی (misālī)

てんこうする 〔転校する〕
A انتقل إلى مدرسة أخرى (intaqala ’ilā madrasa ’ukhrā)
P مدرسه عوض کردن (madrese ‘avaz kardan)
U اسکول بدلنا (iskūl badalnā)

てんごく 〔天国〕
A جنة (janna) ; فردوس (firdaws)
P بهشت (behesht) ; جنت (jannat)
U جنت (jannat) ; بہشت (bahisht)

でんごん 〔伝言〕
A رسالة (risāla)
P پیغام (peighām)
U پیغام (paighām)

てんさい 〔天才〕
A عبقري (‘abqarī) ; نابغة (nābigha)
P نابغه (nābeghe)
U نابغہ (nābigha)

てんさい 〔天災〕
A مصيبة طبيعية (muṣība ṭabī‘īya)
P بلای آسمانی (balāye-āsemānī)
U آسمانی آفت (āsmānī āfat)

てんし 〔天使〕
A ملاك (malāk) ; ملك (malak)
P فرشته (fereshte)
U فرشتہ (farishta)

てんじ 〔点字〕
A برايل (barāyil)
P بریل (breil)
U بریل (breil)

てんじ 〔展示〕
A عرض (‘arḍ)
P نمایش (nemāyesh)
U نمائش (numā’ish)
展示する
A عرض (‘araḍa)
P نمایش دادن (nemāyesh dādan)
U نمائش کرنا (numā’ish karnā)

でんし 〔電子〕
A إلكترون ('iliktrūn)
P الكترون (elektron)
U اليکٹرون (elēkṭron)

でんしゃ 〔電車〕
A قطار كهربائى (qiṭār kahrabā'ī)
P قطار برقى (qatāre-barqī)
U برقى گاڑى (barqī gāṛī)

市街電車
A ترام (turām)
P تراموا (terāmvā)
U ٹريم (ṭrēm)

てんじょう 〔天井〕
A سقف (saqf)
P سقف (saqf)
U چهت (chhat)

でんしょばと 〔伝書鳩〕
A حمام زاجل (ḥamām zājil)
P كبوتر قاصد (kabūtare-qāsed);
كبوتر نامه‌بر (kabūtare-nāme bar)
U نامہ‌بر كبوتر (nāma-bar kabūtar)

でんしん 〔電信〕
A تلغراف (tilighrāf)
P تلگراف (telegrāf)
U تار (tār)

てんすう 〔点数〕
成績
A درجة (daraja)
P نمره (nomre)
U نمبر (nambar)

スポーツ
A نقطة (nuqṭa)
P نقطه (noqte)
U پائنٹ (pā'inṭ)

でんせつ 〔伝説〕
A أسطورة ('usṭūra)
P اسطوره (ostūre);
افسانه (afsāne)
U روايت (riwāyat)

でんせん 〔伝染〕
A عدوى ('adwā)
P سرايت (serāyat)
U چهوت (chhūt)

伝染する
A عدا ('adā)
P سرايت كردن (serāyat kardan)
U چهوت لگنا (chhūt lagnā)

伝染病
A مرض معدٍ (maraḍ mu'din)
P بيمارى مسرى (bīmārīye-mosrī)
U چهوت كى بيمارى (chhūt ki bimārī)

でんせん 〔電線〕
A سلك كهربائى (silk kahrabā'ī)
P سيم برق (sīme-barq)
U بجلى كا تار (bijlī ka tār)

てんたい 〔天体〕
A جرم سماوى (jirm samāwī);
فلك (falak)
P جرم آسمانى (jerme-āsemānī)
U اجرام فلكى (ajrāme-falakī)

でんち 〔電池〕
A بطارية (baṭṭārīya)
P باترى (bātrī)
U بيڑى (baiṭrī)

乾電池
A بطارية جافة (baṭṭārīya jāffa)
P باتری خشک (bātrīye-khoshk)
U خشک بیڑی (khushk baiṭrī)

でんちゅう〔電柱〕
A عمود كهربائى (‘amūd kahrabā’ī)
P تیر برق (tīre-barq)
U بجلی کا کھمبا (bijlī ka khambā)

テント
A خيمة (khayma)
P چادر (chādor) ; خیمه (kheime)
U خیمہ (khēma) ; تنبو (tanbū)
テントを張る
A نصب خيمة (naṣaba khayma)
P چادر زدن (chādor zadan)
U خیمہ لگانا (khēma lagānā)

でんとう〔伝統〕
A تقليد (taqlīd)
P سنت (sonnat)
U روایت (riwāyat)
伝統的
A تقليدى (taqlīdī)
P سنتی (sonnatī)
U روایتی (riwāyatī)

でんとう〔電灯〕
A نور كهربائى (nūr kahrabā’ī)
P چراغ برق (cherāghe-barq)
U بجلی کی بتی (bijlī ki battī)

でんどう〔伝道〕
A تبشير (tabshīr)
P تبلیغ (tablīgh)
U تبلیغ (tablīgh)
伝道する
A بشر (bashshara)
P تبلیغ کردن (tablīgh kardan)
U تبلیغ کرنا (tablīgh karnā)

てんねん〔天然〕
A طبيعة (ṭabī‘a)
P طبیعت (tabī‘at)
U قدرت (qudrat)
天然の
A طبيعى (ṭabī‘ī)
P طبیعی (tabī‘ī)
U قدرتی (qudratī)

てんねんとう〔天然痘〕
A جدرى (judarī)
P آبله (ābele)
U چیچک (chēchak)

てんのう〔天皇〕
A إمبراطور (’imbarāṭūr)
P امپراتور (emperātūr)
U شہنشاہ (shahinshāh)

でんぱ〔電波〕
A موجة كهربائية
(mawja kahrabā’īya)
P موج الکتریکی (mouje-elektrīkī)
U ریڈیائی لہر (rēḍīyā’ī lahar)
電波探知機(レーダー)
A رادار (rādār)
P رادار (rādār)
U راڈر (rāḍar)

でんぴょう〔伝票〕
A فاتورة (fātūra)
P برگه (barge)
U رقم کی رسید (raqam ki rasīd)

てんびん 〔天秤〕
A ميزان (mīzān)
P ترازو (tarāzū)
U ترازو (tarāzū)

てんぷくする 〔転覆する〕
A انقلب (inqalaba)
P واژگون شدن (vāzhgūn shodan)
U الٹنا (ulaṭnā)

てんぶん 〔天分〕
A موهبة (mawhiba)
P استعداد فطری (este'dāde-fetrī)
U قدرتی صلاحیت (qudratī salāhiyat)

でんぷん 〔澱粉〕
A نشاء (nashā')
P نشاسته (neshāste)
U نشاستہ (nishāsta)

てんぼう 〔展望〕
A منظر (manẓar)
P چشم انداز (cheshm-andāz)
U نظاره (nazzāra)

でんぽう 〔電報〕
A برقية (barqīya)
P تلگراف (telegrāf)
U تار (tār)

電報を打つ
A أرسل برقية ('arsala barqīya)
P تلگراف کردن (telegrāf kardan)
U تار دینا (tār dēnā)

デンマーク
A الدانمرك (ad-dānmark)
P دانمارک (dānmārk)
U ڈنمارک (ḍenmārk)

デンマークの(人)
A دانمركى (dānmarkī)
P دانمارکی (dānmārkī)
U ڈنمارکی (ḍenmārkī)

てんもんがく 〔天文学〕
A علم الفلك ('ilmul-falak)
P ستاره شناسی (setāre-shenāsī)
U فلکیات (falakiyāt)

天文学者
A عالم فلكى ('ālim falakī)
P ستاره شناس (setāre-shenās)
U ماہر فلکیات (māhire-falakiyāt)

てんもんだい 〔天文台〕
A مرصد (marṣad)
P رصدخانه (rasad-khāne)
U رصدگاه (rasad-gāh)

てんらんかい 〔展覧会〕
A معرض (ma'riḍ)
P نمایشگاه (nemāyesh-gāh)
U نمائش‌گاه (numā'ish-gāh)

でんりゅう 〔電流〕
A تيار كهربائى (tayyār kahrabā'ī)
P جریان برق (jarayāne-barq)
U برقی رو (barqī-rau)

でんりょく 〔電力〕
A طاقة كهربائية (ṭāqa kahrabā'īya)
P نیروی برق (nīrūye-barq)
U برقی قوت (barqī-quwwat)

でんわ 〔電話〕
A تليفون (tilīfūn) ; هاتف (hātif)
P تلفن (telefon)
U ٹیلی فون (ṭelīfon) ; فون (fon)

電話をかける

A اتصل بالتليفون (ittaṣala bi-t-tilīfūn)

P تلفن كردن (telefon kardan)

U ٹیلی فون کرنا (ṭelīfon karnā)

電話番号

A رقم التليفون (raqmu-t-tilīfūn)

P شمارهٔ تلفن (shomāreye-telefon)

U ٹیلی فون نمبر (ṭelīfon nambar)

電話帳

A دليل التليفون (dalīlu-t-tilīfūn)

P دفتر راهنمای تلفن (daftare-rāhnemāye-telefon)

U ٹیلی فون ڈائرکٹری (ṭelīfon ḍā'irekṭrī)

と

と 〔戸〕

A باب (bāb)

P در (dar)

U دروازہ (darwāza)

…と

および

A و (wa)

P و (va/o)

U اور (aur)

ともに

A مع (ma'a)

P با (bā)

U کے ساتھ (ke sāth)

ど 〔度〕

回数

A مرة (marra)

P بار (bār)

U بار (bār)

限度

A حد (ḥadd)

P حد (hadd)

U حد (hadd)

湿度・角度

A درجة (daraja)

P درجه (daraje)

U درجہ (darja)

ドア

→と〔戸〕

とい 〔問い〕

A سؤال (su'āl)

P سؤال (so'āl)

U سوال (sawāl)

とい 〔樋〕

A مزراب (mīzrāb)

P ناودان (nāvdān)

U پرنالی (parnālī)

といあわせ 〔問い合わせ〕
A استفسار (istifsār)
P مراجعه (morāje'e)
U دریافت (daryāft)
問い合わせる
A استفسر (istafsara)
P مراجعه کردن (morāje'e kardan)
U دریافت کرنا (daryāft karnā)

といし 〔砥石〕
A حجر الشحذ (ḥajaru-sh-shaḥdh)
P سنگ ساب (sange-sāb)
U سان (sān)

ドイツ
A ألمانيا ('almāniyā)
P آلمان (ālmān)
U جرمنی (jarmanī)
ドイツの(人)
A ألمانی ('almānī)
P آلمانی (ālmānī)
U جرمن (jarman)

トイレ
A تواليت (tuwālīt)；
مرحاض (mirḥāḍ)
P توالت (toālet)；
مستراح (mostarāh)
U پاخانہ (pā-khāna)；
بیت‌الخلا (baitul-khalā)

とう 〔問う〕
A سأل (sa'ala)
P پرسیدن (porsīdan)
U پوچھنا (pūchhnā)

とう 〔塔〕
A برج (burj)
P برج (borj)
U مینار (mīnār)

とう 〔党〕
A حزب (ḥizb)
P حزب (hezb)
U جماعت (jamā'at)；پارٹی (pārṭī)

とう 〔籐〕
A خيزرانة (khayzrāna)
P راتان (rātān)
U بید (bēd)

…とう 〔…等〕
A إلى آخره ('ilā ākhirihi)
P وغيره (vagheire)
U وغيره (waghaira)

どう 〔胴〕
A جذع (jidh')
P تنه (tane)
U دھڑ (dhaṛ)

どう 〔銅〕
A نحاس (nuḥās)
P مس (mes)
U تانبا (tānbā)

どう
何
A ماذا (mādhā)
P چه (che)
U کیا (kyā)
どのように
A كيف (kayfa)
P چطور (che-tour)
U کیسا (kaisā)

とうあん 〔答案〕
A ورقة الإجابة (waraqatul-'ijāba)

P ورقهٔ امتحان (varaqeye-emtehān)
U پرچہ (parc̲h̲a)

どうい 〔同意〕
A موافقة (muwāfaqa)
P موافقت (movāfeqat)
U اتفاق (ittefāq)
同意する
A وافق (wāfaqa)
P موافقت کردن (movāfeqat kardan)
U اتفاق کرنا (ittefāq karnā)

どういたしまして
A عفواً (‘afwan)
P خواهش می‌کنم (k̲h̲āhes̲h̲ mī-konam)
U کوئی بات نہیں (kō’ī bāt nahīṇ)

とういつ 〔統一〕
A توحيد (tawḥīd) ; اتحاد (ittiḥād)
P اتحاد (ettehād)
U اتحاد (ittehād)
統一する
A وحد (waḥḥada)
P متحد کردن (mottahed kardan)
U متحد کرنا (muttahid karnā)

どういつの 〔同一の〕
A نفس (nafs)
P یکسان (yek-sān)
U ایک ہی (ēk-hī)

どういん 〔動員〕
A تعبئة (ta‘bi’a)
P بسیج (basīj)
U نقل و حرکت (naql-o-harkat)
動員する
A عبأ (‘abba’a)
P بسیج کردن (basīj kardan)
U نقل و حرکت کرنا (naql-o-harkat karnā)

とうか 〔灯火〕
A مصباح (miṣbāḥ)
P چراغ (c̲h̲erāg̲h̲)
U چراغ (c̲h̲irāg̲h̲)

どうか 〔同化〕
A اندماج (indimāj)
P جذب (jazb)
U جذب (jazb)
同化する
A اندمج (indamaja)
P جذب شدن (jazb s̲h̲odan)
U جذب ہونا (jazb hōnā)

どうか 〔銅貨〕
A عملة نحاسية (‘umla nuḥāsīya)
P سکهٔ مس (sekkeye-mes)
U تانبے کا سکہ (tānbē ka sikka)

どうか →どうぞ

とうがらし 〔唐辛子〕
A فلفل أحمر (filfil ’aḥmar) ; شطة (s̲h̲aṭṭa)
P فلفل قرمز (felfele-qermez)
U لال مرچ (lāl mirc̲h̲)

とうき 〔投機〕
A مضاربة (muḍāraba)
P سفته بازی (safte-bāzī)
U سٹا (saṭṭā)

とうき 〔陶器〕
A فخار (fak̲h̲k̲h̲ār)

P ظروف سفالی (zorūfe-sefālī)
U مٹی کا برتن (miṭṭī ka bartan)

とうき 〔登記〕
A تسجيل (tasjīl)
P ثبت (sabt)
U رجسٹری (rejisṭrī)
登記する
A سجل (sajjala)
P ثبت کردن (sabt kardan)
U رجسٹری کرانا (rejisṭrī karānā)

とうき 〔騰貴〕
A ارتفاع الأثمان (irtifā'ul-'at̲h̲mān)
P افزايش بها (afzāyes̲h̲e-bahā)
U قیمت میں اضافہ (qīmat meṇ izāfa)

とうぎ 〔討議〕
A مناقشة (munāqas̲h̲a)
P مباحثه (mobāhese)
U مباحثہ (mubāhisa)
討議する
A ناقش (nāqas̲h̲a)
P مباحثه کردن (mobāhese kardan)
U مباحثہ کرنا (mubāhisa karnā)

どうき 〔動悸〕
A خفق (k̲h̲afq)
P تپش (tapes̲h̲)
U دھڑکن (dhaṛkan)
動悸がする
A خفق (k̲h̲afaqa)
P تپيدن (tapīdan)
U دھڑکنا (dhaṛaknā)

どうき 〔動機〕
A دافع (dāfi')
P انگیزه (angīze)
U محرک (moharrik)

どうぎ 〔動議〕
A اقتراح (iqtirāḥ)
P پیشنهاد (pīs̲h̲-nehād)
U تجویز (tajvīz)

どうぎご 〔同義語〕
A مرادف (murādif)
P مترادف (motarādef)
U مترادف (mutarādif)

とうきゅう 〔等級〕
A درجة (daraja)
P درجه (daraje)
U درجہ (darja)

どうきゅうせい 〔同級生〕
A رفيق الصف (rafīqu-ṣ-ṣaff)
P هم کلاسی (ham-kelāsī)
U ہم جماعت (ham-jamā'at)

どうぎょうしゃ 〔同業者〕
A رجل فى نفس العمل (rajul fī nafsil-'amal)
P همکار (ham-kār)
U ہم پیشہ (ham-pēs̲h̲a)

とうきょく 〔当局〕
A السلطات (as-sulṭāt)
P مقامات (maqāmāt)
U حکام (hukkām)

どうきょする 〔同居する〕
A سكن معًا (sakana ma'an)
P باهم زندگی کردن (bāham zendegī kardan)
U ساتھ رہنا (sāth rahnā)

どうぐ 〔道具〕
A أداة ('adā)
P ابزار (abzār)
U آلہ (āla)

どうくつ 〔洞窟〕
A غار (ghār) ; كهف (kahf)
P غار (ghār)
U غار (ghār)

とうげ 〔峠〕
A ممر الجبل (mamarrul-jabal)
P گردنه (gardane)
U دره (darra)

とうけい 〔統計〕
A إحصائية ('iḥṣā'īya)
P آمار (āmār)
U اعداد و شمار (a'dād-o-shumār)

とうけい 〔東経〕
A خط الطول الشرقى
(khaṭṭu-ṭ-ṭūlu-sh-sharqī)
P طول شرقى (tūle-sharqī)
U مشرقى طول‌البلد
(mashriqī tūlul-balad)

どうけし 〔道化師〕
A مهرج (muharrij)
P مسخره (maskhare) ;
دلقک (dalqak)
U مسخره (maskhara)

どうけん 〔同権〕
A مساواة (musāwā)
P تساوى حقوق (tasāvīye-hoqūq)
U مساوى حقوق (musāvī huqūq)
男女同権
A مساواة بين الرجل و المرأة
(musāwā bayna-r-rajul wal-mar'a)
P تساوى حقوق مرد و زن
(tasāvīye-hoqūqe-mard-o-zan)
U مرد اور عورت کے مساوى حقوق
(mard aur 'aurat ke musāvī huqūq)

とうごう 〔統合〕
A توحيد (tawḥīd)
P ادغام (edghām)
U ادغام (idghām)
統合する
A وحد (waḥḥada)
P ادغام کردن (edghām kardan)
U مدغم کرنا (madgham karnā)

どうこう 〔瞳孔〕
A إنسان العين ('insānul-'ayn)
P مردمک (mardomak)
U پتلى (putlī)

とうこうする 〔登校する〕
A ذهب إلى المدرسة
(dhahaba 'ilal-madrasa)
P به مدرسه رفتن
(be-madrese raftan)
U اسکول جانا (iskūl jānā)

とうこうする 〔投降する〕
A استسلم (istaslama)
P تسليم شدن (taslīm shodan)
U ہتھيار ڈالنا (hathiyār ḍālnā)

どうさ 〔動作〕
A حركة (ḥaraka)
P حرکت (harakat)
U حرکت (harkat)

どうさつりょく 〔洞察力〕
A بصيرة (baṣīra)

P بصيرت (basīrat)
U بصيرت (basīrat)

とうざよきん　〔当座預金〕
A حساب جارٍ (ḥisāb jārin)
P حساب جارى (hesābe-jārī)
U جارى امانت (jārī amānat)

とうさん　〔倒産〕　──→はさん〔破産〕

どうさん　〔動産〕
A أموال منقولة ('amwāl manqūla)；
منقولات (manqūlāt)
P اموال منقول (amvāle-manqūl)
U جائداد منقولہ (jā'edāde-manqūla)

とうし　〔投資〕
A استثمار الأموال (istithmārul-'amwāl)
P سرمايه گذارى (sarmāye-gozārī)
U سرمايہ كارى (sarmāya-kārī)

投資する
A استثمر مالاً (istathmara mālan)
P سرمايه گذاشتن (sarmāye gozāshtan)
U سرمايہ‌كارى كرنا (sarmāya-kārī karnā)

とうし　〔闘志〕
A روح المقاتلة (rūḥul-muqātala)
P روحيهٔ جنگى (rūhīyeye-jangī)
U ہمت (himmat)

とうじ　〔冬至〕
A الانقلاب الشتوى (al-inqilābu-sh-shatawī)
P انقلاب شتوى (enqelābe- shatavī)
U انقلاب شتوى (inqilābe-shatawī)

とうじ　〔当時〕
A فى ذٰلك الوقت (fī dhālikal-waqt)
P در آن وقت (dar ān vaqt)
U اس وقت (us waqt)

どうし　〔動詞〕
A فعل (fi'l)
P فعل (fe'l)
U فعل (fe'l)

自動詞
A فعل لازم (fi'l lāzim)
P فعل لازم (fe'le-lāzem)
U فعل لازم (fe'le-lāzim)

他動詞
A فعل متعدٍ (fi'l muta'addin)
P فعل متعدى (fe'le-mota'addī)
U فعل متعدى (fe'le-muta'addī)

どうし　〔同士〕
A رفيق (rafīq)；زميل (zamīl)
P رفيق (rafīq)；يار (yār)
U ساتهى (sāthī)；رفيق (rafīq)

とうしする　〔凍死する〕
A مات من البرد (māta minal-bard)
P از سرما مردن (az sarmā mordan)
U سردى سے مرنا (sardī se marnā)

どうじだい　〔同時代〕
同時代の(人)
A معاصر (mu'āṣir)
P معاصر (mo'āser)
U ہم‌عصر (ham-'asr)

とうじつ　〔当日〕
A ذٰلك اليوم (dhālikal-yawm)
P آن روز (ān rūz)
U اس دن (us din)

どうして

なぜ

A لماذا (limādhā)

P چرا (cherā)

U کیوں (kyōṇ)

いかにして

A كيف (kayfa)

P چطور (che-tour)

U کیسے (kaisē)

どうしても

A بأى شكل (bi-'ayy shakl)

P بهر وسيله كه باشد (be-har vasīle ke bāshad)

U ہر طرح سے (har tarah se)

どうじに 〔同時に〕

A فى نفس الوقت (fī nafsil-waqt)

P در عين حال (dar 'eine-hāl)

U ایک ہی وقت (ēk hī waqt)

どうじょう 〔同情〕

A عطف ('aṭf)

P همدردى (ham-dardī)

U ہمدردی (ham-dardī)

同情する

A عطف ('aṭafa)

P همدردى كردن (ham-dardī kardan)

U ہمدردی کرنا (ham-dardī karnā)

とうじょうする 〔登場する〕

A ظهر (ẓahara)

P ظاهر شدن (zāher shodan)

U ظاہر ہونا (zāhir hōnā)

とうすい 〔陶酔〕

A وجد (wajd)

P وجد (vajd)

U وجد (vajd)

とうせい 〔統制〕

A تحكم (taḥakkum)

P كنترل (kontrol)

U کنٹرول (konṭrol)

統制する

A تحكم (taḥakkama)

P كنترل كردن (kontrol kardan)

U کنٹرول کرنا (konṭrol karnā)

どうせいあい 〔同性愛〕

A لواط (liwāṭ)

P همجنس بازى (ham-jens bāzī)

U ہمجنس پسندی (ham-jins pasandī)

同性愛者

A لوطى (lūṭī)

P همجنس باز (ham-jens bāz)

U ہمجنس پسند (ham-jins pasand)

とうせんする 〔当選する〕

A انتخب (untukhiba)

P انتخاب شدن (entekhāb shodan)

U منتخب ہونا (muntakhab hōnā)

とうぜんの 〔当然の〕

A طبيعى (ṭabī'ī)

P طبيعى (tabī'ī)

U قدرتی (qudratī)

どうぞ

A تفضل (tafaḍḍal)

P لطفاً (lotfan) ;

بفرماييد (be-farmāyīd)

U مہربانی کر کے (mehrbānī kar-ke)

とうそう 〔逃走〕

A فرار (firār)

P فرار (farār)

U فرار (farār)

逃走する

A فر (farra)

P فرار کردن (farār kardan)

U بھاگنا (bhāgnā)

とうそう 〔闘争〕

A كفاح (kifāḥ)

P مبارزه (mobāreze)

U کشمکش (kash-ma-kash)

どうぞう 〔銅像〕

A تمثال برونزى (timthāl burūnzī)

P مجسمهٔ مفرغی (mojassameye-mefraghī)

U کانسی کا مجسمہ (kāṇsī ka mujassama)

どうそうかい 〔同窓会〕

A جمعية المتخرجين (jam'īyatul-mutakharrijīn)

P انجمن فارغ التحصیلان (anjomane-fāregh-ot-tahsīlān)

U انجمن طلبائے قدیم (anjumane-tulabā'e-qadīm)

とうぞく 〔盗賊〕

A لص (liṣṣ) ; سارق (sāriq)

P دزد (dozd) ; سارق (sāreq)

U چور (chōr)

とうだい 〔灯台〕

A منارة (manāra)

P فانوس دریائی (fānūse-daryā'ī) ; فار (fār)

U روشنی کا مینار (raushnī ka mīnār)

とうたつする 〔到達する〕

A توصل (tawaṣṣala)

P رسیدن (resīdan)

U پہنچنا (pahuṇchnā)

とうち 〔統治〕

A حكم (ḥukm)

P حکومت (hokūmat)

U حکومت (hukūmat)

統治する

A حكم (ḥakama)

P حکومت کردن (hokūmat kardan)

U حکومت کرنا (hukūmat karnā)

とうちゃくする 〔到着する〕

A وصل (waṣala)

P رسیدن (resīdan)

U پہنچنا (pahuṇchnā)

とうとい 〔尊い・貴い〕

高貴な

A شريف (sharīf) ; نبيل (nabīl)

P شریف (sharīf)

U شریف (sharīf)

貴重な

A نفيس (nafīs)

P نفیس (nafīs)

U قیمتی (qīmatī)

とうとう

A أخيرًا ('akhīran)

P بالاخره (bel-akhare)

U آخرکار (ākhir-kār)

どうとう 〔同等〕

A مساواة (musāwā)

P برابری (barābarī) ; مساوات (mosāvāt)

U برابری (barābarī)
同等の
A مساوٍ (musāwin)
P برابر (barābar)；
مساوی (mosāvī)
U برابر (barābar)
どうとく 〔道徳〕
A أخلاق ('akhlāq)
P اخلاق (akhlāq)
U اخلاق (akhlāq)
道徳的
A أخلاقی ('akhlāqī)
P اخلاقی (akhlāqī)
U اخلاقی (akhlāqī)
とうとぶ 〔尊ぶ〕
A احترم (iḥtarama)
P احترام گذاشتن
(ehterām gozāshtan)
U عزت کرنا ('izzat karnā)
とうなん 〔盗難〕
A سرقة (sariqa)
P دزدی (dozdī)；سرقت (serqat)
U چوری (chōrī)
盗難品
A مسروقات (masrūqāt)
P مال مسروقه (māle-masrūqe)
U مسروقه سامان (masrūqa sāmān)
とうなんの 〔東南の〕
A جنوب شرقی (janūb sharqī)
P جنوب شرقی (jonūb sharqī)
U جنوب مشرقی (junūb mashriqī)
どうにか
A بطریقة ما (bi-ṭarīqa-mā)
P بطریقی (be-tarīqī)
U کسی نہ کسی طرح (kisī na kisī tarah)
どうにゅうする 〔導入する〕
A أدخل ('adkhala)
P داخل کردن (dākhel kardan)
U داخل کرنا (dākhil karnā)
とうにょうびょう 〔糖尿病〕
A مرض السکر (maraḍu-s-sukkar)
P بیماری قند (bīmārīye-qand)
U ذیابیطس (zayābītas)
どうはん 〔同伴〕
A مرافقة (murāfaqa)
P همراهی (ham-rāhī)
U ہمرکابی (ham-rikābī)
同伴する
A رافق (rāfaqa)
P همراهی کردن (ham-rāhī kardan)
U ساتھ جانا (sāth jānā)
同伴者
A مرافق (murāfiq)
P همراه (ham-rāh)
U ساتھ جانے والا (sāth jānē-wālā)
とうひょう 〔投票〕
A تصویت (taṣwīt)
P رأی (ra'y)
U ووٹ (vōṭ)
投票する
A صوت (ṣawwata)
P رأی دادن (ra'y dādan)
U ووٹ دینا (vōṭ dēnā)
どうふうする 〔同封する〕
A أرفق ('arfaqa)

P پیوست کردن (peivast kardan)
U ملفوف کرنا (malfūf karnā)

どうぶつ 〔動物〕
A حيوان (ḥayawān)
P جانور (jānevar) ; حیوان (heivān)
U جانور (jānwar)
動物園
A حديقة حيوان (ḥadīqa ḥayawān)
P باغ وحش (bāghe-vahsh)
U چڑیا گھر (chiṛiyā-ghar)

とうぶん 〔当分〕
A لمدة ما (li-mudda mā)
P مدتی (moddatī)
U کچھ عرصے کے لیے (kuchh ‘arsē ke liye)

とうぼう 〔逃亡〕
A فرار (firār) ; هروب (hurūb)
P فرار (farār)
U فرار (farār)
逃亡する
A فر (farra) ; هرب (haraba)
P فرار کردن (farār kardan)
U بھاگنا (bhāgnā) ;
فرار کرنا (farār karnā)

どうほう 〔同胞〕
A مواطن (muwāṭin)
P هم‌وطن (ham-vatan)
U ہم‌وطن (ham-watan)

どうみゃく 〔動脈〕
A شريان (shiryān)
P سرخرگ (sorkh-rag) ;
شریان (sharayān)
U شریان (shiryān)

どうめい 〔同盟〕
A حلف (ḥilf)
P اتحاد (ettehād)
U اتحاد (ittehād)

とうめいな 〔透明な〕
A شفاف (shaffāf)
P شفاف (shaffāf)
U شفاف (shaffāf)

どうもうな 〔獰猛な〕
A وحشي (waḥshī)
P وحشی (vahshī)
U وحشی (wahshī)

とうもろこし
A ذرة (dhura)
P ذرت (zorrat)
U مکئی (maka'ī)

とうゆ 〔灯油〕
A كيروسين (kīrūsīn)
P نفت سفید (nafte-sefīd)
U مٹی کا تیل (miṭṭī ka tēl)

とうよう 〔東洋〕
A شرق (sharq)
P شرق (sharq) ; خاور (khāvar)
U مشرق (mashriq)
東洋の(人)
A شرقي (sharqī)
P شرقی (sharqī)
U مشرقی (mashriqī)

どうよう 〔童謡〕
A أغنية للأطفال ('ughnīya lil-'aṭfāl)
P سرود کودکان (sorūde-kūdakān)
U بچوں کا گیت (bachchōṇ ka gīt)

どうよう 〔動揺〕
A حيرة (ḥayra)
P اضطراب (ezterāb)
U اضطراب (izterāb)
動揺する
A احتار (iḥtāra)
P مضطرب شدن (moztareb shodan)
U مضطرب ہونا (muztarib hōnā)
どうらく 〔道楽〕
趣味
A هواية (hiwāya)
P مشغوليت (mashghūlīyat)
U مشغلہ (mashghala)
放蕩
A خلاعة (khalā'a)
P عياشى ('ayyāshī)
U عياشى ('ayyāshī)
どうらん 〔動乱〕
A شغب (shaghab)
P آشوب (āshūb)
U فساد (fasād)
どうり 〔道理〕
A عقل ('aql) ; منطق (manṭiq)
P عقل ('aql) ; منطق (manteq)
U عقل ('aql)
道理にかなった
A معقول (ma'qūl) ; منطقى (manṭiqī)
P معقول (ma'qūl) ; منطقى (manteqī)
U معقول (ma'qūl)
どうりょう 〔同僚〕
A زميل (zamīl)
P رفيق (rafīq) ; همكار (ham-kār)
U ساتهى (sāthī) ;
رفيق كار (rafīqe-kār)
どうりょく 〔動力〕
A قوة محركة (qūwa muḥarrika)
P قوه محركه (qovveye-moharreke)
U حركى قوت (harkī quwwat)
どうろ 〔道路〕
A طريق (ṭarīq)
P راه (rāh)
U راستہ (rāsta)
街路
A شارع (shāri')
P خيابان (khiyābān)
U سڑک (saṛak)
とうろく 〔登録〕
A تسجيل (tasjīl)
P ثبت (sabt)
U رجسٹرى (rejisṭrī)
登録する
A سجل (sajjala)
P ثبت كردن (sabt kardan)
U رجسٹرى كرانا (rejisṭrī karānā)
とうろん 〔討論〕
A مناقشة (munāqasha)
P مباحثه (mobāhese)
U مباحثہ (mubāhisa)
討論する
A ناقش (nāqasha)
P مباحثه كردن (mobāhese kardan)
U مباحثہ كرنا (mubāhisa karnā)
どうわ 〔童話〕
A قصة للأطفال (qiṣṣa lil-'aṭfāl)
P قصه بچه ها
(qesseye-bachche-hā)

U بچوں کی کہانی (bac̲h̲c̲h̲ōṇ ki kahānī)

とうわく 〔当惑〕

A حيرة (ḥayra)

P پریشانی (parīs̲h̲ānī)

U پریشانی (parēs̲h̲ānī)

当惑する

A تحير (taḥayyara)

P پریشان شدن (parīs̲h̲ān s̲h̲odan)

U پریشان ہونا (parēs̲h̲ān hōnā)

とおい 〔遠い〕

A بعيد (ba‘īd)

P دور (dūr)

U دور (dūr)

とおざかる 〔遠ざかる〕

A ابتعد (ibta‘ada)

P دور شدن (dūr s̲h̲odan)

U دور ہونا (dūr hōnā)

とおざける 〔遠ざける〕

A أبعد (’ab‘ada)

P دور کردن (dūr kardan)

U دور کرنا (dūr karnā)

トースター

A محمصة خبز (muḥammiṣa k̲h̲ubz)

P تستر (toster)

U ٹوسٹر (ṭosṭar)

トースト

A خبز محمص (k̲h̲ubz muḥammaṣ)

P نان تست (nāne-tost)

U ٹوسٹ (ṭosṭ)

ドーナツ

A دوناتس (dūnāts)

P دونات (donāt)

U ڈونٹ (ḍonaṭ)

トーナメント

A تصفيات (taṣfiyāt)

P تورنمنت (tornament)

U ٹورنامنٹ (ṭornāmenṭ)

とおまわりする 〔遠回りする〕

A ذهب فى طريق غير مباشر (d̲h̲ahaba fī ṭarīq g̲h̲ayr-mubās̲h̲ir)

P دور زدن (dour zadan)

U چکر کاٹنا (c̲h̲akkar kāṭnā)

ドーム

A قبة (qubba)

P گنبد (gonbad)

U گنبد (gunbad)

とおり 〔通り〕

A شارع (s̲h̲āri‘)

P خیابان (k̲h̲iyābān)

U سڑک (saṛak)

とおる 〔通る〕

A مر (marra)

P گذشتن (gozas̲h̲tan)

U گزرنا (guzarnā)

とかい 〔都会〕

A مدينة (madīna)

P شهر (s̲h̲ahr)

U شہر (s̲h̲ahar)

都会の

A مدنى (madanī)

P شهری (s̲h̲ahrī)

U شہری (s̲h̲ahrī)

とかげ

A سحلية (siḥlīya)

P مارمولک (mārmūlak)

U چھپکلی (chhipkalī)

とかす 〔溶かす〕

A أذاب ('adhāba)

P گداختن (godākhtan)

U گھلانا (ghulānā)

とがめ 〔咎め〕

A لوم (lawm)

P ملامت (malāmat)

U الزام (ilzām)

咎める

A لام (lāma)

P ملامت کردن (malāmat kardan)

U الزام لگانا (ilzām lagānā)

とがらす 〔尖らす〕

A سن (sanna)

P تیز کردن (tīz kardan)

U تیز کرنا (tēz karnā)

とき 〔時〕

A وقت (waqt)

P وقت (vaqt)

U وقت (waqt)

どき 〔土器〕

A أوانٍ خزفية ('awānin khazafīya)

P ظرفِ گلی (zarfe-gelī)

U مٹی کا برتن (miṭṭī ka bartan)

ときどき 〔時々〕

A أحياناً ('aḥyānan)

P گاهی (gāhī);

بعضی اوقات (ba'zī ouqāt)

U کبھی کبھی (kabhī kabhī)

どきょう 〔度胸〕

A جسارة (jasāra); شجاعة (shajā'a)

P دلیری (dalīrī); شجاعت (shojā'at)

U جرأت (jur'at)

度胸のある

A جسور (jasūr); شجاع (shujā')

P دلیر (dalīr); شجاع (shojā')

U جرأت مند (jur'at-mand)

とぎれる 〔途切れる〕

A انقطع (inqaṭa'a)

P قطع شدن (qat' shodan)

U منقطع ہونا (munqate' hōnā)

とく 〔得〕

A فائدة (fā'ida); نفع (naf')

P فایده (fāyede); نفع (naf')

U فائده (fā'ida)

とく 〔徳〕

A فضيلة (faḍīla)

P هنر (honār)

U نیکی (nēkī)

徳の高い

A فاضل (fāḍil)

P هنرمند (honar-mand)

U نیک (nēk)

とく 〔解く〕

A حل (ḥalla)

P حل کردن (hall kardan)

U حل کرنا (hal karnā)

とく 〔説く〕

説明する

A شرح (sharaḥa)

P توضیح دادن (touzīh dādan)

U تشریح کرنا (tashrīh karnā)

説得する

A أقنع ('aqna'a)

P وادار کردن (vādār kardan)

U سمجھانا (samjhānā)

とぐ 〔研ぐ〕

A سن (sanna)

P تیز کردن (tīz kardan)

U تیز کرنا (tēz karnā)

どく 〔毒〕

A سم (samm)

P زهر (zahr) ; سم (samm)

U زہر (zahr)

とくい 〔得意〕

顧客

A زبون (zabūn)

P مشتری (moshtarī)

U گاہک (gāhak)

自慢

A فخر (fakhr)

P فخر (fakhr)

U فخر (fakhr)

得意な

A قوی (qawī)

P قوی (qavī)

U ماہر (māhir)

どくがくする 〔独学する〕

A درس بالنفس (darasa bin-nafs)

P خود آموختن (khod āmūkhtan)

U خود پڑھنا (khud paṛhnā)

どくガス 〔毒ガス〕

A غاز سام (ghāz sāmm)

P گاز سمی (gāze-sammī)

U زہریلی گیس (zahrīlī gēs)

どくさい 〔独裁〕

A دكتاتورية (diktātūrīya)

P دیکتاتوری (dīktātorī)

U آمریت (āmirīyat)

独裁者

A دكتاتور (diktātūr)

P دیکتاتور (dīktātor)

U آمر (āmir)

とくさく 〔得策〕

A خطة حسنة (khuṭṭa ḥasana)

P مصلحت (maslahat)

U مصلحت (maslahat)

どくさつする 〔毒殺する〕

A قتل بالسم (qatala bi-s-samm)

P با زهر کشتن (bā zahr koshtan)

U زہر سے مارنا (zahr se mārnā)

とくさん 〔特産〕

A منتجات خاصة (muntajāt khāṣṣa)

P محصول خاص (mahsūle-khāss)

U خاص پیداوار (khās paidāwār)

とくし 〔特使〕

A مبعوث خاص (mab'ūth khaṣṣ)

P فرستاده خاص (ferestādeye-khāss)

U خاص قاصد (khās qāsid)

どくしゃ 〔読者〕

A قارئ (qāri')

P خواننده (khānande)

U پڑھنے والا (paṛhne-wālā)

とくしゅな 〔特殊な〕

A خاص (khāṣṣ)

P خاص (khāss) ;

مخصوص (makhsūs) ;

ویژه (vīzhe)

U خاص (khās) ;

مخصوص (makhsūs)

どくしょ 〔読書〕
A مطالعة (muṭāla‘a)；
قراءة (qirā’a)
P مطالعه (motāle‘e)；
قرائت (qarā’at)
U مطالعہ (mutāla‘a)；
کتاب پڑھنا (kitāb paṛhnā)
どくしょう 〔独唱〕
A غناء فردى (ghinā’ fardī)
P سلو (solo)
U سولو (solo)
とくしょく 〔特色〕
A ميزة (mīza)
P خصوصيت (khosūsīyat)
U خصوصیت (khusūsīyat)
どくしんの 〔独身の〕
A عزب (‘azab)；أعزب (’a‘zab)
P عزب (‘azab)；مجرد (mojarrad)
U کنوارا (kuṇwārā)
どくせん 〔独占〕
A احتكار (iḥtikār)
P انحصار (enhesār)
U اجارہ (ijāra)
独占する
A احتكر (iḥtakara)
P انحصار کردن (enhesār kardan)
U اجارہ داری رکھنا (ijāra-dārī rakhnā)
どくそう 〔独創〕
A ابتكار (ibtikār)；إبداع (’ibdā‘)
P ابتکار (ebtekār)
U جدت (jiddat)
独創的な
A ابتكارى (ibtikārī)；مبدع (mubdi‘)
P ابتکاری (ebtekārī)
U جدت پسندانہ (jiddat-pasandāna)
とくそくする 〔督促する〕
A طلب (talaba)
P مطالبه کردن (moṭālebe kadan)
U تقاضا کرنا (taqāzā karnā)
どくだん 〔独断〕
A قرار استبدادى (qarār istibdādī)
P تصميم مستبدانه (tasmīme-mostabedāne)
U انفرادی فیصلہ (infirādī faisla)
とくちょう 〔特徴〕 ―→とくしょく
とくてん 〔特典〕
A امتياز (imtiyāz)
P امتياز (emtiyāz)
U خصوصی رعایت (khusūsī ri‘āyat)
とくてん 〔得点〕
A نقطة (nuqṭa)
P نقطه (noqte)
U پائنٹ (pā’inṭ)
試験の得点
A درجة (daraja)
P نمره (nomre)
U نمبر (nambar)
とくとうせき 〔特等席〕
A لوج (lūj)
P لژ (lozh)
U اعلیٰترین درجے کی سیٹ (a‘lā-tarīn darzē ki sīṭ)
どくとくの 〔独特の〕
A خاص (khāṣṣ)；فريد (farīd)

P مخصوص (makhsūs)；
منحصر بفرد (monhaser be-fard)
U خصوصی (khusūsī)；
منفرد (munfarid)

とくに 〔特に〕
A لا سيما (lā-siyamā)；
خاصةً (khassatan)
P مخصوصاً (makhsūsan)
U خاص طور پر (khās taur par)

とくばい 〔特売〕
A أوكازيون (’ūkāzyūn)
P حراج (harāj)
U رعایتی سیل (ri‘āyatī sēl)

とくはいん 〔特派員〕
A مراسل (murāsil)
P خبرنگار اعزامی
(khabar-negāre-e‘zāmī)
U خصوصی نامہ‌نگار
(khusūsī nāma-nigār)

とくべつの 〔特別の〕
A خاص (khāṣṣ)
P خاص (khāss)；ویژه (vīzhe)
U خاص (khās)；خصوصی (khusūsī)

とくほん 〔読本〕
A كتاب القراءة (kitābul-qirā’a)
P کتاب قرائت (ketābe-qarā’at)
U ریڈر (rīḍar)

とくめいの 〔匿名の〕
A مجهول الاسم (majhūlul-ism)
P ناشناس (nā-shenās)
U گمنام (gum-nām)

どくやく 〔毒薬〕
A سم (samm)
P زهر (zahr)
U زہر (zahr)

とくような 〔徳用な〕
A اقتصادی (iqtiṣādī)
P صرفه جو (sarfe-jū)
U کفایت شعار (kifāyat-she‘ār)

どくりつ 〔独立〕
A استقلال (istiqlāl)
P استقلال (esteqlāl)
U خودمختاری (khud-mukhtārī)

独立国
A دولة مستقلة (dawla mustaqilla)
P کشور مستقل (keshvare-mostaqell)
U خودمختار ملک (khud-mukhtār mulk)

どくりょくで 〔独力で〕
A بنفسه (bi-nafsihi)
P باخود (bā-khod)
U خود (khud)

とげ 〔刺〕
A شوكة (shawka)
P خار (khār)
U کانٹا (kāṇṭā)

とけい 〔時計〕
A ساعة (sā‘a)
P ساعت (sā‘at)
U گھڑی (ghaṛī)

腕時計
A ساعة يد (sā‘a yad)
P ساعت مچی (sā‘ate-mochī)
U کلائی کی گھڑی (kalā’ī ki ghaṛī)

とける 〔溶ける〕
A ذاب (d̲h̲āba)
P ذوب شدن (zoub s̲h̲odan)
U پگھلنا (pighalnā)

とける 〔解ける〕
A انحل (inḥalla)
P حل شدن (hall s̲h̲odan)
U حل ہونا (hal hōnā)

とげる 〔遂げる〕
A أنجز ('anjaza)
P انجام دادن (anjām dādan)
U انجام دینا (anjām dēnā)

とこ 〔床〕
寝床
A سرير (sarīr) ; فراش (firās̲h̲)
P تختخواب (tak̲h̲tek̲h̲āb)
U بستر (bistar)
ゆか
A أرضية ('arḍīya)
P كف (kaff)
U فرش (fars̲h̲)

どこ 〔何処〕
A أين ('ayna)
P كجا (kojā)
U کہاں (kahāṇ)
あなたは何処に住んでいるのか
A أين تسكن؟ ('ayna taskunu)
P شما كجا منزل داريد؟
(s̲h̲omā kojā manzel dārīd)
U آپ کہاں رہتے ہیں؟
(āp kahāṇ rahtē haiṇ)

どこか
A مكان ما (makān mā)
P جائى (jā'ī)
U کہیں (kahīṇ)

どこも
A كل مكان (kull makān)
P هر جا (har jā)
U ہر جگہ (har jagah)

とこや 〔床屋〕
A حلاق (ḥallāq)
P سلمانى (salmānī)
U نائی (nā'ī)

ところ 〔所〕
A مكان (makān)
P جا (jā)
U جگہ (jagah)

ところで
A على فكرة ('alā fikra)
P ضمناً (zemnan)
U ہاں (hāṇ)

とざす 〔閉ざす〕
A أغلق ('ag̲h̲laqa)
P بستن (bastan)
U بند کرنا (band karnā)

とさつ 〔屠殺〕
A ذبح (d̲h̲abḥ)
P ذبح (zebh)
U ذبح (zibah)
屠殺する
A ذبح (d̲h̲abaḥa)
P ذبح كردن (zebh kardan)
U ذبح کرنا (zibah karnā)
屠殺場
A مذبح (mad̲h̲baḥ)
P كشتارگاه (kos̲h̲tār-gāh)

U مذبح (mazbah)

とざん〔登山〕

A تسلق الجبل (tasalluqul-jabal)

P کوه نوردی (kūh-navardī)

U کوه پیمائی (koh-paimā'ī)

登山する

A تسلق جبلاً (tasallaqa jabalan)

P کوه‌نوردی کردن (kūh-navardī kardan)

U پہاڑ پر چڑھنا (pahāṛ par charḥnā)

とし〔年〕

暦年

A سنة (sana) ; عام ('am)

P سال (sāl)

U سال (sāl)

年齢

A سن (sinn) ; عمر ('umr)

P سن (senn) ; سال (sāl)

U عمر ('umr)

あなたの年はいくつですか

A كم عمرك؟ (kam 'umru-ka)

P چند سال دارید؟ (chand sāl dārīd)

U آپ کی عمر کتنی ہے؟ (āp ki 'umr kitnī hai)

とし〔都市〕

A مدينة (madīna)

P شهر (shahr)

U شہر (shahar)

としうえの〔年上の〕

A أكبر ('akbar)

P بزرگتر (bozorg-tar)

U بڑا (baṛā)

とじこめる〔閉じ込める〕

A حبس (ḥabasa)

P حبس کردن (habs kardan)

U قید کرنا (qaid karnā)

としごろの〔年頃の〕

A مراهق (murāhiq)

P دم بخت (dam-bakht)

U سیانا (syānā) ; سیانی (syānī)

とししたの〔年下の〕

A أصغر ('aṣghar)

P کوچکتر (kūchek-tar)

U چھوٹا (chhōṭā)

どしゃぶり〔土砂降り〕

A مطر غزير (maṭar ghazīr)

P باران سیل آسا (bārāne-seil-āsā)

U موسلا دھار بارش (mūslā-dhār bārish)

としょ〔図書〕

A كتاب (kitāb)

P کتاب (ketāb)

U کتاب (kitāb)

図書館

A مكتبة (maktaba)

P کتابخانه (ketāb-khāne)

U کتب خانہ (kutub-khāna)

としより〔年寄り〕

A مسن (musinn)

P پیر (pīr)

U بوڑھا (būṛhā)

とじる〔閉じる〕

A أغلق ('aghlaqa)

P بستن (bastan)

U بند کرنا (band karnā)

とじる 〔綴じる〕
本を綴じる
A جلد (jallada)
P جلد کردن (jeld kardan)
U جلدبندی کرنا (jild-bandī karnā)

どすう 〔度数〕
回数
A عدد المرات (‘adadul-marrāt)
P تعداد بار (te‘dāde-bār)
U بار (bār)
頻度
A تعدد (ta‘addud)
P بسامد (basāmad)
U تعداد (ta‘dād)

どせい 〔土星〕
A زحل (zuḥal)
P زحل (zohal)
U زحل (zohal)

どだい 〔土台〕
A قاعدة (qā‘ida)
P بنیاد (bonyād)
U بنیاد (buniyād)

とだな 〔戸棚〕
A دولاب (dūlāb)
P قفسه (qafase)
U الماری (almārī)

とち 〔土地〕
A أرض (’arḍ)
P زمین (zamīn)
U زمین (zamīn)

どちゃくの 〔土着の〕
A محلی (maḥallī)
P بومی (būmī)
U دیسی (dēsī)

とちゅうで 〔途中で〕
A فی طریقه (fī ṭarīqihi)
P در راه (dar rāh)
U راستے میں (rāstē meṇ)

どちら
A أی (’ayyu)
P کدام (kodām)
U کونسا (kaunsā)

とっか 〔特価〕
A ثمن خاص (t͟haman k͟hāṣṣ)
P قیمت مخصوص
(qeimate-mak͟hsūs)
U رعایتی قیمت (ri‘āyatī qīmat)

とっきゅう 〔特急〕
A قطار إكسبريس (qiṭār ’iksibrīs)
P قطار سریع‌السیر
(qatāre-sarī‘us-seir)
U ایکسپریس (ēksprēs)

とっきょ 〔特許〕
A براءة اختراع (barā‘a ik͟htirā‘)
P اختراع ثبت شده
(ek͟hterā‘e-sabt s͟hode)
U پیٹنٹ (pēṭanṭ)

とつぐ 〔嫁ぐ〕
A تزوج (tazawwaja)
P شوهر کردن (s͟houhar kardan)
U شادی کرنا (s͟hādī karnā)

ドック
A ترسانة (tarsāna)
P تعمیرگاه کشتی
(ta‘mīr-gāhe kes͟htī)
U ڈک (ḍok)

とっけん 〔特権〕
A امتياز (imtiyāz)
P امتياز (emtiyāz)
U امتیازی حق (imteyāzī haq)

とつぜん 〔突然〕
A فجأةً (faj'atan)
P ناگهان (nāgahān)
U اچانک (ac̲h̲ānak)

とって 〔取っ手〕
A مقبض (miqbaḍ)
P دسته (daste)
U دستہ (dasta)

とっておく 〔取って置く〕
保存する
A حفظ (ḥafiẓa)
P نگه داشتن (negah dās̲h̲tan)
U محفوظ رکھنا (mahfūz rakhnā)
予約する
A حجز (ḥajaza)
P رزرو کردن (rezerv kardan)
U ریزرو کرانا (rēzarv karānā)

とってかわる 〔取って代わる〕
A حل محل (ḥalla maḥall)
P جا گرفتن (jā gereftan)
U جگہ لینا (jagah lēnā)

とってくる 〔取って来る〕
A أحضر ('aḥḍara)
P آوردن (āvardan)
U لانا (lānā)

とっぱする 〔突破する〕
A اجتاز (ijtāza)
P فایق شدن (fāyeq s̲h̲odan)
U قابو پانا (qābū pānā)

とっぱつする 〔突発する〕
A حدث فجأةً (ḥadat̲h̲a faj'atan)
P ناگهان اتفاق افتادن
(nāgahān ettefāq oftādan)
U اچانک واقع ہونا
(ac̲h̲ānak wāqe' hōnā)

とっぴな 〔突飛な〕
A عجيب ('ajīb)
P غیر عادی (g̲h̲eire-'ādī)
U غیر معمولی (g̲h̲air-ma'mūlī)

トップ
A قمة (qimma)
P قله (qolle)
U چوٹی (c̲h̲ōṭī)

とつめんの 〔凸面の〕
A محدب (muḥaddab)
P محدب (mohaddab)
U محدب (mohaddab)

どて 〔土手〕
A ضفة (ḍaffa)
P پشته (pos̲h̲te) ; سد (sadd)
U بند (band)

とどく 〔届く〕
A وصل (waṣala)
P رسیدن (resīdan)
U پہنچنا (pahuṇc̲h̲nā)

とどける 〔届ける〕
A وصل (waṣṣala)
P رساندن (resāndan)
U پہنچانا (pahuṇc̲h̲ānā)

ととのう 〔整う〕
A استعد (ista'adda)
P حاضر بودن (hāzer būdan)

U تیار ہونا (taiyār hōnā)

ととのえる 〔整える〕

A أعد ('a'adda)

P حاضر كردن (hāzer kardan)

U تیار کرنا (taiyār karnā)

とどまる 〔留まる〕

A مكث (maka<u>th</u>a)

P ماندن (māndan)

U رہنا (rahnā)

とどろく 〔轟く〕

A دوى (dawwā)

P غريدن (<u>gh</u>orrīdan)

U گرجنا (garajnā)

となり 〔隣〕

隣人

A جار (jār)

P همسايه (ham-sāye)

U پڑوسی (paṛōsī)

隣家

A بيت مجاور (bayt mujāwir)

P خانهٔ همسايه (<u>kh</u>āneye ham-sāye)

U پڑوس کا گھر (paṛōs ka ghar)

どなる 〔怒鳴る〕

A صرخ (ṣara<u>kh</u>a)

P فرياد زدن (faryād zadan)

U ڈانٹنا (ḍanṭnā)

とにかく

A على أى حال ('alā 'ayyu ḥāl)

P بهر حال (be-har hāl)

U بہر حال (ba-har hāl)

どの

A أى ('ayyu)

P كدام (kodām)

U کونسا (kaunsā)

どの本

A أى كتاب ('ayyu kitāb)

P كدام كتاب (kodām ketāb)

U کونسی کتاب (kaunsī kitāb)

どのくらい

A كم (kam)

P چند (<u>ch</u>and)

U کتنا (kitnā)

どのように

A كيف (kayfa)

P چطور (<u>ch</u>e-tour)

U کیسا (kaisā)

とばく 〔賭博〕

A قمار (qimār)

P قمار (qomār)

U جوا (juā)

とばす 〔飛ばす〕

A أطار ('aṭāra)

P پراندن (parāndan)

U اڑانا (uṛānā)

とび 〔鳶〕

A حدأة (ḥid'a)

P زغن (za<u>gh</u>an)

U چیل (<u>ch</u>īl)

とびあがる 〔飛び上がる〕

A وثب (wa<u>th</u>aba) ; قفز (qafaza)

P پريدن (parīdan) ;

جهيدن (jahīdan)

U کودنا (kūdnā) ; اڑنا (uṛnā)

とびおきる 〔飛び起きる〕

A نهض مسرعًا (nahaḍa musri'an)

P از خواب پريدن

(az khāb parīdan)
U تیزی سے بستر سے اٹھنا
(tēzī se bistar se uṭhnā)

とびおりる 〔飛び降りる〕
A قفز ساقطًا (qafaza sāqiṭan)
P پایین پریدن (pāyīn parīdan)
U کودکر اترنا (kūd-kar utarnā)

とびこむ 〔飛び込む〕
A قفز فی (qafaza fī)
P فرو رفتن (forū raftan);
شیرجه رفتن (shīrje raftan)
U چھلانگ مارنا (chhalāṇg mārnā)

とびまわる 〔飛び回る〕
A توثب (tawaththaba)
P تکاپو کردن (takāpū kardan)
U اچھلنا (uchhalnā)

とびら 〔扉〕
A باب (bāb)
P در (dar)
U دروازه (darwāza)

とぶ 〔飛ぶ〕
A طار (ṭāra)
P پریدن (parīdan)
U اڑنا (uṛnā)

どぶ 〔溝〕
A مجرًى (majran)
P مجرا (majrā)
U نالی (nālī)

とほう 〔途方〕
途方もない
A غير معقول (ghayr-ma'qūl)
P غیر معمولی (gheire-ma'mūlī)
U غیر معمولی (ghair-ma'mūlī)

どぼく 〔土木〕
土木工事
A أعمال هندسية ('a'māl handasīya
P عملیات ساختمانی ('amalīyāte-sākhtemānī)
U انجینیرنگ (enjīniyarīng)

とぼける
A تجاهل (tajāhala)
P تجاهل کردن (tajāhol kardan)
U تجاہل کرنا (tajāhul karnā)

とぼしい 〔乏しい〕
A قليل (qalīl); ضئيل (ḍa'īl)
P کم (kam); کمیاب (kam-yāb)
U کم (kam); ناکافی (nā-kāfī)

とほで 〔徒歩で〕
A ماشيًا (māshiyan)
P پیاده (piyāde)
U پیدل (paidal)

トマト
A طماطم (ṭamāṭim)
P گوجه فرنگی (gouje-farangī)
U ٹماٹر (ṭamāṭar)

とまる 〔止まる〕
A وقف (waqafa)
P ایستادن (istādan)
U رکنا (ruknā)

とまる 〔泊まる〕
A نزل (nazala); بات (bāta)
P ماندن (māndan)
U ٹھہرنا (ṭhaharnā)

とみ 〔富〕
A ثروة (tharwa)
P ثروت (sarvat)

U دولت (daulat)

とむ〔富む〕

A غنى (ghaniya)

P غنى بودن (ghanī būdan)

U دولتمند ہونا (daulat-mand hōnā)

とめる〔止める〕

A أوقف ('awqafa)

P متوقف کردن (motavaqqef kardan)

U روکنا (rōknā)

とめる〔泊める〕

A أبات ('abāta)

P جا دادن (jā dādan)

U ٹھہرانا (ṭhahrānā)

とも〔友〕

A صديق (ṣadīq)

P دوست (dūst)

U دوست (dōst)

とも〔供〕

A مرافق (murāfiq)

P ملازم (molāzem)

U خدمت گار (khidmat-gār)

ともしび〔灯火〕

A مصباح (miṣbāḥ)

P چراغ (cherāgh)

U چراغ (chirāgh)

ともす〔点す〕

A أضاء ('aḍā'a)

P روشن کردن (roushan kardan)

U جلانا (jalānā)

ともだち〔友達〕 ──→とも〔友〕

ともなう〔伴う〕

A رافق (rāfaqa)

P همراهی کردن (ham-rāhī kardan)

U ساتھ ہونا (sāth hōnā)

ともに〔共に〕

A مع (ma'a)

P با (bā)

U کے ساتھ (ke sāth)

どもる〔吃る〕

A تلعثم (tala'thama)

P لکنت داشتن (loknat dāshtan)

U ہکلانا (haklānā)；

لکنت کرنا (luknat karnā)

どようび〔土曜日〕

A السبت (as-sabt)

P شنبه (shanbe)

U ہفتہ (hafta)

とら〔虎〕

A نمر (namir)

P ببر (babr)

U شير (shēr)

ドライアイス

A ثلج جاف (thalj jāff)

P يخ خشک (yakhe-khoshk)

U خشک برف (khushk barf)

ドライブ

車の運転

A سياقة السيارة (siyāqatu-s-sayyāra)

P رانندگی ماشين (rānandeqī-ye māshīn)

U ڈرائيو (ḍarā'īv)

ドライヤー

A مجفف شعر (mujaffif sha'r)

P مو خشک کن (mū khoshk-kon)

U ڈرائير (ḍarā'iyar)

とらえる〔捕らえる〕
A قبض (qabaḍa)
P گرفتن (gereftan)
U پکڑنا (pakaṛnā)
逮捕する
A اعتقل (iʻtaqala)
P دستگیر کردن (dast-gīr kardan)
U گرفتار کرنا (giriftār karnā)

トラクター
A جرار (jarrār)
P تراکتور (terāktor)
U ٹریکٹر (ṭrēkṭar)

トラック
A شاحنة (s̲h̲āḥina)
P کامیون (kāmiyon)
U لاری (lārī)

トラベラーズチェック
A شيك سياحى (s̲h̲īk siyāḥī)
P چک مسافرتی (c̲h̲eke-mosāferatī)
U مسافری چک (musāfirī c̲h̲ek)

トラホーム
A تراخوما (trāk̲h̲ūmā)
P تراخم (tarāk̲h̲om)
U تراقوما (trāqōmā)

ドラマ
A دراما (durāmā)
P نمایش (nemāyes̲h̲)
U ڈراما (ḍrāmā)

トランク
A حقيبة (ḥaqība)
P چمدان (c̲h̲amadān)
U ٹرنک (ṭrank)
車のトランク
A صندوق السيارة (ṣundūqu-s-sayyāra)
P صندوق عقب (sandūqe-ʻaqab)
U ڈگی (ḍuggī)

トランプ
A ورق لعب (waraq laʻib)
P ورق (varaq)
U تاش (tās̲h̲)
トランプをする
A لعب الورق (laʻibal-waraq)
P ورق بازی کردن (varaq bāzī kardan)
U تاش کھیلنا (tās̲h̲ khēlnā)

とり〔鳥〕
A طائر (ṭā'ir) ; طير (ṭayr)
P پرنده (parande) ; مرغ (morg̲h̲)
U چڑیا (c̲h̲iṛyā)

とりあつかい〔取り扱い〕
A معاملة (muʻāmala)
P رفتار (raftār)
U سلوک (sulūk)

とりあつかう〔取り扱う〕
A عامل (ʻāmala)
P رفتار کردن (raftār kardan)
U سلوک کرنا (sulūk karnā)

とりいれ〔取り入れ〕
A حصاد (ḥaṣād)
P درو (derou)
U فصل (fasl)

とりいれる〔取り入れる〕
A حصد (ḥaṣada)
P درو کردن (derou kardan)

U فصل کاٹنا (fasl kāṭnā)

とりえ 〔取り柄〕

A مزية (mazīya)

P لياقت (liyāqat)

U صلاحيت (salāhiyat)

とりかえす 〔取り返す〕

A استعاد (ista'āda)

P پس گرفتن (pas gereftan)

U واپس لینا (wāpas lēnā)

とりかえる 〔取り替える〕

A استبدل (istabdala)

P تعويض كردن (ta'vīz kardan)

U تبدیل کرنا (tabdīl karnā)

とりかかる 〔取り掛かる〕

A بدأ (bada'a)

P شروع كردن (shorū' kardan)

U شروع کرنا (shurū' karnā)

とりかこむ 〔取り囲む〕

A أحاط ('aḥāṭa) ; طوق (ṭawwaqa)

P احاطه كردن (ehāte kardan)

U گھیرنا (ghērnā)

とりけす 〔取り消す〕

A ألغى ('alghā)

P لغو كردن (laghv kardan)

U منسوخ کرنا (mansūkh karnā)

とりしまりやく 〔取締役〕

A مدير (mudīr)

P مدير عامل (modīre-'āmel)

U ڈائرکٹر (ḍā'irekṭar)

とりしまる 〔取り締まる〕

A نظم (naẓẓama) ; راقب (rāqaba)

P كنترل كردن (kontrol kardan)

U انتظام کرنا (intezām karnā)

とりしらべ 〔取り調べ〕

A تحقيق (taḥqīq)

P بازجوئى (bāz-jū'ī)

U تفتيش (taftīsh)

取り調べる

A حقق (ḥaqqaqa)

P بازجوئى كردن (bāz-jū'ī kardan)

U تفتیش کرنا (taftīsh karnā)

とりだす 〔取り出す〕

A أخرج ('akhraja)

P درآوردن (dar-āvardan)

U نکالنا (nikālnā)

とりちがえる 〔取り違える〕

A أخطأ ('akhṭa'a)

P عوضى گرفتن ('avazī gereftan)

U غلطی سے لینا (ghalatī se lēnā)

とりで 〔砦〕

A قلعة (qal'a)

P قلعه (qal'e)

U قلعہ (qil'a)

とりにく 〔鶏肉〕

A لحم دجاج (laḥm dajāj)

P گوشت مرغ (gūshte-morgh)

U مرغی کا گوشت (murghī ka gōsht)

とりひき 〔取り引き〕

A تعامل (ta'āmul)

P معامله (mo'āmele)

U لین دین (lēn-dēn)

どりょく 〔努力〕

A جهد (juhd)

P كوشش (kūshesh)

U کوشش (kōshish)

努力する
A بذل جهده (badhala juhda-hu)
P كوشش كردن (kūshesh kardan)
U كوشش كرنا (kōshish karnā)

とりよせる 〔取り寄せる〕
注文する
A طلب (ṭalaba)
P سفارش دادن (sefāresh dādan)
U آرڈر كرنا (ārḍar karnā)

とりわけ 〔取り分け〕
A لا سيما (lā-sīyamā)
P مخصوصاً (makhsūsan)
U خصوصاً (khusūsan)

とる 〔取る〕
A أخذ ('akhadha)
P گرفتن (gereftan)
U لينا (lēnā)

ドル
A دولار (dūlār)
P دلار (dolār)
U ڈالر (ḍālar)

トルコ
A تركيا (turkiyā)
P تركيه (torkīye)
U تركى (turkī)
トルコの(人)
A تركى (turkī)
P تركى (torkī)
U تركى (turkī) ; ترك (turk)

どれ
A أى ('ayyu)
P كدام (kodām)
U كونسا (kaunsā)

どれい 〔奴隷〕
A عبد (‘abd)
P برده (barde)
U غلام (ghulām)

とれる 〔取れる〕
ボタンなどが取れる
A انفصل (infaṣala)
P جدا شدن (jodā shodan)
U الگ ہونا (alag hōnā)

どろ 〔泥〕
A وحل (waḥl)
P گل (gel)
U كيچڑ (kīchaṛ)

とろう 〔徒労〕
A محاولات فاشلة (muḥāwalāt fāshila)
P كوشش بيهوده (kūsheshe-bīhūde)
U ناكام كوشش (nā-kām kōshish)

どろぬま 〔泥沼〕
A مستنقع (mustanqa‘)
P باتلاق (bātlāq)
U دلدل (daldal)

トロフィー
A كأس للبطولة (ka's lil-buṭūla)
P جام پيروزى (jāme-pīrūzī)
U ٹرافى (ṭrāfī)

どろぼう 〔泥棒〕
A لص (liṣṣ) ; سارق (sāriq)
P دزد (dozd) ; سارق (sāreq)
U چور (chōr)
泥棒をする
A سرق (saraqa)
P دزديدن (dozdīdan)

U چرانا (churānā)

トン

A طن (ṭunn)

P طن (ton)

U ٹن (ṭon)

どんぐり 〔団栗〕

A جوزة البلوط (jawzatul-ballūṭ)

P میوهٔ بلوط (mīveye-balūt)

U بلوط کا پھل (balūt ka phal)

とんち 〔頓知〕

A ظرف (ẓarf) ; فطنة (fiṭna)

P بذله گوئی (bazle-gū'ī)

U بذلہ سنجی (bazla-sanjī)

頓知のある

A ظريف (ẓarīf)

P بذله گو (bazle-gū)

U بذلہ سنج (bazla-sanj)

とんでもない

A لا معقول (lā-ma'qūl)

P نامعقول (nā-ma'qūl)

U غیر معمولی (ghair-ma'mūlī)

どんな

A أى نوع ('ayyu naw')

P چه نوع (che nou')

U کس قسم کا (kis qism ka)

どんなに

A مهما (mahmā)

P چقدر (che-qadr)

U کتنا (kitnā)

トンネル

A نفق (nafaq)

P تونل (tūnel)

U سرنگ (surang)

トンネルを掘る

A حفر نفقًا (ḥafara nafaqan)

P تونل کندن (tūnel kandan)

U سرنگ بنانا (surang banānā)

とんぼ 〔蜻蛉〕

A يعسوب (ya'sūb)

P سنجاقک (sanjāqak)

U بھنبیری (bhanḅīrī)

とんま 〔頓馬〕

A أبله ('ablah) ; أحمق ('aḥmaq)

P ابله (ablah) ; احمق (ahmaq)

U احمق (ahmaq)

とんや 〔問屋〕

人

A بائع بالجملة (bā'ī' bil-jumla)

P عمده فروش ('omde-forūsh)

U تھوک فروش (thōk-farōsh)

店

A محل بيع بالجملة (maḥall bay' bil-jumla)

P عمده فروشی ('omde-forūshī)

U تھوک فروش کی دکان (thōk-farōsh ki dūkān)

どんよく 〔貪欲〕

A طمع (ṭama')

P حرص (hers) ; طمع (tama')

U لالچ (lālach) ; حرص (hirs)

貪欲な

A طماع (ṭammā')

P حریص (harīs)

U لالچی (lālachī)

な

な 〔名〕
A اسم (ism)
P نام (nām) ; اسم (esm)
U نام (nām)
あなたの名は何ですか
A ما اسمك؟ (mā-smu-ka)
P نام شما چیست؟
(nāme-shomā chīst)
U آپ کا نام کیا ہے؟
(āp ka nām kyā hai)

ない
A ليس (laysa)
P نبودن (na-būdan)
U نہیں ہونا (nahīṇ hōnā)
彼は日本人ではない
A ليس يابانياً (laysa yābānīyan)
P او ژاپنی نیست
(ū zhāponī nīst)
U وہ جاپانی نہیں ہے
(voh jāpānī nahīṇ hai)

ないか 〔内科〕
A طب باطنی (ṭibb bāṭinī)
P طب داخلی (tebbe-dākhelī)
U داخلی طب (dakhilī tibb)
内科医
A طبيب باطنی (ṭabīb bāṭinī)
P پزشک داخلی (pezeshke-dākhelī)
U طبیب (tabīb)

ないかい 〔内海〕
A بحر داخلی (baḥr dākhilī)
P دریای درونبومی
(daryāye-darūn-būmī)
U اندرونی سمندر
(andarūnī samandar)

ないかく 〔内閣〕
A مجلس الوزراء (majlisul-wuzarā')
P هیئت دولت (hei'ate-doulat) ;
کابینه (kābīne)
U کابینہ (kābīna)

ナイジェリア
A نیجیریا (nijīriyā)
P نیجریه (nījerīye)
U نائجیر (nā'ijēr)

ないしょ 〔内緒〕
A سر (sirr)
P راز (rāz)
U راز (rāz)

ないしょく 〔内職〕
A عمل جانبی ('amal jānibī)
P کار جنبی (kāre-janbī)
U ضمنی کام (zimnī kām)

ないしん 〔内心〕
A باطن (bāṭin)
P باطن (bāten)
U تہہ دل (tahe-dil)

ないせい 〔内政〕
A سياسة داخلية (siyāsa dā<u>kh</u>ilīya)
P سیاست داخلی (siyāsate-dā<u>kh</u>elī)
U داخلی سیاست (dā<u>kh</u>ilī siyāsat)

ないせん 〔内戦〕
A حرب أهلية (ḥarb 'ahlīya)
P جنگ داخلی (jange-dā<u>kh</u>elī)
U خانہ جنگی (<u>kh</u>āna-jangī)

ないぞう 〔内臓〕
A اعضاء داخلية ('a'ḍā' dā<u>kh</u>ilīya)
P اندامهای داخلی (andāmhāye-dā<u>kh</u>elī)
U اندرونی اعضا (andarūnī a'zā)

ナイフ
A سكين (sikkīn)
P چاقو (<u>ch</u>āqū)
U چاقو (<u>ch</u>āqū)

ないぶ 〔内部〕
A داخل (dā<u>kh</u>il)
P داخل (dā<u>kh</u>el)
U داخلی حصہ (dā<u>kh</u>ilī hissa)

ないよう 〔内容〕
A محتويات (muḥtawayāt)
P محتویات (mohtavīyāt)
U مافیہا (mā-fīhā)

ないらん 〔内乱〕
A فتنة داخلية (fitna dā<u>kh</u>ilīya)
P آشوب داخلی (ā<u>sh</u>ūbe-dā<u>kh</u>elī)
U خانہ‌جنگی (<u>kh</u>āna-jangī)

ナイル
ナイル川
A النيل (an-nīl)
P رود نیل (rūde-nīl)
U دریائے نیل (daryā'e-nīl)

ナイロン
A نايلون (nāylūn)
P نایلون (nāylon)
U نائلون (nā'ilon)

なえ 〔苗〕
A شتلة (<u>sh</u>atla)
P نهال (nahāl)
U پودا (paudā)

なおす 〔治す・直す〕
治療する
A عالج ('ālaja)
P علاج کردن ('alāj kardan)
U علاج کرنا ('ilāj karnā)
訂正する
A صحح (ṣaḥḥaḥa)
P تصحیح کردن (tashīh kardan)
U تصحیح کرنا (tashīh karnā)
修理する
A أصلح ('aṣlaḥa)
P تعمیر کردن (ta'mīr kardan)
U مرمت کرنا (marammat karnā)

なおる 〔治る・直る〕
病気が治る
A شفي (<u>sh</u>ufiya)
P خوب شدن (<u>kh</u>ūb <u>sh</u>odan)
U صحت‌یاب ہونا (sehat-yāb hōnā)
修理される
A أصلح ('uṣliḥa)

P تعمیر شدن (ta'mīr shodan)
U مرمت ہونا (marammat hōnā)

なか 〔中〕
中に
A فی (fī)
P در (dar)
U میں (meṇ)
部屋の中に
A فی الغرفة (fil-ghurfa)
P در اتاق (dar otāq)
U کمرے میں (kamrē meṇ)

なか 〔仲〕
A علاقة ('alāqa)
P روابط (ravābet)
U تعلقات (ta'alluqāt)

ながい 〔長い〕
A طويل (ṭawīl)
P دراز (derāz)
U لمبا (lambā)

ながいき 〔長生き〕
A حياة طويلة (ḥayā ṭawīla)
P طول عمر (tūle-'omr)
U لمبی عمر (lambī 'umr)
長生きする
A عاش حياة طويلة
('āsha ḥayā ṭawīla)
P طول عمر داشتن
(tūle-'omr dāshtan)
U لمبی عمر پانا (lambī 'umr pānā)

ながく 〔長く〕
長くする
A طول (ṭawwala)
P دراز کردن (derāz kardan)
U لمبا کرنا (lambā karnā)
長くかかる
A استغرق وقتًا طويلاً
(istaghraqa waqtan ṭawīlan)
P به طول انجامیدن
(be-tūl anjāmīdan)
U زیادہ وقت لگنا
(ziyāda waqt lagnā)

ながぐつ 〔長靴〕
A جزمة (jazma)
P چکمه (chakme)
U فل بوٹ (ful-būṭ)

なかごろ 〔中頃〕
A أواسط ('awāsiṭ)
P وسط (vasat)
U وسط (wast)

ながさ 〔長さ〕
A طول (ṭūl)
P درازا (derāzā) ; طول (tūl)
U لمبائی (lambā'ī)

ながす 〔流す〕
A أسال ('asāla)
P ریختن (rīkhtan)
U انڈیلنا (uṇḍēlnā)

なかせる 〔泣かせる〕
A أبكى ('abkā)
P گریاندن (geryāndan)
U رلانا (rulānā)

なかだち 〔仲立ち〕
仲介
A وساطة (wasāṭa)
P وساطت (vesātat)
U وساطت (vasātat)

仲介人
A وسيط (wasīṭ)
P واسطه (vāsete)
U واسطه (vāsta)

なかなおり 〔仲直り〕
A تصالح (taṣāluḥ)
P مصالحه (mosālehe)；
سازش (sāzesh)
U تصفيه (tasfiya)

仲直りする
A تصالح (taṣālaḥa)
P مصالحه كردن
(mosālehe kardan)；
سازش كردن (sāzesh kardan)
U تصفيه هونا (tasfiya hōnā)

なかなか 〔中々〕
A جداً (jiddan)
P خيلى (kheilī)
U بهت (bahut)

なかにわ 〔中庭〕
A فناء (finā')
P حياط (hayāt)
U آنگن (āṇgan)

なかば 〔半ば〕
A نصف (niṣf)
P نيم (nīm)；نصف (nesf)
U آدها (ādhā)

ながびく 〔長引く〕
A طال (ṭāla)
P طولانى شدن (tūlānī shodan)
U طول كهينچنا (tūl khēṇchnā)

なかま 〔仲間〕
A رفيق (rafīq)；زميل (zamīl)
P رفيق (rafīq)
U ساتهى (sāthī)

ながめ 〔眺め〕
A منظر (manẓar)
P منظره (manzare)
U منظر (manzar)

ながめる 〔眺める〕
A شاهد (shāhada)；نظر (naẓara)
P تماشا كردن (tamāshā kardan)
U نظر كرنا (nazar karnā)

ながもちする 〔長持ちする〕
A دام طويلاً (dāma ṭawīlan)
P دوام داشتن (davām dāshtan)
U پائدار هونا (pā'e-dār hōnā)

なかゆび 〔中指〕
A وسطى (wusṭā)
P انگشت ميانه (angoshte-miyāne)
U بيچ كى انگلى (bīch ki uṇglī)

ながれ 〔流れ〕
A مجرًى (majran)；تيار (tayyār)
P جريان (jarayān)
U دهارا (dhārā)

ながれぼし 〔流れ星〕
A شهاب (shihāb)
P شهاب (shahāb)
U شهاب ثاقب (shihābe-sāqib)

ながれる 〔流れる〕
A جرى (jarā)
P جارى شدن (jārī shodan)
U بهنا (bahnā)

なき 〔亡き〕
A مرحوم (marḥūm)
P مرحوم (marhūm)；

شاد روان (shād-ravān)
U مرحوم (marhūm)

なく 〔泣く〕
A بکی (bakā)
P گریستن (gerīstan) ;
گریه کردن (gerye kardan)
U رونا (rōnā)

なく 〔鳴く〕
小鳥が鳴く
A غرد (gharrada)
P چهچه زدن (chahchah zadan)
U چہچہانا (chahchahānā)

なぐさめ 〔慰め〕
A تسلية (tasliya)
P تسلی (tasallī)
U تسلی (tasallī)
慰める
A سلی (sallā)
P تسلی دادن (tasallī dādan)
U تسلی دینا (tasallī dēnā)

なくす 〔無くす〕
A أضاع ('aḍā'a)
P گم کردن (gom kardan)
U کھونا (khōnā) ;
گم کرنا (gum karnā)

なくなる 〔無くなる〕
A ضاع (ḍā'a)
P گم شدن (gom shodan)
U گم ہونا (gum hōnā)

なくなる 〔亡くなる〕
A توفی (tuwuffiya)
P درگذشتن (dar-gozashtan)
U انتقال کرنا (inteqāl karnā)

なぐる 〔殴る〕
A ضرب (ḍaraba)
P زدن (zadan)
U مارنا (mārnā)

なげき 〔嘆き〕
A حزن (ḥuzn) ; غم (ghamm)
P غم (gham) ; غصه (ghosse)
U رنج (ranj) ; غم (gham)

なげく 〔嘆く〕
A حزن (ḥazina)
P غم خوردن (gham khordan)
U رنج کرنا (ranj karnā)

なげやり 〔投げ槍〕
A رمح (rumḥ)
P نیزه (neize)
U نیزہ (nēza)

なげる 〔投げる〕
A رمی (ramā)
P انداختن (andākhtan)
U پھینکنا (phēṇknā)

なこうど 〔仲人〕
A وسیط (wasīṭ) ; خاطبة (khāṭiba)
P واسطهٔ ازدواج (vāseteye-ezdevāj)
U رشتے کرانے والا (rishtē karāne wālā)

なさけ 〔情け〕
A رحمة (raḥma) ; عطف ('aṭf)
P رحم (rahm) ; همدردی (ham-dardī)
U رحم (rahm) ; ہمدردی (ham-dardī)

なし 〔梨〕
A کمثری (kummathrā)
P گلابی (golābī)
U ناشپاتی (nāshpātī)

なしとげる 〔成し遂げる〕
A أنجز ('anjaza)
P انجام دادن (anjām dādan)
U انجام دینا (anjām dēnā)

ナショナリズム
A القومية (al-qawmīya)
P ملی گرائی (mellī-gerā'ī)
U قوم پرستی (qaum-parastī)

なす 〔茄子〕
A باذنجان (bādhinjān)
P بادنجان (bādenjān)
U بینگن (baiṇgan)

なぜ 〔何故〕
A لماذا (li-mādhā)
P چرا (cherā)
U کیوں (kyōṇ)

あなたは昨日なぜ学校に行かなかった
A لماذا لم تذهب إلى المدرسة أمس؟ (li-mādhā lam tadhhab 'ilal-madrasa 'amsi)
P چرا شما دیروز به مدرسه نرفتید؟ (cherā shomā dīrūz be-madrese na-raftīd)
U آپ کیوں کل اسکول نہیں گئے؟ (āp kyōṇ kal iskūl nahīṇ gā'e)

なぜなら
A لأن (li-'anna)
P زیرا (zīrā)
U کیونکہ (kyōṇ-ke)

なぜなら私は病気だったから
A لأننی کنت مریضًا (li-'annanī kuntu marīḍan)
P زیرا من بیمار بودم (zīrā man bīmār būdam)
U کیونکہ میں بیمار تھا (kyōṇ-ke maiṇ bīmār thā)

なぞ 〔謎〕
A لغز (lughz)
P معما (mo'ammā)
U معما (mo'ammā)

なぞなぞ
A لغز (lughz)
P چیستان (chīstān)
U پہیلی (pahēlī)

なた 〔鉈〕
A فأس (fa's) ; بلطة (balṭa)
P تبر (tabar)
U کلہاڑی (kulhāṛī)

なだかい 〔名高い〕
A مشهور (mashhūr)
P مشهور (mashhūr)
U مشہور (mashhūr)

なだめる 〔宥める〕
A هدأ (hadda'a)
P تسکین دادن (taskīn dādan)
U تسلی دینا (tasallī dēnā)

なだらかな
A سهل (sahl)
P کم نشیب (kam-nashīb)
U ڈھلواں (ḍhalwāṇ)

なだれ 〔雪崩〕
A انهیار جلیدی (inhiyār jalīdī)
P بهمن (bahman)
U برفانی تودہ (barfānī tūda)

なつ 〔夏〕
A صيف (ṣayf)
P تابستان (tābestān)
U موسم گرما (mausame-garmā)
夏休み
A العطلة الصيفية
(al-'uṭlatu-ṣ-ṣayfīya)
P تعطیلات تابستانی
(ta'tīlāte-tābestānī)
U موسم گرما کی چھٹیاں
(mausame-garmā ki chhuṭṭiyāṇ)

なつかしい 〔懐かしい〕
A عزيز ('azīz)
P عزيز ('azīz)
U عزيز ('azīz)

なづける 〔名付ける〕
A سمى (sammā)
P ناميدن (nāmīdan)
U نام رکھنا (nām rakhnā)

なっとく 〔納得〕
A اقتناع (iqtinā')
P رضايت (rezāyat)
U رضامندی (razā-mandī)
納得する
A اقتنع (iqtana'a)
P راضی شدن (rāzī shodan)
U راضی ہونا (rāzī hōnā)
納得させる
A أقنع ('aqna'a)
P راضی کردن (rāzī kardan)
U راضی کرنا (rāzī karnā)

なつめやし 〔棗椰子〕
A نخل (nakhl)
P خرما (khormā) ; نخل (nakhl)
U کھجور (khajūr)

なでる 〔撫でる〕
A ملس (mallasa)
P دست کشیدن (dast keshīdan)
U سہلانا (sahlānā)

…など 〔…等〕
A إلى آخره ('ilā ākhirihi) ;
و غيره (wa ghayru-hu)
P وغيره (vagheire)
U وغيره (waghaira)

ナトリウム
A صوديوم (ṣūdiyūm)
P سديم (sodyom)
U سوڈیم (soḍiyam)

ななめの 〔斜めの〕
A مائل (mā'il)
P اريب (orīb)
U ترچھا (tirchhā)

なに 〔何〕
A ما (mā) ; ماذا (mādhā)
P چه (che)
U کیا (kyā)
これは何ですか
A ما هٰذا ؟ (mā hādhā)
P اين چيست ؟ (īn chist)
U یہ کیا ہے ؟ (yeh kyā hai)

なにとぞ 〔何卒〕
A من فضلك (min faḍli-ka)
P لطفاً (lotfan)
U مہربانی کر کے
(mehr-bānī kar ke)

なびく 〔靡く〕
風に靡く
A رفرف (rafrafa)
P در اهتزاز بودن (dar ehtezāz būdan)
U لہلہانا (lahlahānā)

ナプキン
A فوطة المائدة (fūṭatul-mā'ida)
P دستمال سفره (dāst-māle-sofre)
U دستپاک (dast-pāk)

ナフタリン
A نفتالين (naftālīn)
P نفتالين (naftālīn)
U نفتی گولی (naftī-gōlī)

なべ 〔鍋〕
A قدر (qidr)
P دیگ (dīg)
U دیگ (dēg)

なま 〔生〕
生の
A نیء (nī')
P خام (khām)
U کچا (kachchā)
生肉
A لحم نیء (laḥm nī')
P گوشت خام (gūshte-khām)
U کچا گوشت (kachchā gōsht)

なまあたたかい 〔生暖かい〕
A فاتر (fātir)
P نیم گرم (nīm-garm)
U نیم گرم (nīm-garm)

なまいきな 〔生意気な〕
A وقح (waqiḥ)
P پررو (por-rū)
U گستاخ (gustākh)

なまえ 〔名前〕 ──→な〔名〕

なまけもの 〔怠け者〕
A كسلان (kaslān)
P تنبل (tanbal)
U سست (sust)

なまける 〔怠ける〕
A كسل (kasila)
P تنبل بودن (tanbal būdan)
U سست ہونا (sust hōnā)

なまり 〔鉛〕
A رصاص (raṣāṣ)
P سرب (sorb)
U سیسہ (sīsa)

なまり 〔訛り〕
A لهجة (lahja)
P لهجه (lahje)
U مقامی لہجہ (maqāmī lahja)

なみ 〔波〕
A موج (mawj)
P موج (mouj)
U لہر (lahar) ; موج (mauj)

なみだ 〔涙〕
A دموع (dumū')
P اشک (ashk)
U آنسو (āṇsū)
涙を流す
A ذرف دموعًا (dharafa dumū'an)
P اشک ریختن (ashk rīkhtan)
U آنسو بہانا (āṇsū bahānā)

なみの 〔並の〕
A عادی ('ādī)

P معمولی (ma'mūlī)；عادی ('ādī)
U معمولی (ma'mūlī)

なめくじ
A بزاقة (bazzāqa)
P راب (rāb)
U اسلاگ (islāg)

なめらか〔滑らか〕
A ناعم (nā'im)
P صاف (sāf)；هموار (hamvār)
U ہموار (hamvār)

なめる〔嘗める〕
A لعق (la'iqa)
P لیسیدن (līsīdan)
U چاٹنا (chāṭnā)

なや〔納屋〕
A مخزن (makhzan)
P انبار (anbār)
U کھلیان (khalyān)

なやます〔悩ます〕
A أزعج ('az'aja)；كدر (kaddara)
P رنجاندن (ranjāndan)；
نار احت کردن (nā-rāhat kardan)
U تکلیف دینا (taklīf dēnā)；
پریشان کرنا (parēshān karnā)

なやみ〔悩み〕
A قلق (qalaq)；هم (hamm)
P رنج (ranj)；نار احتی (nā-rāhatī)
U تکلیف (taklīf)

なやむ〔悩む〕
A قلق (qaliqa)
P رنجیدن (ranjīdan)；
نار احت بودن (nā-rāhat būdan)
U پریشان ہونا (parēshān hōnā)

ならう〔習う〕
A درس (darasa)；تعلم (ta'allama)
P یاد گرفتن (yād gereftan)；
أموختن (āmūkhtan)
U سیکھنا (sīkhnā)；
پڑھنا (paṛhnā)

ならす〔鳴らす〕
A دق (daqqa)
P به صدا درآوردن (be-sedā dar-āvardan)；زنگ زدن (zang zadan)
U بجانا (bajānā)

ならす〔慣らす・馴らす〕
習慣づける
A عود ('awwada)
P عادت دادن ('ādat dādan)
U عادت ڈالنا ('ādat ḍālnā)
動物を馴らす
A روض (rawwaḍa)；ألف ('allafa)
P رام کردن (rām kardan)
U سدھانا (sidhānā)

ならす〔均す〕
A سوى (sawwā)
P هموار کردن (hamvār kardan)
U ہموار کرنا (hamvār karnā)

ならぶ〔並ぶ〕
A وقف صفًا (waqafa ṣaffan)
P صف بستن (saf bastan)
U صف باندھنا (saf bāṇdhnā)

ならべる〔並べる〕
配列する
A رتب (rattaba)
P ترتیب دادن (tartīb dādan)
U ترتیب دینا (tartīb dēnā)

ならわし 〔習わし〕
A عادة (‘āda)
P عادت (‘ādat)
U عادت (‘ādat)

なりきん 〔成金〕
A حديث نعمة (ḥadīth ni‘ma)
P نو كيسه (nou kīse)；
آدم نو دولت (ādame-nou doulat)
U نيا نواب (nayā nawāb)；
نو دولت (nau daulat)

なりたち 〔成り立ち〕
由来
A أصل (’aṣl)
P اصل (asl)
U اصل (asl)
組織
A منظمة (munaẓẓama)
P تشكيل (tashkīl)；
تركيب (tarkīb)
U تشكيل (tashkīl)

なりたつ 〔成り立つ〕
A تكون (takawwana)
P عبارت بودن (‘ebārat būdan)
U مشتمل ہونا (mushtamil hōnā)

なりゆき 〔成り行き〕
A سير (sayr)
P جريان (jarayān)
U چال (chāl)

なる
…になる
A أصبح (’aṣbaḥa)
P شدن (shodan)
U ہونا (hōnā)
彼は病気になった
A أصبح مريضًا (’aṣbaḥa marīḍan)
P او بيمار شد (ū bīmār shod)
U وه بيمار ہوا (voh bīmār huā)

なる 〔鳴る〕
A دق (daqqa)
P زنگ زدن (zang zadan)
U بجنا (bajnā)

なる 〔生る〕
実が生る
A أثمر (’athmara)
P ميوه دادن (mīve dādan)
U پهل دينا (phal dēnā)

なるべく
A ما يمكن (mā yumkinu)
P اگر ممكن باشد
(agar momken bāshad)
U جتنا … ہو سکے
(jitnā ... hō sakē)

なれる 〔慣れる・馴れる〕
A تعود (ta‘awwada)
P عادت كردن (‘ādat kardan)
U عادى ہونا (‘ādī hōnā)
動物が馴れる
A ألف (’alifa)
P رام شدن (rām shodan)
U سدهنا (sidhnā)

なわ 〔縄〕
A حبل (ḥabl)
P طناب (tanāb)
U رسا (rassā)

なんかい 〔何回〕
A كم مرة (kam marra)

P چند بار (chand bār)
U کتنی بار (kitnī bār)

なんぎ 〔難儀〕
苦境
A مصيبة (muṣība)
P مصيبت (mosībat)
U مصیبت (musībat)
困難
A صعوبة (ṣu'ūba)
P مشكل (moshkel)
U مشكل (mushkil)

なんきょく 〔南極〕
A القطب الجنوبى
(al-quṭbul-janūbī)
P قطب جنوب (qotbe-jonūb)
U قطب جنوبی (qotbe-junūbī)

なんきんまめ 〔南京豆〕
A فول سودانى (fūl-sūdānī)
P بادام زمينى (bādāme-zamīnī)
U مونگ‌پهلی (mūṇg-phalī)

なんこう 〔軟膏〕
A مرهم (marham)
P مرهم (marham)
U مرہم (marham)

なんこつ 〔軟骨〕
A غضروف (ghuḍrūf)
P غضروف (ghozrūf)
U غضروف (ghuzrūf)

なんじ 〔何時〕
今何時ですか
A كم الساعة الآن؟
(kami-s-sā'atul-'āna)
P الآن ساعت چند است؟
(alān sā'at chand ast)
U اب کتنے بجے ہیں؟
(ab kitnē bajē haiṇ)

なんじかん 〔何時間〕
A كم ساعةً (kam sā'atan)
P چند ساعت (chand sā'at)
U کتنے گھنٹے (kitne ghanṭē)

ナンセンス
A هراء (hurā') ; كلام فارغ (kalām fārigh)
P مزخرف (mozakharaf)
U بےہودگی (bē-hūdagī)

なんでも 〔何でも〕
A أى شىء ('ayyu shay')
P هر چيز (har chīz)
U کوئی بھی (kō'ī bhī)

なんと 〔何と〕
このモスクは何と美しいでしょう
A ما أجمل هٰذا المسجد!
(mā 'ajmal hādhal-masjid)
P اين مسجد چقدر قشنگ است!
(īn masjed che-qadr qashang ast)
U یہ مسجد کیا خوبصورت ہے!
(yeh masjid kyā khūb-sūrat hai)

なんなく 〔難なく〕
A بسهولة (bi-suhūla)
P به آسانى (be-āsānī)
U آسانی سے (āsānī se)

なんにち 〔何日〕
何日間
A كم يومًا (kam yawman)
P چند روز (chand rūz)
U کتنے دن (kitnē din)

なんにん 〔何人〕
A كم شخصًا (kam shakhṣan)
P چند نفر (chand nafar)
U كتنے آدمی (kitnē ādmī)
なんねん 〔何年〕
A كم سنةً (kam sanatan)
P چند سال (chand sāl)
U كتنے برس (kitnē baras)
なんぱ 〔難破〕
A غرق السفينة (gharaqu-s-safīna)
P غرق کشتی (gharqe-keshtī)
U جہاز کی تباہی (jahāz ki tabāhī)
ナンバー
A رقم (raqm)
P شماره (shomāre)
U نمبر (nambar)
なんべん 〔何遍〕
A كم مرة (kam marra)
P چند بار (chand bār)
U کتنی بار (kitnī bār)
なんみん 〔難民〕
A لاجئ (lāji')
P پناهنده (panāhande)
U مہاجر (muhājir)
なんもん 〔難問〕
A مسألة صعبة (mas'ala ṣa'ba)
P مسئلهٔ مشكل (mas'aleye-moshkel)
U مشکل مسئلہ (mushkil mas'ala)

に

に 〔二〕
A اثنان (ithnāni)
P دو (do)
U دو (dō)
第二
A الثانى (ath-thānī)
P دوم (dovvom)
U دوسرا (dūsrā)
に 〔荷〕
A شحنة (shaḥna)
P بار (bār)
U بار (bār); بوجھ (bōjh)
荷を積む
A شحن (shaḥana)
P بار كردن (bār kardan);
بار زدن (bār zadan)
U لادنا (lādnā)
…に
場所
A فى (fī)
P در (dar)
U میں (meṇ)
時
A فى (fī)

P در (dar)
U کو (ko)

にあう 〔似合う〕
A لائم (lā'ama) ; ناسب (nāsaba)
P آمدن (āmadan) ;
مناسب بودن (monāseb būdan)
U جچنا (jachnā)

にえる 〔煮える〕
A غلى (ghalā)
P جوشیدن (jūshīdan)
U ابلنا (ubalnā)

におい 〔匂い・臭い〕
A رائحة (rā'iḥa)
P بو (bū)
U بو (bū)
良い匂い
A رائحة عطرة (rā'iḥa 'aṭira)
P خوشبو (khosh-bū)
U خوشبو (khūsh-bū)
悪い臭い
A رائحة كريهة (rā'iḥa karīha)
P بدبو (bad-bū)
U بدبو (bad-bū)

におう 〔匂う・臭う〕
A فاحت رائحة (fāḥat rā'iḥa)
P بو دادن (bū dādan)
U بو آنا (bū ānā)

にかい 〔二階〕
A طابق ثانٍ (ṭābiq thānin)
P طبقهٔ دوم (tabaqeye-dovvom)
U دوسری منزل (dūsrī manzil)

にかい 〔二回〕
A مرتان (marratāni)
P دو بار (do bār)
U دو بار (dō bār)

にがい 〔苦い〕
A مر (murr)
P تلخ (talkh)
U کڑوا (kaṛwā)

にがす 〔逃がす〕
A هرب (harraba)
P فرار دادن (farār dādan)
U بھگانا (bhagānā)

にがつ 〔二月〕
A فبراير (fibrāyir)
P فوریه (fevriye)
U فروری (farwarī)

にがて 〔苦手〕
A نقطة ضعف (nuqṭa ḍu'f)
P نقطهٔ ضعف (noqteye-za'f)
U کمزوری (kam-zōrī)

にかわ 〔膠〕
A غراء (ghirā')
P سریشم (serīshom)
U سریش (sarēsh)

にきび
A بثرة (bathra)
P جوش (jūsh)
U مہاسا (mohāsā)

にぎやかな 〔賑やかな〕
A مزدحم (muzdaḥim)
P شلوغ (sholūgh)
U بارونق (bā-raunaq)

にぎる 〔握る〕
A أمسك ('amsaka)
P گرفتن (gereftan) ;

محكم گرفتن (mohkam gereftan)
U پکڑنا (pakaṛnā)

にぎわう 〔賑わう〕
混雑する
A ازدحم (izdaḥama)
P شلوغ بودن (sholūgh būdan)
U بهيڑ لگنا (bhīṛ lagnā)
繁盛する
A ازدهر (izdahara)
P رونق گرفتن (rounaq gereftan)
U فروغ پانا (farōgh pānā)

にく 〔肉〕
A لحم (laḥm)
P گوشت (gūsht)
U گوشت (gōsht)

にくい 〔憎い〕
A بغيض (baghīḍ)
P نفرت انگيز (nefrat-angīz)
U نفرت انگيز (nafrat-angēz)

にくがん 〔肉眼〕
A عين مجردة (‘ayn mujarrada)
P چشم غير مسلح (chashme-gheire-mosallah)
U ننگی آنکه (nangī āṇkh)

にくしみ 〔憎しみ〕
A حقد (ḥiqd) ; كراهة (karāha)
P نفرت (nefrat)
U نفرت (nafrat)

にくしん 〔肉親〕
肉親関係
A قرابة دم (qarāba dam)
P قرابت نسبی (qarābate-nasabī)
U خون کا رشته (khūn ka rishta)

にくたい 〔肉体〕
A جسم (jism) ; بدن (badan)
P جسم (jesm) ; بدن (badan)
U جسم (jism) ; بدن (badan)
肉体労働
A عمل جسمی (‘amal jismī)
P کار بدنی (kāre-badanī)
U جسمی کام (jismī kām)

にくむ 〔憎む〕
A كره (kariha) ; حقد (ḥaqada)
P نفرت کردن (nefrat kardan)
U نفرت کرنا (nafrat karnā)

にくや 〔肉屋〕
A قصاب (qaṣṣāb)
P قصاب (qassāb)
U قصائی (qasā'ī)

にくよく 〔肉欲〕
A رغبة جنسية (raghba jinsīya)
P ميل جنسی (meile-jensī)
U نفسانی خواهش (nafsānī khāhish)

にぐるま 〔荷車〕
A عربة (‘araba)
P گاری (gārī)
U ٹهيلا (ṭhēlā)

にげる 〔逃げる〕
A فر (farra) ; هرب (haraba)
P فرار کردن (farār kardan) ;
گريختن (gorīkhtan)
U بهاگنا (bhāgnā)

にごす 〔濁す〕
A عكر (‘akkara)
P گل آلود کردن (gel-ālūd kardan) ;
کدر کردن (keder kardan)

U گدلا کرنا (gadlā karnā)

ニコチン

A نيكوتين (nīkūtīn)

P نیکوتین (nīkotīn)

U نکوٹین (nikoṭīn)

にごった 〔濁った〕

A عكر (ʻakir)

P گل آلود (gel-ālud) ; كدر (keder)

U گدلا (gadlā)

にごる 〔濁る〕

A تعكر (taʻakkara)

P گل‌آلود شدن (gel-ālūd shodan) ;

كدر شدن (keder shodan)

U گدلا ہونا (gadlā hōnā)

にさん 〔二三〕

二三の

A بعض (baʻḍ)

P چند (chand)

U چند (chand)

二三日

A بعض الأيام (baʻdul-'ayyām)

P چند روز (chand rūz)

U چند دن (chand din)

にし 〔西〕

A غرب (gharb)

P غرب (gharb)

U مغرب (maghrib)

西の

A غربى (gharbī)

P غربى (gharbī)

U مغربى (maghribī)

にじ 〔虹〕

A قوس قزح (qaws-quzaḥ)

P رنگين كمان (rangīn-kamān) ;

قوس قزح (qouse-qazah)

U دھنک (dhanak) ;

قوس قزح (qause-quzah)

にじゅう 〔二十〕

A عشرون (ʻishrūna)

P بيست (bīst)

U بيس (bīs)

にじゅう 〔二重〕

二重の

A مزدوج (muzdawij)

P دوگانه (dō-gāne)

U دہرا (dohrā)

二重国籍

A جنسية مزدوجة (jinsīya muzdawija)

P مليت دوگانه (mellīyate-do-gāne)

U دہری قوميت (dohrī qaumīyat)

ニス

A ورنيش (warnīsh)

P ورنى (vernī)

U وارنش (vārnish)

ニスを塗る

A طلى بالورنيش (ṭalā bil-warnīsh)

P ورنى زدن (vernī zadan)

U وارنش كرنا (vārnish karnā)

にせ 〔贋〕

贋の

A مزيف (muzayyaf)

P جعلى (jaʻlī)

U كھوٹا (khōṭā) ; جعلى (jaʻlī)

贋札

A ورق نقدى مزيف

(waraq naqdī muzayyaf)

P اسکناس جعلی (eskenāse-ja'lī)
U کھوٹا نوٹ (khōṭā nōṭ)

にせる 〔似せる〕
模倣する
A قلد (qallada)
P تقلید کردن (taqlīd kardan)
U نقل کرنا (naql karnā)
贋造する
A زيف (zayyaf)
P جعل کردن (ja'l kardan)
U جعل بنانا (ja'l banānā)

にそう 〔尼僧〕
A راهبة (rāhiba)
P راهبه (rāhebe)
U راہبہ (rāhiba)

にちじょう 〔日常〕
日常の
A يومى (yawmī)
P روزانه (rūzāne);
روزمره (rūz-marre)
U روزمره (rōz-marra);
روزانہ (rōzāna)
日常会話
A محادثات يومية (muḥādathāt yawmīya)
P مکالمهٔ روزانه (mokālemeye-rūzāne)
U روزانہ بات چیت (rōzāna bāt-chīt)

にちぼつ 〔日没〕
A غروب الشمس (ghurūbu-sh-shams)
P غروب آفتاب (ghorūbe-āftāb)
U غروب آفتاب (ghurūbe-āftāb)

にちようび 〔日曜日〕
A يوم الأحد (yawmul-'aḥad)
P یکشنبه (yek-shanbe)
U اتوار (itwār)

にちようひん 〔日用品〕
A أشياء يومية ('ashyā' yawmīya)
P لوازم روز مره (lavāzeme-rūz-marre)
U اشیائے روز مره (ashyā'e-rōz-marra)

…について
A حول (ḥawla); عن ('an)
P در بارهٔ (dar bāreye)
U کے بارے میں (ke bārē meṇ)
日本について
A عن اليابان ('anil-yābān)
P در بارهٔ ژاپن (dar bāreye zhāpon)
U جاپان کے بارے میں (jāpān ke bārē meṇ)

にっき 〔日記〕
A يوميات (yawmīyāt)
P دفتر خاطرات (daftare-khāterāt)
U روزنامچہ (rōz-nāmcha)

にっきゅう 〔日給〕
A أجر يومى ('ajr yawmī)
P روز مزدی (rūz-mozdī)
U روز کی مزدوری (rōz ki mazdūrī)

ニックネーム ──→あだな

にづくり 〔荷造り〕
A حزم (ḥazm)
P بسته بندی (baste-bandī)
U سامان باندھنا (sāmān bāṇdhnā)

荷造りする
A حزم (ḥazama)
P بسته بندی کردن (baste-bandī kardan)
U سامان باندھنا (sāmān bāṇdhnā)

ニッケル
A نیکل (nīkl)
P نیکل (nīkel)
U نکل (nikel)

にっこう〔日光〕
A ضوء الشمس (ḍaw'u-sh-shams)
P نور آفتاب (nūre-āftāb)
U دھوپ (dhūp)
日光浴
A استحمام شمسی (istiḥmām shamsī)
P حمام آفتاب (hammāme-āftāb)
U دھوپ کھانا (dhūp khānā)

にっこりする
A ابتسم (ibtasama)；
تبسم (tabassama)
P تبسم کردن (tabassom kardan)
U مسکرانا (muskurānā)

にっしょく〔日食〕
A کسوف الشمس (kusūfu-sh-shams)
P کسوف (kosūf)；
آفتاب گرفتگی (āftāb-gereftegī)
U سورج گرہن (sūraj-garhan)

にっちゅう〔日中〕
A فی النهار (fin-nahār)
P در روز (dar rūz)
U دن کو (din ko)

にってい〔日程〕
A جدول (jadwal)
P برنامه (bar-nāme)
U پروگرام (prōgrām)

にばい〔二倍〕
A ضعف (ḍi'f)
P دو برابر (do barābar)
U دگنا (du-gnā)

ニヒリスト
A عدمی ('adamī)
P نیست انگار (nīst-engār)
U عدمی ('adamī)

ニヒリズム
A عدمیة ('adamīya)
P نیست انگاری (nīst-engārī)
U عدمیت ('adamīyat)

にぶい〔鈍い〕
刃物が鈍い
A کلیل (kalīl)
P کند (kond)
U کند (kund)
頭が鈍い
A بلید العقل (balīdul-'aql)
P کندفهم (kond-fahm)
U بےوقوف (bē-waqūf)
動作が鈍い
A بطیء الحرکة (baṭī'ul-ḥaraka)
P کند (kond)
U سست (sust)

にふだ〔荷札〕
A بطاقة (biṭāqa)
P بر چسب (bar-chasb)
U چٹ (chiṭ)

にほん 〔日本〕
A اليابان (al-yābān)
P ژاپن (zhāpon)
U جاپان (jāpān)
日本の(人)
A يابانى (yābānī)
P ژاپنى (zhāponī)
U جاپانى (jāpānī)

にもつ 〔荷物〕 ──→に〔荷〕

にゅういんする 〔入院する〕
A دخل المستشفى
(dakhalal-mustashfā)
P در بيمارستان بسترى شدن
(dar bīmārestān bastarī shodan)
U ہسپتال میں داخل ہونا
(haspatāl meṇ dākhil hōnā)

にゅうかい 〔入会〕
A اشتراك (ishtirāk)
P ورود (vorūd)
U داخلہ (dākhila)
入会する
A اشترك (ishtaraka)
P عضو شدن ('ozv shodan) ;
وارد شدن (vāred shodan)
U ممبر بننا (membar bannā) ;
شامل ہونا (shāmil hōnā)
入会金
A رسم الاشتراك (rasmul-ishtirāk)
P حق ورود (haqqe-vorūd)
U فيس (fīs)

にゅうがく 〔入学〕
A دخول المدرسة (dukhūlul-madrasa)
P ورود به مدرسه
(vorūd be-madrese)
U اسکول میں داخلہ
(iskūl meṇ dākhila)
入学する
A دخل المدرسة (dakhalal-madrasa)
P به مدرسه وارد شدن
(be-madrese vāred shodan)
U اسکول میں داخلہ لینا
(iskūl meṇ dākhila lēnā)
入学試験
A امتحان الدخول
(imtiḥānu-d-dukhūl)
P امتحان ورودى (emtehāne-vorūdī)
U داخلے کا امتحان
(dākhilē ka imtehān)

にゅうぎゅう 〔乳牛〕
A بقرة حلوب (baqara ḥalūb)
P گاو شير ده (gāve-shīr-deh)
U دودھار گائے (dudhār gāe)

にゅうこうする 〔入港する〕
A دخل الميناء (dakhalal-mīnā')
P وارد بندر شدن
(vārede-bandar shodan)
U بندرگاہ میں داخل ہونا
(bandar-gāh meṇ dākhil hōnā)

にゅうこく 〔入国〕
A دخول البلد (dukhūlul-balad)
P ورود به کشور (vorūd be-keshvar)
U ملک میں داخلہ
(mulk meṇ dākhila)
入国する
A دخل البلد (dakhalal-balad)
P وارد کشور شدن (vārede-keshvar

shodan)
U ملک میں داخل ہونا (mulk meṇ dākhil hōnā)

にゅうさつ 〔入札〕
A مناقصة (munāqaṣa)
P مناقصه (monāqese)
U ٹینڈر (ṭenḍar)
入札する
A اشترك فى مناقصة (ishtaraka fī munāqaṣa)
P پیشنهاد مناقصه دادن (pīsh-nehāde-monāqese dādan)
U ٹینڈر ڈالنا (ṭenḍar ḍālnā)

ニュージーランド
A نيوزيلاندا (niyūzīlāndā)
P زلاند نو (zelānde-nou)
U نیوزیلینڈ (niyūzīlainḍ)

にゅうじょう 〔入場〕
A دخول (dukhūl)
P ورود (vorūd)
U داخلہ (dākhila)
入場する
A دخل (dakhala)
P وارد شدن (vāred shodan)
U داخل ہونا (dākhil hōnā)
入場券
A تذكرة الدخول (tadhkiratu-d-dukhūl)
P بلیط ورودی (belīte-vorūdī)
U داخلے کا ٹکٹ (dākhilē ka ṭikaṭ)

にゅうしょうする 〔入賞する〕
A فاز بجائزة (fāza bi-jā'iza)
P جایزه بردن (jāyeze bordan)
U انعام پانا (in'ām pānā)

ニュース
A خبر (khabar) ; أخبار ('akhbār)
P خبر (khabar) ; اخبار (akhbār)
U خبر (khabar)

にゅうよくする 〔入浴する〕
A استحم (istaḥamma)
P حمام کردن (hammām kardan)
U غسل کرنا (ghusl karnā)

にょう 〔尿〕
A بول (bawl)
P ادرار (edrār)
U پیشاب (pēsh-āb)

にらむ 〔睨む〕
A حملق (ḥamlaqa)
P خصمانه نگاه کردن (khasmāne negāh kardan)
U گھورنا (ghūrnā)

にる 〔似る〕
A شابه (shābaha)
P شبیه بودن (shabīh būdan)
U مشابہ ہونا (mūshābah hōnā)
その子は父に似ている
A الولد يشابه أباه (al-walad yushābihu 'abā-hu)
P آن پسر شبیه پدرش است (ān pesar shabīhe-pedarash ast)
U وہ بیٹا اپنے باپ سے مشابہ ہے (voh bēṭā apnē bāp se mushābah hai)

にる 〔煮る〕
ゆでる
A سلق (salaqa)

P آب‌پز کردن (āb-paz kardan)
U ابالنا (ubālnā)
料理する
A طبخ (ṭabakha)
P پختن (pokhtan)
U پکانا (pakānā)

にれ 〔楡〕
A دردار (dardār)
P نارون (nārūn)
U بوقیذار (būqīzār)

にわ 〔庭〕
A حديقة (ḥadīqa) ; بستان (bustān)
P باغ (bāgh)
U باغ (bāgh)
庭師
A بستانى (bustānī)
P باغبان (bāgh-bān)
U مالی (mālī)

にわか
にわかに
A فجأةً (faj'atan)
P ناگهان (nāgahān)
U اچانک (achānak)
にわか雨
A زخة مطر (zakhkha maṭar)
P رگبار (ragbār)
U اچانک بارش (achānak-bārish)

にわとり 〔鶏〕
雄
A ديك (dīk)
P خروس (khorūs)
U مرغا (murghā)
雌
A دجاجة (dajāja)
P مرغ (morgh)
U مرغی (murghī)
ひな
A فرخ (farkh)
P جوجه (jūje)
U چوزه (chūza)

にんい 〔任意〕
A طوع (ṭaw')
P اختیار (ekhtiyār)
U اختیار (ikhteyār)
任意の
A طوعى (ṭaw'ī)
P اختیاری (ekhtiyārī)
U اختیاری (ikhteyārī)
任意に
A طوعيًا (taw'īyan)
P بطور اختیاری (be-toure-ekhtiyārī)
U اختیاری طور پر
(ikhteyārī taur par)

にんか 〔認可〕
A ترخيص (tarkhīṣ)
P تصویب (tasvīb)
U منظوری (manzūrī)
認可する
A رخص (rakhkhaṣa)
P تصویب کردن (tasvīb kardan)
U منظوری دینا (manzūrī dēnā)

にんき 〔人気〕
A شعبية (sha'bīya)
P محبوبیت (mahbūbīyat)
U مقبولیت (maqbūliyat)

人気のある

A محبوب (maḥbūb)

P محبوب (mahbūb)

U مقبول (maqbūl)

にんき 〔任期〕

A مدة شغل منصب (mudda shughl manṣib)

P دورهٔ خدمت (doureye-khedmat)

U ميعاد (mī‘ād)

にんぎょ 〔人魚〕

A عروس البحر (‘arūsul-baḥr)

P پرى دريائى (pariye-daryā'ī)

U جل پرى (jal-parī)

にんぎょう 〔人形〕

A عروسة (‘arūsa) ; دمية (dumya)

P عروسک (‘arūsak)

U گڑيا (guṛiyā)

にんげん 〔人間〕

A إنسان ('insān)

P انسان (ensān)

U انسان (insān)

人間性

A إنسانية ('insānīya)

P انسانيت (ensānīyat)

U انسانيت (insāniyat)

にんしき 〔認識〕

A إدراك ('idrāk)

P شناخت (shenākht)

U شناخت (shanākht)

認識する

A أدرك ('adraka)

P شناختن (shenākhtan)

U شناخت كرنا (shanākht karnā)

にんしょう 〔人称〕

人称代名詞

A ضمير شخصى (ḍamīr shakhṣī)

P ضمير شخصى (zamīre-shakhsī)

U ضمير شخصى (zamīre-shakhsī)

にんしん 〔妊娠〕

A حمل (ḥaml)

P آبستنى (ābestanī)

U حمل (haml)

妊娠した

A حامل (ḥāmil)

P آبستن (ābestan) ; حامله (hāmele)

U حامله (hāmila)

妊娠する

A حملت (ḥamalat)

P آبستن شدن (ābestan shodan)

U حامله ہونا (hāmila hōnā)

にんじん 〔人参〕

A جزر (jazar)

P هويج (havīj)

U گاجر (gājar)

にんそう 〔人相〕

A سحنة (saḥna)

P قيافه (qiyāfe)

U حليه (hulya)

にんたい 〔忍耐〕

A صبر (ṣabr)

P صبر (sabr) ; شكيبائى (shakībā'ī)

U صبر (sabr) ; برداشت (bar-dāsht)

忍耐強い

A صبور (ṣabūr)

P صبور (sabūr) ; شكيبا (shakībā)

U صابر (sābir) ; بردبار (burdbār)

にんにく
A ثوم (thūm)
P سیر (sīr)
U لهسن (lahsan)

にんむ 〔任務〕
A واجب (wājib) ; وظيفة (wazīfa)
P مأموريت (ma'mūrīyat) ;
وظيفه (vazīfe)
U فرض (farz)
任務を果たす
A أدى واجبه ('addā wājiba-hu)
P انجام وظيفه كردن
(anjāme-vazīfe kardan)
U فرض ادا كرنا (farz adā karnā)

にんめい 〔任命〕
A تعيين (ta'yīn)
P تعيين (ta'yīn)
U تقرر (taqarrur)
任命する
A عين ('ayyana)
P تعيين كردن (ta'yīn kardan)
U تقرر كرنا (taqarrur karnā)

ぬ

ぬいばり 〔縫い針〕
A إبرة خياطة ('ibra khiyāṭa)
P سوزن خیاطی (sūzane-khayyātī)
U سلائی کی سوئی (silā'ī ki sū'ī)

ぬいもの 〔縫い物〕
A خياطة (khiyāṭa)
P دوزندگی (dūzandegī)
U سلائی (silā'ī)

ぬう 〔縫う〕
A خاط (khāṭa)
P دوختن (dūkhtan)
U سینا (sīnā)

ぬかす 〔抜かす〕
はぶく
A حذف (ḥadhafa)
P حذف کردن (hazf kardan)
U چھوڑنا (chhōṛnā)

ぬかるみ
A وحل (waḥl)
P گلابه (gelābe)
U کیچڑ (kīchaṛ)

ぬく 〔抜く〕
引き抜く
A سحب (saḥaba) ; نزع (naza'a)
P کشیدن (keshīdan)
U اکھاڑنا (ukhāṛnā)
除去する
A أزال ('azāla)
P برداشتن (bar-dāshtan)
U دور کرنا (dūr karnā)

追い越す
A سبق (sabaqa)
P سبقت گرفتن (sebqat gereftan)
U آگے نکلنا (āgē nikalnā)

ぬぐ 〔脱ぐ〕
A خلع (khala'a)
P کندن (kandan);
درآوردن (dar-āvardan)
U اتارنا (utārnā)

ぬぐう 〔拭う〕
A مسح (masaḥa)
P پاک کردن (pāk kardan)
U پونچھنا (pōṇchhnā)

ぬけめない 〔抜け目ない〕
A ماکر (mākir)
P زرنگ (zerang)
U چالاک (chālāk)

ぬげる 〔脱げる〕
A انخلع (inkhala'a)
P کنده شدن (kande shodan)
U سرکنا (saraknā)

ぬし 〔主〕
A رب (rabb)
P صاحب (sāheb)
U مالک (mālik)

ぬすみ 〔盗み〕
A سرقة (sariqa)
P دزدی (dozdī); سرقت (serqat)
U چوری (chōrī)

ぬすみぎきする 〔盗み聞きする〕
A استرق السمع (istaraqa-s-sam')
P استراق سمع کردن
(esterāqe-sam' kardan)
U کن سوئیاں لینا (kan-sū'iyāṇ lēnā)

ぬすむ 〔盗む〕
A سرق (saraqa)
P دزدیدن (dozdīdan)
U چرانا (churānā)

ぬの 〔布〕
A قماش (qumāsh)
P پارچه (pārche)
U کپڑا (kapṛā)

ぬま 〔沼〕
A مستنقع (mustanqa')
P باتلاق (bātlāq)
U دلدل (daldal)

ぬらす 〔濡らす〕
A بلل (ballala)
P تر کردن (tar kardan);
خیس کردن (khīs kardan)
U گیلا کرنا (gīlā karnā);
تر کرنا (tar karnā)

ぬる 〔塗る〕
A دهن (dahana); لون (lawwana)
P رنگ زدن (rang zadan)
U رنگ کرنا (rang karnā)

ぬるい 〔温い〕
A فاتر (fātir)
P نیم گرم (nīm-garm)
U نیم گرم (nīm-garm)

ぬれた 〔濡れた〕
A مبتل (mubtall)
P تر (tar); خیس (khīs)
U گیلا (gīla)

ぬれる 〔濡れる〕
A ابتل (ibtalla)

P خیس شدن (khīs shodan) ;
تر شدن (tar shodan)

U بھیگنا (bhīgnā) ;
گیلا ہونا (gīlā hōnā)

ね

ね 〔音〕
A صوت (ṣawt)
P صدا (sedā)
U آواز (āwāz)

ね 〔根〕
A جذر (jidhr)
P ریشه (rīshe)
U جڑ (jaṛ)

ね 〔値〕
A ثمن (thaman) ; سعر (si'r)
P قیمت (qeimat) ; بها (bahā)
U قیمت (qīmat) ; دام (dām)

ねあげする 〔値上げする〕
A رفع الأسعار (rafa'al-'as'ār)
P قیمت را بالا بردن
(qeimat rā bālā bordan)
U قیمت میں اضافہ کرنا
(qīmat meṇ izāfa karnā)

ねうち 〔値打ち〕
A قیمة (qīma)
P ارزش (arzesh) ; قدر (qadr)
U قدر (qadr)

値打ちのある
A ثمین (thamīn) ; نفیس (nafīs)
P باارزش (bā-arzesh) ;
قیمتی (qeimatī)
U قیمتی (qīmatī)

ネオン
A نیون (niyūn)
P نئون (ne'on)
U نیون (neon)

ネオンサイン
A لوحة نیونیة (lawḥa niyūnīya)
P تابلوی نئون (tāblōye-ne'on)
U نیون سائن (neon-sā'in)

ネガ
A نیجاتیف (nījātīf)
P نگاتیو (negātīv)
U نیگیٹو (negaiṭiv)

ねがい 〔願い〕
A أمنیة ('umnīya) ; رجاء (rajā')
P آرزو (ārezū) ;
خواهش (khāhesh) ;
تقاضا (taqāzā)
U آرزو (ārzū) ;
خواہش (khāhish) ;
درخواست (dar-khāst)

ねがう 〔願う〕
A تمنى (tamannā)；رجا (rajā)
P آرزو كردن (ārezū kardan)；
خواهش كردن (khāhesh kardan)
U آرزو كرنا (ārzū karnā)；
درخواست كرنا (dar-khāst karnā)

ねかす 〔寝かす〕
眠らす
A أنام ('anāma)；نوم (nawwama)
P خواباندن (khābāndan)
U سلانا (sūlānā)

ねぎ
A كراث (kurrāth)
P تره فرنگی (tare-farangī)
U پیاز (piyāz)

ねぎる 〔値切る〕
A خفض السعر (khaffaḍa-s-si'r)
P تخفیف دادن (takhfīf dādan)
U سستا كرانا (sastā karānā)

ネクタイ
A رباط عنق (ribāṭ 'unuq)；
كرافتة (karāfatta)
P كراوات (kerāvāt)
U ٹائی (ṭā'ī)
ネクタイをしめる
A ربط رباط عنق
(rabaṭa ribāṭ 'unuq)
P كراوات زدن (kerāvāt zadan)
U ٹائی لگانا (ṭā'ī lagānā)

ねこ 〔猫〕
雄猫
A قط (qiṭṭ)
P گربۀ نر (gorbeye-nar)
U بلا (billā)
雌猫
A قطة (qiṭṭa)
P گربۀ ماده (gorbeye-māde)
U بلی (billī)

ねころぶ 〔寝転ぶ〕
A استلقى (istalqā)
P دراز كشيدن (derāz keshīdan)
U ليٹنا (lēṭnā)

ねさげする 〔値下げする〕
A خفض سعر (khaffaḍa si'r)
P قیمت را پایین آوردن
(qeimat rā pāyīn āvardan)
U قيمت كم كرنا
(qīmat kam karnā)

ねじ
A برغى (burghī)
P پیچ (pīch)
U پیچ (pēch)
ねじ回し
A مفك (mifakk)
P پیچ گوشتی (pīch-gūshtī)
U پیچ كش (pēch-kash)

ねじる 〔捩る〕
A برم (barama)
P پیچاندن (pīchāndan)
U مروڑنا (marōṛnā)

ねずみ 〔鼠〕
A فأر (fa'r)
P موش (mūsh)
U چوہا (chūhā)

ねたみ 〔妬み〕
A حسد (ḥasad)

P حسد (hasad) ; رشک (ra<u>sh</u>k)
U حسد (hasad) ; رشک (ra<u>sh</u>k)
妬み深い
A حسود (ḥasūd)
P حسود (hasūd)
U حاسد (hāsid)

ねたむ 〔妬む〕
A حسد (ḥasada)
P حسد بردن (hasad bordan) ;
رشک بردن (ra<u>sh</u>k bordan)
U حسد کرنا (hasad karnā) ;
رشک کرنا (ra<u>sh</u>k karnā)

ねだん 〔値段〕
A ثمن (<u>th</u>aman) ; سعر (si'r)
P قیمت (qeimat)
U قیمت (qīmat)

ねつ 〔熱〕
A حرارة (ḥarāra) ; حمی (ḥummā)
P حرارت (harārat)
U حرارت (harārat)
体温
A حرارة الجسم (ḥarāratul-jism)
P تب (tab) ;
حرارت بدن (harārate-badan)
U درجه حرارت (darjae-harārat) ;
بخار (bu<u>kh</u>ār)
熱がある
A محموم (maḥmūm)
P تب داشتن (tab dā<u>sh</u>tan)
U بخار ہونا (bu<u>kh</u>ār hōnā)

ねつい 〔熱意〕
A حماس (ḥamās)
P شور (<u>sh</u>ūr)
U جوش (jō<u>sh</u>)

ねっきょう 〔熱狂〕
A تحمس (taḥammus)
P شور (<u>sh</u>ūr) ;
شور و شوق (<u>sh</u>ūr-o-<u>sh</u>ouq)
U گرم جوشی (garm-jō<u>sh</u>ī) ;
سرگرمی (sar-garmī)
熱狂的な
A حماسی (ḥamāsī)
P پر شور (por-<u>sh</u>ūr)
U سرگرم (sar-garm)

ネックレス
A عقد ('iqd)
P گردنبند (gardan-band)
U ہار (hār)

ねっしん 〔熱心〕
A حرص (ḥirṣ)
P شور و شوق (<u>sh</u>ur-o-<u>sh</u>ouq)
U سرگرمی (sar-garmī)
熱心に
A بحماس (bi-ḥamās)
P با شور و شوق (bā <u>sh</u>ūr-o-<u>sh</u>ouq)
U سرگرمی سے (sar-garmī se)
熱心な
A حریص (ḥarīṣ)
P پر شور و شوق
(por <u>sh</u>ūr-o-<u>sh</u>ouq)
U سرگرم (sar-garm)

ねっする 〔熱する〕
A سخن (sa<u>kh</u><u>kh</u>ana)
P گرم کردن (garm kardan)
U گرم کرنا (garm karnā)

ねつぞうする〔捏造する〕
A لفق (laffaqa)
P جعل كردن (ja'l kardan)
U جعل كرنا (ja'l karnā)

ねったい〔熱帯〕
A المنطقة الحارة (al-minṭaqatul-ḥārra)
P منطقهٔ حاره (mantaqeye-hārre)
U منطقۂ حاره (mintaqae-hārra)

ねっちゅうする〔熱中する〕
A انهمك (inhamaka)
P سرگرم بودن (sar-garm būdan)
U سرگرم ہونا (sar-garm hōnā)

ネット
A شبكة (shabaka)
P تور (tūr)
U جال (jāl)

ねっとう〔熱湯〕
A ماء مغلى (mā' maghlī)
P آب جوش (ābe-jush)
U كهولا ہوا پانی (khaulā huā pānī)

ねつぼう〔熱望〕
A تشوق (tashawwuq)
P اشتياق (eshtiyāq)
U دلیخواہش (dilī-khāhish)

熱望する
A تشوق (tashawwaqa)
P اشتياق داشتن (eshtiyāq dāshtan)
U دلیخواہش كرنا (dilī-khāhish karnā)

ねどこ〔寝床〕
A سرير (sarīr); فراش (firāsh)
P تختخواب (takhte-khāb);
بستر (bastar)
U بستر (bistar)

ネパール
A نيبال (nībāl)
P نپال (nepāl)
U نیپال (nēpāl)

ネパールの(人)
A نيبالى (nībālī)
P نپالی (nepālī)
U نیپالی (nēpālī)

…ねばならない
A يجب على (yajibu 'alā)
P بايد (bāyad)
U چاہیے (chāhiye)

あなたは行かねばならない
A يجب عليك أن تذهب (yajibu 'alay-ka 'an tadhhaba)
P شما بايد برويد (shomā bāyad be-ravīd)
U آپ كو جانا چاہیے (āp-ko jānā chāhiye)

ねばる〔粘る〕
A لزج (lazija)
P چسبيدن (chasbīdan)
U چپكنا (chipaknā)

ねびき〔値引き〕
A تخفيض (takhfīḍ)
P تخفيف (takhfīf)
U قيمت ميں كمی (qīmat meṇ kamī)

値引きする
A خفض (khaffaḍa)
P تخفيف دادن (takhfīf dādan)

U قيمت كم كرنا (qīmat kam karnā)

ねぶそく 〔寝不足〕
A قلة النوم (qillatu-n-nawm)
P كمبود خواب (kambūde-khāb)
U خواب كى كمى (khāb ki kamī)

ねまき 〔寝巻き〕
A ملابس نوم (malābis nawm)
P لباس خواب (lebāse-khāb)
U شب خوابى كا لباس (shab-khābī ka libās)

ねむい 〔眠い〕
A نعسان (na'sān)
P خواب آلود (khāb-ālūd)
U خواب آلود (khāb-ālūd)
眠くなる
A نعس (na'asa)
P خواب آمدن (khāb āmadan)
U نيند آنا (nīṇd ānā)
私は眠い
A أنا نعسان ('anā na'sān)
P خوابم آمد (khābam āmad)
U مجهے نيند آتى ہے (mujhē nīṇd ātī hai)

ねむる 〔眠る〕
A نام (nāma)
P خوابيدن (khābīdan)
U سونا (sōnā)

ねらう 〔狙う〕
A صوب (ṣawwaba)
P نشانه گرفتن (neshāne gereftan)
U نشانہ باندهنا (nishāna bāṇdhnā)

ねる 〔寝る〕
眠る
A نام (nāma)
P خوابيدن (khābīdan)
U سونا (sōnā)
横になる
A استلقى (istalqā)
P دراز كشيدن (derāz keshīdan)
U ليٹنا (lēṭnā)

ねる 〔練る〕
粉を練る
A عجن ('ajana)
P خمير كردن (khamīr kardan)
U گوندهنا (gūṇdhnā)

ねん 〔年〕
A سنة (sana)；عام ('ām)
P سال (sāl)
U سال (sāl)；برس (baras)
年に一度
A مرة فى السنة (marra fi-s-sana)
P در سال يک بار (dar sāl yek bār)
U سال ميں ايک بار (sāl meṇ ēk bār)

ねんかん 〔年鑑〕
A حولية (ḥawlīya)
P سالنامه (sāl-nāme)
U تقويم (taqvīm)；سالنامہ (sāl-nāma)

ねんきん 〔年金〕
A معاش (ma'āsh)
P مستمرى (mostamerrī)
U پنشن (pinshan)；وظيفہ (wazīfa)

年金生活者
A من يعيش على المعاش
(man ya'īsh 'alal-ma'āsh) ;
متقاعد (mutaqā'id)
P مستمری بگیر (mostamerrī-begīr)
U وظیفه دار (wazīfa-dār)

ねんざする 〔捻挫する〕
A التوا (iltawā)
P پیچ خوردن (pīch khordan) ;
رگ به رگ کردن
(rag be-rag kardan)
U موچ آنا (mōch ānā)

ねんしゅう 〔年収〕
A دخل سنوی (dakhl sanawī)
P درآمد سالانه (dar-āmade-sālāne)
U سالانه آمدنی (sālāna āmadanī)

ねんじゅう 〔年中〕
A طول السنة (ṭūla-s-sana)
P همه سال (hameye-sāl)
U سال بهر (sāl bhar)

ねんしょうの 〔年少の〕
A شاب (shābb)
P نوجوان (nou-javān)
U جوان (jawān)

ねんだい 〔年代〕
A عصر ('aṣr) ; عهد ('ahd)
P عصر ('asr) ; زمان (zamān)
U عصر ('asr) ; زمانه (zamāna)

ねんちゃくする 〔粘着する〕
A لزج (lazija)
P چسبیدن (chasbīdan)
U چپکنا (chipaknā)

ねんちょうの 〔年長の〕
A أسن ('asann) ; أكبر ('akbar)
P ارشد (arshad) ; بزرگ (bozorg)
U بڑا (baṛā) ; بزرگ (buzurg)

ねんど 〔粘土〕
A طين (ṭīn)
P خاک رس (khāke-ros)
U چکنی مٹی (chiknī miṭṭī)

ねんとう 〔年頭〕
A رأس السنة (ra'su-s-sana)
P آغاز سال (āghāze-sāl)
U سال کا آغاز (sāl ka āghāz)

ねんとうにおく 〔念頭におく〕
A وضع فى عين الاعتبار
(waḍa'a fī 'aynil-i'tibār)
P به ذهن سپردن
(be zehn sepordan)
U ذہن میں رکھنا
(zehn meṇ rakhnā)

ねんぴょう 〔年表〕
A جدول زمني (jadwal zamanī)
P جدول تاریخ (jadvale-tārīkh)
U تاریخ وار فہرست (tārīkh-vār fehrist)

ねんまつ 〔年末〕
A نهاية السنة (nihāyatu-s-sana)
P آخر سال (ākhare-sāl)
U سال کا آخر (sāl ka ākhir)

ねんりょう 〔燃料〕
A وقود (wuqūd)
P سوخت (sūkht)
U ایندھن (īṇdhan)

ねんれい 〔年齢〕
A عمر (‘umr) ; سن (sinn)
P سن (senn) ; عمر (‘omr)
U عمر (‘umr)

の

の 〔野〕
A حقل (ḥaql)
P دشت (dasht) ; صحرا (sahrā)
U میدان (maidān) ; کهیت (khēt)

…の
私の本
A كتابى (kitābī)
P کتاب من (ketābe-man) ;
کتابم (ketābam)
U میری کتاب (mērī kitāb)
あなたの父の時計
A ساعة أبيك (sā‘a ’abī-ka)
P ساعت پدر شما
(sā‘ate-pedare-shomā)
U آپ کے باپ کی گھڑی
(āp ke bāp ki gharī)

ノイローゼ
A اضطراب عصبى (iḍṭirāb ‘aṣabī)
P پریشانی عصبی
(parīshānīye-‘asabī)
U اعصابی بدنظمی
(a‘sābī bad-nazmī)

のう 〔脳〕
A مخ (mukhkh) ; دماغ (dimāgh)
P مغز (maghz) ; مخ (mokh)
U دماغ (dimāgh)

のうえん 〔農園〕
A مزرعة (mazra‘a)
P مزرعهٔ بزرگ (mazra‘eye-bozorg)
U فارم (fārm)

のうか 〔農家〕
家
A بيت المزارع (baytul-muzāri‘)
P خانهٔ کشاورز (khāneye-keshāvarz)
U کسان کا گھر (kisān ka ghar)
人
A مزارع (muzāri‘)
P کشاورز (keshāvarz)
U کسان (kisān)

のうぎょう 〔農業〕
A زراعة (zirā‘a)
P کشاورزی (keshāvarzī) ;
زراعت (zerā‘at)
U زراعت (zarā‘at)
農業の
A زراعى (zirā‘ī)
P زراعتی (zerā‘atī) ; زراعی (zerā‘ī)
U زراعتی (zarā‘atī) ; زرعی (zara‘ī)

のうぐ 〔農具〕
A أدوات زراعية ('adawāt zirā'īya)
P ابزار کشاورزی
(abzāre-keshāvarzī)
U زراعت کا آلہ (zarā'at ka āla)

のうさくぶつ 〔農作物〕
A محصولات زراعية
(maḥṣūlāt zirā'īya)
P محصول کشاورزی
(mahsūle-keshāvarzī)
U زرعی پیداوار (zara'ī paidā-wār)

のうしゅく 〔濃縮〕
濃縮する
A زود (zawwada)
P غنی کردن (ghanī kardan)
U تکثیف کرنا (taksīf karnā)
濃縮ウラン
A يورانيم مزود
(yūrāniyum muzawwad)
P اورانیوم غنی (ūrāniyome-ghanī)
U مکثوف یورینیم
(maksūf yūrainiyom)

のうぜい 〔納税〕
A دفع الضريبة (daf'u-ḍ-ḍarība)
P تأدیۀ مالیات (ta'diyeye-māliyāt)
U محصول کی ادائگی
(mahsūl ki adā'igī)
納税者
A دافع الضريبة (dāfi'u-ḍ-ḍarība)
P مؤدی مالیات (mo'addīye-māliyāt)
U محصول دہندہ (mahsūl-dihanda)

のうそん 〔農村〕
A قرية (qarya) ; ريف (rīf)
P ده (de) ; روستا (rūstā)
U گاوں (gāoṇ) ; دیہات (dēhāt)

のうち 〔農地〕
A أرض زراعية ('arḍ zirā'īya)
P زمین زراعی (zamīne-zerā'ī)
U زرعی اراضی (zara'ī arāzī)

のうど 〔濃度〕
A كثافة (kathāfa)
P چگالی (chagālī)
U کثافت (kasāfat)

のうどう 〔能動〕
能動的
A فعال (fa''āl)
P فعال (fa''āl)
U فعال (fa''āl)
能動態
A معلوم (ma'lūm)
P معلوم (ma'lūm)
U معروف (ma'rūf)

のうみん 〔農民〕
A مزارع (muzāri') ; فلاح (fallāḥ)
P کشاورز (keshāvarz)
U کسان (kisān)

のうやく 〔農薬〕
A مبيدات زراعية (mubīdāt zirā'īya)
P مواد شیمیائی کشاورزی
(mavādde-shīmiyā'īye-keshāvarzī)
U زرعی دوا (zara'ī dawā)

のうりつ 〔能率〕
A كفاية (kifāya)
P کارآئی (kār-ā'ī)
U کارکردگی (kār-kardagī)

能率的な

A فعال (fa"āl)

P کارآمد (kār-āmad)

U کارگر (kār-gar)

のうりょく 〔能力〕

A قدرة (qudra) ; كفاءة (kafā'ā)

P استعداد (este'dād)

U قابلیت (qābiliyat)

能力のある

A قادر (qādir)

P با استعداد (bā-este'dād)

U قابل (qābil)

ノート

A كراسة (kurrāsa)

P دفتر (daftar)

U کاپی (kāpī)

ノーベルしょう 〔ノーベル賞〕

A جائزة نوبل (jā'iza nūbil)

P جایزه نوبل (jāyezeye-nōbel)

U نوبل انعام (nōbel in'ām)

のき 〔軒〕

A طنف (ṭunuf)

P رخبام (rokh-bām)

U اولتی (aulatī)

のける 〔退ける・除ける〕

A أزال ('azāla)

P برداشتن (bar-dāshtan)

U ہٹانا (haṭānā)

のこぎり 〔鋸〕

A منشار (minshār)

P اره (arre)

U آرا (ārā)

鋸で引く

A نشر بمنشار (nashara bi-minshār)

P اره کردن (arre kardan)

U آرا چلانا (ārā chalānā)

のこす 〔残す〕

A أبقى ('abqā) ; ترك (taraka)

P باقی گذاشتن (bāqī gozāshtan) ;
　 ترک کردن (tark kardan)

U چھوڑنا (chhōṛnā) ;
　 باقی رکھنا (bāqī rakhnā)

のこり 〔残り〕

A بقية (baqīya)

P بقیه (baqīye)

U بقیہ (baqīya)

のこる 〔残る〕

A بقي (baqiya)

P باقی ماندن (bāqī māndan) ;
　 ماندن (māndan)

U رہنا (rahnā) ;
　 باقی رہنا (bāqī rahnā)

のせる 〔乗せる〕

A ركب (rakkaba)

P سوار کردن (savār kardan)

U سوار کرنا (sawār karnā)

のせる 〔載せる〕

記載する

A نشر (nashara)

P درج کردن (darj kardan)

U درج کرنا (darj karnā)

荷を積む

A شحن (shaḥana)

P بار کردن (bār kardan)

U لادنا (lādnā)

のぞいて 〔除いて〕
A إلا ('illā)
P جز (joz)
U کے سوا (ke siwā)

のぞく 〔除く〕
A أزال ('azāla)
P برداشتن (bar-dāshtan)
U ہٹانا (haṭānā)
省く
A حذف (hadhafa)
P حذف کردن (hazf kardan)
U چھوڑنا (chhōṛnā)

のぞく 〔覗く〕
A استرق النظر (istaraqa-n-naẓar)
P دزدیده نگاه کردن (dozdīde negāh kardan)
U جھانکنا (jhāṇknā)

のぞましい 〔望ましい〕
A مرغوب (marghūb)
P مطلوب (matlūb)
U خاطرخواہ (khātir-khāh)

のぞみ 〔望み〕
A أمنية ('umnīya) ; أمل ('amal)
P آرزو (ārezū)
U خواہش (khāhish)

のぞむ 〔望む〕
A تمنى (tamannā) ; أمل ('amala)
P آرزو کردن (ārezū karkan)
U خواہش کرنا (khāhish karnā)
見渡す
A أشرف ('ashrafa)
P مشرف بودن (moshref būdan)
U نظارہ کرنا (nazzāra karnā)

のち 〔後〕
後に
A بعد (ba'da)
P بعد از (ba'd az) ; پس از (pas az)
U کے بعد (ke ba'd)
三日後に
A بعد ثلاثة أيام (ba'da thalātha 'ayyām)
P بعد از سه روز (ba'd az se rūz)
U تین دنوں کے بعد (tīn dinōṇ ke ba'd)

のちほど 〔後程〕
A فيما بعد (fīmā ba'd)
P بعداً (ba'dan)
U بعد میں (ba'd meṇ)

ノック
A طرق (ṭarq) ; دق (daqq)
P دق الباب (daqqol-bāb)
U دستک (dastak)
ノックする
A طرق (ṭaraqa) ; دق (daqqa)
P در زدن (dar zadan)
U دستک دینا (dastak dēnā)

ノックアウト
A ضربة قاضية (ḍarba qāḍiya)
P ضربۀ ناک‌اوت (zarbeye-nāk-ōt) ; ضربۀ فنی (zarbeye-fannī)
U پچھاڑنے والی ضرب (pichhāṛnē-walī zarb) ; ناک‌اوت (nāk-aut)

ノット
A عقدة ('uqda)
P گره دریائی (gerehe-daryā'ī)
U ناٹ (nāṭ)

…ので

A بسبب (bi-sababi)

P بعلت (be-'ellate)；

بسبب (be-sababe)

U کی وجه سے (ki wajah se)

病気なので

A بسبب مرض (bi-sababi-maraḍ)

P بعلت بیماری (be-'ellāte-bīmārī)

U بیماری کی وجه سے (bīmārī ki wajah se)

のど 〔喉〕

A حلق (ḥalq)

P گلو (galū)

U گلا (galā)

のどかな 〔長閑な〕

A هادئ (hādi')

P آرام (ārām)

U پر سکون (pur-sukūn)

ののしる 〔罵る〕

A شتم (shatama)

P دشنام دادن (doshnām dādan)

U گالی دینا (gālī dēnā)

のばす 〔延ばす〕

延期する

A أجل ('ajjala)

P به تعویق انداختن (be-ta'vīq andākhtan)

U ملتوی کرنا (multavī karnā)

延長する

A مد (madda)

P تمدید کردن (tamdīd kardan)

U وسیع کرنا (wasī' karnā)

のはら 〔野原〕

A حقل (ḥaql)

P دشت (dasht)

U میدان (maidān)

のびる 〔延びる〕

延期される

A تأجل (ta'ajjala)

P به تعویق افتادن (be-ta'vīq oftādan)

U ملتوی ہونا (multavī hōnā)

延長される

A امتد (imtadda)

P تمدید یافتن (tamdīd yāftan)

U توسیع ہونا (tausī' hōnā)

のべる 〔述べる〕

表明する

A ذکر (dhakara)

P اظهار داشتن (ezhār dāshtan)

U اظہار کرنا (izhār karnā)

話す

A قال (qāla)

P گفتن (goftan)

U کہنا (kahnā)

のぼる 〔上る・登る〕

高所に上る・登る

A طلع (ṭala'a)

P بالا رفتن (bālā raftan)

U چڑھنا (charhnā)

のみ 〔蚤〕

A برغوث (barghūth)

P کک (kak)

U پسو (pissū)

のみ
A إزميل (‘izmīl)
P اسکنه (eskene)
U چھینی (chhainī)

のみこむ 〔飲み込む〕
A بلع (bala’a)
P بلعيدن (bal‘īdan)
U نگلنا (nigalnā)

のみみず 〔飲み水〕
A ماء الشرب (mā’u-sh-shurb)
P آب خوردن (ābe-khordan)
U پینے کا پانی (pīnē ka pānī)

のみもの 〔飲み物〕
A مشروب (mashrūb)
P نوشابه (nūshābe)；
مشروب (mashrūb)
U مشروب (mashrūb)

のむ 〔飲む〕
A شرب (shariba)
P نوشيدن (nūshīdan)；
خوردن (khordan)
U پینا (pīnā)

のり 〔糊〕
A غراء (ghirā’)；صمغ (ṣamgh)
P چسب (chasb)
U گوند (gōṇd)
洗たく用の糊
A نشاء (nashā’)
P آهار (āhār)
U کلف (kalaf)

のりかえる 〔乗り換える〕
A بدل القطار (baddalal-qiṭār)
P قطار را عوض کردن (qatār rā ‘avaz kardan)
U ریل‌گاڑی بدلنا (rēl-gāṛī badalnā)

のりくみいん 〔乗組員〕
A طاقم (ṭāqim)
P خدمه (khadame)
U عملہ (‘amla)

のりこす 〔乗り越す〕
A تجاوز المحطة المقصودة
(tajāwazal-maḥaṭṭal-maqṣūda)
P ایستگاه را از دست دادن
(īst-gāh rā az dast dādan)
U اسٹیشن پیچھے رہنا
(isṭēshon pīchhē rahnā)

のりば 〔乗り場〕
A محطة (maḥaṭṭa)
P ایستگاه (īst-gāh)
U اسٹاپ (isṭāp)w

のりもの 〔乗り物〕
A مركبة (markaba)；
وسيلة مواصلات
(wasīla muwāṣalāt)
P وسیلهٔ نقلیه (vasīleye-naqlīye)
U سواری (sawārī)

のる 〔乗る〕
A ركب (rakiba)
P سوار شدن (savār shodan)
U سوار ہونا (sawār hōnā)

のる 〔載る〕
A نشر (nushira)
P درج شدن (darj shodan)
U درج ہونا (darj hōnā)

ノルウェー
A النرويج (an-nurwīj)

P نروژ (norvezh)
U ناروے (nārwē)
ノルウェーの(人)
A نرويجى (nurwījī)
P نروژی (norvezhī)
U ناروے کا باشندہ (nārwē ka bāshinda)

のろい 〔呪い〕
A لعنة (la'na)
P لعنت (la'nat)
U لعنت (la'nat)

のろい 〔鈍い〕
A بطیء (baṭī')
P آهسته (āheste)
U آہستہ (āhista)

のろう 〔呪う〕
A لعن (la'ana)
P لعنت کردن (la'nat kardan)
U لعنت بهيجنا (la'nat bhējnā)

のんきな 〔呑気な〕
A مرتاح البال (murtāḥul-bāl)
P آسانگیر (āsān-gīr)
U بےفکر (bē-fikr)

ノンフィクション
A أدب واقعى ('adab wāqi'ī)
P آثار غیر داستانی (āsāre-gheire-dāstānī)
U غیر افسانہ (ghair-afsāna)

は

は 〔葉〕
A ورق (waraq);
ورق شجر (waraq shajar)
P برگ (barg)
U پتا (pattā)

は 〔歯〕
A سن (sinn)
P دندان (dandān)
U دانت (dāṇt)
私は歯が痛い
A عندى ألم فى أسنانى ('indī 'alam fī 'asnanī)
P دندانم درد می‌کند (dandānam dard mī-konad)
U میرے دانت میں درد ہے (mērē dāṇt meṇ dard hai)

は 〔刃〕
A حد (ḥadd)
P تیغه (tīghe)
U دھار (dhār)

ば 〔場〕
A مكان (makān)
P جا (jā)
U جگہ (jagah)

バー
A حانة (ḥāna) ; بار (bār)
P بار (bār)
U بار (bār)

ばあい 〔場合〕
A حالة (ḥāla)
P صورت (sūrat)
U صورت (sūrat)
この場合には
A فى هٰذه الحالة (fī hā<u>dh</u>ihil-ḥāla)
P در اين صورت (dar īn sūrat)
U اس صورت ميں (is sūrat meṇ)

パーキスタン
A الباكستان (al-bākistān)
P پاكستان (pākestān)
U پاكستان (pākistān)
パーキスタンの(人)
A باكستانى (bākistānī)
P پاكستانى (pākestānī)
U پاكستانى (pākistānī)

バーゲンセール
A تنزيلات (tanzīlāt) ;
تخفيضات (ta<u>kh</u>fīḍāt)
P حراج (harrāj)
U رعايتى سيل (ri‘āyatī sēl)

パーセント
A فى المائة (fil-mi’a)
P در صد (dar sad)
U فى صد (fī sad)
10%
A عشرة فى المائة (‘a<u>sh</u>ara fil-mi’a)
P ده در صد (dah dar sad)
U دس فى صد (das fī sad)

バーター
バーター貿易
A تجارة المقايضة
(tijāratul-muqāyaḍa)
P بازرگانى پاياپاى
(bāzargānīye-pāyāpāy)
U بارٹر تجارت (bārṭar tijārat)

パーティー
A حفلة (ḥafla)
P مهمانى (mehmānī)
U پارٹى (pārṭī)

ハート
A قلب (qalb)
P قلب (qalb)
U دل (dil) ; قلب (qalb)

パートナー
A شريك (<u>sh</u>arīk)
P شريک (<u>sh</u>arīk)
U ساتهى (sāthī) ; شريک (<u>sh</u>arīk)

ハードル
A حاجز (ḥājiz)
P مانع (māne‘)
U ہرڈل (harḍol)

ハープ
A هارب (hārb) ; جنك (junk)
P چنگ (<u>ch</u>ang)
U چنگ (<u>ch</u>ang)

パーマ
A برمانِنت (barmāṇant)
P فرششماهه (fere-<u>sh</u>e<u>sh</u>-māhe) ;
فر دائمى (fere-dā’emī)
U پارمنگ (pārming)

ハーモニカ
A هارمونيكا (hārmūnīkā)
P ساز دهنى (sāze-dahanī)
U موتهـ آرگن (mauth ārgan)

バーレーン
A البحرين (al-baḥrayn)
P بحرين (bahrein)
U بحرين (bahrain)

バーレル
A برميل (barmīl)
P بشكه (boshke)
U پيپا (pīpā)

はい 〔灰〕
A رماد (ramād)
P خاكستر (khākestar)
U راكهـ (rākh)

はい 〔肺〕
A رئة (ri'a)
P ريه (riye)；شش (shosh)
U پهيپهڑا (phēphṛā)

はい
A نعم (na'am)
P بله (bale)
U جى ہاں (jī-hāṇ)

ばい 〔倍〕
A ضعف (ḍi'f)
P برابر (barābar)
U گنا (gunā)

三倍
A ثلاثة أضعاف (thalātha 'aḍ'āf)
P سه برابر (se barābar)
U تگنا (tignā)

はいいろの 〔灰色の〕
A رمادى (ramādī)
P خاكسترى (khākestarī)
U خاكى (khākī)

はいえい 〔背泳〕
A سباحة على الظهر
(sibāḥa 'ala-ẓ-ẓahr)
P شناى پشت (shenāye-posht)
U بيک اسٹروک پيراكى
(baik isṭrōk pairākī)

はいえん 〔肺炎〕
A التهاب رئوى (iltihāb ri'awī)
P سينه پهلو (sīne-pahlū)
U نمونيا (nimoniyā)

ばいえん 〔煤煙〕
A شحار (shuḥḥār)；
دخان (dukhān)
P دوده (dūde)；دود (dūd)
U كالک (kālak)；دهواں (dhuāṇ)

バイオリニスト
A عازف كمان ('āzif kamān)
P نوازندۀ ويولن
(navāzandeye-viyolon)
U وائلن نواز (vā'ilon-navāz)

バイオリン
A كمان (kamān)
P ويولن (viyolon)
U وائلن (vā'ilon)

ばいかい 〔媒介〕
A وساطة (wisāṭa)
P وساطت (vasātat)
U وساطت (vasātat)

はいがん 〔肺がん〕
A سرطان رئوى (saraṭān ri'awī)
P سرطان ريوى (saratāne-riyavī)
U پھیپھڑے کا سرطان
(phēphṛē ka sartān)

はいき 〔排気〕
排気ガス
A غاز الانفلات (ghāzul-infilāt)
P گاز خروجى (gāze-khoruji);
دود اگزوز (dūde-egzoz)
U اخراجی گیس (ikhrājī gēs)

はいきゅう 〔配給〕
A جراية (jirāya); توزيع (tawzīʻ)
P جيره بندى (jīre-bandī);
توزيع (touzīʻ)
U راشن (rāshan); تقسیم (taqsīm)
配給する
A وزع (wazzaʻa)
P توزيع كردن (touzīʻ kardan)
U تقسیم کرنا (taqsīm karnā)

はいきょ 〔廃墟〕
A أطلال (’aṭlāl)
P خرابه (kharābe)
U کھنڈر (khanḍar)

ばいきん 〔黴菌〕
A جرثوم (jurthūm);
ميكروب (mīkrūb)
P ميكروب (mikrob);
جرثومه (jorsūme)
U جرثومہ (jursūma)

ハイキング
A تنزه (tanazzuh)
P پياده روى (piyāde-ravī)
U پیدل سفر (paidal safar)
ハイキングする
A تنزه (tanazzaha)
P پياده روى كردن
(piyāde-ravī kardan)
U پیدل سفر کرنا
(paidal safar karnā)

はいぐうしゃ 〔配偶者〕
A زوج (zawj); زوجة (zawja)
P همسر (ham-sar)
U میاں یا بیوی (miyāṇ yā bīvī)

はいけい 〔背景〕
A خلفية (khalfīya)
P پس زمينه (pas-zamīne)
U پس منظر (pas-manzar)

はいけっかく 〔肺結核〕
A سل (sill)
P سل (sel)
U تپ دق (tape-diq)

はいごう 〔配合〕
A مزج (mazj)
P تركيب (tarkīb)
U آمیزش (āmēzish)
配合する
A مزج (mazaja)
P تركيب كردن (tarkīb kardan)
U آمیزش کرنا (āmēzish karnā)

はいざら 〔灰皿〕
A منفضة (minfaḍa)
P زيرسيگارى (zīr-sīgārī)
U راکھ دان (rākh-dān)

はいし 〔廃止〕
A إلغاء (’ilghā’)

P الغا (elghā) ; لغو (laghv)
U تنسیخ (tansīkh)
廃止する
A ألغى ('alghā)
P لغو کردن (laghv kardan)
U منسوخ کرنا (mansūkh karnā)

はいしゃ 〔歯医者〕
A طبيب أسنان (ṭabīb 'asnān)
P دندان پزشک (dandān-pezeshk)
U دندان ساز (dandān-sāz)

ハイジャッカー
A مختطف الطائرة (mukhtaṭifu-ṭ-ṭā'ira)
P هواپیما ربا (havā-peimā robā)
U ہائی جیکر (hā'ī jaikar)

ハイジャック
A اختطاف الطائرة (ikhtiṭāfu-ṭ-ṭā'ira)
P هواپیما ربائی (havā-peimā robā'ī)
U طیاره اغوا کرنا (taiyāra ighwā karnā)

ばいしゅう 〔買収〕
買上げ
A شراء (shirā')
P خرید (kharīd)
U خریدنا (kharīdnā)
賄賂
A رشوة (rishwa)
P رشوه (reshve)
U رشوت (rishwat)

ばいしゅん 〔売春〕
A بغاء (bighā') ; عهارة ('ahāra)
P جندگی (jendegī) ;
فاحشگی (fāheshegī)
U عصمت فروشی ('ismat-farōshī)
売春婦
A بغى (baghīy) ; عاهرة ('āhira)
P جنده (jende) ; فاحشه (fāheshe)
U رنڈی (randī) ; کسبی (kasbī)

ばいしょう 〔賠償〕
A تعويض (ta'wīḍ)
P جبران (jobrān)
U معاوضہ (mu'āviza)
賠償する
A عوض ('awwaḍa)
P جبران کردن (jobrān kardan)
U معاوضہ دینا (mu'āviza dēnā)

はいせき 〔排斥〕
A مقاطعة (muqāṭa'a)
P بایکوت (bāykot)
U بائیکاٹ (bā'īkāṭ)
排斥する
A قاطع (qāṭa'a)
P بایکوت کردن (bāykot kardan)
U بائیکاٹ کرنا (bā'īkāṭ karnā)

はいせつ 〔排泄〕
排泄する
A فرز (faraza) ; أفرز ('afraza)
P دفع کردن (daf' kardan)
U ہگنا (hagnā)
排泄物
A براز (birāz) ; غائط (ghā'iṭ)
P مدفوع (madfū') ;
فضولات (fozūlāt)
U فضلہ (fuzla)

はいせん 〔敗戦〕
A هزيمة (hazīma)
P شکست (shekast)
U شکست (shikast)
敗戦する
A انهزم فى الحرب (inhazama fil-ḥarb)
P در جنگ شکست خوردن (dar jang shekast khordan)
U جنگ میں شکست کھانا (jang meṇ shikast khānā)

はいたつ 〔配達〕
A توزيع (tawzī') ; توصيل (tawṣīl)
P تحویل (tahvīl)
U پہنچانا (pahuṇchānā)
配達する
A وزع (wazza'a) ; وصل (waṣṣala)
P تحویل دادن (tahvīl dādan) ; رساندن (resāndan)
U پہنچانا (pahuṇchānā)

ハイテク
A تكنولوجيا متقدمة (tiknūlūjiyā mutaqaddima)
P تکنولوژی عالی (teknolozhīye-'ālī)
U اعلیٰ ٹیکنالوجی (a'lā ṭeknāloji)

ばいてん 〔売店〕
A كشك (kushk)
P کیوسک (kiyosk)
U دکان (dukān)

はいとう 〔配当〕
株の配当
A ربح السهم (ribḥu-s-sahm)
P سود سهام (sūde-sahām)
U حصۂ منافع (hissae-munāfa')

ばいどく 〔梅毒〕
A زهرى (zuharī)
P سفلیس (seflīs)
U آتشک (ātshak)

パイナップル
A أناناس ('anānās)
P آناناس (ānānās)
U اننناس (anannās)

はいにん 〔背任〕
A خيانة (khiyāna)
P خیانت در امانت (khiyānat dar amānat)
U خیانت (khiyānat)

ばいばい 〔売買〕
A بيع و شراء (bay' wa-shirā')
P خرید و فروش (kharīd-o-forūsh)
U خرید و فروخت (kharīd-o-farōkht)
売買する
A باع و اشترى (ba'a wa-shtarā)
P خرید و فروش کردن (kharīd-o-forūsh kardan)
U خرید و فروخت کرنا (kharīd-o-farōkht karnā)

ハイヒール
A حذاء ذو كعب عالٍ (ḥidhā' dhū ka'b 'ālin)
P کفش پاشنه بلند (kafshe-pāshne-boland)
U اونچی ایڑی کی جوتی (ūṇchī ēṛī ki jūtī)

はいびょう 〔肺病〕
A سل (sill)

P سل (sel)
U تپ دق (tape-diq)

はいひん 〔廃品〕
A مرتجعات (murtaja'āt)
P فضولات (fozūlāt)
U ردی (raddī)

パイプ
管
A أنبوب ('unbūb)
P لوله (lūle)
U نالی (nālī)
タバコ用
A بيبة (bība)
P پيپ (pīp)
U پائپ (pā'ip)

バイブル
A الكتاب المقدس (al-kitābul-muqaddas)
P كتاب مقدس (ketābe-moqaddas)
U بائبل (bā'ibal)

ハイフン
A شرطة (sharṭa)
P هايفن (hāyfen);
خط پيوند (khatte-peivand)
U ہائفن (hā'ifen)

はいぼく 〔敗北〕
A هزيمة (hazīma)
P شكست (shekast)
U شكست (shikast)

バイヤー
A مشترٍ (mushtarin)
P خريدار (kharīdār)
U خريدار (kharīdār)

はいゆう 〔俳優〕
A ممثل (mumaththil)
P هنر پيشه (honar-pīshe)
U ادا كار (adā-kār)

ばいよう 〔培養〕
A تربية (tarbiya)
P كشت (kesht)
U پالن (pālan)
培養する
A ربى (rabbā)
P كشت دادن (kesht dādan)
U پالن كرنا (pālan karnā)

はいりょ 〔配慮〕
A اعتبار (i'tibār)
P ملاحظه (molāheze)
U لحاظ (lihāz)
配慮する
A أخذ فى عين الاعتبار ('akhadha fī 'aynil-i'tibār)
P ملاحظه كردن (molāheze kardan)
U لحاظ كرنا (lihāz karnā)

はいる 〔入る〕
A دخَل (dakhala)
P وارد شدن (vāred shodan)
U داخل ہونا (dākhil hōnā)

はいれつ 〔配列〕
A ترتيب (tartīb)
P ترتيب (tartīb)
U ترتيب (tartīb)
配列する
A رتب (rattaba)
P ترتيب دادن (tartīb dādan)
U ترتيب دينا (tartīb dēnā)

パイロット
A طيار (ṭayyār)
P خلبان (k̲h̲alabān)
U پائلٹ (pā'ilot)

はう〔這う〕
A زحف (zaḥafa)
P خزيدن (k̲h̲azīdan)
U رينگنا (rēṇgnā)

はえ〔蝿〕
A ذباب (d̲h̲ubāb)
P مگس (magas)
U مکھی (makkhī)

はえる〔生える〕
A نما (namā)
P روييدن (rūyīdan)
U ابھرنا (ubharnā)

はか〔墓〕
A قبر (qabr)
P قبر (qabr)
U قبر (qabr)

墓場
A مقبرة (maqbara)
P قبرستان (qabrestān)
U قبرستان (qabristān)

ばか〔馬鹿〕
A أحمق ('aḥmaq) ; غبى (g̲h̲abīy)
P احمق (ahmaq)
U بےوقوف (bē-waqūf)

はかい〔破壊〕
A تخريب (tak̲h̲rīb) ;
تدمير (tadmīr)
P تخريب (tak̲h̲rīb)
U بربادى (bar-bādī)

破壊する
A خرب (k̲h̲arraba) ; دمر (dammara)
P تخريب كردن (tak̲h̲rīb kardan)
U برباد كرنا (bar-bād karnā)

はがき〔葉書〕
A بطاقة بريدية (biṭāqa barīdīya)
P كارت پستال (kārte-postāl)
U پوسٹ کارڈ (posṭ-kārḍ)

はかせ〔博士〕
A دكتور (duktūr)
P دكتر (doktor)
U ڈاکٹر (ḍākṭar)

法学博士
A دكتور فى الحقوق
(duktūr fil-ḥuqūq)
P دكتر در حقوق (doktor dar hoqūq)
U ايل - ايل - ڈى (el-el-ḍī)

はかない〔儚い〕
A سريع الزوال (sarī'u-z-zawāl) ;
فانٍ (fānin)
P فانى (fānī)
U فانى (fānī)

はかり〔秤〕
A ميزان (mīzān)
P ترازو (tarāzū)
U ترازو (tarāzū)

はかる〔量る・計る・測る〕
目方を量る
A وزن (wazana)
P وزن كردن (vazn kardan)
U تولنا (tōlnā)

長さ・量を測る・計る
A قاس (qāsa)

P اندازه گرفتن (andāze gereftan)
U ناپنا (nāpnā)

はかる 〔図る〕
計画する
A خطط (khaṭṭaṭa)
P نقشه کشیدن (naqshe keshīdan)
U منصوبہ باندھنا (mansūba bāṇdhnā)

はきけ 〔吐き気〕
A غثيان (ghathayān)
P تهوع (tahavvo‘)
U متلی (matlī)

はきもの 〔履き物〕
A أحذية (’aḥdhiya)
P پاافزار (pā-afzār)
U پاپوش (pā-pōsh)

はく 〔吐く〕
もどす
A قاء (qā’a) ; تقيأ (taqayya’a)
P استفراغ کردن (estefrāgh kardan)
U قے کرنا (qae karnā)

はく 〔履く〕
A لبس (labisa)
P پوشیدن (pūshīdan)
U پہننا (pahnnā)

はく 〔掃く〕
A كنس (kanasa)
P جارو کردن (jārū kardan)
U جھاڑنا (jhāṛnā)

はぐ 〔剥ぐ〕
皮を剥ぐ
A سلخ (salakha)
P پوست کندن (pūst kandan)
U کھال اتارنا (khāl utārnā)

はくがい 〔迫害〕
A اضطهاد (iḍṭihād)
P آزار (āzār)
U ظلم (zulm)
迫害する
A اضطهد (iḍṭahada)
P آزار کردن (āzār kardan)
U ظلم کرنا (zulm karnā)

はぐき 〔歯茎〕
A لثة (litha)
P لثه (lase)
U مسوڑھا (masūṛhā)

ばくげき 〔爆撃〕
A قذف بالقنابل (qadhf bil-qanābil)
P بمباران (bombārān)
U بمباری (bambārī)
爆撃する
A قذف بالقنابل (qadhafa bil-qanābil)
P بمباران کردن (bombārān kardan)
U بمباری کرنا (bambārī karnā)

はくし 〔白紙〕
A ورقة بيضاء (waraqa bayḍā’)
P کاغذ سفید (kāghaze-sefīd)
U سفید کاغذ (safēd kāghaz)

はくじゃくな 〔薄弱な〕
A ضعيف (ḍa‘īf)
P ضعیف (za‘īf)
U ضعیف (za‘īf)

はくしゅ 〔拍手〕
A تصفيق (taṣfīq)
P کف زدن (kaf zadan)
U تالی (tālī)

拍手する
A صفق (ṣaffaqa)
P كف زدن (kaf zadan)
U تالی بجانا (tālī bajānā)

はくしょ〔白書〕
A كتاب أبيض (kitāb 'abyaḍ)
P كتاب سفيد (ketābe-sefīd)
U قرطاس ابيض (qirtāse-abyaz)

はくじょう〔白状〕
A اعتراف (i'tirāf)
P اعتراف (e'terāf)
U اعتراف (e'terāf)

白状する
A اعترف (i'tarafa)
P اعتراف كردن (e'terāf kardan)
U اعتراف کرنا (e'terāf karnā)

はくじん〔白人〕
A رجل أبيض (rajul 'abyaḍ)
P سفيد پوست (sefīd pūst)
U گورا (gōrā)

ばくぜんとした〔漠然とした〕
A مبهم (mubham)
P مبهم (mobham)
U مبہم (mubham)

ばくだいな〔莫大な〕
A هائل (hā'il)
P هنگفت (hengoft)
U بہت بڑا (bahut baṛā)

はくだつする〔剝奪する〕
A حرم (ḥarama)
P محروم كردن (mahrūm kardan)
U محروم کرنا (mahrūm karnā)

ばくだん〔爆弾〕
A قنبلة (qunbula)
P بمب (bomb)
U بم (bam)

ばくち〔博打〕
A قمار (qimār)
P قمار (qomār)
U جوا (juā) ; قمار (qimār)

博打を打つ
A قامر (qāmar)
P قمار كردن (qomār kardan)
U جوا کھیلنا (juā khēlnā)

はくちょう〔白鳥〕
A إوز عراقى ('iwazz 'irāqī)
P قو (qū)
U ہنس (hans)

バクテリア
A بكتيريا (baktīriyā)
P باكترى (bākterī)
U بیکٹریا (baikṭeriyā)

はくはつ〔白髪〕
A شيب (shayb)
P موى سفيد (mūye-sefīd)
U سفید بال (safēd bāl)

ばくはつ〔爆発〕
A انفجار (infijār)
P انفجار (enfejār)
U دھماکا (dhamākā)

爆発する
A انفجر (infajara)
P منفجر شدن (monfajer shodan)
U دھماکا ہونا (dhamākā hōnā)

はくぶつかん 〔博物館〕
A متحف (matḥaf)
P موزه (mūze)
U عجائب خانه (‘ajā’ib-khāna)

はくぼく 〔白墨〕
A طباشير (ṭabāshīr)
P گچ (gach)
U چاک (chāk)

ばくやく 〔爆薬〕
A مادة متفجرة (mādda mutafajjira)
P مادهٔ منفجره (māddeye-monfajere)
U ترقنے والا ماده (tarqne-wālā mādda)

はくらんかい 〔博覧会〕
A معرض (ma‘riḍ)
P نمایشگاه (nemāyesh-gāh)
U نمائش (numā’ish)

はぐるま 〔歯車〕
A تروس (turūs)
P دنده (dande)
U گيئر (gī’ar)

ばくろ 〔暴露〕
A كشف (kashf) ; إفشاء (’ifshā’)
P افشا (efshā)
U انکشاف (inkishāf)
暴露する
A كشف (kashafa) ; أفشى (’afshā)
P افشا کردن (efshā kardan)
U انکشاف کرنا (inkishāf karnā)

はけ 〔刷毛〕
A فرشاة (furshā)
P برس (boros)
U برش (bursh)

はげ 〔禿げ〕
A صلع (ṣala‘)
P کچلی (kachalī)
U گنجاپن (ganjāpan)
禿げた
A أصلع (’aṣla‘)
P کچل (kachal) ; تاس (tās)
U گنجا (ganjā)

はげしい 〔激しい〕
A شديد (shadīd)
P شدید (shadīd)
U شدید (shadīd)

はげたか 〔禿鷹〕
A نسر (nasr)
P کرکس (karkas)
U گدھ (giddh)

バケツ
A دلو (dalw) ; سطل (saṭl)
P دلو (dalv) ; سطل (satl)
U بالٹی (bālṭī)

はげます 〔励ます〕
A شجع (shajja‘a)
P تشویق کردن (tashvīq kardan) ; تشجیع کردن (tashjī‘ kardan)
U حوصله افزائی کرنا (hausila-afzā’ī karnā)

はげむ 〔励む〕
A اجتهد (ijtahada)
P کوشش کردن (kūshesh kardan)
U کوشش کرنا (kōshish karnā)

ばけもの 〔化け物〕
A شبح (shabaḥ)
P شبح (shabah)

U بهوت (bhūt)

はげる 〔剝げる〕

色が剝げる

A بهت (bahita)

P رنگ پریدن (rang parīdan)

U رنگ اڑنا (rang uṛnā)

ばける 〔化ける〕

変装する

A تنكر (tanakkara)

P تغییر صورت دادن (taghyīre-sūrat dādan)

U بهيس بدلنا (bhēs badalnā)

はけん 〔覇権〕

A هيمنة (haymana)

P سلطه (solte)

U اقتدار اعلیٰ (iqtedāre-a'lā)

はけんする 〔派遣する〕

A أوفد ('awfada) ; أرسل ('arsala)

P اعزام کردن (e'zām kardan)

U روانہ کرنا (rawāna karnā)

はこ 〔箱〕

A صندوق (ṣundūq)

P صندوق (sandūq)

U صندوق (sandūq)

はこぶ 〔運ぶ〕

A حمل (ḥamala) ; نقل (naqala)

P حمل کردن (haml kardan) ; بردن (bordan)

U لے جانا (lē-jānā)

バザー

A بازار (bāzār) ; سوق (sūq)

P بازار (bāzār)

U بازار (bāzār)

はさみ 〔鋏〕

A مقص (miqaṣṣ)

P قیچی (qeichī)

U قینچی (qaiṇchī)

はさん 〔破産〕

A إفلاس ('iflās)

P ورشکستگی (var-shekastegī) ; افلاس (eflās)

U ديوالہ (dīwāla)

破産する

A أفلس ('aflasa)

P ورشکسته شدن (var-shekaste shodan)

U ديوالہ نکالنا (dīwāla nikālnā)

はし 〔橋〕

A جسر (jisr)

P پل (pol)

U پل (pul)

はし 〔端〕

末端

A طرف (ṭaraf)

P سر (sar)

U سرا (sirā)

はじ 〔恥〕

A خجل (khajal)

P شرم (sharm) ; خجالت (khejālat)

U شرم (sharm)

恥をかく

A خجل (khajila)

P شرمنده شدن (sharmande shodan)

U شرمنده ہونا (sharminda hōnā)

はしか 〔麻疹〕
A حصبة (ḥaṣba)
P سرخک (sorkhak)
U كهسرا (khasrā)

はしご 〔梯子〕
A سلم (sullam)
P نردبان (nardebān)
U سیڑھی (sīṛhī)

はじまる 〔始まる〕
A ابتدأ (ibtada'a)
P شروع شدن (shorū' shodan)
U شروع ہونا (shurū' hōnā)

はじめ 〔始め〕
A بداية (bidāyā)
P آغاز (āghāz)
U آغاز (āghāz)

はじめて 〔初めて〕
A لأول مرة (li-'awwal marra)
P برای اولین بار (barāye-avvalīn bār)
U پہلی بار (pahlī bār)

はじめる 〔始める〕
A بدأ (bada'a) ; شرع (shara'a)
P شروع کردن (shorū' kardan)
U شروع کرنا (shurū' karnā)

ばしゃ 〔馬車〕
A عربة الحصان ('arabatul-ḥiṣān)
P درشکه (doroshke)
U گھوڑا گاڑی (ghōṛā gāṛī)

パジャマ
A بيجاما (bījāmā)
P پیژامه (pīzhāme)
U پاجامہ (pā-jāma)

ばじゅつ 〔馬術〕
A فروسية (furūsīya)
P سوارکاری (savār-kārī)
U شہسواری (shah-sawārī)

ばしょ 〔場所〕
A مكان (makān)
P جا (jā)
U جگہ (jagah)

はしら 〔柱〕
A عمود ('amūd)
P ستون (sotūn)
U كهمبا (khambā)

はしる 〔走る〕
A جرى (jarā)
P دویدن (davīdan)
U دوڑنا (dauṛnā)

はじる 〔恥じる〕
A خجل (khajila)
P خجالت کشیدن (khejālat keshīdan)
U شرمانا (sharmānā)

はす 〔蓮〕
A لوطس (lūṭus)
P نیلوفر آبی (nīlūfare-ābī)
U کنول (kaṇwal)

バス
A حافلة (ḥāfila) ; باص (bāṣ)
P اتوبوس (otobūs)
U بس (bas)

パス
定期券
A تذكرة اشتراك (tadhkira ishtirāk)

P بلیت فصلی (belīte-faslī)
U موسمی ٹکٹ (mausamī ṭikaṭ)

はずかしい　〔恥ずかしい〕
A خجل (khajila)
P خجالت کشیدن (khejālat keshīdan)
U شرم آنا (sharm ānā)
恥ずべき
A مخجل (mukhjil)
P شرم آور (sharm-āvar)
U شرمناک (sharm-nāk)

バスケット
A سلة (salla)
P سبد (sabad)
U ٹوکرا (ṭōkrā)

バスケットボール
A كرة السلة (kuratu-s-salla)
P بسکتبال (basket-bāl)
U باسکٹ بال (bāskeṭ-bāl)

はずす　〔外す〕
A أزال ('azāla)
P برداشتن (bar-dāshtan)
U اتارنا (utārnā)

バスタオル
A منشفة الحمام (minshafatul-ḥammām)
P حولۀ حمام (houleye-hammām)
U غسل کا تولیا (ghusl ka tauliyā)

バスト
A مقاس الصدر (maqāsu-ṣ-ṣadr)
P دور سینه (doure-sīne)
U سینے کا گھیر (sīnē ka ghēr)

パスポート
A جواز سفر (jawāz safar)
P پاسپورت (pāsport)；
گذرنامه (gozar-nāme)
U پاسپورٹ (pāsporṭ)

はずむ　〔弾む〕
はね返る
A نط (naṭṭa)
P برگشتن (bar-gashtan)
U اچهلنا (uchhalnā)

はずれ　〔外れ〕
郊外
A ضاحية (ḍāḥiya)
P حومه (houme)
U مضافات (muzāfāt)

はずれる　〔外れる〕
A انفصل (infaṣala)
P باز شدن (bāz shodan)
U اترنا (utarnā)

はせい　〔派生〕
A اشتقاق (ishtiqāq)
P اشتقاق (eshteqāq)
U اشتقاق (ishtiqāq)
派生語
A كلمة مشتقة (kalima mushtaqqa)
P کلمه مشتق (kalemeye-moshtaqq)
U مشتق لفظ (mushtaq lafz)

パセリ
A بقدونس (baqdūnis)
P جعفری (ja'farī)
U پارسلے (pārselē)

はた　〔旗〕
A علم ('alam)

P پرچم (parc͟ham)
U جھنڈا (jhanḍā)

はた 〔機〕
A منسج (minsaj)
P دستگاه بافندگی (dastgāhe-bāfandegī)
U کرگھا (karghā)

はだ 〔肌〕
A جلد (jild)
P پوست (pūst)
U کھال (khāl)

バター
A زبدة (zubda)
P کره (kare)
U مکھن (makkhan)

はだか 〔裸〕
裸の
A عارٍ (ʻārin) ; عريان (ʻūryān)
P برهنه (berehne)
U ننگا (nangā)
裸にする
A عرى (ʻarrā)
P برهنه کردن (berehne kardan)
U ننگا کرنا (nangā karnā)

はだぎ 〔肌着〕
A ملابس داخلية (malābis dāk͟hilīya)
P لباس زير (lebāse-zīr) ;
زیرپیراهن (zīr-pīrāhan)
U زیرجامہ (zēr-jāma)

はたけ 〔畑〕
A حقل (ḥaql)
P کشتزار (kes͟ht-zār)
U کھیت (khēt)

はだし 〔裸足〕
裸足の
A حافٍ (ḥāfin)
P پا برهنه (pā-berehne)
U ننگے پاؤں (nangē pā'oṇ)
裸足で
A حافيًا (ḥāfiyan)
P با پای برهنه (bā pāye-berehne)
U ننگے پاؤں (nangē pā'oṇ)

はたす 〔果たす〕
A أنجز ('anjaza) ; أدى ('addā)
P انجام دادن (anjām dādan)
U سرانجام دینا (sar-anjām dēnā)

はたらき 〔働き〕
A عمل (ʻamal)
P کار (kār)
U کام (kām)

はたらく 〔働く〕
A عمل (ʻamila)
P کار کردن (kār kardan)
U کام کرنا (kām karnā)

はち 〔鉢〕
植木鉢
A أصيص ('aṣīṣ)
P گلدان (gol-dān)
U گملا (gamlā)

はち 〔蜂〕
A نحل (naḥl)
P زنبور (zanbūr)
U شهد کی مکھی (s͟hahad ki makkhī)
蜂蜜
A شهد (s͟hahd) ; عسل (ʻasal)

P عسل ('asal)
U شهد (shahad)

はち 〔八〕
A ثمانية (thamāniya)
P هشت (hasht)
U آٹھ (āṭh)

はちがつ 〔八月〕
A أغسطس ('aghusṭus)
P اوت (ūt)
U اگست (agast)

はちじゅう 〔八十〕
A ثمانون (thamānūna)
P هشتاد (hashtād)
U اسی (assī)

はちゅうるい 〔爬虫類〕
A زواحف (zawāḥif)
P خزندگان (khazandegān)
U رینگنے والا جانور (rēṇgnē wālā jānwar)

はちょう 〔波長〕
A طول موجة (ṭūl mawja)
P طول موج (tūle-mouj)
U طول موج (tūle-mauj)

ばつ 〔罰〕
A عقوبة ('uqūba) ; عقاب ('iqāb)
P مجازات (mojāzāt)
U سزا (sazā)

はついく 〔発育〕
A نمو (numūw)
P نمو (nomov)
U نشو و نما (nashv-o-namā)

発育する
A نما (namā)
P نمو كردن (nomov kardan)
U نشو و نما ہونا (nashv-o-namā hōnā)

はつおん 〔発音〕
A لفظ (lafẓ)
P تلفظ (talaffoz)
U تلفظ (talaffuz)

発音する
A لفظ (lafaẓa)
P تلفظ كردن (talaffoz kardan)
U تلفظ کرنا (talaffuz karnā)

はっか 〔薄荷〕
A نعناع (na'nā')
P نعناع (na'nā')
U پودینہ (pūdīna)

はっかする 〔発火する〕
A اشتعل (ishta'ala)
P آتش گرفتن (ātesh gereftan)
U آگ لگنا (āg lagnā)

はっきする 〔発揮する〕
A أظهر ('aẓhara)
P به خرج دادن (be-kharj dādan)
U دکھانا (dikhānā)

はっきょうする 〔発狂する〕
A جن جنونه (junna junūnu-hu)
P ديوانه شدن (dīvāne shodan)
U پاگل ہونا (pāgal hōnā)

はっきり
A بوضوح (bi-wuḍūḥ)
P بطور روشن (be-toure-roushan) ; به وضوح (be-vozūh)
U صاف طور پر (sāf taur par) ; واضح طور پر (wāzeh taur par)

はっきん 〔白金〕
A بلاتين (blātīn)
P پلاتين (pelātīn)
U پليٹينم (plaiṭīnam)

ばっきん 〔罰金〕
A غرامة (gharāma)
P جريمه (jarīme)
U جرمانه (jurmāna)

罰金を課す
A فرض غرامة (faraḍa gharāma)
P جريمه كردن (jarīme kardan)
U جرمانه كرنا (jurmāna karnā)

バック

背景
A خلفية (khalfīya)
P زمينه (zamīne);
پس زمينه (pas-zamīne)
U پس منظر (pas-manzar)

後援
A تأييد (ta'yīd)
P پشتيبانى (poshtī-bānī)
U سر پرستى (sar-parastī)

バッグ
A حقيبة (ḥaqība)
P كيف (kīf)
U بيگ (baig)

ハンドバッグ
A حقيبة يد (ḥaqība yad)
P كيف دستى (kīfe-dastī)
U ہينڈ بيگ (hainḍ-baig)

はっくつ 〔発掘〕
A حفريات (ḥafrīyāt);
تنقيب (tanqīb)
P حفارى (haffārī)
U كهدائى (khudā'ī)

発掘する
A حفر (ḥafara); نقّب (naqqaba)
P حفارى كردن (haffārī kardan)
U كهدائى كرنا (khudā'ī karnā)

バックル
A إبزيم ('ibzīm)
P سگک (sagak)
U بكلس (bakls)

はっけっきゅう 〔白血球〕
A كرية بيضاء (kurayya bayḍā')
P گويچهٔ سفيد (gūycheye-sefīd)
U سفيد جسميه (safēd jismīya)

はっけつびょう 〔白血病〕
A سرطان الدم (saraṭānu-d-dam)
P سرطان خون (saratāne-khūn)
U سرطان خون (sartāne-khūn)

はっけん 〔発見〕
A اكتشاف (iktishāf)
P كشف (kashf)
U دريافت (dar-yāft)

発見する
A اكتشف (iktashafa)
P كشف كردن (kashf kardan)
U دريافت كرنا (dar-yāft karnā)

はっこう 〔発行〕
A إصدار ('iṣdār)
P انتشار (enteshār); نشر (nashr)
U اشاعت (ishā'at)

発行する
A أصدر ('aṣdara)
P منتشر كردن (montasher kardan)

U اشاعت کرنا (ishā'at karnā)

はっこう 〔発酵〕

A تخمر (takhammur) ;
تخمير (takhmīr)
P تخمير (takhmīr)
U تخمير (takhmīr)

発酵する

A تخمر (takhammara)
P تخمير شدن (takhmīr shodan)
U خمير اٹھنا (khamīr uṭhnā)

バッジ

A شارة (shāra)
P نشان (neshān)
U نشان (nishān)

はっしゃ 〔発車〕

A مغادرة (mughādara)
P حرکت (harakat)
U روانگی (rawāngī)

発車する

A غادر (ghādara)
P حرکت کردن (harakat kardan)
U روانہ ہونا (rawāna hōnā)

はっしん 〔発信〕

A إرسال ('irsāl)
P ارسال (ersāl)
U ارسال (irsāl)

発信する

A أرسل ('arsala)
P ارسال کردن (ersāl kardan)
U ارسال کرنا (irsāl karnā)

ばっすい 〔抜粋〕

A اقتباس (iqtibās)
P اقتباس (eqtebās)
U اقتباس (iqtebās)

抜粋する

A اقتبس (iqtabasa)
P اقتباس کردن (eqtebās kardan)
U اقتباس لینا (iqtebās lēnā)

はっする 〔発する〕

命令などを発する

A أصدر ('aṣdara)
P صادر کردن (sāder kardan)
U دينا (dēnā)

出発する

A غادر (ghādara)
P حرکت کردن (harakat kardan)
U روانہ ہونا (rawāna hōnā)

ばっする 〔罰する〕

A عاقب ('āqaba)
P مجازات کردن (mojāzāt kardan)
U سزا دينا (sazā dēnā)

はっせい 〔発生〕

事件などの発生

A وقوع (wuqū')
P وقوع (voqū')
U وقوع (vuqū')

発生する

A وقع (waqa'a)
P واقع شدن (vāqe' shodan)
U واقع ہرنا (wāqe' hōnā)

ばった

A جندب (jundub)
P ملخ (malakh)
U ٹڈی (ṭiḍḍī)

はったつ 〔発達〕

A تقدم (taqaddum)

P پیشرفت (pī<u>sh</u>-raft)
U ترقی (taraqqī)
発達する
A تقدم (taqaddama)
P پیشرفت کردن (pī<u>sh</u>-raft kardan)
U ترقی کرنا (taraqqī karnā)

バッテリー
A بطارية (baṭṭārīya)
P باتری (bātrī)
U بیٹری (baiṭrī)

はってん 〔発展〕
A تطور (taṭawwur)
P توسعه (touse‘e)
U نشو و نما (na<u>sh</u>v-o-namā)
発展する
A تطور (taṭawwara)
P توسعه یافتن (touse‘e yāftan)
U نشو و نما پانا
(na<u>sh</u>v-o-namā pānā)

はつでん 〔発電〕
A توليد الكهرباء
(tawlīdul-kahrabā’)
P تولید برق (toulīde-barq)
U بجلی پیدا کرنا (bijlī paidā karnā)
発電する
A ولد الكهرباء
(walladal-kahrabā’)
P تولید برق کردن
(toulīde-barq kardan)
U بجلی پیدا کرنا
(bijlī paidā karnā)
発電所
A محطة توليد الكهرباء
(maḥaṭṭa tawlīdul-kahrabā’)
P نیروگاه (nīrū-gāh)
U بجلی گھر (bijlī-ghar)

はつどうき 〔発動機〕
A مولد كهرباء (muwallid kahrabā’)
P مولد برق (movallede-barq)
U برق آفریں (barq-āfrīṇ)

はつばい 〔発売〕
A بيع (bay‘)
P فروش (forū<u>sh</u>)
U فروخت (farō<u>kh</u>t)
発売する
A باع (bā‘a)
P فروختن (forū<u>kh</u>tan)
U فروخت کرنا (farō<u>kh</u>t karnā) ;
بیچنا (bē<u>ch</u>nā)

はっぴょう 〔発表〕
A إعلان (’i‘lān)
P اعلان (e‘lān)
U اعلان (e‘lān)
発表する
A أعلن (’a‘lana)
P اعلان کردن (e‘lān kardan)
U اعلان کرنا (e‘lān karnā)

はつめい 〔発明〕
A اختراع (i<u>kh</u>tirā‘)
P اختراع (e<u>kh</u>terā‘)
U ایجاد (ījād)
発明する
A اخترع (i<u>kh</u>tara‘a)
P اختراع کردن (e<u>kh</u>terā‘ kardan)
U ایجاد کرنا (ījād karnā)

発明者
A مخترع (mukhtari')
P مخترع (mokhtare')
U موجد (mūjid)

ばてい　〔馬蹄〕
A حدوة (ḥidwa)；نعل (na'l)
P نعل (na'l)
U نعل (na'l)

はでな　〔派手な〕
A صارخ (ṣārikh)
P زرق و برقدار (zarq-o-barqdār)
U زرق برق (zarq-barq)

はと　〔鳩〕
A حمام (ḥamām)
P كبوتر (kabūtar)
U كبوتر (kabūtar)

パトカー
A سيارة دورية (sayyāra dawrīya)
P اتومبيل گشت (otōmobīle-gasht)
U گشتی کار (gashtī kār)

はとば　〔波止場〕
A رصيف الميناء (raṣīful-mīnā')
P اسكله (eskele)；
بارانداز (bār-andāz)
U گھاٹ (ghāṭ)

パトロール
A دورية (dawrīya)
P گشت (gasht)
U گشت (gasht)；پٹرول (paṭrol)

バトン
A مخصرة (mikhṣara)
P باتون (bāton)
U چھڑی (chhaṛī)

はな　〔花〕
A زهر (zahr)
P گل (gol)
U پھول (phūl)

花が咲く
A أزهر ('azhara)
P شكوفه كردن (shokūfe kardan)
U پھولنا (phūlnā)

はな　〔鼻〕
A أنف ('anf)
P بينى (bīnī)；دماغ (damāgh)
U ناک (nāk)

鼻水
A مخاط (mukhāṭ)
P آب بينى (ābe-bīnī)
U رينٹ (rēnṭ)

鼻をかむ
A تمخط (tamakhkhaṭa)
P بينى پاک كردن
(bīnī pāk kardan)
U ناک صاف كرنا (nāk sāf karnā)

はなし　〔話〕
A حديث (ḥadīth)
P صحبت (sohbat)
U بيان (bayān)

会話
A محادثة (muḥādatha)
P مكالمه (mokāleme)
U بات چيت (bāt-chīt)

はなしかける　〔話し掛ける〕
A كلم (kallama)
P مورد مخاطب قرار دادن
(mourede-mokhātab qarār dādan)

U مخاطب کرنا (mukhātab karnā)

はなしことば 〔話し言葉〕

A لغة الحديث (lughatul-ḥadīth)

P زبان گفتار (zabāne-goftār)

U بات‌چیت کی زبان (bāt-chīt ki zabān)

はなす 〔話す〕

A تكلم (takallama)

P حرف زدن (harf zadan)

U بولنا (bōlnā)

はなす 〔放す〕

A أطلق ('aṭlaqa)

P رها کردن (rahā kardan)

U چھوڑنا (chhōṛnā)

はなす 〔離す〕

A فصل (faṣala)

P جدا کردن (jodā kardan)

U جدا کرنا (judā karnā)

はなたば 〔花束〕

A باقة (bāqa)

P گلدسته (gol-daste)

U گلدستہ (gul-dasta)

はなぢ 〔鼻血〕

A نزيف الأنف (nazīful-'anf)

P خون دماغ (khūne-damāgh)

U ناک کا خون (nāk ka khūn)

バナナ

A موز (mawz)

P موز (mouz)

U کیلا (kēlā)

はなはだ 〔甚だ〕

A جدًا (jiddan)

P خیلی (kheilī)

U بہت (bahut)

はなはだしい 〔甚だしい〕

A ضخم (ḍakhm) ; خطير (khaṭīr)

P بی‌حد (bī-hadd)

U بہت زیادہ (bahut ziyāda)

はなび 〔花火〕

A ألعاب نارية ('al'āb nārīya)

P آتش بازی (ātesh-bāzī)

U آتش بازی (ātish-bāzī)

はなむこ 〔花婿〕

A عريس ('arīs)

P داماد (dāmād)

U دولہا (dūlhā)

はなや 〔花屋〕

A بائع الزهور (bā'ī'u-z-zuhūr)

P گلفروش (gol-forūsh)

U پھول والا (phūl-wālā)

はなやかな 〔華やかな〕

A بهي (bahīy)

P رنگین (rangīn)

U رنگین (rangīn)

はなよめ 〔花嫁〕

A عروس ('arūs)

P عروس ('arūs)

U دلہن (dulhan)

はなれる 〔離れる〕

A انفصل (infaṣala)

P جدا شدن (jodā shodan)

U جدا ہونا (judā hōnā) ; الگ ہونا (alag hōnā)

はなわ 〔花輪〕

A إكليل من الزهور ('iklīl mina-z-zuhūr)

P حلقهٔ گل (halqeye-gol) ;
تاج گل (tāje-gol)
U پهولوں کا ہار (phūlōṇ ka hār)

はにかむ
A خجل (khajila)
P کمرو بودن (kamrū būdan)
U شرمیلا ہونا (sharmīlā hōnā)

はね 〔羽〕
A ريش (rīsh)
P پر (par)
U پر (par)

ばね
A زنبرك (zunburk)
P فنر (fanar)
U کمانی (kamānī)

ハネムーン
A شهر العسل (shahrul-'asal)
P ماه عسل (māhe-'asal)
U ماه عسل (māhe-'asal) ;
ہنی مون (hanī-mūn)

はねる 〔跳ねる〕
A قفز (qafaza)
P پریدن (parīdan)
U اچهلنا (uchhalnā)

パノラマ
A بانورامية (bānūrāmīya)
P پانوراما (pānorāmā)
U سیربین (sair-bīn) ;
وسیع منظر (wasī' manzar)

はは 〔母〕
A أم ('umm) ; والدة (wālida)
P مادر (mādar) ; والده (vālede)
U ماں (māṇ) ; والده (wālida)

はば 〔幅〕
A عرض ('arḍ)
P پهنا (pahnā) ; عرض ('arz)
U چوڑائی (chauṛā'ī)

パパ
A بابا (bābā)
P بابا (bābā)
U ابا (abbā)

パパイヤ
A بابایة (bābāya)
P پاپایا (pāpāyā)
U پپیتا (pāpītā)

はばつ 〔派閥〕
A زمرة (zumra)
P دسته بندی (daste-bandī)
U فرقه (firqa)

はびこる
A انتشر (intashara)
P بیش از حد روییدن
(bīsh az had rūyīdan)
U پهیلنا (phailnā)

はぶく 〔省く〕
A حذف (ḥadhafa)
P حذف کردن (hazf kardan)
U چهوڑنا (chhōṛnā)

はブラシ 〔歯ブラシ〕
A فرشاة أسنان (furshā-'asnān)
P مسواک (mesvāk)
U ٹوته برش (ṭūth-burash)

はへん 〔破片〕
A قطعة (qiṭ'a)
P پاره (pāre)
U ٹکڑا (ṭukṛā)

はま 〔浜〕
A شاطئ (shāti')
P كنار دريا (kenāre-daryā)
U ساحل (sāhil)
はまき 〔葉巻〕
A سيجار (sījār)
P سيگار برگ (sīgāre-barg)
U سگار (sigār)
はまる
入る
A دخل (dakhala)
P داخل شدن (dākhel shodan)
U داخل ہونا (dākhil hōnā)
落ちる
A وقع (waqa'a)
P افتادن (oftādan)
U پھنسنا (phaṇsnā)
はみがき 〔歯磨き〕
ねり歯磨き
A معجون للأسنان (ma'jūn lil-'asnān)
P خمير دندان (khamīre-dandān)
U ٹوتھ پیسٹ (ṭūth-pēsṭ)
ハム
A هام (hām)
P ژامبون (zhāmbon)
U ہیم (haim)
はめつ 〔破滅〕
A هلاك (halāk)
P تباهی (tabāhī)；هلاک (halāk)
U تباہی (tabāhī)
破滅する
A هلك (halaka)
P تباه شدن (tabāh shodan)；
هلاک شدن (halāk shodan)
U تباہ ہونا (tabāh hōnā)
はめる
差し込む
A أدخل ('adkhala)
P داخل كردن (dākhel kardan)
U ڈالنا (ḍālnā)
ばめん 〔場面〕
A مشهد (mashhad)
P صحنه (sahne)
U منظر (manzar)
はもの 〔刃物〕
A آلة حادة (āla ḥādda)
P آلات برنده (ālāte-borande)
U دھاردار آلہ (dhār-dār āla)
はやい 〔早い・速い〕
時間が早い
A مبكر (mubakkir)
P زود (zūd)
U جلد (jald)
速度が速い
A سريع (sarī')
P تند (tond)
U تیز (tēz)
はやく 〔早く・速く〕
A بسرعة (bi-sur'a)；
مبكرًا (mubakkiran)；
سريعًا (sarī'an)
P زود (zūd)；سريعاً (sarī'an)
U جلدی (jaldī)
はやし 〔林〕
A غابة (ghāba)
P جنگل (jangal)

U جنگل (jangal)

はやり 〔流行り〕

服飾の流行

A موضة (mūḍa)

P مد (mod)

U فیشن (faishan)

はやる 〔流行る〕

流行する

A راج (rāja)

P رواج یافتن (ravāj yāftan)

U مقبول ہونا (maqbūl hōnā)

病気がはやる

A انتشر (intashara)

P شیوع داشتن (shoyū' dāshtan)

U پھیلنا (phailnā)

はら 〔原〕

A حقل (ḥaql)

P صحرا (sahrā)

U میدان (maidān)

はら 〔腹〕

A بطن (baṭn)

P شکم (shekam)

U پیٹ (pēṭ)

バラ

A ورد (ward)

P رز (roz) ; گل (gol)

U گل (gul) ; گلاب (gul-āb)

はらう 〔払う〕

支払う

A دفع (dafa'a)

P پرداختن (pardākhtan)

U ادا کرنا (adā karnā)

パラシュート

A باراشوت (bārāshūt)

P چتر (chatr)

U پیراشوٹ (pairāshūṭ)

ばらす

分解する

A فك (fakka)

P تکه تکه کردن (tekke-tekke kardan)

U ٹکڑے کرنا (ṭukṛē karnā)

殺す

A قتل (qatala)

P کشتن (koshtan)

U مار ڈالنا (mār-ḍālnā)

あばく

A كشف (kashafa)

P افشا کردن (efshā kardan)

U انکشاف کرنا (inkishāf karnā)

パラソル

A شمسية (shamsīya)

P چتر آفتابی (chatre-āftābī)

U چھاتا (chhātā)

バラック

A كوخ (kūkh)

P کلبه (kolbe)

U جھونپڑی (jhōnpṛī)

ばらばら

ばらばらの

A مفكك (mufakkak)

P متفرق (motafarreq) ;
تکه تکه (tekke-tekke)

U ٹکڑے ٹکڑے کا (ṭukṛē-ṭukṛē ka)

ばらばらにする

A فك (fakka) ; قطع (qaṭṭa‘a)

P متفرق كردن (motafarreq kardan)

U ٹکڑے ٹکڑے کرنا (ṭukṛē-ṭukṛē karnā)

バランス

A توازن (tawāzun)

P توازن (tavāzon)

U توازن (tawāzun)

バランスのとれた

A متوازن (mutawāzin)

P متوازن (motavāzen)

U متوازن (mutavāzin)

バランスシート

A كشف الميزانية (kashful-mīzānīya)

P تراز نامه (tarāz-nāme)

U آمد و خرچ کا گوشوارہ (āmad-o-kharch ka gōshvāra)

はり 〔針〕

A إبرة (’ibra)

P سوزن (sūzan)

U سوئی (sū’ī)

パリ

A باريس (bārīs)

P پاریس (pārīs)

U پیرس (pairis)

はりがね 〔針金〕

A سلك (silk)

P سیم (sīm)

U تار (tār)

バリカン

A ماكينة الحلاقة (mākīnatul-ḥilāqa)

P ماشین اصلاح سر (māshīne-eslāhe-sar)

U نائی کی ماشین (nā’ī ki māshīn)

ばりき 〔馬力〕

A قوة حصان (qūwa ḥiṣān)

P قوه اسب (qovveye-asb)

U ہارس پاور (hārs pāwar)

バリケード

A حاجز (ḥājiz)

P سد راه (sadde-rāh)

U ناکہ بندی (nāka-bandī)

はる 〔春〕

A ربيع (rābī‘)

P بهار (bahār)

U بہار (bahār)

はる 〔張る〕

広げる

A نشر (nashara)

P پهن كردن (pahn kardan)

U پھیلانا (phailānā)

はる 〔貼る〕

A ألصق (’alṣaqa)

P چسباندن (chasbāndan)

U چپکانا (chipkānā)

バルコニー

A بلكون (balkūn)

P بالكن (bālkon)

U بالکونی (bālkonī)

バルブ

A صمام (ṣimām)

P سوپاپ (sūpāp)

U ویلو (vailv)

バレエ
A باليه (bālīh)
P باله (bāle)
U بيلے (bailē)

バレーボール
A كرة طائرة (kura-ṭā'ira)
P واليبال (vālī-bāl)
U والی بال (vālī-bāl)

パレスチナ
A فلسطين (filasṭīn)
P فلسطين (felestīn)
U فلسطين (filastīn)

はれつ 〔破裂〕
A انفجار (infijār)
P انفجار (enfejār)
U دهماكا (dhamākā)
破裂する
A انفجر (infajara)
P منفجر شدن (monfajer shodan)
U دهماكا ہونا (dhamākā hōnā)

はれの 〔晴れの〕
A صحو (ṣaḥw) ; صافٍ (ṣāfin)
P صاف (sāf)
U صاف (sāf)

はれもの 〔腫れ物〕
A ورم (waram)
P ورم (varam)
U سوجن (sūjan)

はれる 〔腫れる〕
A تورم (tawarrama)
P ورم كردن (varam kardan)
U سوجنا (sūjnā)

はれる 〔晴れる〕
A صحا (ṣaḥā)
P صاف شدن (sāf shodan)
U صاف ہونا (sāf hōnā)

ばれる
A انكشف (inkashafa)
P فاش شدن (fāsh shodan)
U فاش ہونا (fāsh hōnā)

はん 〔判〕
A خاتم (khātam)
P مهر (mohr)
U مهر (mohr)
判を押す
A ختم (khatama)
P مهر زدن (mohr zadan)
U مهر لگانا (mohr lagānā)

ばん 〔晩〕
夕方
A مساء (masā')
P غروب (ghorūb)
U شام (shām)
夜
A ليلة (layla)
P شب (shab)
U رات (rāt)

ばん 〔番〕
順番
A دور (dawr)
P نوبت (noubat)
U باری (bārī)
番号
A رقم (raqm)
P شماره (shomāre)

U نمبر (nambar)

パン

A خبز (khubz)

P نان (nān)

U روٹی (rōṭī) ; نان (nān)

パン屋

A خباز (khabbāz)

P نانوا (nānvā)

U نانبائی (nān-bā'ī)

はんい 〔範囲〕

A مجال (majāl)

P حوزه (houze)

U دائره (dā'ira)

はんいご 〔反意語〕

A ضد (ḍidd)

P متضاد (motazādd)

U ضد (zidd)

はんえい 〔反映〕

A انعكاس (in'ikās)

P انعکاس (en'ekās)

U انعکاس (in'ekās)

反映する

A انعكس (in'akasa)

P منعکس شدن (mon'akes shodan)

U منعکس ہونا (mun'akis hōnā)

はんえい 〔繁栄〕

A ازدهار (izdihār)

P رونق (rounaq)

U فروغ (farōgh)

繁栄する

A ازدهر (izdahara)

P رونق گرفتن (rounaq gereftan)

U فروغ پانا (farōgh pānā)

ハンガー

A علاقة ('allāqa)

P چوب لباسی (chūb-lebāsī)

U ہینگر (haingar)

ハンカチ

A منديل (mindīl)

P دستمال (dast-māl)

U رومال (rū-māl)

ハンガリー

A المجر (al-majar) ;

هنغاريا (hanghāriyā)

P مجارستان (majārestān)

U ہنگری (hangarī)

はんかん 〔反感〕

A نفور (nufūr) ; نفرة (nafra)

P نفرت (nefrat)

U نفرت (nafrat)

反感を抱く

A نفر (nafara)

P نفرت داشتن (nefrat dāshtan)

U نفرت کرنا (nafrat karnā)

はんぎゃく 〔反逆〕

A عصيان ('iṣyān)

P خیانت (khiyānat)

U بغاوت (baghāwat)

反逆者

A عاص ('āṣin)

P خیانتکار (khiyānat-kār) ;

خاین (khāyen)

U باغی (bāghī)

はんきゅう 〔半球〕

A نصف الكرة (niṣful-kura)

P نیم کره (nīm-kore)

U نصف کره (nisf-kura)

はんきょう　〔反響〕

A صدًى (ṣadan)

P انعکاس صدا (ene'kāse-sedā)

U گونج (gūṇj)

反響する

A أصدى ('aṣdā)

P منعکس شدن (mon'akes shodan)

U گونجنا (gūṇjnā)

パンク

A ثقب (thaqb)

P پنچری (panchari)

U پنکچر (pankchar)

パンクする

A انثقب (inthaqaba)

P پنچر شدن (panchar shodan)

U پنکچر ہونا (pankchar hōnā)

ばんぐみ　〔番組〕

A برنامج (barnāmaj)

P برنامه (barnāme)

U پروگرام (prōgrām)

バングラディシュ

A بنغلادش (banghulādish)

P بنگلادش (bangelādesh)

U بنگلہ دیش (bangla-dēsh)

はんけい　〔半径〕

A نصف قطر (niṣf quṭr)

P شعاع (sho'ā')

U نصف قطر (nisf qutr)

はんけつ　〔判決〕

A حكم (ḥukm)

P حکم (hokm)

U فیصلہ (faisla)

判決を下す

A أصدر حكمًا ('aṣdara ḥukman)

P حکم دادن (hokm dādan)

U فیصلہ سنانا (faisla sunānā)

はんけん　〔版権〕

A حقوق الطبع (ḥuqūqu-ṭ-ṭab')

P حق چاپ (haqqe-chāp)

U حق اشاعت (haqqe-ishā'at)

ばんけん　〔番犬〕

A كلب الحراسة (kalbul-ḥirāsa)

P سگ پاسبان (sage-pāsbān)

U رکھوالا کتا (rakhwālā kuttā)

はんこう　〔反抗〕

A معارضة (mu'āraḍa)

P مقاومت (moqāvemat)

U مقابلہ (muqābila)

反抗する

A عارض ('āraḍa)

P مقاومت کردن (moqāvemat kardan)

U مقابلہ کرنا (muqābila karnā)

ばんごう　〔番号〕

A رقم (raqm)

P شماره (shomāre)

U نمبر (nambar)

電話番号

A رقم الهاتف (raqmul-hātif)

P شمارۀ تلفن (shomāreye-telefon)

U ٹیلیفون نمبر (ṭelīfon nambar)

はんざい　〔犯罪〕

A جريمة (jarīma)

P جرم (jorm)

U جرم (jurm)

犯罪者

A مجرم (mujrim)

P مجرم (mojrem)

U مجرم (mujrim)

犯罪を犯す

A ارتكب جريمة (irtakaba jarīma)

P مرتكب جرم شدن (mortakebe-jorm shodan)

U جرم كرنا (jurm karnā)

ばんざい 〔万歳〕

A عاش ! (‘āsha)

P زنده باد ! (zende-bād)

U زنده باد ! (zinda-bād)

ばんさんかい 〔晩餐会〕

A مأدبة عشاء (ma'duba ‘ashā')

P ضيافت شام (ziyāfate-shām)

U عشائيه (‘ishā'īya)

はんじ 〔判事〕

A قاضٍ (qāḍin)

P قاضى (qāzī)

U جج (jaj)

ばんじ 〔万事〕

A كل شىء (kull shay')

P همه (hame)

U سب (sab)

はんしゃ 〔反射〕

A انعكاس (in‘ikās)

P انعكاس (en‘ekās)

U انعكاس (in‘ekās)

反射する

A انعكس (in‘akasa)

P منعكس كردن (mon‘akes kardan)

U منعكس كرنا (mun‘akis karnā)

はんじょう 〔繁盛〕

A ازدهار (izdihār)

P رونق (rounaq)

U فروغ (farōgh)

繁盛する

A ازدهر (izdahara)

P رونق گرفتن (rounaq gereftan)

U فروغ پانا (farōgh pānā)

はんすう 〔反芻〕

A اجترار (ijtirār)

P نشخوار (noshkhār)

U جگالى (jugālī)

反芻する

A اجتر (ijtarra)

P نشخوار كردن (noshkhār kardan)

U جگالى كرنا (jugālī karnā)

はんする 〔反する〕

A خالف (khālafa)

P تخلف كردن (takhallof kardan)

U خلاف ورزى كرنا (khilāf-warzī karnā)

はんせい 〔反省〕

A تأمل (ta'ammul)

P تأمل (ta'ammol)

U سوچ بچار (sōch-bichār)

反省する

A تأمل (ta'ammala)

P تأمل كردن (ta'ammol kardan)

U سوچ بچار كرنا (sōch-bichār karnā)

はんせん 〔反戦〕

反戦運動

A حركة معارضة للحرب

(ḥaraka mu'āriḍa lil-ḥarb)
P جنبش ضد جنگ (jonbeshe-zedde-jang)
U جنگ کے خلاف تحریک (jang ke khilāf tahrīk)

はんせん 〔帆船〕
A سفينة شراعية (safīna shirā'īya)
P قايق بادبانى (qāyeqe-bādbānī)
U ياٹ (yāṭ)

ばんそう 〔伴奏〕
A مصاحبة فى العزف (muṣaḥaba fil-'azf)
P همراهى (ham-rāhī)
U ساتھ بجانا (sāth bajānā)
伴奏する
A صاحب فى العزف (ṣāḥaba fil-'azf)
P همراهى كردن (ham-rāhī kardan)
U ساتھ بجانا (sāth bajānā)

ばんそうこう 〔絆創膏〕
A لصوق جروح (luṣūq jurūḥ)
P مشمع سريشمى (moshamma'e-serīshomī)
U چيپ‌دار فيتہ (chēp-dār fīta)

はんそく 〔反則〕
A مخالفة (mukhālafa)
P تخلف (takhallof)
U خلاف ورزى (khilāf-warzī)
反則する
A خالف (khālafa)
P تخلف كردن (takhallof kardan)
U خلاف ورزى كرنا (khilāf-warzī karnā)

はんたい 〔反対〕
A اعتراض (i'tirāḍ);
معارضة (mu'āraḍa)
P اعتراض (e'terāz);
مخالفت (mokhālefat)
U اعتراض (e'terāz);
مخالفت (mukhālifat)
反対する
A اعترض (i'taraḍa);
عارض ('āraḍa)
P اعتراض كردن (e'terāz kardan)
U اعتراض كرنا (e'terāz karnā)

はんだん 〔判断〕
A حكم (ḥukm)
P قضاوت (qezāvat)
U فيصلہ (faisla)
判断する
A حكم (ḥakama)
P قضاوت كردن (qezāvat kardan)
U فيصلہ كرنا (faisla karnā)

ばんち 〔番地〕
A رقم المنزل (raqmul-manzil)
P شمارهٔ خانه (shomāreye-khāne);
پلاک (pelāk)
U گھر كا نمبر (ghar ka nambar)

パンツ
A شورت (shūrt);
لباس تحتى (libās taḥtī)
P شورت (short)
U شارٹس (shārṭs)

はんてい 〔判定〕
A قضاء (qaḍā')
P داورى (dāvarī)

U فيصله (faisla)

判定する

A قضى (qaḍā)

P داورى كردن (dāvārī kardan)

U فيصله كرنا (faisla karnā)

パンティー

A لباس حريمى تحتى (libās ḥarīmī taḥtī)

P شورت زنانه (s͟horte-zanāne)

U زنانه زيرجامه (zanāna zēr-jāma)

ハンディキャップ

A عائق (ʻā'iq)

P مانع (māneʻ)

U روک (rōk)

バンド

皮帯

A حزام (ḥizām)

P كمربند (kamar-band)

U بلٹ (belṭ)

楽団

A فرقة موسيقية (firqa mūsīqiya)

P دستهٔ موزيک (dasteye-mūzīk)

U بينڈ (baiṇḍ)

はんとう 〔半島〕

A شبه جزيرة (s͟hibhu-jazīra)

P شبه جزيره (s͟hebhe-jazīre)

U جزيره نما (jazīra-numa)

はんどう 〔反動〕

A رد الفعل (raddul-fiʻl)

P واكنش (vā-kones͟h)

U رد عمل (radde-ʻamal)

ハンドル

車のハンドル

A عجلة القيادة (ʻajalatul-qiyāda)

P فرمان (farmān)

U ہينڈل (haiṇḍal)

はんにん 〔犯人〕

A مجرم (mujrim)

P مجرم (mojrem)

U مجرم (mujrim)

ばんにん 〔番人〕

A حارس (ḥāris)

P نگهبان (negah-bān)

U چوكيدار (c͟haukī-dār)

ハンバーガー

A هامبورغر (hāmbūrg͟har)

P همبرگر (hamberger)

U ہيم برگر (haimbarger)

はんばい 〔販売〕

A بيع (bayʻ)

P فروش (forūs͟h)

U فروخت (farōk͟ht)

はんぴれい 〔反比例〕

A تناسب معكوس (tanāsub maʻkūs)

P تناسب معكوس (tanāsobe-maʻkūs)

U معكوس تناسب (maʻkūs tanāsub)

はんぷく 〔反復〕

A تكرار (takrār)

P تكرار (tekrār)

U اعاده (eʻāda)

反復する

A كرر (karrara)

P تكرار كردن (tekrār kardan)

U اعاده كرنا (e‘āda karnā)

ばんぶつ 〔万物〕

A المخلوقات (al-makhlūqāt)

P مخلوقات (makhlūqāt)

U مخلوقات (makhlūqāt)

万物の霊長

A أشرف المخلوقات ('ashraful-makhlūqāt)

P اشرف مخلوقات (ashrafe-makhlūqāt)

U اشرف المخلوقات (ashraful-makhlūqāt)

パンフレット

A كتيب (kutayyib)

P جزوه (jozve)

U پمفلٹ (pamfleṭ)

はんぶん 〔半分〕

A نصف (niṣf)

P نيم (nīm); نصف (nesf)

U آدها (ādhā); نصف (nisf)

ばんぺい 〔番兵〕

A حارس (ḥāris)

P پاسدار (pās-dār)

U پهرادار (pahrā-dār)

ハンマー

A مطرقة (miṭraqa)

P چكش (chakkosh)

U ہتھوڑا (hathauṛā)

ばんめし 〔晩飯〕

A عشاء (‘ashā')

P شام (shām)

U شام كا كهانا (shām ka khānā)

ハンモック

A أرجوحة للنوم ('urjūḥa lin-nawm)

P ننو (nanū)

U جهولا (jhūlā)

はんらん 〔反乱〕

A تمرد (tamarrud);
عصيان (‘iṣyān)

P شورش (shūresh)

U بغاوت (baghāwat)

はんらん 〔氾濫〕

A فيضان (fayaḍān); سيل (sayl)

P طغيان (toghyān); سيل (seil)

U طغيانى (tughyānī);
سيلاب (sailāb)

はんろん 〔反論〕

A اعتراض (i‘tirāḍ)

P اعتراض (e‘terāz)

U اعتراض (e‘terāz)

反論する

A اعترض (i‘tarada)

P اعتراض كردن (e‘terāz kardan)

U اعتراض كرنا (e‘terāz karnā)

ひ

ひ 〔日〕
太陽
A الشمس (ash-shams)
P خورشيد (khorshīd)
U سورج (sūraj)
一日
A يوم (yawm)
P روز (rūz)
U دن (din)
日付
A تأريخ (ta'rīkh)
P تاريخ (tārīkh)
U تاريخ (tārīkh)
日増しに
A يومًا بعد يوم
(yawman ba'da yawm)
P روز بروز (rūz be-rūz)
U دن بدن (din ba-din)

ひ 〔火〕
A نار (nār)
P آتش (ātesh)
U آگ (āg)

び 〔美〕
A جمال (jamāl)
P زيبائى (zībā'ī)
U خوبصورتى (khūb-sūratī)

ひあい 〔悲哀〕
A حزن (ḥuzn)
P غم (gham)
U غم (gham)

ひあたり 〔日当たり〕
日当たりが良い
A مشمس (mushmis)
P آفتابى (āftābī)
U خوب دهوپ پڑنا
(khūb dhūp paṛnā)
日当たりが悪い
A غير مشمس (ghayr-mushmis)
P آفتابى نبودن (āftābī na-būdan)
U كم دهوپ پڑنا (kam dhūp paṛnā)

ピアニスト
A عازف بيانو ('āzif biyānū)
P نوازندۀ پيانو
(navāzandeye-piyāno)
U پيانو نواز (piyāno-nawāz)

ピアノ
A بيانو (biyānū)
P پيانو (piyāno)
U پيانو (piyāno)
ピアノを弾く
A عزف على البيانو
('azafa 'alal-biyānū)

P پیانو نواختن (piyāno navākhtan)
U پیانو بجانا (piyāno bajānā)

ひいき 〔贔屓〕
A انحیاز (inḥiyāz)
P عنایت (‘enāyat)
U عنایت (‘ināyat)

ビーズ
A خرزة (kharaza)
P مهره (mohre)
U منکا (mankā)

ヒーター
A مدفأة (midfa’a)
P بخاری (bokhārī) ; هیتر (hīter)
U ہیٹر (hīṭar)

ピーティーエー
A جمعية الآباء و المدرسين (jam‘īyatul-ābā’ wal-mudarrisīna)
P انجمن اولیا و مربیان (anjomane-ouliyā va morabbiyān)
U پی - ٹی - اے (pī-ṭī-ē)

ピーナッツ
A فول سودانی (fūl sūdānī)
P بادام چینی (bādāme-chīnī)
U مونگ پهلی (mūṇg-phalī)

ビール
A بيرة (bīra) ; بيرا (bīrā)
P آبجو (ābe-jou)
U بیئر (bī’ar)

ひえる 〔冷える〕
A برد (barada)
P خنک شدن (khonak shodan)
U ٹهنڈا ہونا (ṭhanḍā hōnā)

ビオラ
A كمان أوسط (kamān ’awsaṭ)
P ویولا (viyōlā)
U ویؤلا (vī’olā)

ひか 〔皮下〕
皮下注射
A حقنة تحت الجلد (ḥoqna taḥtal-jild)
P تزریق زیر پوست (tazrīqe-zīre-pūst)
U زیرجلدی ٹیکا (zēr-jildī ṭīkā)

ひがい 〔被害〕
A خسارة (khasāra)
P خسارت (khesārat)
U نقصان (nuqsān)
被害をこうむる
A تكبد خسارة (takabbada khasāra)
P خسارت دیدن (khesārat dīdan)
U نقصان پہنچنا (nuqsān pahuṇchnā)

ひかえ 〔控え〕
覚え書き
A مذكرة (mudhakkira)
P یادداشت (yād-dāsht)
U یادداشت (yād-dāsht)

ひかえる 〔控える〕
A امتنع (imtana‘a)
P خودداری کردن (khod-dārī kardan)
U باز رہنا (bāz rahnā)

ひかく 〔比較〕
A مقارنة (muqārana)
P مقایسه (moqāyese)

U مقابلہ (muqābila)

比較する

A قارن (qāran)

P مقایسه کردن (moqāyese kardan)

U مقابلہ کرنا (muqābila karnā)

びがく 〔美学〕

A علم الجمال (ʻilmul-jamāl)

P زیبائی شناسی (zībā'ī-s͟henāsī)

U جمالیات (jamālīyāt)

ひかげ 〔日陰〕

A ظل (ẓill)

P سایه (sāye)

U سایہ (sāya)

ひがさ 〔日傘〕

A شمسية (s͟hamsīya)

P چتر آفتابی (c͟hatre-āftābī)

U زنانہ چھتری (zanāna c͟hhatrī)

ひがし 〔東〕

A شرق (s͟harq)

P شرق (s͟harq) ; خاور (k͟hāvar)

U مشرق (mas͟hriq)

東の

A شرقی (s͟harqī)

P شرقی (s͟harqī)

U مشرقی (mas͟hriqī)

びかする 〔美化する〕

A جمل (jammala)

P زیبا کردن (zībā kardan) ; آراستن (ārāstan)

U خوبصورت بنانا (k͟hūb-sūrat banānā) ; سجانا (sajānā)

ぴかぴかする

A تلألأ (tala'la'a)

P تلألؤ کردن (tala'lo' kardan)

U دمکنا (damaknā)

ひかり 〔光〕

A نور (nūr) ; ضوء (ḍaw')

P نور (nūr) ; روشنی (rous͟hanī)

U روشنی (raus͟hnī)

ひかる 〔光る〕

A لمع (lamaʻa)

P درخشیدن (derak͟hs͟hīdan)

U چمکنا (c͟hamaknā)

ひかん 〔悲観〕

A تشاؤم (tas͟hā'um)

P بدبینی (bad-bīnī)

U قنوطیت (qunūtīyat)

悲観論者

A متشائم (mutas͟hā'im)

P بدبین (bad-bīn)

U قنوطی (qunūtī)

びかん 〔美観〕

A منظر جميل (manẓar jamīl)

P منظره زیبا (manzareye-zībā)

U خوبصورت منظر (k͟hūb-sūrat manzar)

ひきあげる 〔引き上げる〕

A رفع (rafaʻa)

P بالا کشیدن (bālā kes͟hīdan)

U اوپر کھینچنا (ūpar khēṇc͟hnā)

ひきいる 〔率いる〕

A قاد (qāda)

P رهبری کردن (rah-barī kardan)

U قیادت کرنا (qayādat karnā)

ひきうける 〔引き受ける〕

A قبل (qabila)

P قبول كردن (qabūl kardan)
U قبول کرنا (qubūl karnā)

ひきうす 〔挽き臼〕
A رحًى (raḥan)
P دستاس (dast-ās)
U چکی (chakkī)

ひきおこす 〔引き起こす〕
事件などを引き起こす
A أحدث (’aḥdatha)
P موجب شدن (moujeb shodan)
U برپا کرنا (barpā karnā)

ひきかえす 〔引き返す〕
A عاد (‘āda)
P بر گشتن (bar-gashtan)
U لوٹنا (lauṭnā)

ひきかえる 〔引き換える〕
A تبادل (tabādala)
P تبادل كردن (tabādol kardan)
U تبادله کرنا (tabādla karnā)

ひきがね 〔引き金〕
A زند (zand)
P ماشه (māshe)
U گھوڑا (ghōṛā)
引き金を引く
A ضغط على زند (ḍaghaṭa ‘alā zand)
P ماشه كشيدن (māshe keshīdan)
U گھوڑا دبانا (ghōṛā dabānā)

ひきさく 〔引き裂く〕
A مزق (mazzaqa)
P دريدن (darīdan)
U پھاڑنا (phāṛnā)

ひきざん 〔引き算〕
A طرح (ṭarḥ)
P تفريق (tafrīq) ; منها (menhā)
U تفریق (tafrīq)
引き算をする
A طرح (ṭaraḥa)
P تفريق كردن (tafrīq kardan)
U تفریق کرنا (tafrīq karnā)

ひきしお 〔引き潮〕
A جزر (jazr)
P جزر (jazr)
U جزر (jazr)

ひきずる 〔引きずる〕
A جرجر (jarjara)
P به دنبال كشيدن (be-donbāl keshīdan)
U گھسیٹنا (ghasīṭnā)

ひきだし 〔引き出し〕
A درج (durj)
P كشو (keshou)
U دراز (darāz)

ひきだす 〔引き出す〕
預金を引き出す
A سحب (saḥaba)
P برداشت كردن (bar-dāsht kardan)
U نکلوانا (nīkalwānā)

ひきつける 〔引き付ける〕
A جذب (jadhaba)
P جذب كردن (jazb kardan)
U لبھانا (lubhānā)

ひきにげ 〔轢き逃げ〕
A فرار سيارة بعد حادث
(firār sayyāra ba‘da ḥādith)
P زير گرفتن و فرار كردن
(zīr gereftan va farār kardan)

U کچل کر بھاگنا (ku<u>ch</u>al-kar bhāgnā)

ひきのばす 〔引き伸ばす〕

写真を引き伸ばす

A كبر (kabbara)

P بزرگ کردن (bozorg kardan)

U انلارج کرنا (enlārj karnā)

ひきょうな 〔卑怯な〕

A جبان (jabān)

P بزدل (boz-del) ; جبون (jabūn)

U بزدل (buz-dil)

ひきわけ 〔引き分け〕

A تعادل (ta'ādul)

P مساوی (mosāvī)

U ٹائی (ṭā'ī)

引き分けになる

A تعادل (ta'ādala)

P مساوی شدن (mosāvī <u>sh</u>odan)

U ٹائی پڑنا (ṭā'ī paṛnā)

ひきわたす 〔引き渡す〕

A سلم (sallama)

P تحویل دادن (tahvīl dādan)

U سپرد کرنا (supurd karnā)

ひく 〔引く〕

A جر (jarra)

P کشیدن (ke<u>sh</u>īdan)

U کھینچنا (khēṇ<u>ch</u>nā)

ひく 〔弾く〕

A عزف ('azafa)

P نواختن (navā<u>kh</u>tan)

U بجانا (bajānā)

ひく 〔轢く〕

A صدم (ṣadama)

P زیر گرفتن (zīr gereftan)

U کچلنا (ku<u>ch</u>alnā)

ひく 〔挽く〕

粉にする

A طحن (ṭaḥana)

P آسیا کردن (āsiyā kardan)

U پیسنا (pīsnā)

ひくい 〔低い〕

A منخفض (mun<u>kh</u>afiḍ)

P کوتاه (kūtāh)

U نیچا (nī<u>ch</u>ā)

身長が低い

A قصير (qaṣīr)

P قدکوتاه (qad-kūtāh)

U چھوٹا (<u>ch</u>hōṭā)

ピクニック

A نزهة (nuzha)

P پیک نیک (pīk-nīk)

U پکنک (piknik)

びくびくする

A خاف (<u>kh</u>āfa)

P ترسیدن (tarsīdan)

U ڈرنا (ḍarnā)

ピクルス

A مخلل (mu<u>kh</u>allal)

P ترشی (tor<u>sh</u>ī)

U اچار (a<u>ch</u>ār)

ひぐれ 〔日暮れ〕

A غروب الشمس (<u>gh</u>urūbu-<u>sh</u>-<u>sh</u>ams)

P غروب آفتاب (<u>gh</u>orūbe-āftāb)

U غروب آفتاب (<u>gh</u>urūbe-āftāb)

ひげ 〔髭〕

口髭

A شارب (shārib)

P سبیل (sebīl)

U مونچھ (mūṇchh)

あご髭

A لحية (liḥya)

P ریش (rīsh)

U داڑھی (dāṛhī)

ひげき 〔悲劇〕

A مأساة (ma'sā)

P تراژدی (terāzhedī)

U المیہ (alamīya)

悲劇的な

A مأسوى (ma'sawī)

P تراژیک (terāzhīk)

U المناک (alam-nāk)

ひけつ 〔否決〕

A رفض (rafḍ)

P رد (radd)

U استرداد (istirdād)

否決する

A رفض (rafaḍa)

P رد کردن (radd kardan)

U مسترد کرنا (mustarad karnā)

ひけつ 〔秘訣〕

A سر (sirr)

P راز (rāz)

U راز (rāz)

ひこう 〔飛行〕

A طيران (ṭayarān)

P پرواز (parvāz)

U پرواز (parwāz)

飛行場

A مطار (maṭār)

P فرودگاه (forūd-gāh)

U ہوائی اڈا (hawā'ī aḍḍā)

びこう 〔備考〕

A ملاحظة (mulāḥaẓa)

P تبصره (tabsere)

U ریمارک (rīmārk)

ひこうき 〔飛行機〕

A طائرة (ṭā'ira)

P هواپیما (havā-peimā)

U طیارہ (taiyāra)

ひごうほうな 〔非合法な〕

A غير قانوني (ghayr-qānūnī)

P غیر قانونی (gheire-qānūnī)

U غیر قانونی (ghair-qānūnī)

ひこく 〔被告〕

A متهم (muttaham)

P متهم (mottaham)

U ملزم (mulzam)

ひごろ 〔日頃〕

A دائماً (dā'iman)

P همیشه (hamīshe)

U ہمیشہ (hamēsha)

ひざ 〔膝〕

A ركبة (rukba)

P زانو (zānū)

U گھٹنا (ghuṭnā)

ビザ

A تأشيرة (ta'shīra)

P روادید (ravādīd) ; ویزا (vīzā)

U ویزا (vīzā)

ピザ
A بيتزا (bītzzā)
P پیتزا (pītzā)
U پیتزا (pītzā)

ひさし 〔庇〕
A طنف (ṭunf)
P رخبام (rokh-bām)
U اولتی (aultī)

ひさしい 〔久しい〕
A طويل (ṭawīl)
P دراز (derāz)
U طویل (tavīl)

ひさしぶりに 〔久しぶりに〕
A منذ زمن بعيد (mundh zaman ba'īd)
P پس از مدتها (pas az moddat-hā)
U مدت کے بعد (muddat ke ba'd)

ひじ 〔肘〕
A مرفق (mirfaq)
P آرنج (āranj)
U کہنی (kohnī)

ビジネス
A عمل ('amal)
P کار (kār)
U کار و بار (kār-o-bār)

ビジネスマン
A رجل أعمال (rajul 'a'māl)
P بازرگان (bāzargān)
U کار و باری آدمی (kār-o-bārī ādmī)

ひしゃく 〔柄杓〕
A مغرفة (mighrafa)
P ملاقه (malāqe)
U ڈوئی (ḍō'ī)

ひじゅう 〔比重〕
A ثقل نوعی (thiql naw'ī)
P وزن مخصوص (vazne-makhsūs)
U ثقل نوعی (siqle-nau'ī)

びじゅつ 〔美術〕
A فنون جميلة (funūn jāmīla)
P هنرهای زیبا (honar-hāye-zībā)
U فنون لطیفه (funūne-latīfa)

美術館
A متحف فنی (matḥaf fannī)；
متحف فنون جملية
(matḥaf funūn jamīla)
P نمایشگاه آثار هنری
(nemāyesh-gāhe-āsāre-honarī)；
گالری (gālerī)
U آرٹ گیلری (ārṭ gailrī)

ひじゅん 〔批准〕
A إبرام ('ibrām)
P تصویب (tasvīb)
U توثیق (tausīq)

批准する
A أبرم ('abrama)
P تصویب کردن (tasvīb kardan)
U توثیق کرنا (tausīq karnā)

ひしょ 〔秘書〕
A سكرتير (sikritīr)
P منشی (monshī)
U سیکرٹری (saikreṭarī)

ひしょ 〔避暑〕

避暑地
A مصيف (maṣīf)
P ییلاق (yeilāq)

U موسمِگرما کی سیرگاہ
(mausame-garmā ki sair-gāh)

ひじょう 〔非常〕
A طوارئ (ṭawāri'); اضطرار (iḍṭirār)
P اضطرار (ezterār)
U ہنگامی حالت (hangāmī hālat)

非常口
A مخرج الطوارئ (makhraju-ṭ-ṭawāri')
P در خروجی اضطراری (dare-khorūjīye-ezterārī)
U ہنگامی دروازہ (hangāmī darwāza)

びしょう 〔微笑〕
A ابتسامة (ibtisāma)
P لبخند (lab-khand); تبسم (tabassom)
U مسکراہٹ (muskurāhaṭ)

微笑する
A ابتسم (ibtasama)
P لبخند زدن (lab-khand zadan); تبسم کردن (tabassom kardan)
U مسکرانا (muskurānā)

ひじょうきんの 〔非常勤の〕
A مؤقت (mu'aqqat)
P پاره وقت (pāre-vaqt)
U جز وقتی (juz-waqtī)

ひじょうしきな 〔非常識な〕
A غير معقول (ghayr-ma'qūl)
P غير عاقلانه (gheire-'āqelāne)
U بےعقل (bē-'aql)

ひじょうに 〔非常に〕
A جدًا (jiddan)
P خيلی (kheilī); بسيار (besyār)
U بہت (bahut)

びじん 〔美人〕
A حسناء (ḥasnā'); جميلة (jamīla)
P زن قشنگ (zane-qashang)
U خوبصورت عورت (khūb-sūrat 'aurat)

ビスケット
A بسكويت (biskuwīt)
P بيسکويت (bīskūīt)
U بسکٹ (bisket)

ピスタチオ
A فستق (fustuq)
P پسته (peste)
U پستہ (pista)

ヒステリー
A هستيريا (histīriyā)
P هيستری (hīsterī)
U ہسٹیریا (hisṭēriyā)

ピストル
A مسدس (musaddas); طبنجة (ṭabanja)
P تپانچه (tapānche)
U پستول (pistaul)

びせいぶつ 〔微生物〕
A مكروب (mikrūb)
P ميکروب (mīkrob)
U جرثومہ (jursūma)

ひぞう 〔脾臓〕
A طحال (ṭiḥāl)
P طحال (tehāl)

U طحال (tihāl)

ひそうな 〔皮相な〕

A سطحى (saṭḥī)

P سطحى (sathī)

U سطحى (satahī)

ひそかに 〔密かに〕

A سرًّا (sirran)

P پنهانى (penhānī)

U خفيه طور پر (khufiya taur par)

ひそむ 〔潜む〕

A اختبأ (ikhtaba'a)

P پنهان بودن (penhān būdan)

U چهپنا (chhipnā)

ひだ 〔襞〕

A ثنية (thanya) ; طية (ṭayya)

P پيلى (pīlī)

U پليٹ (plīṭ)

ひたい 〔額〕

A جبهة (jabha) ; جبين (jabīn)

P پيشانى (pīshānī)

U ماتها (māthā)

ビタミン

A فيتامين (fitāmīn)

P ويتامين (vītāmīn)

U وٹامن (viṭāmin)

ひだり 〔左〕

A يسار (yasār)

P چپ (chap)

U باياں (bāyāṇ)

左の

A يسارى (yasārī)

P چپ (chap)

U بائيں (bā'ēṇ)

びだんし 〔美男子〕

A شاب وسيم (shābb wasīm)

P پسر خوش قيافه

(pesare-khosh-qiyāfe)

U خوبصورت لڑكا

(khūb-sūrat laṛkā)

ひっかかる 〔引っ掛かる〕

A علق ('aliqa)

P گير كردن (gīr kardan)

U اٹكنا (aṭaknā)

ひっかく 〔引っ掻く〕

A خدش (khadasha)

P خراشيدن (kharāshīdan)

U نوچنا (nōchnā)

ひっかける 〔引っ掛ける〕

A علق ('allaqa)

P آويختن (āvīkhtan)

U لٹكانا (laṭkānā)

ひっき 〔筆記〕

筆記する

A كتب (kataba)

P نوشتن (neveshtan)

U لكهنا (likhnā)

筆記試験

A امتحان تحريرى (imtiḥān taḥrīrī)

P امتحان كتبى (emtehāne-katbī)

U تحريرى امتحان (tahrīrī imtehān)

ひつぎ 〔棺〕

A تابوت (tābūt)

P تابوت (tābūt)

U تابوت (tābūt)

ひっくりかえす 〔引っ繰り返す〕

A قلب (qalaba)

P واژگون کردن (vāzhgūn kardan)
U الٹانا (ulṭānā)

ひっくりかえる 〔引っ繰り返る〕
A انقلب (inqalaba)
P واژگون شدن (vāzhgūn shodan)
U الٹنا (ulaṭnā)

びっくりする
A دهش (dahisha) ; تعجب (ta'ajjaba)
P حیران شدن (heirān shodan) ;
تعجب کردن (ta'ajjob kardan)
U حیران ہونا (hairān hōnā) ;
تعجب ہونا (ta'ajjub hōnā)

ひづけ 〔日付〕
A تأريخ (ta'rīkh)
P تاریخ (tārīkh)
U تاریخ (tārīkh)

びっこ 〔跛〕
跛の
A أعرج ('a'raj)
P لنگ (lang)
U لنگڑا (laṇgṛā)
跛をひく
A عرج ('arija)
P لنگیدن (langīdan)
U لنگڑانا (laṇgṛānā)

ひっこし 〔引っ越し〕
A انتقال (intiqāl)
P نقل مکان (naqle-makān) ;
اسباب کشی (asbāb-keshī)
U نقل مکانی (naqle-makānī)

ひっこす 〔引っ越す〕
A انتقل (intaqala)
P نقل مکان کردن (naqle-makān kardan)
U نقل مکانی کرنا (naqle-makānī karnā)

ひっこむ 〔引っ込む〕
退く
A انسحب (insaḥaba)
P عقب رفتن ('aqab raftan)
U ٹلنا (ṭalnā)
へこむ
A غرق (ghariqa)
P فرو رفتن (forū raftan)
U دھنسنا (dhaṇsnā)

ひつじ 〔羊〕
A غنم (ghanam)
P گوسفند (gūsfand)
U بھیڑ (bhēṛ)

ひっしゅう 〔必修〕
必修の
A إجباری ('ijbārī)
P اجباری (ejbārī)
U لازمی (lāzimī)
必修課目
A مادة إجبارية (mādda 'ijbārīya)
P درس اجباری (darse-ejbārī)
U لازمی نصاب (lāzimī nisāb)

ひつじゅひん 〔必需品〕
A ضروريات (ḍarūrīyāt) ;
لوازم (lawāzim)
P لوازم (lavāzem) ;
ضروریات (zarūrīyāt)
U ضروریات (zarūriyāt) ;
لوازمات (lavāzimāt)

ひっせき 〔筆跡〕

A خط (khaṭṭ)

P خط (khatt)

U خط (khatt)

ひっぱる 〔引っ張る〕

A شد (shadda)

P كشيدن (keshīdan)

U كهينچنا (khēṇchnā)

ひづめ 〔蹄〕

A حافر (ḥāfir)

P سم (som)

U كهر (khur)

ひつよう 〔必要〕

A ضرورة (ḍarūra) ; حاجة (ḥāja)

P ضرورت (zarūrat) ; لزوم (lozūm)

U ضرورت (zarūrat) ;

حاجت (hājat)

必要とする

A احتاج (iḥtāja)

P لازم داشتن (lāzem dāshtan)

U ضرورت ہونا (zarūrat hōnā)

必要な

A ضروری (ḍarūrī) ; لازم (lāzim)

P ضروری (zarūrī) ; لازم (lāzem)

U ضروری (zarūrī) ; لازمی (lāzimī)

ひてい 〔否定〕

A إنكار ('inkār) ; رفض (rafḍ)

P انكار (enkār) ; رد (radd)

U انكار (inkār)

否定する

A أنكر ('ankara) ; رفض (rafaḍa)

P انكار كردن (enkār kardan) ;

رد كردن (radd kardan)

U انكار كرنا (inkār karnā)

ビデオ

A فيديو (fīdiyū)

P ويدئو (vīde'o)

U ويڈيو (vīḍīo)

びてん 〔美点〕

A مزية (mazīya)

P حسن (hosn) ; مزيت (mazīyat)

U خوبی (khūbī)

ひと 〔人〕

A إنسان ('insān) ; شخص (shakhṣ)

P انسان (ensān) ;

شخص (shakhs) ; آدمی (ādamī)

U انسان (insān) ;

شخص (shakhs) ; آدمی (ādmī)

ひどい 〔酷い〕

激しい

A شديد (shadīd)

P شديد (shadīd) ; سخت (sakht)

U شديد (shadīd) ; سخت (sakht)

残酷な

A قاسٍ (qāsin)

P بيرحم (bī-rahm)

U ظالم (zālim)

ひとがら 〔人柄〕

A شخصية (shakhṣīya)

P شخصيت (shakhsīyat)

U شخصيت (shakhsiyat)

びとく 〔美徳〕

A فضيلة (faḍīla)

P فضيلت (fazīlat)

U نيكی (nēkī)

ひとこと 〔一言〕
一言で言えば
A بكلمة واحدة (bi-kalima wāḥida) ;
بالاختصار (bil-ikhtiṣār)
P در یک کلمه (dar yek kaleme) ;
خلاصه (kholāse)
U ایک لفظ میں (ēk lafz meṇ) ;
الغرض (al-gharaz)

ひとごみ 〔人込み〕
A زحام (ziḥām)
P شلوغی (sholūghī) ;
ازدحام (ezdehām)
U بھیڑ (bhīṛ)

ひとごろし 〔人殺し〕
A قاتل (qātil)
P قاتل (qātel)
U قاتل (qātil)
殺人行為
A قتل (qatl)
P قتل (qatl)
U قتل (qatl)

ひとさしゆび 〔人差し指〕
A سبابة (sabbāba)
P انگشت اشاره (angoshte-eshāre)
U انگشت شہادت (angushte-shahādat)

ひとしい 〔等しい〕
A مساوٍ (musāwin)
P برابر (barābar) ;
مساوی (mosāvī)
U برابر (barābar)

ひとじち 〔人質〕
A رهينة (rahīna)
P گروگان (gerougān)
U یرغمال (yarghamāl)

ひとそろい 〔一揃い〕
A مجموعة (majmū'a)
P دوره (doure) ; دست (dast)
U سیٹ (sēṭ)

ひとつ 〔一つ〕
A واحد (wāḥid)
P یک (yek)
U ایک (ēk)
一つずつ
A واحدًا واحدًا (wāḥidan-wāḥidan)
P یک یک (yek-yek)
U ایک ایک (ēk-ēk)

ひとどおり 〔人通り〕
A مرور الناس (murūru-n-nās)
P رفت و آمد (raft-o-āmad)
U آمد و رفت (āmad-o-raft)

ひとなみの 〔人並みの〕
A عادی ('ādī)
P عادی ('ādī) ; معمولی (ma'mūlī)
U معمولی (ma'mūlī)

ひとびと 〔人々〕
A ناس (nās)
P مردم (mardom)
U لوگ (lōg)

ひとまねする 〔人真似する〕
A قلد (qallada)
P تقلید کردن (taqlīd kardan)
U نقالی کرنا (naqqālī karnā)

ひとまわり 〔一回り〕
A طواف (ṭawāf)
P یک دور (yek dour)

U ایک چکر (ēk chakkar)

一回りする

A طاف (ṭāfa)

P دور زدن (dour zadan)

U ایک چکر لگانا (ēk chakkar lagānā)

ひとみ 〔瞳〕

A إنسان العين (’insānul-‘ayn)

P مردمک (mardomak)

U پتلی (putlī)

ひとりごと 〔独り言〕

独り言を言う

A قال لنفسه (qāla li-nafsihi)

P با خود گفتن (bā khod goftan)

U اپنے آپ سے کہنا (apnē āp se kahnā)

ひとりで 〔一人で・独りで〕

A وحد (waḥda)

P تنها (tanhā)

U اکیلا (akēlā)

ひとりでに 〔独りでに〕

A من نفسه (min nafsihi)

P خود بخود (khod-be-khod)

U خود بخود (khud-ba-khud)

ひな 〔雛〕

A فرخ (farkh)

P جوجه (jūje)

U چوزہ (chūza)

ひなぎく 〔ひな菊〕

A أقحون (’uqḥūn)

P گل مینا (gole-mīnā)

U ڈیزی (ḍēzī)

ひなた 〔日向〕

日向に

A فی الشمس (fi-sh-shams)

P در آفتاب (dar āftāb)

U دھوپ میں (dhūp meṇ)

日向ぼっこをする

A تشمس (tashammasa)

P آفتاب خوردن (āftāb khordan)

U دھوپ کھانا (dhūp khānā)

ひなん 〔非難〕

A لوم (lawm)

P نکوهش (nekūhesh)；ملامت (malāmat)

U الزام (ilzām)；ملامت (malāmat)

非難する

A لام (lāma)

P نکوهش کردن (nekūhesh kardan)；ملامت کردن (malāmat kardan)

U الزام لگانا (ilzām lagānā)；ملامت کرنا (malāmat karnā)

ひなん 〔避難〕

A لجوء (lujū’)

P پناه (panāh)

U پناہ (panāh)

避難する

A لجأ (laja’a)

P پناه بردن (panāh bordan)

U پناہ لینا (panāh lēnā)

避難所

A ملجأ (malja’)

P پناه گاه (panāh-gāh)

U پناہ گاہ (panāh-gāh)

避難民

A لاجئ (lāji')

P پناهنده (panāhande)

U پناه گزیں (panāh guzīṇ)

ビニール

A فينيل (fīnīl)

P وينيل (vīnīl)

U وينيل (vīnīl)

ひにく 〔皮肉〕

A تهكم (tahakkum)

P طعنه (ta'ne)

U طنز (tanz)

皮肉を言う

A تهكم (tahakkama)

P طعنه زدن (ta'ne zadan)

U طنز كرنا (tanz karnā)

ひにょうき 〔泌尿器〕

A جهاز بولي (jihāz baulī)

P دستگاه ادراری (dast-gāhe-edrārī)

U پیشاب کا عضو (peshāb ka 'uzū)

ひにん 〔避妊〕

A منع الحمل (man'ul-ḥaml)

P جلوگیری از حاملگی (jelou-gīrī az hāmelegī)

U امتناع حمل (imtenā'e-haml)

避妊薬

A مانع الحمل (māni'ul-ḥaml)

P قرص ضد حاملگی (qorse-zedde-hāmelegī)

U مانع حمل (māne'e-haml)

ひねる 〔捻る〕

A لوى (lawā)

P پیچیدن (pīchīdan)

U مروڑنا (marōṛnā)

ひので 〔日の出〕

A طلوع الشمس (ṭulū'u-sh-shams)

P طلوع آفتاب (tolū'e-āftāb)

U طلوع آفتاب (tulū'e-āftāb)

ひばし 〔火箸〕

A ملقط (milqaṭ)

P انبر (anbor)

U چمٹا (chimṭā)

ひばち 〔火鉢〕

A مجمرة (mijmara)

P منقل (manqal)

U انگیٹھی (aṇgīṭhī)

ひばな 〔火花〕

A شرارة (sharāra)

P جرقه (jaraqqe)

U چنگاری (chingārī)

ひばり

A قنبرة (qunbura)

P چکاوک (chakāvak)

U چنڈول (chanḍōl)

ひはん 〔批判〕

A نقد (naqd)

P نقد (naqd)

U تنقید (tanqīd)

批判する

A نقد (naqada)

P نقد کردن (naqd kardan)

U تنقید کرنا (tanqīd karnā)

ひび 〔罅〕

割れ目

A شرخ (sharkh)

P شکاف (shekāf)

U شگاف (shigāf)

罅がはいる

A شرخ (sharakha)

P شكاف خوردن (shekāf khordan)

U شگاف پڑنا (shigāf paṛnā)

ひび 〔皹〕

A تشقق (tashaqquq)

P ترک (tarak)

U بوائی (bivā'ī)

皹が切れる

A تشقق (tashaqqaqa)

P ترک خوردن (tarak khordan)

U بوائی پھٹنا (bivā'ī phaṭnā)

ひびく 〔響く〕

A أصدى ('aṣdā)

P صدا دادن (sedā dādan)

U گونجنا (gūṇjnā)

ひひょう 〔批評〕

A نقد (naqd)

P نقد (naqd)

U تنقید (tanqīd)

批評する

A نقد (naqada)

P نقد كردن (naqd kardan)

U تنقید کرنا (tanqīd karnā)

批評家

A ناقد (nāqid)

P منتقد (montaqed)

U نقاد (naqqād)

ひふ 〔皮膚〕

A جلد (jild)

P پوست (pūst)

U جلد (jild)

皮膚病

A مرض جلدى (maraḍ jildī)

P بیماری پوست (bīmārīye-pūst)

U امراض جلد (amrāze-jild)

びふう 〔微風〕

A نسيم (nasīm)

P نسيم (nasīm)

U نسيم (nasīm)

ビフテキ

A بفتيك (biftīk)

P بیفتک (bīftek)

U بیف اسٹیک (bīf-isṭēk)

ひぼんな 〔非凡な〕

A غير عادى (ghayr-'ādī)

P غير معمول (gheire-ma'mūl)

U غير معمولى (ghair-ma'mūlī)

ひま 〔暇〕

A فراغ (farāgh) ;
وقت الفراغ (waqtul-farāgh)

P فرصت (forsat) ;
فراغت (farāghat)

U فرصت (fursat) ;
فراغت (farāghat)

ひまわり

A عباد الشمس ('abbādu-sh-shams)

P آفتاب گردان (āftāb-gardān)

U سورج مکھی (sūraj-mukhī)

ひみつ 〔秘密〕

A سر (sirr)

P راز (rāz) ; سر (serr)

U راز (rāz)

びみょう 〔微妙〕

A دقة (diqqa)

P باریکی (bārīkī)
U نزاکت (nazākat)

微妙な

A دقيق (daqīq)
P باریک (bārīk)
U نازک (nāzuk)

ひめい　〔悲鳴〕

A صرخة (ṣar<u>kh</u>a)
P جیغ (jī<u>gh</u>)
U چیخ (<u>ch</u>ī<u>kh</u>)

悲鳴をあげる

A صرخ (ṣara<u>kh</u>a)
P جیغ زدن (jī<u>gh</u> zadan)
U چیخنا (<u>ch</u>ī<u>kh</u>nā)

ひめんする　〔罷免する〕

A أقال ('aqāla)
P عزل کردن ('azl kardan)
U برطرف کرنا (bar-taraf karnā)

ひも　〔紐〕

A حبل (ḥabl)
P نخ (na<u>kh</u>)
U ڈورا (ḍōrā)

ひやく　〔飛躍〕

A وثبة (wa<u>th</u>ba)
P جهش (jahe<u>sh</u>)
U چھلانگ (<u>ch</u>hlāṇg)

飛躍する

A وثب (wa<u>th</u>aba)
P جهش کردن (jahe<u>sh</u> kardan)
U چھلانگ لگانا (<u>ch</u>hlāṇg lagānā)

ひゃく　〔百〕

A مائة (mi'a)
P صد (ṣad)
U سو (sau)

ひゃくしょう　〔百姓〕

A فلاح (fallāḥ)
P کشاورز (ke<u>sh</u>āvarz)
U کسان (kisān)

ひゃくまん　〔百万〕

A مليون (malyūn)
P میلیون (mīlyūn)
U دس لاکھ (das lākh)

ひやけする　〔日焼けする〕

A لفحته الشمس
(lafaḥat-hu-<u>sh</u>-<u>sh</u>ams)
P آفتاب سوخته شدن
(āftāb sū<u>kh</u>te <u>sh</u>odan)
U دھوپ میں جلنا
(dhūp meṇ jalnā)

ヒヤシンス

A جاسنت (jāsant)
P سنبل (sonbol)
U سنبل (sunbul)

ひやす　〔冷やす〕

A برد (barrada)
P سرد کردن (sard kardan)
U ٹھنڈا کرنا (ṭhanḍā karnā)

ひゃっかじてん　〔百科事典〕

A دائرة المعارف (dā'iratul-ma'ārif)
P دایرة المعارف (dāyeratol-ma'āref)
U دائرۂ معارف (dā'irae-ma'ārif)

ひゃっかてん　〔百貨店〕

A محل كبير (maḥall kabīr)
P فروشگاه بزرگ
(forū<u>sh</u>-gāhe-bozorg)
U ڈپارٹمنٹ اسٹور

(ḍepārṭmanṭ-isṭor)

ひゆ 〔比喩〕

A تشبيه (tashbīh)

P تشبيه (tashbīh)

U تشبيه (tashbīh)

ヒューズ

A مصهر (miṣhar)

P فيوز (fiyūz)

U فيوز (fiyūz)

ヒューズがとぶ

A احترق مصهر (iḥtaraqa miṣhar)

P فيوز سوختن (fiyūz sūkhtan)

U فيوز اڑنا (fiyūz uṛnā)

ビュッフェ

A بوفيه (būfīh)

P بوفه (būfe)

U بوفے (būfē)

ひよう 〔費用〕

A مصاريف (maṣārīf)

P هزينه (hazīne)

U خرچ (kharch)

ひょう 〔表〕

A جدول (jadwal) ; قائمة (qā'ima)

P جدول (jadval)

U جدول (jadval)

ひょう 〔豹〕

A فهد (fahd)

P پلنگ (palang)

U تيندوا (tēṇdwā)

ひょう 〔雹〕

A برد (barad)

P تگرگ (tagarg)

U اولا (ōlā)

ひょう 〔票〕

A صوت (ṣawt)

P رأى (ra'y)

U ووٹ (vōṭ)

びょう 〔秒〕

A ثانية (thāniya)

P ثانيه (sāniye)

U سيكنڈ (sekanḍ)

びょう 〔鋲〕

A دبوس (dabbūs)

P پونز (pūnez)

U ڈرائنگ پن (ḍrā'ing-pin)

びよういん 〔美容院〕

A صالون التجميل (ṣālūnu-t-tajmīl)

P سالن زيبائى (sālone-zībā'ī)

U بيوٹى پارلر (biyūṭī pārlar)

びょういん 〔病院〕

A مستشفًى (mustashfan)

P بيمارستان (bīmārestān)

U هسپتال (haspatāl)

ひょうか 〔評価〕

A تقدير (taqdīr)

P تخمين (takhmīn)

U تخمينه (takhmīna)

評価する

A قدر (qaddara)

P تخمين زدن (takhmīn zadan)

U تخمينه كرنا (takhmīna karnā)

ひょうが 〔氷河〕

A نهر جليدى (nahr jalīdī)

P يخچال (yakh-chāl)

U گليشر (gleishar)

びょうき 〔病気〕
A مرض (maraḍ)
P بیماری (bīmārī) ; مرض (maraz)
U بیماری (bīmārī)
病気の
A مريض (marīḍ)
P بیمار (bīmār) ; مریض (marīz)
U بیمار (bīmār)

ひょうぎかい 〔評議会〕
A مجلس الشورى (majlisu-sh-shūrā)
P شورا (shourā)
U کونسل (kaunsal)

ひょうげん 〔表現〕
A تعبير (ta'bīr)
P بیان (bayān) ; اظهار (ezhār)
U اظہار (izhār)
表現する
A عبر ('abbara)
P بیان کردن (bayān kardan)
U اظہار کرنا (izhār karnā)

ひょうご 〔標語〕
A شعار (shi'ār)
P شعار (she'ār)
U ماٹو (māṭṭō)

ひょうさつ 〔表札〕
A لوحة الاسم (lawḥatul-ism)
P پلاک (pelāk)
U نام کی تختی (nām ki takhtī)

ひょうざん 〔氷山〕
A جبل جليد (jabal jalīd)
P کوه یخ (kūhe-yakh)
U برف کا تودہ (barf ka tūda)

ひょうし 〔表紙〕
A غلاف (ghilāf)
P جلد (jeld)
U جلد (jild)

ひょうし 〔拍子〕
A إيقاع ('īqā')
P ضرب (zarb)
U تال (tāl)

びょうしつ 〔病室〕
A غرفة المريض (ghurfatul-marīḍ)
P اطاق بیمار (otāqe-bīmār)
U مریض کا کمرا (marīz ka kamrā)

びょうしゃ 〔描写〕
A وصف (waṣf)
P وصف (vasf)
U بیان (bayān)
描写する
A وصف (waṣafa)
P وصف کردن (vasf kardan)
U بیان کرنا (bayān karnā)

ひょうじゅん 〔標準〕
A معيار (mi'yār)
P معیار (me'yār)
U معیار (me'yār)

ひょうしょう 〔表彰〕
A تقدير (taqdīr)
P تقدیر (taqdīr)
U اعزاز (e'zāz)
表彰状
A شهادة تقدير (shahāda-taqdīr)
P تقدیرنامه (taqdīr-nāme)
U اعزازنامہ (e'zāz-nāma)

表彰する

A قدر (qaddara)

P تقدیر کردن (taqdīr kardan)

U اعزاز عطا کرنا (e‘zāz ‘atā karnā)

ひょうじょう 〔表情〕

A سيماء (sīmā’)

P قیافه (qiyāfe)

U روپ (rūp)

びょうしょう 〔病床〕

A سرير المريض (sarīrul-mariḍ)

P بستر بیمار (bastare-bīmār)

U بستر علالت (bistare-‘alālat)

病床にある

A لزم فراش المرض (lazima firāshal-maraḍ)

P بستری بودن (bastarī būdan)

U بستر پر پڑا رہنا (bistar par paṛā rahnā)

ひょうだい 〔表題〕

A عنوان (‘unwān)

P عنوان (‘onvān)

U عنوان (‘unwān)

ひょうてき 〔標的〕

A هدف (hadaf)

P هدف (hadaf) ; نشانه (neshāne)

U ہدف (hadaf) ; نشانہ (nishāna)

びょうてきな 〔病的な〕

A سقيم (saqīm)

P بیمارگون (bīmār-gūn)

U مریضانہ (marīzāna)

ひょうてん 〔氷点〕

A درجة التجمد (darajatu-t-tajammud)

P نقطهٔ انجماد (noqteye-enjemād)

U نقطهٔ انجماد (nuqtae-injimād)

びょうどう 〔平等〕

A مساواة (musāwā)

P برابری (barābarī)

U برابری (barābarī)

平等の

A مساوٍ (musāwin)

P برابر (barābar) ;
مساوی (mosāvī)

U برابر (barābar)

平等にする

A ساوى (sāwā)

P برابر کردن (barābar kardan)

U برابر کرنا (barābar karnā)

びょうにん 〔病人〕

A مريض (mariḍ)

P بیمار (bīmār) ; مریض (marīz)

U بیمار (bīmār)

ひょうばん 〔評判〕

A سمعة (sum‘a) ; شهرة (shuhra)

P شهرت (shohrat)

U شہرت (shohrat)

評判が良い

A طيب السمعة (ṭayyibu-s-sum‘a)

P مشهور (mashhūr)

U مشہور (mashhūr)

評判が悪い

A رديء السمعة (radī’u-s-sum‘a)

P بدنام (bad-nām)

U بدنام (bad-nām)

ひょうほん 〔標本〕

A نموذج (namūdhaj)

P نمونه (nemūne)
U نمونہ (namūna)

ひょうめん 〔表面〕
A سطح (saṭḥ)
P سطح (sath)
U سطح (satah)

ひょうろん 〔評論〕
A نقد (naqd)
P نقد (naqd)
U تنقيد (tanqīd)
評論家
A ناقد (nāqid)
P منتقد (montaqed)
U نقاد (naqqād)

ひよくな 〔肥沃な〕
A خصب (khaṣib)
P حاصلخيز (hāsel-khīz)
U زر خيز (zar-khēz)

ひよけ 〔日除け〕
A مظلة (miẓalla)
P کرکره (kerkere)
U چلمن (chilman)

ひよこ 〔雛〕
A فرخ (farkh)
P جوجه (jūje)
U چوزه (chūza)

ビラ
A منشور (manshūr)
P آگهی دستی (āgahīye-dastī)
U دستی اشتہار (dastī-ishtehār)

ひらいしん 〔避雷針〕
A مانعة الصواعق
(māni'atu-ṣ-ṣawā'iq)
P برقگير (barq-gīr)
U بجلی موصل (bijlī-muvvasil)

ひらおよぎ 〔平泳ぎ〕
A السباحة على الصدر
(as-sibāḥa 'ala-ṣ-ṣadr)
P شنای قورباغه
(shenāye-qūrbāghe)
U بريسٹ اسٹروک پيراکی
(brēsṭ isṭrōk pairākī)

ひらく 〔開く〕
A فتح (fataḥa)
P باز کردن (bāz kardan)
U کھولنا (khōlnā)

ひらける 〔開ける〕
文明化する
A تمدن (tamaddana)
P متمدن شدن (motamadden shodan)
U متمدن ہونا (mutamaddin hōnā)

ひらたい 〔平たい〕
A مسطح (musaṭṭaḥ)
P هموار (hamvār)
U ہموار (hamvār)

ピラフ
A بيلاو (bīlāu)
P پلو (polou)
U پلاؤ (pulā'o)

ピラミッド
A هرم (haram)
P هرم (haram)
U ہرم (harm)

びり
A الأخير (al-'akhīr)

P آخرين (ākharīn)
U سب سے پیچھے (sab se pīchhē)

ひりつ 〔比率〕
A نسبة (nisba)
P نسبت (nesbat)
U تناسب (tanāsub) ;
نسبت (nisbat)

ひりょう 〔肥料〕
A سماد (samād)
P کود (kūd)
U کهاد (khād)

ひる 〔昼〕
正午
A ظهر (ẓuhr)
P ظهر (zohr)
U دو پہر (dō-pahar)
昼間
A نهار (nahār)
P روز (rūz)
U دن (din)

ひる 〔蛭〕
A علقة ('alaqa)
P زالو (zālū)
U جونک (jōṇk)

ビル
A عمارة ('imāra) ; بناية (bināya)
P عمارت ('emārat) ;
ساختمان (sākhtemān)
U عمارت ('imārat)

ひるね 〔昼寝〕
A قيلولة (qaylūla)
P چرت (chort)
U قیلولہ (qailūla)
昼寝をする
A تقيل (taqayyala)
P چرت زدن (chort zadan)
U قیلولہ کرنا (qailūla karnā)

ひるめし 〔昼飯〕
A غداء (ghadā')
P ناهار (nāhār)
U دو پہر کا کھانا
(dō-pahar ka khānā)

ひれ 〔鰭〕
A زعنفة (zi'nifa)
P باله (bāle)
U پر (par)

ひれい 〔比例〕
A تناسب (tanāsub)
P تناسب (tanāsob)
U تناسب (tanāsub)
比例する
A تناسب (tanāsaba)
P تناسب داشتن (tanāsob dāshtan)
U تناسب رکھنا (tanāsub rakhnā)

ひれつな 〔卑劣な〕
A رذيل (radhīl)
P رذيل (razīl)
U ذلیل (zalīl)

ひろい 〔広い〕
A واسع (wāsi')
P پهن (pahn) ; وسيع (vasī')
U چوڑا (chauṛā)

ひろう 〔疲労〕
A تعب (ta'ab)
P خستگی (khastegī)
U تھکاوٹ (thakāwaṭ)

ひろう 〔拾う〕
A التقط (iltaqaṭa)
P چیدن (chīdan)
U اٹھانا (uṭhānā)

ビロード
A مخمل (mukhmal)
P مخمل (makhmal)
U مخمل (makhmal)

ひろがる 〔広がる〕
A انتشر (intashara)
P گسترش یافتن (gostaresh yāftan)
U پھیلنا (phailnā)

ひろげる 〔広げる〕
A بسط (basaṭa)
P گسترش دادن (gostaresh dādan)
U پھیلانا (phailānā)

ひろさ 〔広さ〕
A اتساع (ittisā')
P پهنا (pahnā)
U چوڑائی (chauṛā'ī)

ひろば 〔広場〕
A میدان (maydān)
P میدان (meidān)
U میدان (maidān)

ひろま 〔広間〕
A قاعة (qā'a)
P سالن (sālon)
U ہال (hāl)

ひろまる 〔広まる〕
A شاع (shā'a) ; انتشر (intashara)
P گسترش یافتن (gostaresh yāftan)
U پھیلنا (phailnā)

ひろめる 〔広める〕
A نشر (nashara)
P گسترش دادن (gostaresh dādan)
U پھیلانا (phailānā)

ひわいな 〔卑猥な〕
A فاحش (fāḥish)
P مبتذل (mobtazal) ; زشت (zesht)
U فحش (fohsh)

ひん 〔品〕
品の良い
A ظریف (ẓarīf)
P ظریف (zarīf)
U شائستہ (shā'ista)

びん 〔瓶〕
A زجاجة (zujāja)
P بطری (botrī)
U بوتل (bōtal)

ピン
A دبوس (dabbūs)
P سنجاق (sanjāq)
U پن (pin)

びんかんな 〔敏感な〕
A حساس (ḥassās)
P حساس (hassās)
U حساس (hassās)

ピンク
A وردی (wardī)
P صورتی (sūratī)
U گلابی (gulābī)

ひんけつ 〔貧血〕
A فقر الدم (faqru-d-dam)
P کم خونی (kam-khūnī)
U قلت دم (qillate-dam)

ひんこう 〔品行〕
A سلوك (sulūk)
P رفتار (raftār) ; سلوک (solūk)
U رویہ (rawaiya)

ひんこん 〔貧困〕
A فقر (faqr)
P فقر (faqr)
U غربت (ghurbat)
貧困な
A فقير (faqīr)
P فقیر (faqīr)
U غریب (gharīb)

ひんし 〔品詞〕
A أقسام الكلام (’aqsāmul-kalām)
P اقسام کلمه (aqsāme-kaleme)
U اجزائے کلام (ajzā’e-kalām)

ひんしつ 〔品質〕
A نوعية (naw‘īya)
P کیفیت (keifīyat)
U کیفیت (kaifiyat)

ひんじゃくな 〔貧弱な〕
A حقير (ḥaqīr)
P حقیر (haqīr)
U مسکین (miskīn)

ひんしゅ 〔品種〕
A نوع (naw‘)
P نوع (nou‘)
U جنس (jins) ; نوع (nau‘)

びんしょう 〔敏捷〕
A سرعة الحركة (sur‘atul-ḥaraka)
P چابکی (chābokī)
U چابک دستی (chābuk-dastī)
敏捷な
A سريع الحركة (sarī‘ul-ḥaraka)
P چابک (chābok)
U چابک دست (chābuk-dast)

ひんせい 〔品性〕
A شخصية (shakhsīya)
P شخصیت (shakhsīyat)
U فطرت (fitrat)

ピンセット
A ملقط (milqaṭ)
P پنس (pans)
U چمٹی (chimṭī)

びんせん 〔便箋〕
A ورقة رسالة (waraqa risāla)
P کاغذنامه نویسی (kāghaze-nāme-nevīsī)
U خط کا کاغذ (khatt ka kāghaz)

ヒンディーご 〔ヒンディー語〕
A اللغة الهندية (allughatul-hindīya)
P زبان هندی (zabāne-hendī)
U ہندی (hindī)

ヒント
A إشارة (’ishāra) ; تلميح (talmīḥ)
P اشاره (eshāre) ; کنایه (kenāye)
U اشاره (ishāra) ; کنایہ (kināya)

ピント
A بؤرة (bu’ra)
P کانون (kānūn)
U ماسکہ (māsika)
ピントを合わせる
A ضبط بؤرة (ḍabaṭa bu’ra)
P میزان کردن (mīzān kardan)

U ماسکے پر لانا (māsikē par lānā)

ひんぱんに 〔頻繁に〕

A مراراً (mirāran)

P بارها (bār-hā) ;

مکرراً (mokarraran)

U اکثر (aksar)

びんぼう 〔貧乏〕

A فقر (faqr)

P فقر (faqr)

U غربت (ghurbat)

貧乏な

A فقير (faqīr)

P فقیر (faqīr)

U غریب (gharīb)

ピンポン

A تنس الطاولة (tinisu-ṭ-ṭāwila)

P پینگ پونگ (pīng-pong)

U ٹیبل ٹینس (ṭēbl-tainis)

ふ

ぶ 〔部〕

部分

A جزء (juz')

P جزء (joz')

U جز (juz)

部門

A قسم (qism)

P بخش (bakhsh)

U شعبہ (sho'ba)

ぶあい 〔歩合〕

A نسبة (nisba)

P نسبت (nesbat) ; نرخ (nerkh)

U نسبت (nisbat) ; نرخ (nirkh)

ぶあいそうな 〔無愛想な〕

A غير ألوف (ghayr-'alūf)

P بی‌لطف (bī-lotf) ;

نجوش (na-jūsh)

U کم آمیز (kam-āmēz)

ファイル

A ملف (milaff)

P پوشه (pūshe) ; پرونده (parvande)

U فائل (fā'il)

ファスナー

A سحاب (saḥḥāb)

P زیپ (zīp)

U زپ (zip)

ファッション

A موضة (mūḍa) ; أزياء ('azyā')

P مد (mod)

U فیشن (faishan)

ふあん 〔不安〕

A قلق (qalaq)

P نگرانی (negarānī)

U اندیشہ (andēsha)

フアン
A معجب (mu'jab)
P هواخواه (havā-khāh)
U شوقين (shauqīn)

ふあんてい 〔不安定〕
A عدم الاستقرار ('adamul-istiqrār)
P بی‌ثباتی (bī-sobātī)
U ناپائداری (nā-pā'edārī)
不安定な
A غير مستقر (ghayr-mustaqirr)
P بی‌ثبات (bī-sobāt)
U ناپائدار (nā-pā'edār)

ふい 〔不意〕
不意の
A مفاجئ (mufāji')
P ناگهانی (nā-gahānī)
U اچانک (āchānak)
不意に
A فجأةً (faj'atan)
P ناگهان (nā-gahān)
U اچانک (achānak)

ブイ
A عوامة ('awwāma)
P بويه (būye)
U پیراکو (pairākū)

フィート
A قدم (qadam)
P فوت (fūt) ; پا (pā)
U فٹ (fiṭ)

フィールド
A ميدان (maydān)
P میدان (meidān)
U فیلڈ (fīlḍ)

ふいご
A منفاخ (minfākh)
P دم (dam)
U دھونکنی (dhauṇknī)

ふいっち 〔不一致〕
A اختلاف (ikhtilāf) ;
خلاف (khilāf)
P اختلاف (ekhtelāf) ;
ناسازگاری (nā-sāzgārī)
U اختلاف (ikhtelāf) ;
ناموافقت (nā-muwāfiqat)

フィリピン
A الفلبين (al-filibbīn)
P فیلیپین (fīlīpīn)
U فلپائن (filpā'in)

フィルター
A فلتر (filtar)
P فیلتر (fīltar)
U فلٹر (filṭar)

フィルム
A فيلم (fīlm)
P فیلم (fīlm)
U فلم (film)

フィンランド
A فنلندا (finlandā)
P فنلاند (fanlānd)
U فنلینڈ (finlainḍ)

ふう 〔封〕
A ختم (khatm)
P مهر (mohr)
U مہر (mohr)
封をする
A ختم (khatama)

P مهر زدن (mohr zadan)
U مہر لگانا (mohr lagānā)

ふう 〔風〕
風習
A عادات (‘ādāt)
P آداب و رسوم (ādāb-o-rosūm)
U رواج (riwāj)
様式
A أسلوب (’uslūb)
P شیوه (shīve)
U طرز (tarz)
方法
A طريقة (ṭarīqa)
P طريقه (tarīqe)
U طریقہ (tarīqa)

ふうき 〔風紀〕
A نظام أخلاقى (niẓām ’akhlāqī); انضباط (inḍibāṭ)
P اصول اخلاقی (osūle-akhlāqī); انضباط (enzebāt)
U اخلاق عامہ (akhlāqe-‘āmma)

ふうけい 〔風景〕
A منظر (manẓar)
P منظره (manzare)
U منظر (manzar)

ふうさ 〔封鎖〕
A حصر (ḥaṣr)
P محاصره (mohāsere)
U ناکہبندی (nāka-bandī)
封鎖する
A حصر (ḥaṣara)
P محاصره کردن (mohāsere kardan)
U ناکہبندی کرنا (nāka-bandī karnā)

ふうさい 〔風采〕
A مظهر (maẓhar)
P سر و وضع (sar-o-vaz‘)
U شکل و صورت (shakl-o-sūrat)

ふうし 〔風刺〕
A هجاء (hijā’)
P طنز (tanz); هجو (hajv)
U طنز (tanz)

ふうしゃ 〔風車〕
A طاحونة الريح (ṭāḥūnatu-r-rīḥ)
P آسیای بادی (āsiyāye-bādī)
U پون چکی (pavan chakkī)

ふうしゅう 〔風習〕
A عادات (‘ādāt)
P آداب و رسوم (ādāb-o-rosūm)
U رسم و رواج (rasm-o-riwāj)

ふうしょ 〔封書〕
A رسالة مختومة (risāla makhtūma)
P نامۀ مهر و موم شده (nāmeye-mohr-o-mūm shode)
U مہر لگا ہوا خط (mohr lagā huā khatt)

ふうせん 〔風船〕
A بالون (bālūn)
P بالون (bālūn)
U غباره (ghubāra)

ふうぞく 〔風俗〕
風俗習慣
A عادات و تقاليد (‘ādāt-wa-taqālīd)
P آداب و رسوم (ādāb-o-rosūm)
U رسم و رواج (rasm-o-riwāj)

ふうとう 〔封筒〕
A ظرف (ẓarf)

P پاکت (pāket)
U لفافہ (lifāfa)

ふうふ 〔夫婦〕
A زوجان (zawjāni)
P زن و شوهر (zan-o-shouhar)
U میاں بیوی (miyāṇ-bīvī)

ふうりょく 〔風力〕
A قوة الريح (qūwatu-r-rīḥ)
P نیروی باد (nīrūye-bād)
U ہوا کی قوت (hawā ki quwwat)

プール
A حمام سباحة (ḥammām sibāḥa) ; مسبح (masbaḥ)
P استخر (estakhr)
U سوئمنگ پول (swīming pūl)

ふうん 〔不運〕
A سوء الحظ (sū'ul-ḥaẓẓ)
P بد بختی (bad-bakhtī)
U بد قسمتی (bad-qismatī)

ふえ 〔笛〕
A فلوت (fulūt)
P فلوت (folūt)
U بنسی (bansī)

ふえいせいな 〔不衛生な〕
A غير صحى (ghayr-ṣiḥḥī)
P غیر بهداشتی (gheire-beh-dāshtī)
U حفظان صحت کے خلاف (hifzāne-sehat ke khilāf)

ふえてな 〔不得手な〕
A ضعيف (ḍa'īf)
P ضعیف (za'īf)
U کمزور (kam-zōr)

ふえる 〔増える〕
A ازداد (izdāda)
P افزوده شدن (afzūde shodan)
U بڑھنا (baṛhnā)

フェルト
A لباد (labbād)
P نمد (namad)
U نمدا (namdā)

フェンシング
A مبارزة بالسيف (mubāraza bi-s-sayf)
P شمشیر زنی (shamshīr-zanī)
U فینسنگ (fēnsing)

ぶえんりょな 〔無遠慮な〕
A وقح (waqiḥ)
P گستاخ (gostākh)
U گستاخ (gustākh)

フォーク
A شوكة (shawka)
P چنگال (changāl)
U کانٹا (kāṇṭā)

ふか 〔鱶〕
A سمك القرش (samakul-qirsh)
P کوسه (kūse)
U شارک مچھلی (shārk machhlī)

ぶか 〔部下〕
A مرؤوس (mar'ūs)
P مرؤوس (mar'ūs)
U ماتحت (mā-taht)

ふかい 〔深い〕
A عميق ('amīq)
P عمیق ('amīq) ; گود (goud)
U گہرا (gahrā)

ぶがいしゃ 〔部外者〕
A غريب (gharīb)
P بیگانه (bīgāne)
U اجنبی (ajnabī)

ふかいな 〔不快な〕
A غير مريح (ghayr-murīḥ)
P ناراحت (nā-rāhat)
U ناگوار (nā-gawār)

ふかかいな 〔不可解な〕
A غير مفهوم (ghayr-mafhūm)
P غير قابل فهم (gheire-qābele-fahm)
U ناقابل فهم (nā-qābile-fahm)

ふかくじつな 〔不確実な〕
A غير مؤكد (ghayr-mu'akkad)
P غير قطعی (gheire-qat'ī)
U غير يقينی (ghair-yaqīnī)

ふかけつな 〔不可欠な〕
A لازم (lāzim)
P ناگزير (nā-gozīr) ; لازم (lāzem)
U ناگزير (nā-guzīr) ; لازمی (lāzmī)

ふかこうりょく 〔不可抗力〕
A قوة قاهرة (qūwa qāhira)
P قوه قهريه (qovveye-qahrīye)
U ناقابل مقابله قوت (nā-qābile-muqābila quwwat)

ふかさ 〔深さ〕
A عمق ('umq)
P گودی (goudī) ; عمق ('omq)
U گہرائی (gahrā'ī)

ふかする 〔孵化する〕
A أفرخت البيضة ('afrakhatil-bayḍa)
P از تخم درآوردن (az tokhm dar-āvardan)
U انڈے سے بچہ نکلنا (anḍē se bachcha nikalnā)

ぶかっこうな 〔不格好な〕
A أخرق ('akhraq)
P بد قواره (bad-qavāre)
U بد شکل (bad-shakl)

ふかのうな 〔不可能な〕
A مستحيل (mustaḥīl) ;
غير ممكن (ghayr-mumkin)
P ناممکن (nā-momken) ;
محال (mohāl)
U ناممکن (nā-mumkin)

ふかんぜんな 〔不完全な〕
A ناقص (nāqiṣ) ;
غير كامل (ghayr-kāmil)
P ناقص (nāqes) ;
نا تمام (nā-tamām)
U نامکمل (nā-mukammal)

ぶき 〔武器〕
A سلاح (silāḥ)
P سلاح (selāh)
U ہتھيار (hathiyār)

ふきげんな 〔不機嫌な〕
A عابس ('ābis)
P عبوس ('abūs)
U ناخوش (nā-khush)

ふきそくな 〔不規則な〕
A غير منتظم (ghayr-muntaẓim)
P نامنظم (nā-monazzam) ;
بی‌قاعده (bī-qā'ede)
U بےقاعده (be-qā'eda)

ふきつな 〔不吉な〕
A مشؤوم (mash'ūm)
P بد شگون (bad-shogūn) ; مشئوم (mash'ūm)
U بد شگون (bad-shugūn)

ぶきみな 〔不気味な〕
A موحش (mūḥish)
P هراسناک (harās-nāk)
U ہیبتناک (haibat-nāk)

ふきゅう 〔普及〕
A انتشار (intishār)
P گسترش (gostaresh)
U پهيلاو (phailāo)

普及する
A انتشر (intashara)
P گسترش يافتن (gostaresh yāftan)
U پهيلنا (phailnā)

ふきょう 〔不況〕
A كساد اقتصادى (kasād iqtiṣādī)
P كسادى (kesādī)
U سرد بازارى (sard bāzārī)

ふきょう 〔布教〕
A نشر دين (nashr dīn)
P تبليغ (tablīgh)
U اشاعت (ishā'at)

ぶきような 〔無器用な〕
A غير ماهر (ghayr-māhir)
P ناشى (nāshī)
U بےہنر (bē-hunar)

ぶきりょうな 〔不器量な〕
A غير جميل (ghayr-jamīl) ; قبيح (qabīḥ)
P زشت (zesht)
U بد صورت (bad-sūrat)

ふきん 〔布巾〕
A منشفة (minshafa) ; فوطة (fūṭa)
P ظرف خشک کن (zarf-khoshk-kon)
U صافى (sāfī)

ふきん 〔付近〕
A جوار (jiwār)
P همسايگى (ham-sāyegī)
U گرد و نواح (gird-o-navāh)

ふく 〔吹く〕

風が吹く
A هب (habba)
P وزيدن (vazīdan)
U چلنا (chalnā)

息を吹く
A نفخ (nafakha)
P دميدن (damīdan)
U پهونكنا (phūṇknā)

ふく 〔拭く〕
A مسح (masaḥa)
P پاک کردن (pāk kardan)
U صاف كرنا (sāf karnā)

ふく 〔服〕
A لباس (libās) ; ثياب (thiyāb) ; ملابس (malābis)
P لباس (lebās) ; پوشاک (pūshāk)
U كپڑے (kapṛē) ; لباس (libās)

ふく… 〔副…〕
A نائب (nā'ib)
P معاون (mo'āven)
U نائب (nā'ib)

副支配人
A نائب المدير (nā'ibul-mudīr)
P معاون مدير (mo'āvene-modīr)
U نائب منتظم (nā'ib muntazim)

ふくぎょう〔副業〕
A عمل إضافى ('amal 'iḍāfī)
P كار فرعى (kāre-far'ī)
U ضمنى كام (zimnī kām)

ふくざつな〔複雑な〕
A معقد (mu'aqqad)
P پيچيده (pīc͟hīde)
U پيچيده (pēc͟hīda)

ふくし〔副詞〕
A ظرف (ẓarf)
P قيد (qeid)
U متعلق فعل (muta'alliqe-fe'l)

ふくし〔福祉〕
A رفاهية (rafāhīya)
P رفاه (refāh)
U بهبود (behbūd)

ふくしゃ〔複写〕
A نسخ (nask͟h)
P كپى (kopī)
U كاپى (kāpī)

複写する
A نسخ (nasak͟ha)
P كپى كردن (kopī kardan)
U كاپى كرنا (kāpī karnā)

ふくしゅう〔復習〕
A مراجعة (murāja'a)
P مرور (morūr)
U اعاده (e'āda)

復習する
A راجع (rāja'a)
P مرور كردن (morūr kardan)
U اعاده كرنا (e'āda karnā)

ふくしゅう〔復讐〕
A انتقام (intiqām)
P انتقام (enteqām)
U انتقام (inteqām)

復讐する
A انتقم (intaqama)
P انتقام گرفتن (enteqām gereftan)
U انتقام لينا (inteqām lēnā)

ふくじゅう〔服従〕
A إطاعة ('iṭā'a)
P اطاعت (etā'at) ;
فرمانبردارى (farmān-bordārī)
U اطاعت (itā'at) ;
فرمان بردارى (farmān-bardārī)

服従する
A أطاع ('aṭā'a)
P اطاعت كردن (etā'at kardan)
U اطاعت كرنا (itā'at karnā)

ふくすう〔複数〕
A جمع (jam')
P جمع (jam')
U جمع (jama')

ふくそう〔服装〕
A ملابس (malābis)
P لباس (lebās)
U كپڑے (kapṛē)

ふくつう〔腹痛〕
A ألم فى المعدة ('alam fil-ma'ida) ;
مغص (mag͟haṣ)

P دل درد (del-dard)
U پیٹ کا درد (pēṭ ka dard)
ふくびき〔福引き〕
A يا نصيب (yā-naṣīb)
P بخت آزمائی (bakht-āzmā'ī)
U لاٹری (lāṭrī)
ふくむ〔含む〕
A ضم (ḍamma)；شمل (shamila)
P شامل بودن (shāmel būdan)
U شامل ہونا (shāmil hōnā)
ふくむ〔服務〕
A خدمة (khidma)
P خدمت (khedmat)
U نوکری (naukarī)
ふくめる〔含める〕
A شمل (shamila)
P گنجاندن (gonjāndan)
U شامل کرنا (shāmil karnā)
ふくめん〔覆面〕
A قناع (qinā')
P ماسک (māsk)；نقاب (neqāb)
U ماسک (māsk)
ふくらます〔膨らます〕
A نفخ (nafakha)
P باد کردن (bād kardan)
U پھلانا (phulānā)
ふくれる〔膨れる〕
A انتفخ (intafakha)
P باد کردن (bād kardan)
U پھولنا (phūlnā)
ふくろ〔袋〕
A كيس (kīs)
P کیسه (kīse)
U تھیلا (thailā)
ふくろう〔梟〕
A بوم (būm)
P بوف (būf)；جغد (joghd)
U الو (ullū)；چغد (chughad)
ふけい〔父兄〕
父母
A والدان (wālidāni)
P پدر و مادر (pedar-o-mādar)；والدين (vāledein)
U ماں باپ (māṇ-bāp)；والدين (wālidain)
ふけいき〔不景気〕
A كساد اقتصادی (kasād iqtiṣādī)
P رکود اقتصادی (rokūde-eqtesādī)；کسادی (kesādī)
U سرد بازاری (sard bāzārī)
ふけいざいな〔不経済な〕
A غير اقتصادی (ghayr-iqtiṣādī)
P غير صرفه جويانه (gheire-sarfe-jūyāne)
U غير کفايت شعار (ghair-kifāyat-she'ār)
ふけつな〔不潔な〕
A قذر (qadhir)
P کثيف (kasīf)；ناپاک (nā-pāk)
U گندا (gandā)
ふける〔老ける〕
A أسن ('asanna)
P پير شدن (pīr shodan)
U بوڑھا ہونا (būṛhā hōnā)
ふける〔耽る〕
A انهمك (inhamaka)

P سرگرم شدن (sar-garm shodan)
U لگا رہنا (lagā rahnā)

ふける 〔更ける〕
夜が更ける
A تقدم (taqaddama)
P دیر شدن (dīr shodan)
U رات تھوڑی ہونا (rāt thōṛī hōnā)

ふけんこうな 〔不健康な〕
A غير صحي (ghayr-ṣiḥḥī)
P ناسالم (nā-sālem)
U غير صحت مند (ghair-sehat-mand)

ふこう 〔不幸〕
A سوء الحظ (sū'ul-ḥaẓẓ)
P بد بختی (bad-bakhtī)
U بد قسمتی (bad-qismatī)
不幸な
A غير سعيد (ghayr-sa'īd)
P بدبخت (bad-bakht)
U بد قسمت (bad-qismat)

ふごう 〔符号〕
A علامة ('alāma)
P علامت ('alāmat)
U علامت ('alāmat)

ふごうかくになる 〔不合格になる〕
A رسب في الامتحان (rasaba fil-imtiḥān)
P در امتحان رد شدن (dar emtehān radd shodan)
U امتحان میں ناکام ہونا (imtehān meṇ nā-kām hōnā)

ふこうへい 〔不公平〕
A عدم العدالة ('adamul-'adāla)
P بی انصافی (bī-ensāfī)
U نا انصافی (nā-insāfī)
不公平な
A غير عادل (ghayr-'ādil)
P بی انصاف (bī-ensāf)
U نا انصاف (nā-insāf)

ふごうりな 〔不合理な〕
A غير منطقي (ghayr-manṭiqī)
P غیر منطقی (gheire-manteqī)
U نامعقول (nā-ma'qūl)

ふさ 〔房〕
A عنقود ('unqūd)
P خوشه (khūshe)
U گچھا (guchchhā)

ふさい 〔負債〕
A دين (dayn)
P بدهی (bedehī) ; قرض (qarz)
U قرض (qarz)

ふざい 〔不在〕
A غياب (ghiyāb)
P غیاب (ghiyāb)
U غیر حاضری (ghair-hāzirī)

ふさく 〔不作〕
A حصاد ضئيل (ḥaṣād ḍa'īl)
P کم حاصلی (kam-hāselī)
U خراب فصل (kharāb fasl)

ふさがる 〔塞がる〕
A انسد (insadda)
P بسته شدن (baste shodan)
U بند ہونا (band hōnā)

ふさぐ 〔塞ぐ〕
A سد (sadda)
P بستن (bastan)

U بند کرنا (band karnā)

ふざける

A مزح (mazaḥa)

P شوخی کردن (s͟hūk͟hī kardan)

U مذاق کرنا (mazāq karnā)

ぶさほうな 〔無作法な〕

A غير مؤدب (g͟hayr-mu'addab)

P بی‌ادب (bī-adab)

U بے ادب (bē-adab)

ふさわしい 〔相応しい〕

A مناسب (munāsib)

P مناسب (monāseb)

U مناسب (munāsib)

ふさんせい 〔不賛成〕

A عدم الموافقة ('adamul-muwāfaqa)

P عدم موافقت ('adame-movāfeqat)

U نا اتفاقی (nā-ittefāqī)

ふし 〔節〕

関節

A مفصل (mafṣal)

P مفصل (mafsal)

U جوڑ (jōṛ)

木の節

A عقلة ('uqla)

P گره (gereh)

U گانٹھ (gāṇṭh)

ふじ 〔藤〕

A وستاريا (wistāriyā)

P گلیسین (gelīsīn)

U وسٹالیا (wistāliyā)

ぶじ 〔無事〕

A سلامة (salāma)

P سلامت (salāmat)

U سلامت (salāmat)

無事な

A سليم (salīm)

P سالم (sālem)

U سالم (sālim)

無事に

A بسلام (bi-salām)

P به سلامت (be-salāmat)

U سلامت سے (salāmat se)

ふしぎ 〔不思議〕

A عجب ('ajab)

P عجب ('ajab)

U عجوبہ ('ajūba)

不思議な

A عجيب ('ajīb)

P عجیب ('ajīb)

U عجیب ('ajīb)

ふしぜんな 〔不自然な〕

A غير طبيعي (g͟hayr-ṭabī'ī)

P غیر طبیعی (g͟heire-tabī'ī)

U غیر فطرتی (g͟hair-fitratī)

ふじの 〔不治の〕

A عضال ('uḍāl)

P علاج ناپذیر ('alāj-nā-pazīr)

U لا علاج (lā-'ilāj)

ふじゆう 〔不自由〕

不便

A مضايقة (muḍāyaqa)

P ناراحتی (nā-rāhatī)

U تکلیف (taklīf)

不便な

A مضايق (muḍāyiq)

P ناراحت (nā-rāhat)

U تكليف ده (taklīf-dah)

体が不自由な

A معوق (mu‘awwaq)

P معلول (ma‘lūl)

U معذور (ma‘zūr)

ふじゅうぶんな 〔不十分な〕

A غير كافٍ (ghayr-kāfin)

P ناكافى (nā-kāfī)

U ناكافى (nā-kāfī)

ふしょう 〔負傷〕

負傷する

A جرح (juriḥa)

P زخمى شدن (zakhmī shodan)

U زخمى ہونا (zakhmī hōnā)

負傷者

A جريح (jarīh)

P زخمى (zakhmī)；

مجروح (majrūh)

U زخمى (zakhmī)

ふしょうか 〔不消化〕

A عسر الهضم (‘usrul-haḍm)

P سوء هاضمه (su’e-hāzeme)

U بد ہضمى (bad-hazmī)

ふしょうじきな 〔不正直な〕

A غير أمين (ghayr-’amīn)

P نادرست (nā-dorost)

U بے ايمان (bē-īmān)

ぶしょうな 〔無精な〕

A كسلان (kaslān)

P تنبل (tanbal)

U سست (sust)

ぶじょく 〔侮辱〕

A إهانة (’ihāna)

P توهين (touhīn)；اهانت (ehānat)

U توہين (tauhīn)

侮辱する

A أهان (’ahāna)

P توهين كردن (touhīn kardan)

U توہين كرنا (tauhīn karnā)

ふしん 〔不審〕

A شك (shakk)

P شک (shakk)

U شک (shakk)

不審な

A مشكوك (mashkūk)

P مشکوک (mashkūk)

U مشکوک (mashkūk)

ふじん 〔夫人〕

A زوجة (zawja)

P خانم (khānom)

U بيگم (bēgam)

ふじん 〔婦人〕

A سيدة (sayyida)；نساء (nisā’)

P خانم (khānom)；زن (zan)

U عورت (‘aurat)；خاتون (khātūn)

婦人服

A ملابس نسائية (malābis nisā’īya)

P لباس زنانه (lebāse-zanāne)

U زنانہ لباس (zanāna libās)

ふしんじん 〔不信心〕

A عدم التقوى (‘adamu-t-taqwā)

P بى ايمانى (bī-īmānī)

U لا مذہبى (lā-mazhabī)

不信心な

A عديم التقوى ('adīmu-t-taqwā)

P بی‌ایمان (bī-īmān)

U لا مذہب (lā-mazhab)

ふしんせつ 〔不親切〕

A عدم اللطف ('adamul-luṭf)

P نامهربانی (nā-mehrabānī)

U نامہربانی (nā-mehrbānī)

不親切な

A غير لطيف (ghayr-laṭīf)

P نامهربان (nā-mehrabān)

U نامہربان (nā-mehrbān)

ふしんにん 〔不信任〕

A عدم الثقة ('adamu-th-thiqa)

P عدم اعتماد ('adame-e'temād)

U عدم اعتماد ('adam-e'temād)

ふす 〔臥す〕

A استلقى (istalqā)

P دراز کشیدن (derāz keshīdan)

U لیٹنا (lēṭnā)

ふせい 〔不正〕

A ظلم (ẓulm)

P بی‌انصافی (bī-ensāfī)

U نا انصافی (nā-insāfī)

不正な

A ظالم (ẓālim)

P بی‌انصاف (bī-ensāf)

U نا انصاف (nā-insāf)

ふせいかくな 〔不正確な〕

A غير دقيق (ghayr-daqīq)

P غير دقيق (gheire-daqīq)

U نادرست (nā-durust)

ふせぐ 〔防ぐ〕

A دافع (dāfa'a)

P دفاع کردن (defā' kardan)

U دفاع کرنا (difā' karnā)

ふせっせい 〔不節制〕

A عدم اعتدال ('adam-i'tidāl)

P ناپرهیزی (nā-parhīzī)

U بد پرہیزی (bad-parhēzī)

ぶそう 〔武装〕

A تسلح (tasalluḥ)

P تسلیحات (taslīhāt)

U اسلحہ‌بندی (aslaha-bandī)

武装する

A تسلح (tasallaḥa)

P مسلح شدن (mosallah shodan)

U مسلح ہونا (musallah hōnā)

ふそく 〔不足〕

A نقص (naqṣ)

P کمبود (kam-būd)

U کمی (kamī)

不足する

A نقص (naqaṣa)

P کم آمدن (kam āmadan)

U کمی ہونا (kamī hōnā)

ふぞく 〔付属〕

付属する

A ألحق ('alḥaqa)

P وابسته بودن (vā-baste būdan)

U ملحق ہونا (mulhaq hōnā)

付属の

A ملحق (mulḥaq)

P وابسته (vā-baste)

U ملحق (mulhaq)

ぶぞく 〔部族〕
A قبيلة (qabīla)
P قبيله (qabīle)
U قبيلہ (qabīla)

ふた 〔蓋〕
A غطاء (ghiṭā')
P سر پوش (sar-pūsh)
U ڈھکن (ḍhakn)

蓋をする
A غطى (ghaṭṭā)
P سرپوش گذاشتن (sar-pūsh gozāshtan)
U ڈھکنا (ḍhaknā)

ふだ 〔札〕
A بطاقة (biṭāqa)
P كارت (kārt)
U کارڈ (kārḍ)

ぶた 〔豚〕
A خنزير (khinzīr)
P خوک (khūk)
U سؤر (su'ar)

ぶたい 〔舞台〕
A مسرح (masraḥ)
P صحنه (sahne)
U اسٹیج (isṭēj)

ぶたい 〔部隊〕
A كتيبة (katība)
P واحد (vāhed)
U دستہ (dasta)

ふたご 〔双子〕
A توأم (taw'am)
P دو قلو (do-qolū)
U جڑواں بچے (juṛvāṇ bachchē)

ふたたび 〔再び〕
A مرة أخرى (marra 'ukhrā)
P دوباره (do-bāre)
U دوبارہ (dō-bāra)

ふたつ 〔二つ〕
A اثنان (ithnānī)
P دو (do)
U دو (dō)

ふたんする 〔負担する〕
A تحمل (taḥammala)
P به عهده گرفتن (be-'ohde gereftan)
U بار اٹھانا (bār uṭhānā)

ふだんの 〔普段の〕
A عادى ('ādī)
P عادى ('ādī)
U معمولی (ma'mūlī)

ふち 〔縁〕
A حافة (ḥāfa)
P كنار (kenār)
U کنارہ (kināra)

ふちゅうい 〔不注意〕
A غفلة (ghafla) ; إهمال ('ihmāl)
P غفلت (gheflat)
U غفلت (ghaflat)

不注意な
A غافل (ghāfil) ; مهمل (muhmil)
P غافل (ghāfel)
U غافل (ghāfil)

ふつうになる 〔不通になる〕
A تعطل (ta'aṭṭala)
P قطع شدن (qat' shodan)
U معطل ہونا (mu'attal hōnā)

ふつうの 〔普通の〕
A عادى ('ādī)
P معمولى (ma'mūlī) ; عادى ('ādī)
U معمولى (ma'mūlī)

ぶっか 〔物価〕
A أسعار السلع ('as'āru-s-sila')
P قيمتها (qeimat-hā)
U چيزوں كى قيمت (c͟hīzōṇ ki qīmat)

ふっかつ 〔復活〕
A إحياء ('iḥyā')
P احيا (ehyā)
U احيا (ehyā)

復活する
A أحيا ('aḥyā)
P احيا شدن (ehyā s͟hodan)
U احيا ہونا (ehyā hōnā)

ぶつかる

衝突する
A اصطدم (iṣṭadama)
P تصادف كردن (tasādof kardan)
U ٹكرانا (ṭakrānā)

ふっきゅう 〔復旧〕
A إعادة ('i'āda)
P بازسازى (bāz-sāzī)
U بحالى (ba-hālī)

復旧する
A أعاد ('a'āda)
P بازسازى كردن (bāz-sāzī kardan)
U بحال ہونا (ba-hāl hōnā)

ぶっきょう 〔仏教〕
A البوذية (al-būd͟hiya)
P دين بودائى (dīne-būdā'ī)
U بدھ مت (budh-mat)

仏教徒
A بوذى (būd͟hī)
P بودائى (būdā'ī)
U بدھ مت كا پيرو (budh-mat ka pairau)

ふっこう 〔復興〕
A إعادة البناء ('i'ādatul-binā')
P بازسازى (bāz-sāzī)
U بحالى (ba-hālī)

ふつごうな 〔不都合な〕
A مضايق (muḍāyiq)
P ناراحت (nā-rāhat)
U نامناسب (nā-munāsib)

ぶっし 〔物資〕
A بضاعة (biḍā'a) ; مؤونه (ma'ūna)
P كالا (kālā)
U سامان (sāmān)

ぶっしつ 〔物質〕
A مادة (mādda)
P ماده (mādde)
U ماده (mādda)

物質的
A مادى (māddī)
P مادى (māddī)
U مادى (māddī)

ぶっしょくする 〔物色する〕
A بحث (baḥat͟ha)
P جستجو كردن (jost-jū kardan)
U ڈھونڈنا (ḍhūṇḍnā)

ぶつぞう 〔仏像〕
A تمثال بوذى (timt͟hāl būd͟hī)
P مجسمۀ بودا (mojassameye-būdā)
U بدھ كا مجسمہ (budh ka

mujassama)

ぶっそうな 〔物騒な〕

A خطير (khaṭīr)；خطر (khaṭir)

P خطرناک (khatar-nāk)

U خطرناک (khatar-nāk)

ぶったい 〔物体〕

A جسم (jism)

P جسم (jesm)

U شے (shae)

ぶってき 〔物的〕

A مادی (māddī)

P مادی (māddī)

U مادی (māddī)

物的証拠

A دلیل مادی (dalīl māddī)

P مدارک مادی (madāreke-māddī)

U مادی شہادت (māddī shhādat)

ふっとうする 〔沸騰する〕

A غلی (ghalā)

P جوشیدن (jūshīdan)

U ابلنا (ubalnā)

フットボール

A كرة القدم (kuratul-qadam)

P فوتبال (fūtbāl)

U فٹبال (fuṭbāl)

ぶっぴん 〔物品〕

A بضاعة (biḍī'a)

P کالا (kālā)

U مال (māl)

ぶつぶつこうかん 〔物物交換〕

A مقايضة (muqāyaḍa)

P معاملۂ پایاپای (mo'āmeleye-pāyāpāy)

U مبادلہ (mubādala)

ぶつり 〔物理〕

物理学

A علم الطبيعة ('ilmu-ṭ-ṭabī'a)；الفيزياء (al-fīziyā')

P فیزیک (fīzīk)

U طبیعات (tabī'āt)

物理学者

A عالم فيزياء ('ālim fīziyā')

P فیزیکدان (fizīk-dān)

U ماہر طبیعات (māhire-tabī'āt)

ふで 〔筆〕

ペン

A قلم (qalam)

P قلم (qalam)

U قلم (qalam)

毛筆

A فرشة الكتابة (furshatul-kitāba)

P قلم مو (qalame-mū)

U مو قلم (mū-qalam)

ふてきとうな 〔不適当な〕

A غير مناسب (ghayr-munāsib)

P نامناسب (nā-monāseb)

U نامناسب (nā-munāsib)

ふとい 〔太い〕

太った

A سمين (samīn)

P چاق (chāq)

U موٹا (mōṭā)

厚い

A غليظ (ghalīz)

P ضخیم (zakhīm)

U ضخیم (zakhīm)

ぶとう 〔舞踏〕
A رقص (raqṣ)
P رقص (raqs)
U رقص (raqs)
舞踏会
A حفلة رقص (ḥafla raqṣ)
P مجلس رقص (majlese-raqs)
U محفل رقص (mehfile-raqs)
ぶどう
A عنب (‘inab)
P انگور (angūr)
U انگور (angūr)
ふどうさん 〔不動産〕
A أموال غير منقولة (’amwāl ghayr-manqūla) ; عقار (‘aqār)
P اموال غير منقول (amvāle-gheire-manqūl) ; املاک (amlāk)
U جائداد غير منقولہ (jā’edāde-ghair-manqūla)
不動産屋
A سمسار عقارات (simsār ‘aqārāt)
P دلال املاک (dallāle-amlāk)
U دلال جائداد غير منقولہ (dallāle-jā’edāde-ghair-manqūla)
ふどうとくな 〔不道徳な〕
A لا أخلاقي (lā-’akhlāqī)
P غير اخلاقى (gheire-akhlāqī)
U غير اخلاقى (ghair-akhlāqī)
ふとうな 〔不当な〕
A غير عادل (ghayr-‘ādil)
P بى انصاف (bī-ensāf)
U نا انصاف (nā-insāf)
ふところ 〔懐〕
胸
A صدر (ṣadr)
P سينه (sīne)
U سينہ (sīna)
ポケット
A جيب (jayb)
P جيب (jīb)
U جيب (jēb)
ふとる 〔太る〕
A سمن (samina)
P چاق شدن (chāq shodan)
U موٹا ہونا (mōṭā hōnā)
ふとん 〔布団〕
掛け布団
A لحاف (liḥāf)
P لحاف (lehāf)
U لحاف (lihāf)
敷き布団
A مرتبة سرير (martaba sarīr)
P تشک (toshak)
U گدا (gaddā)
ふなよい 〔船酔い〕
A دوار البحر (duwārul-baḥr)
P دريا زدگى (daryā-zadegī)
U جهازى متلى (jahāzī matlī)
ふにんの 〔不妊の〕
A عقيم (‘aqīm)
P عقيم (‘aqīm)
U بانجھ (bāṇjh)
ふね 〔船〕
A سفينة (safīna) ; مركب (markab)
P كشتى (keshtī)

U جهاز (jahāz)

ふはい 〔腐敗〕

A فساد (fasād)

P فساد (fesād)

U سڑاند (saṛāṇd)

腐敗する

A فسد (fasada)

P فاسد شدن (fāsed shodan)

U سڑنا (saṛnā)

ふひつような 〔不必要な〕

A غير ضروري (ghayr-ḍarūrī)

P غير ضروری (gheire-zarūrī)

U غير ضروری (ghair-zarūrī)

ぶひん 〔部品〕

スペアパーツ

A قطع غيار (qiṭa‘ ghiyār)

P قطعات يدکی (qate‘āte-yadakī)

U فالتو پرزے (fāltu purzē)

ふぶき 〔吹雪〕

A عاصفة ثلجية (‘āṣifa thaljīya)

P بوران (būrān) ; کولاک (kūlāk)

U برفانی طوفان (barfānī tūfān)

ぶぶん 〔部分〕

A جزء (juz’)

P جزء (joz’)

U جز (juz)

ふへい 〔不平〕

A شكوة (shakwa)

P شکايت (shekāyat) ;

شکوه (shekve)

U شکايت (shikāyat) ;

شکوه (shikwa)

不平を言う

A شكا (shakā)

P شکايت کردن (shekāyat kardan)

U شکايت کرنا (shikāyat karnā)

ふべんな 〔不便な〕

A مضايق (muḍāyiq)

P ناراحت (nā-rāhat)

U تکليف ده (taklīf-dah)

ふぼ 〔父母〕

A والدان (wālidāni)

P پدر و مادر (pedar-o-mādar) ;

والدين (vāledein)

U ماں باپ (māṇ-bāp) ;

والدين (wālidain)

ふほうな 〔不法な〕

A غير قانوني (ghayr-qānūnī)

P غير قانونی (gheire-qānūnī)

U غير قانونی (ghair-qānūnī)

不法滞在

A إقامة غير قانونية (’iqāma ghayr-qānūnīya)

P اقامت غير قانونی (eqāmate-gheire-qānūnī)

U غير قانونی قيام (ghair-qānūnī qayām)

ふほんいながら 〔不本意ながら〕

A بالرغم عن نفسه (bi-r-raghmi ‘an nafsihi)

P اکراهاً (ekrāhan) ;

با اکراه (bā-ekrāh)

U نارضامندی سے (nā-razā-mandī se)

ふまじめな 〔不真面目な〕

A غير جدي (ghayr-jiddī)

P غير جدى (gheire-jeddī)
U ناسنجيده (nā-sanjīda)
ふまんな 〔不満な〕
A غير راضٍ (ghayr-rāḍin)
P ناراضى (nā-rāzī)
U ناراض (nā-rāz)
ふみきり 〔踏み切り〕
A معبر تقاطع القطار (ma'bar taqāṭu'il-qiṭār)
P تقاطع خط آهن (taqāto'e-khatte-āhan)
U ريلوے كراسنگ (rēlwē-krāsing)
ふみんしょう 〔不眠症〕
A أرق ('araq)
P بی‌خوابی (bī-khābī)
U بےخوابی (bē-khābī)
ふむ 〔踏む〕
A داس (dāsa)
P پا گذاشتن (pā gozāshtan)
U روندنا (raundnā)
ふめいの 〔不明の〕
A مجهول (majhūl)
P نامعلوم (nā-ma'lūm)
U نامعلوم (nā-ma'lūm)
ふめいよ 〔不名誉〕
A خزى (khizy)
P بی‌آبروئی (bī-ābrū'ī);
رسوائی (rosvā'ī)
U بےعزتی (bē-'izzatī);
رسوائی (ruswā'ī)
不名誉な
A مخزٍ (mukhzin)
P بی‌آبرو (bī-ābrū); رسوا (rosvā)
U بےعزت (bē-'izzat); رسوا (ruswā)
ふめいりょうな 〔不明瞭な〕
A غير واضح (ghayr-wāḍiḥ)
P غير واضح (gheire-vāzeh)
U غير واضح (ghair-wāzeh)
ふめつの 〔不滅の〕
A خالد (khālid)
P لا يزال (lā-yazāl)
U لا زوال (lā-zawāl)
ふもうの 〔不毛の〕
A أجرد ('ajrad)
P باير (bāyer)
U بنجر (banjar)
ふもと 〔麓〕
A سفح الجبل (safḥul-jabal)
P دامنه (dāmane)
U دامن (dāman)
ぶもん 〔部門〕
A قطاع (qiṭā')
P بخش (bakhsh)
U شعبہ (sho'ba)
ふやす 〔増やす〕
A زاد (zāda)
P افزودن (afzūdan)
U بڑھانا (baṛhānā)
ふゆ 〔冬〕
A شتاء (shitā')
P زمستان (zemestān)
U جاڑا (jāṛā);
موسم سرما (mausame-sarmā)
ふゆかいな 〔不愉快な〕
A غير مريح (ghayr-murīḥ)
P ناراحت (nā-rāhat)

U ناگوار (nā-gawār)

ぶよ 〔蚋〕

A برغش (barghash)

P پشه (pashe)

U گتی (guttī)

ふよう 〔扶養〕

A إعالة (’i‘āla)

P تكفل (takaffol)

U پرورش (parwarish)

扶養家族

A عالة (‘āla) ; عيال (‘iyāl)

P خانوادهٔ تحت تکفل (khānevādeye-tahte-takaffol)

U متوسل (mutawassil)

ぶよう 〔舞踊〕

A رقص (raqṣ)

P رقص (raqs)

U رقص (raqs) ; ناچ (nāch)

ふよういな 〔不用意な〕

A عديم التبصر (‘adīmu-t-tabaṣṣur)

P ناسنجیده (nā-sanjīde)

U کوتہ اندیش (kūtah-andēsh)

ふようじょう 〔不養生〕

A إهمال الصحة (’ihmālu-ṣ-ṣiḥḥa)

P بی‌اعتنائی به تندرستی خود (bī-e‘tenā’ī be-tandorostīye-khūd)

U اپنی صحت سے لا پروائی (apnī sehat se lā-parwā’ī)

ふようの 〔不要の〕

A غير ضروري (ghayr-ḍarūrī)

P غیر لازم (gheire-lāzem)

U غیر ضروری (ghair-zarūrī)

フライ

A طعام مقلي (ṭa‘ām maqlī)

P غذای سرخ کرده (ghazāye-sorkh-karde)

U تلی ہوئی چیز (talī hu’ī chīz)

フライにする

A قلى (qalā)

P سرخ کردن (sorkh kardan)

U تلنا (talnā)

ぶらいかん 〔無頼漢〕

A شرير (shirrīr) ; وغد (waghd)

P لوطی (lūtī) ; اوباش (oubāsh)

U بدمعاش (bad-ma‘āsh)

フライパン

A مقلاة (miqlā)

P ماهی‌تابه (māhī-tābe)

U کڑاہی (kaṛāhī)

ブラウス

A بلوزة (bulūza)

P بلوز (bolūz)

U بلاؤز (bulā’uz)

プラカード

A لافتة (lāfita)

P پلاکارد (plākārd)

U اشتہار (ishtehār)

ぶらさがる

A تعلق (ta‘allaqa)

P آویزان شدن (āvīzān shodan)

U لٹکنا (laṭaknā)

ぶらさげる

A علق (‘allaqa)

P آویختن (āvīkhtan)

U لٹکانا (laṭkānā)

ブラシ
A فرشة (fursha) ; فرشاة (furshā)
P برس (boros)
U برش (bursh)
ブラシをかける
A نظف بالفرشة (nazzafa bil-fursha)
P برس زدن (boros zadan)
U برش سے صاف کرنا (bursh se sāf karnā)
ブラジャー
A صدرية (ṣadrīya)
P سينه بند (sīne-band)
U انگيا (aṇgiyā)
ブラジル
A البرازيل (al-barāzīl)
P برزيل (berezīl)
U برازيل (brāzīl)
ブラジルの(人)
A برازيلى (barāzīlī)
P برزيلى (berezīlī)
U برازيلى (brāzīlī)
プラスチック
A بلاستيك (bulāstīk)
P پلاستيک (pelāstīk)
U پلاسٹک (plāsṭik)
ブラスバンド
A فرقة موسيقية نحاسية (firqa-mūsīqīya-nuḥāsīya)
P گروه نوازندگان سازهای برنجی (gorūhe-navāzandegāne-sāz-hāye-berenjī)
U بریس بینڈ (brais baiṇḍ)
プラチナ
A بلاتين (bulātīn)
P پلاتين (pelātīn)
U پلاٹینم (plāṭinam)
ぶらつく
A تجول (tajawwala)
P پرسه زدن (parse zadan)
U پھرنا (phirnā)
ブラックリスト
A قائمة سوداء (qā'ima sawdā')
P ليست سياه (līste-siyāh)
U سياه فهرست (siyāh fehrist)
プラットホーム
A رصيف (raṣīf)
P سكو (sakkū)
U پلیٹ فارم (palēṭfāram)
フラミンゴ
A بشروش (basharūsh)
P فلامينگو (felāmīngo)
U لاللم ڈھینگ (lāl-lam-ḍhīṇg)
プラン
A خطة (khuṭṭa)
P نقشه (naqshe)
U منصوبہ (mansūba)
ぶらんこ
A أرجوحة ('urjūḥa)
P تاب (tāb)
U جھولا (jhūlā)
フランス
A فرنسا (faransā)
P فرانسه (farānse)
U فرانس (frāns)

フランスの(人)

A فرنسى (faransī)

P فرانسوى (farānsavī)

U فرانسيسى (frānsīsī)

ブランデー

A براندى (burāndī)

P كنياک (konyāk)；

برندى (brandī)

U برانڈى (brānḍī)

ふりかえ 〔振替〕

A تحويل (taḥwīl)

P انتقال (enteqāl)

U تبديلى (tabdīlī)

ふりかえる 〔振り返る〕

A نظر إلى الخلف (naẓara 'ilal-khalf)

P به عقب نگريستن (be-'aqab negarīstan)

U مڑكر ديكهنا (muṛ-kar dēkhnā)

ブリキ

A صفيح (ṣafīḥ)

P حلبى (halabī)

U ٹين (ṭīn)

ブリキ缶

A علبة صفيح ('ulba ṣafīḥ)

P قوطى حلبى (qūtīye-halabī)

U ٹين (ṭīn)

ふりこ 〔振り子〕

A رقاص (raqqāṣ)

P پاندول (pāndūl)

U رقاص (raqqās)

プリズム

A منشور (manshūr)

P منشور (manshūr)

U منشور (manshūr)

ふりな 〔不利な〕

A غير صالح (ghayr-ṣāliḥ)

P نامساعد (nā-mosā'ed)

U نقصان ده (nuqsān-dah)

ふりょう 〔不良〕

不良の

A سىء (sayyi')

P بد (bad)；پست (past)

U خراب (kharāb)

不良品

A سلعة سيئة (sil'a sayyi'a)

P كالاى پست (kālāye-past)

U خراب چيز (kharab chīz)

ふりょく 〔浮力〕

A طفو (ṭafw)

P شناورى (shenāvarī)

U شناورى (shināvarī)

ぶりょく 〔武力〕

A قوة عسكرية (qūwa 'askarīya)

P قدرت نظامى (qodrate-nezāmī)

U فوجى طاقت (faujī tāqat)

ふりをする 〔振りをする〕

A تظاهر (taẓāhara)

P تظاهر كردن (tazāhor kardan)

U ڈهونگ رچانا (ḍhōṇg rachānā)

プリン

A كريم كرميل (kurīm karamīl)

P كرم كارامل (kerem kārāmel)

U پڈنگ (puḍing)

プリント

A نسخة (nuskha)

P چاپی (chāpī)
U کاپی (kāpī)

ふる 〔降る〕
A نزل (nazala) ; سقط (saqaṭa)
P باریدن (bārīdan)
U پڑنا (paṛnā)

ふる 〔振る〕
A لوح (lawwaḥa)
P تکان دادن (takān dādan)
U ہلانا (hilānā)

ふるい 〔古い〕
A قديم (qadīm)
P کهنه (kohne) ; قدیم (qadīm)
U پرانا (purānā) ; قدیم (qadīm)

ふるい 〔篩〕
A غربال (ghirbāl)
P غربال (gharbāl)
U چھلنی (chhalnī)

ふるう 〔振るう・奮う〕
勇気を奮う
A عرض شجاعة (‘araḍa shajā‘a)
P شجاعت خرج دادن (shojā‘at kharj dādan)
U ہمت باندھنا (himmat bāṇdhnā)

ブルー
A أزرق ('azraq)
P آبی (ābī)
U نیلا (nīlā)

フルーツ
A فاكهة (fākiha) ; فواكه (fawākih)
P میوه (mīve)
U پھل (phal)

フルート
A فلوت (fulūt)
P فلوت (folūt)
U بانسری (bāṇsrī)

ふるえる 〔震える〕
A ارتجف (irtajafa)
P لرزیدن (larzīdan)
U کانپنا (kāṇpnā) ; لرزنا (laraznā)

ブルガリア
A بلغاريا (bulghāriyā)
P بلغارستان (bolghārestān)
U بلغاریہ (bulghāriya)

ふるぎ 〔古着〕
A ملابس قديمة (malābis qadīma)
P لباس کهنه (lebāse-kohne)
U استعمال شده کپڑے (istemāl-shuda kapṛē)

ふるさと 〔古里・故郷〕
A وطن (waṭan)
P وطن (vatan)
U وطن (watan)

ブルジョア
A بورجوازی (būrjuwāzī)
P بورژوا (būrzhvā)
U بورژوا (būrzhwā)

ふるまい 〔振る舞い〕
A سلوك (sulūk)
P سلوک (solūk) ; رفتار (raftār)
U رویہ (rawaiya)

ふるまう 〔振る舞う〕
A سلك (salaka)
P رفتار کردن (raftār kardan)
U پیش آنا (pēsh ānā)

ぶれい 〔無礼〕
A قلة أدب (qilla-'adab)
P بی‌ادبی (bī-adabī)
U بے ادبی (bē-adabī)
無礼な
A غير مؤدب (ghayr-mu'addab)
P بی‌ادب (bī-adab)
U بے ادب (bē-adab)

ブレーキ
A مكبح (mikbaḥ) ; فرملة (farmala)
P ترمز (tormoz)
U بریک (brēk)
ブレーキをかける
A كبح (kabaḥa) ; فرمل (farmala)
P ترمز کردن (tormoz kardan)
U بریک لگانا (brēk lagānā)

ブレスレット
A سوار (siwār)
P النگو (alangū)
U چوڑی (chūṛī)

プレゼント
A هدية (hadīya)
P هدیه (hedye)
U تحفه (tohfa)

プレッシャー
A ضغط (ḍaghṭ)
P فشار (feshār)
U دباو (dabāo)

ふれる 〔触れる〕
A مس (massa) ; لمس (lamasa)
P دست زدن (dast zadan) ;
لمس کردن (lams kardan)
U چھونا (chhūnā) ;
مس کرنا (mas karnā)

ふろ 〔風呂〕
A حمام (hammām)
P حمام (hammām)
U غسل (ghusl)
風呂に入る
A استحم (istaḥamma)
P حمام کردن (hammām kardan)
U غسل کرنا (ghusl karnā)
風呂屋
A حمام (ḥammām)
P حمام (hammām) ;
گرمابه (garmābe)
U حمام (hammām)

ブローカー
A سمسار (simsār) ; دلال (dallāl)
P دلال (dallāl)
U دلال (dallāl)

ふろうしゃ 〔浮浪者〕
A متشرد (mutasharrid)
P ولگرد (vel-gard)
U آواره‌گرد (āvāra-gard)

ブローチ
A بروش (burūsh)
P سنجاق سینه (sanjaqe-sīne)
U بروچ (burōch)

ふろく 〔付録〕
A ملحق (mulḥaq)
P ضمیمه (zamīme)
U ضمیمه (zamīma)

プログラム
A برنامج (barnāmaj)
P برنامه (barnāme)

U پروگرام (prōgrām)

プロテスタント

A بروتستانتی (burūtistāntī)

P پروتستان (porotestān)

U پراٹسٹنٹ (parāṭesṭanṭ)

プロペラ

飛行機のプロペラ

A داسر (dāsir) ; مروحة (mirwaḥa)

P ملخ (malakh)

U پروپلر (propelar)

プロレタリア

A بروليتاريا (burūlītāriyā)

P پرولتاریا (poroletāriyā)

U پرولتاریہ (proletāriya)

ブロンズ

A برونز (burūnz)

P برنز (boronz)

U کانسی (kāṇsī)

フロント

ホテルのフロント

A مكتب الاستعلامات (maktabul-isti'lāmāt)

P پذیرش (pazīresh)

U استقبالیہ (isteqbāliya)

フロントガラス

A زجاج أمامی (zujāj 'amāmī)

P شیشۂ جلو (shīsheye-jelou)

U ہوا روک شیشہ (hawā-rōk shīsha)

ブロンド

A شقراء (shaqrā')

P بور (būr)

U سنہرے بال (sunahrē bāl)

ふん 〔分〕

A دقيقة (daqīqa)

P دقیقه (daqīqe)

U منٹ (minaṭ)

ふん 〔糞〕

A روث (rawth)

P پهن (pehen) ; تپاله (tapāle)

U گوبر (gōbar)

ぶん 〔文〕

A جملة (jumla)

P جمله (jomle)

U جملہ (jumla)

ぶん 〔分〕

部分

A حصة (ḥiṣṣa)

P حصه (hesse)

U حصہ (hissa)

身分

A مكانة (makāna)

P مقام (maqām)

U حیثیت (haisiyat)

ふんいき 〔雰囲気〕

A جو (jaww)

P محیط (mohīt)

U فضا (fazā)

ふんか 〔噴火〕

A انفجار (infijār)

P آتش فشانی (ātesh-feshānī)

U پھوٹ (phūṭ)

噴火する

A انفجر (infajara)

P آتش فشانی کردن (ātesh-feshānī kardan)

U پھٹنا (phaṭnā)

ぶんか 〔文化〕

A ثقافة (th̲aqāfa)

P فرهنگ (farhang)

U ثقافت (saqāfat)

文化的

A ثقافی (th̲aqāfī)

P فرهنگی (farhangī)

U ثقافتی (saqāfatī)

ぶんか 〔文科〕

A علوم أدبية (‘ulūm ’adabīya)

P علوم انسانی (‘olūme-ensānī)

U شعبۂ ادبیات (s̲h̲o‘ba’e-adabiyāt)

ぶんかい 〔分解〕

A تحليل (taḥlīl)

P تحلیل (tahlīl)

U تحلیل (tahlīl)

分解する

A حلل (ḥallala)

P تحلیل کردن (tahlīl kardan)

U تحلیل کرنا (tahlīl karnā)

ぶんがく 〔文学〕

A أدب (’adab)

P ادبیات (adabiyāt) ; ادب (adab)

U ادب (adab)

文学者

A أديب (’adīb)

P ادیب (adīb)

U ادیب (adīb)

文学作品

A عمل أدبی (‘amal ’adabī)

P آثار ادبی (āsāre-adabī)

U ادبی تصنیف (adabī tasnīf)

ぶんかざい 〔文化財〕

A أموال ثقافية (’amwāl th̲aqāfīya)

P اموال فرهنگی (amvāle-farhangī)

U ثقافتی اثاثہ (saqāfatī asāsa)

ぶんかつ 〔分割〕

A تقسيم (taqsīm)

P تقسیم (taqsīm)

U تقسیم (taqsīm)

分割する

A قسم (qassama)

P تقسیم کردن (taqsīm kardan)

U تقسیم کرنا (taqsīm karnā)

分割払い

A دفع بالتقسيط (daf‘ bi-t-taqsīṭ)

P قسط (qest)

U قسط (qist)

ぶんぎょう 〔分業〕

A تقسيم العمل (taqsīmul-‘amal)

P تقسیم کار (taqsīme-kār)

U تقسیم کار (taqsīme-kār)

ぶんげい 〔文芸〕

A فنون أدبية (funūn ’adabīya)

P ادبیات و هنر (adabiyāt-o-honar)

U ادب اور فنون لطیفہ

(adab aur funūne-latīfa)

ぶんけん 〔文献〕

A مؤلفات (mu’allafāt)

P آثار نوشته (āsāre-neves̲h̲te)

U کتاب (kitāb)

参考文献

A مراجع (marāji‘)

P کتاب مرجع (ketābe-marja‘)

U کتب حوالہ (kutube-hawāla)

ぶんご 〔文語〕
A لغة فصحى (lugha fuṣḥā)
P زبان ادبى (zabāne-adabī)
U تحريرى زبان (tahrīrī zabān)

ぶんし 〔分子〕
数学の分子
A بسط (baṣt)
P برخه شمار (barkhe-shomār)
U شمار كننده (shumār-kunanda)
化学の分子
A جزىء (juzay')
P مولكول (molekūl)
U سالمه (sālima)

ぶんし 〔分詞〕
現在(能動)分詞
A اسم فاعل (ism fā'il)
P وجه وصفى فاعلى (vajheye-vasfīye-fā'elī)
U اسم حاليه (isme-hāliya)
過去(受動)分詞
A اسم مفعول (ism maf'ūl)
P وجه وصفى مفعولى (vajheye-vasfīye-maf'ūlī)
U اسم مفعول (isme-maf'ūl)

ふんしつする 〔紛失する〕
A أضاع ('aḍā'a)
P گم كردن (gom kardan)
U كهونا (khōnā)；گم كرنا (gum karnā)

ぶんしょ 〔文書〕
A وثيقة (wathīqa)
P سند (sanad)
U دستاويز (dastāvēz)
文書偽造
A تزوير الوثيقة (tazwīrul-wathīqa)
P جعل سند (ja'le-sanad)
U دستاويز كى جعل سازى (dastāvēz ki ja'l-sāzī)

ぶんしょう 〔文章〕
A جملة (jumla)
P جمله (jomle)
U جملہ (jumla)

ぶんじょうする 〔分譲する〕
A باع قطعة أرض (bā'a qiṭ'a 'arḍ)
P زمين را در قطعات فروختن (zamīn rā dar qate'āt forūkhtan)
U پلاٹ فروخت كرنا (palāṭ farōkht karnā)

ふんすい 〔噴水〕
A نافورة (nāfūra)
P فواره (favvāre)
U فواره (fawwāra)

ぶんすいれい 〔分水嶺〕
A خط تقسيم المياه (khaṭṭ taqsīmul-miyāh)
P آب پخشان (āb-pakhshān)
U فاصل آب (fāsile-āb)

ぶんすう 〔分数〕
A كسر (kasr)
P كسر (kasr)
U كسر (kasr)

ぶんせき 〔分析〕
A تحليل (taḥlīl)
P تحليل (tahlīl)
U تحليل (tahlīl)

分析する
A حلل (ḥallala)
P تحليل كردن (tahlīl kardan)
U تحليل كرنا (tahlīl karnā)

ふんそう 〔紛争〕
A نزاع (nizā‘) ; صراع (ṣirā‘)
P نزاع (nezā‘) ; اختلاف (ekhtelāf)
U تنازعہ (tanāza‘a)

ぶんたい 〔文体〕
A أسلوب كتابى ('uslūb kitābī)
P سبک (sabk)
U اسلوب بيان (uslūbe-bayān)

ぶんだん 〔文壇〕
A دوائر أدبية (dawā'ir 'adabīya)
P محافل ادبى (mahāfele-adabī)
U ادبى دنيا (adabī duniyā)

ぶんたんする 〔分担する〕
A ساهم (sāhama)
P سهيم بودن (sahīm būdan)
U ہاتھ بٹانا (hāth baṭānā)

ぶんつう 〔文通〕
A مراسلة (murāsala)
P مكاتبه (mokātebe)
U خط و كتابت (khatt-o-kitābat)

文通する
A راسل (rāsala)
P مكاتبه كردن (mokātebe kardan)
U خط و كتابت كرنا (khatt-o-kitābat karnā)

ふんとうする 〔奮闘する〕
A جاهد (jāhada)
P تلاش كردن (talāsh kardan)
U جد و جهد كرنا (jidd-o-jihad karnā)

ぶんどき 〔分度器〕
A منقلة (manqala)
P نقاله (naqqāle)
U زاويہ پيما (zāviya-paimā)

ぶんどる 〔分捕る〕
A سلب (salaba)
P غارت كردن (ghārat kardan)
U لوٹنا (lūṭnā)

ぶんぱい 〔分配〕
A توزيع (tawzī‘)
P توزيع (touzī‘)
U بانٹ (bāṇṭ)

分配する
A وزع (wazza‘a)
P توزيع كردن (touzī‘ kardan)
U بانٹنا (bāṇṭnā)

ふんべつ 〔分別〕
A رشد (rushd)
P شعور (sho‘ūr)
U تميز (tamīz)

分別のある
A رشيد (rashīd)
P با شعور (bā-sho‘ūr)
U تميز دار (tamīz-dār)

ぶんべつ 〔分別〕
A فصل (faṣl)
P دسته بندى (daste-bandī)
U درجہ بندى (darja-bandī)

分別する
A فصل (faṣala)
P دسته بندى كردن (daste-bandī kardan)

U درجہ بندی کرنا (darja-bandī karnā)

ぶんべん 〔分娩〕

A ولادة (wilāda) ; وضع (waḍ‘)

P وضع حمل (vaz‘e-haml)

U وضع حمل (vaz‘e-haml)

ぶんぼ 〔分母〕

A مقام (maqām)

P مخرج (makhraj)

U نسب نما (nasab-numā)

ぶんぽう 〔文法〕

A نحو (naḥw) ; قواعد (qawā‘id)

P دستور (dastūr)

U قواعد (qawā‘id)

文法学者

A نحوی (naḥwī)

P دستور دان (dastūr-dān)

U ماہر قواعد (māhire-qawā‘id)

ぶんぼうぐ 〔文房具〕

A أدوات مكتبية (adawāt maktabīya)

P نوشت افزار (nevesht-afzār)

U اسٹیشنری (isṭēshnarī)

ふんまつ 〔粉末〕

A مسحوق (masḥūq)

P پودر (pūdr) ; گرد (gard)

U سفوف (sufūf)

ぶんめい 〔文明〕

A حضارة (ḥaḍāra)

P تمدن (tamaddon)

U تہذیب (tahzīb) ;
تمدن (tamaddun)

文明国

A دولة متحضرة (dawla mutaḥaḍḍira)

P کشور متمدن (keshvare-motamadden)

U تہذیب یافتہ ملک (tahzīb-yāfta mulk)

ぶんや 〔分野〕

A مجال (majāl)

P زمینه (zamīne)

U میدان (maidān)

ぶんり 〔分離〕

A انفصال (infiṣāl)

P تفکیک (tafkīk) ; جدائی (jodā'ī)

U علیحدگی (‘alāhidagī)

分離する

A انفصل (infaṣala)

P تفکیک شدن (tafkīk shodan)

U علیحدہ ہونا (‘alāhida hōnā)

ぶんりょう 〔分量〕

A كمية (kammīya)

P مقدار (meqdār) ;
کمیت (kammīyat)

U مقدار (miqdār)

ぶんるい 〔分類〕

A تصنيف (taṣnīf)

P طبقه بندی (tabaqe-bandī)

U درجہ بندی (darja-bandī)

分類する

A صنف (ṣannafa)

P طبقه بندی کردن (tabaqe-bandī kardan)

U درجہ بندی کرنا (darja-bandī karnā)

ぶんれつ 〔分裂〕
A انشقاق (inshiqāq)
P انشعاب (enshe‘āb)
U پھوٹ (phūṭ)
分裂する
A انشق (inshaqqa)
P منشعب شدن (monsha‘eb shodan)
U پھٹنا (phaṭnā)

へ

へ 〔屁〕
A ضرط (ḍarṭ) ; ريح (rīḥ)
P گوز (gūz) ; باد (bād)
U رياح (riyāh)
屁をする
A ضرط (ḍaraṭa) ;
أخرج ريحًا ('akhraja rīḥan)
P گوزيدن (gūzīdan) ;
باد ول دادن (bād vel-dādan)
U رياح خارج كرنا (riyāh khārij karnā)

…へ
…の中へ
A فى (fī)
P در (dar)
U ميں (meṇ)
…の方へ
A إلى ('ilā)
P به (be)
U كو (ko)

ペア
A زوج (zawj)
P جفت (joft)
U جوڑا (jōṛā)

ヘアドライヤー
A مجفف الشعر (mujaffifu-sh-sha‘r)
P مو خشک‌کن (mū-khoshk-kon)
U بال ڈرائر (bāl-ḍrā'er)

ヘアピン
A دبوس الشعر (dabbūsu-sh-sha‘r)
P سنجاق سر (sanjāqe-sar)
U بال پن (bāl-pin)

ヘアブラシ
A فرشة الشعر (furshatu-sh-sha‘r)
P برس مو (borse-mū)
U بالوں کا برش (bālōṇ ka burash)

ベアリング
A كرسى (kursī)
P ياتاقان (yātāqān)
U گولی (gōlī)

へい 〔塀〕
A سور (sūr)
P ديوار (dīvār)
U ديوار (dīwār)

へいい 〔平易〕
A سهولة (suhūla)
P آسانی (āsānī)
U آسانی (āsānī)
平易な
A سهل (sahl)
P آسان (āsān)
U آسان (āsān)

へいえき 〔兵役〕
A خدمة عسكرية (khidma 'askarīya)
P خدمت نظام (khedmate-nezām)
U فوجی خدمت (faujī khidmat)

へいか 〔平価〕
A تعادل القيمة (ta'ādulul-qīma)
P ارزش پول (arzeshe-pūl)
U مساوات مبادله (musāwāte-mubādala)

へいかい 〔閉会〕
A اختتام (ikhtitām)
P اختتام (ekhtetām)
U اختتام (ikhtetām)
閉会する
A اختتم (ukhtutima)
P اختتام يافتن (ekhtetām yāftan)
U اختتام ہونا (ikhtetām hōnā)

へいき 〔兵器〕
A سلاح (silāḥ) ; أسلحة ('asliḥa)
P سلاح (selāh) ; اسلحه (aslahe)
U اسلحہ (aslaha)

へいきな 〔平気な〕
A غير مبال (ghayr-mubāl)
P بی‌اعتنا (bī-e'tenā)
U بے اعتنا (bē-e'tinā)

へいきん 〔平均〕
A معدل (mu'addal)
P معدل (mo'addel) ;
میانگین (miyāngīn)
U اوسط (ausat)
平均する
A أخذ المعدل ('akhadhal-mu'addal)
P میانگین گرفتن (miyāngīn gereftan)
U اوسط نکالنا (ausat nikālnā)

へいげん 〔平原〕
A سهل (sahl)
P جلگه (jolge)
U میدان (maidān)

へいこう 〔平行〕
平行の
A محاذٍ (muḥādhin) ;
متوازٍ (mutawāzin)
P موازی (movāzī) ;
محاذی (mohāzī)
U متوازی (mutavāzī)
平行する
A وازى (wāzā)
P موازی بودن (movāzī būdan)
U متوازی ہونا (mutavāzī hōnā)

へいこう 〔平衡〕
A توازن (tawāzun)
P توازن (tavāzon)
U توازن (tawāzun)
平衡を保つ
A حافظ على التوازن (ḥāfaẓa 'ala-t-tawāzun)
P توازن را حفظ کردن

(tavāzon rā hefz kardan)
U توازن قائم رکھنا
(tawāzun qā'im rakhnā)

へいごう 〔併合〕
A إلحاق ('ilḥāq) ; ضم (ḍamm)
P الحاق (elhāq)
U الحاق (ilhāq)
併合する
A ألحق ('alḥaqa) ; ضم (ḍamma)
P ملحق کردن (molhaq kardan)
U الحاق کرنا (ilhāq karnā)

へいさする 〔閉鎖する〕
A أغلق ('ag͟hlaqa)
P بستن (bastan)
U بند کرنا (band karnā)

へいし 〔兵士〕
A جندی (jundī)
P سرباز (sarbāz)
U سپاہی (sipāhī)

へいじ 〔平時〕
A وقت السلام (waqtu-s-salām)
P زمان صلح (zamāne-solh)
U امن کا زمانہ (aman ka zamāna)

へいじつ 〔平日〕
A يوم عادى (yawm 'ādī)
P روز عادی (rūze-'ādī)
U عام دن ('ām din)

へいしゃ 〔兵舎〕
A ثكنة (t͟hukna)
P سربازخانه (sarbāz-k͟hāne)
U بارگ (bārag)

べいしょく 〔米食〕
A طعام الرز (ṭa'āmu-r-ruzz)
P غذای برنج (g͟hāzāye-berenj)
U چاول کا کھانا (c͟hāwāl ka khānā)

へいせい 〔平静〕
A هدوء (hudū')
P آرامش (ārāmes͟h)
U سکون (sukūn)

へいたい 〔兵隊〕
A جندی (jundī)
P سرباز (sarbāz)
U سپاہی (sipāhī)

へいほう 〔平方〕
A مربع (murabba')
P مربع (morabba')
U مربع (murabba')

へいぼんな 〔平凡な〕
A عادی ('ādī)
P معمولی (ma'mūlī) ; عادی ('ādī)
U معمولی (ma'mūlī)

へいめん 〔平面〕
A سطح مستوٍ (saṭḥ-mustawin)
P سطح مستوی (sathe-mostavī)
U سطح مسطح (sathe-musattah)

へいや 〔平野〕
A سهل (sahl)
P جلگه (jolge)
U میدان (maidān)

へいりょく 〔兵力〕
A قوة عسكرية (qūwa 'askarīya)
P نیروی نظامی (nīrūye-nezāmī)
U فوجی قوت (faujī quwwat)

へいわ 〔平和〕
A سلام (salām)
P صلح (solh)

U امن (aman)

世界平和

A سلام عالمی (salām ʻālamī)

P صلح جهانی (solhe-jahānī)

U عالمی امن (ʻālamī aman)

ベーコン

A بيكن (beikun)

P ژامبون دودی (zhāmbone-dūdī)

U بیکن (beikon)

ページ

A صفحة (ṣafḥa)

P صفحه (safhe)

U صفحہ (safha)

ベール

A حجاب (ḥijāb)

P حجاب (hejāb)

U حجاب (hijāb)

ベスト

ベストを尽くす

A بذل كل ما في وسعه (badhala kulla-mā fī wusʻi-hi)

P منتهای کوشش خود را کردن (montahāye-kūsheshe-khod rā kardan)

U حتی‌الامکان کوشش کرنا (hattal-imkān kōshish karnā)

ペスト

A طاعون (ṭāʻūn)

P طاعون (tāʻūn)

U طاعون (tāʻūn)

ベストセラー

A أروج كتاب (ʼarwaj kitāb)

P پر فروشترین کتاب (por forūsh-tarīn ketāb)

U سب سے زیادہ بکنے والی کتاب (sab se ziyāda bikne-wālī kitāb)

へそ

A سرة (surra)

P ناف (nāf)

U ناف (nāf)

へたな 〔下手な〕

A غير ماهر (ghayr-māhir)

P ناشی (nāshī)

U کچا (kachchā)

ペダル

A دواسة (dawwāsa)

P رکاب (rekāb)

U پیڈل (paiḍal)

ペダルを踏む

A داس دواسة (dāsa dawwāsa)

P رکاب زدن (rekāb zadan)

U پیڈل مارنا (paiḍal mārnā)

べつ 〔別〕

区別

A تمييز (tamyīz)

P تفاوت (tafāvot)

U امتیاز (imtiyāz)

別の

A آخر (ākhar)

P دیگر (dīgar)

U دوسرا (dūsrā)

別物

A شيء آخر (shayʼ ākhar)

P چیز دیگر (chīze-dīgar)

U دوسری چیز (dūsrī-chīz)

べっそう 〔別荘〕
A فيلا (fīllā)
P ويلا (vīlā)
U ولا (vilā)
ベッド
A سرير (sarīr)
P تختخواب (ta<u>kh</u>te-<u>kh</u>āb)
U پلنگ (palaṇg)
ヘッドホン
A هدفون (hiddfūn)
P هدفون (hedfon)
U ٹوپی فون (ṭōpī-fon)
ヘッドライト
A مصباح أمامي (miṣbāḥ 'amāmī)
P چراغ جلو (<u>ch</u>erā<u>gh</u>e-jelou)
U آگے والی بتی (āgē-wālī battī)
べつべつに 〔別々に〕
A على حدة ('alā ḥidda)
P جداگانه (jodāgāne)
U الگ الگ (alag-alag)
べつり 〔別離〕
A فراق (firāq) ; افتراق (iftirāq)
P فراق (ferāq) ; جدائی (jodā'ī)
U جدائی (judā'ī) ; فراق (firāq)
ベテラン
A محنك (muḥannak)
P کهنه کار (kohne-kār)
U تجربہ کار (tajruba-kār)
ぺてん
A غش (<u>gh</u>a<u>sh</u><u>sh</u>)
P حقه بازی (hoqqe-bāzī)
U دھوکا (dhōkā)
ぺてんにかける
A غش (<u>gh</u>a<u>sh</u><u>sh</u>a)
P حقه بازی کردن (hoqqe-bāzī kardan)
U دھوکا دینا (dhōkā dēnā)
ぺてん師
A غشاش (<u>gh</u>a<u>sh</u><u>sh</u>ā<u>sh</u>)
P حقه باز (hoqqe-bāz)
U دھوکے باز (dhōkē-bāz)
ベトナム
A فيتنام (fiyatnām)
P ويتنام (viyetnām)
U ويتنام (viyetnām)
ベトナムの(人)
A فيتنامي (fiyatnāmī)
P فيتنامی (viyetnāmī)
U فيتنامی (viyetnāmī)
べに 〔紅〕
A روج (rūj)
P رژگونه (ro<u>zh</u>e-gūne) ; رژ (ro<u>zh</u>)
U سرخی (sur<u>kh</u>ī)
ペニス
A قضيب (qaḍīb)
P کیر (kīr) ; قضیب (qazīb)
U آلت (ālat)
ベニヤいた 〔ベニヤ板〕
A أبلكاش ('ablakā<u>sh</u>)
P تختۀ چندلا (ta<u>kh</u>teye-<u>ch</u>and-lā)
U پلائی بورڈ (plā'ī bōrḍ)
へび 〔蛇〕
A حية (ḥayya)
P مار (mār)
U سانپ (sāṇp)

ヘブライご 〔ヘブライ語〕
A اللغة العبرية (allughatul-'ibrīya)
P زبان عبری (zabāne-'ebrī)
U عبرانی ('ibrānī)

へや 〔部屋〕
A غرفة (ghurfa) ; حجرة (ḥujra)
P اتاق (otāq)
U کمرا (kamrā)

部屋代
A أجرة الغرفة ('ujratul-ghurfa)
P اجاره اتاق (ejāreye-otāq)
U کمرے کا کرایہ (kamrē ka kirāya)

へらす 〔減らす〕
A قلل (qallala)
P کاستن (kāstan) ;
کم کردن (kam kardan)
U کم کرنا (kam karnā)

ベランダ
A شرفة (shurfa)
P ایوان (eivān)
U برآمده (bar-āmada)

ペリカン
A بجع (baja')
P مرغ سقا (morghe-saqqā)
U پیلی‌کن (pailīkan)

ヘリコプター
A هليكوبتر (hilīkūbtar)
P چرخبال (charkh-bāl) ;
هلیکوپتر (helīkopter)
U ہیلی‌کوپٹر (helīkopṭar)

へる 〔減る〕
A نقص (naqaṣa)
P کاهش یافتن (hāhesh yāftan) ;
کم شدن (kam shodan)
U کم ہونا (kam hōnā)

ベル
A جرس (jaras)
P زنگ (zang)
U گھنٹی (ghanṭī)

ベルを鳴らす
A دق الجرس (daqqal-jaras)
P زنگ زدن (zang zadan)
U گھنٹی بجانا (ghanṭī bajānā)

ペルー
A بيرو (bīrū)
P پرو (perū)
U پیرو (pērū)

ベルギー
A بلجيكا (baljīkā)
P بلژیک (belzhīk)
U بلجیم (beljīm)

ベルギーの(人)
A بلجيكي (baljīkī)
P بلژیکی (belzhīkī)
U بلجیمی (beljīmī)

ペルシア

ペルシア語
A اللغة الفارسية
(allughatul-fārsīya)
P فارسی (fārsī)
U فارسی (fārsī)

ペルシア湾
A الخليج الفارسي (al-khalījul-fārsī)
P خلیج فارس (khalīje-fārs)
U خلیج فارس (khalīje-fārs)

ベルト
A حزام (ḥizām)
P كمربند (kamar-band)
U پيٹی (pēṭī)

ヘルメット
A خوذة (k͟hūd͟ha)
P خود (k͟hūd)
U خود (k͟hod)

ベルリン
A برلين (birlīn)
P برلن (berlan)
U برلن (berlin)

ヘロイン
A هيروين (hīruwīn)
P هروئين (hero'īn)
U ہيروئن (hīrau'in)

ペン
A قلم (qalam)
P قلم (qalam)
U قلم (qalam)
ペンフレンド
A صديق بالمراسلة (ṣadīq bil-murāsala)
P دوست مكاتبه‌ای (dūste-mokātebeī)
U قلمی دوست (qalamī dōst)

へんか 〔変化〕
A تغير (tag͟hayyur)
P تغيير (tag͟hyīr)
U تبديلی (tabdīlī)
変化する
A تغير (tag͟hayyara)
P تغيير يافتن (tag͟hyīr yāftan)
U تبديل ہونا (tabdīl hōnā)；بدلنا (badalnā)

べんかい 〔弁解〕
A عذر ('ud͟hr)
P عذر ('ozr)；بهانه (bahāne)
U عذر ('uzr)；بہانہ (bahāna)
弁解する
A اعتذر (i'tad͟hara)
P عذر آوردن ('ozr āvardan)
U عذر كرنا ('uzr karnā)

べんぎ 〔便宜〕
A تسهيلات (tashīlāt)
P تسهيلات (tashīlāt)
U سہولت (suhūlat)

ペンキ
A دهان (dihān)
P رنگ (rang)
U پينٹ (pēnṭ)
ペンキを塗る
A دهن بالدهان (dahana bi-d-dihān)
P رنگ زدن (rang zadan)
U پينٹ كرنا (pēnṭ karnā)
ペンキ塗りたて
A انتبه للدهان (intabih li-d-dihān)
P رنگی نشويد (rangī na-s͟havīd)
U تازه پينٹ (tāza pēnṭ)

べんきょう 〔勉強〕
A دراسة (dirāsa)
P مطالعه (motāle'e)
U مطالعہ (mutāla'a)
勉強する
A درس (darasa)
P مطالعه كردن (motāle'e kardan)

U مطالعہ کرنا (mutāla‘a karnā)

ペンギン

A بطريق (biṭrīq)

P پنگوئن (pangū’an)

U پینگوئن (pēngū’an)

へんけん〔偏見〕

A تعصب (ta‘aṣṣub)

P تعصب (ta‘assob)

U تعصب (ta‘assub)

べんご〔弁護〕

A دفاع (difā‘)

P دفاع (defā‘)

U حمایت (himāyat)

弁護する

A حامى (ḥāmā) ; دافع (dāfa‘a)

P دفاع کردن (defā‘ kardan)

U حمایت کرنا (himāyat karnā)

へんこう〔変更〕

A تغيير (taghyīr)

P تغيير (taghyīr)

U تبدیلی (tabdīlī)

変更する

A غير (ghayyara)

P تغيير دادن (taghyīr dādan)

U تبدیلی کرنا (tabdīlī karnā)

べんごし〔弁護士〕

A محام (muḥāmin)

P وكيل (vakīl)

U وکیل (wakīl)

へんさん〔編纂〕

A تأليف (ta’līf)

P تأليف (ta’līf)

U تالیف (tālīf)

編纂する

A ألف (’allafa)

P تأليف كردن (ta’līf kardan)

U تالیف کرنا (tālīf karnā)

編纂者

A مؤلف (mu’allif)

P مؤلف (mo’allef)

U مولف (muallif)

へんじ〔返事〕

A جواب (jawāb) ; إجابة (’ijāba) ; رد (radd)

P جواب (javāb) ; پاسخ (pāsokh)

U جواب (jawāb)

返事をする

A أجاب (’ajāba) ; رد (radda)

P جواب دادن (javāb dādan)

U جواب دینا (jawāb dēnā)

べんし〔弁士〕

A خطيب (khaṭīb)

P سخنران (sokhan-rān)

U مقرر (muqarrir)

へんしゅう〔編集〕

A تحرير (taḥrīr)

P ويراستارى (vīrāstārī)

U تدوین (tadvīn)

編集する

A حرر (ḥarrara)

P ويراستن (vīrāstan)

U تدوین کرنا (tadvīn karnā)

編集者

A محرر (muḥarrir)

P ويراستار (vīrāstār)

U مدیر (mudīr)

べんじょ 〔便所〕
A مرحاض (mirḥāḍ)
P توالت (toālet)
U پاخانہ (pā-khāna) ;
بيت الخلاء (baitul-khalā')
公衆便所
A مرحاض عام (mirḥāḍ-'āmm)
P توالت عمومى (toālete-'omūmī)
U عوامى بيت الخلاء ('awāmī baitul-khalā')
べんしょう 〔弁償〕
A تعويض (ta'wīḍ)
P جبران (jobrān)
U تلافى (talāfī)
弁償する
A عوض ('awwaḍa)
P جبران كردن (jobrān kardan)
U تلافى كرنا (talāfī karnā)
べんしょうほう 〔弁証法〕
A ديالكتيك (dayāliktīk)
P ديالكتيک (diyālektīk)
U جدليات (jadalīyāt)
ペンション
A بنسيون (binsiyūn)
P پانسيون (pānsiyon)
U پنسيون (pensiyon)
ベンジン
A بنزين (binzīn)
P بنزين (benzīn)
U بينزين (bēnzīn)
へんせん 〔変遷〕
A تحولات (taḥawwulāt)
P تحول (tahavvol) ;
فراز و نشيب (farāz-o-neshīb)
U نشيب و فراز (nashēb-o-farāz)
へんそうする 〔変装する〕
A تنكر (tanakkara)
P لباس مبدل پوشيدن (lebāse-mobaddal pūshīdan)
U بهيس بدلنا (bhēs badalnā)
ペンダント
A قلادة (qilāda)
P آويزه (āvīze)
U آويزه (āvēza)
ベンチ
A دكة (dikka)
P نيمكت (nīmkat)
U بنچ (bench)
へんでんしょ 〔変電所〕
A محطة تحويل كهرباء (maḥaṭṭa taḥwīl kahrabā')
P نيروگاه فرعى برق (nīrū-gāhe-far'īye-barq)
U ثانوى بجلى گهر (sānavī bijlī-ghar)
ペンチ
A زردية (zardīya)
P گازانبر (gāz-anbor)
U پلاس (palās)
べんとう 〔弁当〕
弁当箱
A صندوق الغداء (ṣundūqul-ghadā')
P قابلمهٔ ناهار (qāblameye-nāhār)
U ٹفن (ṭifan)

へんとうせん 〔扁桃腺〕
A اللوزتان (allawzatāni)
P لوزتين (louzatein)
U گلے کی گلٹی (galē ki gilṭi)

へんな 〔変な〕
A غريب (gharīb)
P عجيب (‘ajib)
U عجيب (‘ajīb)

べんぴ 〔便秘〕
A إمساك (’imsāk)
P يبوست (yobūsat)
U قبض (qabz)

へんぴな 〔辺鄙な〕
A بعيد (ba‘īd) ; ناءٍ (nā’in)
P دور افتاده (dūr-oftāde)
U دور افتاده (dūr-uftāda)

べんり 〔便利〕
A مناسبة (munāsaba)
P راحتی (rāhatī)
U سهولت (suhūlat)

便利な
A مناسب (munāsib)
P راحت (rāhat)
U مفيد (mufīd)

べんろん 〔弁論〕
スピーチ
A خطاب (khiṭāb)
P سخنرانی (sokhan-rānī)
U تقرير (taqrīr)

弁論大会
A مسابقة خطابة (musābaqa khiṭāba)
P مسابقه سخنرانی (mosābeqeye-sokhan-rānī)
U تقرير كا مقابله (taqrīr ka muqābila)

ほ

ほ 〔帆〕
A شراع (shirā‘)
P بادبان (bād-bān)
U بادبان (bād-bān)

帆を上げる
A رفع شراعًا (rafa‘a shirā‘an)
P بادبان کشیدن (bād-bān keshīdan)
U بادبان لگانا (bād-bān lagānā)

ほ 〔歩〕
A خطوة (khaṭwa)
P قدم (qadam)
U قدم (qadam)

ほ 〔穂〕
A سنبلة (sunbula)
P خوشه (khūshe)

U خوشہ (k̲h̲os̲h̲a)

ほいく　〔保育〕

A رعاية الأطفال (ri'āyatul-'aṭfāl)

P پرورش کودک (parvares̲h̲e-kūdak)

U بچوں کی تربیت (bac̲h̲c̲h̲ōn̤ ki tarbiyat)

保育園

A دار الحضانة (dārul-ḥiḍāna)

P مهد کودک (mahde-kūdak)

U نرسری (narsarī)

ボイコット

A مقاطعة (muqāṭa'a)

P تحریم (tahrīm) ;

بایکوت (bāykot)

U بائکاٹ (bā'ikāṭ)

ボイコットする

A قاطع (qāṭa'a)

P تحریم کردن (tahrīm kardan)

U بائکاٹ کرنا (bā'ikāṭ karnā)

ボイラー

A مرجل (mirjal)

P دیگ بخار (dīge-bok̲h̲ār)

U بائلر (bā'ilar)

ぼいん　〔母音〕

A حركة (ḥaraka)

P مصوت (mosavvet) ; واکه (vāke)

U حرف علت (harfe-'illat)

ポイント

A نقطة (nuqṭa)

P نقطه (noqte)

U نقطہ (nuqta)

ターニングポイント

A نقطة تحول (nuqṭa taḥawwul)

P نقطۀ عطف (noqteye-'atf)

U نقطہ انقلاب (nuqtae-inqilāb)

ほう　〔法〕

法律

A قانون (qānūn)

P قانون (qānūn)

U قانون (qānūn)

方法

A طريقة (ṭarīqa)

P طرز (tarz) ; طریقه (tarīqe)

U طریقہ (tarīqa)

ほう　〔方〕

…の方に

A نحو (naḥwa) ; إلى ('ilā)

P به طرف (be-tarafe)

U کی طرف (ki taraf)

ぼう　〔棒〕

A عصًا ('aṣan)

P چوب (c̲h̲ūb) ; عصا ('asā)

U ڈنڈا (ḍanḍā)

ぼう　〔某〕

A فلان (fulān)

P فلان (folān)

U فلاں (fulāṇ)

ほうあん　〔法案〕

A مشروع القانون

(mas̲h̲rū'ul-qānūn)

P لایحه (lāyehe)

U بل (bil) ; مسودۀ قانون

(musauwada'e-qānūn)

ほうい 〔包囲〕
A حصار (ḥiṣār)；
محاصرة (muḥāṣara)
P محاصره (mohāsere)
U محاصره (muhāsara)
包囲する
A حاصر (ḥāṣara)
P محاصره كردن (mohāsere kardan)
U محاصره كرنا (muhāsara karnā)
ほういがく 〔法医学〕
A طب شرعي (ṭibb sh̲ar'ī)
P پزشکی قانونی (pezes̲h̲kīye-qānūnī)
U طب قانونى (tibbe-qānūnī)
ぼうえい 〔防衛〕
A دفاع (difā')
P دفاع (defā')
U دفاع (difā')
防衛する
A دافع (dāfa'a)
P دفاع كردن (defā' kardan)
U دفاع كرنا (difā' karnā)
防衛庁
A وكالة الدفاع (wakālatu-d-difā')
P سازمان دفاع (sāzmāne-defā')
U دفاعى ايجنسى (difā'ī ējensī)
ぼうえき 〔貿易〕
A تجارة (tijāra)
P تجارت (tejārat)
U تجارت (tijārat)
貿易商
A تاجر (tājir)
P تاجر (tājer)
U تاجر (tājir)
貿易会社
A شركة تجارية (s̲h̲arika tijārīya)
P شركت تجارتى (s̲h̲erkate-tejāratī)
U تجارتى كمپنى (tijārati kampanī)
ぼうえんきょう 〔望遠鏡〕
A تلسكوب (tiliskūb)
P تلسكوپ (teleskop)；
دوربين نجومى (dūr-bīne-nojūmī)
U دوربين (dūr-bīn)；
ٹيلى‌سكوپ (ṭelīskop)
ほうおう 〔法王〕
A البابا (al-bābā)
P پاپ (pāp)
U پوپ (pōp)
ぼうおんの 〔防音の〕
A مانع للصوت (māni' li-ṣ-ṣawt)
P ضد صوت (zedde-sout)
U آواز روک (āwāz-rōk)
ほうか 〔放火〕
A إشعال النار ('is̲h̲'ālu-n-nār)
P آتش زنى (ātes̲h̲-zanī)；
ايجاد حريق (ījāde-harīq)
U آتش زنى (ātis̲h̲-zanī)
ぼうか 〔防火〕
A وقاية من الحريق
(wiqāya minal-ḥarīq)
P پيشگيرى از آتش سوزى
(pīs̲h̲-gīrī az ātes̲h̲-sūzī)
U آگ روكنا (āg rōknā)
ほうかい 〔崩壊〕
A انهيار (inhiyār)
P فروپاشى (forū-pās̲h̲ī)

U تباہی (tabāhī)

崩壊する

A انهار (inhārā)

P فرو پاشیدن (forū pā<u>sh</u>īdan)

U تباہ ہونا (tabāh hōnā)

ぼうがい 〔妨害〕

A عرقلة (‘arqala)

P انسداد (ensedād) ; مانع (māne‘)

U رکاوٹ (rukāwaṭ)

妨害する

A عرقل (‘arqala)

P مسدود کردن (masdūd kardan)

U رکاوٹ ڈالنا (rukāwaṭ ḍālnā)

ほうがく 〔方角〕

A اتجاه (ittijāh) ; جهة (jiha)

P جهت (jehat) ; طرف (taraf)

U طرف (taraf)

ほうがく 〔法学〕

A علم القانون (‘ilmul-qānūn) ;
حقوق (ḥuqūq)

P علم قانون (‘elme-qānūn) ;
حقوق (hoqūq)

U علم قانون (‘ilme-qānūn)

ほうがくぶ 〔法学部〕

A كلية الحقوق (kullīyatul-ḥuqūq)

P دانشکدۀ حقوق (dāne<u>sh</u>-kadeye-hoqūq)

U شعبہ قانون (<u>sh</u>o‘bae-qānūn)

ほうかご 〔放課後〕

A بعد ساعات دراسية
(ba'da sā‘āt dirāsīya)

P بعد از ساعات درس
(ba‘d az sā‘āte-dars)

U سبق ختم ہونے کے بعد
(sabaq <u>kh</u>atam hōnē ke ba‘d)

ほうがん 〔砲丸〕

A جلة (julla)

P گلوله (golūle) ; وزنه (vazne)

U گولا (gōlā)

砲丸投げ

A رمی الجلة (ramyul-julla)

P پرتاب وزنه (partābe-vazne)

U شاٹ پٹ (<u>sh</u>āṭ-puṭ)

ぼうかんふく 〔防寒服〕

A ملابس مقاومة للبرودة
(malābis muqāwima lil-burūda)

P لباس برای حفاظت از سرما
(lebās barāye hefāzat az sarmā)

U سردی سے محفوظ لباس
(sardī se mahfūz libās)

ほうき 〔箒〕

A مكنسة (miknasa)

P جارو (jārū)

U جھاڑو (jhāṛū)

ほうきする 〔放棄する〕

A تخلى (ta<u>kh</u>allā) ; ترك (taraka)

P ترک کردن (tark kardan)

U ترک کرنا (tark karnā)

ぼうきゃく 〔忘却〕

A نسيان (nisyān)

P نسیان (nesyān) ;
فراموشی (farāmū<u>sh</u>ī)

U فراموشی (farāmō<u>sh</u>ī)

ぼうぎゃく 〔暴虐〕

A ظلم (ẓulm) ; طغيان (tu<u>gh</u>yān)

P ظلم (zolm)

U ظلم (zulm)

暴虐的な

A ظالم (ẓālim)

P ظالم (zālem)

U ظالم (zālim)

ほうきゅう 〔俸給〕

A راتب (rātib)

P حقوق (hoqūq)

U تنخواه (tan<u>kh</u>āh)

ぼうきょ 〔暴挙〕

A عنف (‘unf)

P خشونت (<u>kh</u>o<u>sh</u>ūnat)

U تشدد (ta<u>sh</u>addud)

ぼうぎょ 〔防御〕

A دفاع (difā‘)

P دفاع (defā‘)

U دفاع (difā‘)

防御する

A دافع (dāfa‘a)

P دفاع كردن (defā‘ kardan)

U دفاع كرنا (difā‘ karnā)

ぼうきょう 〔望郷〕

望郷の念

A اشتياق إلى الوطن (i<u>sh</u>tiyāq ’ilal-waṭan)

P دلتنگی برای وطن (del-tangī barāye vatan)；

غربت زدگی (<u>gh</u>orbat-zadegī)

U وطن کی یاد (watan ki yād)

ぼうくう 〔防空〕

A وقاية من الغارة الجوية (wiqāya minal-<u>gh</u>āratil-jawwīya)

P دفاع از حملهٔ هوائی (defā‘ az hamleye-havā’ī)

U ہوائی دفاع (hawā’ī difā‘)

ぼうくん 〔暴君〕

A طاغ (ṭā<u>gh</u>in)

P ظالم (zālem)；

ستمگر (setam-gar)

U ظالم (zālim)；جابر (jābir)

ほうけん 〔封建〕

封建的

A إقطاعی (’iqṭā‘ī)

P فئودالی (fe’odālī)

U جاگیردارانہ (jāgīr-dārāna)

封建制度

A نظام إقطاعی (niẓām ’iqṭā‘ī)

P فئوداليسم (fe’odālīsm)

U جاگیردارانہ نظام (jāgīr-dārāna nizām)

ほうげん 〔方言〕

A لهجة (lahja)

P لهجه (lahje)

U بولی (bōlī)

ぼうけん 〔冒険〕

A مغامرة (mu<u>gh</u>āmara)

P ماجراجوئی (mājarā-jū’ī)

U جان بازی (jān-bāzī)

冒険家

A مغامر (mu<u>gh</u>āmir)

P ماجراجو (mājarā-jū)

U جان باز (jān-bāz)

ほうこ 〔宝庫〕

A مخزن (ma<u>kh</u>zan)

P خزانه (<u>kh</u>azāne)

U خزانہ (<u>kh</u>azāna)

ほうこう〔方向〕 ──→ほうがく〔方角〕

ほうこう〔奉公〕

A خدمة (khidma)

P خدمت (khedmat)

U نوکری (naukarī)

奉公する

A خدم (khadama)

P خدمت کردن (khedmat kardan)

U نوکری کرنا (naukarī karnā)

ぼうこう〔暴行〕

A عنف (‘unf)

P خشونت (khoshūnat)；عنف (‘onf)

U تشدد (tashaddud)

婦人に暴行する

A اغتصب (ightaṣaba)

P تجاوز به عنف کردن (tajāvoz be-‘onf kardan)

U عصمت‌دری کرنا (‘ismat-darī karnā)

ぼうこう〔膀胱〕

A مثانة (mathāna)

P مثانه (masāne)

U مثانہ (masāna)

ほうこく〔報告〕

A تقرير (taqrīr)

P گزارش (gozāresh)

U رپورٹ (riporṭ)

報告する

A قدم تقريرًا (qaddama taqrīran)

P گزارش دادن (gozāresh dādan)

U رپورٹ دینا (riporṭ dēnā)

ほうさく〔豊作〕

A حصاد وفير (ḥaṣād wafīr)

P محصول فراوان (mahsūle-farāvān)

U اچھی فصل (achchhī fasl)

ほうし〔奉仕〕

A خدمة (khidma)

P خدمت (khedmat)

U خدمت (khidmat)

奉仕する

A خدم (khadama)

P خدمت کردن (khedmat kardan)

U خدمت کرنا (khidmat karnā)

ぼうし〔帽子〕

A قبعة (qubba‘a)

P کلاه (kolāh)

U ٹوپی (ṭōpī)

ぼうし〔防止〕

A منع (man‘)

P جلوگیری (jelou-gīrī)

U انسداد (insidād)

防止する

A منع (mana‘a)

P جلوگیری کردن (jelou-gīrī kardan)

U انسداد کرنا (insidād karnā)

ほうしゃのう〔放射能〕

A نشاط إشعاعی (nashāṭ ’ish‘ā‘ī)

P رادیو آکتیویته (rādiyo-āktīvīte)

U تاب‌کاری (tāb-kārī)

ほうしゅう〔報酬〕

A مكافأة (mukāfa’a)

P پاداش (pādāsh)

U اجرت (ujrat)

ほうしん 〔方針〕
A خطة (khuṭṭa)
P خط مشی (khatte-mashī)
U پالیسی (pālīsī)
ほうじん 〔法人〕
A شخصية اعتبارية (shakhṣīya i'tibārīya)
P شخصیت حقوقی (shakhsiyate-hoqūqī)
U کارپوریشن (kārporeshan)
ぼうすいの 〔防水の〕
A مقاوم للماء (muqāwim lil-mā')
P ضد آب (zedde-āb)
U پن روک (pan-rōk)
ほうせき 〔宝石〕
A جوهر (jawhar)
P جواهر (javāher)
U جوہر (jauhar)
宝石商
A جوهری (jawharī)
P جواهر فروش (javāher-forūsh)
U جوہری (jauharī)
ぼうせき 〔紡績〕
A غزل (ghazl)
P ریسندگی (rīsandegī)
U سوت کاتنا (sūt kāṭnā)
ぼうぜんと 〔茫然と〕
A شارد الذهن (shāridu-dh-dhihn)
P حواس پرت (havās-part)
U حواس باختہ (hawās-bākhta)
ほうそう 〔放送〕
A إذاعة ('idhā'a)
P پخش (pakhsh)
U نشریات (nashryāt)
放送する
A أذاع ('adhā'a)
P پخش کردن (pakhsh kardan)
U نشر کرنا (nashr karnā)
放送局
A محطة الإذاعة (maḥaṭṭatul-'idhā'a)
P ایستگاه رادیو و تلویزیون (īstgāhe-rādiyo-o-televīzyon)
U نشرگاہ (nashr-gāh)
ほうそうする 〔包装する〕
A غلف (ghallafa)
P بسته‌بندی کردن (baste-bandī kardan)
U لپیٹنا (lapēṭnā)
ほうそく 〔法則〕
A قانون (qānūn)
P قانون (qānūn)
U قانون (qānūn)
ほうたい 〔包帯〕
A عصابة ('iṣāba)
P باند (bānd) ;
نوار زخم (navāre-zakhm)
U پٹی (paṭṭī)
包帯をする
A لف عصابة (laffa 'iṣāba)
P باند پیچی کردن (bānd-pīchī kardan)
U پٹی باندھنا (paṭṭī bāṇdhnā)
ぼうだいな 〔膨大な〕
A ضخم (ḍakhm)
P هنگفت (hengoft)

U بہت بڑا (bahut baṛā)

ぼうたかとび　〔棒高跳び〕

A قفز بالزانة (qafz bi-z-zāna)

P پرش با نیزه (pare<u>sh</u> bā neize)

U پول والٹ (pōl-vālṭ)

ぼうだんチョッキ　〔防弾チョッキ〕

A صدرية مانعة للرصاص (ṣadrīya māniʻa li-r-raṣāṣ)

P جلیقهٔ ضد گلوله (jelīqeye-zedde-golūle)

U گلولہ پناہ واسکٹ (golūla-panāh wāskaṭ)

ほうちょう　〔包丁〕

A ساطور (sāṭūr)

P کارد آشپزخانه (kārde-ā<u>sh</u>paz-<u>kh</u>āne)

U چھرا (<u>ch</u>hurā)

ぼうちょう　〔傍聴〕

傍聴する

A استمع (istamaʻa)

P استماع کردن (estemāʻ kardan)

U سماعت کرنا (samāʻat karnā)

傍聴人(複数)

A مستمعون (mustamiʻūna)

P شنوندگان (<u>sh</u>enavandegān)

U سامعین (sāmiʻīn)

ぼうちょう　〔膨張〕

A انتفاخ (intifā<u>kh</u>)

P انبساط (enbesāt)

U پھیلاو (phailāo)

膨張する

A انتفخ (intafa<u>kh</u>a)

P منبسط شدن (monbaset <u>sh</u>odan)

U پھیلنا (phailnā)

ほうっておく　〔放って置く〕

A ترك (taraka)

P ترک کردن (tark kardan)

U چھوڑنا (<u>ch</u>hōṛnā)

ほうてい　〔法廷〕

A محكمة (maḥkama)

P محکمه (mahkame) ;
دادگاه (dād-gāh)

U عدالت (ʻadālat)

ほうていしき　〔方程式〕

A معادلة (muʻādala)

P معادله (moʻādele)

U مساوات (musāvāt)

ぼうと　〔暴徒〕

A مشاغبون (mu<u>sh</u>ā<u>gh</u>ibūna)

P آشوبگران (ā<u>sh</u>ūb-garān)

U فسادی (fasādī)

ほうどう　〔報道〕

A أخبار (ʼa<u>kh</u>bār) ; إعلام (ʼiʻlām)

P گزارش (gozāre<u>sh</u>)

U خبر (<u>kh</u>abar)

報道する

A أخبر (ʼa<u>kh</u>bara) ; أعلم (ʼaʻlama)

P گزارش دادن (gozāre<u>sh</u> dādan)

U خبر دینا (<u>kh</u>abar dēnā)

ぼうどう　〔暴動〕

A شغب (<u>sh</u>a<u>gh</u>ab)

P آشوب (ā<u>sh</u>ūb)

U فساد (fasād)

ぼうとくする　〔冒瀆する〕

A جدف (jaddafa)

P بی‌حرمتی کردن

(bī-hormatī kardan)
U بےحرمتی کرنا (bē-hurmatī karnā)

ぼうはてい 〔防波堤〕
A حاجز الأمواج (ḥājizul-'amwāj)
P موج شکن (mouj-shekan)
U بند (band)

ぼうはん 〔防犯〕
A وقاية من الجنايات
(wiqāya minal-jināyāt)
P جلوگیری از جرم
(jelou-gīrī az jorm)
U انسداد اجرام (insidāde-ajrām)

ほうび 〔褒美〕
A جائزة (jā'iza)
P جایزه (jāyeze)
U انعام (in'ām)

ぼうび 〔防備〕
A دفاع (difā')
P دفاع (defā')
U دفاع (difā')
防備する
A دافع (dāfa'a)
P دفاع کردن (defā' kardan)
U دفاع کرنا (difā' karnā)

ぼうふう 〔暴風〕
A إعصار ('i'ṣār) ; عاصفة ('āṣifa)
P توفان (tūfān)
U طوفان (tūfān)

ぼうふうりん 〔防風林〕
A حاجز الريح (ḥājizu-r-rīḥ)
P باد شکن (bād-shekan)
U تیز ہوا روکنے کے درخت
(tēz hawā rōknē ke darakht)

ほうふく 〔報復〕
A انتقام (intiqām)
P انتقام (enteqām)
U انتقام (inteqām)
報復する
A انتقم (intaqama)
P انتقام گرفتن (enteqām gereftan)
U انتقام لینا (inteqām lēnā)

ぼうふざい 〔防腐剤〕
A مانع العفونة (māni'ul-'ufūna)
P ماده گندزدا (māddeye-gand-zedā)
U دافع عفونت (dāfe'e-'ufūnat)

ほうぶつせん 〔放物線〕
A قطع مكافئ (qaṭ'-mukāfi')
P شلجمی (shaljamī)
U شکل شلجمی (shakle-shaljamī)

ほうふな 〔豊富な〕
A وافر (wāfir)
P فراوان (farāvān)
U فراواں (firāvāṇ)

ほうほう 〔方法〕
A طريقة (ṭarīqa)
P طرز (tarz) ; روش (ravesh)
U طریقہ (tarīqa)

ほうぼうに 〔方々に〕
A فی كل مكان (fī kull makān)
P در هر جا (dar har jā)
U ہر جگہ (har jagah)

ほうぼく 〔放牧〕
A رعی (ra'y)
P چرا (charā)
U چرانا (charānā)

放牧する
A رعى (ra'ā)
P چراندن (charāndan)
U چرانا (charānā)
放牧地
A مرتع (marta')
P چراگاه (charā-gāh)
U چراگاه (charā-gāh)

ほうむしょう 〔法務省〕
A وزارة العدل (wizāratul-'adl)
P وزارت دادگستری
(vezārate-dād-gostarī)
U وزارت قانون (vizārate-qānūn)

ほうむる 〔葬る〕
A دفن (dafana)
P دفن كردن (dafn kardan)
U دفن کرنا (dafn karnā)

ぼうめい 〔亡命〕
亡命する
A لجأ سياسيًا (lajā'a siyāsīyan)
P پناه سیاسی گرفتن
(panāhe-siyāsī gereftan)
U سیاسی پناه لینا
(siyāsī panāh lēnā)
亡命者
A لاجئ سياسى (lāji' siyāsī)
P پناهندهٔ سیاسی
(panāhandeye-siyāsī)
U سیاسی پناه‌گزیں
(siyāsī panāh-guzīṇ)

ほうめん 〔方面〕
方向
A إتجاه ('ittijāh)
P طرف (taraf)
U طرف (taraf)
地方
A منطقة (minṭaqa)
P منطقه (mantaqe)
U علاقہ ('ilāqa)

ほうもつ 〔宝物〕
A كنز (kanz)
P گنج (ganj)
U خزانہ (khazāna)

ほうもん 〔訪問〕
A زيارة (ziyāra)
P دیدار (dīdār)
U ملاقات (mulāqāt)
訪問する
A زار (zāra)
P دیدن کردن (dīdan kardan)
U ملاقات کو جانا (mulāqāt ko jānā)

ほうよう 〔抱擁〕
A معانقة (mu'ānaqa)
P آغوش (āghūsh)
U ہم‌آغوشی (ham-āghūshī)
抱擁する
A عانق ('ānaqa)
P در آغوش گرفتن
(dar āghōsh gereftan)
U ہم‌آغوش ہونا (ham-āghōsh hōnā)

ぼうらく 〔暴落〕
A هبوط (hubūṭ)
P تنزل شدید (tanazzole-shadīd)
U تیزی سے گرنا (tēzī se girnā)
暴落する
A هبط (habaṭa)

P به شدت تنزل کردن
(be-sheddat tanazzol kardan)
U تیزی سے گرنا (tēzī se girnā)

ぼうり 〔暴利〕
A أرباح غير معقولة
('arbāḥ ghayr-ma'qūla)
P سود بیش از حد
(sūde-bīsh az hadd)
U بھاری سود (bhārī sūd)

ほうりだす 〔放り出す〕
A طرد (ṭarada)
P بیرون انداختن (bīrūn andākhtan)
U باہر پھینکنا (bāhar phēṇknā)

ほうりつ 〔法律〕
A قانون (qānūn)
P قانون (qānūn)
U قانون (qānūn)
法律家
A رجل القانون (rajulul-qānūn)
P حقوقدان (hoqūq-dān)
U قانون‌دان (qānūn-dān)
法律上の
A قانوني (qānūnī)
P قانونی (qānūnī)
U قانونی (qānūnī)

ぼうりょく 〔暴力〕
A عنف ('unf)
P خشونت (khoshūnat) ; عنف ('onf)
U تشدد (tashaddud)
暴力団
A عصابة العنف ('iṣābatul-'unf)
P باند تبهکاران
(bānde-tabah-kārān)
U غنڈوں کی ٹولی
(ghunḍōṇ ki ṭōlī)

ぼうれい 〔亡霊〕
A شبح (shabaḥ)
P شبح (shabah)
U روح (rūh)

ほうれんそう
A سبانخ (sabānikh)
P اسفناج (esfenāj)
U پالک (pālak)

ぼうろう 〔望楼〕
A مرقب (marqab)
P برج مراقبت (borje-morāqebat)
U پہرے کا مینار (pahrē ka mīnār)

ほうろうする 〔放浪する〕
A هام (hāma)
P آواره شدن (āvāre shodan)
U آوارہ پھرنا (āwāra phirnā)

ほうわ 〔飽和〕
A إشباع (ishbā')
P اشباع (eshbā')
U سیری (sērī)

ほえる 〔吠える・吼える〕
犬が吠える
A نبح (nabaḥa)
P پارس کردن (pārs kardan)
U بھونکنا (bhauṇknā)
猛獣が吼える
A زأر (za'ara)
P غریدن (ghorrīdan)
U گرجنا (garajnā)

ほお 〔頬〕
A خد (khadd)

P گونه (gūne) ; لپ (lop)
U گال (gāl) ; رخسار (rukhsār)

ボーイ
A خادم (khādim)
P پیشخدمت (pīsh-khedmat)
U بیرا (bearā)

ボーイスカウト
A كشاف (kashshāf)
P پیشاهنگ (pīsh-āhang)
U سکاؤٹ (sukā'uṭ)

ボーイフレンド
A رفيق (rafīq)
P دوست پسر (dūste-pesar)
U محبوب (mahbūb)

ホース
A خرطوم (khurṭūm)
P شیلنگ (shīlang) ;
شلنگ (shelang)
U ہوز (hōz)

ボート
A قارب (qārib)
P قايق (qāyeq)
U کشتی (kashtī)

ボーナス
A إكرامية ('ikrāmīya)
P پاداش (pādāsh)
U بونس (bōnas)

ホーム
プラットホーム
A رصيف (raṣīf)
P سکو (sakkū)
U پلیٹ فارم (palēṭ fāram)

家庭
A بيت (bayt)
P خانه (khāne)
U گھر (ghar)

ポーランド
A بولندا (būlandā)
P لهستان (lahestān)
U پولینڈ (pōlainḍ)

ポーランドの(人)
A بولندى (būlandī)
P لهستانی (lahestānī)
U پولینڈی (pōlainḍī)

ボーリング
A بولنغ (būlingh)
P بولینگ (bōlīng)
U بولینگ (bōlīng)

ホール
A قاعة (qā'a) ; صالة (ṣāla)
P تالار (tālār)
U ہال (hāl)

ボール
A كرة (kura)
P توپ (tūp)
U گیند (gēṇd)

ボールがみ 〔ボール紙〕
A ورق مقوى (waraq muqawwan)
P مقوا (moqavvā)
U گتا (gattā)

ボールペン
A قلم حبر جاف (qalam ḥibr jāff)
P خودکار (khod-kār)
U بال پوئنٹ پین (bāl po'inṭ pen)

ほか 〔外・他〕
他の
A آخر (ākhar)
P دیگر (dīgar)
U دوسرا (dūsrā)
外部
A خارج (khārij)
P بیرون (bīrūn)
U باہر کی جگہ (bāhar ki jagah)
除いて
A إلا ('illā)
P جز (joz)
U کے سوا (ke siwā)

ほがらかな 〔朗らかな〕
A بشوش (bashūsh) ;
بشاش (bashshāsh)
P بشاش (bashshāsh)
U بشاش (bashshāsh)

ほかん 〔保管〕
A حفظ (ḥifẓ)
P نگهداری (negah-dārī)
U حفاظت (hifāzat)
保管する
A حفظ (ḥafiẓa)
P نگهداری کردن (negah-dārī kardan)
U محفوظ رکھنا (mahfūz rakhnā)

ぼき 〔簿記〕
A مسك الدفاتر (masku-d-dafātir)
P حسابداری (hesāb-dārī)
U کھاتانویسی (khātā-navēsī)

ほきゅう 〔補給〕
A تزويد (tazwīd) ;
تموين (tamwīn)
P تدارک (tadārok)
U فراہمی (farāhamī)
補給する
A زود (zawwada) ; مون (mawwana)
P تدارک دیدن (tadārok dīdan)
U فراہم کرنا (farāham karnā)

ぼきん 〔募金〕
A تبرع (tabarru')
P اعانه (e'āne)
U چنده (chanda)

ぼく 〔僕〕
A أنا ('anā)
P من (man)
U میں (maiṇ)

ほくい 〔北緯〕
A خط العرض الشمالى
(khaṭṭul-'arḍi-sh-shamālī)
P عرض شمالی جغرافیائی
('arze-shomālīye-joghrāfiyā'ī)
U شمالی عرض بلد
(shimālī 'arze-balad)

ボクサー
A ملاكم (mulākim)
P بوکس‌باز (boks-bāz) ;
بوکسور (boksor)
U باکسر (bāksar)

ぼくし 〔牧師〕
A قسيس (qissīs)
P کشیش (keshīsh)
U پادری (pādrī)

ぼくじょう 〔牧場〕
A مرج (marj)

P چراگاه (c̲h̲arā-gāh)；
مرتع (marta‘)
U چراگاه (c̲h̲arā-gāh)

ボクシング
A ملاكمة (mulākama)
P بوكس (boks)
U باکسنگ (bāksing)

ぼくそう 〔牧草〕
A عشب (‘us̲h̲b)
P علف (‘alaf)
U گھاس (ghās)

ぼくちく 〔牧畜〕
A تربية المواشى
(tarbiyatul-mawās̲h̲ī)
P دامدارى (dām-dārī)
U مویشی پالنا (mavēs̲h̲ī-pālnā)

ほくとしちせい 〔北斗七星〕
A الدب الأكبر (ad-dubbul-’akbar)；
بنات نعش الكبرى
(banāt na‘s̲h̲il-kubrā)
P دب اكبر (dobbe-akbar)
U بنات النعش (banātu-n-na‘s̲h̲)

ぼくめつする 〔撲滅する〕
A قضى على (qaḍā ‘alā)
P نابود كردن (nābūd kardan)
U انسداد کرنا (insidād karnā)

ほくろ 〔黒子〕
A شامة (s̲h̲āma)；خال (k̲h̲āl)
P خال (k̲h̲āl)
U تل (til)

ほげい 〔捕鯨〕
A صيد الحيتان (ṣaydul-ḥītān)
P صيد بال (seide-bāl)
U وہیل مچھلی پکڑنا
(vhēl mac̲h̲hlī pakaṛnā)

ほけつ 〔補欠〕
A بديل (badīl)
P عضو على البدل
(‘ozve-‘alal-badal)
U ضمنی شخص (zimnī s̲h̲ak̲h̲s)

ポケット
A جيب (jayb)
P جيب (jīb)
U جیب (jēb)

ポケットマネー
A مصروف الجيب (maṣrūful-jayb)
P پول تو جيبى (pūle-tū jībī)
U جیب خرچ (jēb k̲h̲arc̲h̲)

ぼける 〔惚ける〕
A خرف (k̲h̲arifa)
P خرفت شدن (k̲h̲ereft s̲h̲odan)
U سٹھیانا (saṭhyānā)

ほけん 〔保険〕
A تأمين (ta‘mīn)
P بيمه (bīme)
U بیمہ (bīma)

保険をかける
A أمن (‘ammana)
P بيمه كردن (bīme kardan)
U بیمہ کرنا (bīma karnā)

生命保険
A تأمين على الحياة
(ta‘mīn ‘alal-ḥayā)
P بيمهٔ عمر (bīmeye-‘omr)
U زندگی کا بیمہ (zindagī ka bīma)

ほけん 〔保健〕
A صحة (ṣiḥḥa)
P بهداری (beh-dārī)
U صحت (sehat)
保健所
A مكتب صحة (maktab ṣiḥḥa)
P ادارهٔ بهداری (edāreye-beh-dārī)
U مرکز صحت (markaze sehat)

ほご 〔保護〕
A حماية (ḥimāya)
P حمایت (hemāyat)
U حفاظت (hifāzat)
保護する
A حمى (ḥamā)
P حمایت کردن (hemāyat kardan)
U حفاظت کرنا (hifāzat karnā)
保護者
A حامٍ (ḥāmin)
P محافظ (mohāfez) ; حامی (hāmī)
U محافظ (muhāfiz)

ほご 〔補語〕
A متممة للخبر (mutammima lil-khabar)
P متمم (motammem)
U خبر کا تکملہ (khabar ka takmila)

ぼご 〔母語〕
A اللغة الأم (allughatul-'umm)
P زبان مادری (zabāne-mādarī)
U مادری زبان (mādarī zabān)

ほこう 〔歩行〕
A مشي (mashy)
P قدم زنی (qadam zanī)
U چال (chāl)
歩行する
A مشى (mashā)
P قدم زدن (qadam zadan)
U چلنا (chalnā)
歩行者
A ماشٍ (māshin)
P عابر ('āber)
U پیدل چلنے والا (paidal chalnē-wālā)

ぼこく 〔母国〕
A وطن (waṭan)
P وطن (vatan)
U وطن (watan)
母国語
A اللغة الأم (allughatul-'umm)
P زبان مادری (zabāne-mādarī)
U مادری زبان (mādarī zabān)

ほこり 〔埃〕
A غبار (ghubār)
P گرد (gard) ; غبار (ghobār)
U دھول (dhūl) ; گرد (gard)

ほこり 〔誇り〕
A فخر (fakhr)
P افتخار (eftekhār) ; فخر (fakhr)
U فخر (fakhr)

ほこる 〔誇る〕
A فخر (fakhara) ; افتخر (iftakhara)
P افتخار کردن (eftekhār kardan)
U فخر کرنا (fakhr karnā)

ほし 〔星〕
A نجم (najm)

P ستاره (setāre)
U ستاره (sitāra)

ほしい 〔欲しい〕
A أراد (’arāda)
P خواستن (khāstan)
U چاہنا (chāhnā)

ほしくさ 〔干し草〕
A علف (‘alaf)
P علف خشک (‘alafe-khoshk)
U سوکھی گھاس (sūkhī ghās)

ほしゃく 〔保釈〕
A إفراج بكفالة (’ifrāj bi-kafāla)
P آزادی به قید ضمانت
(āzādī be-qeide-zamānat)
U ضمانت پر رہائی
(zamānat par rahā’ī)
保釈する
A أفرج بكفالة (’afraja bi-kafāla)
P به قید ضمانت آزاد کردن
(be-qeide-zamānat āzād kardan)
U ضمانت پر رہا کرنا
(zamānat par rahā karnā)
保釈金
A كفالة مالية (kafāla mālīya)
P وجه الضمان (vajho-z-zamān)
U ضمانت (zamānat)

ほしゅ 〔保守〕
保守的
A محافظ (muḥāfiẓ)
P محافظه کار (mohāfeze-kār)
U قدامت پسند (qadāmat-pasand)
保守党
A حزب محافظ (ḥizb muḥāfiẓ)
P حزب محافظه کار
(hezbe-mohāfeze-kār)
U قدامت پسند پارٹی
(qadāmat-pasand pārṭī)

ほしゅう 〔補修〕
A إصلاح (’iṣlāḥ)
P تعمیر (ta‘mīr)
U مرمت (marammat)
補修する
A أصلح (’aṣlaḥa)
P تعمیر کردن (ta‘mīr kardan)
U مرمت کرنا (marammat karnā)

ぼしゅう 〔募集〕
A طلب (ṭalab)
P طلب (talab);
عضوگیری (‘ozv-gīrī)
U طلب (talab)
募集する
A طلب (ṭalaba)
P طلبیدن (talabīdan)
U طلب کرنا (talab karnā)

ほじょ 〔補助〕
A مساعدة (mosā‘ada)
P کمک (komak)
U مدد (madad)
補助する
A ساعد (sā‘ada)
P کمک کردن (komak kardan)
U مدد دینا (madad dēnā)

ほしょう 〔保証〕
A ضمان (ḍamān)
P ضمانت (zamānat)
U ضمانت (zamānat)

保証する

A ضمن (ḍamina)

P ضمانت کردن (zamānat kardan)

U ضمانت دینا (zamānat dēnā)

保証人

A ضامن (ḍāmin)

P ضامن (zāmen)

U ضامن (zāmin)

ほしょう 〔補償〕

A تعويض (ta'wīḍ)

P جبران (jobrān)

U تلافی (talāfī)

補償する

A عوض ('awwaḍa)

P جبران کردن (jobrān kardan)

U تلافی کرنا (talāfī karnā)

ほしょう 〔保障〕

A أمن ('amn)

P امنیت (amniyat)

U حفاظت (hifāzat)

ほしょう 〔歩哨〕

A حارس (ḥāris)

P نگهبان (negah-bān)

U پہریدار (pahrē-dār)

ほす 〔干す〕

A جفف (jaffafa)

P خشک کردن (khoshk kardan)

U سکھانا (sukhānā)

ポスター

A إعلان ('i'lān)

P پوستر (pōstar)

U پوسٹر (pōsṭar)

ポスト

A صندوق البريد (ṣundūqul-barīd)

P صندوق پست (sandūqe-post)

U لیٹربکس (lēṭar-boks)

ぼせい 〔母性〕

A أمومة ('umūma)

P مادری (mādarī)

U امومت (umūmat)

母性愛

A حب الأمومة (ḥubbul-'umūma)

P مهر مادری (mehre-mādarī)

U مامتا (māmtā)

ほそい 〔細い〕

A رقيق (raqīq)

P باریک (bārīk)

U پتلا (patlā)

狭い

A ضيق (ḍayyiq)

P تنگ (tang)

U تنگ (tang)

ほそう 〔舗装〕

舗装道路

A طريق معبد (ṭarīq mu'abbad)

P راه شوسه (rāhe-shose)

U پکی سڑک (pakkī saṛak)

舗装する

A عبد ('abbada)

P فرش کردن (farsh kardan)

U پکا کرنا (pakkā karnā)

ほぞん 〔保存〕

A حفظ (ḥifẓ)

P حفظ (hefz) ; حفاظت (hefāzat)

U تحفظ (tahaffuz)

保存する

A حفظ (ḥafiza)

P حفاظت کردن (hefāzat kardan)

U محفوظ رکهنا (mahfūz rakhnā)

ぼだいじゅ〔菩提樹〕

A زيزفون (zayzafūn)

P زيرفون (zīrfūn)

U پيپل (pīpal)

ほたる〔蛍〕

A حباحب (ḥubāḥib)

P كرم شب‌تاب (kerme-shab-tāb)

U جگنو (jugnū)

ボタン

A زر (zirr)

P دكمه (dokme)

U بٹن (baṭan)

ボタンをかける

A زرر (zarrara)

P دكمه بستن (dokme bastan)

U بٹن بند کرنا (baṭan band karnā)

ボタンをはずす

A فك الزر (fakka-z-zirr)

P دكمه باز كردن
(dokme bāz kardan)

U بٹن کهولنا (baṭan khōlnā)

ぼち〔墓地〕

A مقبرة (maqbara)

P قبرستان (qabrestān)

U قبرستان (qabristān)

ホチキス

A دباسة (dabbasa)

P منگنه (mangene)

U اسٹیپلر (isṭēplar)

ほちょう〔歩調〕

A خطوة (khuṭwa)

P قدم (qadam)

U قدم (qadam)

ほっきょく〔北極〕

A القطب الشمالى
(al-quṭbu-sh-shamālī)

P قطب شمال (qotbe-shomāl)

U قطب شمالى (qutbe-shimālī)

北極星

A نجم القطب (najmul-quṭb)

P ستارهٔ قطبى (setāreye-qotbī)

U قطب (qutb)

ホック

A مشبك (mishbak)

P قزن (qazan)

U ہک (huk)

ホッケー

A هوكى (hūkī)

P هاكى (hākī)

U ہاکی (hākī)

ほっさ〔発作〕

A نوبة (nawba)

P حمله (hamle)

U دوره (daura)

ぼっしゅう〔没収〕

A مصادرة (muṣādara)

P ضبط (zabt)；
مصادره (mosādere)

U ضبط (zabt)

没収する

A صادر (ṣādara)

P ضبط کردن (zabt kardan)

U ضبط کرنا (zabt karnā)

ほっする 〔欲する〕 ──→ほしい〔欲しい〕

ぼっする 〔没する〕

沈む

A غرق (ghariqa)

P فرو رفتن (forū raftan)

U ڈوبنا (ḍūbnā)

太陽・月が没する

A غرب (gharaba)

P غروب کردن (ghorūb kardan)

U غروب ہونا (ghurūb hōnā)

死去する

A توفی (tuwuffiya)

P فوت کردن (fout kardan)

U انتقال کرنا (inteqāl karnā)

ほっそく 〔発足〕

発足する

A بدأ (bada'a)

P شروع شدن (shorū' shodan)

U شروع ہونا (shurū' hōnā)

開会する

A افتتح (iftataḥa)

P افتتاح شدن (eftetāh shodan)

U افتتاح ہونا (iftetāh hōnā)

ポット

ティーポット

A إبريق شاى ('ibrīq shāy)

P قوری (qūrī)

U چائے دانی (chā'ē-dānī)

ぼっとうする 〔没頭する〕

A انهمك (inhamaka)

P مستغرق شدن (mostaghraq shodan)

U منہمک ہونا (munhamak hōnā)

ぼっぱつする 〔勃発する〕

A نشب (nashiba)

P در گرفتن (dar gereftan)

U چھڑنا (chhiṛnā)

ぼつらく 〔没落〕

A انحطاط (inḥiṭāṭ)

P زوال (zavāl) ; سقوط (soqūt)

U زوال (zawāl)

没落する

A انحط (inḥaṭṭa)

P زوال يافتن (zavāl yāftan)

U زوال ہونا (zawāl hōnā)

ボディーガード

A حرس خاص (ḥaras khāṣṣ)

P محافظ شخصی (mohāfeze-shakhsī)

U باڈی گارڈ (bāḍī gārḍ)

ホテル

A فندق (funduq)

P مهمانخانه (mehmān-khāne) ; هتل (hotel)

U ہوٹل (hoṭel)

ホテルに泊まる

A نزل فى فندق (nazala fī funduq)

P در هتل اقامت کردن (dar hotel eqāmat kardan)

U ہوٹل میں ٹھہرنا (hoṭel meṇ ṭhaharnā)

ほど 〔程〕

凡そ

A حوالى (ḥawālay)

P تقريباً (taqrīban)
U کوئی (kō'ī)
程度
A درجة (daraja)
P اندازه (andāze)
U حد (hadd)

ほどう 〔歩道〕
A رصيف (raṣīf)
P پیاده رو (piyāde-rou)
U فٹ پاتھ (fuṭ-pāth)

ほどうする 〔補導する〕
A أرشد ('arshada)
P ارشاد کردن (ershād kardan)
U ارشاد کرنا (irshād karnā)

ほどく 〔解く〕
A فك (fakka)
P باز کردن (bāz kardan)
U کھولنا (khōlnā)

ほとけ 〔仏〕
仏陀
A بوذا (būdhā)
P بودا (būdā)
U بدھ (budh)
故人
A مرحوم (marḥūm)
P مرحوم (marhūm)
U مرحوم (marhūm)

ほどこす 〔施す〕
A تصدق (taṣaddaqa)
P صدقه دادن (sadaqe dādan)
U صدقہ دینا (sadaqa dēnā)

ほとんど 〔殆ど〕
A تقريبًا (taqrīban)
P تقريباً (taqrīban)
U تقریباً (taqrīban)

ぼにゅう 〔母乳〕
A حليب أم (ḥalīb 'umm)
P شیر مادر (shīre-mādar)
U ماں کا دودھ (māṇ ka dūdh)

ほにゅうどうぶつ 〔哺乳動物〕
A حيوان ثديي (ḥayawān thadyī)
P جانور پستاندار
(jānevare-pestān-dār)
U پستاندار حیوان
(pistān-dār haivān)

ほね 〔骨〕
A عظم ('aẓm)
P استخوان (ostokhān)
U ہڈی (haḍḍī)
骨を折る(骨折する)
A كسر عظمًا (kasara 'aẓman)
P استخوان شکستن
(ostokhān shekastan)
U ہڈی توڑنا (haḍḍī tōṛnā)

ほねおり 〔骨折り〕
苦労
A جهد (juhd)
P زحمت (zahmat)
U محنت (mehnat)
努力
A مجهود (majhūd)
P کوشش (kūshesh)
U کوشش (kōshīsh)

ほねぐみ 〔骨組み〕
骨格
A هيكل عظمي (haykal 'azmī)

P استخوان بندی (ostokhān-bandī)
U ڈھانچا (ḍhāṇchā)
構造
A بنية (binya)
P سازه (sāze)
U ڈھانچا (ḍhāṇchā)

ほのお 〔炎〕
A لهب (lahab) ; شعلة (shu'la)
P شعله (sho'le)
U شعلہ (sho'la)

ポプラ
A حور (ḥawar)
P تبریزی (tabrīzī)
U حور (haur)

ほぼ 〔保母〕
A مربية (murabbīya)
P دایه (dāye)
U نرس (nars)

ほほえむ 〔微笑む〕
A ابتسم (ibtasama)
P تبسم کردن (tabassom kardan)
U مسکرانا (muskrānā)

ほめる 〔褒める〕
A مدح (madaḥa)
P ستایش کردن (setāyesh kardan)
U تعریف کرنا (ta'rīf karnā)

ほよう 〔保養〕
病後の保養
A استشفاء (istishfā')
P بهبودی (behbūdī)
U صحت (sehat)
気晴らし
A تسلية (tasliya)
P تفریح (tafrīh)
U تفریح (tafrīh)
保養地
A منتجع (muntaja')
P آسایشگاه (āsāyesh-gāh)
U صحت‌گاہ (sehat-gāh)

ほら
ほらを吹く
A تباهى (tabāhā)
P لاف زدن (lāf zadan)
U ڈینگ مارنا (ḍīng mārnā)

ほらあな 〔洞穴〕
A غار (ghār) ; مغارة (maghāra)
P غار (ghār)
U غار (ghār)

ボランティア
A متطوع (mutaṭawwi')
P داوطلب (dāv-talab)
U رضاکار (razā-kār)

ほり 〔堀〕
A خندق (khandaq)
P خندق (khandaq)
U خندق (khandaq)

ほりだす 〔掘り出す〕
A استخرج (istakhraja)
P حفاری کردن (haffārī kardan)
U کھود کر نکالنا (khōd kar nikālnā)

ほりゅうする 〔保留する〕
A أرجأ ('arja'a)
P خود داری کردن (khod-dārī kardan)
U ریزرو کرنا (rīzarv karnā)

ほりょ 〔捕虜〕
A أسير ('asīr)
P اسيرجنگى (asīre-jangī)
U قيدى (qaidī) ; اسير (asīr)

ほる 〔掘る〕
A حفر (ḥafara)
P كندن (kandan)
U كهودنا (khōdnā)

ほる 〔彫る〕
A نقش (naqasha)
P تراشيدن (tarāshīdan)
U تراشنا (tarāshnā)

ボルト
電気の単位
A فولت (fūlt)
P ولت (volt)
U وولٹ (vōlṭ)
ねじ
A مسمار مصومل
(mismār muṣawmal)
P چفت (cheft)
U بولٹ (bōlṭ)

ポルトガル
A برتغال (burtughāl)
P پرتغال (portoghāl)
U پرتگال (portugāl)
ポルトガルの(人)
A برتغالى (burtughālī)
P پرتغالى (portoghālī)
U پرتگالى (portugālī)

ホルモン
A هرمون (hurmūn)
P هورمن (hormon)
U ہارمون (hārmon)

ほれる 〔惚れる〕
A وقع فى حب (waqa'a fī ḥubb) ;
فتن (futina)
P عاشق شدن ('āsheq shodan)
U عاشق ہونا ('āshiq hōnā)

ぼろ
A خرقة (khirqa)
P كهنه (kohne)
U چيتهڑا (chīthṛā)

ほろびる 〔滅びる〕
A هلك (halaka)
P هلاک شدن (halāk shodan)
U تباه ہونا (tabāh hōnā)

ほろぼす 〔滅ぼす〕
A أهلك ('ahlaka)
P هلاک كردن (halāk kardan)
U تباه كرنا (tabāh karnā)

ほん 〔本〕
A كتاب (kitāb)
P كتاب (ketāb)
U كتاب (kitāb)

ぼん 〔盆〕
A صينية (ṣīnīya)
P سينى (sīnī)
U تهال (thāl)

ほんきで 〔本気で〕
A جديًا (jiddīyan)
P بطور جدى (be-toure-jeddī)
U سنجيدگى سے (sanjīdagī se)

ほんきょ 〔本拠〕
A مقر (maqarr)
P مركز اصلى (markaze-aslī)

U صدر مقام (sadr maqām)

ほんごく 〔本国〕

A وطن (waṭan)

P وطن (vatan)

U وطن (watan)

ホンコン

A هونغ كونغ (hūngh-kūngh)

P هنگ‌کنگ (hong-kong)

U ہانگ‌کانگ (hāng-kāng)

ほんしつ 〔本質〕

A ماهية (māhīya)；جوهر (jawhar)

P ماهيت (māhīyat)；جوهر (jouhar)

U ماہیت (māhīyat)；جوہر (jauhar)

ほんじつ 〔本日〕

A اليوم (al-yawm)

P امروز (emrūz)

U آج (āj)

ほんしゃ 〔本社〕

A مكتب رئيسى (maktab ra'īsī)

P مركز اصلى شركت (markaze-aslīye-sherkat)

U صدر دفتر (sadr daftar)

ぼんじん 〔凡人〕

A شخص عادى (shakhṣ 'ādī)

P آدم عادى (ādame-'ādī)

U معمولى آدمى (ma'mūlī ādmī)

ほんせき 〔本籍〕

A عنوان دائم ('unwān dā'im)

P نشانى دائمى (neshānīye-dā'emī)

U مستقل پتا (mustaqil patā)

ほんせん 〔本線〕

A خط رئيسى (khaṭṭ ra'īsī)

P خط اصلى (khatte-aslī)

U مين لائن (mein lā'in)

ほんだな 〔本棚〕

A رف كتب (raff-kutub)

P جاكتابى (jā-ketābī)

U ريک (raik)

ぼんち 〔盆地〕

A وادٍ (wādin)

P وادى (vādī)

U وادى (wādī)

ほんとう 〔本当〕

本当の

A حقيقى (ḥaqīqī)

P حقيقى (haqīqī)

U حقيقى (haqīqī)

本当は

A فى الحقيقة (fil-ḥaqīqa)

P در حقيقت (dar haqīqat)

U حقيقت ميں (haqīqat meṇ)

ほんのう 〔本能〕

A غريزة (gharīza)

P غريزه (gharīze)

U جبلت (jibillat)

本能的な

A غريزى (gharīzī)

P غريزى (gharīzī)

U جبلى (jibillī)

ほんばこ 〔本箱〕

A خزانة الكتب (khizānatul-kutub)

P قفسهٔ كتاب (qafaseye-ketāb)

U كتابوں كى المارى (kitābōṇ ki almārī)

ぽんびき 〔ぽん引き〕

A قواد (qawwād)

P جاكش (jā-kesh)
U كٹنا (kuṭnā)

ほんぶ 〔本部〕
A مقر رئيسى (maqarr ra'īsī)
P ادارۀ مركزى (edāreye-markazī)
U مركز (markaz)

ポンプ
A مضخة (miḍakhkha)
P تلمبه (tolombe)
U پمپ (pamp)

ほんぶん 〔本文〕
A نص (naṣṣ)
P متن (matn)
U متن (matn)

ほんぶん 〔本分〕
A واجب (wājib)
P وظيفه (vazīfe)
U فرض (farz)

ボンベ
A أسطوانة ('usṭwāna)
P كپسول (kapsūl)
U اسطوانہ (ustwāna)

ほんもう 〔本望〕
A غاية (ghāya)
P آرزوى ديرينه (ārezūye-dīrīne)
U اصلى تمنا (aslī tamannā)

ほんもの 〔本物〕
A شىء أصلى (shay' 'aṣlī)
P چيز اصلى (chīze-aslī)
U اصلى چيز (aslī chīz)

ほんや 〔本屋〕
A مكتبة (maktaba)
P كتابفروشى (ketāb-forūshī)
U كتابوں كى دكان (kitābōṇ ki dukān)

ほんやく 〔翻訳〕
A ترجمة (tarjama)
P ترجمه (tarjome)
U ترجمہ (tarjuma)

翻訳する
A ترجم (tarjama)
P ترجمه كردن (tarjome kardan)
U ترجمہ كرنا (tarjuma karnā)

翻訳者
A مترجم (mutarjim)
P مترجم (motarjem)
U مترجم (mutarjim)

ぼんやりした
A شارد الذهن (shāridu-dh-dhihn)
P حواس پرت (havās-part)
U حواس باختہ (hawās-bākhta)

ほんらい 〔本来〕
A فى الأصل (fil-'aṣl)
P در اصل (dar asl)
U اصل ميں (asl meṇ)

ほんろん 〔本論〕
A موضوع أصلى (mawḍū' 'aṣlī)
P موضوع اصلى (mouzū'e-aslī)
U اصل موضوع (asl mauzū')

ま

ま 〔間〕

部屋

A غرفة (ghurfa)

P اتاق (otāq)

U کمرا (kamrā)

空間

A فسحة (fusḥa)

P فاصله (fāsele)

U خلا (khalā)

時間

A وقت (waqt)

P وقت (vaqt)

U وقت (waqt)

まあ

A أوه (’awwah)

P اوه (ūh)

U ارے (arē)

マーガリン

A مرجرين (marjarīn) ;
مرغرين (margharīn)

P مارگارین (mārgārīn)

U مارگرین (mārgarīn)

マーガレット

A أقحوان (’uqḥuwān)

P گل مینا (gole-mīnā)

U مارگریٹ (mārgarīṭ)

マーク

A علامة (‘alāma)

P علامت (‘alāmat)

U نشان (nishān)

マークをつける

A وضع علامة (waḍa‘a ‘alāma)

P علامت گذاشتن
(‘alāmat gozāshtan)

U نشان لگانا (nishān lagānā)

マーケット

A سوق (sūq)

P بازار (bāzār)

U بازار (bāzār)

マーチ

A مارش (mārsh)

P مارش (mārsh)

U مارچ (mārch)

マーマレード

A مرملاد (marmalād)

P مارمالاد (mārmālād)

U مارملیڈ (mārmalēḍ)

まい… 〔毎…〕

A كل (kulla)

P هر (har)

U ہر (har)

毎日
A كل يوم (kulla yawm)
P هر روز (har rūz)
U ہر روز (har rōz)

まいあさ 〔毎朝〕
A كل صباح (kulla ṣabāḥ)
P هر صبح (har sobh)
U ہر صبح (har subah)

マイク
A ميكروفون (mīkrūfūn)
P میکروفون (mīkrofon)
U مائکروفون (mā'ikrofon)

まいご 〔迷子〕
A طفل ضال (ṭifl ḍāll)
P بچۀ گم شده
(ba<u>ch</u><u>ch</u>eye-gom-<u>sh</u>ode)
U گم شده بچه
(gum-<u>sh</u>uda ba<u>ch</u><u>ch</u>a)
迷子になる
A ضل الطريق (ḍalla-ṭ-ṭarīq)
P گم شدن (gom <u>sh</u>odan)
U گم ہونا (gum hōnā)

まいしゅう 〔毎週〕
A كل أسبوع (kulla 'usbū')
P هر هفته (har hafte)
U ہر ہفتے (har haftē)

まいそう 〔埋葬〕
A دفن (dafn)
P تدفین (tadfīn)；
دفن (dafn)
U تدفین (tadfīn)
埋葬する
A دفن (dafana)
P تدفین کردن (tadfīn kardan)；
دفن کردن (dafn kardan)
U دفن کرنا (dafn karnā)

まいど 〔毎度〕
A كل مرة (kulla marra)
P هر بار (har bār)
U ہر بار (har bār)

マイナス
A ناقص (nāqiṣ)
P منها (menhā)
U منفی (manfī)

まいにち 〔毎日〕
A كل يوم (kulla yawm)
P هر روز (har rūz)
U ہر روز (har rōz)
毎日の
A يومى (yawmī)
P روزانه (rūzāne)
U روزانہ (rōzāna)

まいねん 〔毎年〕
A كل سنة (kulla sana)
P هر سال (har sāl)
U ہر سال (har sāl)

まいる 〔参る〕
参詣する
A قام بزيارة (qāma bi-ziyāra)
P زیارت کردن (ziyārat kardan)
U زیارت کو جانا (ziyārat ko jānā)

マイル
A ميل (mīl)
P میل (mīl)
U میل (mīl)

まう 〔舞う〕
A رقص (raqaṣa)
P رقصيدن (raqsīdan)
U ناچنا (nāc̲h̲nā)；
رقص کرنا (raqs karnā)
まえ 〔前〕
場所
A أمام (’amāma)
P جلو (jelou)
U کے سامنے (ke sāmnē)
時間
A منذ (mund̲h̲)；قبل (qabla)
P پيش (pīs̲h̲)；قبل (qabl)
U سے پہلے (se pahlē)
まえうり 〔前売り〕
A بيع مقدم (bay‘ muqaddam)
P پيش فروش (pīs̲h̲-forūs̲h̲)
U پيشگی فروخت (pēs̲h̲gī farōk̲h̲t)
まえかけ 〔前掛け〕
A مئزر (mi’zar)
P پيش بند (pīs̲h̲-band)
U پيش بند (pēs̲h̲-band)
まえがし 〔前貸し〕
A سلفة (sulfa)
P مساعده (mosā‘ede)
U پيشگی (pēs̲h̲gī)
まえばらい 〔前払い〕
A دفع مقدم (daf‘ muqaddam)
P پيش پرداخت (pīs̲h̲-pardāk̲h̲t)
U پيش ادائگی (pēs̲h̲-adā’egī)
まえもって 〔前以て〕
A مقدمًا (muqaddaman)
P از پيش (az pīs̲h̲)
U پہلے ہی سے (pahlē hī se)
まかす 〔負かす〕
A غلب (g̲h̲alaba)；هزم (hazama)
P شکست دادن (s̲h̲ekast dādan)；
مغلوب کردن (mag̲h̲lūb kardan)
U ہرانا (harānā)；
شکست دينا (s̲h̲ikast dēnā)
まかせる 〔任せる〕
A عهد (‘ahida)
P سپردن (sepordan)
U سپرد کرنا (supurd karnā)
まがった 〔曲がった〕
A أعوج (’a‘waj)
P کج (kaj)
U ٹيڑھا (ṭēṛhā)
まがりくねる 〔曲がりくねる〕
A تلوى (talawwā)
P پيچ خوردن (pīc̲h̲ k̲h̲ordan)
U بل کھانا (bal khānā)
まがる 〔曲がる〕
A انحنى (inḥanā)
P خم شدن (k̲h̲am s̲h̲odan)
U خم آنا (k̲h̲am ānā)
マカロニ
A مكرونة (makarūna)
P ماکارونی (mākāronī)
U مکرونی (makaronī)
まき 〔薪〕
A حطب (ḥaṭab)
P هيزم (hīzom)
U لکڑی (lakṛī)；ايندھن (īṇdhan)
まきじゃく 〔巻き尺〕
A شريط القياس (s̲h̲arīṭul-qiyās)

P متر (metr)
U پیمائشی فیتہ (paimā'ishi fīta)

まきつく 〔巻き付く〕
A تفتل (tafattala)
P پیچیدن (pīchīdan)
U لپٹنا (lipaṭnā)

まきば 〔牧場〕
A مرج (marj)
P چراگاه (charā-gāh)
U چراگاه (charā-gāh)

まきもの 〔巻き物〕
A طومار (ṭūmār) ; لفة (laffa)
P طومار (tūmār)
U طومار (tūmār)

まぎらわしい 〔紛らわしい〕
A مبهم (mubham)
P مبهم (mobham)
U مبہم (mubham)

まく 〔幕〕
A ستار (sitār)
P پرده (parde)
U پرده (parda)

まく 〔膜〕
A غشاء (ghishā')
P پرده (parde) ; غشا (gheshā)
U جھلی (jhillī)

まく 〔巻く〕
A لف (laffa)
P پیچیدن (pīchīdan)
U لپیٹنا (lapēṭnā)

時計を巻く
A ملأ (mala'a)
P کوک کردن (kūk kardan)
U چابی دینا (chābī dēnā)

まく 〔蒔く〕
A زرع (zara'a)
P کاشتن (kāshtan)
U بونا (bōnā)

まく 〔撒く〕
水を撒く
A رش (rashsha)
P پاشیدن (pāshīdan)
U چھڑکنا (chhiṛaknā)

まき散らす
A شتت (shattata)
P پراکندن (parākandan)
U بکھیرنا (bikhērnā)

マグネシウム
A مغنيسيوم (maghnīsiyūm)
P منیزیم (manyezyom)
U میگنیشیم (maignīshiyom)

まくら 〔枕〕
A وسادة (wisāda)
P بالش (bālesh)
U تکیہ (takiya)

まぐろ 〔鮪〕
A تونا (tūnā)
P ماهی تونا (māhīye-tūnā)
U ٹیونا مچھلی (ṭyūnā machhlī)

まけ 〔負け〕
A هزيمة (hazīma)
P شکست (shekast)
U ہار (hār)

まける 〔負ける〕
A انهزم (inhazama)
P شکست خوردن (shekast khordan)

U ہارنا (hārnā)；
شکست کھانا (shikast khānā)

まげる 〔曲げる〕

A حنى (ḥanā)
P خم كردن (kham kardan)
U موڑنا (mōṛnā)

まご 〔孫〕

A （男）حفيد (ḥafīd)；
（女）حفيدة (ḥafīda)
P نوه (nave)
U （男）پوتا (pōtā)；
（女）پوتی (pōtī)

まごころ 〔真心〕

A إخلاص (’ikhlāṣ)
P اخلاص (ekhlās)；
خلوص (kholūs)
U خلوص (khulūs)

まごつく

A تحير (taḥayyara)
P پريشان شدن (parīshān shodan)
U پریشان ہونا (parēshān hōnā)

まこと 〔誠〕

誠実

A إخلاص (’ikhlās)
P خلوص (kholūs)
U خلوص (khulūs)

真実

A حقيقة (haqīqa)
P حقيقت (haqīqat)
U حقیقت (haqīqat)

まさつ 〔摩擦〕

A احتكاك (iḥtikāk)
P اصطكاک (estekāk)
U رگڑ (ragaṛ)

摩擦する

A احتك (iḥtakka)
P اصطكاک كردن (estekāk kardan)
U رگڑنا (ragaṛnā)

まさに 〔正に〕

確かに

A بالتأكيد (bi-t-ta’kīd)
P يقيناً (yaqīnan)
U یقیناً (yaqīnan)

ちょうど

A تمامًا (tamāman)
P درست (dorost)
U ٹھیک (ṭhīk)

まさる 〔勝る〕

A تفوق (tafawwaqa)
P برتری داشتن (bartarī dāshtan)；
برتر بودن (bartar būdan)
U برتر ہونا (bartar hōnā)；
فوقیت لینا (fauqīyat lēnā)

まじない 〔呪い〕

A تعويذة (ta‘wīdha)
P افسون (afsūn)
U منتر (mantar)

まじめ 〔真面目〕

真面目な

A جدى (jiddī)
P جدى (jeddī)
U سنجیدہ (sanjīda)

真面目に

A جديًا (jiddīyan)
P بطور جدى (be-toure-jeddī)
U سنجیدگی سے (sanjīdagī se)

まじゅつ 〔魔術〕
A سحر (siḥr)
P جادو (jādū) ; سحر (sehr)
U جادو (jādū)

まじょ 〔魔女〕
A ساحرة (sāḥira)
P شاحره (sāhere) ;
جادوگر زن (jādū-gare-zan)
U ڈائن (ḍā'in)

まじる 〔混じる〕
A اختلط (ikhtalaṭa)
P مخلوط شدن (makhlūt shodan)
U ملنا (milnā)

まじわる 〔交わる〕
交際する
A عاشر ('āshara)
P معاشرت کردن (mo'āsherat kardan)
U دوستی کرنا (dōstī karnā)
交差する
A تقاطع (taqāṭa'a)
P تقاطع کردن (taqāto' kardan)
U متقاطع ہونا (mutaqāt' hōnā)

ます 〔増す〕
増える
A ازداد (izdāda)
P افزوده شدن (afzūde shodan)
U بڑھنا (baṛhnā)
増やす
A زاد (zāda)
P افزودن (afzūdan)
U بڑھانا (baṛhānā)

ます 〔升〕
A مكيال (mikyāl)
P پیمانه (peimāne)
U پیمانہ (paimāna)

ます 〔鱒〕
A سمك الأطروط (samakul-'uṭrūṭ)
P قزل آلا (qezel-ālā)
U ٹراؤٹ مچھلی (ṭrā'uṭ machhlī)

まず 〔先ず〕
最初に
A فی أول الأمر (fī 'awwalul-'amr)
P پیش از همه (pīsh az hame)
U سب سے پہلے (sab se pahlē)

ますい 〔麻酔〕
A تخدير (takhdīr)
P بیهوشی (bī-hūshī) ;
بی‌حسی (bī-hessī)
U بےحسی (bē-hisī)
麻酔薬
A مخدر (mukhaddir)
P داروی بیهوشی (dārūye-bī-hūshī)
U مخدر (mukhaddir)
麻酔をかける
A خدر (khaddara)
P بیهوش کردن (bī-hūsh kardan)
U بےحس کرنا (be-his karnā)

まずい 〔不味い〕
A مسيخ (masīkh) ;
غير لذيذ (ghayr-ladhīdh)
P بدمزه (bad-maze)
U بدمزه (bad-maza)

マスク
A قناع (qinā')
P ماسک (māsk)
U ماسک (māsk)

マスコミ
A وسائل الإعلام (wasā'ilul-'i'lām)
P رسانه های گروهی
(resāne-hāye-gorūhī)
U ابلاغ عامه (iblāghe-'āmma)

まずしい 〔貧しい〕
A فقير (faqīr)
P فقير (faqīr)
U غريب (gharīb)

マスト
A صارية (ṣāriya)
P دگل (dagal)
U مستول (mastūl)

ますます 〔益々〕
A أكثر فأكثر ('akthar fa-'akthar)
P بيش از بيش (bīsh az bīsh)
U اور بڑھ کر (aur baṛh-kar)

まぜる 〔混ぜる〕
A خلط (khalaṭa)
P مخلوط كردن (makhlūt kardan)
U ملانا (milānā)

また 〔又〕
再び
A مرة أخرى (marra 'ukhrā)
P دوباره (do-bāre)
U پھر (phir)
もまた
A أيضًا ('ayḍan)
P نيز (nīz)
U بھی (bhī)

また 〔股〕
A فخذ (fakhdh)
P ران (rān)
U ران (rān)

まだ 〔未だ〕
A ما زال (mā zāla)
P هنوز (hanūz)
U ہنوز (hanōz)

またぐ 〔跨ぐ〕
A عبر بخطوات واسعة
('abara bi-khuṭwāt wāsi'a)
P شلنگ انداختن
(shelang andākhtan)
U پار كرنا (pār karnā)

またせる 〔待たせる〕
A جعله ينتظر (ja'ala-hu yantaẓiru)
P منتظر گذاشتن
(montazer gozāshtan)
U انتظار كرانا (intezār karānā)

またたく 〔瞬く〕
A تلألأ (tala'la'a)
P چشمک زدن (cheshmak zadan)
U ٹمٹمانا (ṭimṭimānā)
瞬く間に
A فى غمضة عين (fī ghamḍa 'ayn)
P در يک لحظه (dar yek lahze)
U آن كی آن ميں (ān ki ān meṇ)

または 〔又は〕
A أو ('aw) ; أم ('am)
P يا (yā)
U يا (yā)

マダム
A مدام (madām)
P بانو (bānū) ; مادام (mādām)
U بيگم (bēgam)

まだら 〔斑〕
A بقعة (buq‘a)
P خال (k̲h̲āl)
U داغ (dāg̲h̲)

まち 〔町〕
A مدينة (madīna)
P شهر (s̲h̲ahr)
U شهر (s̲h̲ahar)

まちあいしつ 〔待合室〕
A غرفة الانتظار (g̲h̲urfatul-intiẓār)
P اتاق انتظار (otāqe-entezār)
U انتظارگاه (intezār-gāh)

まちがい 〔間違い〕
A خطأ (k̲h̲aṭa’)
P اشتباه (es̲h̲tebāh)
U غلطى (g̲h̲alatī)

まちがえる 〔間違える〕
A أخطأ (’ak̲h̲ṭa’a)
P اشتباه كردن (es̲h̲tebāh kardan)
U غلطى كرنا (g̲h̲alatī karnā)

まぢかの 〔間近の〕
A قريب (qarīb)
P نزديک (nazdīk)
U نزديكى (nazdīkī) ;
نزديک (nazdīk)

まちぶせする 〔待ち伏せする〕
A نصب كمينًا (naṣaba kamīnan)
P كمين كردن (kamīn kardan)
U گهات ميں رہنا (ghāt meṇ rahnā)

まつ 〔待つ〕
A انتظر (intaẓara)
P صبر كردن (sabr kardan) ;
منتظر بودن (montazer būdan)
U انتظار كرنا (intezār karnā)

まつ 〔松〕
A صنوبر (ṣanawbar)
P كاج (kāj)
U صنوبر (sanōbar)

まっか 〔真っ赤〕
真っ赤な
A أحمر قانٍ (’aḥmar qānin)
P قرمز يكدست (qermeze-yek-dast)
U بالكل سرخ (bilkul surk̲h̲)
真っ赤なうそ
A كذب مطلق (kid̲h̲b muṭlaq)
P دروغ محض (dorūg̲h̲e-mahz)
U سفيد چهوٹ (safēd jhūṭ)

まっくらな 〔真っ暗な〕
A مظلم مطلق (muẓlim muṭlaq)
P كاملاً تاريک (kāmelan tārīk)
U گهپ اندهيرا (ghup aṇdhērā)

まっくろな 〔真っ黒な〕
A أسود فاحم (’aswad fāḥim)
P سياه يكدست (siyāhe-yek-dast)
U بالكل كالا (bilkul kālā)

まつげ 〔睫〕
A رمش (rims̲h̲)
P مژه (moz̲h̲e)
U پلک (palak)

マッサージ
A تدليك (tadlīk) ; مساج (masāj)
P ماساژ (māsāz̲h̲)
U مالش (mālis̲h̲)
マッサージする
A دلك (dallaka)
P ماساژ دادن (māsāz̲h̲ dādan)

U مالش كرنا (mālish karnā)

まっさいちゅうに 〔真っ最中に〕

A فى ذروة (fī dhurwa)

P در بحبوحه (dar bohbūhe)

U عين-كے دوران ('ain-ke daurān)

まっさお 〔真っ青〕

真っ青な

A أزرق غامق ('azraq ghāmiq)

P كبود (kabūd)

U گہرا نيلا (gahrā nīlā)

真っ青になる

A اصفر (iṣfarra)

P زرد شدن (zard shodan)

U زرد پڑنا (zard paṛnā)

まっさかさまに 〔真っ逆様に〕

A راسًا على عقب (rāsan 'alā 'aqib)

P وارونه (vārūne)

U سر كے بل (sir ke bal)

まっさき 〔真っ先〕

真っ先に

A قبل كل شىء (qabla kulla shay')

P قبل از هر چيز (qabl az har chīz)

U سب سے پہلے (sab se pahlē)

先頭に

A على رأس ('alā ra's)

P در پيشاپيش (dar pīshā-pīsh)

U سب سے آگے (sab se āgē)

まっさつ 〔抹殺〕

抹殺する

A محا (maḥā)

P محو كردن (mahv kardan)

U مٹانا (miṭānā)

殺す

A قتل (qatala)

P كشتن (koshtan)

U قتل كرنا (qatl karnā)

まっしょうめんに 〔真っ正面に〕

A أمام بالضبط ('amāma bi-ḍ-ḍabṭ)

P درست روبرو (dorost rū-be-rū)

U كے بالكل سامنے (ke bilkul sāmnē)

まっしろな 〔真っ白な〕

A أبيض خالص ('abyaḍ khālis)

P سفيد يكدست (sefīde-yek-dast)

U بالكل سفيد (bilkul safēd)

まっすぐ 〔真っ直ぐ〕

真っ直ぐな

A مستقيم (mustaqīm)

P مستقيم (mostaqīm)

U سيدھا (sīdhā)

真っ直ぐに

A مستقيمًا (mustaqīman)

P مستقيماً (mostaqīman);
راست (rāst)

U سيدھا (sīdhā)

まったく 〔全く〕

A مطلقًا (muṭlaqan);
تمامًا (tamāman)

P اصلاً (aslan)

U بالكل (bilkul)

マッチ

A كبريت (kibrīt)

P كبريت (kebrīt)

U دياسلائى (diyāsalā'ī);
ماچس (māchs)

マッチをする
A أشعل كبريتًا
('ash'ala kibrītan)
P كبريت زدن (kebrīt zadan)
U دياسلائى جلانا (diyāsalā'ī jalānā)

マット
A حصير (ḥaṣīr)
P حصير (hasīr)
U بوريا (bōriyā)

マットレス
A حشية الفراش (ḥashīyatul-firāsh)
P تشک (toshak)
U گدا (gaddā)

まつばづえ 〔松葉杖〕
A عكاز ('ukkāz)
P چوب زير بغل (chube-zīr-baghal)
U بيساكهی (baisākhī)

まつり 〔祭り〕
A عيد ('īd) ; مهرجان (mahrajān)
P عيد ('eid) ; جشن (jashn)
U عيد ('īd) ; تہوار (tehwār)

まで
A حتى (ḥattā)
P تا (tā)
U تک (tak)

今まで
A حتى الآن (ḥattal-ān)
P تا كنون (tā konūn)
U اب تک (ab tak)

まてんろう 〔摩天楼〕
A ناطحة السحاب
(nāṭiḥatu-s-saḥāb)
P آسمان خراش (āsmān-kharāsh)
U فلک بوس عمارت
(falak-bōs-'imārat)

まと 〔的〕
A هدف (hadaf)
P هدف (hadaf) ; آماج (āmaj)
U نشانہ (nishāna)

まど 〔窓〕
A شباك (shubbāk)
P پنجره (panjare)
U كهڑكی (khiṛkī)

まとめる
解決する
A حل (ḥalla)
P حل كردن (hall kardan)
U حل كرنا (hal karnā)
集める
A جمع (jama'a)
P جمع كردن (jam' kardan)
U جمع كرنا (jama' karnā)

まどろむ
A نعس (na'asa)
P چرت زدن (chort zadan)
U اونگهنا (ūṇghnā)

まどわす 〔惑わす〕
A حير (ḥayyara)
P گيج كردن (gīj kardan)
U پريشان كرنا (parēshān karnā)

まなつ 〔真夏〕
A منتصف الصيف
(muntaṣafu-ṣ-ṣayf)
P نيمۀ تابستان (nīmeye-tābestān)
U وسط گرما (waste-garmā)

まなぶ 〔学ぶ〕
A درس (darasa)
P درس خواندن (dars khāndan)；
یاد گرفتن (yād gereftan)
U سیکھنا (sīkhnā)；
پڑھنا (paṛhnā)

マニア
A مغرم (mughram)
P جنون (jonūn)
U شائق (shā'iq)

まにあう 〔間に合う〕
時間に間に合う
A أدرك ('adraka)
P سر وقت رسیدن
(sare-vaqt resīdan)
U وقت پر پہنچنا
(waqt par pahuṇchnā)

マニキュア
A مانیکور (mānīkūr)
P مانیکور (mānīkūr)
U ناخن تراش (nākhun-tarāsh)

まぬけ 〔間抜け〕
A أحمق ('aḥmaq)
P احمق (ahmaq)
U بےوقوف (bē-waqūf)

まね 〔真似〕
A تقليد (taqlīd)
P تقلید (taqlīd)
U نقل (naql)
真似る
A قلد (qallada)
P تقلید کردن (taqlīd kardan)
U نقل کرنا (naql karnā)

マネージャー
A مدير (mudīr)
P مدیر (modīr)
U منیجر (manējar)

まねき 〔招き〕
A دعوة (da'wa)
P دعوت (da'vat)
U دعوت (da'wat)

マネキン
A مانيكان (mānīkān)
P مانکن (mānekan)
U منیکن (manīkan)

まねく 〔招く〕
A دعا (da'ā)
P دعوت کردن (da'vat kardan)
U دعوت دینا (da'wat dēnā)

まばたき 〔瞬き〕
A غمزة (ghamza)
P چشمک (chashmak)
U جھپک (jhapak)
瞬きする
A غمز (ghamaza)
P چشمک زدن (chashmak zadan)
U جھپکنا (jhapaknā)

まばらな 〔疎らな〕
A متناثر (mutanāthir)；
خفيف (khafīf)
P تنک (tonok)；
پراکنده (parākande)
U چھدرا (chhidrā)

まひ 〔麻痺〕
A شلل (shalal)
P فلج (falaj)

U فالج (fālij)

麻痺する

A انشل (inshalla)

P فلج شدن (falaj shodan)

U فالج پڑنا (fālij paṛnā)

まひる 〔真昼〕

A منتصف النهار (muntaṣafu-n-nahār)

P نیمروز (nīm-rūz)

U دو پہر (dō-pahar)

まぶしい 〔眩しい〕

A باهر (bāhir)

P خیره کننده (khīre-konande)

U خیره کن (khira-kun)

まぶた 〔瞼〕

A جفن (jafn)

P پلک (pelk)

U پپوٹا (papōṭā)

マフラー

A شال (shāl)

P شال گردن (shāle-gardan)

U مفلر (maflar)

まほう 〔魔法〕

A سحر (siḥr)

P جادو (jādū) ; سحر (sehr)

U جادو (jādū)

魔法使い

A ساحر (sāḥir)

P جادوگر (jādū-gar) ;
ساحر (sāher)

U جادوگر (jādū-gar)

まぼろし 〔幻〕

A شبح (shabaḥ) ; خيال (khayāl)

P شبح (shabah)

U وہم (wahm)

ママ

A ماما (māmā)

P ماما (māmā)

U ماما (māmā)

ままこ 〔継子〕

A （男） ربيب (rabīb)
（女） ربيبة (rabība)

P （男） نا پسری (nā-pesarī)
（女） نا دختری (nā-dokhtarī)

U （男） سوتیلا بیٹا (sautēlā bēṭā)
（女） سوتیلی بیٹی (sautēlī bēṭī)

ままはは 〔継母〕

A رابة (rābba)

P نا مادری (nā-mādarī)

U سوتیلی ماں (sautēlī māṇ)

まみず 〔真水〕

A ماء عذب (mā' 'adhb)

P آب شیرین (ābe-shīrīn)

U میٹھا پانی (mīṭhā pānī)

まむし 〔蝮〕

A أفعًى ('af'an)

P افعی (af'ī)

U افعی (af'ī)

まめ 〔豆〕

A فول (fūl)

P لوبیا (lūbiyā)

U پھلی (phalī)

まめ 〔肉刺〕

A نفطة (nafṭa)

P پینه (pīne)

U چھالا (chhālā)

肉刺ができる
A ظهرت نفطة (ẓaharat nafṭa)
P پینه بستن (pīne bastan)
U چھالا پڑنا (chhālā paṛnā)

まもなく 〔間もなく〕
A بعد قليل (ba'da qalīl)；
عن قريب ('an qarīb)
P بزودی (be-zūdī)；
عنقریب ('an-qarīb)
U تھوڑی دیر میں (thōṛī dēr meṇ)；عنقریب ('an-qarīb)

まもる 〔守る〕
保護する
A حمى (ḥamā)
P حمایت کردن (hemāyat kardan)
U حفاظت کرنا (hifāzat karnā)
防ぐ
A دافع (dāfa'a)
P دفاع کردن (defā' kardan)
U دفاع کرنا (difā' karnā)

まやく 〔麻薬〕
A مخدرات (mukhaddirāt)
P مواد مخدر (mavādde-mokhadder)
U منشیات (munashshiyāt)

まゆ 〔眉〕
A حاجب (ḥājib)
P ابرو (abrū)
U بھوں (bhauṇ)

まゆ 〔繭〕
A شرنقة (sharnaqa)
P پیله (pīle)
U کویا (kōyā)

まよう 〔迷う〕
道に迷う
A ضل الطريق (ḍalla-ṭ-ṭarīq)
P راه گم کردن (rāh gom kardan)
U راستہ بھولنا (rāsta bhūlnā)
当惑する
A تحير (taḥayyara)
P سرگشته شدن (sar-gashta shodan)
U گھبرانا (ghabrānā)

まよなか 〔真夜中〕
A منتصف الليل (muntaṣafu-l-layl)
P نیمشب (nīm-shab)
U آدھی رات (ādhī rāt)

マヨネーズ
A مايونيز (māyūnīz)
P مایونز (māyonez)
U مایونیز (māyonīz)

まよわす 〔迷わす〕
邪道に導く
A أضل ('aḍalla)
P گمراه کردن (gom-rāh kardan)
U گمراہ کرنا (gum-rāh karnā)
当惑させる
A حير (ḥayyara)
P سرگشته کردن (sar-gashte kardan)
U پریشان کرنا (parēshān karnā)

マラソン
A سباق الماراثون (sibāqul-mārāthūn)
P مسابقهٔ دوی ماراتون (mosābeqeye-douye-mārāton)

U مراتھون ریس (marāthon rēs)

マラリア

A ملاريا (malāriyā)

P مالاريا (mālāriyā)

U مليريا (malēriyā)

まり 〔毬〕

A كرة (kura)

P توپ (tūp)

U گیند (gēṇd)

まる 〔丸〕

A دائرة (dā'ira)

P دایره (dāyere)

U دائره (dā'ira)

まるい 〔丸い・円い〕

A مستدير (mustadīr)

P گرد (gerd)

U گول (gōl)

まるた 〔丸太〕

A قرمة (qurma)

P کنده (konde)

U کندا (kundā)

まるで

まったく

A تماماً (tamāman)

P اصلاً (aslan)

U بالکل (bilkul)

あたかも

A كأن (ka'anna)

P گوئی (gū'ī)

U گویا (gōyā)

マレーシア

A ماليزيا (mālīziyā)

P مالزیا (mālziyā)

U ملیشیا (malē<u>sh</u>iyā)

まれな 〔稀な〕

A نادر (nādir)

P کمیاب (kam-yāb) ; نادر (nāder)

U نادر (nādir) ; نرالا (nirālā)

まわす 〔回す〕

A أدار ('adāra)

P چرخاندن (<u>ch</u>ar<u>kh</u>āndan)

U گھمانا (ghumānā)

まわり 〔回り・周り〕

巡回

A دورة (dawra)

P گشت (ga<u>sh</u>t)

U گشت (ga<u>sh</u>t)

環境

A بيئة (bī'a)

P محیط (mohīt)

U ماحول (mā-haul)

まわる 〔回る〕

A دار (dāra)

P گردیدن (gardīdan) ;

چرخیدن (<u>ch</u>ar<u>kh</u>īdan)

U گھومنا (ghūmnā)

まん 〔万〕

A عشرة آلاف ('a<u>sh</u>ara-ālāf)

P ده هزار (dah-hezār)

U دس ہزار (das-hazār)

まんいち 〔万一〕

A لو (law)

P اگر (agar)

U اگر (agar)

万一の場合には

A فى حالة الطوارى

(fī ḥālati-ṭ-ṭawārī)
P هنگام اضطرار (hengāme-ezterār)
U ہنگامی صورت حال میں
(hangāmī sūrate-hāl meṇ)

まんいんになる 〔満員になる〕
A اكتظ بالناس (iktaẓẓa bin-nās)
P پر از جمعيت شدن (por az jam'īyat shodan)
U بھرا ہونا (bharā hōnā)

まんえんする 〔蔓延する〕
A انتشر (intashara)
P سرايت كردن (serāyat kardan)
U پھيلنا (phailnā)

まんが 〔漫画〕
A كاريكاتير (kārīkātīr)
P كاريكاتور (kārīkātūr)
U كارٹون (kārṭūn)
漫画家
A رسام كاريكاتير (rassām kārīkātīr)
P كاريكاتوريست (kārīkātūrīst)
U كارٹون ساز (kārṭūn-sāz)

マンガン
A منغنيز (manghanīz)
P منگنز (manganez)
U منگنيز (manganīz)

まんき 〔満期〕
A انقضاء (inqiḍā')
P انقضا (enqezā)
U انقضا (inqezā)
満期になる
A انقضى (inqaḍā)
P منقضى شدن (monqazī shodan)
U منقضى ہونا (munqazī hōnā)

まんげつ 〔満月〕
A بدر (badr)
P ماه تمام (māhe-tamām)
U پورا چاند (pūrā chāṇd)

マンゴー
A مانجو (mānjū)
P انبه (anbe)
U آم (ām)

まんせいの 〔慢性の〕
A مزمن (muzmin)
P مزمن (mozmen)
U مزمن (muzmin)

まんぞく 〔満足〕
A رضاء (riḍā')
P رضايت (rezāyat)
U تسلى (tasallī)
満足な
A راضٍ (rāḍin)
P راضى (rāzī)
U تسلى بخش (tasallī-bakhsh)
満足する
A رضى (raḍiya)
P راضى شدن (rāzī shodan)
U تسلى ہونا (tasallī hōnā)

まんちょう 〔満潮〕
A أقصى ارتفاع للمد
('aqṣā irtifā' lil-madd)
P مد كامل (madde-kāmel)
U كامل مد (kāmil madd)

まんてん 〔満点〕
A درجات كاملة (darajāt kāmila)
P نمره كامل (nomreye-kāmel)
U پورا نمبر (pūrā nambar)

マント
A عباءة (‘abā’a)
P شنل (shenel)
U چغه (chugha)

マンドリン
A مندولين (mandūlīn)
P ماندولين (māndolīn)
U ماندولن (māndolin)

まんなか 〔真ん中〕
A وسط (wasṭ/wasaṭ)
P وسط (vasat) ; ميان (miyān)
U بيچ (bīch) ; وسط (vast)
真ん中の
A أوسط (’awsaṭ)
P وسطى (vasatī) ; ميانى (miyānī)
U بيچ كا (bīch ka) ; وسطى (vastī)

まんねんひつ 〔万年筆〕
A قلم حبر (qalam-ḥibr)
P خودنويس (khod-nevis)
U فونٹين پن (faunṭīn-pen)

まんびきする 〔万引きする〕
A سرق المعروضات فى الدكان
(saraqal-ma‘rūḍāt fi-d-dukkān)
P در مغازه دزديدن
(dar maghāze dozdīdan)
U اٹھائى گيرا ہونا
(uṭhā’ī-gīrā hōnā)

まんぷくする 〔満腹する〕
A شبع (shabi‘a)
P سير شدن (sīr shodan)
U سير ہونا (sēr hōnā)

マンホール
A فتحة دخول (futḥa dukhūl)
P دريچه آدم رو
(darīcheye-ādam-rou)
U مين ہول (main-houl)

マンモス
A ماموث (māmūth)
P ماموت (māmūt)
U ميمت (maimat)

まんゆう 〔漫遊〕
A رحلة سياحية (riḥla siyāḥīya)
P تور (tūr)
U تفريحى سير (tafrīhī sair)

み

み 〔身〕
身体
A جسم (jism) ; بدن (badan)
P تن (tan) ; جسم (jism)
U بدن (badan) ; جسم (jism)
自己
A نفس (nafs)
P خود (khod)

U خود (k͟hud)

み 〔実〕

A ثمر (t͟hamar)

P میوه (mīve)

U پهل (phal)

みあげる 〔見上げる〕

上を見る

A نظر إلى الفوق (naẓara 'ilal-fawq)

P بالا نگاه کردن (bālā negāh kardan)

U اوپر دیکهنا (ūpar dēkhnā)

称賛する

A مدح (madaḥa)

P تحسين کردن (tahsīn kardan)

U تعریف کرنا (ta'rīf karnā)

みあわせる 〔見合わせる〕

互いに見る

A نظر بعضهم بعضًا (naẓara ba'ḍuhum ba'ḍan)

P یکدیگر دیدن (yek-dīgar dīdan)

U ایک دوسرے کو دیکهنا (ēk dūsrē ko dēkhnā)

延期する

A أجل ('ajjala)

P به تعويق انداختن (be-ta'vīq andāk͟htan)

U ملتوی کرنا (multavī karnā)

みいだす 〔見出す〕

A وجد (wajada)

P پیدا کردن (peidā kardan)

U دریافت کرنا (dar-yāft karnā)

ミイラ

A مومياء (mūmiyā')

P موميا (mūmiyā)

U ممی (mamī) ; موميا (mōmiyā)

みうしなう 〔見失う〕

A فقد أثره (faqada 'at͟hara-hu)

P از نظر انداختن (az nazar andāk͟htan)

U نظر سے کهونا (nazar se khōnā)

みうち 〔身内〕

A قريب (qarīb)

P خويشاوند (k͟hīs͟hāvand)

U رشتہ دار (ris͟hta-dār)

みえる 〔見える〕

A نظر (naẓara)

P دیده شدن (dīde s͟hodan)

U دکهائی دینا (dikhā'ī dēnā)

…らしい

A ظهر (ẓahara) ; بدا (badā)

P بنظر آمدن (be-nazar āmadan)

U معلوم ہوتا ہے کہ (ma'lūm hōtā hai ke)

みおくり 〔見送り〕

A توديع (tawdī')

P بدرقه (badraqe)

U رخصت (ruk͟hsat)

みおくる 〔見送る〕

A ودع (wadda'a)

P بدرقه کردن (badraqe kardan)

U رخصت کرنا (ruk͟hsat karnā)

みおとす 〔見落とす〕

A أغفل ('ag͟hfala)

P از نظر افتادن (az nazar oftādan)

U فروگزاشت کرنا (firo-guzās͟ht karnā)

みおろす 〔見下ろす〕
A نظر إلى الأسفل (naẓara 'ilal-'asfal)
P به پایین نگاه کردن (be-pāyīn negāh kardan)
U اوپر سے دیکھنا (ūpar se dēkhnā)

みかいけつの 〔未解決の〕
A غير منحل (ghayr-munḥall)
P حل نشده (hall na-shode)
U غیر حل شده (ghair-hal shuda)

みかいの 〔未開の〕
A غير متحضر (ghayr-mutaḥaḍḍir)
P غیر متمدن (gheire-motammaden)
U غیر متمدن (ghair-mutammadin)

みかく 〔味覚〕
A ذوق (dhawq)
P حس چشائی (hesse-cheshā'ī) ; ذایقه (zāyeqe)
U ذائقہ (zā'iqa)

みがく 〔磨く〕
A صقل (ṣaqala)
P صیقل دادن (seiqal dādan)
U چمکانا (chamkānā)

歯を磨く
A نظف (naẓẓafa)
P مسواک زدن (mesvāk zadan)
U مانجھنا (māṇjhnā)

靴を磨く
A مسح (masaḥa)
P واکس زدن (vāks zadan)
U پالش کرنا (pālish karnā)

みかげいし 〔御影石〕
A حجر الجرانيت (ḥajarul-jarānīt)
P سنگ خارا (sange-khārā)
U گرینیٹ (grainīṭ)

みかた 〔味方〕
A صديق (ṣadīq) ; حليف (ḥalīf)
P دوست (dūst) ; طرفدار (taraf-dār)
U دوست (dōst) ; حامی (hāmī)

みかた 〔見方〕
A وجهة النظر (wujhatu-n-naẓar)
P نقطهٔ نظر (noqteye-nazar)
U نقطۂ نظر (nuqtae-nazar)

みかづき 〔三日月〕
A هلال (hilāl)
P ماه نو (māhe-nou) ; هلال (helāl)
U ماه نو (māhe-nau) ; ہلال (hilāl)

みかん 〔蜜柑〕
A يوسف أفندى (yūsuf-'afandī)
P نارنگی (nārengī)
U نارنگی (nārangī)

みかんせいの 〔未完成の〕
A غير مكتمل (ghayr-muktamal)
P نا تمام (nā-tamām)
U نا مکمل (nā-mukammal)

みき 〔幹〕
A جذع (jidh')
P تنه (tane)
U تنا (tanā)

みぎ 〔右〕
A يمين (yamīn)
P راست (rāst)
U دایاں (dāyāṇ)

右へ曲がる
A دار إلى اليمين
(dāra 'ilal-yamīn)
P دست راست پیچیدن
(daste-rāst pichīdan)
U دائیں مڑنا (dā'ēṇ muṛnā)

ミキサー
A خلاطة (khallāta)
P مخلوط کن (makhlūt-kon)
U مکسر (mikisar)

みぐるしい 〔見苦しい〕
醜い
A قبيح (qabīḥ)
P زشت (zesht)
U بد صورت (bad-sūrat)

みごとな 〔見事な〕
A عجيب ('ajīb)
P عالی ('ālī)
U شاندار (shān-dār)

みこみ 〔見込み〕
有望
A أمل ('amal)
P امید (omīd)
U امید (ummīd)
可能性
A إمكانية ('imkānīya)
P امکان (emkān)
U امکان (imkān)

みこんの 〔未婚の〕
A أعزب ('a'zab)
P عزب ('azab)
U غیر شادی شده
(ghair-shādī- shuda)

ミサイル
A صاروخ (ṣārūkh)
P موشک (mūshak)
U میزائل (mīzā'il)

みさき 〔岬〕
A رأس (ra's)
P دماغه (damāghe)
U راس (rās)

みさげる 〔見下げる〕
A احتقر (iḥtaqara)
P حقیر شمردن (haqīr shomordan)
U حقیر جاننا (haqīr jānnā)

みじかい 〔短い〕
A قصير (qaṣīr)
P کوتاه (kūtāh)
U چھوٹا (chhōṭa)

みじめな 〔惨めな〕
A مسكين (miskīn) ; بائس (bā'is)
P مسکین (meskīn) ;
بیچاره (bī-chāre)
U مسکین (miskīn) ;
بےچاره (bē-chāra)

みじゅく 〔未熟〕
未経験な
A عديم الخبرة ('adīmul-khibra)
P بی‌تجربه (bī-tajrobe)
U نا تجربہ‌کار (nā-tajruba-kār)
成熟しない
A غير ناضج (ghayr-nāḍij)
P نارس (nā-res) ; کال (kāl)
U کچا (kachchā)

みしらぬ 〔見知らぬ〕
A غريب (gharīb)

P بیگانه (bīgāne) ; غریب (gharīb)
U اجنبی (ajnabī)
見知らぬ人
A غريب (gharīb)
P بیگانه (bīgāne) ;
نا آشنا (nā-āshnā)
U اجنبی (ajnabī)

ミシン
A آلة خياطة (āla-khiyāṭa)
P چرخ خیاطی (charkhe-khaiyātī)
U سلائی کی مشین (silā'ī ki mashīn)

ミス
独身女性
A آنسة (ānisa)
P دوشیزه (dūshīze)
U مس (mis)
間違い
A خطأ (khaṭa')
P اشتباه (eshtebāh)
U غلطی (ghalatī)

みず 〔水〕
A ماء (mā')
P آب (āb)
U پانی (pānī)

みすい 〔未遂〕
殺人未遂
A محاولة القتل (muḥāwalatul-qatl)
P قتل نا فرجام (qatle-nā-farjām)
U قتل کی سعی (qatl ki sa'ī)

みずうみ 〔湖〕
A بحيرة (buḥayra)
P دریاچه (daryāche)
U جھیل (jhīl)

みずぎ 〔水着〕
A مايو (māyū)
P مایو (māyo)
U پیراکی کا لباس
(pairākī ka libās)

みずさし 〔水差し〕
A إبريق ('ibrīq)
P کوزه (kūze) ; تنگ (tong)
U صراحی (surāhī)

みずタバコ 〔水タバコ〕
A شيشة (shīsha)
P قلیان (qalyān)
U حقه (hoqqa)

みずたまり 〔水溜まり〕
A حفرة ماء المطر
(ḥufra mā'il-maṭar)
P چالهٔ آب باران
(chāleye-ābe-bārān)
U بارش کے پانی کا گڑھا
(bārish ke pānī ka gaṛhā)

みすてる 〔見捨てる〕
A ترك (taraka)
P ترک کردن (tark kardan)
U چھوڑنا (chhōṛnā)

みずどり 〔水鳥〕
A طير مائي (ṭayr-mā'ī)
P مرغ آبی (morghe-ābī)
U مرغابی (morghābī)

みすぼらしい 〔見すぼらしい〕
A رث (raththth)
P پاره پوره (pāre-pūre)
U پھٹا پرانا (phaṭṭā-purānā)

みせ 〔店〕
A دكان (dukkān) ; محل (maḥall)
P مغازه (maghāze) ; دكان (dokān)
U دكان (dukān) ; شاپ (shāp)

みせいねん 〔未成年〕
未成年者
A قاصر (qāṣir)
P نا بالغ (nā-bālegh)
U نا بالغ (nā-bāligh)

みせかける 〔見せ掛ける〕
A تظاهر (taẓāhara)
P تظاهر كردن (tazāhor kardan)
U جهوٹ موٹ كرنا (jhūṭ-mūṭ karnā)

ミセス
A حرم (ḥaram) ; سيدة (sayyida)
P بانو (bānū) ; خانم (khānom)
U بيگم (bēgam) ; صاحبہ (sāhiba)

みせもの 〔見世物〕
A عرض ('arḍ)
P نمايش (nemāyesh)
U تماشا (tamāshā)

みせる 〔見せる〕
A أرى ('arā)
P نشان دادن (neshān dādan)
U دكهانا (dikhānā)

みぞ 〔溝〕
A خندق (khandaq)
P جوى (jūy)
U خندق (khandaq)

みそこなう 〔見損なう〕
A أساء التقدير ('asā'a-t-taqdīr)
P قضاوت غلط كردن
(qezāvate-ghalat kardan)
U غلط اندازه لگانا
(ghalat andāza lagānā)

みだし 〔見出し〕
A عنوان ('unwān)
P عنوان ('onvān)
U عنوان ('unwān)

みたす 〔満たす〕
A ملأ (mala'a)
P پر كردن (por kardan)
U بهرنا (bharnā)

みだす 〔乱す〕
A أخل ('akhalla)
P مختل كردن (mokhtall kardan)
U گڑبڑ كرنا (gaṛbaṛ karnā)

みだらな 〔淫らな〕
A فاحش (fāḥish)
P زشت (zesht)
U فحش (fohsh)

みだれる 〔乱れる〕
A اختل (ikhtalla)
P مختل شدن (mokhtall shodan)
U گڑبڑ ہونا (gaṛbaṛ hōnā)

みち 〔道〕
A طريق (ṭarīq)
P راه (rāh)
U راستہ (rāsta)

みちがえる 〔見違える〕
A أخطأ ('akhṭa'a)
P عوضى گرفتن ('avazī gereftan)
U غلط سمجهنا (ghalat samajhnā)

みちづれ 〔道連れ〕
A رفيق السفر (rafīqu-s-safar)
P همسفر (ham-safar)

U هم سفر (ham-safar)

みちの 〔未知の〕

A غير معروف (ghayr-ma'rūf)

P نامعلوم (nā-ma'lūm)

U نامعلوم (nā-ma'lūm)

みちのり 〔道程〕

A مسافة (masāfa)

P مسافت (masāfat)

U مسافت (masāfat)

みちばた 〔道端〕

A جانب الطريق (jānibu-ṭ-ṭarīq)

P كنار راه (kenāre-rāh)

U سڑک کا کناره (saṛak ka kināra)

みちびく 〔導く〕

A أرشد ('arshada)

P ارشاد كردن (ershād kardan); راهنمائی كردن (rāh-nemā'ī kardan)

U رہنمائی کرنا (rah-numā'ī karnā)

みちる 〔満ちる〕

A امتلأ (imtala'a)

P پر شدن (por shodan)

U بهرنا (bharnā)

月が満ちる

A اكتمل (iktamala)

P تمام شدن (tamām shodan)

U كامل ہونا (kāmil hōnā)

みつ 〔蜜〕

A عسل ('asal)

P عسل ('asal)

U شہد (shahad)

蜜蜂

A نحل (naḥl)

P زنبور عسل (zanbūre-'asal)

U شہد کی مکھی (shahad ki makkhī)

みつかる 〔見つかる〕

A وجد (wujida)

P پيدا شدن (peidā shodan)

U ملنا (milnā)

みつける 〔見付ける〕

A وجد (wajada)

P پيدا كردن (peidā kardan)

U پانا (pānā)

みっこく 〔密告〕

密告する

A أبلغ سرًا ('ablagha sirran)

P خبرچينى كردن (khabar-chīnī kardan)

U مخبری کرنا (mukhbirī karnā)

密告者

A مخبر (mukhbir)

P خبر چين (khabar-chīn)

U مخبر (mukhbir)

みっせつ 〔密接〕

密接な

A وثيق (wathīq)

P نزديک (nazdīk)

U قريبی (qarībī)

密接な関係

A علاقه وثيقة ('alāqa wathīqa)

P روابط نزديک (ravābete-nazdīk)

U تعلقات قريبی (ta'alluqāte-qarībī)

みつど 〔密度〕

A كثافة (kathāfa)

P چگالی (chagālī)

U كثافت (kasāfat)

みつめる 〔見つめる〕

A حدق (ḥaddaqa)

P چشم دوختن (chashm dūkhtan)

U گهورنا (ghūrnā)

みつもり 〔見積もり〕

A تقدير (taqdīr) ;

تخمين (takhmīn)

P تخمين (takhmīn)

U تخمينه (takhmīna)

みつもる 〔見積もる〕

A قدر (qaddara) ;

خمن (khammana)

P تخمين زدن (takhmīn zadan)

U تخمينه لگانا (takhmīna lagānā)

みつゆ 〔密輸〕

A تهريب (tahrīb)

P قاچاق (qāchāq)

U اسمگلنگ (ismagling)

密輸する

A هرب (harraba)

P قاچاق كردن (qāchāq kardan)

U اسمگل كرنا (ismagl karnā)

密輸業者

A مهرب (muharrib)

P قاچاقچى (qāchāq-chī)

U اسمگلر (ismaglar)

みつりん 〔密林〕

A غابة كثيفة (ghāba kathīfa)

P جنگل انبوه (jangale-anbūh)

U جنگل (jangal)

みていの 〔未定の〕

A لم يقرر بعد (lam yuqarrar ba'd)

P نا معين (nā-mo'ayyan)

U غير مقرره (ghair-muqarrara)

みとめる 〔認める〕

A اعترف (i'tarafa)

P پذيرفتن (pazīroftan) ;

قبول كردن (qabūl kardan)

U ماننا (mānnā)

みどり 〔緑〕

緑色

A خضرة (khuḍra)

P رنگ سبز (range-sabz)

U سبز رنگ (sabz rang)

緑の

A أخضر ('akhḍar)

P سبز (sabz)

U سبز (sabz)

みな 〔皆〕

A كل (kull)

P همه (hame)

U سب (sab)

みなしご 〔孤児〕

A يتيم (yatīm)

P يتيم (yatīm)

U يتيم (yatīm)

みなす 〔見做す〕

A اعتبر (i'tabara)

P تلقى كردن (talaqqī kardan)

U قرار دينا (qarār dēnā)

みなと 〔港〕

A ميناء (mīnā')

P بندر (bandar)

U بندرگاه (bandar-gāh)

みなみ 〔南〕
A جنوب (janūb)
P جنوب (jonūb)
U جنوب (junūb)
南の
A جنوبی (janūbī)
P جنوبی (jonūbī)
U جنوبی (junūbī)
みなもと 〔源〕
水源
A منبع (manba‘)
P سرچشمه (sar-c͟hash͟me)
U منبع (manba‘)
起源
A مصدر (maṣdar)
P اصل (asl)
U اصل (asl)
みならい 〔見習い〕
A تلمذة (talmad͟ha)
P کارآموزی (kār-āmūzī)
U کارآموزی (kār-āmōzī)
見習い人
A تلمیذ (tilmīd͟h)
P کارآموز (kār-āmūz) ;
شاگرد (s͟hāgerd)
U شاگرد (s͟hāgird) ;
کارآموز (kār-āmōz)
みならう 〔見習う〕
A اقتدی (iqtadā)
P تقلید کردن (taqlīd kardan)
U پیروی کرنا (pairavī karnā)
みなり 〔身なり〕
A ظاهر (ẓāhir) ; ملابس (malābis)
P ظاهر (zāher) ; لباس (lebās)
U ظاہری شکل (zāhirī s͟hakl)
ミナレット
A منار (manār) ; منارة (manāra)
P مناره (menāre) ; منار (menār)
U مینار (mīnār) ; منار (manār)
みにくい 〔醜い〕
A قبیح (qabīḥ)
P زشت (zes͟ht)
U بدصورت (bad-sūrat)
みね 〔峰〕
A قمة (qimma)
P قله (qolle)
U چوٹی (c͟hōṭī)
ミネラル
A معدن (ma‘din)
P معدن (ma‘dan)
U معدنیات (ma‘daniyāt)
ミネラルウォーター
A ماء معدنی (mā’ ma‘dinī)
P آب معدنی (ābe-ma‘danī)
U معدنی پانی (ma‘danī pānī)
みのうえ 〔身の上〕
運勢
A قدر (qadar)
P سرنوشت (sar-neves͟ht)
U قسمت (qismat)
境遇
A حال (ḥāl)
P احوال (ahvāl)
U حالت (hālat)
みのがす 〔見逃す〕
A غض النظر (g͟haḍḍa-n-naẓar)

P نادیده گرفتن (nā-dīde gereftan)
U درگزر کرنا (dar-guzar karnā)

みのしろきん 〔身の代金〕
A فدية (fidya)
P فدیه (fedye)
U فدیہ (fidya)

みのり 〔実り〕
A حصاد (ḥaṣād)；محصول (maḥṣūl)
P محصول (mahsūl)
U فصل (fasl)

みのる 〔実る〕
A أثمر (’athmara)
P بار آمدن (bār āmadan)
U پهل لگنا (phal lagnā)

みはなす 〔見放す〕
A ترك (taraka)
P ترک کردن (tark kardan)
U چهوڑنا (chhōṛnā)

みはらし 〔見晴らし〕
A منظر (manẓar)
P منظره (manzare)
U نظاره (nazzāra)；منظر (manzar)

みはり 〔見張り〕
A حراسة (ḥirāsa)；
مراقبة (murāqaba)
P مراقبت (morāqebat)
U پهرا (pahrā)
見張り人
A حارس (ḥāris)
P مراقب (morāqeb)
U پهرادار (pahrā-dār)

みはる 〔見張る〕
A حرس (ḥarasa)；راقب (rāqaba)
P مراقبت كردن (morāqebat kardan)
U پهرا دينا (pahrā dēnā)

みぶり 〔身振り〕
A إشارة (’ishāra)；إيماء (’īmā’)
P اشاره (eshāre)
U اشاره (ishāra)

みぶん 〔身分〕
A مكانة (makāna)
P مقام (maqām)
U حيثيت (haisiyat)

みぶんしょうめいしょ 〔身分証明書〕
A بطاقة الهوية (biṭāqatul-huwīya)
P كارت شناسائى
(kārte-shenāsā’ī)；
شناسنامه (shenās-nāme)
U شناختى كارڈ (shanākhtī-kārḍ)

みぼうじん 〔未亡人〕
A أرملة (’armala)
P بيوه (bīve)
U بيوه (bēwa)

みほん 〔見本〕
A نموذج (namūdhaj)
P نمونه (nemūne)
U نمونہ (namūna)

みまい 〔見舞い〕
病人の見舞い
A عيادة (‘iyāda)
P بيمارپرسى (bīmār-porsī)
U عيادت (‘iyādat)

みまう 〔見舞う〕
A ذهب لعيادة (dhahaba li-‘iyāda)
P بيمار پرسى كردن

(bīmār-porsī kardan)
U عيادت كو جانا ('iyādat ko jānā)

みまわす 〔見回す〕
A أجال النظر ('ajāla-n-naẓar)
P اطراف خود را نگاه کردن
(atrāfe-khod rā negāh kardan)
U نظر دوڑانا (nazar dauṛānā)

みみ 〔耳〕
A أذن ('udhun)
P گوش (gūsh)
U کان (kān)

みみず
A دودة حمراء (dūda ḥamrā')
P کرم خاکی (kerme-khākī)
U کیچوا (kēchvā)

みめいに 〔未明に〕
A قبل الفجر (qablal-fajr)
P قبل از سپیده دم
(qabl az sepīde-dam)
U سویرے (savērē)

みもと 〔身元〕
A هوية (huwīya)
P هویت (hovīyat)
U شناخت (shanākht)

みゃく 〔脈〕
A نبض (nabḍ)
P نبض (nabz)
U نبض (nabz)

脈をとる
A جس نبضًا (jassa nabḍan)
P نبض گرفتن (nabz gereftan)
U نبض دیکھنا (nabz dēkhnā)

みやげ 〔土産〕
A هدية (hadīya)
P سوغات (soughāt)
U تحفہ (tohfa)

みやこ 〔都〕
A عاصمة ('āṣima)
P پایتخت (pāyetakht)
U دارالحکومت (dārul-hukūmat)

みょうごにち 〔明後日〕
A بعد غد (ba'da-ghad)
P پس فردا (pas-fardā)
U پرسوں (parsōṇ)

みょうじ 〔名字〕
A اسم العائلة (ismul-'ā'ila)
P نام خانوادگی (nāme-khānevādegī)
U خاندانی نام (khāndānī nām)

みょうな 〔妙な〕
A غريب (gharīb)
P عجیب ('ajīb)
U عجیب ('ajīb)

みょうにち 〔明日〕
A غدًا (ghadan)
P فردا (fardā)
U کل (kal)

みょうばん 〔明晩〕
A مساء غد (masā'a ghad)
P فردا شب (fardā shab)
U کل شام کو (kal shām ko)

みらい 〔未来〕
A مستقبل (mustaqbal)
P آینده (āyande);
مستقبل (mostaqbal)
U آئندہ (ā'inda);

مستقبل (mustaqbil)

みりょく〔魅力〕
A جاذبية (jādhibīya)
P جذابيت (jazzābīyat)
U دلكشى (dil-kashī)
魅力のある
A جذاب (jadhdhāb)
P جذاب (jazzāb)
U دلكش (dil-kash)

みる〔見る〕
A رأى (ra'ā)
P ديدن (dīdan)
U ديكهنا (dēkhnā)

ミルク
A حليب (ḥalīb)
P شير (shīr)
U دودھ (dūdh)

みわく〔魅惑〕
A فتنة (fitna)
P دلربائى (del-robā'ī)
U دل ربائى (dil-rubā'ī)
魅惑する
A فتن (fatana)
P دل ربودن (del robūdan)
U دل ربانا (dil rubānā)

みわけ〔見分け〕
A تمييز (tamyīz)
P تشخيص (tashkhīs)
U امتياز (imteyāz)
見分ける
A ميز (mayyaza)
P تشخيص دادن (tashkhīs dādan)
U امتياز كرنا (imteyāz karnā)

みわたす〔見渡す〕
A أشرف ('ashrafa) ; أطل ('aṭṭala)
P مشرف بودن (moshref būdan)
U دور دور تک ديكهنا
(dūr dūr tak dēkhnā)

みんかんの〔民間の〕
A مدنى (madanī)
P غير دولتى (gheire-doulatī) ;
خصوصى (khosūsī)
U غير سركارى (ghair-sarkārī)

みんしゅ〔民主〕
民主主義
A ديموقراطية (dīmūqrāṭīya)
P دموكراسى (demokrāsī) ;
مردم سالارى (mardom-sālārī)
U جمهوريت (jamhūriyat)
民主的な
A ديموقراطى (dīmūqrāṭī)
P دموكراتيک (demokrātīk) ;
مردم سالارانه (mardom-sālārāne)
U جمهورى (jamhūrī)

みんしゅう〔民衆〕
A شعب (sha'b)
P عوام ('avām)
U عوام ('awām)

みんぞく〔民族〕
A قوم (qawm)
P قوم (qoum)
U قوم (qaum)

みんぞくがく〔民俗学〕
A فولكلور (fūlklūr)
P فولكلور (folklor)
U عوامى معتقدات

('awāmī mu'taqidāt)

みんぞくしゅぎ 〔民族主義〕

A القومية (al-qawmīya)

P ملی گرائی (mellī-gerā'ī) ;

ناسیونالیسم (nāsiyonālīsm)

U قوم پرستی (qaum-parastī)

みんぽう 〔民法〕

A القانون المدنی

(al-qānūnul-madanī)

P قانون مدنی (qānūne-madanī)

U دیوانی قانون (dīwānī qānūn)

みんよう 〔民謡〕

A أغنية شعبية ('ughnīya sha'bīya)

P ترانۀ محلی (tarāneye-mahallī)

U لوک گیت (lōk-gīt)

みんわ 〔民話〕

A حكاية شعبية (ḥikāya sha'bīya)

P قصۀ عامیانه (qesseye-'āmiyāne)

U لوک کهانی (lōk-kahānī)

む

む 〔無〕

A عدم ('adam)

P نیستی (nīstī)

U نیستی (nēstī)

むい 〔無為〕

A كسل (kasal)

P تنبلی (tanbalī)

U سستی (sustī)

無為の

A كسلان (kaslān)

P تنبل (tanbal)

U سست (sust)

むいしき 〔無意識〕

A لا شعور (lā-shu'ūr)

P نا خود آگاهی (nā-khod-āgāhī)

U لا شعور (lā-shu'ūr)

無意識の

A لا شعوری (lā-shu'ūrī)

P نا خود آگاه (nā-khod-āgāh)

U لا شعوری (lā-shu'ūrī)

むいみな 〔無意味な〕

A لا معنًى (lā-ma'nan) ;

فارغ (fārigh)

P بی‌معنی (bī-mā'nī)

U بےمعنی (bē-ma'nī)

むえきな 〔無益な〕

A غير مفيد (ghayr-mufīd)

P بی‌فایده (bī-fāyede)

U بےفائدہ (bē-fā'ida)

むかいの 〔向かいの〕

A مقابل (muqābil)

P روبرو (rū-be-rū) ;

مقابل (moqābel)
U سامنے کا (sāmnē ka)

むがいの 〔無害の〕
A غير ضار (ghayr-ḍārr)
P بیضرر (bī-zarar)
U بےضرر (bē-zarar)

むかう 〔向かう〕
面する
A واجه (wājaha)
P روبرو بودن (rū-be-rū būdan)
U روبرو ہونا (rū-ba-rū hōnā)
出立する
A توجه (tawajjaha)
P رو آوردن (rū āvardan)
U روانہ ہونا (rawāna hōnā)

むかえ 〔迎え〕
A استقبال (istiqbāl)
P استقبال (esteqbāl)
U ملاقات (mulāqāt)

むかえる 〔迎える〕
A استقبل (istaqbala)
P استقبال کردن (esteqbāl kardan)
U ملنا (milnā)

むがくの 〔無学の〕
A أمي ('ummī)
P نادان (nā-dān) ; امی (ommī)
U نادان (nā-dān)

むかし 〔昔〕
A قديم الزمان (qadīmu-z-zamān)
P زمان قدیم (zamāne-qadīm)
U پرانا زمانہ (purānā zamāna)
昔の
A قديم (qadīm)
P قدیم (qadīm)
U قدیم (qadīm) ; پرانا (purānā)

むかで 〔百足〕
A أم أربع و أربعين ('umm 'arba' wa 'arba'īn)
P هزار پا (hezār-pā)
U کنکھجورا (kankhajūrā)

むかんかくな 〔無感覚な〕
A غير محسوس (ghayr-maḥsūs)
P بیحس (bī-hess)
U بےحس (bē-his)

むかんけいな 〔無関係な〕
A غير متعلق (ghayr-muta'alliq)
P نا مربوط (nā-marbūt)
U بےتعلق (bē-ta'alluq)

むかんしん 〔無関心〕
A عدم اهتمام ('adam-ihtimām)
P بیعلاقگی (bī-'alāqegī)
U بےپروائی (bē-parwā'ī)
無関心な
A غير مهتم (ghayr-muhtamm)
P بیعلاقه (bī-'alāqe)
U بےپروا (bē-parwā)

むき 〔向き〕
A جهة (jiha)
P طرف (taraf)
U طرف (taraf)

むき 〔無機〕
無機の
A غير عضوى (ghayr-'uḍwī)
P غير آلی (gheire-ālī)
U غیر نامیاتی (ghair-nāmiyātī)

無機化学

A كيمياء غير عضوية (kīmiyā' ghayr-'uḍwīya)

P شیمی غیر آلی (shīmīye-gheire-ālī)

U غير نامياتی کیميا (ghair-nāmiyātī kīmiyā)

むぎ 〔麦〕

大麦

A شعير (sha'īr)

P جو (jou)

U جو (jau)

小麦

A قمح (qamḥ)

P گندم (gandom)

U گیہوں (gēhūṇ)

むきげんに 〔無期限に〕

A إلى أجل غير محدد ('ilā 'ajal ghayr-muḥaddad)

P به مدت نامحدودی (be-moddate-nā-mahdūdī)

U غير معين مدت تک (ghair-mu'ayyan muddat tak)

むぎわら 〔麦わら〕

A قشة (qashsha)

P کاه (kāh)

U تنکا (tinkā)

むく 〔向く〕

適する

A مناسب (munāsib)

P مناسب بودن (monāseb būdan)

U مناسب ہونا (munāsib hōnā)

面する

A واجه (wājaha)

P روبرو بودن (rū-be-rū būdan)

U روبرو ہونا (rū-ba-rū hōnā)

むく 〔剝く〕

A قشر (qashshara)

P پوست کندن (pūst kandan)

U چھيلنا (chhīlnā)

むくい 〔報い〕

報復

A مكافأة (mukāfa'a)

P پاداش (pādāsh)

U عوض ('ewaz)

善果

A ثواب (thawāb)

P ثواب (savāb)

U ثواب (sawāb)

償い

A جزاء (jazā')

P تلافی (talāfī)

U تلافی (talāfī)

むくち 〔無口〕

A قلة الكلام (qillatul-kalām)

P کم حرفی (kam-harfī)

U کم گوئی (kam-gō'ī)

無口な

A قليل الكلام (qalīlul-kalām)

P کم حرف (kam-harf)

U کم گو (kam-gō)

むくみ

A ورم (waram)

P ورم (varam)

U سوجن (sūjan)

むける 〔向ける〕
差し向ける
A أرسل (’arsala)
P فرستادن (ferestādan)
U بهيجنا (bhējnā)
顔を向ける
A وجه (wajjaha)
P رو كردن (rū kardan)
U موڑنا (mōṛnā)

むげんの 〔無限の〕
A غير محدود (ghayr-maḥdūd)
P نا محدود (nā-mahdūd)
U لا محدود (lā-mahdūd)

むこ 〔婿〕
A صهر (ṣihr)
P داماد (dāmād)
U داماد (dāmād)
花婿
A عريس (‘arīs)
P نوداماد (nou-dāmād)
U دولها (dūlhā)

むこう 〔向こう〕
向こう側
A جانب آخر (jānib ākhar)
P آن طرف (ān taraf)
U دوسری طرف (dūsrī taraf)
向こうに
A هناك (hunāka)
P آنجا (ān-jā)
U وہاں (wahāṇ)

むこう 〔無効〕
無効の
A باطل (bāṭil)
P باطل (bātel)
U بے اثر (bē-asar)
無効にする
A أبطل (’abṭala)
P باطل كردن (bātel kardan)
U بے اثر کرنا (bē-asar karnā)

むこうみずな 〔向こう見ずな〕
A طائش (ṭā’ish)
P بی احتياط (bī-ehtiyāt)
U غير محتاط (ghair-mohtāt)

むごん 〔無言〕
A سكوت (sukūt)
P خاموشی (khāmūshī)
U چپ (chup)；
خاموشی (khāmōshī)
無言の
A ساكت (sākit)
P خاموش (khāmūsh)
U چپ (chup)；خاموش (khāmōsh)

むざい 〔無罪〕
A براءة (barā’a)
P بيگناهی (bī-gonāhī)
U بے گناہی (bē-gunāhī)
無罪の
A بریء (barī’)
P بيگناه (bī-gonāh)
U بے گناہ (bē-gunāh)

むさぼる 〔貪る〕
A طمع (ṭami‘a)
P طمع كردن (tama‘ kardan)
U لالچ کرنا (lālach karnā)

むし 〔虫〕
A حشرة (ḥashara)

P كرم (kerm)
U کیڑا (kīṛā)

むしあつい 〔蒸し暑い〕
A عكيك (‘akīk)
P شرجی (sharjī)
U حبس والا (habs-wālā)

むしする 〔無視する〕
A تجاهل (tajāhala)
P توجه نکردن (tavajjoh na-kardan)
U نظرانداز کرنا (nazar-andāz karnā)

むしば 〔虫歯〕
A سن فاسدة (sinn-fāsida)
P دندان کرم خورده (dandāne-kerm-khorde)
U بوسیده دانت (bōsīda-dāṇt)

むじひな 〔無慈悲な〕
A غير رحيم (ghayr-raḥīm)
P بی رحم (bī-rahm)
U بے رحم (bē-rahm)

むしめがね 〔虫眼鏡〕
A عدسة مكبرة (‘adasa-mukabbira)
P ذره بین (zarre-bīn)
U کلاں نما (kalāṇ-numā)

むじゃきな 〔無邪気な〕
A ساذج (sādhij)
P ساده لوح (sāde-lūh)
U معصوم (ma‘sūm)

むじゅうりょく 〔無重力〕
A انعدام الجاذبية (in‘idāmul-jādhibīya)
P بی وزنی (bī-vaznī)
U بے وزنی (bē-waznī)

むじゅん 〔矛盾〕
A تناقض (tanāquḍ)
P تناقض (tanāqoz)
U تضاد (tazād)

矛盾する
A تناقض (tanāqaḍa)
P تناقض داشتن (tanāqoz dāshtan)
U متضاد ہونا (mutazād hōnā)

むじょうけんの 〔無条件の〕
A بلا شرط (bilā-sharṭ)
P بلا شرط (belā-shart)
U غیر مشروط (ghair-mashrūt)

むじょうな 〔無情な〕
A قاسٍ (qāsin)
P بی رحم (bī-rahm)
U بے رحم (bē-rahm)

むじょうな 〔無常な〕
A زائل (zā’il)
P بی‌ثبات (bī-sabāt)
U بےثبات (bē-sabāt)

むしょうの 〔無償の〕
A بدون مقابل (bidūni muqābil)
P بلا عوض (belā-‘avaz)
U مفت (muft)

むしょく 〔無職〕
A بطالة (baṭāla)
P بیکاری (bī-kārī)
U بےکاری (bē-kārī)

無職の
A عاطل (‘āṭil)
P بیکار (bī-kār)
U بےکار (bē-kār)

むしょくの 〔無色の〕
A بلا لون (bilā-lawn)
P بی رنگ (bī-rang)
U بے رنگ (bē-rang)

むしょぞくの 〔無所属の〕
A غير منضم (ghayr-munḍamm)
P آزاد (āzād) ; منفرد (monfared)
U آزاد (āzād)

むしる 〔毟る〕
A قطف (qaṭafa) ; نتف (natafa)
P چیدن (chīdan) ; کندن (kandan)
U نکالنا (nikālnā) ;
اتارنا (utārnā)

むしろ 〔筵〕
A حصير (ḥaṣīr)
P حصیر (hasīr)
U چٹائی (chaṭā'ī)

むしろ
A بل (bal)
P بلکه (balke)
U بلکہ (balke)

むじん 〔無人〕
無人の
A غير مسكون (ghayr-maskūn)
P غیر مسکون (gheire-maskūn)
U غیر آباد (ghair-ābād)
無人島
A جزيرة غير مسكونة
(jazīra ghayr-maskūna)
P جزیرۀ غیر مسکون
(jazīreye-gheire-maskūn)
U غیر آباد جزیره
(ghair-ābād jazīra)

むしんけいな 〔無神経な〕
A غير مهتم (ghayr-muhtamm)
P بی‌عاطفه (bī-'ātefe)
U گستاخ (gustākh)

むしんろん 〔無神論〕
A إلحاد ('ilḥād)
P الحاد (elhād) ; کفر (kofr)
U الحاد (ilhād)
無神論者
A ملحد (mulḥid)
P کافر (kāfer) ; ملحد (molhed)
U ملحد (mulhid)

むす 〔蒸す〕
A طبخ على البخار
(ṭabakha 'alal-bukhār)
P بابخار پختن
(bā-bokhār pokhtan)
U بھاپ سے پکانا
(bhāp se pakānā)

むすうの 〔無数の〕
A لا يعد و لا يحصى (lā-yu'addu
wa lā-yuḥṣā)
P بی‌شمار (bī-shomār)
U بےشمار (bē-shumār)

むずかしい 〔難しい〕
A صعب (ṣa'b)
P مشکل (moshkel) ;
دشوار (doshvār)
U مشکل (mushkil)

むすこ 〔息子〕
A ابن (ibn) ; ولد (walad)
P پسر (pesar)
U بیٹا (bēṭā)

むすび　〔結び〕

結び目

A عقدة (‘uqda)

P گره (gereh)

U بندهن (bandhan)

終わり

A ختام (khitām)

P خاتمة (khāteme)

U خاتمه (khātima)

むすぶ　〔結ぶ〕

A ربط (rabaṭa)

P بستن (bastan)

U باندهنا (bāṇdhnā)

契約を結ぶ

A تعاقد (ta‘āqada)

P منعقد کردن (mon‘aqed kardan)

U طے کرنا (tae karnā)

むすめ　〔娘〕

A بنت (bint) ; ابنة (ibna)

P دختر (dokhtar)

U بیٹی (bēṭī)

むせい　〔夢精〕

A إمناء ليلى (’imnā’ laylī)

P احتلام (ehtelām)

U احتلام (ihtelām)

むせいげんの　〔無制限の〕

A غير محدود (ghayr-maḥdūd)

P نامحدود (nā-mahdūd)

U غير محدود (ghair-mahdūd)

むぜいの　〔無税の〕

A معفى من الضرائب (mu‘fan mina-ḍ-ḍarā’ib)

P معاف از ماليات (mo‘āf az māliyāt)

U محصول معاف (mahsūl mu‘āf)

むせいふ　〔無政府〕

無政府状態

A فوضى (fawḍā)

P آنارشی (ānārshī)

U انارکی (anārkī)

無政府主義者

A فوضوى (fawḍawī)

P آنارشیست (ānārshīst)

U انارکسٹ (anārkisṭ)

むせいぶつ　〔無生物〕

A شىء لا حياة فيه (shay’ lā-ḥayā fīhi)

P اشیای بیجان (ashyāye-bī-jān)

U بےجان چیز (be-jān chīz)

むせきにんな　〔無責任な〕

A غير مسؤول (ghayr-mas’ūl)

P غير مسئول (gheire-mas’ūl)

U غير ذمه دار (ghair-zimme-dār)

むせん　〔無線〕

A لا سلكى (lā-silkī)

P بى سيم (bī-sīm)

U بےتار (bē-tār)

むだな　〔無駄な〕

A غير مفيد (ghayr-mufīd)

P بى فايده (bī-fāyede)

U بے فائده (bē-fā’ida)

むだばなし　〔無駄話〕

A كلام فارغ (kalām fārigh)

P بيهوده گوئى (bīhūde-gū’i)

U بےکار باتيں (bē-kār bātēṇ)

むだぼね 〔無駄骨〕
A مجهودات غير مفيدة (majhūdāt ghayr-mufīda)
P كوشش بى‌فايده (kūsheshe-bī-fāyede)
U بےکار کوشش (bē-kār kōshish)

むだんで 〔無断で〕
A بدون إذن (bidūni-'idhn)
P بدون اجازه (bedūne-ejāze)
U اجازت کے بغير (ijāzat ke baghair)

むち 〔鞭〕
A سوط (sawṭ)
P شلاق (shallāq)
U کوڑا (kōṛā)
鞭打つ
A ساط (sāṭa)
P شلاق زدن (shallāq zadan)
U کوڑا لگانا (kōṛā lagānā)

むちな 〔無知な〕
A جاهل (jāhil)
P نادان (nā-dān)
U نادان (nā-dān)

むちゃな 〔無茶な〕
A غير معقول (ghayr-ma'qūl)
P نا معقول (nā-ma'qūl)
U نا معقول (nā-ma'qūl)

むちゅうになる 〔夢中になる〕
A استغرق (istaghraqa)
P غرق شدن (gharq shodan)
U منہمک ہونا (munhamak hōnā)

むてっぽうな 〔無鉄砲な〕
A طائش (ṭā'ish) ;
متهور (mutahawwir)
P متهور (mutahavver)
U اندها دهند (andhā-dhund)

むとんちゃくな 〔無頓着な〕
A غير مبال (ghayr-mubāl)
P لا ابالى (lā-obālī)
U بےپروا (bē-parwā)

むなしい 〔空しい〕
A فانٍ (fānin)
P خالى (khālī) ; فانى (fānī)
U خالى (khālī)

むにの 〔無二の〕
A لا نظير له (lā-naẓīr lahu)
P بى مانند (bī-mānand)
U بےنظير (bē-nazīr)

むね 〔胸〕
A صدر (ṣadr)
P سينه (sīne)
U چھاتى (chhātī)

むのうな 〔無能な〕
A غير قدير (ghayr-qadīr)
P نالايق (nā-lāyeq)
U نالائق (nā-lā'iq)

むふんべつな 〔無分別な〕
A طائش (ṭā'ish)
P بى‌ملاحظه (bī-molāheze)
U بےتميز (bē-tamīz)

むほうな 〔無法な〕
A بلا قانون (bilā-qānūn)
P غير قانونى (gheire-qānūnī)
U غير قانونى (ghair-qānūnī)

むほん 〔謀叛〕
A تمرد (tamarrud)
P شورش (shūresh)

U بغاوت (baghāwat)

むめい〔無名〕

無名の

A مجهول الاسم (majhūlul-ism); مجهول (majhūl)

P گمنام (gom-nām)

U گمنام (gum-nām)

無名戦士

A جندی مجهول (jundī majhūl)

P سرباز گمنام (sarbāze-gom-nām)

U گمنام سپاهی (gum-nām sipāhī)

むめんきょ〔無免許〕

無免許で

A بدون رخصة قيادة السيارات (bidūni rukhṣa qiyādatu-s-sayyārāt)

P بدون گواهی‌نامهٔ رانندگی (bedūne gavāhī-nāmeye-rānnandegī)

U لائسنس کے بغیر (lā'isans ke baghair)

むやみに〔無闇に〕

A بسذاجة (bi-sadhāja)

P ناسنجیده (nā-sanjīde)

U اندھا دھند (andhā-dhund)

むようの〔無用の〕

A غير مفيد (ghayr-mufīd)

P بی‌فایده (bī-fāyede)

U بےفائدہ (bē-fā'ida)

むら〔村〕

A قرية (qarya)

P روستا (rūstā)

U گاوں (gāoṇ)

村人

A قروی (qarawī)

P روستائی (rūstā'ī)

U گاوں والا (gāon-wālā)

むらがる〔群がる〕

A تجمع (tajamma'a)

P ازدحام کردن (ezdehām kardan)

U بھیڑ لگنا (bhīṛ lagnā)

むらさき〔紫〕

A أرجوان ('urjuwān)

P رنگ ارغوانی (range-arghavānī)

U اودا رنگ (ūdā-rang)

紫の

A أرجوانی ('urjuwānī)

P ارغوانی (arghavānī)

U اودا (ūdā)

むりに〔無理に〕

A بالقوة (bil-qūwa)

P بزور (be-zūr)

U زبردستی سے (zabar-dastī se)

むりょう〔無料〕

無料の

A مجانی (majjānī)

P مجانی (majjānī)

U مفت (muft)

無料で

A مجاناً (majjānan)

P مجانی (majjānī)

U مفت میں (muft meṇ)

むれ〔群れ〕

人の群れ

A جماعة (jamā'a); حشد (ḥashd)

P ازدحام (ezdehām); گروه (gorūh)

U جماعت (jamā'at); گروہ (girōh)

動物の群れ
A قطيع (qaṭī‘)
P گله (galle)
U گلہ (galla)

め

め 〔目〕
A عين (‘ayn)
P چشم (c̲h̲as̲h̲m)
U آنکھ (āṇkh)

め 〔芽〕
A برعم (bur‘um)
P جوانه (javāne)
U کونپل (kōṇpal)

芽が出る
A برعم (bar‘ama)
P جوانه زدن (javāne zadan)
U کونپل پھوٹنا (kōṇpal phūṭnā)

めい 〔姪〕
A بنت الأخ (bintul-'ak̲h̲) ;
بنت الأخت (bintul-'uk̲h̲t)
P دختر برادر (dok̲h̲tar-barādar) ;
دختر خواهر (dok̲h̲tar-k̲h̲āhar)
U بھتیجی (bhatījī) ;
بھانجی (bhānjī)

めいかく 〔明確〕

明確な
A واضح (wāḍiḥ)
P واضح (vāzeh)
U واضح (wāzeh)

明確に
A بوضوح (bi-wuḍūḥ)
P واضحاً (vāzehan)
U واضح طور پر (wāzeh taur par)

めいさい 〔明細〕
A تفصيل (tafṣīl)
P تفصيل (tafsīl)
U تفصیلات (tafsīlāt)

明細書(仕様書)
A مواصفات (muwāṣafāt)
P مشخصات (mus̲h̲ak̲h̲k̲h̲asāt)
U تصریحات (tasrīhāt)

めいさく 〔名作〕
A طرفة (ṭurfa) ; رائعة (rā'i‘a)
P شاهكار (s̲h̲āh-kār)
U شاہکار (s̲h̲āh-kār)

めいさん 〔名産〕
A منتج خاص (muntaj k̲h̲āṣṣ)
P محصول خاص (mahsūle-k̲h̲āss)
U خاص پیداوار (k̲h̲ās paidāwār)

めいし 〔名詞〕
A اسم (ism)
P اسم (esm)
U اسم (ism)

固有名詞
A اسم علم (ism ʻalam)
P اسم خاص (esme-khāss)
U اسم خاص (isme-khās)

めいし 〔名刺〕
A بطاقة شخصية (biṭāqa shakhṣīya)
P كارت ويزيت (kārte-vīzīt)
U نام كارڈ (nām-kārḍ)

めいしょ 〔名所〕
A معالم (maʻālim)
P نقاط ديدنى (noqāte-dīdanī)
U قابل ديد مقام (qabile-dīd maqām)

めいじる 〔命じる〕
A أمر (ʼamara)
P دستور دادن (dastūr dādan)
U حکم دينا (hukm dēnā)

めいしん 〔迷信〕
A خرافة (khurāfa)
P خرافات (khorāfāt)
U توہم (tavahhum)

めいじん 〔名人〕
A خبير (khabīr) ; ماهر (māhir)
P استاد (ostād)
U كامل ماہر (kāmil māhīr)

めいせい 〔名声〕
A شهرة (shuhra)
P شهرت (shohrat)
U شہرت (shohrat)

めいちゅうする 〔命中する〕
A أصاب (ʼaṣāba)
P اصابت كردن (esābat kardan)
U نشانے پر لگنا (nishānē par lagnā)

めいはくな 〔明白な〕
A واضح (wāḍiḥ)
P واضح (vāzeh)
U واضح (wāzeh)

めいぶつ 〔名物〕
A منتج مشهور (muntaj mashhūr)
P فرآوردهٔ مشهور (far-āvardeye-mashhūr)
U مشہور پيداوار (mashhūr paidāwār)

めいぼ 〔名簿〕
A قائمة أسماء (qāʼima ʼasmāʼ)
P فهرست اسامى (fehriste-asāmī)
U ناموں كى فہرست (nāmōṇ ki fehrist)

めいめい
A كل واحد (kull wāḥid)
P هر كس (har kas)
U ہر ايک (har ēk)

めいめいする 〔命名する〕
A سمى (sammā)
P نام گذاشتن (nām gozāshtan)
U نام رکھنا (nām rakhnā)

めいよ 〔名誉〕
A شرف (sharaf)
P آبرو (āberū) ; شرف (sharaf)
U عزت (ʻizzat)

名誉教授
A أستاذ فخرى (ʼustādh fakhrī)
P استاد ممتاز (ostāde-momtāz)
U اعزازى پروفيسر (eʻzāzī professar)

めいりょう 〔明瞭〕
明瞭な
A واضح (wāḍiḥ)
P واضح (vāzeh)
U واضح (wāzeh)
明瞭に
A بوضوح (bi-wuḍūḥ)
P واضحاً (vāzehan)
U واضح طور پر (wāzeh taur par)

めいれい 〔命令〕
A أمر ('amr)
P دستور (dastūr)
U حکم (hukm)
命令する
A أمر ('amara)
P دستور دادن (dastūr dādan)
U حکم دینا (hukm dēnā)

めいろ 〔迷路〕
A متاهة (matāha)
P ماز (māz)
U بھول بھلیاں (bhūl-bhulaiyāṇ)

めいろうな 〔明朗な〕
A مرح (mariḥ)
P بشاش (ba<u>sh</u><u>sh</u>ā<u>sh</u>)
U خوش و خرم (<u>kh</u>u<u>sh</u>-o-<u>kh</u>urram)

めいわく 〔迷惑〕
A مضايقة (muḍāyaqa)
P زحمت (zahmat)
U تکلیف (taklīf)
迷惑をかける
A ضايق (ḍāyaqa)
P زحمت دادن (zahmat dādan)
U تکلیف دینا (taklīf dēnā)

めうえ 〔目上〕
A أكبر سنًا او مقامًا
('akbar sinnan aw maqāman)
P بالادست (bālā-dast);
ارشد (ar<u>sh</u>ad)
U بزرگ (buzrug); سینئر (sīni'yar)

メーカー
A صانع (ṣāni')
P سازنده (sāzande)
U بنانے والا (banānē-wālā)

メーキャップ
A ماكياج (mākiyāj)
P گریم (gerīm)
U سنگار (siṇgār)

メーデー
A عيد العمال ('īdul-'ummāl)
P روز کارگر (rūze-kārgar)
U یوم مئی (yaume-ma'ī)

メートル
A متر (mitr)
P متر (metr)
U میٹر (mīṭar)

めかけ 〔妾〕
A حظية (ḥaẓīya); سرية (surrīya)
P زن صیغه‌ای (zane-sī<u>gh</u>eī);
مترس (metres)
U داشتہ (dā<u>sh</u>ta)

めかた 〔目方〕
A وزن (wazn)
P وزن (vazn)
U وزن (wazn)
目方をはかる
A وزن (wazana)

P وزن کردن (vazn kardan)
U وزن کرنا (wazn karnā)

めがね 〔眼鏡〕
A نظارة (naẓẓāra)
P عینک (‘einak)
U عینک (‘ainak) ;
چشمہ (c͟has͟hma)
眼鏡をかける
A لبس نظارة (labisa naẓẓāra)
P عینک زدن (‘einak zadan)
U عینک لگانا (‘ainak lagānā)

メガホン
A مجهار (mijhār) ;
مغفون (mag͟hfūn)
P بلندگو دستی (boland-gūe dastī)
U بھونپو (bhōṇpū) ;
میگافون (megāfon)

めがみ 〔女神〕
A ربة (rabba) ; إلهة (’ilāha)
P الهه (elāhe) ;
ربة النوع (rabbato-n-nou‘)
U دیوی (dēvī)

メキシコ
A المكسيك (al-miksīk)
P مکزیک (mekzīk)
U میکسیکو (mēksīko)
メキシコの(人)
A مكسيكي (miksīkī)
P مکزیکی (mekzīkī)
U میکسیکوئی (mēksīko’ī)

めぐすり 〔目薬〕
A قطرة العين (qaṭratul-‘ayn)
P قطره چشم (qatreye-c͟has͟hm)
U آنکھ کی دوا (āṇkh ki dawā)

めぐみ 〔恵み〕
神の恵み
A نعمة (ni‘ma)
P نعمت (ne‘mat)
U نعمت (ne‘mat)
慈善
A خير (k͟hayr)
P خیرات (k͟heirāt)
U خیرات (k͟hairāt)

めくら 〔盲〕
目の不自由な
A أعمى (’a‘mā)
P کور (kūr)
U اندھا (andhā)

めぐらす 〔巡らす〕
囲む
A أحاط (’aḥāṭa)
P احاطه کردن (ehāte kardan)
U گھیرنا (ghērnā) ;
احاطہ کرنا (ehāta karnā)

めくる 〔捲る〕
ページを捲る
A قلب صفحات (qallaba ṣafaḥāt)
P ورق زدن (varaq zadan)
U ورق گردانی کرنا (waraq-gardānī karnā)

めぐる 〔巡る〕
A تجول (tajawwala)
P گردش کردن (gardes͟h kardan)
U گردش کرنا (gardis͟h karnā)

めざす 〔目指す〕
A هدف (hadafa)

P هدف گرفتن (hadaf gereftan)
U مقصد بنانا (maqsad banānā)

めざましい 〔目覚ましい〕
A ملحوظ (malḥūẓ)
P چشمگیر (chashm-gīr)
U نمایاں (numāyāṇ)

めざましどけい 〔目覚まし時計〕
A ساعة منبهة (sā'a munabbiha)
P ساعت شماطه دار (sā'ate-shammāte-dār)
U جرس دار گھڑی (jaras-dār ghaṛī)

めざめ 〔目覚め〕
A استيقاظ (istīqāẓ)
P بیداری (bīdārī)
U بیداری (bēdārī)
目覚める
A استيقظ (istayqaẓa)
P بیدار شدن (bīdār shodan)
U بیدار ہونا (bēdār hōnā)

めし 〔飯〕
食事
A وجبة (wajba)
P غذا (ghazā)
U کھانا (khānā)

めした 〔目下〕
A مرؤوس (mar'ūs)
P مرؤوس (mar'ūs)
U ماتحت (mā-taht)

めしつかい 〔召使い〕
A خادم (khādim); خادمة (khādima)
P نوکر (noukar); کلفت (kolfat)
U نوکر (naukar); نوکرانی (naukarānī)

めじるし 〔目印〕
A علامة ('alāma)
P نشان (neshān)
U نشان (nishān)
目印をつける
A وضع علامة (waḍa'a 'alāma)
P نشان گذاشتن (neshān gozāshtan)
U نشان لگانا (nishān lagānā)

めす 〔雌〕
A أنثى ('unthā)
P ماده (māde)
U ماده (māda)

メス
A مشرط (mishraṭ)
P نیشتر (nīshtar)
U نشتر (nishtar)

めずらしい 〔珍しい〕
A نادر (nādir)
P کمیاب (kam-yāb); نادر (nāder)
U کمیاب (kam-yāb); نادر (nādir)

めだつ 〔目立つ〕
A بارز (bāriz)
P ممتاز (momtāz)
U نمایاں (numāyāṇ)

メダル
A مدالية (midāliya)
P مدال (medāl)
U تمغه (tamgha)

めっき 〔鍍金〕
A تصفيح (taṣfīḥ)
P آبکاری (āb-kārī)

U ملمع سازی (mulamma'-sāzī)

鍍金する

A صفح (ṣaffaḥa)

P آب دادن (āb dādan)

U ملمع کرنا (mulamma' karnā)

メッセージ

A رسالة (risāla)

P پیغام (peighām)

U پیغام (paighām)

めったに 〔滅多に〕

A نادرًا ما (nādiran mā)

P بندرت (be-nodrat)

U مشکل ہی سے (mushkil hī se)

めつぼう 〔滅亡〕

A هلاك (halāk)

P هلاک (halāk)

U بربادی (bar-bādī)

滅亡する

A هلك (halaka)

P هلاک شدن (halāk shodan)

U برباد ہونا (bar-bād hōnā)

めでたい 〔目出度い〕

A مبارك (mubārak)

P مبارک (mobārak)

U مبارک (mubārak)

メニュー

A قائمة طعام (qā'ima ṭa'ām)

P صورت غذا (sūrate-ghazā)

U مینو (menū)

めまい

A دوار (duwār)

P سرگیجه (sar-gīje)

U چکر (chakkar)

めまいがする

A أصابه الدوار ('aṣāba-hu-d-duwār)

P دچار سرگیجه شدن (dochare-sar-gīje shodan)

U سر چکرانا (sir chakrānā)

メモ

A مذكرة (mudhakkira)

P یادداشت (yād-dāsht)

U یادداشت (yād-dāsht)

メリーゴーランド

A دوامة الخيل (dawwāmatul-khayl)

P چرخ و فلک (charkh-o-falak)

U چرخ چوں (charkh-chūṇ)

メロディー

A لحن (laḥn)

P ملودی (melodī)

U مغمہ (naghma)

メロン

A بطيخ (baṭṭīkh);
شمام (shammām)

P تالبی (tālebī)

U خربوزہ (kharbūza)

めん 〔面〕

仮面

A قناع (qinā')

P ماسک (māsk)

U ماسک (māsk)

顔

A وجه (wajh)

P صورت (sūrat)

U منہ (muṇh)

めん 〔綿〕

A قطن (quṭn)

P پنبه (panbe)
U روئی (rū'ī)

めんえき 〔免疫〕
A مناعة (manā'a)
P مصونیت (masūniyat)
U چھٹکارا (chhuṭkārā)

めんかい 〔面会〕
A مقابلة (muqābala)
P ملاقات (molāqāt)
U ملاقات (mulāqāt)
面会する
A قابل (qābala)
P ملاقات کردن (molāqāt kardan)
U ملاقات کرنا (mulāqāt karnā)

めんきょ 〔免許〕
A رخصة (rukhṣa)
P پروانه (parvāne) ; جواز (javāz)
U لائسنس (lā'isans)

めんじょ 〔免除〕
A إعفاء ('i'fā')
P معافیت (mo'āfiyat)
U استثنیٰ (istisnā)
免除する
A أعفى ('a'fā)
P معاف کردن (mo'āf kardan)
U مستثنیٰ کرنا (mustasnā karnā)

めんじょう 〔免状〕
卒業免状
A دبلوم (diblūm)
P دیپلم (dīplom)
U ڈپلوما (ḍiplomā)

めんしょく 〔免職〕
A إقالة ('iqāla)
P انفصال (enfesāl)
U برطرفی (bar-tarafī)
免職する
A أقال ('aqāla)
P منفصل کردن (monfasel kardan)
U برطرف کرنا (bar-taraf karnā)

めんする 〔面する〕
A واجه (wājaha)
P رو به … بودن (rū be … būdan)
U سامنا کرنا (sāmnā karnā)

めんぜい 〔免税〕
A إعفاء من الضرائب
('i'fā' mina-ḍ-ḍarā'ib)
P معافیت از مالیات
(mo'āfiyat az māliyāt)
U محصول سے استثنیٰ
(mahsūl se istisnā)
免税品
A بضاعة معفاة من الضريبة
(biḍā'a mu'fā mina-ḍ-ḍarība)
P کالای معاف از مالیات
(kālāye-mo'āf az māliyāt)
U بلا محصول چیز (bilā-mahsūl chīz)

めんせき 〔面積〕
A مساحة (misāḥa)
P مساحت (masāhat)
U رقبہ (raqba)

めんせつ 〔面接〕
面接試験
A امتحان شفوی (imtiḥān shafawī)
P امتحان شفاهی
(emtehāne-shafāhī)
U زبانی امتحان (zabānī imtehān)

めんどう 〔面倒〕
A إنزعاج ('inzi'āj)
P زحمت (zahmat)
U تكليف (taklīf)
面倒な
A مزعج (muz'ij)
P پرزحمت (por-zahmat)
U تكليف ده (taklīf-dah)

めんどり 〔雌鶏〕
A دجاجة (dajāja)
P مرغ (morgh)
U مرغی (murghī)

メンバー
A عضو ('uḍw)
P عضو ('ozv)
U ممبر (membar)

めんぼく 〔面目〕
A كرامة (karāma)
P آبرو (āberū)
U عزت ('izzat)
面目を失う
A فقد كرامة (faqada karāma)
P آبروی خود را از دست دادن (āberūye-khod rā az dast dādan)
U اپنی عزت کھونا (apnī 'izzat khōnā)

めんみつ 〔綿密〕
綿密な
A دقيق (daqīq) ; مفصل (mufaṣṣal)
P دقيق (daqīq) ; مفصل (mofassal)
U مفصل (mufassal)
綿密に
A بدقة (bi-diqqa)
P به دقت (be-deqqat)
U بالتفصيل (bi-t-tafsīl)

も

も 〔喪〕
A حداد (ḥidād)
P سوگواری (sūg-vārī)
U سوگ (sōg)
喪に服す
A حد (ḥadda)
P سوگواری کردن (sūg-vārī kardan)
U سوگ منانا (sōg manānā)

…も
および
A و (wa)
P و (va/o)
U اور (aur)
…もまた
A أيضًا ('ayḍan)
P هم (ham) ; نيز (nīz)

U بهی (bhī)

もう

今では

A الآن (al-ān)

P اکنون (aknūn)

U اب (ab)

まもなく

A بعد قليل (ba'da qalīl)

P بزودی (be-zūdī)

U ابهی (abhī)

もうかる 〔儲かる〕

A ربح (rabiḥa)

P سودمند بودن (sūd-mand būdan)

U فائده مند ہونا (fā'ida-mand hōnā)

もうけ 〔儲け〕

A ربح (ribḥ)

P سود (sūd)

U کمائی (kamā'ī)

もうける 〔儲ける〕

A كسب (kasaba)

P کسب کردن (kasb kardan)

U کمانا (kamānā)

もうしあわせ 〔申し合わせ〕

A اتفاقية (ittifāqīya);

اتفاق (ittifāq)

P قرار (qarār)

U سمجهوتا (samjhautā)

もうしいれ 〔申し入れ〕

A اقتراح (iqtirāḥ)

P پیشنهاد (pī<u>sh</u>-nehād)

U تجویز (tajvīz)

申し入れる

A اقترح (iqtaraḥa)

P پیشنهاد کردن (pī<u>sh</u>-nehād kardan)

U تجویز کرنا (tajvīz karnā)

もうしこみ 〔申し込み〕

A طلب (ṭalab)

P تقاضا (taqāżā)

U درخواست (dar-<u>kh</u>āst)

もうしこむ 〔申し込む〕

A تقدم بطلب (taqaddama bi-ṭalab)

P تقاضا کردن (taqāżā kardan)

U درخواست کرنا (dar-<u>kh</u>āst karnā)

もうしぶんのない 〔申し分のない〕

A كامل (kāmil)

P کامل (kāmel)

U کامل (kāmil)

もうじゅう 〔猛獣〕

A حيوان مفترس (ḥayawān muqtaris)

P حیوان درنده (heivāne-darande)

U درنده (darinda)

もうしわけ 〔申し訳〕

申し訳ありません

A اعذرني (i'<u>dh</u>ir-nī)

P معذرت می‌خواهم (ma'zerat mī-<u>kh</u>āham)

U معاف کیجیے (mu'āf kījiyē)

もうそう 〔妄想〕

A وهم (wahm)

P وهم (vahm)

U وہم (wahm)

もうちょう 〔盲腸〕

A الزائدة الدودية (az-zā'idatu-d-dūdīya)

P زائدهٔ رودهٔ کور
(zā'edeye-rūdeye-kūr)
U اندھی آنت (andhī āṇt)
盲腸炎
A التهاب الزائدة الدودية
(iltihābu-z-zā'idatu-d-dūdīya)
P التهاب زائدهٔ رودهٔ کور
(eltehābe-zā'edye-rūdeye-kūr)
U التہاب زائدہ (iltihābe-zā'ida)

もうどうけん 〔盲導犬〕
A كلب للمكفوفين
(kalb lil-makfūfīna)
P سگ راهنمای نا بینایان
(sage-rāhnemāye-nā-bīnāyān)
U اندھاوں کے لئے کتا
(andhāōṇ ke liye kuttā)

もうふ 〔毛布〕
A بطانية (baṭṭānīya)
P پتو (patū)
U کمبل (kambal)

もうもくの 〔盲目の〕
A أعمى ('a'mā)
P کور (kūr)
U اندھا (andhā)

もうれつ 〔猛烈〕
猛烈な
A عنيف ('anīf) ; شديد (shadīd)
P شدید (shdīd)
U سخت (sakht)
猛烈に
A شديدًا (shadīdan)
P به شدت (be-sheddat)
U سختی سے (sakhtī se)

もえさし 〔燃え差し〕
A جمرة (jamra)
P اخگر (akhgar)
U انگارا (angārā)

もえつく 〔燃えつく〕
A اشتعل (ishta'ala)
P آتش گرفتن (ātesh gereftan)
U آگ لگنا (āg lagnā)

もえる 〔燃える〕
A احترق (iḥtaraqa)
P سوختن (sūkhtan)
U جلنا (jalnā)

モーター
A محرك (muḥarrik) ;
موتور (mūtūr)
P موتور (motor)
U موٹر (mōṭar)
モーターボート
A قارب بخاری (qārib bukhārī)
P قایق موتوری (qāyeqe-motorī)
U موٹر بوٹ (mōṭar bōṭ)

もくげき 〔目撃〕
目撃する
A شاهد (shāhada)
P مشاهده کردن (moshāhede kardan)
U مشاہدہ کرنا (mushāhida karnā)
目撃者
A شاهد عين (shāhid 'ayn)
P شاهد عینی (shāhede-'einī)
U شاہد (shāhid)

もくざい 〔木材〕
A خشب (khashab)

P چوب (chūb)
U لکڑی (lakṛī)

もくじ 〔目次〕
A فهرس (fihris) ; فهرست (fihrist)
P فهرست مندرجات (fehreste-mondarejāt)
U فہرست مضامین (fehriste-mazāmīn)

もくせい 〔木星〕
A المشترى (al-mushtarī)
P مشترى (moshtarī)
U مشتری (mushtarī)

もくぞうの 〔木造の〕
A خشبى (khashabī)
P چوبی (chūbī)
U لکڑی سے بنا ہوا (lakṛī se banā huā)

もくそくする 〔目測する〕
A قاس بالعين (qāsa bil-'ayn)
P با چشم تخمین زدن (bā chashm takhmīn zadan)
U آنکھوں سے اندازہ لگانا (āṇkhōṇ se andāza lagānā)

もくてき 〔目的〕
A هدف (hadaf)
P هدف (hadaf)
U مقصد (maqsad)

もくてきご 〔目的語〕
A مفعول به (maf'ūl-bihi)
P مفعول (maf'ūl)
U مفعول (maf'ūl)

もくてきち 〔目的地〕
A مقصد (maqsid) ; مكان مقصود (makān-maqṣūd)
P مقصد (maqsad)
U منزل مقصود (manzile-maqsūd)

もくどくする 〔黙読する〕
A قرأ بصمت (qara'a bi-ṣamt)
P در سکوت خواندن (dar sokūt khāndan)
U خاموشی سے پڑھنا (khāmōshī se paṛhnā)

もくにんする 〔黙認する〕
A تغاضى (taghāḍā)
P چشم پوشی کردن (chashm-pūshī kardan)
U چشم پوشی کرنا (chashm-pōshī karnā)

もくひけん 〔黙秘権〕
A حق السكوت (ḥaqqu-s-sukūt)
P حق اختیار سکوت (haqqe-ekhtiyāre-sokūt)
U نہ بولنے کا حق (na-bōlnē ka haq)

もくひょう 〔目標〕
A غاية (ghāya) ; هدف (hadaf)
P نشانه (neshāne) ; هدف (hadaf)
U نشانہ (nishāna) ; ہدف (hadaf)

もくようび 〔木曜日〕
A يوم الخميس (yawmul-khamīs)
P پنجشنبه (panj-shanbe)
U جمعرات (jume'rāt)

もぐら
A خلد (khuld)
P موش کور (mūshe-kūr)
U چھچھوندر (chhachhūndar)

もぐる 〔潜る〕

A غاص (ghāṣa)

P غوطه خوردن (ghūte khordan)

U ڈبکی لگانا (ḍubkī lagānā)

もくろく 〔目録〕

A كتالوج (katālūj) ; فهرس (fihris)

P کاتالوگ (kātālog) ;

فهرست (fehrest)

U فہرست (fehrist) ; لسٹ (lisṭ)

もけい 〔模型〕

A نموذج (namūdhaj)

P ماکت (māket) ;

نمونک (nemūnak)

U نمونہ (namūna)

モザイク

A فسيفساء (fusayfisā')

P موزاییک (mozāyīk)

U پچی کاری (pachchī-kārī)

もし

A إذا ('idhā) ; إن ('in) ; لو (law)

P اگر (agar)

U اگر (agar)

もじ 〔文字〕

A حرف (ḥarf)

P خط (khatt) ; حرف (harf)

U حرف (harf)

もしもし

呼びかけ

A عن إذنك ('an 'idhnika)

P معذرت می‌خواهم (ma'zerat mī-khāham)

U سنئے (suni'e)

電話で

A ألو ('alū)

P الو (alo)

U ہیلو (hailo)

モスク

A مسجد (masjid)

P مسجد (masjed)

U مسجد (masjid)

モスクワ

A موسكو (mūskū)

P مسکو (moskou)

U ماسکو (māskū)

もぞう 〔模造〕

A تقليد (taqlīd)

P تقلید (taqlīd)

U تقلید (taqlīd) ; نقل (naql)

模造の

A مقلد (muqallad)

P مصنوعی (masnū'ī)

U مصنوعی (masnū'ī) ;

نقلی (naqlī)

もたらす

A أحضر ('aḥḍara) ; أحل ('aḥalla)

P آوردن (āvardan)

U لانا (lānā)

もたれる

A استند (istanada)

P تکیه کردن (takye kardan)

U جھکنا (jhuknā)

モダンな

A عصري ('aṣrī)

P مدرن (modern)

U جدید (jadīd)

もちあげる 〔持ち上げる〕
A رفع (rafa‘a)
P برداشتن (bar-dā<u>sh</u>tan)
U اٹھانا (uṭhānā)

もちいる 〔用いる〕
A استعمل (ista‘mala)
P استفاده کردن (estefāde kardan)
U استعمال کرنا (iste‘māl karnā)

もちこむ 〔持ち込む〕
A … دخل ب (da<u>kh</u>ala bi …)
P توی … آوردن (tūye … āvardan)
U لانا (lānā)

もちさる 〔持ち去る〕
A أخذ إلى ('a<u>kh</u>a<u>dh</u>a 'ilā)
P بردن (bordan)
U لے جانا (lē-jānā)

もちだす 〔持ち出す〕
A أخذ إلى الخارج
('a<u>kh</u>a<u>dh</u>a 'ilal-<u>kh</u>ārij)
P بیرون بردن (bīrūn bordan)
U باہر لے جانا (bāhar lē-jānā)

もちぬし 〔持ち主〕
A مالك (mālik); صاحب (ṣāḥib)
P مالک (mālek); دارنده (dārande)
U مالک (mālik)

もちはこぶ 〔持ち運ぶ〕
A حمل (ḥamala)
P حمل کردن (haml kardan)
U لے جانا (lē-jānā)

もちもの 〔持ち物〕
A أمتعة ('amti‘a)
P اسباب (asbāb)
U سامان (sāmān)

もちろん 〔勿論〕
A طبعًا (ṭab‘an)
P البته (al-batte)
U بے شک (bē-<u>sh</u>ak)

もつ 〔持つ〕
A عند (‘inda)
P داشتن (dā<u>sh</u>tan)
U کے پاس ہونا (ke pās hōnā)
私は本を持っている
A عندى كتاب (‘indī kitāb)
P من کتاب دارم
(man ketāb dāram)
U میرے پاس کتاب ہے
(mērē pās kitāb hai)

もっか 〔目下〕
A فى الوقت الحاضر
(fil-waqtil-ḥāḍir)
P در حال حاضر (dar hāle-hāzer)
U فى الحال (fil-hāl)

もっきん 〔木琴〕
A زيلوفون (zaylūfūn)
P زیلوفون (zīlofon)
U زائلوفون (zā'ilofon)

もっていく 〔持って行く〕
A أخذ مع (‘a<u>kh</u>a<u>dh</u>a ma‘a)
P بردن (bordan)
U لے جانا (le-jānā)

もってくる 〔持って来る〕
A أحضر ('aḥḍara)
P آوردن (āvardan)
U لانا (lānā)

もっと
A أكثر (‘ak<u>th</u>ar)

P بیشتر (bīsh-tar)
U زیادہ (ziyāda)

モットー
A شعار (shi'ār)
P شعار (she'ār)
U ماٹو (māṭō)

もっとも 〔最も〕
最も高い山
A أعلى جبل ('a'lā jabal)
P بلندترین کوه (boland-tarīn kūh)
U سب سے اونچا پہاڑ (sab se ūṇchā pahāṛ)

もっとも 〔尤も〕
A حقيقةً (ḥaqīqatan)
P راستی (rāstī)
U ٹھیک (ṭhīk)

もっぱら 〔専ら〕
A دائمًا (dā'iman)
P همیشه (hamīshe)
U ہمیشہ (hamēsha)

もつれる 〔縺れる〕
A اشتبك (ishtabaka)
P گوریدن (gūrīdan)
U الجھنا (ulajhnā)

もてなし 〔持て成し〕
A إكرام ('ikrām)；ضيافة (ḍiyāfa)
P پذیرائی (pazīrā'ī)
U مہمان نوازی (mehmān-nawāzī)

もてなす 〔持て成す〕
A ضيف (ḍayyafa)；أكرم ('akrama)
P پذیرائی کردن (pazīra'ī kardan)
U مہمان نوازی کرنا (mehmān-nawāzī karnā)

モデル
A موديل (mūdīl)
P مدل (model)
U ماڈل (māḍel)

もと 〔元〕
原因
A سبب (sabab)
P سبب (sabab)；علت ('ellat)
U سبب (sabab)；وجہ (wajah)
基礎
A أساس ('asās)
P اساس (asās)；بنیاد (bonyād)
U بنیاد (buniyād)
起源
A أصل ('aṣl)
P اصل (asl)
U اصل (asl)

もどす 〔戻す〕
A أعاد ('a'āda)
P پس دادن (pas dādan)
U واپس کرنا (wāpas karnā)

もとづく 〔基づく〕
A بني (buniya)
P مبتنی بودن (mobtanī būdan)
U مبنی ہونا (mabnī hōnā)

もとで 〔元手〕
A رأس المال (ra'sul-māl)
P سرمایه (sar-māye)
U سرمایہ (sar-māya)

もとめる 〔求める〕
要求する
A طلب (ṭalaba)

P مطالبه کردن (motālebe kardan)
U مانگنا (māṇgnā)
買う
A اشترى (i<u>sh</u>tarā)
P خریدن (<u>kh</u>arīdan)
U خریدنا (<u>kh</u>arīdnā)

もともと 〔元々〕
A أصلاً ('aṣlan)
P اصلاً (aslan)
U اصل میں (asl meṇ)

もどる 〔戻る〕
A عاد ('āda)
P برگشتن (bar-ga<u>sh</u>tan)
U واپس آنا (wāpas ānā)

もの 〔者〕
A شخص (<u>sh</u>a<u>kh</u>ṣ)
P شخص (<u>sh</u>a<u>kh</u>s) ; کس (kas)
U شخص (<u>sh</u>a<u>kh</u>s) ; آدمی (ādmī)

もの 〔物〕
A شیء (<u>sh</u>ay')
P چیز (<u>ch</u>īz) ; شیء (<u>sh</u>ei')
U چیز (<u>ch</u>īz) ; شئے (<u>sh</u>ae)

ものおき 〔物置〕
A مخزن (ma<u>kh</u>zan)
P انبار (anbār)
U کوٹھری (kōṭhrī)

ものおと 〔物音〕
A صوت (ṣawt)
P صدا (sedā)
U آواز (āwāz)

ものおぼえ 〔物覚え〕
A ذاكرة (<u>dh</u>ākira)
P حافظه (hāfeze)
U حافظہ (hāfiza)

ものがたり 〔物語〕
A قصة (qiṣṣa) ; حكاية (ḥikāya)
P داستان (dāstān) ; قصه (qesse)
U کہانی (kahānī) ;
افسانہ (afsāna)

ものがたる 〔物語る〕
A قص (qaṣṣa)
P قصه گفتن (qesse goftan)
U کہانی کہنا (kahānī kahnā)

ものさし 〔物差し〕
A مسطرة (misṭara)
P خطکش (<u>kh</u>att-ke<u>sh</u>)
U رول (rūl)

ものずきな 〔物好きな〕
A فضولی (fuḍūlī)
P کنجکاو (konjkāv)
U شوقین (<u>sh</u>auqīn)

ものすごい 〔物凄い〕
A فظيع (faẓī')
P وحشتناک (vah<u>sh</u>at-nāk)
U دہشتناک (dah<u>sh</u>at-nāk)

ものまね 〔物真似〕
A محاكاة (muḥākā)
P ادا (adā)
U نقالی (naqqālī)

ものもらい 〔物貰い〕
目のできもの
A شحاذ العين (<u>sh</u>aḥḥā<u>dh</u>ul-'ayn)
P گل مژه (gol-mo<u>zh</u>e)
U گوہانجنی (gōhānjanī)

もはん 〔模範〕
A نموذج (namū<u>dh</u>aj) ; مثال (mi<u>th</u>āl)

P سرمشق (sar-mas͟hq)；
نمونه (nemūne)
U مثال (misāl)

もふく 〔喪服〕
A ثياب الحداد (t͟hiyābul-ḥidād)
P لباس عزا (lebāse-‘azā)
U ماتمی لباس (mātamī libās)

もほう 〔模倣〕
A تقليد (taqlīd)
P تقليد (taqlīd)
U نقل (naql)
模倣する
A قلد (qallada)
P تقليد كردن (taqlīd kardan)
U نقل كرنا (naql karnā)

もみ 〔樅〕
A تنوب (tannūb)
P صنوبر (sanoubar)
U چيڑ (c͟hīṛ)

もみじ 〔紅葉〕
A أسفندان (’isfindān)
P افرا (afrā)
U ميپل (meipl)

もむ 〔揉む〕
擦る
A حك (ḥakka)
P ماليدن (mālīdan)
U رگڑنا (ragaṛnā)
按摩する
A دلك (dallaka)
P مالش دادن (mālesh dādan)
U مالش كرنا (mālis͟h karnā)

もめん 〔木綿〕
A قطن (quṭn)
P پنبه (panbe)
U سوت (sūt)

もも 〔桃〕
A خوخ (k͟hawk͟h)
P هلو (holū)
U آڑو (āṛū)

もも 〔股〕
A فخذ (fak͟hid͟h)
P ران (rān)
U ران (rān)

もや 〔靄〕
A ضباب (ḍabāb)
P مه (meh)
U دهند (dhuṇd)

もやす 〔燃やす〕
A أحرق (’aḥraqa)
P سوزاندن (sūzāndan)
U جلانا (jalānā)

もよう 〔模様〕
A تصميم (taṣmīm)；شكل (s͟hakl)
P نقش و نگار (naqs͟h-o-negār)
U نقش و نگار (naqs͟h-o-nigār)

もよおし 〔催し〕
会合
A اجتماع (ijtimā‘)
P اجتماع (ejtemā‘)
U جلسه (jalsa)
余興
A تسلية (tasliya)
P تفريح (tafrīh)
U تفريح (tafrīh)

式典

A احتفال (iḥtifāl)

P مراسم (marāsem)

U تقريب (taqrīb)

もよおす 〔催す〕

A عقد (‘aqada)

P برگزار کردن (bar-gozār kardan)

U منعقد کرنا (muna‘qid karnā)

もらう 〔貰う〕

A أخذ (’akhadha)

P گرفتن (gereftan)

U پانا (pānā)

もらす 〔漏らす〕

秘密を漏らす

A أفشى (’afshā)

P فاش کردن (fāsh kardan)

U فاش کرنا (fāsh karnā)

モラル

A أخلاق (’akhlāq)

P اخلاق (akhlāq)

U اخلاق (akhlāq)

もり 〔森〕

A غابة (ghāba)

P جنگل (jangal)

U جنگل (jangal)

モルタル

A مونة (mūna) ; ملاط (milāṭ)

P ملاط (malāt)

U کهرل (kharal) ; گارا (gārā)

モルヒネ

A مورفين (mūrfīn)

P مرفين (morfīn)

U مارفيا (mārfiyā)

モルモット

A أرنب هندى (‘arnab hindī)

P خوکچهٔ هندی (khūkcheye-hendī)

U امریکی چوہا (amrīkī chūhā) ;

مارموت (mārmot)

もれる 〔漏れる〕

A تسرب (tasarraba)

P نشت کردن (nasht kardan)

U ٹپکنا (ṭapaknā)

もろい

A سهل الانكسار (sahlul-inkisār)

P ترد (tord)

U زود شکن (zūd-shikan)

モロッコ

A مراكش (marrākish) ;

المغرب (al-maghrib)

P مراکش (marākesh)

U مراکش (marākish)

モロッコの(人)

A مغربى (maghribī)

P مراکشی (marākeshī)

U مراکشی (marākishī)

もん 〔門〕

A باب (bāb)

P دروازه (darvāze)

U دروازه (darwāza)

もんく 〔文句〕

語句

A كلمة (kalima)

P کلمه (kaleme)

U الفاظ (alfāz)

異存

A اعتراض (i‘tirāḍ)

P اعتراض (e'terāz)
U اعتراض (e'terāz)

モンゴル

A منغوليا (mung_h_ūliyā)
P مغولستان (mog_h_olestān)
U منگوليا (mongoliyā)

モンゴルの(人)

A منغولى (mung_h_ūlī)
P مغول (mog_h_ol)
U منگوليائى (mongoliyā'ī)

もんしょう 〔紋章〕

A شعار النبالة (_sh_i'āru-n-nabāla)
P آرم (ārm)
U خاندانى نشان (_kh_āndānī ni_sh_ān)

モンスーン

A ريح موسمية (rīḥ mawsimīya)
P باد موسمى (bāde-mousemī)
U موسمى ہوا (mausamī hawā)

モンタージュ

A مونتاج (mūntāj)
P مونتاژ (montā_zh_)
U مونتاژ (montā_zh_)

もんだい 〔問題〕

試験問題

A سؤال (su'āl)
P سؤال (so'āl)
U سوال (sawāl)

解決すべき問題

A مسألة (mas'ala)
P مسئله (mas'ale)
U مسئلہ (mas'ala)

もんとう 〔門灯〕

A مصباح الباب (miṣbāḥul-bāb)
P چراغ در خانه (_ch_erā_gh_e-dare-_kh_āne)
U دروازے کا چراغ (darwāzē ka _ch_irā_gh_)

もんばん 〔門番〕

A بواب (bawwāb)
P دربان (dar-bān)
U چوكيدار (_ch_aukī-dār)

もんぶかがくしょう 〔文部科学省〕

A وزارة التعليم و العلوم (wizāratu-t-ta'līm wal-'ulūm)
P وزارت آموزش و پرورش و علوم (vezārate-āmūze_sh_-o-parvere_sh_-o-'olūm)
U وزارت تعليم و سائنس (vizārate-ta'līm-o-sā'ens)

もんもうの 〔文盲の〕

A أمى ('ummī)
P بى سواد (bī-savād)
U ان پڑھ (an-paṛh)

や

や 〔矢〕

A سهم (sahm)

P تیر (tīr)

U تیر (tīr)

矢を射る

A رمى سهمًا (ramā sahman)

P تیر انداختن (tīr andā<u>kh</u>tan)

U تیر چلانا (tīr <u>ch</u>alānā)

や

A أو ('aw)

P یا (yā)

U یا (yā)

やあ

A أهلاً ('ahlan) ; یا (yā)

P آهای (āhāy) ; هی (hei)

U اے (ae)

ヤード

A یاردة (yārda)

P یارد (yārd)

U گز (gaz)

やおや 〔八百屋〕

A محل خضراوات (maḥall <u>kh</u>aḍrāwāt)

P سبزی فروشی (sabzī-forū<u>sh</u>ī)

U سبزی والے کی دکان (sabzī-wālē ki dukān)

やかい 〔夜会〕

A سهرة (sahra)

P مجلس شب نشینی (majlese-<u>sh</u>ab-ne<u>sh</u>īnī)

U شام کی پارٹی (<u>sh</u>ām ki pārṭī)

やがいで 〔野外で〕

A فى الهواء الطلق (fil-hawā'i-ṭ-ṭalq)

P در هوای آزاد (dar havāye-āzād)

U کھلی ہوا میں (khulī hawā meṇ)

やがく 〔夜学〕

A مدرسة مسائية (madrasa-masā'īya)

P آموزشگاه شبانه (āmūze<u>sh</u>-gāhe-<u>sh</u>abāne)

U شبینہ اسکول (<u>sh</u>abīna-iskūl)

やがて

A بعد قليل (ba'da qalīl)

P بزودی (be-zūdī)

U تھوڑی دیر میں (thōṛī dēr meṇ)

やかましい 〔喧しい〕

A كثير الضوضاء (ka<u>th</u>īru-ḍ-ḍawḍā')

P پر سروصدا (por-sar-o-sedā)

U پر شور (pur-<u>sh</u>ōr)

やかん 〔夜間〕

夜間に

A فى الليلة (fi-l-layla)

P در شب (dar shab)

U رات کو (rāt ko)

夜間飛行

A طيران فى الليل (ṭayarān fi-l-layl)

P پرواز شبانه (parvāze-shabāne)

U رات کی پرواز (rāt ki parvāz)

やかん 〔薬罐〕

A غلاية (ghallāya)

P کتری (ketrī)

U کیتلی (kētlī)

やぎ 〔山羊〕

A ماعز (mā'iz)

P بز (boz)

U بکری (bakrī)

やきつけ 〔焼き付け〕

A طبع (ṭab')

P چاپ (chāp)

U چھاپہ (chhāpa)

やきゅう 〔野球〕

A كرة البيسبول (kuratul-bīsbūl)

P بیسبال (bīsbāl)

U بیسبال (bēsbāl)

やきん 〔冶金〕

A ميتالورجيا (mītālūrjiyā)

P فلزکاری (felez-kārī)

U دھات کاری (dhāt-kārī)

やきん 〔夜勤〕

A عمل فى الليل ('amal fi-l-layl)

P شب کاری (shab-kārī)

U رات کی ڈیوٹی (rāt ki ḍyūṭī)

やく 〔焼く〕

A أحرق ('aḥraqa)

P سوزاندن (sūzāndan)

U جلانا (jalānā)

肉を焼く

A شوى (shawā)

P کباب کردن (kabāb kardan)

U بھوننا (bhūnnā)

やく 〔約〕

A حوالي (ḥawālay) ;

تقريبًا (taqrīban)

P تقریباً (taqrīban) ;

در حدود (dar hodūde)

U کوئی (ko'ī) ; تقریباً (taqrīban)

やく 〔役〕

地位

A منصب (manṣib)

P مقام (maqām)

U عہدہ ('ohda)

劇の役

A دور (dawr)

P نقش (naqsh)

U کردار (kirdār)

やく 〔訳〕

A ترجمة (tarjama)

P ترجمه (tarjome)

U ترجمہ (tarjuma)

やぐ 〔夜具〕

A مفروشات السرير

(mafrūshātu-s-sarīr)

P وسایل خواب (vasāyele-khāb)

U بستر (bistar)

やくいん 〔役員〕
A مأمور (ma'mūr)
P مأمور (ma'mūr)
U عملہ (‘amla)

やくがく 〔薬学〕
A علم الصيدلة (‘ilmu-ṣ-ṣaydala)
P دارو شناسی (dārū-shenāsī)
U علم الادویہ (‘ilmul-adviya)

やくざいし 〔薬剤師〕
A صيدلي (ṣaydalī)
P داروساز (dārū-sāz)
U دواساز (dawā-sāz)

やくしゃ 〔役者〕
A ممثل (mumaththil)
P هنرپیشه (honar-pīshe)
U اداکار (adā-kār)

やくしょ 〔役所〕
A مكتب حكومي (maktab ḥukūmī)
P ادارۀ دولتی (edāreye-doulatī)
U سرکاری آفس (sarkārī āfis)

やくそう 〔薬草〕
A أعشاب طبية ('a‘shāb ṭibbīya)
P گیاه طبی (giyāhe-tibbī)
U جڑی بوٹی (jaṛī būṭī)

やくそく 〔約束〕
A وعد (wa‘d)
P قول (qoul) ; وعده (va‘de)
U وعدہ (wa‘da)

約束する
A وعد (wa‘ada)
P قول دادن (qoul dādan)
U وعدہ کرنا (wa‘da karnā)

やくだつ 〔役立つ〕
A نافع (nāfi‘) ; مفيد (mufīd)
P کارآمد (kār-āmad) ;
مفید (mofīd)
U کارآمد (kār-āmad)

やくにん 〔役人〕
A موظف حكومي (muwaẓẓaf ḥukūmī)
P کارمند دولت (kārmande-doulat)
U سرکاری ملازم (sarkārī mulāzim)

やくば 〔役場〕
村役場
A مكتب القرية (maktabul-qarya)
P ادارۀ روستا (edāreye-rūsta)
U گاوں کا دفتر (gāoṇ ka daftar)

やくひん 〔薬品〕
A دواء (dawā')
P مواد داروئی (mavādde-dārū'ī)
U ادویہ (adwiya)

やくみ 〔薬味〕
A بهار (bahār)
P ادویه (adviye)
U گرم مسالا (garm masālā)

やくめ 〔役目〕
A واجب (wājib)
P وظیفه (vazīfe)
U فرض (farz)

やくわり 〔役割〕
A دور (dawr)
P نقش (naqsh)
U کردار (kirdār)

やけい 〔夜警〕
警備員
A حارس الليل (ḥārisu-l-layl)
P نگهبان شب (negah-bāne-<u>sh</u>ab)
U رات کا پہریدار
(rāt ka pahrē-dār)

やけど 〔火傷〕
A حروق جلدية (ḥurūq jildīya)
P سوختگی (sū<u>kh</u>tegī)
U جلن (jalan)
火傷する
A أصيب بحروق جلدية
('uṣība bi-ḥurūq jildīya)
P سوختگی شدن (sū<u>kh</u>tegī <u>sh</u>odan)
U جهلسنا (jhulasnā)

やける 〔焼ける〕
A احترق (iḥtaraqa)
P سوختن (sū<u>kh</u>tan)
U جلنا (jalnā)

やけん 〔野犬〕
A كلب ضال (kalb ḍāll)
P سگ ولگرد (sage-velgard)
U آوارہ کتا (āwāra kuttā)

やこう 〔夜行〕
夜行列車
A قطار ليلي (qiṭār laylī)
P قطار شبانه (qatāre-<u>sh</u>abāne)
U رات کی گاڑی (rāt ki gāṛī)

やさい 〔野菜〕
A خضراوات (<u>kh</u>aḍrāwāt)
P سبزیجات (sabzījāt) ;
سبزی (sabzī)
U سبزی (sabzī) ; ترکاری (tarkārī)

やさしい 〔易しい〕
A سهل (sahl)
P آسان (āsān)
U آسان (āsān)

やさしい 〔優しい〕
A لطيف (laṭīf)
P ملایم (molāyem)
U ملائم (mulā'im)

やし 〔椰子〕
ナツメ椰子
A نخل (na<u>kh</u>l)
P خرما (<u>kh</u>ormā)
U کهجور (khajūr)
ココ椰子
A نارجيل (nārajīl) ;
جوز الهند (jawzul-hind)
P نارگیل (nārgīl)
U ناریل (nāriyal)

やしなう 〔養う〕
A ربى (rabbā)
P پروردن (parvardan)
U پالنا (pālnā)

やじゅう 〔野獣〕
A حيوان وحشي (ḥayawān waḥ<u>sh</u>ī)
P حیوان وحشی (heivāne-vah<u>sh</u>ī)
U وحشی جانور (wah<u>sh</u>ī jānwar)

やしん 〔野心〕
A طموح (ṭumūḥ) ; طمع (ṭama')
P بلند پروازی (boland parvāzī) ;
جاه طلبی (jāh-talabī)
U عالی حوصلگی ('ālī hausilagī) ;
بلند ہمتی (buland himmatī)

やすい 〔安い〕
A رخيص (rakhīs)
P ارزان (arzān)
U سستا (sastā)

やすうり 〔安売り〕
A تخفيضات (takhfīḍāt)
P حراج (harāj/harrāj)
U رعايتی سيل (ri'āyatī sēl)

やすみ 〔休み〕
休息
A استراحة (istirāḥa)
P استراحت (esterāhat)
U آرام (ārām)
休日
A عطلة ('uṭla)
P تعطيل (ta'tīl)
U چھٹی (chhuṭṭī)

やすむ 〔休む〕
休息する
A استراح (istarāḥa)
P استراحت کردن (esterāhat kardan)
U آرام کرنا (ārām karnā)
欠席する
A غاب (ghāba);
تغيب (taghayyaba)
P غيبت کردن (gheibat kardan)
U غير حاضر ہونا (ghair-hāzir hōnā)

やすらかに 〔安らかに〕
A بهدوء (bi-hudū')
P در آرامش (dar ārāmesh)
U آرام سے (ārām se)

やすり 〔鑢〕
A مبرد (mibrad)
P سوهان (souhān)
U ريتی (rētī)

やせいの 〔野生の〕
A متوحش (mutawaḥḥish)
P وحشی (vahshī)
U جنگلی (jangalī)

やせた 〔痩せた〕
A نحيل (naḥīl); نحيف (naḥīf)
P لاغر (lāghar)
U دبلا (dublā)

やせる 〔痩せる〕
A نحف (naḥufa)
P لاغر شدن (lāghar shodan)
U دبلا ہونا (dublā hōnā)

やちん 〔家賃〕
A أجرة سكن ('ujra sakan)
P اجارۀ خانه (ejāreye-khāne)
U مکان کا کرایہ (makān ka kirāya)

やっかい 〔厄介〕
A انزعاج (inzi'āj)
P زحمت (zahmat)
U تکليف (taklīf)
厄介な
A مزعج (muz'ij)
P پر زحمت (por-zahmat)
U تکليف ده (taklīf-dah)
厄介をかける
A أزعج ('az'aja)
P زحمت دادن (zahmat dādan)
U تکليف دينا (taklīf dēnā)

やっきょく 〔薬局〕
A صيدلية (ṣaydalīya)
P داروخانه (dārū-<u>kh</u>āne)
U دواخانہ (dawā-<u>kh</u>āna)

やってみる
A حاول (ḥāwala)
P سعى كردن (sa'ī kardan)
U آزماکر دیکھنا (āzmā-kar dēkhnā)

やっと
ようやく
A أخيراً ('a<u>kh</u>īran)
P بالاخره (bel-a<u>kh</u>are)
U آخرکار (ā<u>kh</u>ir-kār)
かろうじて
A بصعوبة (bi-ṣu'ūba)
P به سختى (be-sa<u>kh</u>tī)
U مشکل ہی سے (mu<u>sh</u>kil hī se)

やど 〔宿〕
A فندق (funduq)
P مهمانخانه (mehmān-<u>kh</u>āne)
U ہوٹل (hoṭel)

やとい 〔雇い〕
雇い人
A موظف (muwaẓẓaf)
P كارمند (kār-mand)
U ملازم (mulāzim)
雇い主
A مستخدم (musta<u>kh</u>dim)
P كارفرما (kār-farmā)
U مالک (mālik)

やとう 〔雇う〕
A استخدم (ista<u>kh</u>dama)
P استخدام كردن (este<u>kh</u>dām kardan)
U ملازم رکھنا (mulāzim rakhnā)

やとう 〔野党〕
A حزب معارضة (ḥizb mu'āraḍa)
P حزب مخالف (hezbe-mo<u>kh</u>ālef)
U حزب مخالف (hizbe-mu<u>kh</u>ālif)

やなぎ 〔柳〕
A صفصاف (ṣafṣāf)
P بيد (bīd)
U بید (bēd)

やに 〔脂〕
木の脂
A صمغ (ṣam<u>gh</u>)
P صمغ (sam<u>gh</u>)
U بیروزہ (bērōza)

やぬし 〔家主〕
A صاحب البيت (ṣaḥibul-bayt)
P صاحب خانه (sāheb-<u>kh</u>āne)
U مالک مکان (mālike-makān)

やね 〔屋根〕
A سقف (saqf)
P بام (bām)
U چھت (<u>ch</u>hat)

やはり 〔矢張り〕
A أيضاً ('ayḍan)
P نيز (nīz)
U بھی (bhī)

やはん 〔夜半〕
A منتصف الليل (muntaṣafu-l-layl)
P نيمشب (nīm-<u>sh</u>ab)
U آدھی رات (ādhī rāt)

やばんな 〔野蛮な〕
A وحشى (waḥ<u>sh</u>ī)

P وحشی (vahshī)

U وحشی (wahshī)

やぶ 〔藪〕

A أجمة ('ajama)

P بیشه (bīshe)

U جھاڑی (jhāṛī)

やぶる 〔破る〕

裂く

A شق (shaqqa)

P پاره کردن (pāre kardan)

U پھاڑنا (phāṛnā)

破壊する

A كسر (kasara)

P شکستن (shekastan)

U توڑنا (tōṛnā)

やぶれる 〔破れる・敗れる〕

裂ける

A انشق (inshaqqa)

P پاره شدن (pāre shodan)

U پھٹنا (phaṭnā)

負ける

A انهزم (inhazama)

P شکست خوردن (shekast khordan)

U ہارنا (hārnā)

やま 〔山〕

A جبل (jabal)

P کوه (kūh)

U پہاڑ (pahāṛ)

山に登る

A تسلق جبلاً (tasallaqa jabalan)

P از کوه بالا رفتن (az kūh bālā raftan)

U پہاڑ پر چڑھنا (pahāṛ par chaṛhnā)

やまかじ 〔山火事〕

A حريق غابة (ḥarīq ghāba)

P آتش سوزی جنگلی (ātesh-sūzīye-jangalī)

U جنگل میں آگ (jangal meṇ āg)

やまくずれ 〔山崩れ〕

A انهيار الأرض (inhiyārul-'arḍ)

P ریزش کوه (rīzeshe-kūh)

U ہبوط ارض (hubūte-arz)

やまぐに 〔山国〕

A بلد جبلي (balad jabalī)

P کوهستان (kūhestān)

U پہاڑی علاقہ (pahāṛī 'ilāqa)

やまごや 〔山小屋〕

A كوخ فى الجبل (kūkh fil-jabal)

P کلبۀ کوهستانی (kolbeye-kūhestānī)

U پہاڑی بنگلا (pahāṛī baṇglā)

やまのぼり 〔山登り〕

A تسلق الجبل (tasalluqul-jabal)

P کوه نوردی (kūh-navardī)

U کوہ پیمائی (kōh-paimā'ī)

やまびこ 〔山彦〕

A صدًى (ṣadan)

P پژواک (pazhvāk)

U صدائے بازگشت (sadā'e-bāz-gasht)

やみ 〔闇〕

A ظلام (ẓalām)

P تاریکی (tārīkī)

U اندھیرا (aṇdhērā)

やむ 〔止む〕
A توقف (tawaqqafa)
P بند آمدن (band āmadan)
U بند ہونا (band hōnā)

やむをえず 〔已むを得ず〕
A لا مفر منه (lā mafarra min-hu)
P نا گزیر (nā-gozīr)
U مجبوراً (majbūran)

やめる 〔止める〕
A توقف (tawaqqafa)
P تمام کردن (tamām kardan)
U ختم کرنا (khatam karnā)

断念する
A أقلع (’aqla‘a)
P ترک کردن (tark kardan)
U ترک کرنا (tark karnā)

やめる 〔辞める〕
A استقال (istaqāla)
P استعفا کردن (este‘fā kardan)
U استعفا دینا (iste‘fā dēnā)

やもめ 〔寡婦〕
A أرملة (’armala)
P بیوه (bīve)
U بیوه (bēwa)

やもり 〔守宮〕
A برص (burṣ)
P مارمولک (mārmūlak)
U چھپکلی (chhipkalī)

やや
A قليلاً (qalīlan)
P کمی (kamī)
U کچھ (kuchh)

やり 〔槍〕
A رمح (rumḥ)
P نیزه (neize)
U نیزه (nēza)

やりかた 〔遣り方〕
A طريقة (ṭarīqa)
P طرز (tarz) ; طریقه (tarīqe)
U طریقہ (tarīqa)

やりなおす 〔遣り直す〕
A جرب مرة أخرى
(jarraba marra ’ukhrā) ;
أعاد (’a‘āda)
P دو باره سعی کردن (dō-bāre sa‘ī kardan)
U پھر کرنا (phir karnā)

やる 〔遣る〕
与える
A أعطى (’a‘ṭā)
P دادن (dādan)
U دینا (dēnā)

行う
A عمل (‘amila)
P کردن (kardan)
U کرنا (karnā)

送る
A أرسل (’arsala)
P فرستادن (ferestādan)
U بھیجنا (bhējnā)

やわらかな 〔柔らかな〕
A ناعم (nā‘im)
P نرم (narm)
U نرم (narm)

やわらぐ〔和らぐ〕

A خف (khaffa)

P نرم شدن (narm shodan)

U نرم ہونا (narm hōnā)

やわらげる〔和らげる〕

A خفف (khaffafa)

P نرم کردن (narm kardan)

U نرم کرنا (narm karnā)

ゆ

ゆ〔湯〕

A ماء ساخن (mā' sākhin)

P آب گرم (ābe-garm)

U گرم پانی (garm pānī)

風呂

A حمام (ḥammām)

P حمام (hammām)

U غسل (ghusl)

ゆいいつの〔唯一の〕

A وحيد (waḥīd)

P یگانه (yegāne)

U واحد (wāhid)

ゆいごん〔遺言〕

A وصية (waṣīya)

P وصیت (vasīyat)

U وصیت (wasīyat)

遺言状

A وصية مكتوبة (waṣīya maktūba)

P وصیت نامه (vasīyat-nāme)

U وصیت نامہ (wasīyat-nāma)

ゆいぶつろん〔唯物論〕

A المادية (al-māddīya)

P ماتریالیسم (māteryālīsm);

مادیت (māddīyat)

U مادیت (māddīyat)

ゆう〔結う〕

結ぶ

A ربط (rabaṭa)

P بستن (bastan)

U باندھنا (bāṇdhnā)

ゆうい〔優位〕

A تفوق (tafawwuq)

P برتری (bartarī);

تفوق (tafavvoq)

U برتری (bartarī)

ゆういぎな〔有意義な〕

A ذو معنًى (dhū-ma'nan)

P پر معنی (por-ma'nī)

U معنی خیز (ma'nī-khēz)

ゆううつ〔憂鬱〕

A اكتئاب (ikti'āb)

P افسردگی (afsordegī);

ملال (malāl)

U اداسی (udāsī)

憂鬱な
A كئيب (ka'īb)
P افسرده (afsorde) ; ملول (malūl)
U اداس (udās)

ゆうえきな 〔有益な〕
A نافع (nāfi') ; مفيد (mufīd)
P سودمند (sūd-mand) ;
مفيد (mofīd)
U فائده مند (fā'ida-mand) ;
مفيد (mufīd)

ゆうえつ 〔優越〕
A تفوق (tafawwuq)
P برترى (bartarī)
U برترى (bartarī)
優越する
A تفوق (tafawwaqa)
P برترى داشتن (bartarī dāshtan)
U برتر ہونا (bartar hōnā)

ゆうえんち 〔遊園地〕
A حديقة أطفال (ḥadīqa 'aṭfāl)
P شهربازى (shahre-bāzī)
U تفريحى پارک (tafrīhī-pārk)

ゆうかい 〔誘拐〕
A خطف (khaṭf) ; اختطاف (ikhtiṭāf)
P آدم ربائى (ādam-robā'ī)
U اغوا (ighwā)
誘拐する
A خطف (khaṭafa) ;
اختطف (ikhtaṭafa)
P آدم ربودن (ādam robūdan)
U اغوا كرنا (ighwā karnā)
誘拐者
A خاطف (khāṭif) ;
مختطف (mukhtaṭif)
P آدم ربا (ādam-robā)
U اغوا کرنے والا (ighwā karnē-wālā)

ゆうがいな 〔有害な〕
A مضر (muḍirr) ; ضار (ḍārr)
P ضرر رسان (zarar-resān) ;
مضر (mozer)
U مضر (muzir) ;
ضرر رسان (zarar-rasān)

ゆうがた 〔夕方〕
A مساء (masā')
P عصر ('asr) ; شب (shab)
U شام (shām)

ゆうがな 〔優雅な〕
A أنيق ('anīq)
P ظريف (zarīf)
U حسين و جميل (hasīn-o-jamīl)

ゆうかん 〔夕刊〕
A جريدة مسائية (jarīda masā'īya)
P روزنامهٔ عصر (rūz-nāmeye-'asr)
U شام كا اخبار (shām ka akhbār)

ゆうかん 〔勇敢〕
A شجاعة (shajā'a)
P دليرى (dalīrī) ;
شجاعت (shojā'at)
U بہادرى (bahādurī)
勇敢な
A شجاع (shujā')
P دلير (dalīr) ; شجاع (shojā')
U بہادر (bahādur)

ゆうき 〔勇気〕
A شجاعة (shajā'a)
P شجاعت (shojā'at)

U همت (himmat)
勇気のある
A شجاع (shujā')
P شجاع (shojā')
U باہمت (bā-himmat)
勇気づける
A شجع (shajja'a)
P تشجيع كردن (tashjī' kardan)
U ہمت بڑھانا (himmat baṛhānā)

ゆうき 〔有機〕
有機の
A عضوى ('uḍwī)
P آلى (ālī)
U نامياتى (nāmiyātī)
有機化学
A الكيمياء العضوية
(al-kīmiyā'ul-'uḍwīya)
P شيمى آلى (shīmiye-ālī)
U نامياتى كيميا (nāmiyātī kīmiyā)

ゆうぎ 〔遊技〕
A لعب (la'ib)
P بازى (bāzī)
U كهيل (khēl)
遊技場
A ساحة اللعب (sāḥatu-l-la'ib)
P ميدان بازى (meidāne-bāzī)
U كهيل كا ميدان (khēl ka maidān)

ゆうぐう 〔優遇〕
A معاملة طيبة (mu'āmala ṭayyiba)
P خوش رفتارى (khosh raftārī)
U نيک سلوک (nēk sulūk)

ゆうげんがいしゃ 〔有限会社〕
A شركة مسؤولية محدودة
(sharika mas'ūlīya maḥdūda)
P شركت با مسئوليت محدود
(sherkate-bā-mas'ūlīyate-mahdūd)
U محدود ذمہ دارى كى شركت
(mahdūd zimme-dārī ki sharikat)

ゆうけんしゃ 〔有権者〕
A ناخب (nākhib)
P رأى دهنده (ra'y-dehande)
U رائے دہندہ (rāe-dihanda)

ゆうこう 〔友好〕
A صداقة (ṣadāqa)
P دوستى (dūstī)
U دوستى (dōstī)
友好関係
A علاقات الصداقة
('alāqātu-ṣ-ṣadāqa)
P روابط دوستانه
(ravābete-dūstāne)
U دوستانہ تعلقات
(dōstāna ta'alluqāt)
友好国
A دولة صديقة (dawla ṣadīqa)
P كشور دوست (keshvare-dūst)
U دوستانہ ملک (dōstāna mulk)

ゆうこうな 〔有効な〕
A سارى المفعول (sāriyul-maf'ūl);
صالح (ṣāliḥ)
P معتبر (mo'tabar)
U جائز (jā'iz)

ゆうざいの 〔有罪の〕
A مذنب (mudhnib)
P گناهكار (gonāh-kār)
U گنہگار (gunah-gār)

ゆうし 〔融資〕
A تمويل (tamwīl)
P تأمين مالى (ta'mīne-mālī)
U سرمایہ کاری (sarmāya-kārī)
融資する
A مول (mawwala)
P تأمين مالى كردن (ta'mīne-mālī kardan)
U سرمایہ کاری کرنا (sarmāya-kārī karnā)

ゆうしゅうな 〔優秀な〕
A ممتاز (mumtāz)
P ممتاز (momtāz)
U عمده ('umda)

ゆうしょう 〔優勝〕
勝利
A نصر (naṣr)
P پيروزى (pīrūzī)
U جيت (jīt)
選手権
A بطولة (buṭūla)
P قهرمانى (qahramānī)
U چيمپين شپ (chaimpian-ship)

ゆうじょう 〔友情〕
A صداقة (ṣadāqa)
P دوستى (dūstī)
U دوستى (dōstī)
友情のある
A صديق (ṣadīq)
P دوستانه (dūstāne)
U دوستانہ (dōstāna)

ゆうしょく 〔夕食〕
A عشاء ('ashā')
P شام (shām)
U شام کا کھانا (shām ka khānā)

ゆうしょく 〔有色〕
有色人種
A جنس غير أبيض (jins ghayr-'abyaḍ)
P نژاد غير سفيد پوست (nezhāde-gheire-sefīd-pūst)
U غير سفيد فام نسل (ghair-safēd-fām nasl)

ゆうじん 〔友人〕
A صديق (ṣadīq)
P دوست (dūst)
U دوست (dōst)

ユースホステル
A بيت الشباب (baytu-sh-shabāb)
P جوان سرا (javān-sarā)
U یوتھ ہوسٹل (yūth hosṭal)

ゆうせい 〔遊星〕
A كوكب سيار (kawkab sayyār)
P سياره (sayyāre)
U سياره (saiyāra)

ゆうせいがく 〔優生学〕
A علم تحسين النسل ('ilm taḥsīnu-n-nasl)
P به نژادى (beh-nezhādī)
U نسلى اصلاحيات (naslī islāhiyāt)

ゆうせん 〔優先〕
A أسبقية ('asbaqīya); تقدم (taqaddum)
P تقدم (taqaddom)
U ترجيح (tarjīh)

優先する

A له أسبقية (la-hu 'asbaqīya)

P تقدم داشتن (taqaddom dāshtan)

U ترجيح دينا (tarjīh dēnā)

ゆうせんの 〔有線の〕

A سلكى (silkī)

P سيم دار (sīm-dār)

U تار كا (tār ka)

ゆうそうする 〔郵送する〕

A أرسل بالبريد ('arsala bil-barīd)

P با پست فرستادن (bā post ferestādan)

U ڈاک سے بھیجنا (ḍāk se bhējnā)

ユーターンする

A انعطف (in'aṭafa)

P دور زدن (dour zadan)

U واپس مڑنا (wāpas muṛnā)

ゆうだいな 〔雄大な〕

A عظيم ('aẓīm)

P عظيم ('azīm)

U عظيم الشان ('azīmu-sh-shān)

ゆうだち 〔夕立〕

A زخة مطر (zakhkha maṭar)

P رگبار (rag-bār)

U بوچھاڑ (bauchhāṛ)

ゆうどうじんもん 〔誘導尋問〕

A أسئلة استدراكية ('as'ila istidrākīya)

P سؤال تلقينى (so'āle-talqīnī)

U استفسار (istifsār)

ゆうとうせい 〔優等生〕

A طالب متفوق (ṭālib mutafawwiq)

P شاگرد ممتاز (shāgerde-momtāz)

U اچھے نمبر لینے والا (achchhē nambar lēnē-wālā)

ゆうどくな 〔有毒な〕

A سام (sāmm)

P سمى (sammī)

U زہریلا (zahrīlā)

ユートピア

A المدينة الفاضلة (al-madīnatul-fāḍila) ; اليوتوبيا (al-yūtūbiyā)

P مدينهٔ فاضله (madīneye-fāzela) ; يوتوپيا (yūtopiyā)

U يوٹوپيا (ūṭopiyā)

ゆうのうな 〔有能な〕

A قادر (qādir) ; كفء (kuf')

P قادر (qāder) ; قابل (qābel)

U قابل (qābil)

ゆうはん 〔夕飯〕 ──→ゆうしょく〔夕食〕

ゆうひ 〔夕日〕

A شمس غاربة (shams ghāriba)

P آفتاب غروب (āftābe-ghorūb)

U غروب ہونے والا سورج (ghurūb hōnē-wālā sūraj)

ゆうびな 〔優美な〕 ──→ゆうがな〔優雅な〕

ゆうびん 〔郵便〕

A بريد (barīd)

P پست (post)

U ڈاک (ḍāk)

郵便局

A مكتب البريد (maktabul-barīd)

P پستخانه (post-khāne)

U ڈاک خانہ (ḍāk-khāna)

郵便切手

A طابع بريدى (ṭābi‘ barīdī)

P تمبرپست (tambre-post)

U ڈاک کا ٹکٹ (ḍāk ka ṭikaṭ)

郵便ポスト

A صندوق البريد (ṣundūqul-barīd)

P صندوق پست (sandūqe-post)

U ليٹر بکس (leṭar-boks)

ゆうふくな 〔裕福な〕

A غنى (ghanīy)

P ثروتمند (servat-mand)

U دولتمند (daulat-mand)

ゆうべ 〔昨夜〕

A ليلة أمس (layla ’amsi)

P ديشب (dī-shab)

U كل رات (kal rāt)

ゆうべん 〔雄弁〕

A فصاحة (faṣāḥa)

P فصاحت (fasāhat)

U فصاحت (fasāhat)

雄弁な

A فصيح (faṣīḥ)

P فصيح (fasīh)

U فصيح (fasīh)

ゆうぼうな 〔有望な〕

A مؤمل (mu’ammil)

P اميد بخش (omīd-bakhsh)

U ہونہار (hōnhār)

ゆうぼく 〔遊牧〕

A بداوة (badāwa)

P چادر نشينى (chādor-neshīnī)

U خانہ بدوشی (khāna-ba-dōshī)

遊牧民

A بدو (badw)

P چادر نشين (chādor-neshīn)

U خانہ بدوش (khāna-ba-dōsh)

ゆうめいな 〔有名な〕

A مشهور (mashhūr)；

شهير (shahīr)

P مشهور (mashhūr)；

معروف (ma‘rūf)

U مشہور (mashhūr)

ユーモア

A فكاهة (fukāha)

P فكاهه (fokāhe)

U مزاح (mizāh)

ゆうよ 〔猶予〕

支払いの猶予

A مهلة (muhla)

P مهلت (mohlat)

U مہلت (mohlat)

延期

A تأجيل (ta’jīl)

P تأخير (ta’khīr)

U التوا (iltewā)

猶予する

A أمهل (’amhala)

P مهلت دادن (mohlat dādan)

U مہلت دينا (mohlat dēnā)

ゆうような 〔有用な〕

A مفيد (mufīd)

P مفيد (mofīd)

U مفيد (mufīd)

ゆうらん 〔遊覧〕

A سياحة (siyāḥa)

P سیاحت (siyāhat)
U تفریحی سفر (tafrīhī safar)
遊覧バス
A حافلة سياحية (ḥāfila siyāḥiya)
P اتوبوس توریستی (otōbūse-tūrīstī)
U تفریحی بس (tafrīhī bas)
遊覧客
A سائح (sā'iḥ)
P توریست (tūrīst)
U سیاح (saiyāh)

ゆうりな 〔有利な〕
A نافع (nāfi')
P سودمند (sūd-mand)
U فائده‌مند (fā'ida-mand)

ゆうりょう 〔有料〕
有料駐車場
A موقف السيارات بأجرة (mawqifu-s-sayyārāt bi-'ujra)
P پارکینگ کرایه‌ای (pārkīnge-kerāyeī)
U کرایے کا پارکنگ (kirāyē ka pārking)

ゆうりょくな 〔有力な〕
A ذو نفوذ (dhū-nufūdh)
P متنفذ (motanaffez)
U با اثر (bā-asar)

ゆうれい 〔幽霊〕
A شبح (shabaḥ)
P شبح (shabah)
U بھوت (bhūt)

ユーロ
A يورو (yūrū)
P یورو (yūro)
U یورو (yūro)

ゆうわく 〔誘惑〕
A إغراء ('ighrā')
P اغوا (eghvā)
U ترغیب (targhīb)
誘惑する
A أغرى ('aghrā)
P اغوا کردن (eghvā kardan)
U ترغیب دینا (targhīb dēnā)

ゆか 〔床〕
A أرضية ('arḍīya)
P کف (kaf)
U فرش (farsh)

ゆかい 〔愉快〕
A سرور (surūr)
P خوشی (khoshī)
U خوشی (khushī)
愉快な
A سار (sārr)
P خوش (khosh)
U خوش (khush)

ゆき 〔雪〕
A ثلج (thalj)
P برف (barf)
U برف (barf)
雪が降る
A سقط الثلج (saqaṭa-th-thalj)
P برف باریدن (barf bārīdan)
U برف پڑنا (barf paṛnā)

ゆきき 〔行き来〕
A ذهاب و إياب (dhahāb wa 'īyāb)
P رفت و آمد (raft-o-āmād)

U آمد و رفت (āmad-o-raft)

ゆきすぎる　〔行き過ぎる〕

度を越す

A أسرف ('asrafa)

P افراط کردن (efrāt kardan)

U حد سے بڑھنا (hadd se baṛhnā)

ゆきづまる　〔行き詰まる〕

A فشل فى المفاوضات (fashila fil-mufāwaḍāt)

P دچار وقفه شدن (dochāre-vaqfe shodan)

U رکاوٹ پڑنا (rukāwaṭ paṛnā)

ゆく　〔行く〕

A ذهب (dhahaba)

P رفتن (raftan)

U جانا (jānā)

ゆくえ　〔行方〕

A مكان (makān)

P محل (mahal)

U پتا (patā)

行方不明の

A مفقود (mafqūd)

P گم شده (gom-shode)

U گم شده (gum-shuda)

行方不明になる

A أصبح مفقودًا ('aṣbaḥa mafqūdan)

P گم شدن (gom shodan)

U گم ہونا (gum hōnā)

ゆげ　〔湯気〕

A بخار (bukhār)

P بخار (bokhār)

U بھاپ (bhāp)

ゆけつ　〔輸血〕

A نقل الدم (naqlu-d-dam)

P انتقال خون (enteqāle-khūn)

U انتقال خون (inteqāle-khūn)

輸血する

A نقل الدم (naqala-d-dam)

P انتقال خون دادن (enteqāle-khūn dādan)

U خون منتقل کرنا (khūn muntaqil karnā)

ゆしゅつ　〔輸出〕

A تصدير (taṣdīr)

P صادرات (sāderāt)

U برآمد (bar-āmad)

輸出する

A صدر (ṣaddara)

P صادر کردن (sāder kardan)

U برآمد کرنا (bar-āmad karnā)

ゆすぐ　〔濯ぐ〕

A شطف (shaṭafa)

P آب کشیدن (āb keshīdan)

U کھنگالنا (khangālnā)

口を濯ぐ

A مضمض (maḍmaḍa)

P غرغره کردن (gherghere kardan)

U کلی کرنا (kullī karnā)

ゆする　〔強請る〕

A ابتز (ibtazza)

P اخاذی کردن (akhkhāzī kardan)

U دھمکی سے لینا (dhamkī se lēnā)

ゆする　〔揺する〕

A هز (hazza)

P تکان دادن (takān dādan)

U ہلانا (hilānā)

ゆずる 〔譲る〕

A تنازل (tanāzala)

P واگذار كردن (vā-gozār kardan)

U سپرد کرنا (supurd karnā)

ゆそう 〔輸送〕

A نقل (naql)

P حمل و نقل (haml-o-naql)

U نقل و حمل (naql-o-haml)

輸送する

A نقل (naqala)

P حمل كردن (haml kardan)

U نقل و حمل کرنا (naql-o-haml karnā)

輸送手段

A وسائل النقل (wasā'ilu-n-naql)

P وسايل نقليه (vasāyele-naqlīye)

U ذریعۂ نقل و حمل (zarī'ae-naql-o-haml)

ゆたかな 〔豊かな〕

A وفير (wafīr) ; غنى (ghanīy)

P فراوان (farāvān) ; غنى (ghanī)

U وافر (wāfir) ; مالدار (māl-dār)

ユダヤ

ユダヤ人(民族)

A يهود (yahūd)

P يهود (yahūd)

U یہود (yahūd)

ユダヤの(人)

A يهودى (yahūdī)

P يهودى (yahūdī)

U یہودی (yahūdī)

ユダヤ教

A يهودية (yahūdīya)

P يهوديت (yahūdīyat)

U یہودیت (yahūdīyat)

ゆだん 〔油断〕

A غفل (ghafl)

P غفلت (gheflat)

U غفلت (ghaflat)

油断する

A غفل (ghafala)

P غفلت كردن (gheflat kardan)

U غفلت کرنا (ghaflat karnā)

ゆっくり

A ببطء (bi-buṭ')

P آهسته (āheste)

U آہستہ (āhista)

ゆでる 〔茹でる〕

A سلق (salaqa)

P آب پز كردن (āb-paz kardan)

U ابالنا (ubālnā)

茹で卵

A بيضة مسلوقة (bayḍa-maslūqa)

P تخم مرغ آب پز (tokhme-morghe-āb-paz)

U ابلا ہوا انڈا (ublā-huā anḍā)

ゆでん 〔油田〕

A حقل النفط (ḥaqlu-n-nafṭ)

P ميدان نفت خيز (meidāne-naft-khīz)

U تیل کا میدان (tēl ka maidān)

ユニークな

A فريد (farīd)

P بى‌نظير (bī-nazīr)

U بے‌مثل (bē-misl)

ユニホーム

A زی رسمی (ziyy rasmī)

P اونیفورم (ūnīform)

U وردی (wardī)

ゆにゅう 〔輸入〕

A استیراد (istīrād)

P واردات (vāredāt)

U درآمد (dar-āmad)

輸入する

A استورد (istawrada)

P وارد کردن (vāred kardan)

U درآمد کرنا (dar-āmad karnā)

ユネスコ

A يونسكو (yūniskū)

P يونسكو (yūnesko)

U یونیسکو (yūnēsko)

ゆび 〔指〕

A إصبع (’iṣba‘)

P انگشت (angosht)

U انگلی (uṇglī)

親指

A إبهام (’ibhām)

P شست (shast)

U انگوٹھا (angūṭhā)

ゆびさす 〔指差す〕

A أشار (’ashāra)

P اشاره کردن (eshāre kardan)

U اشاره کرنا (ishāra karnā)

ゆびわ 〔指輪〕

A خاتم (khātim)

P انگشتر (angoshtar) ; حلقه (halqe)

U انگوٹھی (aṇgūṭhī)

結婚指輪

A خاتم الزواج (khātimu-z-zawāj)

P حلقۀ ازدواج (halqeye-ezdevāj)

U شادی کی انگوٹھی
(shādī ki aṇgūṭhī)

ゆみ 〔弓〕

A قوس (qaws)

P کمان (kamān)

U کمان (kamān)

ゆめ 〔夢〕

A حلم (ḥulm)

P خواب (khāb)

U خواب (khāb)

夢を見る

A حلم حلمًا (ḥalama ḥulman)

P خواب دیدن (khāb dīdan)

U خواب دیکھنا (khāb dēkhnā)

ゆり 〔百合〕

A زنبق (zanbaq) ; سوسن (sawsan)

P سوسن (sūsan)

U سوسن (sōsan)

ゆりかご 〔揺り籠〕

A مهد (mahd)

P گهواره (gahvāre)

U پنگوڑا (piṇgūṛā)

ゆるい 〔緩い〕

A رخو (rakhw)

P شل (shol)

U ڈھیلا (ḍhīlā)

ゆるし 〔許し〕

A سماح (samāḥ) ; إذن (’idhn)

P اجازه (ejāze)

U اجازت (ijāzat)

ゆるす〔許す〕
A سمح (samaḥa) ; أذن (’adhina)
P اجازه دادن (ejāze dādan)
U اجازت دینا (ijāzat dēnā)

ゆるむ〔緩む〕
A ارتخى (irtakhā)
P شل شدن (shol shodan)
U ڈھیلا ہونا (ḍhīlā hōnā)

ゆれ〔揺れ〕
A هزة (hazza)
P تکان (takān) ; لرزش (larzesh)
U لرزہ (larza)

ゆれる〔揺れる〕
A اهتز (ihtazza)
P تکان خوردن (takān khordan)
U ہلنا (hilnā)

ゆわかし〔湯沸かし〕
A غلاية (ghallāye)
P کتری (ketrī)
U کیتلی (kētlī)

よ

よ〔世〕
この世
A الدنيا (ad-dunyā)
P دنیا (donyā)
U دنیا (duniyā)
あの世
A الآخرة (al-ākhira)
P آخرت (ākherat)
U آخرت (ākhirat)
人生
A حياة (ḥayā)
P زندگی (zendegī)
U زندگی (zindagī)

よ〔夜〕
A ليل (layl)
P شب (shab)
U رات (rāt)

よあかしする〔夜明かしする〕
A سهر إلى الصباح
(sahira ’ila-ṣ-ṣabāḥ)
P شب زنده داری کردن
(shab zende-dārī kardan)
U رات کاٹنا (rāt kāṭnā)

よあけ〔夜明け〕
A فجر (fajr)
P سپیده دم (sepīde-dam) ;
فجر (fajr)
U فجر (fajr) ; تڑکا (taṛkā)

よい〔良い〕
A طيب (ṭayyib) ; جيد (jayyid)
P خوب (khūb) ; نیک (nīk)
U اچھا (achchhā) ; ٹھیک (ṭhīk)

よい 〔酔い〕
A سكر (sukr)
P مستی (mastī)
U نشہ (nasha)

よい 〔宵〕
A مساء (masā’)
P سر شب (sare-shab)
U شام (shām)

よう 〔酔う〕
A سكر (sakira)
P مست شدن (mast shodan)
U نشے میں ہونا (nashē meṇ hōnā)

よう 〔用〕
A عمل (‘amal) ; شغل (shughl)
P کار (kār)
U کام (kām)
あなたに用がある
A عندى شغل معك
(‘indī shughl ma‘a-ka)
P با شما کار دارم
(bā shomā kār dāram)
U مجھے آپ سے کام ہے
(mujhē āp se kām hai)

ようい 〔用意〕
A إعداد (’i‘dād) ; استعداد (isti‘dād)
P آمادگی (āmādegī)
U تیاری (taiyārī)
用意する
A أعد (’a‘adda) ; استعد (ista‘adda)
P آماده کردن (āmāde kardan)
U تیار کرنا (taiyār karnā)

ようい 〔容易〕
A سهولة (suhūla)
P آسانی (āsānī)
U آسانی (āsānī)
容易な
A سهل (sahl)
P آسان (āsān)
U آسان (āsān)
容易に
A بسهولة (bi-suhūla)
P به آسانی (be-āsānī)
U آسانی سے (āsānī se)

よういく 〔養育〕
A تربية (tarbiya)
P پرورش (parvaresh)
U پرورش (parwarish)
養育する
A ربى (rabbā)
P پروردن (parvardan)
U پالنا (pālnā)

ようが 〔洋画〕
絵画
A رسم غربى (rasm gharbī)
P نقاشی غربی (naqqāshīye-gharbī)
U مغربی مصوری (maghrībī musavvirī)
映画
A فيلم غربى (fīlm gharbī)
P فیلم غربی (fīlme-gharbī)
U مغربی فلم (maghribī film)

ようかいする 〔溶解する〕
A ذاب (dhāba) ; انحل (inḥalla)
P ذوب شدن (zoub shodan) ;
حل شدن (hall shodan)
U گھلنا (ghulnā) ;

حل ہونا (hal hōnā)

ようがん 〔溶岩〕

A حمم بركانية (ḥumam burkānīya)

P گدازه (godāze)

U لاوا (lāvā)

ようき 〔容器〕

A وعاء (wi‘ā’)

P ظرف (zarf)

U برتن (bartan)

ようぎ 〔容疑〕

A تهمة (tuhma)

P اتهام (ettehām)

U الزام (ilzām)

容疑者

A مشتبه فيه (mu<u>sh</u>tabah fīhi)

P مظنون (maznūn)

U مشتبہ (mu<u>sh</u>tabah)

ようきな 〔陽気な〕

A مرح (mariḥ)

P شادمان (<u>sh</u>ādemān)

U زنده دل (zinda-dil)

ようきゅう 〔要求〕

A طلب (ṭalab) ; مطالبة (muṭālaba)

P مطالبه (motālebe)

U مطالبہ (mutālaba)

要求する

A طالب (ṭālaba)

P مطالبه كردن (motālebe kardan)

U مطالبہ كرنا (mutālaba karnā)

ようぐ 〔用具〕

A أداة (’adā) ; أدوات (’adawāt)

P وسايل (vasāyel)

U وسائل (wasā’il)

運動用具

A أدوات رياضية (’adawāt riyāḍīya)

P وسايل ورزشى

(vasāyele-varze<u>sh</u>ī)

U كھيل كود كے وسائل

(khēl-kūd ke wasā’il)

ようご 〔用語〕

A مصطلح (muṣṭalaḥ) ;

اصطلاح (iṣṭilāḥ)

P اصطلاح (estelāh)

U اصطلاح (istelāh)

ようご 〔擁護〕

A حماية (ḥimāya)

P حمايت (hemāyat)

U حمايت (himāyat)

擁護する

A حمى (ḥamā)

P حمايت كردن (hemāyat kardan)

U حمايت كرنا (himāyat karnā)

ようご 〔養護〕

A رعاية (ri‘āya)

P پرورش (parvare<u>sh</u>)

U پرورش (parwari<u>sh</u>)

養護学級

A فصل للمعوقين

(faṣl lil-mu‘awqīna)

P كلاس براى كودكان معلول

(kelās barāye kūdakāne-ma‘lūl)

U معذور بچوں كى جماعت

(ma‘zūr ba<u>ch</u><u>ch</u>ōṇ ki jamā‘at)

ようさい 〔要塞〕

A حصن (ḥiṣn)

P دژ (de<u>zh</u>)

U حصار (hisār) ; فورٹ (forṭ)

ようさい　〔洋裁〕

A خياطة (khiyāṭa)

P خياطی زنانه (khayyātīye-zanāne)

U گون دوزی (gaun-dōzī)

ようさん　〔養蚕〕

A تربية دود القز

(tarbiya dūdul-qazz)

P نوغانداری (noughān-dārī)

U ریشم سازی (rēsham-sāzī)

ようし　〔容姿〕

A قوام (qawām)

P اندام (andām)

U شکل و صورت (shakl-o-sūrat)

ようし　〔養子〕

A ابن متبنًى (ibn mutabannan)

P فرزند خوانده (farzande-khānde)

U متبنیٰ (mutabannā)

養子にする

A تبنى (tabannā)

P به فرزندی پذیرفتن

(be-farzandī pazīroftan)

U متبنیٰ بنانا (mutabannā banānā)

ようし　〔用紙〕

A استمارة (istimāra) ;

ورقة (waraqa)

P فرم (form) ; ورقه (varaqe)

U فارم (fārm) ; کاغذ (kāghaz)

ようし　〔要旨〕

A موجز (mūjaz) ; خلاصة (khulāṣa)

P خلاصه (kholāse)

U خلاصہ (khulāsa)

ようじ　〔用事〕

A عمل (‘amal)

P کار (kār)

U کام (kām)

ようじ　〔楊枝〕

A خلال (khilāl) ; مسواك (miswāk)

P خلال دندان (khalāle-dandān)

U خلال (khilāl)

ようじ　〔幼児〕

A طفل (ṭifl)

P کودک (kūdak)

U چھوٹا بچہ (chhōṭā bachcha)

ようしき　〔洋式〕

A طراز غربی (ṭirāz gharbī)

P سبک غربی (sabke-gharbī)

U مغربی طرز (maghribī tarz)

ようしゃ　〔容赦〕

A عفو (‘afw)

P بخشایش (bakhshāyesh)

U معافی (mu‘āfī)

容赦する

A عفا (‘afā)

P بخشیدن (bakhshīdan)

U معاف کرنا (mu‘āf karnā)

ようしょ　〔洋書〕

A كتاب أجنبى (kitāb ’ajnabī)

P کتاب خارجی (ketābe-khārejī)

U یورپی کتاب (yūropī kitāb)

ようじょ　〔養女〕

A متبنية (mutabannīya)

P دختر خوانده (dokhtare-khānde)

U سوتیلی بیٹی (sautēlī bēṭī)

ようしょう 〔幼少〕
A طفولة (ṭufūla)
P کودکی (kūdakī)
U بچپن (bac̲h̲pan)
ようじょうする 〔養生する〕
A اعتنى بالصحة (i‘tanā bi-ṣ-ṣiḥḥa)
P مواظب خود بودن
(movāzebe-k̲h̲od būdan)
U اپنی صحت کا خیال رکھنا
(apnī sehat ka k̲h̲ayāl rakhnā)
ようしょく 〔洋食〕
A طعام غربی (ṭa‘ām g̲h̲arbī)
P غذای اروپائی (g̲h̲azāye-orūpā’ī)
U مغربی کھانا (mag̲h̲ribī khānā)
ようしょく 〔養殖〕
A تربية (tarbiya)
P پرورش (parvares̲h̲)
U افزائیش نسل (afzā’is̲h̲e-nasl)
ようじん 〔用心〕
A احتراس (iḥtirās)
P احتیاط (ehtiyāt)
U احتیاط (ehteyāt)
用心する
A احترس (iḥtarasa)
P احتیاط کردن (ehtiyāt kardan)
U احتیاط کرنا (ehteyāt karnā)
用心深い
A محترس (muḥtaris)
P محتاط (mohtāt)
U محتاط (mohtāt)
ようじん 〔要人〕
A شخصية هامة (s̲h̲ak̲h̲ṣīya hāmma)
P شخصیت مهم (s̲h̲ak̲h̲siyate-
mohem)
U اہم شخص (aham s̲h̲ak̲h̲s)
ようす 〔様子〕
A حالة (ḥāla) ; حال (ḥāl)
P حالت (hālat) ; حال (hāl)
U حالت (hālat) ; حال (hāl)
ようする 〔要する〕
A احتاج (iḥtāja)
P لازم داشتن (lāzem dās̲h̲tan)
U ضرورت ہونا (zarūrat hōnā)
ようするに 〔要するに〕
A بالاختصار (bil-ik̲h̲tiṣār)
P خلاصه (k̲h̲olāse)
U الغرض (al-g̲h̲araz)
ようせい 〔養成〕
A تدريب (tadrīb)
P تربیت (tarbiyat)
U تربیت (tarbiyat)
養成する
A درب (darraba)
P تربیت کردن (tarbiyat kardan)
U تربیت دینا (tarbiyat dēnā)
ようせい 〔妖精〕
A حورية (ḥūrīya)
P پری (parī)
U پری (parī)
ようせき 〔容積〕
A سعة (sa‘a)
P گنجایش (gonjāyes̲h̲) ;
ظرفیت (zarfīyat)
U گنجائش (gunjā’is̲h̲)
ようそ 〔要素〕
A عنصر (‘unṣur) ; عامل (‘āmil)

P عنصر (‘onsor)
U عنصر (‘unsar)

ようそう 〔洋装〕
A ملابس غربية (malābis gharbīya)
P لباس غربی (lebāse-gharbī)
U مغربی لباس (maghribī libās)

ようち 〔幼稚〕
幼稚な
A طفولی (ṭufūlī)
P بچگانه (bachchegāne)
U بچوں کا سا (bachchōṇ ka sā)
幼稚園
A روضة الأطفال (rawḍatul-'aṭfāl)
P کودکستان (kūdakestān)
U کنڈر گارٹن (kinḍar-gārṭan)

ようちゅう 〔幼虫〕
A يرقة (yaraqa)
P لارو (lārv)
U لاروا (lārvā)

ようつう 〔腰痛〕
A ألم فى الخصر ('alam fil-khaṣr)
P کمر درد (kamar-dard)
U درد کمر (darde-kamar)

ようてん 〔要点〕
A نقطة هامة (nuqṭa hāmma)
P نکتۀ مهم (nokteye-mohem)
U اہم نکتہ (aham nukta)

ようと 〔用途〕
A استعمال (isti‘māl)
P استعمال (este‘māl)
U استعمال (iste‘māl)

ような 〔様な〕
A ك (ka) ; مثل (mithla)
P مثل (mesle) ; مانند (mānande)
U جیسا (jaisā)
猿の様な
A كالقرد (kal-qird)
P مثل میمون (mesle-meimūn)
U بندر جیسا (bandar jaisā)

ようねん 〔幼年〕
A طفولة (ṭufulā)
P کودکی (kūdakī)
U بچپن (bachpan)

ようび 〔曜日〕
A يوم من الأسبوع
('yawm minal-'usbū‘)
P روز در هفته (rūz dar hafte)
U ہفتے کا دن (hafte kā din)

ようひん 〔用品〕
A أدوات ('adawāt) ;
لوازم (lawāzim)
P اسباب (asbāb) ;
لوازم (lavāzem)
U لوازم (lavāzim)
台所用品
A أدوات مطبخية
('adawāt maṭbakhīya)
P اسباب آشپزخانه
(asbābe-āshpaz-khāne)
U باورچی خانے کے برتن
(bāwarchī-khānē ke bartan)

ようひん 〔洋品〕
A خردوات (khurdawāt)
P خرازی (kharrāzī)
U مغربی چیزیں (maghribī chīzēṇ)

ようふく 〔洋服〕
A بدلة (badla) ; ملابس (malābis)
P لباس (lebās)
U مغربی لباس (maghribī libās)
洋服掛け
A شماعة (shammā'a)
P چوب لباسی (chūbe-lebāsī)
U ہینگر (haingar)

ようぶん 〔養分〕
A تغذية (taghdhiya)
P تغذيه (taghziye)
U غذائیت (ghizā'īyat)

ようほう 〔用法〕
A طريقة الاستعمال
(ṭarīqatul-isti'māl)
P طرز استعمال (tarze-este'māl)
U طریق استعمال (tarīqe-iste'māl)

ようぼう 〔要望〕
A طلب (ṭalab)
P تقاضا (taqāzā)
U تقاضا (taqāzā)
要望する
A طلب (ṭalaba)
P تقاضا كردن (taqāzā kardan)
U تقاضا کرنا (taqāzā karnā)

ようもう 〔羊毛〕
A صوف (ṣūf)
P پشم (pashm)
U اون (ūn)
羊毛の
A صوفی (ṣūfī)
P پشمی (pashmī)
U اونی (ūnī)

ようやく
辛うじて
A بصعوبة (bi-ṣu'ūba)
P بسختی (be-sakhtī)
U مشکل سے (mushkil se)
ついに
A أخيرًا ('akhīran)
P بالاخره (bel-akhare)
U آخر (ākhir)

ようやく 〔要約〕
A ملخص (mulakhkhaṣ) ;
خلاصة (khulāṣa)
P ملخص (molakhkhas) ;
خلاصه (kholāse)
U خلاصہ (khulāsa)

ようりょう 〔要領〕
A نقطة مهمة (nuqṭa muhimma)
P نكتهٔ مهم (nokteye-mohem)
U اہم نکتہ (aham nukta)

ようりょう 〔容量〕 ──→ようせき〔容積〕

ようりょくそ 〔葉緑素〕
A يخضور (yakhḍūr)
P سبزینه (sabzīne)
U خضرہ (khazara)

ようれい 〔用例〕
A مثال (mithāl)
P مثال (mesāl) ; نمونه (nemūne)
U مثال (misāl) ; نمونہ (namūna)

ようろういん 〔養老院〕
A دار المسنين (dārul-musinnīn)
P خانهٔ سالمندان
(khāneye-sālmandān)

U معمر افراد کے لیے گھر (mu‘ammar afrād ke liye ghar)

ヨーグルト

A لبن رائب (laban rā’ib)；
زبادی (zabādī)

P ماست (māst)

U دہی (dahī)

ヨーロッパ

A أوروبا (’ūrūbbā)

P اروپا (orūpā)

U یورپ (yūrop)

ヨーロッパの(人)

A أوروبی (’ūrūbbī)

P اروپائی (orūpā’ī)

U یورپی (yūropī)

ヨーロッパ連合(EU)

A الاتحاد الأوروبی (al-ittiḥādul-’ūrūbbī)

P اتحادیۀ اروپائی (ettehādīyeye-orūpā’ī)

U یورپی اتحاد (yūropī ittehād)

よか 〔余暇〕

A وقت الفراغ (waqtul-farāgh)

P وقت آزاد (vaqte-āzād)；
فرصت (forsat)

U فرصت (fursat)

よかん 〔予感〕

A واجس (wājis)

P پیش آگاهی (pīsh-āgāhī)

U پیش خبری (pēsh-khabarī)

よき 〔予期〕

A توقع (tawaqqu‘)

P توقع (tavaqqo‘)

U توقع (tawaqqo‘)

予期する

A توقع (tawaqqa‘a)

P توقع داشتن (tavaqqo‘ dāshtan)

U توقع رکھنا (tawaqqo‘ rakhnā)

よぎしゃ 〔夜汽車〕

A قطار لیلی (qiṭār laylī)

P قطار شبانه (qatāre-shabāne)

U رات کی ریل‌گاڑی (rāt ki rēl-gāṛī)

よぎない 〔余儀ない〕

A لا بد (lā-budda)；
لا مفر منه (lā-mafarra min-hu)

P نا گزیر (nā-gozīr)

U نا گزیر (nā-guzīr)

よきょう 〔余興〕

A تسلیة (tasliya)；ترفیه (tarfīh)

P تفریح (tafrīh)

U تفریح (tafrīh)

よきん 〔預金〕

A ودیعة (wadī‘a)

P سپرده (seporde)

U امانت (amānat)

預金する

A أودع مالاً (’awda‘a mālan)

P پول سپردن (pūl sepordan)

U پیسا امانت رکھنا (paisā amānat rakhnā)

預金通帳

A دفتر حساب (daftar ḥisāb)

P دفترچۀ حساب (daftarcheye-hesāb)

U پاس بک (pās-buk)

よく 〔欲〕
貪欲
A طمع (ṭama‘)
P حرص (hers) ; طمع (tama‘)
U لالچ (lālach)
欲望
A رغبة (raghba)
P هوس (havas)
U ہوس (hawas)

よく 〔良く〕
A جيداً (jayyidan)
P خوب (khūb)
U اچھا (achchhā)

よく… 〔翌…〕
A تالٍ (tālin)
P بعد (ba‘d)
U اگلا (aglā)
翌日
A اليوم التالى (al-yawmu-t-tālī)
P روز بعد (rūze-ba‘d)
U اگلے دن (aglē din)

よくあつ 〔抑圧〕
A ظلم (ẓulm)
P ستم (setam)
U دباو (dabāo)
抑圧する
A ظلم (ẓalama)
P ستم كردن (setam kardan)
U دباو ڈالنا (dabāo ḍālnā)

よくしつ 〔浴室〕
A حمام (ḥammām)
P حمام (hammām)
U غسلخانہ (ghusl-khāna)

よくじょう 〔浴場〕
A حمام (ḥammām)
P گرمابه (garmābe) ;
حمام عمومى (hammāme-‘omūmī)
U حمام (hammām)

よくせい 〔抑制〕
A ضبط (ḍabṭ)
P جلوگيرى (jelou-gīrī)
U قابو (qābū)
抑制する
A ضبط (ḍabaṭa)
P جلوگيرى كردن (jelou-gīrī kardan)
U قابو پانا (qābū pānā)

よくそう 〔浴槽〕
A حوض الاستحمام
(ḥawḍul-istiḥmām)
P وان (vān)
U ٹب (ṭab)

よくぼう 〔欲望〕
A رغبة (raghba)
P رغبت (raghbat)
U تمنا (tamannā)

よくりゅう 〔抑留〕
A اعتقال (i‘tiqāl)
P بازداشت (bāz-dāsht)
U حراست (hirāsat)
抑留する
A اعتقل (i‘taqala)
P بازداشت كردن
(bāz-dāsht kardan)
U حراست میں لینا
(hirāsat meṇ lēnā)

よけいな 〔余計な〕
A زائد (zā'id)
P زايد (zāyed)
U زائد (zā'id)

よける 〔避ける〕
A تجنب (tajannaba)
P اجتناب كردن (ejtenāb kardan)
U بچنا (bac̲h̲nā)

よげん 〔預言〕
A تنبؤ (tanabbu')
P پيشگوئى (pīs̲h̲-gū'ī)
U پيش‌گوئى (pēs̲h̲-gō'ī)

預言者
A نبي (nabīy)
P پيغمبر (peig̲h̲ambar) ; نبى (nabī)
U پيغمبر (paig̲h̲ambar) ; نبى (nabī)

よこ 〔横〕
側面
A جانب (jānib)
P پهلو (pahlū)
U پہلو (pahlū)

幅
A عرض ('arḍ)
P عرض ('arz)
U عرض ('arz)

よこがお 〔横顔〕
A مظهر جانبي (maẓhar jānibī)
P نيم رخ (nīm-rok̲h̲)
U نيم رخ (nīm-ruk̲h̲)

よこぎる 〔横切る〕
A عبر ('abara)
P عبور كردن ('obūr kardan)
U پار کرنا (pār karnā) ;
عبور کرنا ('ubūr karnā)

よこく 〔予告〕
A إعلام مقدم ('i'lām muqaddam)
P پيش آگهى (pīs̲h̲-āgahī)
U پہلے سے اطلاع (pahlē se ittelā')

予告する
A أعلم مقدمًا ('a'lama muqaddaman)
P از پيش آگهى دادن
(az pīs̲h̲ āgahī dādan)
U پہلے سے اطلاع دینا
(pahlē se ittelā' dēnā)

よこす 〔寄越す〕
送る
A أرسل ('arsala)
P فرستادن (ferestādan)
U بھیجنا (bhējnā)

与える
A أعطى ('a'ṭā)
P دادن (dādan)
U دینا (dēnā)

よごす 〔汚す〕
A لوث (lawwat̲h̲a) ; وسخ (wassak̲h̲a)
P كثيف كردن (kasīf kardan)
U میلا کرنا (mailā karnā)

よこたえる 〔横たえる〕
A وضع (waḍa'a)
P گذاشتن (gozās̲h̲tan)
U لٹانا (liṭānā)

よこたわる 〔横たわる〕
A استلقى (istalqā)
P دراز كشيدن (derāz kes̲h̲īdan)
U لیٹنا (lēṭnā)

よごれ 〔汚れ〕
A وسخ (wasakh)
P كثافت (kesāfat)
U گندگی (gandagī)

よごれる 〔汚れる〕
A تلوث (talawwatha)
P كثيف شدن (kasīf shodan)
U گندا ہونا (gandā hōnā)

よさん 〔予算〕
A ميزانية (mīzānīya)
P بودجه (būdje)
U بجٹ (bajaṭ)

よしゅうする 〔予習する〕
A أعد دراسة ('a'adda dirāsa)
P درس حاضر كردن (dars hāzer kardan)
U سبق کی تیاری کرنا (sabaq ki taiyārī karnā)

よじょう 〔余剰〕
A فضل (faḍl)
P مازاد (mā-zād)
U افراط (ifrāt)

よせる 〔寄せる〕
近づける
A جلب (jalaba)
P نزديک كردن (nazdīk kardan)
U نزدیک کرنا (nazdīk karnā)
加える
A جمع (jama'a)
P جمع كردن (jam' kardan)
U جمع کرنا (jama' karnā)

よせん 〔予選〕
A مباراة تمهيدية (mubārā tamhīdīya)
P مسابقات مقدماتی (mosābeqāte-moqaddamātī)
U ابتدائی مقابلہ (ibtedā'ī muqābila)

よそ 〔余所〕
A مكان آخر (makān ākhar)
P جای دیگر (jāye-dīgar)
U دوسری جگہ (dūsrī jagah)
余所の
A آخر (ākhar)
P دیگر (dīgar)
U دوسرا (dūsrā)

よそう 〔予想〕
A توقع (tawaqqu')
P توقع (tavaqqo')
U توقع (tawaqqo')
予想する
A توقع (tawaqqa'a)
P توقع داشتن (tavaqqo' dāshtan)
U توقع کرنا (tawaqqo' karnā)

よそおう 〔装う〕
着る
A لبس (labisa)
P پوشیدن (pūshīdan)
U پہننا (pahnnā)
振りをする
A تظاهر (taẓāhara)
P تظاهر كردن (tazāhor kardan)
U ڈھونگ رچانا (ḍhōng rachānā)

よそくする 〔予測する〕
A أدرك قبلاً ('adraka qablan)
P پیشبینی كردن (pīsh-bīnī kardan)
U پیش‌گوئی کرنا (pēsh-gō'ī karnā)

よそみする　〔余所見する〕

A نظر إلى هنا و هناك
(naẓara ’ilā hunā-wa-hūnāka)

P اینسو و آنسو نگریستن
(īn-sū-o-ān-sū negarīstan)

U ادهر ادهر دیکهنا
(idhar udhar dēkhnā)

よだれ　〔涎〕

A لعاب (lu‘āb)

P آب دهان (ābe-dahān)

U رال (rāl)

よち　〔余地〕

A مجال (majāl)

P گنجایش (gonjāyesh)；جا (jā)

U گنجائش (gunjā’ish)；
جگہ (jagah)

よつかど　〔四つ角〕

A مفرق (mafraq)

P چهارراه (chahār-rāh)

U چوراہا (chaurāhā)

よっきゅう　〔欲求〕

A رغبة (raghba)

P رغبت (reghbat)

U خواہش (khāhish)

よった　〔酔った〕

A سكران (sakrān)

P مست (mast)

U مست (mast)

ヨット

A يخت (yakht)

P قایق بادبانی (qāyeqe-bādbānī)

U یاٹ (yāṭ)

よっぱらい　〔酔っ払い〕

A سكير (sikkīr)

P آدم مست (ādame-mast)

U شرابی (sharābī)

よてい　〔予定〕

A برنامج (barnāmaj)

P برنامه (barnāme)

U پروگرام (progrām)

よとう　〔与党〕

A حزب حاكم (ḥizb ḥākim)

P حزب حاکم (hezbe-hākem)

U حکمران پارٹی (hukm-rān pārṭī)

よなか　〔夜中〕

A منتصف الليل (muntaṣafu-l-layl)

P نیمه شب (nīme-shab)

U آدهی رات (ādhī rāt)

よなれた　〔世慣れた〕

A ذو حنكة (dhū-ḥunka)

P جهان دیده (jahān-dīde)

U دنیا دار (duniyā-dār)

よねん　〔余念〕

余念が無い

A انهمك (inhamaka)

P سرگرم بودن (sar-garm būdan)

U منہمک ہونا (munhamak hōnā)

よのなか　〔世の中〕

A الدنيا (ad-dunyā)

P دنیا (donyā)

U دنیا (duniyā)

よはく　〔余白〕

欄外

A هامش (hāmish)

P حاشیه (hāshiye)

U حاشیہ (hāshiya)
空白
A مكان فارغ (makān fārigh)
P جای خالی (jāye-khālī)
U خالی جگہ (khālī jagah)

よびかける 〔呼び掛ける〕
A نادى (nādā)
P صدا كردن (sedā kardan)
U پکارنا (pukārnā)

よびごえ 〔呼び声〕
A نداء (nidā')
P ندا (nedā)
U آواز (āwāz)

よびだす 〔呼び出す〕
法廷へ呼び出す
A طلب الحضور (ṭalabal-ḥuḍūr)
P احضار كردن (ehzār kardan)
U طلب کرنا (talab karnā)

よびの 〔予備の〕
A احتياطى (iḥtiyāṭī)
P يدكى (yadakī)
U فالتو (fāltū)

よびりん 〔呼び鈴〕
A جرس الباب (jarasul-bāb)
P زنگ اخبار (zange-ekhbār)
U دروازے کی گھنٹی
(darwāze ki ghanṭi)

よぶ 〔呼ぶ〕
A نادى (nādā)
P صدا كردن (sedā kardan)
U بلانا (bulānā)
招く
A دعا (da'ā)
P دعوت كردن (da'vat kardan)
U دعوت دینا (da'wat dēnā)

よぶんの 〔余分の〕
A إضافى (’iḍāfī) ; زائد (zā’id)
P زايد (zāyed)
U زائد (zā’id)

よほう 〔予報〕
A تنبؤ (tanabbu’)
P پيش بينى (pīsh-bīnī)
U پیشگوئی (pēsh-gō’ī)
予報する
A تنبأ (tanabba’a)
P پيش بينى كردن
(pīsh-bīnī kardan)
U پیشگوئی کرنا (pēsh-gō’i karnā)
天気予報
A تنبؤ جوى (tanabbu’ jawwī)
P پيش بينى هوا (pīsh-bīnīye-havā)
U موسم کی پیشگوئی
(mausam ki pēsh-gō’ī)

よぼう 〔予防〕
A وقاية (wiqāya)
P پيشگيرى (pīsh-gīrī)
U روک تھام (rōk-thām)
予防する
A وقى (waqā)
P پيشگيرى كردن (pīsh-gīrī kardan)
U روک تھام کرنا (rōk-thām karnā)
予防注射
A حقنة وقائية (ḥuqna wiqā’īya)
P تزريق پيشگير (tazrīqe-pīsh-gīr)
U حفاظتی ٹیکا (hifāzatī ṭīkā)

よほど〔余程〕
A جدًا (jiddan)
P خیلی (kheilī)
U بہت (bahut)

よみがえる〔蘇る〕
A عادت الحياة (ʻādatul-ḥayā)
P احیا شدن (ehyā shodan)
U دوبارہ زندہ ہونا (dō-bāra zinda hōnā)

よみかき〔読み書き〕
A قراءة و كتابة (qirā'a-wa-kitāba)
P خواندن و نوشتن (khāndan-o-neveshtan)
U پڑھنا اور لکھنا (paṛhnā aur likhnā)

よみかた〔読み方〕
A طريقة القراءة (ṭarīqatul-qirā'a)
P طرز خواندن (tarze-khāndan)
U پڑھنے کا طریقہ (paṛhnē ka tarīqa)

よみせ〔夜店〕
A كشك ليلى (kushk laylī)
P دکهٔ شبانه (dakkeye-shabāne)
U رات کو لگنے والے ٹھیلے (rāt ko lagnē-wālē ṭhēlē)

よみもの〔読み物〕
A كتاب للقراءة (kitāb-lil-qirā'a)
P مواد خواندنی (mavādde-khāndanī)
U پڑھنے کی چیز (paṛhnē ki chīz)

よむ〔読む〕
A قرأ (qara'a)
P خواندن (khāndan)
U پڑھنا (paṛhnā)

よめ〔嫁〕
A عروس (ʻarūs)
P عروس (ʻarūs)
U دلہن (dulhan)

嫁に行く
A تزوجت (tazawwajat)
P شوهر کردن (shouhar kardan)
U شادی کرنا (shādī karnā)

よやく〔予約〕
A حجز (ḥajz)
P رزرو (rezerv)
U بکنگ (buking)

予約する
A حجز (ḥajaza)
P رزرو کردن (rezerv kardan)
U نشست محفوظ کرنا (nishast mahfūz karnā)

よゆう〔余裕〕
余地
A مجال (majāl)
P جا (jā)
U جگہ (jagah)

落ち着き
A اطمئنان (iṭmi'nān)
P آرام (ārām)
U قرار (qarār)

時間
A وقت الفراغ (waqtul-farāgh)
P وقت فراغت (vaqte-farāghat)
U فرصت (fursat)

…より
A من (min)
P از (az)

U سے (se)

あなたより

A منك (min-ka)

P از شما (az shomā)

U آپ سے (āp se)

よりかかる 〔寄り掛かる〕

A اتكأ (ittaka'a)

P تکیه کردن (tekye kardan)

U ٹیک لگانا (ṭēk lagānā)

よる 〔夜〕

A ليل (layl)

P شب (shab)

U رات (rāt)

夜に

A ليلاً (laylan)

P در شب (dar shab)

U رات کو (rāt ko)

よる 〔寄る〕

近づく

A دنا (danā) ; اقترب (iqtaraba)

P نزدیک شدن (nazdīk shodan)

U نزدیک آنا (nazdīk ānā)

立ち寄る

A مر (marra)

P سر زدن (sar zadan)

U ملنے آنا (milnē ānā)

よる 〔因る・由る・依る〕

基づく

A بني (buniya)

P مبتنی بودن (mobtanī būdan)

U مبنی ہونا (mabnī hōnā)

頼る

A اعتمد (i'tamada)

P اعتماد داشتن (e'temād dāshtan)

U اعتماد رکھنا (e'temād rakhnā)

ヨルダン

A الأردن (al-'urdunn)

P اردن (ordon)

U اردن (urdun)

ヨルダンの(人)

A أردني ('urdunnī)

P اردنی (ordonī)

U اردنی (urdunī)

…よれば 〔…因れば〕

A طبقًا (ṭibqan)

P طبق (tebq)

U کے مطابق (ke mutābiq)

新聞に因れば

A طبقًا للجريدة (ṭibqan lil-jarīda)

P طبق روزنامه (tebqe-rūz-nāme)

U اخبار کے مطابق (akhbār ke mutābiq)

よろこばす 〔喜ばす〕

A سر (sarra) ; أفرح ('afraḥa)

P خوشحال کردن (khosh-hāl kardan)

U خوش کرنا (khush karnā)

よろこび 〔喜び〕

A سرور (surūr) ; فرح (faraḥ)

P خوشی (khoshī)

U خوشی (khushī)

よろこぶ 〔喜ぶ〕

A سر (surra) ; فرح (fariḥa)

P خوشحال بودن (khosh-hāl būdan)

U خوش ہونا (khush hōnā)

よろしい 〔宜しい〕

A طيب (ṭayyib)

P خیلی خوب (kheilī khūb)
U اچھا (achchhā)

よろしく 〔宜しく〕
A بلغ سلاماً (ballagha salāman)
P سلام رساندن (salām resāndan)
U سلام کہنا (salām kahnā)
奥さんに宜しく
A بلغ سلامي إلى زوجتك (balligh salāmī 'ilā zawjati-ka)
P سلام مرا به خانم‌تان برسانید (salāme-marā be-khānome-tān beresānīd)
U میرا سلام آپ کی بیگم صاحبہ سے کہیئے (mērā salām āp ki bēgam sāhiba se kahīe)

よろめく
A ترنح (tarannaḥa)
P تلو تلو خوردن (telou-telou khordan)
U ڈگمگانا (ḍagmagānā)

よろん 〔世論〕
A الرأى العام (ar-ra'yul-'āmm)
P افکار عمومی (afkāre-'omūmī)
U رائے عامہ (rāe-'āmma)

よわい 〔弱い〕
A ضعيف (ḍa'īf)
P ضعیف (za'īf)
U کمزور (kam-zōr)

よわみ 〔弱み〕
A نقطة ضعف (nuqṭa ḍa'f)
P نقطهٔ ضعف (noqteye-za'f)
U کمزور نقطہ (kam-zōr nuqta)

よわむし 〔弱虫〕
A جبان (jabān)
P بزدل (boz-del)
U ڈرپوک (ḍār-pōk) ; بزدل (buz-dil)

よわる 〔弱る〕
A ضعف (ḍa'ufa)
P ضعیف شدن (za'īf shodan)
U کمزور ہونا (kam-zōr hōnā)

ら

…ら 〔…等〕
A إلى آخره ('ilā ākhirihi)
P وغیره (va-gheire)
U وغیره (wa-ghaira)

らい… 〔来…〕
A قادم (qādim)
P آینده (āyande)
U اگلا (aglā)

…らい 〔…来〕
A منذ (mundh)
P از (az)
U سے (se)

昨年来
A منذ السنة الماضية (mundhu-s-sanatil-māḍiya)
P از سال گذشته (az sāle-gozashte)
U پچھلے سال سے (pichhlē sāl se)

らいう〔雷雨〕
A عاصفة رعدية (‘āṣifa ra‘dīya)
P توفان تندری (tūfāne-tondarī)
U طوفان برق وباران (tūfāne-barq-o-bārān)

ライオン
A أسد (’asad)
P شیر (shīr)
U شير ببر (shēre-babar)

らいきゃく〔来客〕
A ضيف (ḍayf)；زائر (zā’ir)
P مهمان (mehmān)
U مہمان (mehmān)

らいげつ〔来月〕
A الشهر القادم (ash-shahrul-qādim)
P ماه آینده (māhe-āyande)
U اگلے مہینے (aglē mahīnē)

らいしゅう〔来週〕
A الأسبوع القادم (al-’usbū‘ul-qādim)
P هفتهٔ آینده (hafteye-āyande)
U اگلے ہفتے (aglē haftē)

らいせ〔来世〕
A الآخرة (al-ākhira)
P آخرت (ākherat)
U آخرت (ākhirat)

ライセンス
A رخصة (rukhṣa)
P جواز (javāz)
U پروانہ (parvāna)

ライター
A قداحة (qaddāḥa)
P فندک (fandak)
U لائٹر (lā’iṭar)

らいねん〔来年〕
A السنة القادمة (as-sanatul-qādima)
P سال آینده (sāle-āyande)
U اگلے سال (aglē-sāl)

ライバル
A منافس (munāfis)
P رقیب (raqīb)
U حریف (harīf)

らいひん〔来賓〕
A ضيف (ḍayf)
P مهمان (mehmān)
U مہمان (mehmān)

ライフル
A بندقية (bunduqīya)
P تفنگ (tofang)
U بندوق (bandūq)

ライむぎ〔ライ麦〕
A جاودار (jāwadār)
P چاودار (chāvdār)
U رائی (rā’ī)

らいめい〔雷鳴〕
A رعد (ra‘d)
P تندر (tondar)；رعد (ra‘d)
U گرج (garaj)

ラウドスピーカー
A مكبر الصوت (mukabbiru-ṣ-ṣawt)
P بلند گو (boland-gū)
U لاؤڈ اسپیکر (lā’uḍ ispīkar)

ラオス
A لاوس (lāwus)
P لائوس (lā'ūs)
U لاؤس (lā'os)

らく 〔楽〕
安楽
A راحة (rāḥa) ; يسر (yusr)
P راحت (rāhat)
U آرام (ārām)
楽な
A سهل (sahl)
P آسان (āsān)
U آسان (āsān)

らくえん 〔楽園〕
A جنة (janna)
P بهشت (behesht)
U بہشت (bahisht)

らくがき 〔落書き〕
A شخبطة (shakhbaṭa)
P خط خطی (khat-khatī)
U گرافٹی (grāfiṭī)
落書きする
A شخبط (shakhbaṭa)
P خط خطی کردن (khat-khatī kardan)
U گرافٹی کرنا (grāfiṭī karnā)

らくせい 〔落成〕
A اكتمال (iktimāl)
P اتمام (etmām)
U تکمیل (takmīl)
落成する
A اكتمل (iktamala)
P به اتمام رسیدن (be-etmām resīdan)
U تکمیل ہونا (takmīl hōnā)

らくせんする 〔落選する〕
A فشل في الانتخابات (fashila fil-intikhābāt)
P در انتخابات شکست خوردن (dar entekhābāt shekast khordan)
U انتخابات میں شکست ہونا (intekhābāt meṇ shikast hōnā)

らくだ 〔駱駝〕
A جمل (jamal)
P شتر (shotor)
U اونٹ (ūṇṭ)

らくだいする 〔落第する〕
A رسب في الامتحان (rasaba fil-imtiḥān)
P در امتحان رد شدن (dar emtehān radd shodan)
U امتحان میں فیل ہونا (imtehān meṇ fēl hōnā)

らくたん 〔落胆〕
A خيبة الأمل (khaybatul-'amal)
P مأیوسی (ma'yūsī)
U مایوسی (māyūsī)
落胆する
A شعر بخيبة الأمل (sha'ara bi-khaybatil-'amal)
P مأیوس شدن (ma'yūs shodan)
U مایوس ہونا (māyūs hōnā)

らくてん 〔楽天〕 ——→らっかん〔楽観〕

ラグビー
A رجبي (rajbī) ; رغبي (raghbī)

P رگبی (ragbī)
U رگبی (ragbī)

らくよう 〔落葉〕
A سقوط الأوراق (suqūṭul-'awrāq)
P برگ ریزان (barg-rīzān)
U پت جھڑی (pat-jhaṛī)
落葉樹
A أشجار ذات أوراق نفضية
('ashjār dhāt 'awrāq nafaḍīya)
P درخت برگ ریز
(derakhte-barg-rīz)
U برگ ریز درخت (barg-rēz darakht)

らくらいする 〔落雷する〕
A ضرب بصاعقة (ḍuriba bi-ṣā'iqa)
P صاعقه زدن (sā'eqe zadan)
U بجلی گرنا (bijlī girnā)

ラケット
A مضرب (miḍrab)
P راکت (rāket)
U ریکٹ (raikaṭ)

…らしい
A يبدو (yabdū)
P به نظر می‌آید (be-nazar mī-āyad)
U معلوم ہوتا ہے (ma'lūm hōtā hai)

ラジウム
A راديوم (rādiyūm)
P رادیم (rādyom)
U ریڈیم (rēḍiyam)

ラジエーター
A رادياتور (rādiyātūr)
P رادیاتور (rādiyātor)
U ریڈی ایٹر (raiḍīēṭar)

ラジオ
A راديو (rādiyū)
P رادیو (rādiyo)
U ریڈیو (rēḍiyo)

らしんばん 〔羅針盤〕
A بوصلة (būṣla)
P قطب نما (qotb-nemā)
U قطب نما (qutb-numā)

らせん 〔螺旋〕
螺旋状の
A حلزوني (ḥalazūnī)
P مارپیچ (mār-pīch) ;
حلزونی (halazūnī)
U چکردار (chakkar-dār)
螺旋階段
A سلم حلزوني (sullam ḥalazūnī)
P پلکان مار پیچ
(pellekāne-mār-pīch)
U چکردار سیڑھی
(chakkar-dār sīṛhī)

らたい 〔裸体〕
A جسم عارٍ (jism 'ārin)
P بدن برهنه (badane-berehne)
U ننگا بدن (nangā badan)

らっかさん 〔落下傘〕
A مظلة الهبوط (miẓallatul-hubūṭ)
P چتر نجات (chatre-nejāt)
U ہوائی چھاتا (hawā'ī chhātā)

らっかせい 〔落花生〕
A فول سوداني (fūl sūdānī)
P بادام زمینی (bādāme-zamīnī)
U مونگ پھلی (mūṇg-phalī)

らっかん　〔楽観〕
楽観主義
A تفاؤل (tafā'ul)
P خوش بینی (khosh-bīnī)
U رجائیت (rajā'īyat)
楽観主義者
A متفائل (mutafā'il)
P خوش بین (khosh-bīn)
U رجائیت پسند (rajā'īyat-pasand)

ラッシュアワー
A أوقات الازدحام
('awqātul-izdiḥām)
P ساعات ازدحام (sā'āte-ezdehām)
U بھیڑ کا وقت (bhīṛ ka waqt)

らっぱ　〔喇叭〕
A بوق (būq)
P شیپور (sheipūr)
U بگل (bigal)
喇叭を吹く
A نفخ فی البوق (nafakha fil-būq)
P شیپور زدن (sheipūr zadan)
U بگل بجانا (bigal bajānā)

ラテン
ラテン語
A اللغة اللاتينية
(allughatul-lātīnīya)
P زبان لاتین (zabāne-lātīn)
U لاطینی زبان (lātīnī zabān)
ラテンアメリカ
A أمريكا اللاتينية
('amrīkā-l-lātīnīya)
P آمریکای لاتین (āmrīkāye-lātīn)
U لاطینی امریکہ (lātīnī amrīka)

らば　〔騾馬〕
A بغل (baghl)
P قاطر (qāter)
U خچر (khachchar)

ラベル
A بطاقة (biṭāqa)
P برچسب (bar-chasb)
U لیبل (laibal)

らん　〔蘭〕
A أوركيد ('ūrkīd)
P ارکیده (orkīde)
U آرکڈ (ārkiḍ)

らん　〔乱〕
内乱
A حرب أهلية (ḥarb 'ahlīya)
P جنگ داخلی (jange-dākhelī)
U خانہ جنگی (khāna jangī)
反乱
A تمرد (tamarrud)
P شورش (shūresh)
U بغاوت (baghāwat)

らん　〔欄〕
コラム
A ركن (rukn)
P ستون (sotūn)
U کالم (kālam)

らんかん　〔欄干〕
A درابزين (darābazīn)
P طارمی (tāromī)
U جنگلا (janglā)

らんざつ　〔乱雑〕
A عدم ترتيب ('adam-tartīb)
P بی‌ترتیبی (bī-tartībī)

U بےترتیبی (bē-tartībī)

乱雑な

A غیر مرتب (ghayr-murattab)

P نا مرتب (nā-morattab)

U بےترتیب (bē-tartīb)

らんし 〔卵子〕

A بويضة (buwayḍa)

P تخمک (tokhmak)

U بیضہ (baiza)

らんそう 〔卵巣〕

A مبيض (mabīḍ)

P تخمدان (tokhm-dān)

U بیضہ دان (baiza-dān)

ランタン

A فانوس (fānūs)

P فانوس (fānūs)

U لالٹین (lālṭēn)

ランチ

A غداء (ghadā')

P ناهار (nāhār)

U دوپہر کا کھانا (dōpahar ka khānā)

ランドセル

A قمطر (qimṭar)

P کیف مدرسه (kīfe-madrese)

U بستہ (basta)

ランナー

A عداء ('addā')

P دونده (davande)

U دوڑنے والا (dauṛnē-wālā)

ランプ

A مصباح (miṣbāḥ) ; لمبة (lamba)

P چراغ (cherāgh) ; لامپ (lāmp)

U چراغ (chirāgh) ; لیمپ (laimp)

らんぼう 〔乱暴〕

A عنف ('unf)

P خشونت (khoshūnat)

U تشدد (tashaddud)

乱暴な

A عنيف ('anīf)

P خشونت آميز (khoshūnat-āmīz)

U تشدد آمیز (tashaddud-āmēz)

らんようする 〔濫用する〕

A أساء الاستعمال ('asā'al-isti'māl)

P سوء استفاده کردن (sū'e-estefāde kardan)

U حد سے زیادہ استعمال کرنا (hadd se ziyāde iste'māl karnā)

り

り 〔利〕

A فائدة (fā'ida)

P فايده (fāyede)

U فائده (fā'ida)

リアリズム

A الواقعية (al-wāqi'īya)

P واقع گرائى (vāqe'-gerā'ī) ; رئاليسم (re'ālīsm)

U حقيقت پسندى (haqīqat-pasandī)

リーダー

A زعيم (za'īm) ; قائد (qā'id)

P رهبر (rahbar)

U قائد (qā'id) ; ليڈر (līḍar)

りえき 〔利益〕

A فائدة (fā'ida) ; ربح (ribḥ)

P سود (sūd) ; فايده (fāyede)

U فائده (fā'ida)

りか 〔理科〕

A علم ('ilm) ; علوم ('ulūm)

P علوم ('olūm)

U سائنس (sā'ens)

りかい 〔理解〕

A فهم (fahm)

P فهم (fahm)

U سمجھ (samajh)

理解する

A فهم (fahima)

P فهميدن (fahmīdan)

U سمجھنا (samajhnā)

りがい 〔利害〕

A مصلحة (maṣlaḥa)

P مصلحت (maslahat) ; سود و زيان (sūd-o-ziyān)

U نفع و نقصان (nafa'-o-nuqsān)

りがく 〔理学〕

A علوم ('ulūm)

P علوم ('olūm)

U سائنس (sā'ens)

りきがく 〔力学〕

A ديناميكا (dīnāmīkā)

P ديناميک (dīnāmīk)

U حرکيات (harakīyāt)

りきせつする 〔力説する〕

A أكد ('akkada)

P تأكيد كردن (ta'kīd kardan)

U زور دينا (zōr dēnā)

りく 〔陸〕

A بر (barr)

P خشكى (<u>kh</u>o<u>sh</u>kī) ; زمين (zamīn)

U خشکی (<u>kh</u>u<u>sh</u>kī)

リクエストする
A طلب (ṭalaba)
P تقاضا كردن (taqāzā kardan)
U درخواست کرنا (dar-khāst karnā)

りくぐん 〔陸軍〕
A قوات برية (qūwāt barrīya)
P نيروى زمينى (nīrūye-zamīnī)
U بریہ (barrīya)

りくつ 〔理屈〕
A نظرية (naẓarīya)；عقل ('aql)
P نظريه (nazarīye)；عقل ('aql)
U نظریہ (nazarīya)；عقل ('aql)
理屈に合った
A معقول (ma'qūl)
P معقول (ma'qūl)
U معقول (ma'qūl)

りけん 〔利権〕
A امتياز (imtiyāz)
P امتياز (emtiyāz)
U عطاۓ حق ('atāe-haqq)

りこ 〔利己〕
利己的な
A أنانى ('anānī)
P خود خواه (khod-khāh)
U خود غرض (khud-gharaz)
利己主義
A أنانية ('anānīya)
P خود خواهى (khod-khāhī)
U خود غرضی (khud-gharazī)

りこう 〔履行〕
A تنفيذ (tanfīdh)
P اجرا (ejrā)
U ادائگی (adā'egī)
履行する
A نفذ (naffadha)
P اجرا كردن (ejrā kardan)
U ادا کرنا (adā karnā)

りこうな 〔利口な〕
A ذكى (dhakī)
P باهوش (bā-hūsh)
U ہوشیار (hōsh-yār)

りこん 〔離婚〕
A طلاق (ṭalāq)
P طلاق (talāq)
U طلاق (talāq)
夫が妻を離婚する
A طلق (ṭallaqa)
P طلاق دادن (talāq dādan)
U طلاق دینا (talāq dēnā)
妻が離婚する
A طلق (ṭalaqa)
P طلاق گرفتن (talāq gereftan)
U طلاق لینا (talāq lēnā)

りさいした 〔罹災した〕
A منكوب فى كارثة (mankūb fī kāritha)
P آسيب ديده (āsīb-dīde)
U آفت زده (āfat-zada)

リサイタル
A حفلة موسيقية (ḥafla mūsīqīya)
P رسيتال (resītāl)
U نغمہ سرائی (naghma-sarā'ī)

りし 〔利子〕
A فائدة (fā'ida)
P بهره (bahre)
U سود (sūd)

りじ 〔理事〕
A مدير (mudīr)
P مدیر (modīr)
U ڈائرکٹر (ḍā'irekṭar)

りじゅん 〔利潤〕
A ربح (ribḥ)
P نفع (naf')
U نفع (nafa')

りす 〔栗鼠〕
A سنجاب (sinjāb)
P سنجاب (sanjāb)
U گلہری (gilahrī)

リスク
A خطر (khaṭar)
P خطر (khatar)
U خطره (khatra)

リスト
A قائمة (qā'ima)
P فهرست (fehrest) ; لیست (līst)
U فہرست (fehrist)

リズム
A إيقاع ('īqā')
P ریتم (rītm)
U تال (tāl)

りせい 〔理性〕
A عقل ('aql)
P عقل ('aql)
U عقل ('aql)

理性的
A عقلي ('aqlī)
P عقلی ('aqlī)
U عقلی ('aqlī)

りそう 〔理想〕
A مثالية (mithālīya)
P آرمان (ārmān)
U نصب العين (nasbul-'ain)

理想的な
A مثالي (mithālī)
P آرمانی (ārmānī)
U مثالی (misālī)

理想主義
A مذهب مثالية (madhhab mithālīya)
P آرمان گرائی (ārmān-gerā'ī)
U مثالیت (misāliyat)

リゾート
A منتجع (muntaja')
P استراحتگاه (esterāhat-gāh)
U تفریح گاه (tafrīh-gāh)

りそく 〔利息〕 →りし〔利子〕

りち 〔理知〕
A عقل ('aql)
P عقل ('aql)
U ذہانت (zahānat) ; عقل ('aql)

理知的な
A عقلي ('aqlī)
P عقلی ('aqlī)
U ذہین (zahīn) ; عقلی ('aqlī)

りつ 〔率〕
A نسبة (nisba)
P نرخ (nerkh)
U شرح (sharah)

りっけんせいじ 〔立憲政治〕
A سياسة دستورية
(siyāsa dustūrīya)
P حكومت مشروطه

(hokūmate-mashrūte)
U آئینی حکومت (ā'īnī hukūmat)

りっこうほ 〔立候補〕
立候補する
A رشح نفسه (rashshaḥa nafsa-hu)
P کاندیدا شدن (kāndīdā shodan)
U انتخابات کے لیے کھڑا ہونا
(intekhābāt ke liye khaṛā hōnā)
立候補者
A مرشح (murashshaḥ)
P کاندیدا (kāndīdā)
U امید وار (ummīd-wār)

りっしょうする 〔立証する〕
A أثبت ('athbata)
P اثبات کردن (esbāt kardan)
U ثابت کرنا (sābit karnā)

りったい 〔立体〕
A مكعب (muka"ab)
P مکعب (moka"ab)
U مکعب (muka"ab)

リットル
A لتر (litr)
P لیتر (lītr)
U لٹر (liṭr)

りっぱな 〔立派な〕
A ممتاز (mumtāz) ; رائع (rā'i')
P عالی ('ālī) ; مجلل (mojallal)
U عمده ('umda) ;
شاندار (shān-dār)

りっぷく 〔立腹〕
A غضب (ghaḍab)
P غضب (ghazab) ; خشم (khashm)
U غصہ (ghussa)
立腹する
A غضب (ghaḍiba)
P عصبانی شدن ('asabānī shodan)
U غصہ آنا (ghussa ānā)

りっぽう 〔立方〕
A مكعب (muka"ab)
P مکعب (moka"ab)
U مکعب (muka"ab)
立方メートル
A متر مكعب (mitr muka"ab)
P متر مکعب (metre-moka"ab)
U مکعب میٹر (muka"ab miṭar)

りっぽう 〔立法〕
A تشريع (tashrī')
P قانون گذاری (qānūn-gozārī)
U قانون سازی (qānūn-sāzī)
立法権
A سلطة تشريعية (sulṭa tashrī'īya)
P قوهٔ قانون گذاری
(qovveye-qānūn-gozārī)
U قانون سازی کی اختیار
(qānūn-sāzī ki ikhteyār)

りねん 〔理念〕
A فكرة (fikra)
P ایده (īde)
U تصور (tasawwur)

リハーサル
A تمرين (tamrīn)
P تمرین (tamrīn)
U مشق (mashq)

りはつし 〔理髪師〕
A حلاق (ḥallāq)
P سلمانی (salmānī)

U نائی (nā'ī)

リハビリ

A علاج تأهيلى ('ilāj ta'hīlī)

P توان بخشى (tavān-bakhshī)

U بحالى (bahālī)

リビア

A ليبيا (lībiyā)

P ليبى (lībī)

U ليبيا (lībiyā)

リビアの(人)

A ليبى (lībī)

P ليبيائى (lībiyā'ī)

U ليبيائى (lībiyā'ī)

リビングルーム

A غرفة المعيشة (ghurfatul-ma'īsha)

P اطاق نشيمن (otāqe-neshīman)

U بيٹهک (baiṭhak)

リベート

A عمولة ('umūla)

P باز پرداخت (bāz-pardākht)

U کٹوتی (kaṭautī)

リポーター

A مخبر صفحى (mukhbir ṣufuḥī)

P گزارشگر (gozāresh-gar)

U رپورٹر (ripōrṭar)

リボン

A شريط (sharīt)

P نوار (navār)

U فيته (fīta)

りめん 〔裏面〕

A ظهر (ẓahr)

P پشت (posht)

U پشت (pusht)

リモコン

A جهاز التحكم من بعد (jihāzu-t-taḥakkum min bu'd)

P دور فرمان (dūr-farmān)

U ريموٹ کنٹرول (rīmōṭ-konṭrōl)

りゃくご 〔略語〕

A اختصار (ikhtiṣār)

P اختصار (ekhtesār)

U مخفف (mukhaffaf)

りゃくしきの 〔略式の〕

A غير رسمى (ghayr-rasmī)

P غير رسمى (gheire-rasmī)

U غير رسمى (ghair-rasmī)

りゃくす 〔略す〕

A اختصر (ikhtaṣar)

P مختصر كردن (mokhtasar kardan)

U مختصر کرنا (mukhtasar karnā)

省く

A حذف (ḥadhafa)

P حذف كردن (hazf kardan)

U چهوڑنا (chhōṛnā)

りゃくず 〔略図〕

A رسم تقريبى (rasm taqrībī)

P كروكى (krokī)

U خاکہ (khāka)

りゃくだつ 〔略奪〕

A سلب (salb)

P غارت (ghārat)

U لوٹ مار (lūṭ-mār)

略奪する

A سلب (salaba)

P غارت كردن (ghārat kardan)

U لوٹنا (lūṭnā)

りゅう〔理由〕
A سبب (sabab)
P علت (‘ellat) ; سبب (sabab)
U وجه (wajah) ; سبب (sabab)

りゅう〔竜〕
A تنين (tinnīn)
P اژدها (ez<u>h</u>dehā)
U اژدہا (az<u>h</u>dahā)

りゅういき〔流域〕
A حوض (ḥawḍ)
P حوضه (houze)
U طاس (tās)

りゅうがく〔留学〕
留学する
A سافر إلى الخارج لدراسة (sāfara ’ilal-<u>kh</u>ārij li-dirāsa)
P برای تحصیل به خارج رفتن (barāye tahsīl be-<u>kh</u>ārej raftan)
U پڑھنے کے لیے غیر ملک جانا (paṛhnē ke liye <u>gh</u>air-mulk jānā)
留学生
A طالب خارجي (ṭālib <u>kh</u>ārijī)
P دانشجوی خارجی (dāne<u>sh</u>-jūye-<u>kh</u>ārejī)
U غیر ملکی طالب علم (<u>gh</u>air-mulkī tālibe-‘ilm)

りゅうかん〔流感〕
A إنفلونزا (’influwanzā)
P آنفلوآنزا (ānflūānzā) ; گریپ (gerīp)
U انفلوئنزا (inflū’ainzā)

りゅうこう〔流行〕
A موضة (mūḍa)
P مد (mod)
U فیشن (fai<u>sh</u>an)
流行する
A راج (rāja)
P رواج یافتن (ravāj yāftan)
U رواج ہونا (riwāj hōnā)

りゅうさん〔硫酸〕
A حامض الكبريتيك (ḥāmiḍul-kibrītīk)
P جوهر گوگرد (jouhare-gūgerd)
U گندھک کا تیزاب (gandhak ka tēzāb)

りゅうざんする〔流産する〕
A أجهضت (’ajhaḍat)
P سقط جنین کردن (seqte-janīn kardan)
U اسقاط ہوجانا (isqāt ho-jānā)

りゅうせい〔流星〕
A شهاب (<u>sh</u>ihāb)
P شهاب (<u>sh</u>ehāb)
U شہاب ثاقب (<u>sh</u>ihābe-sāqib)

りゅうせんけいの〔流線型の〕
A انسيابى الشكل (insiyābi-<u>sh</u>-<u>sh</u>akl)
P جریان موازی (jarayān-movāzī)
U سیلی خط والا (sailī-<u>kh</u>att-wālā)

りゅうち〔留置〕
A حبس (ḥabs)
P بازداشت (bāz-dā<u>sh</u>t)
U حراست (hirāsat)
留置する
A حبس (ḥabasa)
P بازداشت کردن (bāz-dā<u>sh</u>t kardan)

U حراست میں لینا (hirāsat meṇ lēnā)

留置場

A محبس (maḥbas);

معتقل (mu‘taqal)

P بازداشتگاه (bāz-dā<u>sh</u>t-gāh)

U قیدخانہ (qaid-<u>kh</u>āna)

りゅうちょう 〔流暢〕

A فصاحة (faṣāḥa)

P روانی (ravānī)

U روانی (rawānī)

流暢な

A فصيح (faṣīḥ)

P روان (ravān)

U روان (rawān)

りゅうつう 〔流通〕

金銭の流通

A رواج (rawāj)

P گردش (garde<u>sh</u>)

U گردش (gardi<u>sh</u>)

空気の流通

A تهوية (tahwiya)

P تهويه (tahviye)

U ہواداری (hawā-dārī)

リューマチ

A روماتيزم (rūmātīzm)

P روماتيسم (rūmātīsm)

U گٹھیا (gaṭhyā)

リュックサック

A حقيبة ظهر (ḥaqība-ẓahr)

P كوله پشتى (kūle-po<u>sh</u>tī)

U جھولا (jhūlā)

りよう 〔利用〕

A استعمال (isti‘māl)

P استفاده (estefāde)

U استعمال (iste‘māl)

利用する

A استعمل (ista‘mala)

P استفاده كردن (estefāde kardan)

U استعمال کرنا (iste‘māl karnā)

りょう 〔量〕

A كمية (kammīya)

P مقدار (meqdār);

كميت (kammīyat)

U مقدار (miqdār);

کمیت (kammīyat)

りょう 〔猟〕

A صيد (ṣayd)

P شكار (<u>sh</u>ekār)

U شکار (<u>sh</u>ikār)

猟をする

A صاد (ṣāda)

P شكار كردن (<u>sh</u>ekār kardan)

U شکار کرنا (<u>sh</u>ikār karnā)

りょう 〔寮〕

A قاعة نوم (qā‘a-nawm)

P خوابگاه (<u>kh</u>āb-gāh)

U ہوسٹل (hosṭel)

りょういき 〔領域〕

領土

A إقليم (’iqlīm)

P قلمرو (qalam-rou)

U علاقہ (‘ilāqa)

分野

A مجال (majāl)

P زمينه (zamīne)
U ميدان (maidān)

りょうかい 〔了解〕
A فهم (fahm)
P فهم (fahm)
U سمجھ (samajh)
了解する
A فهم (fahima)
P فهميدن (fahmīdan)
U سمجھنا (samajhnā)

りょうかい 〔領海〕
A مياه إقليمية (miyāh 'iqlīmīya)
P دریای سرزمینی (daryāye-sar-zamīnī)
U اختیاری سمندری علاقہ (ikhtiyārī samandarī 'ilāqa)

りょうがえ 〔両替〕
A صرف (ṣarf)
P تبديل (tabdīl)
U مبادلہ (mubādala)
両替する
A صرف (ṣarafa)
P تبديل كردن (tabdīl kardan)
U مبادلہ کرنا (mubādala karnā)
両替商
A صراف (ṣarrāf)
P صراف (sarrāf)
U صراف (sarrāf)

りょうがする 〔凌駕する〕
A تفوق (tafawwaqa)
P برتری داشتن (bar-tarī dāshtan)
U سبقت لینا (sabqat lēnā)

りょうきん 〔料金〕
A أجرة ('ujra) ; رسم (rasm)
P كرايه (kerāye)
U کرایہ (kirāya)

りょうけん 〔猟犬〕
A كلب الصيد (kalbu-ṣ-ṣayd)
P سگ شکاری (sage-shekārī)
U شکاری کتا (shikārī kuttā)

りょうし 〔猟師〕
A صياد (ṣayyād)
P شکارچی (shekār-chī)
U شکاری (shikārī)

りょうし 〔漁師〕
A صياد سمك (ṣayyād samak)
P ماهيگير (māhī-gīr)
U ماہی گیر (māhī-gīr)

りょうじ 〔領事〕
A قنصل (qunṣul)
P كنسول (konsūl)
U قونصل (qaunsal)
領事館
A قنصلية (qunṣulīya)
P کنسول گری (konsūl-garī)
U قونصل خانہ (qaunsal-khāna)
総領事
A قنصل عام (qunṣul-'āmm)
P سر کنسول (sar-konsūl)
U قونصل جنرل (qaunsal-jeneral)

りょうしき 〔良識〕
A رشد (rushd)
P عقل سليم ('aqle-salīm)
U تمیز داری (tamīz-dārī)

良識ある
A رشيد (rashīd)
P عاقل (‘āqel)
U ہوشمند (hōsh-mand)

りょうしゃ〔両者〕
A طرفان (ṭarafāni)；
جانبان (jānibāni)
P طرفين (tarafein)；
جانبين (jānebein)
U دونوں طرف (dōnōṇ taraf)

りょうしゅうしょ〔領収書〕
A وصل (waṣl)
P رسيد (resīd)
U رسيد (rasīd)

りょうしん〔両親〕
A والدان (wālidāni)
P پدر و مادر (pedar-o-mādar)；
والدين (vāledein)
U ماں باپ (māṇ-bāp)；
والدين (wālidain)

りょうしん〔良心〕
A ضمير (ḍamīr)；وجدان (wijdān)
P وجدان (vojdān)
U ضمير (zamīr)

りょうど〔領土〕
A إقليم (’iqlīm)；أراضٍ (’arāḍin)
P سرزمين (sar-zamīn)
U علاقہ (‘ilāqa)

りょうほう〔両方〕
A كلا (kilā)；كلتا (kiltā)
P هردو (har-do)
U دونوں (dōnōṇ)

りょうよう〔療養〕
A نقاهة (naqāha)
P نقاهت (neqāhat)
U افاقہ (ifāqa)

療養所
A دار نقاهة (dār naqāha)
P نقاهت خانه (neqāhat-khāne)
U سينيٹوريم (sainaiṭoriyam)

りょうり〔料理〕
A طبخ (ṭabkh)
P آشپزی (āsh-pazī)
U کھانا پکانا (khānā-pakānā)

料理する
A طبخ (ṭabakha)
P پختن (pokhtan)
U پکانا (pakānā)

料理屋
A مطعم (maṭ‘am)
P رستوران (restorān)
U ريسٹورانٹ (rēsṭorānṭ)

料理人
A طباخ (ṭabbākh)
P آشپز (āsh-paz)
U باورچی (bāwarchī)

りょかく〔旅客〕
A راكب (rākib)
P مسافر (mosāfer)
U مسافر (musāfir)

旅客機
A طائرة للركاب
(ṭā’ira li-r-rukkāb)
P هواپيمای مسافری
(havā-peimāye-mosāferī)

U مسافر بردار طیارہ
(musāfir-bardār taiyāra)

りょかん 〔旅館〕

A فندق (funduq)
P مهمانخانه (mehmān-khāne)
U مسافرخانہ (musāfir-khāna)；
ہوٹل (hoṭel)

りょけん 〔旅券〕

A جواز سفر (jawāz safar)
P گذرنامه (gozar-nāme)；
پاسپورت (pāsport)
U پاسپورٹ (pāsporṭ)

りょこう 〔旅行〕

A سفر (safar)
P سفر (safar)；
مسافرت (mosāferat)
U سفر (safar)

旅行する

A سافر (sāfara)
P سفر کردن (safar kardan)
U سفر کرنا (safar karnā)

りょひ 〔旅費〕

A نفقات السفر (nafaqātu-s-safar)
P هزینهٔ سفر (hazīneye-safar)
U سفر خرچ (safar-kharch)

りりくする 〔離陸する〕

A أقلع (’aqla‘a)
P از زمین بلند شدن
(az zamīn boland shodan)
U زمین سے پرواز کرنا
(zamīn se parwāz karnā)

リレー

A سباق التتابع (sibāqu-t-tatābu‘)
P دوی امدادی (douye-emdādī)
U ریلے (rīlē)

りれき 〔履歴〕

履歴書

A تأريخ شخصي (ta’rīkh-shakhṣī)
P تاریخچهٔ شغلی (tārīkhcheye-shoghlī)
U کوائف نامہ (kavā’if-nāma)

りろん 〔理論〕

A نظرية (naẓarīya)
P نظریه (nazarīye)
U نظریہ (nazariya)

りん 〔燐〕

A فسفور (fusfūr)
P فسفر (fosfor)
U فاسفورس (fāsfors)

りんかく 〔輪郭〕

A معالم (ma‘ālim)
P خطوط اصلی (khotūte-aslī)
U خاکہ (khāka)

りんぎょう 〔林業〕

A تربية الغابات (tarbiyatul-ghābāt)
P جنگل داری (jangal-dārī)
U جنگل بانی (jangal-bānī)

リンク

スケートリンク

A حلبة الانزلاق (ḥalbatul-inzilāq)
P زمین پاتیناژ (zamīne-pātīnāzh)
U اسکیٹنگ کا فرش
(iskēṭing ka farsh)

リング

ボクシングのリング

A حلبة (ḥalba)

P رینگ (ring)
U احاطہ (ihāta)

指輪

A خاتم (k͟hātim)
P انگشتر (angos͟htar)
U انگوٹھی (aṇgūṭhī)

りんご〔林檎〕

A تفاح (tuffāḥ)
P سیب (sīb)
U سیب (sēb)

りんじ〔臨時〕

臨時の

A موقت (muwaqqat)
P موقت (movaqqat)
U ہنگامی (hangāmī)

臨時政府

A حكومة موقتة (ḥukūma muwaqqata)
P دولت موقت (doulate-movaqqat)
U ہنگامی حکومت (hangāmī hukūmat)

りんじん〔隣人〕

A جار (jār)
P ہمسایہ (hamsāye)
U پڑوسی (paṛōsī)

リンスする

A شطف (s͟haṭafa)
P آب کشی کردن (āb-kes͟hī kardan)
U کھنگالنا (khangālnā)

りんせつの〔隣接の〕

A مجاور (mujāwir)
P مجاور (mojāver)
U ملحقہ (mulhaqa)

りんどう

A جنطیانا (jinṭiyānā)
P کوشاد (kūs͟hād)
U کٹکی (kaṭkī)

リンネル

A كتان (kattān)
P کتان (katān)
U کتان (katān)

リンパ

リンパ腺

A غدة لنفاوية (g͟hudda-lanfāwīya)
P غدۂ لنفاوی (g͟hoddeye-lanfāvī)
U لمف کا غدود (lamf ka g͟hudūd)

りんびょう〔淋病〕

A سیلان (sayalān)
P سوزاک (sūzāk)
U سوزاک (sōzāk)

りんり〔倫理〕

A أخلاق ('ak͟hlāq)
P اخلاق (ak͟hlāq)
U اخلاق (ak͟hlāq)

倫理的な

A أخلاقی ('ak͟hlāqī)
P اخلاقی (ak͟hlāqī)
U اخلاقی (ak͟hlāqī)

る

るい 〔類〕
A نوع (naw‘)
P نوع (nou‘)
U قسم (qism)

るいご 〔類語〕
A مرادف (murādif)
P مترادف (motarādef)
U مترادف (mutarādif)

るいじ 〔類似〕
A تشابه (tashābuh)
P شباهت (shebāhat)
U مشابہت (mushābahat)

るいすい 〔類推〕
A استنتاج (istintāj)
P قیاس (qiyās)
U قیاس (qiyās)

類推する
A استنتج (istantaja)
P قیاس کردن (qiyās kardan)
U قیاس کرنا (qiyās karnā)

るいれい 〔類例〕
A مثل متشابه (mathal mutashābih)
P نمونۂ مشابه (nemūneye-moshābeh)
U نمونۂ مشابہ (namūnae-mushābah)

ルート
A خط سير (khaṭṭ sayr)
P مسیر (masīr)
U راستہ (rāsta)

ルーマニア
A رومانيا (rūmāniyā)
P رومانی (rūmānī)
U رومانیہ (rūmāniya)

ルームサービス
A خدمة الغرفة (khidmatul-ghurfa)
P سرویس اتاق (sarvīse-otāq)
U روم سروس (rūm sarvis)

るす 〔留守〕
A غياب (ghiyāb)
P غیاب (ghiyāb)
U غیر موجودگی (ghair-maujūdagī)

私の留守中に
A في غيابي (fī ghiyābī)
P در غیاب من (dar ghiyābe-man)
U میری غیر موجودگی میں
(mērī ghair-maujūdagī meṇ)

るつぼ 〔坩堝〕
A بودقة (būdaqa)
P بوته (būte)
U کٹھالی (kuṭhālī)

ルネッサンス

A النهضة الأوروبية (an-nahḍatul-'ūrūbbīya)

P رنسانس (runesāns)

U نشاة ثانیہ (nishāte-sāniya)

ルビー

A ياقوت أحمر (yāqūt 'aḥmar)

P ياقوت (yāqūt)

U لعل (la'l) ; ياقوت (yāqūt)

ルポルタージュ

A ريبورتاج (rībūrtāj)

P رپورتاژ (reportāzh)

U رپورتاژ (raportāzh)

るろう 〔流浪〕

流浪する

A تشرد (tasharrada)

P آواره بودن (āvāre būdan)

U آوارہ گردی کرنا (āwāra-gardī karnā)

流浪者

A متشرد (mutasharrid)

P آواره (āvāre)

U آوارہ گرد (āwāra-gard)

ルンペン

浮浪者

A شارد (shārid)

P ولگرد (vel-gard)

U آوارہ گرد (āwāra-gard)

失業者

A عاطل ('āṭil)

P بیکار (bī-kār)

U بے روزگار (bē-rōzgār)

れ

れい 〔礼〕

会釈

A سلام (salām)

P سلام (salām)

U سلام (salām)

謝辞

A شكر (shukr)

P تشکر (tashakkor)

U شکریہ (shukriya)

謝礼

A مكافأة (mukāfa'a)

P پاداش (pādāsh)

U معاوضہ (mu'āviza)

礼を述べる

A شكر (shakara)

P تشکر کردن (tashakkor kardan)

U شکریہ ادا کرنا (shukriya adā karnā)

れい 〔例〕
A مثل (mat̲h̲al) ; مثال (mit̲h̲āl)
P نمونه (nemūne) ; مثال (mesāl)
U نمونہ (namūna) ; مثال (misāl)

れい 〔零〕
A صفر (ṣifr)
P صفر (sefr)
U صفر (sifr)

れい 〔霊〕
A روح (rūḥ)
P روح (rūh)
U روح (rūh)

レイアウト
A تصميم (taṣmīm)
P صفحه آرائی (safhe-ārā'ī)
U ترتیب (tartīb)

れいえん 〔霊園〕
A مقبرة (maqbara)
P قبرستان (qabrestān)
U قبرستان (qabristān)

レイオフ
A تسريح موقت للعمال
(tasrīḥ muwaqqat lil-'ummāl)
P انفصال خدمت موقت
(enfesāle-k̲h̲edmate-movaqqat)
U ہنگامی برخاستگی
(hangāmī bar-k̲h̲āstagī)

れいかい 〔例会〕
A اجتماع منتظم (ijtimā' muntaẓim)
P اجتماع منظم
(ejtemā'e-monazzam)
U با قاعده جلسہ (bā-qā'ida jalsa)

れいがい 〔冷害〕
A ضرر من جو بارد
(ḍarar min jaww bārid)
P زیان از سرمازدگی
(ziyān az sarmā-zadegī)
U سردی کا نقصان
(sardī ka nuqsān)

れいがい 〔例外〕
A استثناء (istit̲h̲nā')
P استثنا (estesnā)
U استثنیٰ (istesnā)
例外の
A استثنائی (istit̲h̲nā'ī)
P استثنائی (estesnā'ī)
U مستثنیٰ (mustasnā)
例外なく
A بدون استثناء (bidūni-istit̲h̲nā')
P بدون استثنا (bedūne-estesnā)
U استثنیٰ کے بغیر
(istesnā ke bag̲h̲air)

れいかん 〔霊感〕
A إلهام ('ilhām)
P الهام (elhām)
U الہام (ilhām)

れいぎ 〔礼儀〕
A آداب السلوك (ādābu-s-sulūk)
P آداب (ādāb)
U آداب (ādāb) ;
خوش اخلاقی (k̲h̲us̲h̲-ak̲h̲lāqī)
礼儀正しい
A مؤدب (mu'addab)
P مؤدب (mo'addab)
U خوش اخلاق (k̲h̲us̲h̲-ak̲h̲lāq)

れいきゃく 〔冷却〕
A تبريد (tabrīd)
P خنک سازی (khonak-sāzī)
U ٹھنڈا کرنا (ṭhanḍā karnā)
れいきゅうしゃ 〔霊柩車〕
A سيارة لنقل الموتى
(sayyāra li-naqlil-mawtā)
P نعش کش (na'sh-kesh)
U جنازه گاڑی (janāza-gāṛī)
れいぐうする 〔冷遇する〕
A أساء معاملة ('asā'a mu'āmala)
P به سردی پذیرائی کردن
(be-sardī pazīrā'ī kardan)
U سردی سے سلوک کرنا
(sardī se sulūk karnā)
れいけつの 〔冷血の〕
A بارد الدم (bāridu-d-dam)
P خون سرد (khūn-sard)
U ٹھنڈا خون کا (ṭhanḍā khūn ka)
れいこくな 〔冷酷な〕
A قاسٍ (qāsin)
P بی‌رحم (bī-rahm);
سنگدل (sang-del)
U سنگ دل (sang-dil)
れいしょう 〔冷笑〕
A سخرية (sukhrīya)
P ریشخند (rīsh-khand)
U حقارت آمیز مسکراہٹ
(hiqārat-āmēz muskrāhaṭ)
れいじょう 〔礼状〕
A رسالة شكر (risāla shukr)
P نامۀ تشکر (nāmeye-tashakkor)
U شکریے کا خط (shukriyē ka khatt)
れいじょう 〔令嬢〕
A آنسة (ānisa); بنت (bint)
P دوشیزه (dūshīze);
دختر (dokhtar)
U صاحبزادی (sāhib-zādī)
れいじょう 〔令状〕
A أمر ('amr)
P حکم (hokm)
U وارنٹ (wāranṭ)
逮捕令状
A أمر الاعتقال ('amrul-i'tiqāl)
P حکم دستگیری (hokme-dast-girī)
U وارنٹ گرفتاری (wāranṭ-giriftārī)
れいすい 〔冷水〕
A ماء بارد (mā' bārid)
P آب خنک (ābe-khonak)
U ٹھنڈا پانی (ṭhanḍā pānī)
れいせい 〔冷静〕
A هدوء (hudū')
P آرامش (ārāmesh)
U ٹھنڈی دلی (ṭhanḍī dilī)
冷静な
A هادئ (hādi')
P آرام (ārām)
U ٹھنڈے دل کا (ṭhanḍē dil ka)
れいぞうこ 〔冷蔵庫〕
A ثلاجة (thallāja)
P یخچال (yakh-chāl)
U ریفریجریٹر (rīfrījrēṭar)
れいだい 〔例題〕
A تمرين (tamrīn)
P تمرين (tamrīn)

U مشق (mashq)

れいたんな 〔冷淡な〕

A قاسى القلب (qāsiyul-qalb)

P سنگدل (sang-del)

U سرد مهر (sard-mehr)

れいとう 〔冷凍〕

冷凍する

A ثلج (thallaja)

P فريز كردن (frīz kardan)

U منجمد کرنا (munjamid karnā)

冷凍食品

A طعام مثلج (ṭa'ām muthallaj)

P غذاى فريز شده (ghazāye-frīz-shode)

U فروزن خوراک (frōzn khūrāk)

れいはい 〔礼拝〕

A صلاة (ṣalā)

P نماز (namāz)

U نماز (namāz)

礼拝する

A صلى (ṣallā)

P نماز خواندن (namāz khāndan)

U نماز پڑھنا (namāz paṛhnā)

れいふく 〔礼服〕

A لباس رسمى (libās rasmī)

P لباس رسمى (lebāse-rasmī)

U رسمی لباس (rasmī libās)

れいぶん 〔例文〕

A جملة للتوضيح (jumla li-t-tawḍīḥ)

P جملۀ مثال (jomleye-mesāl)

U جملہ مثالی (jumlae-misālī)

れいぼう 〔冷房〕

A مكيف الهواء (mukayyiful-hawā')

P تهويه مطبوع (tahviyeye-matbū')

U ایرکنڈشننگ (ear-konḍishoning)

冷房装置

A جهاز مكيف الهواء (jihāz mukayyiful-hawā')

P دستگاه تهويه مطبوع (dastgāhe-tahviyeye-matbū')

U ایرکنڈشنر (ear-konḍishonar)

レインコート

A ممطر (mimṭar)

P بارانى (bārānī)

U برساتی (barsātī)

レース

競争

A سباق (sibāq)

P مسابقه (mosābeqe)

U دوڑ (dauṛ) ; ریس (rēs)

布のレース

A دنتلة (dantilla)

P تور (tūr)

U ليس (lais)

レーダー

A رادار (rādār)

P رادار (rādār)

U راڈر (rāḍar)

レート

A سعر (si'r)

P نرخ (nerkh)

U نرخ (nirkh)

レーヨン

A حرير صناعى (ḥarīr ṣinā'ī)

P ابریشم مصنوعی
(abrīshame-masnū'ī)
U مصنوعی ریشم
(masnū'ī rēsham)

レール
A قضيب (qaḍīb)
P ریل (reil)
U ریل (rēl)

れきし 〔歴史〕
A تاريخ (tārīkh)
P تاریخ (tārīkh)
U تاریخ (tārīkh)
歴史家
A مؤرخ (mu'arrikh)
P تاریخ دان (tārīkh-dān)
U مورخ (muarrikh)
歴史上の
A تاريخي (tārīkhī)
P تاریخی (tārīkhī)
U تاریخی (tārīkhī)

レクリエーション
A تسلية (tasliya)
P تفریح (tafrīh)
U تفریح (tafrīh)

レコード
音盤
A أسطوانة ('usṭuwāna)
P صفحه (safhe)
U ریکارڈ (rekārḍ)
記録
A رقم قياسي (raqm qiyāsī)
P رکورد (rekord)
U ریکارڈ (rekārḍ)

レジ
出納係
A محصل (muḥaṣṣil)
P صندوقدار (sandūq-dār)
U خزانچی (khazān-chī)

レシート
A وصل (waṣl)
P رسید (resīd)
U رسید (rasīd)

レシーバー
A جهاز الاستقبال (jihāzul-istiqbāl)
P دستگاه گیرنده
(dastgāhe-gīrande)
U رسیور (resīvar)

レジスタンス
A مقاومة (muqāwama)
P مقاومت (moqāvemat)
U مقاومت (muqāvamat)

レジャー
A وقت الفراغ (waqtul-farāgh)
P فراغت (farāghat)
U فرصت (fursat)

レストラン
A مطعم (maṭ'am)
P رستوران (restorān)
U ریستوران (restorān)

レスリング
A مصارعة (muṣāra'a)
P کشتی (koshtī)
U کشتی (kushtī)
レスリングをする
A صارع (ṣāra'a)
P کشتی گرفتن (koshtī gereftan)

U کشتی کرنا (kushtī karnā)

レセプション

A استقبال (istiqbāl)

P ضیافت (ziyāfat)

U استقبالیہ (isteqbāliya)

レタス

A خس (khass)

P کاهو (kāhū)

U کاہو (kāhū) ; سلاد (salād)

れつ 〔列〕

A صف (ṣaff)

P صف (saf)

U قطار (qitār)

列を作る

A اصطف (iṣṭaffa)

P صف بستن (saf bastan)

U قطار باندھنا (qitār bāṇdhnā)

れっしゃ 〔列車〕

A قطار (qiṭār)

P قطار (qatār)

U ریل گاڑی (rēl-qāṛī)

レッスン

A درس (dars)

P درس (dars)

U سبق (sabaq)

れっせきする 〔列席する〕

A حضر (ḥaḍara)

P حضور داشتن (hozūr dāshtan)

U حاضر ہونا (hāzir hōnā)

レッテル

A بطاقة (biṭāqa)

P برچسب (bar-chasb)

U لیبل (laibel)

れっとう 〔列島〕

A أرخبيل ('arkhabīl)

P مجمع الجزاير (majma'ol-jazāyer)

U مجمع الجزائر (majma'ul-jazā'ir)

れっとうかん 〔劣等感〕

A عقدة النقص ('uqdatu-n-naqṣ)

P عقدهٔ حقارت ('oqdeye-heqārat)

U احساس کمتری (ehsāse-kamtarī)

レディーメイド

A جاهز (jāhiz)

P دوخته (dūkhte) ;

حاضری (hāzerī)

U سلا سلایا (silā-silāyā)

レバー

A كبد (kabid)

P جگر (jegar)

U جگر (jigar)

レバノン

A لبنان (lubnān)

P لبنان (lobnān)

U لبنان (lubnān)

レバノンの(人)

A لبناني (lubnānī)

P لبنانی (lobnānī)

U لبنانی (lubnānī)

レフェリー

A حكم (ḥakam)

P داور (dāvar)

U ریفری (refrī)

レベル

A مستوًى (mustawan)

P سطح (sath)

U سطح (satah)

レポート
A تقرير (taqrīr)
P گزارش (gozāresh)
U رپورٹ (riporṭ)

レモン
A ليمون (laymūn)
P ليمو (līmū)
U نيبو (nībū)

レモンジュース
A عصير ليمون (‘aṣīr laymūn)
P آب ليمو (ābe-līmū)
U نيبو پانی (nībū pānī)

れんあい 〔恋愛〕
A حب (ḥubb)
P عشق (‘eshq)
U عشق (‘ishq)

恋愛結婚
A زواج حب (zawāj ḥubb)
P ازدواج عاشقانه (ezdevāje-‘āsheqāne)
U عشقيه شادی (‘ishqīya shādī)

れんが 〔煉瓦〕
A آجر (ājurr) ; طوب (ṭūb)
P آجر (ājor)
U اينٹ (īnṭ)

日干し煉瓦
A لبن (labin)
P خشت (khesht)
U کچی اينٹ (kachchī īnṭ)

れんけつ 〔連結〕
A ربط (rabṭ)
P اتصال (ettesāl)
U جوڑ (jōṛ)

連結する
A ربط (rabaṭa)
P اتصال دادن (ettesāl dādan)
U جوڑنا (jōṛnā)

れんごう 〔連合〕
A اتحاد (ittiḥād)
P اتحاد (ettehād)
U اتحاد (ittehād)

れんさい 〔連載〕

連載小説
A قصة مسلسلة (qiṣṣa musalsala)
P داستان مسلسل (dāstāne-mosalsal)
U قسط وار ناول (qist-wār nāval)

れんざん 〔連山〕
A سلسلة من الجبال (silsila minal-jibāl)
P سلسلهٔ جبال (selseleye-jebāl)
U پہاڑوں کا سلسلہ (pahāṛōṇ ka silsila)

レンジ
A فرن (furn)
P اجاق (ojāq)
U چولها (chūlhā)

れんじつ 〔連日〕
A يوم بعد يوم (yawm ba‘d yawm)
P روز بروز (rūz be-rūz)
U دن بدن (din ba-din)

れんしゅう 〔練習〕
A تمرين (tamrīn)
P تمرين (tamrīn)
U مشق (mashq)

練習する
A تمرن (tamarrana)
P تمرين كردن (tamrīn kardan)
U مشق کرنا (mashq karnā)

レンズ
A عدسة ('adasa)
P عدسی ('adasī)
U شیشہ (shīsha); عدسہ ('adsa)

れんそう〔連想〕
A تداعى الأفكار (tadā'iyul-'afkār)
P تداعی معانی (tadā'īye-ma'ānī)
U تلازم خیالات
(talāzume-khayālāt)

れんぞく〔連続〕
A استمرار (istimrār)
P ادامه (edāme)
U سلسلہ (silsila)
連続する
A استمر (istamarra)
P ادامه داشتن (edāme dāshtan)
U جاری رہنا (jārī rahnā)

れんたい〔連隊〕
A فوج (fawj)
P هنگ (hang)
U رجمنٹ (rajmanṭ)

れんたい〔連帯〕
連帯の
A مشترك (mushtarak)
P مشترک (moshtarak)
U مشترکہ (mushtarka)
連帯責任
A مسؤولية مشتركة
(mas'ūlīya mushtaraka)
P مسئولیت مشترک
(mas'ūliyate-moshtarak)
U مشترکہ ذمہ داری
(mushtarka zimme-dārī)

レントゲン
A أشعة إكس ('ashi"a 'iks)
P اشعۀ ایکس (ashe'eye-īks)
U ایکس ریز (eks-rēz)

れんばい〔廉売〕
A تنزيلات (tanzīlāt)
P حراج (harāj)
U رعایتی سیل (ri'āyatī sēl)

れんぽう〔連邦〕
A فيدرالية (fīdrālīya);
اتحاد (ittiḥād)
P فدراسیون (federāsyon);
اتحاد (ettehād)
U فیڈریشن (feḍrēshan)

れんめい〔連盟〕
A جامعة (jāmi'a)
P جامعه (jāme'e)
U لیگ (līg)

れんらく〔連絡〕
A اتصال (ittiṣāl)
P تماس (tamās)
U رابطہ (rābita)
連絡する
A اتصل (ittaṣala)
P تماس گرفتن
(tamās gereftan)
U رابطہ پیدا کرنا (rābita paidā karnā)

れんりつ　〔連立〕
連立内閣
A حكومة ائتلافية (ḥukūma i'tilāfīya)
P حکومت ائتلافی (hokūmate-e'telāfī)
U ایتلافی حکومت (ītilāfī hukūmat)

ろ

ろ　〔炉〕
暖炉
A مدفأة (midfa'a)
P شومینه (shomīne)
U آتش دان (ātish-dān)
原子炉
A مفاعل ذرى (mafā'il dharrī)
P رآکتور اتمی (reāktore-atomī)
U ایٹمی ری ایکٹر (aiṭmī rīaikṭar)

ろ　〔櫓〕
A مجداف (mijdāf)
P پارو (pārū)
U چپو (chappū)
櫓を漕ぐ
A جدف (jadafa)
P پارو زدن (pārū zadan)
U چپو چلانا (chappū chalānā)

ろう　〔牢〕
A سجن (sijn)
P زندان (zendān)
U قیدخانہ (qaid-khāna)

ろう　〔蠟〕
A شمع (sham') ; موم (mūm)
P موم (mūm)
U موم (mōm)

ろうあ　〔聾唖〕
聾唖者
A أصم و أبكم ('aṣamm wa 'abkam)
P کر و لال (kar-o-lāl)
U گونگا بہرا (gūngā-bahrā)

ろうか　〔廊下〕
A دهليز (dihlīz) ; ممر (mamarr)
P راهرو (rāh-rou) ;
کریدور (korīdor)
U کاریڈور (kārīḍor)

ろうがん　〔老眼〕
A نظر الشيوخ (naẓaru-sh-shuyūkh)
P پیر چشمی (pīr-chashmī)
U پیر نظری (pīr-nazarī)

ろうし　〔労使〕
労使関係
A علاقات بين أصحاب العمل و العمال ('alāqāt bayna 'aṣḥābil-'amal wal-'ummāl)
P روابط بین کارگر و کارفرما (ravābet beine kār-gar va kār-farmā)

U سرمایہ دار اور مزدور کے تعلقات (sarmāya-dār aur mazdūr ke ta‘alluqāt)

ろうじん 〔老人〕
A شيخ (shaykh) ; مسن (musinn)
P پیرمرد (pīr-mard)
U بوڑھا آدمی (būṛhā ādmī)
老人ホーム
A بيت المسنين (baytul-musinnīn)
P خانهٔ سالمندان (khāneye-sālmandān)
U معمر افراد کے لیے گھر (mu‘ammar afrād ke liye ghar)

ろうすい 〔老衰〕
A هرم (haram)
P فرتوتی (fartūtī) ; خرفتی (kherefti)
U ضعیفی (za‘īfī)

ろうそく 〔蠟燭〕
A شمعة (sham‘a) ; شمع (sham‘)
P شمع (sham‘)
U موم بتی (mōm-battī)

ろうでん 〔漏電〕
A دائرة قصيرة (dā’ira qaṣīra)
P اتصالی (ettesālī)
U شارٹ سرکٹ (shārṭ sarkiṭ)

ろうどう 〔労働〕
A عمل (‘amal)
P کار (kār)
U مزدوری (mazdūrī)
労働組合
A نقابة العمال (niqābatul-‘ummāl)
P اتحادیهٔ کارگران (ettehādīyeye-kār-garān)
U مزدور یونین (mazdūr-yūniyan)
労働者
A عامل (‘āmil)
P کارگر (kār-gar)
U مزدور (mazdūr)

ろうどく 〔朗読〕
A تلاوة (tilāwa)
P قرائت (qarā’at)
U خوانی (khānī)

ろうば 〔老婆〕
A عجوز (‘ajūz)
P پیر زن (pīr-zan)
U بڑھیا (buṛhiyā)

ろうばい 〔狼狽〕
A ارتباك (irtibāk)
P سراسیمگی (sarāsīmegī)
U گھبراہٹ (ghabrāhaṭ)
狼狽する
A ارتبك (irtabaka)
P سراسیمه شدن (sarāsīme shodan)
U گھبرانا (ghabrānā)

ろうひ 〔浪費〕
A تبذير (tabdhīr)
P اسراف (esrāf)
U فضول خرچ (fuzūl kharch)
浪費する
A بذر (badhdhara)
P اسراف کردن (esrāf kardan)
U ضائع کرنا (zā’ya karnā)

ろうほう 〔朗報〕
A بشرى (bushrā)
P مژده (mozhde)

U مژده (mu<u>zh</u>da)

ろうりょく〔労力〕
A جهد (jahd)
P زحمت (zahmat)
U محنت (mehnat)

ろうれんな〔老練な〕
A ذو خبرة (<u>dh</u>ū-<u>kh</u>ibra)
P كار آزموده (kār-āzmūde)
U تجربہ کار (tajruba-kār)

ローカルな
A محلي (maḥallī)
P محلي (mahallī)
U مقامي (maqāmī)

ロープウェイ
A قطار معلق (qiṭār mu'allaq)
P تله كابين (tele-kābīn)
U روپوے (rōpwei)

ローマ
A روما (rūmā)
P روم (rūm)
U روما (rōmā)

ローマ字
A حروف لاتينية (ḥurūf lātīnīya)
P خط لاتين (<u>kh</u>atte-lātīn)
U رومن رسم الخط (rōman rasmul-<u>kh</u>att)

ローラー
A محدلة (miḥdala)
P غلتك (<u>gh</u>altak)
U رولر (rōlar)

ローン
A قرض (qarḍ)
P قرض (qarz)

U قرض (qarz)

ろく〔六〕
A ستة (sitta)
P شش (<u>sh</u>esh)
U چھ (<u>ch</u>he)

第六の
A السادس (as-sādis)
P ششم (<u>sh</u>eshom)
U چھٹا (<u>ch</u>haṭā)

ろくおん〔録音〕
A تسجيل (tasjīl)
P ضبط (zabt)
U ریکارڈنگ (rīkārḍing)

録音する
A سجل (sajjala)
P ضبط كردن (zabt kardan)
U ریکارڈ کرنا (rīkārḍ karnā)

ろくがつ〔六月〕
A يونيو (yūniyū)
P ژوئن (<u>zh</u>ū'an)
U جون (jūn)

ろくじゅう〔六十〕
A ستون (sittūna)
P شصت (<u>sh</u>ast)
U ساٹھ (sāṭh)

ろくまく〔肋膜〕
肋膜炎
A ذات الجنب (<u>dh</u>ātul-janb)
P سینه پهلو (sīne-pahlū)
U ذات الجنب (zātul-janb)

ロケット
A صاروخ (ṣārū<u>kh</u>)
P موشک (mū<u>sh</u>ak)

U راكٹ (rākiṭ)

ろけん 〔露見〕

A افتضاح (iftiḍāḥ)

P افشا (efshā)

U انکشاف (inkishāf)

ろこつな 〔露骨な〕

A صريح (ṣarīḥ)

P صریح (sarīh)

U صاف (sāf)

ろじ 〔路地〕

A زقاق (zuqāq)

P کوچه (kūche)

U گلی (galī)

ロシア

A روسيا (rūsiyā)

P روسیه (rūsīye)

U روس (rūs)

ロシアの(人)

A روسي (rūsī)

P روسی (rūsī)

U روسی (rūsī)

ろしゅつ 〔露出〕

A تعريض (ta'rīḍ)

P افشا (efshā)

U افشا (ifshā)

露出する

A عرض ('arraḍa)

P افشا کردن (efshā kardan)

U افشا کرنا (ifshā karnā)

ロッカー

A خزانة (khizāna)

P لاکر (lāker)

U لاکر (lākar)

ろっこつ 〔肋骨〕

A ضلع (ḍil')

P دنده (dande)

U پسلی (paslī)

ろてん 〔露店〕

A كشك (kushk)

P دکه (dakke)

U اسٹال (isṭāl)

ろば 〔驢馬〕

A حمار (ḥimār)

P خر (khar)

U گدھا (gadhā)

ロビー

A صالة للانتظار (ṣāla lil-intiẓār)；
ردهة (radha)

P لابی (lābī)

U لابی (lābī)

ロボット

A روبوت (rūbūt)；
إنسان آلي ('insān ālī)

P روبات (rūbāt)；
آدم واره (ādam-vāre)

U مصنوعی انسان
(masnū'i insān)

ロマン

A رومان (rūmān)

P رمان (romān)

U رومان (rōmān)

ロマンチックな

A رومانتيكي (rūmāntīkī)

P رمانتیک (romāntīk)

U رومانی (rōmānī)

ろんじる 〔論じる〕
A بحث (baḥatha) ; ناقش (nāqasha)
P بحث كردن (bahs kardan)
U بحث كرنا (bahs karnā)

ろんせつ 〔論説〕
A مقالة افتتاحية (maqāla iftitāḥīya)
P سرمقاله (sar-maqāle)
U اداريہ (idārīya)

論説委員
A كاتب الافتتاحيات (kātibul-iftitāḥīyāt)
P مقاله نويس (maqāle-nevīs)
U اداريہ نويس (idārīya-navīs)

ろんそうする 〔論争する〕
A جادل (jādala)
P مباحثه كردن (mobāhese kardan)
U تكرار كرنا (takrār kardan)

ロンドン
A لندن (landan)
P لندن (landan)
U لندن (landan)

ろんぴょう 〔論評〕
A نقد (naqd)
P نقد (naqd)
U تنقيد (tanqīd)

論評する
A نقد (naqada) ; انتقد (intaqada)
P نقد كردن (naqd kardan)
U تنقيد كرنا (tanqīd karnā)

ろんぶん 〔論文〕
A مقالة (maqāla) ; رسالة (risāla)
P رساله (resāle)
U مقالہ (maqāla) ; رسالہ (risāla)

ろんり 〔論理〕
A منطق (manṭiq)
P منطق (manteq)
U منطق (mantiq)

論理的
A منطقى (manṭiqī)
P منطقى (manteqī)
U منطقى (mantiqī)

わ

わ 〔和〕
平和
A سلام (salām)
P صلح (solh)
U امن (aman)

わ 〔輪〕
A حلقة (ḥalqa) ; دائرة (dā'ira)
P حلقه (halqe) ; دايره (dāyere)
U حلقہ (halqa) ; دائره (dā'ira)

ワープロ

A آلة كاتبة إلكترونية (āla kātiba 'ilikturūnīya)

P واژه پرداز (vāzhe-pardāz)

U ورڈ پروسیسر (worḍ-prosesar)

ワールドカップ

A كأس العالم (ka'sul-'ālam)

P جام جهانی (jāme-jahānī)

U عالمی کپ ('ālamī kap)

ワイシャツ

A قميص (qamīṣ)

P پیراهن (pīrāhan)

U قمیض (qamīz)

わいせつな　〔猥褻な〕

A فاحش (fāḥish)

P فاحش (fāhesh)

U فحش (fohsh)

ワイパー

A مساحة (massāḥa)

P برف پاک کن (barf-pāk-kon)

U وائپر (wā'ipar)

わいろ　〔賄賂〕

A رشوة (rishwa/rashwa)

P رشوه (reshve)

U رشوت (rishwat)

賄賂を取る

A ارتشى (irtashā)

P رشوه گرفتن (reshve gereftan)

U رشوت لینا (rishwat lēnā)

ワイン

A نبيذ (nabīdh)

P شراب (sharāb)

U شراب (sharāb)

わかい　〔若い〕

A شاب (shābb)

P جوان (javān)

U جوان (jawān)

わかい　〔和解〕

A صلح (ṣulḥ)

P سازش (sāzesh)

U مصالحت (musālahat)

和解する

A صالح (ṣālaḥa)

P سازش کردن (sāzesh kardan)

U مصالحت ہونا (musālahat hōnā)

わかさ　〔若さ〕

A شباب (shabāb)

P جوانی (javānī)

U جوانی (jawānī)

わかす　〔沸かす〕

A غلى (ghallā)

P جوشاندن (jūshāndan)

U ابالنا (ubālnā)

わかば　〔若葉〕

A أوراق جديدة ('awrāq jadīda)

P برگهای تازه (barg-hāye tāze)

U نیا پتا (nayā pattā)

わがまま　〔我が儘〕

A أنانية ('anānīya)

P خود خواهی (khod-khāhī)

U خود غرضی (khud-gharazī)

我が儘な

A أناني ('anānī)

P خود خواه (khod-khāh)

U خزد غرض (khud-gharaz)

わかもの 〔若者〕
A شاب (shābb)
P نوجوان (nou-javān)
U نوجوان (nau-jawān)

わかり 〔分かり〕
A فهم (fahm)
P فهم (fahm)
U سمجھ (samajh)
分かりの良い
A سريع الفهم (sarī'ul-fahm)
P با فهم (bā-fahm)
U سمجھدار (samajh-dār)

わかる 〔分かる〕
理解する
A فهم (fahima)
P فهميدن (fahmīdan)
U سمجھنا (samajhnā)
判明する
A اتضح (ittaḍaḥa)
P معلوم شدن (ma'lūm shodan)
U ثابت ہونا (sābit hōnā)
知る
A عرف ('arafa)
P دانستن (dānestan)
U جاننا (jānnā)

わかれ 〔別れ〕
別離
A فراق (firāq)
P جدائی (jodā'ī) ; فراق (ferāq)
U جدائی (judā'ī)
送別
A وداع (wadā')
P وداع (vedā')
U وداع (vidā')

わかれみち 〔分かれ道〕
A مفرق (mafraq)
P دوراهی (do-rāhī)
U دوراہا (dō-rāhā)

わかれる 〔別れる・分かれる〕
分離する
A افترق (iftaraqa)
P جدا شدن (jodā shodan)
U جدا ہونا (judā hōnā)
区分される
A انقسم (inqasama)
P تقسيم شدن (taqsīm shodan)
U تقسیم ہونا (taqsīm hōnā)

わき 〔脇〕
A جانب (jānib)
P پهلو (pahlū)
U پہلو (pahlū)

わきのした 〔脇の下〕
A إبط ('ibṭ)
P زيربغل (zīre-baghal)
U بغل (baghal)

わきばら 〔脇腹〕
A جانب (jānib) ; جنب (janb)
P پهلو (pahlū)
U پہلو (pahlū)

わきまえる 〔弁える〕
区別する
A ميز (mayyaza)
P تميز دادن (tamīz dādan)
U امتیاز کرنا (imteyāz karnā)
心得る
A عرف ('arafa)

P دانستن (dānestan)
U جاننا (jānnā)

わきみち 〔脇道〕
A طريق جانبي (ṭarīq jānibī)
P راه فرعی (rāhe-far'ī)
U ذیلی سڑک (zailī saṛak)

わきやく 〔脇役〕
A ممثل جانبي (mumaththil jānibī)
P بازیگرنقش دوم (bāzīgare-naqshe-dovvom)
U معاون کردار (mu'āvin kirdār)

わく 〔沸く〕
A غلى (ghalā)
P جوشیدن (jūshīdan)
U ابلنا (ubalnā)

わく 〔枠〕
A إطار ('iṭār)
P قاب (qāb)
U فریم (farēm)

わくせい 〔惑星〕
A كوكب سيار (kawkab sayyār)
P سیاره (saiyāre)
U سیارہ (saiyāra)

ワクチン
A لقاح (laqāḥ)
P واکسن (vāksan)
U ویکسین (vaiksīn)

ワクチン注射
A تلقيح (talqīḥ)
P واکسیناسیون (vāksīnāsyon)
U ویکسین کا ٹیکا (vaiksīn ka ṭīkā)

わけ 〔訳〕
理由
A سبب (sabab)
P سبب (sabab)
U وجہ (wajah)

意味
A معنًى (ma'nan)
P معنی (ma'nī)
U معنی (ma'nī)

わけあう 〔分け合う〕
A شارك (shāraka)
P تقسیم کردن (taqsīm kardan)
U بانٹنا (bānṭnā)

わけない 〔訳無い〕
A سهل (sahl)
P آسان (āsān)
U آسان (āsān)

わけまえ 〔分け前〕
A نصيب (naṣīb)
P سهم (sahm)
U حصہ (hissa)

わける 〔分ける〕
分配する
A وزع (wazza'a)
P توزیع کردن (touzī' kardan)
U بانٹنا (bānṭnā)

分割する
A قسم (qassama)
P تقسیم کردن (taqsīm kardan)
U تقسیم کرنا (taqsīm karnā)

わごう 〔和合〕
A وفاق (wifāq)
P توافق (tavāfoq)

U هم آهنگی (ham-āhangī)

わざ 〔業・技〕

A فن (fann)

P فن (fann)

U فن (fann)

わざと

A عن قصد (‘an qaṣd) ;
قصداً (qaṣdan) ; عمداً (‘amdan)

P عمداً (‘amdan) ;
قصداً (qasdan) ; عامداً (‘āmedan)

U قصداً (qasdan) ;
جان بوجھ کر (jān būjh kar)

わざわい 〔災い〕

A مصيبة (muṣība) ; كارثة (kāri<u>th</u>a)

P بلا (balā) ; مصيبت (mosībat)

U آفت (āfat) ; مصيبت (musībat)

わざわざ

A خصيصاً (<u>kh</u>aṣṣīṣan)

P مخصوصاً (ma<u>kh</u>sūsan)

U خاص کر (<u>kh</u>ās kar)

わし 〔鷲〕

A نسر (nasr) ; عقاب (‘uqāb)

P عقاب (‘oqāb)

U عقاب (‘uqāb)

ワシントン

A واشنطون (wā<u>sh</u>inṭūn)

P واشنگتن (vā<u>sh</u>angton)

U واشنگٹن (wā<u>sh</u>ingṭon)

わずか 〔僅か〕

僅かな

A قليل (qalīl)

P کم (kam)

U تھوڑا (thōṛā) ; کم (kam)

僅かに

A فقط (faqat)

P فقط (faqat)

U صرف (sirf)

わずらい 〔患い〕

A مرض (maraḍ)

P بیماری (bīmārī)

U بیماری (bīmārī)

わずらい 〔煩い〕

面倒

A اضطراب (iḍṭirāb)

P زحمت (zahmat)

U تکلیف (taklīf)

心配

A هم (hamm) ; قلق (qalaq)

P نگرانی (nigarānī)

U فکر (fikr)

わずらう 〔患う〕

A مرض (mariḍa)

P بیمار بودن (bīmār būdan)

U بیمار ہونا (bīmār hōnā)

わずらう 〔煩う〕

A قلق (qaliqa)

P نگران بودن (negarān būdan)

U فکر کرنا (fikr karnā)

わずらわしい 〔煩わしい〕

A مزعج (muz‘ij)

P پرزحمت (por-zahmat)

U تکلیف ده (taklīf-de)

わずらわす 〔煩わす〕

A أزعج (’az‘aja)

P زحمت دادن (zahmat dādan)

U تکلیف دینا (taklīf dēnā)

わすれっぽい 〔忘れっぽい〕
A كثير النسيان (kaṯẖīru-n-nisyān)
P فراموشكار (farāmūsẖ-kār)
U بهلكڑ (bhulakkaṛ)

わすれもの 〔忘れ物〕
A شيء مفقود (sẖay' mafqūd)
P چيز جامانده (cẖīze-jā-mānde)
U چهوڑی ہوئی چيز (cẖhōṛī hu'ī cẖīz)

わすれる 〔忘れる〕
A نسى (nasiya)
P فراموش كردن (farāmūsẖ kardan)
U بهولنا (bhūlnā)

わた 〔綿〕
A قطن (quṭn)
P پنبه (panbe)
U روئى (rū'ī)

わだい 〔話題〕
A موضوع الحديث (mawḍū'ul-ḥadīṯẖ)
P موضوع گفتگو (mouzū'e-goftegū)
U موضوع گفتگو (mauzū'e-guftgū)

わたくし 〔私〕
A أنا ('anā)
P من (man)
U ميں (maiṇ)

私の本
A كتابى (kitābī)
P كتاب من (ketābe-man)；كتابم (ketābam)
U ميرى كتاب (mērī kitāb)

わたし 〔渡し〕
受け渡し
A تسليم (taslīm)
P تحويل (tahvīl)
U حوالگى (hawālagī)

渡し船
A معبر (mi'bar)
P فرى (ferī)
U فيرى (ferī)

わたしたち 〔私たち〕 ──→われわれ〔我々〕

わたす 〔渡す〕
引き渡す
A سلم (sallama)
P تحويل دادن (tahvīl dādan)
U حوالے كرنا (hawālē karnā)

譲渡する
A نقل (naqala)
P انتقال دادن (enteqāl dādan)
U منتقل كرنا (muntaqil karnā)

水上を渡す
A عبر ('abara)
P عبور دادن ('obūr dādan)
U پار لے جانا (pār lē-jānā)

わたりどり 〔渡り鳥〕
A طائر مهاجر (ṭā'ir muhājir)
P پرندهٔ مهاجر (parandeye-mohājer)
U موسمى پرنده (mausamī parinda)

わたる 〔渡る〕
A عبر ('abara)
P عبور كردن ('obūr kardan)
U عبور كرنا ('ubūr karnā)

ワット
A واط (wāṭ) ; وات (wāt)
P وات (vāt)
U واٹ (wāṭ)

わな 〔罠〕
A مصيدة (miṣyada)
P دام (dām)
U پهندا (phandā)
罠にかかる
A وقع فى مصيدة (waqa'a fī miṣyada)
P به دام افتادن (be-dām oftādan)
U پهندے میں پڑنا (phandē meṇ paṛnā)

わに 〔鰐〕
A تمساح (timsāḥ)
P تمساح (temsāh)
U مگر مچھ (magar-machh)

わびしい 〔侘びしい〕
A موحش (mūḥish)
P دلتنگ (del-tang)
U اداس (udās)

わびる 〔詫びる〕
A اعتذر (i'tadhara)
P معذرت خواستن (ma'zerat khāstan)
U معافى چاہنا (mu'āfī chāhnā)

わふく 〔和服〕
A ملابس يابانية (malābis yābānīya)
P لباس ژاپنی (lebāse-zhāponī)
U جاپانی لباس (jāpānī libās)

わへい 〔和平〕
A صلح (ṣulḥ) ; سلام (salām)
P صلح (solh)
U امن (aman)

わほう 〔話法〕
A أسلوب روائى ('uslūb riwā'ī)
P نقل قول (naqle-qoul)
U نقل بیان (naqle-bayān)

わめく 〔喚く〕
A صرخ (ṣarakha)
P فرياد كشيدن (faryād keshīdan)
U چیخنا (chīkhnā)

わら 〔藁〕
A قش (qashsh)
P كاه (kāh)
U تنكا (tinkā)

わらい 〔笑い〕
A ضحك (ḍaḥik)
P خنده (khande)
U ہنسی (hansī)

わらう 〔笑う〕
A ضحك (ḍaḥika)
P خنديدن (khandīdan)
U ہنسنا (haṇsnā)

わらわせる 〔笑わせる〕
A أضحك ('aḍḥaka)
P خندانيدن (khandānīdan)
U ہنسانا (haṇsānā)

わりあい 〔割合〕
A نسبة (nisba)
P نسبت (nesbat)
U نسبت (nisbat)

わりあて 〔割り当て〕
A تخصيص (takhṣīṣ)
P تخصيص (takhsīs)
U حصہ (hissa)

割り当てる

A خصص (khaṣṣaṣa)

P تخصیص دادن (takhsīs dādan)

U حصہ دینا (hissa dēnā)

わりざん 〔割り算〕

A قسمة (qisma)

P تقسیم (taqsīm)

U تقسیم (taqsīm)

わりびき 〔割引〕

A خصم (khaṣm) ; تخفيض (takhfīḍ)

P تخفیف (takhfīf)

U رعایت (ri'āyat)

割引する

A خصم (khaṣama) ;

خفض (khaffaḍa)

P تخفیف دادن (takhfīf dādan)

U رعایت کرنا (ri'āyat karnā)

わる 〔割る〕

分割する

A قسم (qasama) ; قسم (qassama)

P تقسیم کردن (taqsīm kardan)

U تقسیم کرنا (taqsīm karnā)

壊す

A كسر (kasara)

P شکستن (shekastan)

U توڑنا (tōṛnā)

わるい 〔悪い〕

A ردیء (radī')

P بد (bad)

U برا (burā)

わるがしこい 〔悪賢い〕

A ماكر (mākir) ; مكار (makkār)

P مکار (makkār)

U مکار (makkār)

わるぎ 〔悪気〕

A سوء النية (sū'u-n-nīya)

P نیت بد (nīyate-bad)

U بد نیتی (bad-nīyatī)

わるくち 〔悪口〕

A شتيمة (shatīma)

P بدگوئی (bad-gū'ī)

U گالی (gālī)

悪口を言う

A شتم (shatama)

P بدگوئی کردن (bad-gū'ī kardan)

U گالی دینا (gālī dēnā)

ワルシャワ

A وارسو (wārsū)

P ورشو (varshou)

U وارسا (wārsā)

わるだくみ 〔悪巧み〕

A مكيدة (makīda)

P دسیسه (dasīse)

U سازش (sāzish)

わるぢえ 〔悪知恵〕

A مكر (makr)

P حیله (hīle)

U چالاکی (chālākī)

ワルツ

A فالس (fāls)

P والس (vāls)

U والس (vāls)

わるふざけ 〔悪ふざけ〕

A مزاح (mizāḥ)

P شیطنت (sheitanat)

U شرارت (sharārat)

わるもの 〔悪者〕
A شرير (shirrīr)
P شرير (sharīr)
U بد معاش (bad-ma'āsh)

われ 〔我〕
A أنا ('anā)
P من (man)
U میں (maiṇ)

われめ 〔割れ目〕
A شق (shaqq)
P شكاف (shekāf)
U شگاف (shigāf)

われる 〔割れる〕
壊れる
A انكسر (inkasara)
P شکستن (shekastan)
U ٹوٹنا (ṭūṭnā)
ひびが入る
A انشق (inshaqqa)
P شكاف خوردن (shekāf khordan)
U شگاف پڑنا (shigāf paṛnā)

われわれ 〔我々〕
A نحن (naḥnu)
P ما (mā)
U ہم (ham)
我々の家
A بيتنا (baytu-nā)
P خانۀ ما (khāneye-mā)
U ہمارا گھر (hamārā ghar)

わん 〔湾〕
A خليج (khalīj)
P خليج (khalīj)
U خلیج (khalīj)

わん 〔椀〕
A وعاء (wi'ā')
P كاسه (kāse)
U پیالہ (piyāla)

わんしょう 〔腕章〕
A شارة حول الكم
(shāra ḥawlal-kumm)
P بازوبند (bāzū-band)
U بازوبند (bāzū-band)

わんぱく 〔腕白〕
腕白な
A شقى (shaqīy)
P شيطان (sheitān)
U شریر (sharīr)
腕白小僧
A ولد شقى (walad shaqīy) ;
ولد شيطان (walad shayṭān)
P بچۀ شيطان (bachcheye-sheitan)
U شریر بچہ (sharīr bachcha)

わんりょく 〔腕力〕
A قوة بدنية (qūwa badanīya)
P نیروی بدنی (nīrūye-badanī)
U قوت بازو (quwwate-bāzū)
暴力
A عنف ('unf)
P خشونت (khoshūnat) ;
زور (zūr)
U سختی (sakhtī)

著者紹介

黒柳恒男［くろやなぎ・つねお］
東京外国語大学名誉教授（ペルシア語学・文学）

目録進呈　落丁本・乱丁本はお取替えいたします。

平成20年10月30日　©第1版発行

アラビア語・ペルシア語・ウルドゥー語対照辞典

著　者　黒　柳　恒　男

発行者　佐　藤　政　人

発　行　所

株式会社　大　学　書　林

東京都文京区小石川4丁目7番4号

振替口座　00120-8-43740

電話　(03) 3812-6281〜3

郵便番号　112-0002

ISBN978-4-475-00158-8　ロガータ・横山印刷・牧製本